U0906510

国家社会科学基金项目结项成果
（项目编号：12BSH043）

民族传统节日象征符号与文化品牌建设研究（上）

林继富　著

四川民族出版社

图书在版编目（CIP）数据

民族传统节日象征符号与文化品牌建设研究：上下 / 林继富著. -- 成都：四川民族出版社, 2023.1

ISBN 978-7-5733-1078-1

Ⅰ. ①民… Ⅱ. ①林… Ⅲ. ①民族节日—民族文化—品牌战略—研究—中国 Ⅳ. ①K892.1

中国国家版本馆CIP数据核字（2023）第021253号

民族传统节日象征符号与文化品牌建设研究(上下)

MINZUCHUANTONGJIERI XIANGZHENGFUHAO YU WENHUAPINPAIJIANSHEYANJIU(SHANGXIA)

林继富　著

出 版 人　泽仁扎西
责任编辑　周文炯　伍丹莉　陈　晔　央　金
责任印制　谢孟豪
出版发行　四川民族出版社
地　　址　成都市青羊区敬业路108号
邮政编码　610091
成品尺寸　170mm × 240mm
印　　张　56.25
字　　数　800千
制　　作　四川胜翔数码印务设计有限公司
印　　刷　四川华龙印务有限公司
版　　次　2023年1月第1版
印　　次　2023年1月第1次印刷
书　　号　ISBN 978-7-5733-1078-1
定　　价　198.00元

目 录

CONTENTS

绪论

民族传统节日，大家都不陌生，有许多民族传统节日的话题，在时代发展中被提了出来，并且以当代人生活需要的方式传承实践，创新发展，诸如当代中国的传统节日与文化风情节、传统节日与地方文化品牌建设等，成为民族传统节日文化理论建设、民族传统节日走向当代社会生活的问题。

传统节日伴随我们成长，我们在传统节日作用下被社会化、人文化，民族传统节日作为生活的节点不断循环往复，成为民众生活的重要组成部分，从而形成了民众依恋的传统生活和生活传统的表达方式。

过去民众往往将民族传统节日作为一种文化、一种习俗来看待。进入21世纪后，我国各级政府将民族传统节日纳入法定节假日，并且将其作为中国优秀传统文化来看待。2005年，中央宣传部、中央文明办、教育部、民政部、文化部等五部委联合颁发了《关于如何运用传统节日来弘扬民族文化的优秀传统的意见》（以下简称《意见》）。《意见》认为，中国传统节日凝结着中华民族的民族精神和民族情感，承载着中华民族的文化血脉和思想精华，是维系国家统一、民族团结和社会和谐的重要精神纽带，是建设社会主义先进文化的宝贵资源。《意见》对我国传统节日在弘扬民族传统文化方面具有的特殊作用进行了充分的肯定，并且以指导性的方向提出了保护中国传统节日的重要性和必要性。在这个《意见》里，特别提到中国少数民族传统节日，认为少数民族传统节日是中华民族文化优秀传统的重要组成部分，是少数民族民众生活和情感的载体。民族地区各界人民政府要加强对传统节日的组织与引导，充分尊重少数民族的传统节日习惯，积极开展丰富多彩的民族节庆活动，进一步加强民族团结，维护国家统一，弘扬中华民族文化的优秀传统。

在我国历史上，每个朝代都非常重视节日，民族传统节日放假也是许多朝代遵循的传统。如：汉代便有重大节令休假的制度，而唐代休假制度较为完善，传统节日、节令放假成为惯例。北宋时期则更加完善，据庞元英《文昌杂录》记载，北宋每年与岁时节令相关的休假达70多天。2007年12月14日《国务院关于修改〈全国年节及纪念日放假办法〉的决定》出台，将清明节、端午节、中秋节等传统节日作为法定全民休假日。将春节、清明节、端午节、中秋节等传统节日作为国家法定假日不仅为了让人们有休息娱乐的时间，也是为了在传统实践活动中重构民族文化的共同记忆。2017年2月6日，中共中央办公厅、国务院办公厅正式公布《关于实施中华优秀传统文化传承发展工程的意见》，提出要“实施中国传统节日振兴工程，丰富春节、元宵、清明、端午、七夕、中秋、重阳等传统节日文化内涵，形成新的节日习俗。”[①]2021年8月12日，中共中央办公厅、国务院办公厅印发了《关于进一步加强非物质文化遗产保护工作的意见》，提出“丰富传统节日、民俗活动的内容和形式，深入实施中国传统节日振兴工程。”在文化大发展、文化大繁荣的新时代背景下，在全球化、多元化、现代化的社会背景下，民族地区传统节日的传统精神、道德色彩以及共同性、多样性、生活性应给予足够的重视。

我国民族传统节日在多元化、现代化社会中传承、发展，面临着诸多的困难。中国许多民族的生活区域，大部分在边疆、欠发达地区，诞生在传统的农耕、游牧文化背景下，以自然聚落为空间，以传统生产节律为时间的节日，难以适应现代生活节奏和现代交流性的多元关系空

① 中共中央办公厅、国务院办公厅：《关于实施中华优秀传统文化传承发展工程的意见》，《人民日报》，2017年1月26日。

间，加上民族地区对历史传统的依赖较强，当与现代化生活接触、碰撞的时候，出现了诸多的不适应，在社会转型面前，如何寻找相应的对策，是需要认真研究的。民族地区在社会转型、文化发展、生活现代化时期，往往将传统节日作为文化资源进行挖掘，作为地方文化品牌来实施建设，于是，围绕民族地区传统节日的品牌建设就会出现新的问题。

致力于民族传统节日作为地方文化品牌建设，是当代中国社会重要的生活现象和文化现象，以民族传统节日作为文化品牌带动文化产业发展已经成为国内外文化产业发展的基本规律。2009年7月22日，国务院通过的《文化产业振兴规划》强调，要“打造一批具有核心竞争力的知名文化品牌。”在当前国内外文化产业发展已经进入品牌竞争的时代，以文化品牌为核心进行文化资源合理配置和文化企业战略重组，是发展文化产业所面临的现实课题。

民族传统节日是民族文化的重要组成部分，民族文化在当代中国社会发展总体战略中的历史地位应予确定。但是，民众往往强调民族文化在建设社会主义精神文明中的历史地位，而忽略了其在建设社会主义物质文明中的现实价值。笔者及其团队就“民族传统节日象征符号与文化品牌建设”为中心展开了一系列的典型案例调查并进行研究，意在将民族传统节日以及与之相关的大量文化象征符号与地方文化品牌之间的关系以及象征符号包含的社会经济价值凸显出来，为当下中国民族传统节日的传承发展以及民族传统节日在地方社会经济现代转型中提供支持。

第一节　民族传统节日象征符号与文化品牌建设研究态势

中国传统节日植根于农业社会，是传统社会生活的有机组成部分。在全球化、现代化过程中，西方文化时间制度对中国社会产生强烈影响，在多种因素共同作用下传统节日发生了明显变化；20世纪80年代以来，在民族文化自觉思潮的促动下，中国出现了传统节日复兴的态势，出现了将传统节日作为改善地方经济、改善民生、提高文化自信的方式的现象。

历史上，中国传统节日常被不同社会背景的学人记录，形成了绵延不绝的节日文化书写传统，其民间社会的传统节日仍然以生活的形态传承发展。20世纪80年代以来，对传统节日的研究日益深入，主要研究成果集中于民俗学、历史学、人类学等领域，并且取得了突出成就，主要表现在以下几个方面：

传统节日起源研究表现为传统节日起源与自然环境、社会生活、节气系统密切相关。刘宗迪指出，观象授时时代的节气与节日在同个周期，节气就是节日，历法的产生导致节气与节日分别成为独立的系统。①陶思炎从传统节日与节气在应用空间和文化结构方面展开讨论，认为节气的文化渊源和文化表现为时空观、人生观、风俗观的自然衔接和服务生产实践方向。传统节日包括信仰、仪式、语言、饮食、艺术等因素，形成了"节信""节事""节语""节物""节食"和"节艺"并存的结构形态，使传统节日具有固定而周圆的呈现方式。②

朱志平认为唐代前的清明是寒食节的组成部分，寒食节内容为禁火和冷食。南宋，禁火、冷食习俗影响力减弱，清明节取代寒食节成为节日。③郭佳从干支纪日到序数纪日的转变，确认九月九日时间产生，指出魏晋南北朝时期受道教神仙方士思想影响，九月九有重阳之名，主要是为了辟邪消灾。九月九源于养老节和秋尝之祭，重阳节中养老祈寿观念比辟邪消灾的观念更有历史渊源。④王笠荃认为农业祭祀是节日的源泉，而后受到经济、文化、宗教等多方面的介入和影响发生演变。⑤夏日新从古代长期存在的丰收祭与摆手节的对比研究中，总结出至今流传的摆手

① 刘宗迪著：《从节气到节日：从历法史的角度看中国节日系统的形成与变迁》，《江西社会科学》，2006年第2期。

② 陶思炎著：《节气与节日的文化结构》，《民族艺术》，2018年第2期。

③ 朱志平著：《从节气到节日："清明"节日化的时间及其历史逻辑》，《南京农业大学学报（社会科学版）》，2018年第5期。

④ 郭佳著：《九月九日重阳节探源》，《文化遗产》，2017年第5期。

⑤ 王笠荃著：《节日规律研究》，《民俗研究》，1988年第1期。

节是土家族的丰收节的结论。[①]罗新元从神话传说、祭祀仪式考察节日起源，认为节日的起源与先民的宗教信仰有关。[②]金毅认为节日起源于祭祀、农事、娱乐、纪念活动、性选择活动、宗教信仰活动及各种行政规定。[③]李露露指出腊月、春节和中和节祭土地神是农业经济的产物，中和节祭日神、清明节祭祖、冬至节祭天是宗教信仰的产物等。[④]这些研究抓住传统节日的“时间”特性、关键母题、传统内容，将其放在自然生态、社会历史和民众生活中，在比较分析中得出结论，在一定程度上推进中国传统节日文化研究重要价值的认知。

民族传统节日的文化内涵、价值研究是最基本的研究路径，钟敬文说：“节日随着人民能力、智力等的发达和经历时间的长久，这种传统文化，越来越显得丰富多彩。它不仅满足了人民一定的生活要求，也推进和巩固了社会秩序。它独特地尽着一种文化功能。”[⑤]杨琳对春节、元宵节、上巳节、社日节、寒食节、清明节、端午节、七夕节、中元节、中秋节、重阳节、腊日节和腊八节等典型节日的产生、形成、演变进行了“百科全书”式的系统阐述。[⑥]赵东玉对中国传统节庆的类型、特征、文化要素、影响因素、男女角色、时代意义等进行系统分析，指出中国传统节庆具有周期性、民族性、群众性、地域性、综合性、传承性、变异性等特征，具有和谐对称、乐观自信、历史意识等文化精神，在文化传承、天人和谐、生活点缀、道德承继、民族凝聚力、人文素质教育、人文旅游资源等方面具有重要的价值。[⑦]王文章、李荣启指出中国传统节日反映了天人合一思想，蕴含了传统美德，凝结着民族情感，集中体现

① 夏日新著：《从中国古代的丰收祭看土家族摆手节的起源》，《湖北社会科学》，2015年第4期。

② 罗新元著：《鬼神，从敬畏、反抗到遗忘——云南少数民族节日的起源及变异初探》，《民族艺术研究》，1989年第2期。

③ 金毅著：《试论民族节日文化的起源》，《黑龙江民族丛刊》，2000年第4期。

④ 李露露著：《中国节：图说民间传统节日》（前言），福州：福建人民出版社，2012年。

⑤ 钟敬文著：《民间节日的情趣》，载《话说民间文化》，北京：人民日报出版社，1990年。

⑥ 杨琳著：《中国传统节日文化》，北京：宗教文化出版社，2007年。

⑦ 赵东玉著：《中国传统节庆文化研究》，北京：人民出版社，2002年。

了中华传统文化的核心价值。强调要利用传统节日弘扬中国传统文化，形成守护精神家园的文化自觉。[①]萧放从宏观认识层面阐述了传统节日的价值意义，认为传统节日具有物质生活、社会生活、精神生活的结构层次，在当代社会具有传承民族文化、增强民族自信心、发展民族新文化、造就和谐社会的功能。[②]邢莉指出传统节日是知识、人文精神、审美创造的源泉，是实现中华民族伟大复兴的文化基因。[③]李松、王建民等以中国少数民族传统节日为研究对象，介绍了少数民族传统节日的定义类型、基本状况，论述并分析了少数民族传统节日在国家文化建设中的重要作用，指出少数民族节日具有共享性，这些共享的节日一方面是历史上各民族社会发展和文化交流的结果；另一方面它们又是各民族相互间文化交流的平台、文化认同的载体和交往互助的动力，促进了各民族的社会发展和文化交流。[④]黄润柏分析壮族传统节日具有的文化认同与整合、休闲娱乐、交际游乐、文化承载、文化传承、文化教育、道德教化、经济贸易等多元化的社会功能，而在当代传承中，休闲娱乐、经济贸易等功能不断加强。[⑤]这部分研究成果侧重于对传统节日文化内涵、仪式结构和功能价值的发现的分析推动了传统节日研究的理论建设。

中国传统节日传承与当代复兴对策研究是传统节日朝向当代生活的研究取向，如萧放《传统节日的复兴与重建之路》[⑥]、陶思炎《略谈中国传统节日的困境与机遇》[⑦]中则认为中国传统节日面对急剧变化的社会，有许多难以适应，传统节日的发展陷入困境。张继焦、侯达分析了民族

---

① 王文章、李荣启著：《中国传统节日的文化内涵》，《艺术百家》，2012年第3期。

② 萧放著：《传统节日：一宗重大的民族文化遗产》，《北京师范大学学报（社会科学版）》，2005年第5期。

③ 邢莉著：《我国传统节日是我们再创造的源泉》，《西北民族研究》，2018年第2期。

④ 李松、王建民等著：《中国少数民族节日在国家文化建设中的地位和意义》，《艺术百家》，2012年第5期。

⑤ 黄润柏著：《壮族传统节日的社会功能及其变迁研究——壮族传统节日文化创新研究之一》，《广西民族研究》，2018年第6期。

⑥ 萧放著：《传统节日的复兴与重建之路》，《河南社会科学》，2010年第2期。

⑦ 陶思炎著：《略谈中国传统节日的困境与机遇》，《民间文化论坛》，2009年第3期。

传统节日作为一种结构遗产，在其“传统—现代”转型与文旅融合发展中发挥着主导性作用。[①]王霄冰对公祭节日改革与现代化提出了建议，指出官方举办公祭活动逐步从传统带有政治典礼意义，转变成为以服务社会为主旨的现代化节日，担负促进地方文化建设、培养当代市民精神、构建城市人文空间的功能。各地在打造新型公祭节日时，应加入一些公民道德教育内容，提高节日公共性和亲民性。[②]张勃强调传统节日传承发展取决于行动者的选择，政府要从传统节日的知识普及、精神传承、魅力塑造、巩固国家法定假日改革成果、注重社区参与等方面着力。[③]传统节日在社会发展中不断进行着重构。林继富、黄雯的《从传统仪式到建构性节日——镇沅拉祜族苦聪人畬肥节传承研究》中指出苦聪人畬肥节在传统祭祀仪式“箴科门”基础上、国家重视民族文化发展背景下，由镇沅县苦聪人和当地政府共同建构而成的节日，并且成为苦聪人重要的文化符号。[④]覃彩銮认为壮族节日在现代化进程中，出于对传统节日传承与保护，实现对节日文化的重构与创新。[⑤]黄龙光讨论当代“泛节日化”语境下传统节日的保护，指出在“泛节日化”语境下传统节日出现节日资源被滥用、节日主题蜕变为世俗狂欢、内涵渐趋标准化等现象，传统节日保护必须遵循节日文化逻辑、文化自决、适度创新原则。[⑥]毛巧晖考察“‘敛巧饭’民俗风情节”的遗产化和民俗节日转型过程，提出新型民俗节庆发展须注重节日丰富的文化内涵与功能的多样性，应将传统节俗中的重要文化元素转换为当下社会可资借鉴的文化资源。[⑦]黄永林和孙

---

① 张继焦、侯达著：《民族传统节日：结构遗产的“传统—现代”转型与文旅融合发展》，2020年第12期。

② 王霄冰著：《公祭节日与当代城市人文空间的构建》，《文化遗产》，2016年第1期。

③ 张勃著：《建构时代的中国节日建设》，《民俗研究》，2015年第1期。

④ 林继富、黄雯著：《从传统仪式到建构性节日——镇沅拉祜族苦聪人畬肥节传承研究》，北京：中国社会出版社，2015年。

⑤ 覃彩銮著：《壮族节日文化的重构与创新》，《广西民族研究》，2012年第4期。

⑥ 黄龙光著：《当代“泛节日化”语境下传统节日的保护》，《原生态民族文化学刊》，2019年第4期。

⑦ 毛巧晖著：《遗产化与民俗节日之转型：基于“2017‘敛巧饭’民俗风情节”的考察》，《北京联合大学学报（人文社会科学版）》，2018年第1期。

佳分析经济发展是影响传统节俗重构的关键因素。[①]郑土有认为节日“赋值”是传统节日现代化转型的主要表现形式，节日“赋值”应坚守其“文化内涵”，同时，绝大多数的商业介入对传统节日传承有益。[②]徐赣丽也指出在当代城市化进程中，文化保护和旅游利用成为传统节日变异并融入城市空间与人们日常生活的重要方式。[③]

传统节日属于认同文化，也是具有强烈认同感的生活实践。高丙中指出：“一个共同体有多大的凝聚力和自信，取决于它有没有足够的认同文化。因此认同文化对于一个民族国家来说是无价之宝。而认同文化几乎都是传统的（或许有老传统、新传统之别）。其中，传统节日民俗是一个主要的部分。”[④]林继富系统阐释民俗族群认同功能，指出：“在一个相对稳定的群体内，民俗成为所有成员的思想言行、宗教文化以及社会关系、社会秩序黏合的标志和记忆符号，这些标志和符号是群体内部保持向心力和凝聚力的纽带。民俗越是悠久，越是丰富，它对社会系统的稳固所起的作用就越大，它对群体成员的团结所发挥的效用就越强。”[⑤]并且着力于人的角色转换与文化认同关系进行分析，认为在传统节日活动中，换衣服、洗澡、理发、时间、空间、祭祀活动等使人的社会角色、家庭角色逐渐淡化，将一个社会中的人转向情感中的人，这种角色转换使传统节日消解了日常生活中的角色功能，从而促进了文化平等与文化认同。[⑥]林继富、吴佩琦在《家族认同到中华民族认同的演进逻辑——基于南岭竹篙火龙节的讨论》中讨论了南岭竹篙火龙节呈现出家

---

① 黄永林、孙佳著：《博弈与坚守：在传承与创新中发展——关于中国传统节日中秋节命运的多维思考》，《民俗研究》，2018年第1期。

② 郑土有著：《传统节日的现代“赋值”》，《人民论坛》，2019年第26期。

③ 徐赣丽著：《当代城市空间中的民俗变异：以传统节日为对象》，《杭州师范大学学报（社会科学版）》，2020年第3期。

④ 高丙中著：《对节日民俗复兴的文化自觉与社会再生产》，《江西社会科学》，2006年第2期。

⑤ 林继富、王丹著：《解释民俗学》，武汉：华中师范大学出版社，2006年，第93页。

⑥ 林继富著：《角色转换与文化认同——中国节日文化中的人》，《中南民族大学学报（人文社会科学版）》，2003年第6期。

族、地域和中华民族认同层次的表达内容与表达方式的演进逻辑，并将区域性家族生活、地方社会交往交流交融过程中的共同记忆凝聚为中华民族的共同记忆。[①]孟慧英分别从民族文化身份、多元文化互动、传统节日的发展等三个方面论述了传统节日的地位、价值和生存发展问题。[②]王加华提出节日具有明显的“公共性”特征，是一种重要的人群聚合与社会交往方式，是家庭、家族、社区、地域认同的重要体现与载体，对基层社会建构与治理有积极作用。[③]王丹基于文化记忆理论讨论了传统节日起源、建构、传承三个问题，为传统节日研究的认同记忆研究提供了颇具见地的方法论。[④]这些成果对中式传统节日的符号、记忆资源、节日仪式、节日空间建设进行讨论，重视传统节日的文化认同力量，以及在认同过程中对青少年的传统文化教育和引导。

上述学者对中国传统节日的讨论主要依托于当代社会发展背景，依托于中国社会转型时期传统节日出现的问题，这些成果促发了中国民众对传统节日的价值发现和生存境遇的关注。但是在中国传统节日当代性的讨论中，对于民族传统节日的象征符号与民众生活关系，象征符号与民族文化品牌建设等问题也有一些讨论，这些讨论在很大程度上有助于笔者深入、系统地讨论中国民族传统节日象征符号与地方文化品牌建设的问题。

20世纪60年代，克利德福·格尔茨对巴厘人的时间深描和阐释，给我们提供了传统节日研究视角和方法。他指出：“巴厘人的历法（或者不止一种历法，我们将看到有两种历法）将时间分成有限的单元，不是为了计算和累计它们，而是描述它们的特征，以便表述它们不同的社

---

① 林继富、吴佩琦著：《家族认同到中华民族认同的演进逻辑——基于南岭竹篙火龙节的讨论》，《青海民族研究》，2021年第3期。

② 孟慧英著：《从多元文化视角看民族传统节日》，《民间文化论坛》，2006年第1期。

③ 王加华著：《作为人群聚合与社会交往方式的节日——兼论节日对基层社会建构与治理的价值》，《东南学术》，2020年第2期。

④ 王丹著：《传统节日研究的三个维度——基于文化记忆理论的视角》，《中国人民大学学报》，2020年第1期。

会、思想和宗教意义。”[①]“事件的发生就是节假日。”[②]格尔茨把事件的发生与节日联系、历法特征所表达的社会、思想和宗教意义等作为阐释对象，拓展了西方传统节日研究理论。

E.R.利奇从节日的时间象征开始，认为“时间的规则性并不是大自然的一个内在部分，它是一个人为的概念。人为了某些目的而把它投射到自己的环境之中。”[③]他特别指出：“生活经验中人们以节日标志日历，所谓节日便是根据这种重复性赋予时间以神圣的意义。”[④]他用象征理论揭示了传统节日形成的普遍性规律。据此，我认为传统节日就是一个大的象征系统，某一族群在传统节日中的“异常行为”以及实践活动，都黏附着他们的文化特性，通过揭示他们这种行为和活动，就能揭示它们所象征的文化意蕴，尽管它们都是以宗教、神话和仪式作为依据。巴赫金“以一种更加正面的方式看待大众文化”[⑤]，他认为：“节日期间所有人都被认为是平等的。”[⑥]马克·J·史密斯对他的看法作了进一步解释：“这些非同寻常的节日提供了一个情境，其中，观点和意见、委屈和烦心都可以通过直率无畏的方式表达出来，没有仪式性的礼节规范，也没有通常的差别关系，节日是仅有的可以在其中体验真诚人际关系的时间。”[⑦]

这些学者从时间、空间以及象征系统对传统节日进行阐释，将传统节日中人的行为、体验和关系等作为重点观察对象。从传统节日的象征

---

① 【美】克利福德·格尔茨著，韩莉译：《文化解释》，南京：译林出版社，1999年，第460页。

② 【美】克利福德·格尔茨著，韩莉译：《文化解释》，南京：译林出版社，1999年，第474页。

③ 孟慧英著：《西方民俗学史》，北京：中国社会科学出版社，2006年，第478页。

④ 孟慧英著：《西方民俗学史》，北京：中国社会科学出版社，2006年，第478页。

⑤ 【英】马克·J·史密斯著，张美川译：《文化：再造社会科学》，长春：吉林人民出版社，2005年，第85页。

⑥ 【英】马克·J·史密斯著，张美川译：《文化：再造社会科学》，长春：吉林人民出版社，2005年，第86页。

⑦ 【英】马克·J·史密斯著，张美川译：《文化：再造社会科学》，长春：吉林人民出版社，2005年，第86页。

系统到传统节日象征符号的讨论源于对于文化符号的关注。20世纪40年代，卡西尔提出："人是符号的动物，也是文化的动物，人的本质是运用符号创造文化。"[①]这为符号学进入文化研究领域奠定了坚实理论基础。20世纪80年代，法国符号学家皮埃尔·吉罗认为："从人的理解和情感来说，符号的功能主要表现为两种，指代功能（客观的、认识的）和情感功能（主观的、表现的），前者称为逻辑符号，即一般符号或科学符号；后者称为表现符号，主要是诗学的、艺术的或美学的象征。逻辑符号是约定的、任意的、客观的、理性的、抽象的、一般的、可递的、选择性的，表现符号是自然的、有动机的、主观的、情感的、具体的、特殊的、内含的、整体性的。"[②]吉罗所说的表现符号就是象征符号，它又被称为生活中的情感符号。

在西方学术界，关于象征符号（情感符号）为对象的研究一直是热点，在人类学领域甚至形成了象征人类学，代表性的人物有维克多·特纳、克利福德·格尔兹、埃德蒙·利奇等人。20世纪60年代末期，维克多·特纳在《象征之林：恩登布人的仪式散论》中对恩登布人的仪式分析中，重点关注了仪式中象征符号，他认为："仪式中象征符号的结构和特点可以根据三类材料加以推断：首先是通过象征符号的外在形式和可观察到的特点分析其意义，其中包括文化主体对符号的解释；再次是由一些仪式专家或外行人提供的有关符号的解释；最后主要由人类学家挖掘出来的、有深远意义的语境。"[③]通过分析，特纳认识到仪式中的有些象征符号是处于支配性地位的，它们也被称为"工具性象征符号"。他认为："这类象征符号在许多不同的语境中，有时候支配着整个过程，有时候支配着某些特殊结束阶段，它的意义内容在整个象征系统中

---

① 【德】恩斯特·卡西尔著，甘阳译：《人论》，上海：上海译文出版社，2004年，第35—37页。

② 【法】皮埃尔·吉罗著，怀宇译：《符号学概论》，成都：四川人民出版社，1988年，第2—8页。

③ 【英】维克多·特纳著，赵玉燕、欧阳敏、徐洪峰译：《象征之林——恩登布人的仪式散论》，北京：商务印书馆，2006年，第20页。

具有高度的持续性和统一性。”①特纳因对仪式即象征符号的独特研究视角而成为象征人类学学派重要代表人物。

从传统节日的仪式和民众生活中探讨象征符号的深远意义，笔者借鉴维克多·特纳象征符号理论方法，尤其是支配性象征符号意义的两极性：理念极和感觉极的理论成果讨论对阐释我国民族地区传统节日象征符号与地方文化品牌建设具有重要作用，“感觉极聚集了人们被期望激起的欲望和情感的所指；理念极则指使人发现规范和价值的意识，并进一步引导和控制人作为社会团体和社会范畴成员的行为”②。笔者在探讨民族传统节日象征符号过程中，将其“理念极”和“感觉极”作为分析的重点。此外，特纳充分解释特定象征符号的意义，认为应当在与其他“事件”相关的时间序列中来研究象征符号，即认为象征符号本质上是“社会过程的一部分”③。这些理论成果提醒我们在探讨传统节日符号过程中应该将其放置于特殊仪式场域展开分析，关注民族传统节日生成、发展的社会历史发展脉络和重大历史事件的影响。

20世纪80年代以来，国内学者开始了象征符号理论研究，如夏建中在《文化人类学理论学派——文化研究的历妙》介绍了利奇、道格拉斯、特纳、科恩的象征符号理论；王铭铭的《想象的异邦——社会与文化人类学引论》介绍了象征人类学的一般特征和特纳、道格拉斯的象征人类学理论；孟慧英的《西方民俗学史》介绍了利奇关于传统节日与仪式象征、特纳的动态象征和尼达姆的象征与分类；刘锡诚主编的《中国象征词典》认为象征是民间思维模式，象征研究的目的在于揭开隐藏在民俗事象背后的那些含义，并从多学科角度对这些含义做出合理的阐释等。许多学者发表了系列有关象征符号理论方法的成果，如王建民的

① 【英】维克多·特纳著，赵玉燕、欧阳敏、徐洪峰译：《象征之林——恩登布人的仪式散论》，北京：商务印书馆，2006年，第30页。
② 【英】维克多·特纳著，赵玉燕、欧阳敏、徐洪峰译：《象征之林——恩登布人的仪式散论》，北京：商务印书馆，2006年，第28页。
③ 【英】维克多·特纳著，赵玉燕、欧阳敏、徐洪峰译：《象征之林——恩登布人的仪式散论》，北京：商务印书馆，2006年，第19页。

《维克多·特纳与象征符号和仪式过程研究》、单领军的《意义和象征的深度描述》、康澄的《象征与文化记忆》等。

概而言之，国内学者在运用象征符号理论对仪式进行解读；运用象征理论对符号实施分析，并揭示其深刻内涵；运用象征符号理论对文化事项进行结构的分析，这三方面的学术成果都不同程度地为民族传统节日象征符号与地方品牌建设研究提供了相关的理论视角和方法论基础。

“民族传统节日象征符号与文化品牌建设研究”中的传统节日如何建设成为民族文化品牌的研究在国内没有很多成果，但是就“民族文化品牌”的讨论，国内学者主要从理论和实践两个层面展开。

“民族文化品牌”是品牌家族中的新成员，它与一般品牌之间是“源”与“流”的关系。从品牌属性来看，它具备一般品牌的特征，也有自身的特殊性。因此，对民族文化品牌概念和特殊性研究是国内学者关注的重点。施惟达在《论民族文化品牌》中认为“民族文化品牌由文化功能效益和附加价值构成，其核心是活的、充满生命力和创造力的民族文化，民族文化品牌能够立足市场的关键在于独特性和普遍性的统一”[①]；向云发在《民族文化产业化中的品牌经营》中认为“民族文化为产业化品牌经营提供了丰富的资源基础和广阔的发展空间，并构成了旅游产业主体内涵，蕴含巨大的经济潜能”，同时他认为“民族文化品牌化是产品推向市场的增强竞争力的重要手段”[②]；刘亚虎在《少数民族文化品牌的价值与开发》中探讨了少数民族音乐、舞蹈、风情、信仰和历史等文化形态进行品牌建设的可行性，并认为“品牌建设就是少数民族历史文化形态与人们生活环境融为一体，形成浓厚的民族文化氛围，使人们在山水旅游的同时，也为民族文化所感染”[③]；马翀炜和马骏在《文化品牌与民族地区文化产业发展》中提出：“文化品牌既是商品的标志，也是人与人的基于商品而建构社会关系的符号表达。需求与消费只

---

① 施惟达著：《论民族文化品牌》，《民族艺术研究》，2002年第6期。

② 向云发著：《民族文化产业化中的品牌经营》，《重庆三峡学院学报》，2008年第1期。

③ 刘亚虎著：《少数民族文化品牌的价值与开发》，《文化遗产》，2010年第3期。

有在放置在一个社会框架之下才能被理解，使得品牌在赋予品牌消费者社会地位即文化身份的同时自身也进行了定位。”[①]此外，还有张海燕、王忠云的《产业融合视角下的民族文化旅游品牌建设研究》[②]、罗坤瑾的《从传播人类学视角看民族文化品牌的塑造——以贵州为例》[③]、黄东英的《从媒介生态学角度看民族文化品牌的塑造》[④]等分别从不同学科视角对民族文化品牌建设进行了相关的探讨。

近些年来，通过挖掘传统文化建设现代文化品牌的成功案例不在少数，也带来了学者们的回应与反思。这其中，王颖超的《传统再生产与品牌文化的打造——以一种白酒“道光廿五”为例》[⑤]，通过对“道光廿五”牌白酒的考察，分析了在文化品牌打造过程中怎样利用传统文化资源的问题，进而探讨了当下都市中品牌以“神话”的形式被生产和建构的问题。岑学贵的《当代民歌文化的传承与创新——南宁国际民歌艺术家研究》通过对南宁国际民歌节的考察，分析了从传统到当下的过程中，中国传统文化如何革新，进而实现产业化的问题。[⑥]董德英的《采百草逛药市：端午节日文化与节日经济耦合发展》以浙江松阳、广西靖西等地的端午茶、端午药市等传统节日文化为例，论证了传统节日文化与以传统节日经济的耦合发展路径。[⑦]

不同民族地区文化品牌实践研究侧重于对地区民族文化品牌建设进

---

① 马翀炜、马骏著：《文化品牌与民族地区文化产业发展》，《广西民族研究》，2010年第1期。

② 张海燕、王忠云著：《产业融合视角下的民族文化旅游品牌建设研究》，《中央民族大学学报》，2011年第4期。

③ 罗坤瑾著：《从传播人类学视角看民族文化品牌的塑造——以贵州为例》，《广西民族研究》，2012年第2期。

④ 黄东英著：《从媒介生态学角度看民族文化品牌的塑造》，《中共云南省委党校学报》，2011年第1期。

⑤ 王颖超著：《传统再生产与品牌文化的打造——以一种白酒“道光廿五”为例》（博士学位论文），北京师范大学研究生院，2008年。

⑥ 岑学贵著：《当代民歌文化的传承与创新——南宁国际民歌艺术家研究》，武汉：华中师范大学出版社，2011年，第134—143页。

⑦ 董德英著：《采百草逛药市：端午节日文化与节日经济耦合发展》，《山东社会科学》，2021年第6期。

行宏观分析。何颖在《广西民族文化品牌运营研究》中分析广西民族文化品牌运营的突出性特点，认为其运营包括“品牌定位、品牌创造、品牌推广、品牌发展、品牌保护和品牌更新与撤退”[①]六个步骤，并提出了民族文化品牌运营的对策和建议；赵心宪的《品牌策划与目标市场——渝东南石柱县民族文化品牌开发的理论应用问题》分析了石柱县品牌建设问题，提出民族文化品牌建设的三步骤：“全面挖掘、科学整理现有的民族文化资源；从现有的民族文化资源里发掘、概括、提升其内涵的民族文化特质；进入市场，作为某种产品或服务的名称、术语、记号、象征等，成为民族文化品牌产品的市场指代”[②]；廖朝圣在《贵州民族文化品牌的培育与打造研究》中研究了贵州民族文化品牌的现实状况，并指出其中存在的问题，提出“品牌龙头化、品牌民族化、品牌文化化、品牌差异化、品牌市场化和品牌国际化”[③]等建议。有的学者侧重于对某一品牌进行微观实践研究，覃萍、梁培林的《解读民族文化品牌——以刘三姐文化品牌为例》分析了刘三姐品牌对广西地区的重要性及品牌内涵和特点；王燕妮对土家族节庆文化符号进行考察，认为地方性传统节庆文化因分布范围小、地域性限制强、知名度不高、影响力小、传承有限、市场认可度低等特点，其品牌建设经历品牌诞生（产品化）、品牌发展（产业化）和品牌稳定（产业集群化）三个阶段，认为以文化科技创新机制带动文化产业体系有序发展，需要经历从文化到文化经济再到文化产业的地方传统文化品牌建设道路。[④]还有学者将民族文化品牌与民族地区的旅游业结合起来。吕白羽认为“民族文化夯实了乡村旅游根基”，并提出了乡村文化品牌构建的战略举措，包括“树立品牌意识，

① 何颖著：《广西民族文化品牌运营研究》，《广西民族研究》，2000年第3期。

② 赵心宪著：《品牌策划与目标市场——渝东南石柱县民族文化品牌开发的理论应用问题》，《学理论》，2009年第13期。

③ 廖朝圣著：《贵州民族文化品牌的培育与打造研究》，《贵州民族研究》，2014年第8期。

④ 王燕妮著：《我国地方性传统节庆文化品牌建设探析——以湖北“恩施土家女儿会”为例》，《社会主义研究》，2012年第1期。

引进CI理念，营造文化氛围，加强民俗文化研究，启动文化资源保护工程，推进乡村旅游可持续发展，加大营销推介力度，完善民族文化品牌营销策略等”[①]；简王华分析了广西的文化资源和已有的文化品牌，对广西民族文化旅游品牌构建提出了两点主要建议，“一是筛选具有区域特色性资源的民族村寨，二是策划民族村寨与相关民族文化旅游或热点景区的地域组合线路。”[②]

传统节日、仪式象征符号以及文化品牌研究取得了突出成就，并且在相应的领域发挥了理论建设、推动社会发展的作用，但是，当前学界就民族传统节日象征符号与地方文化品牌建设的讨论较少涉及。民族传统节日象征符号与地方品牌建设研究就是在传统节日、象征符号、品牌建设等理论研讨、实践经验以及时代应用过程中提出来的当代民族传统节日研究命题，也是民族传统节日走向当代民众生活，丰富地方生活，建立地方文化品牌的战略行动。

第二节　民族传统节日象征符号与文化品牌建设研究的意义

中华传统节日在当下传承与发展问题是近些年被政府、学界和民众广泛热议的话题之一。中共中央宣传部、中央文明办、教育部、民政部和文化部五部委于2005年6月联合发布了《关于运用传统节日弘扬民族文化的优秀传统的意见》（下简称《意见》），该文件对运用传统节日弘扬民族文化的意义作了充分的阐述和强调，并且从多个方面作了具体的部署，特别强调：“我国是一个统一的多民族国家，少数民族传统节日是中华民族文化的优秀传统的重要组成部分。当地各级人民政府要加强对相应节庆活动的组织与引导，充分尊重少数民族的节日习俗，积极

---

① 吕白羽著：《全力构建民族地区乡村旅游文化品牌的思考——以湘西州为例》，《全国商情》，2009年第8期。

② 简王华著：《广西民族村寨旅游开发与民族文化旅游品牌构建》，《广西民族研究》，2005年第4期。

开展丰富多彩的民族节庆活动，进一步增强民族团结，维护国家统一，弘扬中华民族文化的优秀传统。”中国传统节日作为展示民族文化的窗口，成为弘扬民族优秀传统的主要途径，成为民族文化资源被当代民众利用推动地方经济发展、文化建设。2017年1月，中共中央办公厅、国务院办公厅印发《关于实施中华优秀传统文化传承发展工程的意见》里明确指出中华优秀传统文化传承发展的重点任务，包括“深入开展‘我们的节日’主题活动，实施中国传统节日振兴工程，丰富春节、元宵、清明、端午、七夕、中秋、重阳等传统节日文化内涵，形成新的节日习俗。加强对传统历法、节气、生肖和饮食、医药等的研究阐释、活态利用，使其有益的文化价值深度嵌入百姓生活。”①中国政府倡导将各民族优秀传统节日融入生产生活，融入时代社会经济发展、文化建设之中，这就离不开民族传统节日的生活化、品牌化，因此，讨论民族传统节日象征符号与文化品牌建设研究对于保护中华民族传统节日具有重要意义。

民族传统节日复兴具体表现为许多在现实中消失只存留于文本记载或记忆中的某些传统节日重新得到实践；或者功能萎缩、形式残缺、位置边缘的某些传统节日重新在社会中传播活跃起来，并回到日常生活的中心；民族传统节日作为地方文化标示纳入到品牌建设中来，由此得到进一步发展。研究20世纪80年代以来中国传统节日对地方经济、地方文化发展的作用，具有重要的理论意义。

随着全球化、现代化，不同国家、地区和民族间的文化互动日益频繁，文化再生产得到进一步强化。民族传统节日承载了丰厚的历史文化内涵，记录了区域民众生活，在中国从传统农业社会向现代工业社会转型时期，作为民族文化重要载体的传统节日，不断在当代人生活实践中得到重构与创新。民族传统节日象征符号与文化品牌建设力图将不同地

① 中共中央办公厅、国务院办公厅印发：《关于实施中华优秀传统文化传承发展工程的意见》，《人民日报》，2017年1月26日。

区民众对于传统节日文化资源整合方法进行总结，将民族传统节日实施创造性转化和创新性发展的经验呈现出来。

为了深入系统地研究传统节日象征符号与文化品牌建设问题，笔者特地选取了我国不同地区、不同民族流传的12个具有典型性、代表性的传统节日，就其象征符号的意义进行讨论，并且将其放在多民族历史传统、现代社会背景下，与当代民众生活实践结合起来研究，进一步理解民族传统节日中关键性象征符号对当代民众产生的意义。通过对传统节日象征符号进入文化品牌建设过程及路径方式的描述与分析，探讨民族文化品牌在发展过程中与传统文化之间的特殊关系蕴含的生活意义。

民族传统节日象征符号具有深厚的历史文化底蕴和现实生活意义，是传统节日所在地域民族民众长期积淀凝结而成的传统文化符号，它不仅深刻体现了民众独特的审美经验、价值观念以及情感体验，而且集中展示出地域、民族民众的文化智慧和传统精神。在现代社会，民族传统节日的关键性符号体现了民众日常生活。通过对民族传统节日象征符号的解读，可以进一步了解传统节日所属民族、地域源远流长的历史文化及其独特的精神禀赋和审美属性。

目前，学术界多从经济学、旅游管理学、传播学、艺术设计等学科视角出发，对民族地区文化品牌模式、发展过程及优劣势等进行分析，这种分析多将民族文化品牌建设活动视为经济活动。而笔者旨在将民族文化品牌建设活动视为文化现象、生活实践加以研究。在研究过程中运用相关民俗学、人类学、艺术学理论方法，探讨地方社会挖掘传统节日资源并将其建设成文化品牌的方式及过程，揭示文化品牌在发展过程中与民族传统节日象征符号、传统文化之间的关系，探索民族传统节日品牌建设的基本路径以及传统节日品牌建设在提升民族、地区民众的自尊心、自豪感，增强民族凝聚力和自信心中的作用。从这个角度上说，民族传统节日文化品牌建设无疑有利于民族团结进步事业，有利于铸牢中华民族共同体意识。

“品牌”原属市场营销学概念，指企业或产品为获取更大经济效益，通过传媒或营销活动，在大众心理上产生可以察觉的独特形象。品牌战略随社会经济发展被各行业广泛运用。高质量品牌可以带来巨大的经济和社会效益，也是人们心目中质量与效益的象征。将民族传统节日纳入地方文化品牌建设中讨论，是基于当下中国传统节日与民众生活的紧密结合，与地方经济发展、地方文化发展的有机联系。

民族传统节日不仅包含民族精神和文化特征，而且有独特的文化内容以及形神兼备的文化要素、象征符号，具备塑造别具一格的文化品牌条件。我国许多民族传统节日在各种大众传媒、各类传播渠道广泛宣传和介绍，其实就是品牌创立，品牌生产、品牌生长的过程。因此，民族传统节日与各类大众媒介关系极为密切，如何通过大众媒介推广、宣传传统节日，在营建以民族传统节日为中心的品牌建设中尤为重要。

民族传统节日由一系列可以操持的物质、元素组成，在此基础上形成的具有标识性的文化象征物。比如，傣族的泼水节与热带雨林风光、佛塔、傣家竹楼、欢乐的泼水场景的关联；壮族“三月三”与壮族山水景观，男女对歌场景、壮族服饰以及饮食之间的关系。这些构成了民族传统节日的象征符号，在品牌建设中，这些关键性符号具有文化历史传统的厚度和现实生活的宽度。

民族传统节日的品牌建设过程是新历史形势下全社会共谋、共创、共享的过程。政府主导的文化保护与文化建设的传承，民众基于生活需要与文化自觉的传承，商家营造节日经济的利益传承，大众传媒与社区组织的社会传承，专家学者的知识传播与文化意义阐释的精神传承等，通过共同生活在中华多民族文化空间里而互相影响，彼此作用，共同营建传统节日实现当代品牌所必需的文化氛围和文化空间。

民族传统节日作为地方文化品牌建设对象，各民族在各项社会、经济、文化活动中竭力宣传，力图让外界更多地了解、理解民族节日的内容和特点。每逢节日举办时，当地政府除了在传媒上发布公告介绍节日以外，还邀请各界宾客共贺佳节，置身传统节日之中，体验、感受其魅力。大理白族自治州把三月街定名为“大理三月街民族节”，怒江傈僳族自治州在自治条例中明确每年12月10日为“阔时节”，拉祜族苦聪人将村落中的祭祀竜树的仪式命名为“舍吧节”等，这些民族地区创建的新的具有民族特色的节日大都与以传统节日名称创造文化品牌、推动社会经济发展相关。

民族传统节日在长期历史积累中形成了独特而丰富的生活习俗。这些习俗包括饮食、服饰、歌曲、音乐、舞蹈、乐器、娱乐竞技、仪式、传统节日标志物、传统节日用品等内容，反复出现于媒体、社会活动、文化艺术活动及旅游活动等场景中，被全国和世界了解和认识，由此形成有影响的传统节日习俗品牌。比如，孔雀舞、芦笙、铜鼓、象脚鼓、木鼓、葫芦丝、阿细跳月、上刀山、祭天坛、太阳历、服装等，这些品牌源自民族传统节日，成为民族传统节日当代传承的有机组成部分，成为文化品牌建设的重要内容不断进行文化生产和再生产，并且以“品牌”的方式从多个方面对民族传统节日赋予时代力量。

第一章

符号类型与文化意蕴：民族传统节日象征符号的内涵

民族传统节日是在民众生活基础上发展起来的，若离开了民众的社会历史、生活实践，传统节日的发展就会面临问题，因此，各民族民众的生活是传统节日发展的土壤，也是传统节日传承、发展的动力源泉。

第一节　民族传统节日象征符号的类型

民族传统节日是在生活基础上诞生、发展和繁荣的，象征符号是民族传统节日的核心，围绕象征符号形成了传统节日文化以及以这些文化为对象表达的生活。但是，因不同时代民众的生活方式不同、职业不同、信仰不同、需求不同，民族传统节日的形成也会出现差异，民族传统节日象征符号也就会出现差异。总揽中国传统节日及其象征符号生成、发展情况，笔者以为主要体现为以下三种类型：

一、信仰类

信仰是中国民众生活的重要内容，从原始人生长的远古时期开始，宗教信仰就出现了，并且以各种方式成为民众生活必不可少的组成部分。信仰渗透在生活的各个方面，并且影响到民众生活的时间制度，成为规制中国传统节日生成的重要因素。许多传统节日早期均以信仰仪式的方式出现，到后期发展为成熟的传统节日，其信仰仍然是其传承发展的土壤和核心，从这个角度来说，信仰是传统节日象征符号的主要来源，也是构成传统节日象征符号的基本类型之一。

宗教信仰包括了民众原始时期的原始信仰以及由此发展的民间信仰，中国的道教信仰、佛教信仰和其他宗教信仰。不同民族、不同地区民众的信仰会产生差异，围绕宗教信仰诞生的传统节日也就会出现不同，诞生于宗教信仰基础上的传统节日的象征符号往往就是这些信仰的元素或者物件。“自然力是某种异己的、神秘的、超越一切的东西，在所有文明民族经历的一定阶段上，他们用人格化的方法来同化自然力。正是这种人格化的欲望，到处创造了许多神。”[①]如西藏先民因力量的弱小和泛灵的思维机制，很现实地创造了诸如山神、湖神、羊神、龙神等神灵。为了讨好这些神灵，感激它们赐给生活的必需品，于是他们采取了种种仪式祭祀和酬谢。年复一年，原始信仰中的酬神仪式就逐步具有定期性和定型化，类似现代意义上的节日得以产生。

西藏工布（现为林芝市）是本教活跃频繁的地区，迎神节是工布人的传统节日，藏语称为“娘布拉俗”，意为“娘布人求宝”。这个节日是藏族本教的传统习俗之一，每逢藏历马年八月十日举行，距今已有六百六十多年的历史。关于迎神节的来历，当地老百姓是这样解释的：

在很早以前，林芝县的东面有一座名叫客色母的小镇，镇上有个富有的财主叫边巴朵朵，他家养了一大群羊，领头的是一只神奇的母山羊。每天晚上，那只母山羊都会不见，但第二天清晨，它又回到了羊圈。一天，羊倌在母羊的脖子上拴了一股线，自己拿着线的另一头。晚上母山羊又离开了羊圈，脖子上的线跟着动了起来，

① 【德】马克思、恩格斯著：《马克思恩格斯全集》第二十卷，北京：人民出版社，1972年，第675页。

过了好一阵子，羊倌手上的线忽然不动了，羊倌一边走，一边卷线，一边顺着线路往前找。走了好一会儿，他发现前面的一棵大松树下，母山羊正以小山羊吸奶的姿势坐在地上，树下有一颗闪闪发光的石头，羊倌连忙跑回去向主人报告。老爷边巴朵朵听后，命令羊倌赶快返回把闪光的石头取了回来。

自此以后，边巴朵朵对石头进行供奉献祭，工布一带风调雨顺，不闹灾荒，粮食收成一年比一年好，牛羊一年比一年增多。那时居住在工布地区周围的霍尔、丁青等部族知道了这一消息，都想从边巴朵朵手中得到宝石。经多方打听，他们知道边巴朵朵是一位乐善好施的人，其中一位就把自己装扮成商人来到边巴朵朵的家，显出一副可怜的样子，要求边巴朵朵把闪光的宝石卖给他。边巴朵朵经不起可怜人的再三请求，就把闪光的宝石卖给了他。从此，工布客色母地方气候变坏，不是干旱就是雨涝，牛羊也减少了，瘟疫在人畜中流行。

工布人看到眼前发生的奇怪现象，在边巴朵朵的带领下，结伴来到德高望重的修行者面前询问原因。修行者告诉他们说："世上难得的宝石是观音佛像的化身，你们用金钱把它卖给了商人，因此你们的福气也就消失了。如果你们想办法把宝石拿回来，你们会重新有以前的福气。"

工布人听了以后，多次派人到丁青穷布地方去，想把宝石买回来，但每次都空手而归。他们又结伴来到修行者面前请教，修行者又告诉他们另一种办法：每逢藏历马年的八月十号，举行一次隆重的招神节，就可以把福气请回来。工布人按修行者的说法，每逢藏历马年八月十日举行一次规模盛大的招神节。一次，当人们正在举行节日时，宝石从丁青穷布地方飞落进跳舞的人群中。从此，工布人每年在这个时候举行祭祀和歌舞活动，从未间断。[①]

① 林继富著：《永远的太阳：藏族传统节日觅踪》，拉萨：西藏人民出版社，2011年，第44—45页。

工布的迎神节源于本教信仰，节日中的白石头是藏族本教信仰的重要元素，迎神节上举行的射箭、歌舞等，是工布人日常生活以及喜庆活动的主要内容，因此，迎神节诞生于本教信仰祭祀仪式，迎神节的象征符号来源于本教信仰元素以及早期工布地区民众的生活。

本教时期，虽说原始宗教中的人性大大增强，神性逐渐减弱，但是，浓厚的宗教精神仍然维系着藏族传统节日的发展。

公元七世纪以后，文成公主和赤尊公主从东西两个方向为西藏人民带去了佛教，给西藏思想界带来了新气象。这股思想潮流得到当时吐蕃王室的提倡，随后受到老百姓的青睐，从而强烈地冲击了西藏的本土文化的建构，也为西藏节日的发展提供了良好的文化环境，一种新的节日——佛教节日在青藏高原上出现了。

甘肃拉卜楞寺附近地区过的藏历四月十五日，是为纪念释迦牟尼降生、成佛、圆寂的日子，当地称为“娘乃节”。“娘乃节”一般进行两天。节日里，拉卜楞寺的僧侣和附近十三庄的群众全都会参加。活动的主要内容是念六字真言，转“古拉”和闭斋。拉卜楞人认为“娘乃节”是一年中最大的吉日，在这一天做一件善事或念一遍六字真言，等于平常做了三亿件好事，念了三亿遍六字真言。

四月十四日清晨，每个村庄的人聚集在嘛尼房，倾听高僧活佛念祷，听完后集体念诵“阿嘛呢叭咪哞”，此时的人们以最快的速度抢读六字真言，意在多做善事、多积德行。中午，每个村庄都吃斋饭，斋饭是集体出资的，有奶茶、酸奶、蕨麻米饭等。每家一般可分三份饭，一份是给家中闭斋的人，一份为小孩的，一份属于全家的。十四日的斋饭，吃得悠长而闲适。可人吃饱了会动，因此，这天成了他们难得的节日聚会，他们尽情地玩、尽情地耍、尽情地歌、尽情地舞，十四日成了人民欢乐的海洋。

十五日，不闭斋的人大都到寺上去转经轮，念真言。闭斋的人在这一天不能进食，有独自转经轮的，有到僻静的地方静坐的，大都太阳落山后才回家。四月十六日晨，闭斋结束，他们又可以享受美味佳肴了。[①]

公元十一世纪以后，随着西藏佛教的发展，以寺庙为据点的大规模体系化、正规化的寺院法会不断涌现，它标志着西藏宗教节日文化趋于成熟和完善。

以宗教信仰为核心而诞生的传统节日，常常与宗教祭祀仪式相关，与宗教信仰中的神物、圣物相关，与宗教人物行动相关，与宗教的经义、咒语相关。围绕这些物象、经义诞生的祭祀仪式，在发展过程中慢慢演化成地方性的节日，其中的核心元素也被赋予了日常生活的意义，发展成为祭祀仪式基础上传统节日的象征符号。

当然，随着时代的发展，诞生于宗教信仰基础上的传统节日包含的宗教信仰色彩日趋淡化，逐渐被生活化、时代化和世俗化，但是，传统节日中的信仰元素作为象征性的符号仍然具有意义，仍是支撑传统节日发展的基本内容。

二、农事类

农耕生产是中国主要的生产方式，也是民众主要的经济来源方式。农耕生产的季节性、周期性，农耕生产的程序性等均包含了民众的祭祀、庆祝活动，这些活动就慢慢演化成节日了。

农事活动在中国社会是民众的主要生产、生活行为，在平时生活中，农民常常制作各种农具，在劳动时间，农民会在田间地头精耕细作，确保农业收成，确保生活的需求。围绕农耕生产出现了许许多多祈愿生产顺利、农业丰收的活动，诸如耕种仪式、田间管理仪式、收割仪式和储藏仪式等，这些活动形成了以集体为中心的周期性的节庆活动。

西藏先民主要生活在以雅隆河为中心的河谷地带，主要经济活动是农业采集和农业生产，在此基础上诞生的农业民俗成为西藏原始文明的

① 林继富著：《永远的太阳：藏族传统节日觅踪》，拉萨：西藏人民出版社，2011年，第55—56页。

特征之一。由长期的农耕经验确定下来的季节性、地域性强的农事里程碑——农事节日就在西藏农耕民俗土壤上得以产生。

春播节是藏历规定的播种吉日。在春播节前三四天，民众开始酿造青稞酒，给牲畜准备装饰品。到了春播节那天，农人们要举行庄严的祭祀仪式，由一位当年属相的妇女和农民在日出之前，赶到自己最肥沃的土地里祭祀农业神。此后，盛装的农人才带着供品和经幡，高唱颂词，来到自己准备试耕的田里。妇女们要向天敬酒三次，在耕牛脑门上抹三道酥油，并在每对耕牛的轭木上插上经幡。此后，她们才带着装扮一新的牛去耕翻新年的第一犁。至此，敬神仪式才算结束。

春播祭祀结束后，民众聚在一起，开展各种体育娱乐活动，青少年尽情歌舞，把节日气氛推向高潮。这样欢宴五六天后，民众才开始一年的繁忙劳作。

如果说春播节是西藏民众春耕生产的第一声仪式性号角的话，那么望果节则是民众庆贺丰收的盛典。比如在西藏拉萨的工噶谿卡，每到秋收，工噶谿卡村附近寺院的喇嘛或当地巫师要为望果节选择吉祥的时日。那天，代表神灵的女子要装扮特殊，带领一村百姓绕村三圈。在娱乐场所，他们要高唱祈求神灵的歌曲，百姓们尽情歌舞，开怀畅饮。

图1–1　望果节转农田

望果节的第二天，全村男女在高举着“达达”的巫师的带领下，绕本村庄稼地转圈游行。巫师摇晃羊腿，意为“收地气”，身后僧人吟诵《大藏经》，众人合唱一首古老的“谐青”曲，气氛极其庄严热烈。绕圈后，农人们还要在地里拔三株青稞穗带回家供奉起来，以祈求丰收太平。

图1-2　望果节时农田边的农人们正在唱祈求神灵的古歌

图1-3　桑耶镇的望果节

望果节在西藏江孜被称为“达热节”。如今，这个农事节日的原始信仰成分逐渐减少，变为庆祝丰收、祈求丰年了。“达热节”的形式与本教时期“绕田转圈”及拉萨地区“转地头”的“望果节”的方式基本相同，但是具体日期各村落有一些细微的差异。拉萨一带的藏族村落的“望果节”大约从立秋前一周开始，江孜等地则大约在大暑前一周举行。其仪式的大概流程是农民们背负经籍，手执彩箭鼓乐及香炉、谷穗，盛装结队，巡绕田间。绕完之后，将谷穗插在谷仓或供在神垒上，

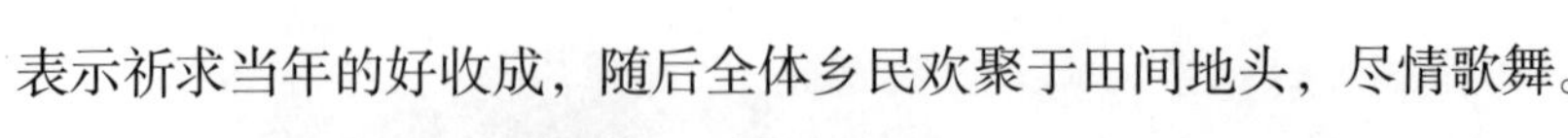

表示祈求当年的好收成，随后全体乡民欢聚于田间地头，尽情歌舞。

春播节和望果节虽然是农事性的节日，但它们仍然是从农业祭祀土地神的庆典活动信仰中发展而来。这些原始的宗教信仰与农耕生产相互渗透，相互作用，年长日久，代代相袭，就演化成一种被西藏民众广泛接受的农耕民俗了。

西藏节日文化发展在信仰文化基础上，在民众集体活动和集体记忆中更迭，又因受到来自其他文化的冲击而发生变异。一则优美的望果节传说颇能说明这一点。

相传一位老人为了让荒芜的家乡变好，苦苦祷告上苍。他的诚心感动了地藏神的三位弟子，他们分别化作一头勤恳的耕牛、一条奔流不息的大河和千万颗金灿灿的种子，给大地带来了丰收。民众为了纪念老人和地藏神的三位弟子，便举行了盛大的庆典活动，由此形成了今天的望果节。

早期的望果节以祭祀神灵等信仰内容为主，随着历史的发展，望果节古老的信仰先后受到本教，藏传佛教宁玛派、格鲁派的影响，一些新的民俗内容也随之被节日传承者吸纳。望果节发展到今天，已经变成了融农事、宗教祭祀、商贸往来、社交娱乐为一体的民俗传统的节日了。

秋收时节的农事活动十分丰富，人们常常以集体的方式举行活动，在这种场域里，农民除了表达丰收的喜悦以外，更多的是将农作物产品奉献给神灵，一则是对神灵保佑农业丰收的酬谢，另一方面就是期望神灵继续对农业生产和农作物的生长进行保护。这种信仰心态在西藏农区的一些秋收习俗中展现得淋漓尽致。[①]

如今西藏农事类传统节日，还有相当部分保留着原始信仰色彩。在西藏南木林的农村，群众崇拜天神、地神、山神、丰收之神、狩猎之神等。此地农业性生产节日每年有两次，一次是在播种庄稼的时候；一次

① 林继富著：《从信仰到民俗：西藏农耕民俗的生成与表现》，《中国藏学》，2007年第3期。

是收获庄稼的时候。但日期不固定，主要根据田里的农事时间确定祭祀日期。又如年楚河流域，民众耕种主要靠年楚河水灌溉，而年楚河发源于喜马拉雅山北麓的冲巴湖、桑望湖、白湖等湖泊，所以每年春播前，每个村庄里会举行一次祭湖活动[①]，祭湖泊便成了年楚河流域的农事节日。

广西壮族的“蚂蜗节”是农业生产开始时期的传统节日，贵州布依族的“六月六”在稻田秧苗成长旺盛时期举行，围绕农事活动形成的传统节日与农耕生产息息相关，这些传统节日中的象征符号也是农业生产中的重要元素。

三、择偶求育类

择偶求育为人类“自身生产”的行为，这类行为伴随了人类社会的发展，无论是古代还是今天，许多传统节日中均包含了这类主题。

在原始社会，我们先祖的生活条件十分恶劣，人口的死亡率高得惊人，相应地人口的繁衍也很困难。为了寻找到增加人口的妙计良方，弥补现实生活人口数量较少的缺憾，大量的求育生殖习俗应运而生。在此基础上，大规模、多样性的求育节日或与求育相关的节日成为许多民族、地域民众日常生活的重要内容。

甘南博峪藏族采花节从四月十四日开始。以家庭为单位上山时，自己亲属带着女儿，不准调笑，不准大声喧哗，怕惊吓到山神。到达山顶，祭祀山神和祖先。第二天，青年男女开始唱歌采花，寻找伙伴。归寨时，青年女子将象征多子多福的“花”献给无子之户。那些无儿无女之家，要举行“接花”仪式。“接花”的人们先闭门，邀请留寨者与采花归来的少女隔门对唱，并用酒食酬谢采花人。

然后，众人携花到寨中大坝里，女舞男歌，开始“对花”，此时男女尽情欢唱。博峪藏族以花赠无子之家以祈子，其目的是希望多子多

① 宁世群著：《藏族文化散论》，北京：中国藏学出版社，1997年，第77—78页。

孙。这不仅因为花是从先祖图腾那里采来的，而且花是可以结籽、结果的，为生育繁殖的象征。[①]

以择偶为目的的传统节日在中国十分丰富，并且在民间社会以青年男女对唱歌谣、赠送礼物为基本内容，像贵州清水江流域的苗族姊妹节，云南新平县花腰傣的花街节等都发展成了当地有名的歌会。比如花腰傣的花街节这天，远近的花腰傣女性一定会穿上自己民族的盛装，打扮一新，汇集到庆祝节日的场所。除了花腰傣外，当地其他民族群众也会来参与过节，近年来漠沙、嘎洒等地的花街参与人数都有三四万人。花街节当天，民众除了做买卖、吃牛肉汤锅、会朋友、唱民族歌、跳民族舞外，更重要的是和自己的意中人幽会吃“秧箩饭”，互赠礼物互诉衷肠。女性把装好的“秧箩饭”送给男性，男性则赠予女性花线、毛巾、笠帽、秧箩等用品，节日当天两人同叙爱慕相思之情。双方互赠的礼品即成为定情的信物。在花街游之前，未婚的花腰傣男女青年有“串寨子”“照电筒”“坐旱田对歌”等习俗，通过这些准备活动，互有意思的男女青年才会在花街那天相约吃“秧箩饭”。新平有民谣也唱道：“正月十三上花街，五月初六下花街，十冬腊月坐旱田，平常日子串寨子，竹林丛中照电筒，欢欢乐乐过一年。”新平花腰傣歌谣唱道：

弹弦走在柳树巷，溜溜出村去窜寨。
看到漂亮小卜少，就想玩耍不回家。
瞧见富家靓子女，就想跟着去玩耍。
……
我们落脚的地方荒了不怕，我们躺过的地方不长草不愁。
到那时，我俩手搭双肩下寨去，我俩手搂双腰上街来。
让百人见了去款，让千人瞧了去说。

---

① 林继富著：《西藏节日文化觅踪》，拉萨：西藏人民出版社，2011年，第188—189页。

> 我用同心蛋黄饭团来唤你走，我拿糯米秧箩饭来喊你回。[1]

串寨子是新平男女青年相识相恋的一种方式，男性到女方寨子中主动相约，用歌声邀约女性出来相会，并不断夸赞女性的美丽聪慧，博得女方的好感。

花腰傣生活的地方属于热带地区，每年早稻收割结束后，晚稻天干缺水，田地放荒不栽种，等到明年开春雨水下地再来栽种。在这一段时间里，每到夜晚，花腰傣男女们就像赶街一样不约而同地汇集到旱田边对坐唱歌，相互寻觅意中人。在对歌之前要相互通报姓名和来自的村寨，以便别人在对唱中锁定自己的心上人，在对歌中相中后就会在日后的赶集日和闲暇日相互找寻约会。就这样，旱田边也成了花腰傣男女青年们谈情说爱的地方，对歌成了主要的娱乐方式。[2]

春节期间云南新平水塘地区的傣族流行着“赶新街”的习俗，俗称“玩年”，主要是让青少年男女进行恋爱社交。新平水塘地区春节后共赶三个街子，十天一次，前后一个月。第一街是十一二岁的少年，第二街是十八九岁的青年，第三街是二十岁以上的已婚成年人。如今这种习俗已没有了，但一些文献记录了当年的盛况：

> 不同村落的未婚青少年在一起欢度新年，每个村落以女青年为核心，排成整齐的长队等候在村头、村尾或者村落旁的路边，迎接前来欢庆新年的邻村男青少年。前来祝贺新年的邻村男青少年们便根据各自的年龄分别去寻觅心爱的女友，找到后便坐在她身边。如果这个女子也看中了这个男子，他们便相依而坐，开始谈情说爱；假若女子看不上，便站起走开，表示拒绝。至于本村的男青少年，则要到邻村去，同邻村的女青少年联络感情。少年参加欢度新年活

---

① 刀明贵、周红芹搜集：《花腰傣古歌谣》，昆明：云南民族出版社，2008年，第154页。

② 林继富、解晓丹著：《自由 生命 情感：云南新平花腰傣花街节研究》，北京：民族出版社，2014年，第73—80页。

动，则具有见习的意义。姑娘们在街期要携带特制的篾饭盒送给自己的男朋友，篾饭盒除装糯米饭外，还要装美味的腊肉，最讲究的，篾饭盒还要装在特制的布袋里，送给最心爱的男朋友。有几个亲密的朋友便带几盒，她们认为带的饭盒愈多愈光荣。这时，未婚的男青年，就可在街头或街尾从自己的女朋友处领到一盒饭。看热闹的父母同来，得以同享，也认为这是一种荣誉。用完饭后，男青年则将糖果、丝线，有时也将钱装在篾盒里，送还给他带来饭菜的女友，表示酬谢。[①]

花街节源于花腰傣对自由爱情的向往，源于他们的生活、生产中寻找生活伴侣，与之相伴诞生的歌谣主要涉及爱情、生命和自由的内容。花街节中的象征符号主要是与爱情、生命有关的“串寨子”、稻田、“秧箩饭”“坐旱田对歌”“照电筒”等。今天的花街节象征符号除继承传统花街节象征符号外，还将花腰傣特殊的服饰、饮食传统提炼出来，经过包装使其成为花街节文化品牌建设的重要符号和文化身份表征。

上面我们将众多民族传统节日的起源及其象征符号来源归结为三种类型，这既是中国传统节日的主体要旨，又是民族传统节日缘起的动因。然而比较三类民族传统节日文化母题及其象征符号的文化归属，笔者发现它们有共同的、反复出现的原型因子，那即是信仰。传统节日的信仰不仅为中国民族传统节日的发展提供了文化土壤和生存空间，而且直接孕育了中国传统节日象征符号的诞生。

第二节　民族传统节日象征符号的发展

民族传统节日是发展的，民族传统节日象征符号随着生活的变化在

---

① 中国少数民族社会历史调查资料丛刊修订编辑委员会：《思茅玉溪红河傣族社会历史调查》，北京：民族出版社，2009年，第146页。

发展。但是无论传统节日如何发展，传统节日的象征符号始终被继承下来，诞生传统节日象征符号的文化基因始终存在。即使一些象征符号的表现形式有些变化，但是，其基本意义却依然存在。比如，藏族传统节日诞生的基础以及维系象征符号生成、发展的信仰始终存在，而且成为支撑藏族传统节日发展的核心元素。

以“万物有灵”和“多神崇拜”为核心的原始信仰，涉及与原始先民生活息息相关的一切事物，对这些事物，原始先民采取拟人的手法，赋予它们“超人的力量”和浓烈的灵性，并通过祭祀活动，年复一年地对它们进行供拜，从而演化成相对稳定的习俗，使其具有传统节日的雏形。

每年藏历正月初五，拉萨河谷回荡着祈神古歌，届时百姓将藏毯包裹的白石放到自家产量最高的农田里（即歌谣中“垒起白石”的地方）。农人们还要在安放白石田地周围燃点香树香草，以召唤天上主管农业的神灵和大地之神的到来。围绕着白石，农人们要用装饰华丽的耕牛犁出五道田垄，分别撒上青稞、小麦、油菜和豌豆种子。据说这一些青苗是农人献给神白石的供品。①

在日喀则农村，每年农民要进行启耕仪式，这个仪式一般选择在藏历正月底或在二月份举行，具体的日子则根据各个农区的实际情况，并结合每年的藏历历书上推荐相应的时间决定。举行仪式那天，全村农民身着节日盛装，喂饱牲畜，赶着各自家耕地用的马或牛，到举行仪式的农田上。绝大部分家庭给耕地的马和牛披上彩绸，挂上彩带。耕地之前，先在农田上煨桑，祭祀农业神灵或土地神，然后选择与藏历历书上所说属相相吻合的人开始撒播第一把种子。播撒第一把种子的人有时有性别要求，有时没有，但是一般都选父母双全，并且十分健康的人。播撒种子的方向有特殊的规定，每年不一样。撒完种子后几个身着盛装的男子开始耕地，耕完一片地后仪式就算结束。接着大家就欢聚在田边地

① 西乐著：《田野上的白石崇拜》，《民间文学》，1986年第5期。

角较为空旷的地方饮酒游戏，共同祝愿年内农业大丰收。

农民们主要是在农田里祭祀他们心中的农业神，通过一系列的启耕仪式，表达乡民的愿望，通过仪式行为开启一年的生产，它具备了固定的祭祀日期、固定的仪式活动和相对独立区间民众的集体活动等民间节日的主要因素。

如果说拉萨河谷一年一度的祭祀农业神活动还未发展为成熟的节日，或在传承过程中被繁多具有广泛影响的拉萨活力强旺的传统节日淹没的话，那么“牛王会”则是由原始祭祀演化成现代节日的典型范例了。

川西南藏族“牛王会”，原本是专门祭祀牦牛牛神的大祭典，每隔十三年举行一次，是由几个寨子或十余个寨子联合举行。藏历初九，先由巫师拔孜到牛王坪（专门祭祀牦牛神的地方）去念诵祈祷词和经文，以祈求牦牛神和山神降临。初十这天在寨子里选一个从未接触过女性的清秀少男，穿上白袍、白鞋，戴上白帽，装扮成“白菩萨”。众人上山时，“白菩萨”走在最前面，不能东张西望。祭祀是从“白菩萨”到达山顶牛王坪开始的。先由“白菩萨”点燃桑烟，然后大家便开始宰杀牺牲来祭祀牦牛神。第三天，寨子里的男女老幼在牛王坪上饮酒跳舞，谓之与牦牛神同喜同乐。第四天，再宰杀牛羊和煨桑，送牦牛神返回神界。祭祀结束，大家回到寨子，还要把作为牺牲的牛羊角交与“菩萨”保管。等十三年后，下届牛王会举行之时，再把它拿出来交给巫师。

像这样以牺牲祭祀神灵的典礼在藏族生活的地区一年要举行多次，这些祭祀大典具备了形成节日的土壤和条件，我们可以将它视作原始信仰阶段的节日，但是它与成熟的民俗节日相比，又具有自己独特的个性。

其一，它以祭祀原始神灵活动为主要内容，其祭祀形式由烟祭和血祭组成。烟祭和血祭既能单独发展成藏族传统节日，又是藏族传统节日仪式中长期得以保留的重要母题。

其二，有较为稳定的活动时间。这种时间周期既可以像今天的节日一样为一年，也可以达十年或几十年，还可能是几个月。

其三，有较为零散的神话传说，但这类神话传说故事性不强，它着力宣扬神灵的威力以及对神的各种禁忌。

这些风俗使一部分原始信仰时期的节日拥有了广阔的生长空间，随着时代的发展，被黏合进许多生活内容，以至于最后发展为成熟的藏族传统节日了。

藏族传统节日的形成，主要在本教兴盛阶段。作为西藏土生土长的本教，“以占卜休咎、祈福禳灾以及治病送死，役使鬼神等为其主要活动。”[①]相信万物有灵，“崇拜天、地、日、月、星辰、雷霆、雪、雹、山川、陵谷、土石、草木、禽兽，乃至一切万物等幽灵巫鬼。”[②]本教产生于何时已无从查考，但它是在原始自然信仰的基础上发展成熟的，经历了“笃本”“恰本”“觉本”三个阶段，直到公元七世纪中叶，甚至更晚些的时候，本教都是西藏思想和信仰的主流。在这个时期，本教完成了从古老原始的多神信仰到一神教，从自然宗教向人为宗教的转变，其人为因素不断增多，内容不断扩大，信仰礼仪日趋繁杂，这些均强有力地影响了极具凝聚力、感召力的民间传统节日，使本教兴盛时期藏族传统节日在承继原始雏形节日基础上得到了进一步的发展，呈现出一些新的特点。

充实的节日内容、烦琐的节日礼仪，是本教传统节日的特点。此时的节日不只停留在原始祭祀层面上，而是在祭祀之余伴有舞蹈、游乐等活动，一些本教神灵，诸如龙神、念神、战神、土地神也出现在节日之中。祭祀礼仪也遵循本教经义，贯穿于节日的始终，除部落祭祀以外，还有村寨、个人的祭礼，而原始宗教中的烟祭、血祭被本教徒不断地神化，使其更加隆重。

当本教发展到恰本时期，出现了代替神灵说话的巫师，巫师的作用

① 王森著：《西藏佛教发展史》，北京：中国社会科学出版社，1987年，第1页。

② 王辅仁编著：《西藏佛教史略》，西宁：青海人民出版社，1982年，第10页。

随之越来越受到当时民众的重视。巫师在民俗节日中的活动及其作用，构成了西藏本教节日的特点。

每年正月初三，甘南藏族群众祭祀祖先神的跳墨都，首先由本教巫师煨桑诵经，然后老百姓在山上某一固定地点举办祭祀活动。祭祀用的祭品、祭具准备停当后，在本教巫师的作法诵经声中，将牛、羊当场杀掉，每个氏族成员一份。仪式举行完后即下山，村口上先有妇女端酒等待，向祭山神的男人们敬酒慰劳。本教巫师将预先准备的山上烧过的灰烬撒在妇女们的头上，表示为她们驱魔、祈福，接着在村口诵经，之后由氏族成员相随伴跳，边跳边向村口移动，渐渐集中到平坦的公共场地上，才由本教祭师领头进入正式程序。

藏族本教传统节日自始至终贯穿着巫师的活动，只有巫师完成巫祭，唱完巫歌，跳完巫舞，进行完一系列酬神娱神活动之后，老百姓才开始进行歌舞活动。

相传本教祖师爷辛饶米沃是位有大神通的人物，曾到过藏域众多胜地，收服过不少神道山灵，他的继承者遍及青藏高原的广大地区。这些人，在西藏享有极高的声誉，往往被奉为神圣的智者，为此雪域民众设置了许多节日来纪念他们。本教纪念性节日的出现，使藏族传统节日又多了一条传承渠道。

本教传统节日在藏族传统节日发展中的作用是明显的，它除了继承原始信仰的群体祭祀并将其发展成节日以外，还创立了纪念性节日，这不仅使藏族传统传统节日的题材更加多样，内容更趋丰富，而且为藏族传统节日的成熟、繁荣奠定了坚实的基础。

为了适应西藏社会的发展，本教的许多理念已趋于过时，于是松赞干布力图革新旧有社会面貌，寻找新的发展途径。他与李唐王朝和毗邻的尼泊尔取得了婚姻上的联系，先后迎娶尼泊尔赤尊公主和唐朝的文成公主。两位公主进藏，为西藏人民带来了宝贵的精神财富，一种全新的思想随之源源不断地进入西藏。松赞干布广泛吸收佛教教义，使西藏人民的精神面貌为之一变。然而在佛教融入西藏后，受到土著本教长达四个多世纪的抗争。十一世纪中叶至十三世纪初，西藏各佛教宗派才得以形成，并最终占据西藏思想界的统治地位。佛教在发展自己的僧众，建构自己教理、教规时，为了在西藏站稳脚跟，从自身信仰出发，大量吸收了本教的一些教义、神祇、仪式以及风俗民情，最终形成了具有浓厚地方特色和严密哲学思想、理论逻辑的藏传佛教。这种全新的思想观念不仅使西藏人民的精神信仰发生了变化，而且强有力地改变了西藏的民风民情，其中除保留传统的、有利于西藏佛教发展的传统节日以外，还对一些传统节日的习俗进行了改造、充实，大量的佛教传统节日如雨后春笋般层出不穷，使藏族传统节日出现了前所未有的争奇斗艳的新局面。

诞生于原始信仰阶段的望果节，经过本教、佛教的改造，成为藏族传统节日。西藏民主改革后，望果节的规模扩大了，内容也有了相应的变化，如有的人打着彩旗，有的人抬着青稞、麦穗扎成的丰收塔，丰收塔上系着洁白的哈达，举着标语，敲锣打鼓，唱着歌曲和藏戏，绕地头转圈。绕圈后，农民们坐在帐篷里，边饮酒，边谈古论今，还举办各种文体活动和物资交流。同时，望果节还加进了歌颂民族团结、歌颂祖国幸福的内容。

四川嘉绒藏族的“若木尼”，原先是为了祭祀山神，后来逐渐将日期固定在每年的五月初四。届时，各家各户都去神山焚香祭祀，人们把洗净了手炒磨过的青稞和面撒在火上烧，以祭山神，又把小树剥了皮，削尖或做成箭杆插在山神石堆上作为山神的箭。巫师还要念经、敬撒风马旗，围绕神石玛尼堆转圈等。这种带有浓厚原始宗教意味的“若木尼”，已经很难适应今天民众的生活，于是经过改造，现在的“若木尼”只剩下“娱乐”的意义了，节日的名称也改为“看花节”或“赏花节”。节日活动时，民众穿上盛装，带着帐篷和食品，骑马到郊外野宴，尽情享受大自然的恩赐。节日活动中祭祀山神的程序没有被抛弃，但祈祷词中增加了对毛主席、共产党的颂扬，对幸福生活的赞美以及对未来美好生活的憧憬。节日活动内容除传统的赛马、摔跤、射箭、跳锅庄外，还把电影、电视、录像等现代化的娱乐设施也搬进其中。青年男女更是高兴，他们尽情地抒发感情，寻找伴侣。①

民族传统节日生成和象征符号的形成与民族信仰有紧密关系，在某种程度上说，这些信仰是民族传统节日生成的关键性因素。随着时代发展，传统节日的信仰为适应时代发生了变化，但是，围绕传统节日中信仰生成的象征符号的形式发生了改变，传统节日蕴含的意义却没有改变。

民族传统节日象征符号的变化，在每个有生命力的传统节日中均有深刻的表现。比如，重阳节习俗，最具魅力、最富有现代生命意识的象征符号要算“登高”习俗了。重阳节的核心符号“登高”就在不同时代、不同地区出现了明显的变化。

“登高”习俗源于何时，无从考证，但最早记录重阳节“登高”习俗的是南朝吴均的《续齐谐记·九日登高》。该文记曰：“汝南桓景从费长房游学，累年。长房谓曰：‘九月九日汝家当有灾，宜急去，令家人各作绛囊，盛茱萸以系臂，登高饮酒，此祸可除。’”文中“登高”习俗解释因避祸而来，至于为什么要用“登高”来避祸，并没有做出交代。《续齐谐记》中的重阳节“登高”，虽然有巫术谶语的成分，但是，它是历史上最早关于重阳节成熟的记录文本了。

登高是重阳节核心传统。晋朝周处的《风土记》就将重阳节誉为“登高会”：“以重阳相会，登山饮菊花酒，谓之登高会，又云茱萸会。”重阳节的许多风俗均与“登高”有关，其“登高”习俗的表现是多方面的。重阳节日期选定为九月九就是极高的数字，是以最高的奇数为意义生产的根本。我国一些地方，用放风筝的形式来庆贺重阳节，也是一种“登高”习俗的表现，通过放风筝的“登高”形式来表达民众对除污去秽的期盼。

重阳节“登高”习俗显示了民众对生命的追求。老人是社会中的“高龄”人群，重阳节以老人为节日主要受众的现实，也是“登高”习俗的反映，它体现了祝祷老人长寿的价值取向。据南朝梁·宗懔在《荆

① 林继富著：《西藏节日文化觅踪》，拉萨：西藏人民出版社，2011年，第10—15页。

楚岁时记》中记载：“九月九日佩茱萸，食蓬耳，饮菊花酒，令人长寿。”重阳节饮食对老年人的身体健康有好处。今天，我国许多民族将九月九的重阳节视为“祝寿节”。壮族老人在满六十岁生日那天，子孙前来祝贺，并为老人添置一个寿粮缸，此后，每到九月九日，晚辈都要给寿缸添满粮食。现在国家规定九月九日为“老人节”，即取祝老人长寿之义，作为以消灾和期盼健康长寿的传统节日。

重阳节的“登高”习俗无论在民俗心理上，还是在民俗实践上，均具有强旺的生命活力，包含了民众对生命精神的不懈追求。

重阳节“登高”习俗现在已经成为重阳节期间民众想做、要做和必做的活动了，无论表现形式怎样，它的传统民俗实质则是消祸去悔，祛邪避灾。随着时代的发展，重阳节“登高”习俗的内涵发生了变化，今天民众取“登高”的实践、实用之义，即强身健体，郊游散心，调节生活节奏，怡养身心。

第三节　民族传统节日象征符号的文化记忆

中国传统节日十分丰富，解读传统节日的视角很多，不同的路径指向的传统节日的意义却是相似的，文化记忆是笔者解读、阐释传统节日的重要方法。

一、文化记忆中的传统节日

传统节日的记忆，文化记忆是核心，也是支撑传统节日传承、发展的动力。

文化记忆与历史记忆、集体记忆和社会记忆都有关系。德国学者扬·阿斯曼将哈布瓦赫提出，并着力讨论的集体记忆定义为一种“沟通记忆”，也就是个人记忆如何在集体沟通中获得实现。德国学者扬·阿斯曼及其“文化记忆”理论在很多方面发展了哈布瓦赫的集体记忆理论，并将其延伸至文化生活领域。

20世纪80年代末以来，扬·阿斯曼注意到了“文化认同性”问题，并将“文化记忆”引入集体记忆的研究范畴。阿斯曼的文化记忆理论的核心价值在于强调每个文化体系中均存在一种“凝聚性结构”。文化记忆在文化发展过程中已经被深深刻上民族国家的印记，成为“民族—国家”精神同一性和集体认同的重要标志。扬·阿斯曼从文化认同的角度探讨了重大事件与个人经历之间的关系，在他看来，人的记忆基本过程可以概括为个人记忆—社会记忆—沟通记忆—文化记忆等不同方面，每一个阶段的记忆均发挥着不同的作用。

传统节日的主体是人，人创造了传统节日，传递着传统节日信息，在传递、创新过程中，文化记忆起到了关键性作用。文化记忆不断强化传统节日的凝聚性力量，传统节日作为民族、国家认同的文化和地方认同文化，在这个过程中又留下了每个人关于节日的记忆，留下了族群、地域关于传统节日的记忆。在传统节日的文化记忆中，不同的节日传承方式、不同的节日风俗承担着不同的作用，传承着不同的内容。

每个民族均有文化记忆，在文化记忆中，其属于生活性强的记忆，传统节日具有的文化聚焦式、集体性、时间性和生活性特点，使其成为民族文化记忆的集中表达，也成为民族文化记忆的综合展示。

二、传统节日的文化记忆逻辑

传统节日文化是社会发展历程的产物与印记，是各族在特定自然生态与社会生态环境中生存与发展的历史积淀。在贵州的17个世居的少数民族中，除满族没有保存民族特色的传统节日外，其余的苗族、布依族、侗族等16个世居民族都有属于自己的传统节日，这些构成了贵州民族文化多样性的基本格局。据统计，在贵州生活的民族中就流传有1000多个传统节日，从正月初一到腊月三十，全省各地几乎每一天都有民族文化传统节日，都有少数民族同胞在过节，“大节三六九，小节天天有”就是贵州民族传统节日的真实写照。黔东南凯里石青村的苗族一年中主要有8个传统节日。石青人的娱乐也常与传统节日联系到一起，传统节日既是他们传统文化的聚合，又是他们娱乐方式的集中展示。石青村主要传统节日以及娱乐活动见下表：

表1-1 石青村主要节日以及娱乐活动表

节日名称	节日时间	庆贺方式	主要饮食	娱乐活动	备注
春节	正月初一	祭祖，迎新，贺岁	糯米粑、香肠、腊肉、血豆腐、鸡肉、酒	踢毽子、篮球赛、棋类、牌类、歌舞。	有“踩年”[①]“挑新水”“开活路”习俗
芦笙节	正月十二至十四日	聚会，走亲访友	米粉、火锅、水果、糖、瓜子等	吹芦笙、斗牛赛、篮球赛	“讨花带”习俗[②]
元宵节	正月十五日	庆贺元宵	血豆腐、肉类、酒	看芦笙舞、跳芦笙	
闹冲节	农历二月子午日	聚会，走亲访友	米粉、火锅、水果、糖、瓜子等	对歌、吹木叶、斗牛	
清明节	四月五日	扫墓、挂亲	糯米饭、肉类、酒	踏青、唱《挂亲歌》	
吃新节	农历七月卯日	祭祖、尝新米	鱼、肉类、糯米饭、酒	“七姑娘”、斗牛赛	
偷瓜节	农历八月十五	偷瓜送子			
草粑节	农历九月卯日	祭祖、庆丰收	糯米粑、肉类、酒、鱼	斗牛	

石青村传统节日至今还保留了原始信仰内容的娱乐活动，仍然得到民众的喜欢，比如扮演“七姑娘”和“扫帚姑娘”就是流传在传统节日中的精彩内容。

过“吃新节”的晚上，偶尔有人要扮演“七姑娘”，又叫“腰篓

① “Denf Niangx（踩年）”习俗，即有第一个人登门拜访，称“踩年”。“踩年”有邻居间互相约好的，也有偶然来拜访的，但“踩年者”都为男性。如事先没有人“踩年”的家庭，女性是不能随便去串门的。他们都把“踩年者”当作贵宾，要酒肉相待。

② 吹芦笙的小伙子常向跳芦笙而相识的姑娘吹“讨花带”曲调，边吹边跳，跟她“讨花带”。姑娘们也常在那天准备四五根花带到芦笙场来，当小伙子吹“讨花带”曲时，她们把花带捆在他的芦笙上，作为礼物送给小伙子，小伙子则送给她们五到十元钱作为回赠。

姑娘”。扮演“七姑娘”是石青村的信仰仪式，现在变成了娱乐活动。由巫师或懂得送亡灵路线的人主持，用一穗未成熟稻谷、一碗水、三炷香、三片纸钱、一个腰篓和一块黑布，先把香和纸钱烧成灰，把灰放进水碗里，口里轻轻念着：“七姑娘！七姑娘！快快起，快快来，去得快，回得快。”然后让要做“七姑娘”的人、主持人和助手各喝一口灰水，接着用黑布把“七姑娘”的眼睛蒙住，把谷穗放进腰篓里，或绑在“七姑娘”的头上，让她坐在凳子上，由两个人负责扶着，主持人再对她催眠，观众帮忙，用筛或簸箕把她扇到睡着。主持人装作把她的灵魂从家里召唤过来，附到她内体，此时，她便哭着挣扎着站了起来，说自己命太苦了，主持人和助手则规劝她去游方，以忘却自己痛苦。于是，主持人和助手们一路带她到天上去游玩，最终到达“天帝”的宝殿，并讨得她的鹰骑返回人间。

做这个仪式的时候，全寨人常去观看，有的去算命，有的去向“天帝”祈福，小伙子们则向“天帝”乞讨老婆等。更多的人则想去听歌，特别是当“七姑娘”走到“乱石冲”遇到妖女和到“天河”遇到七仙女时，小伙子们就会情不自禁地邀她们对歌，唱出的情歌感情“真挚”而生动，也有人去帮腔，有时一唱就是一整夜，其他人常常屏住呼吸倾听，生怕漏掉了什么似的。

“吃新节”的晚上，姑娘们有自己的活动。她们在夜深人静时组织起来，把一把扫帚装扮成一个女孩的形状，称“扫帚姑娘”，在“她”头上绑上一个勺子，有的还画上五官，再准备一个升或斗、三炷香、三片纸钱，接下来她们到一个年代久远的厕所旁烧香烧纸钱，并用一根木棒搅拌，接着唱歌“请”“扫帚姑娘”：

扫帚姑娘呀，扫帚姑娘！起来吧，扫帚姑娘！
起来给咱算命，算命吃白饭呀！
扫帚姑娘啊，扫帚姑娘！

过一会儿，“扫帚姑娘”就附身到扫帚上，此时扫帚就有了力量。

两人抓紧“扫帚姑娘”的脚，一人手拿着升或斗放在“扫帚姑娘”前面，此时，她们就可以向“扫帚姑娘”祈求各种心愿。比如有的姑娘向“扫帚姑娘”询问自己多久能结婚，“扫帚姑娘”会用头去敲前面的升或斗，敲多少下就是隔多少月或多少年该姑娘才能结婚，敲得较轻的按月算，敲得重的按年算。有的向“扫帚姑娘”询问要谈几个朋友才能成功，她敲多少下就代表谈多少个；有的向“扫帚姑娘”询问将来出嫁的方向，“扫帚姑娘”会扭转头“告诉”她等。她们为了让“扫帚姑娘”“说实话”，要唱尽各种情歌取悦“扫帚姑娘”，一直到月亮偏西，才把“扫帚姑娘”送回厕所，在送“扫帚姑娘”回去时，还要感谢“扫帚姑娘”：

> 谢谢你啊！真是感谢你，扫帚姑娘！
> 明晚再来聚，后晚再来聚吧，
> 亲爱的扫帚姑娘！

苗族姑娘认为，感谢“扫帚姑娘”时感情要真挚，以后才容易把“扫帚姑娘”请出来。

苗族“吃新节”请“七姑娘”或者“扫帚姑娘”是原始信仰的表现，今天却又与娱乐相伴举行，反映了传统节日的某些娱乐活动脱胎于某些原始信仰，随着时代的发展，传统节日的原始信仰成分不断减弱，娱乐成分不断增强。[①]

传统节日文化记忆中的娱乐成分因民众的实践得到传承，并且以情感性的表达为中心。20世纪80年代以前，钉耙山“闹冲节”主要是年轻男女自由对歌，以歌传情，中老年人偶尔观看。

钉耙山“闹冲节”是社交游乐节。从自由对歌时，歌手之间相互挑

① 王廷胜著：《苗族钉耙山“闹冲”对歌习俗研究》（硕士学位论文），中央民族大学研究生院，2010年，第33—34页。

选所必须满足的条件来看，“闹冲”对歌浓缩了舟溪镇的婚恋习俗。通过对歌相识后，他们的感情进一步升华。此外，小伙子们平时要去“窜寨”、赶场、“游方”、爬坡等，这些都是通过对歌等方式来交流感情和经验，而“闹冲”对歌只是其中一个案例。钉耙山“闹冲”对歌虽然限制了对歌的内容，但情歌中的《劝慰歌》就是专门为安慰伤心失意者唱的，《开春歌》中的一部分歌词像谜语一样可以猜可以唱，唱出来更生动形象，《开春歌》中还有赞美大自然的优美歌词，唱起来令人神往。“闹冲”对歌环节中民众可通过唱、听和互动来共享愉悦，以调节自我，取悦他人。又因为它带有竞技的性质，很多人喜欢去看歌手之间对唱的输赢，胜者自豪而输者羞愧，有的为赢家喝彩、鼓掌，为输家惋惜或鼓励他（她）再接再厉，以此共享娱乐。另外，在对歌赛中，获奖者能得到一面奖旗和一定数量的奖金，这就更加激励他们去学习，也满足了他们的好胜心。只要对歌存在，“闹冲”的娱乐性质也将延续下去。①

传统节日的文化记忆是综合性的，但是对于某些记忆则是程式化的，这些程式化又因为节日参与者的活动而变得鲜活生动。因此，传统节日的记忆，已经不单纯是祭祀、娱乐活动了，而是包含了传统祭祀仪式、传统艺术表演、传统体育活动以及贸易往来等多方面内容，成为族内、族际之间交流信息，增进民族、地域民众团结的活动了。

在传统节日的文化记忆里，因特殊的文化形成的特殊文化记忆，从来源论的角度来讲是因为民族特殊历史发展过程和特殊生态环境造成的；从记忆论的角度来讲，这些特殊的传统节日文化则系统地将民族的生活记录下来，从而形成了传统节日文化记忆的基本内容。

传统节日特殊性记忆、节日主体特殊的历史经历被传统节日所记忆，成为建构人们生活史和文化史的重要内容。战国至秦汉时期，以濮人为主体创建了以夜郎为首的且兰、漏卧、钩町等地方政权。《史

① 王廷胜著：《苗族钉耙山“闹冲”对歌习俗研究》（硕士学位论文），中央民族大学研究生院，2010年，第95—97页。

记·西南夷列传》载："西南夷君长以什数，夜郎最大。"西汉末年，夜郎王、钩町王和漏卧侯等为争夺土地举兵相攻，不听中央王朝调解，夜郎王尤为不恭，中央王朝遂将其杀灭，其余诸小国亦渐不存。唐宋时期，罗氏鬼国、罗殿国、自杞国等地方政权分别出现于黔西北、黔中、黔西南。为加强对贵州的统治，从唐宋起，中央王朝改地方行政机构郡县制为州县制。贵州有思州、黔州、费州、播州等十余州，乌江以南所设主要是矩州、蛮州、明州、宝州、抚水州等数十个羁縻州。元明清三代，中央王朝在贵州实行土官与流官并治及"改土归流"。这些特殊的族群以及地方政府的建构，成为贵州传统节日特殊的地方历史记忆内容。

传统节日的特殊性记忆，还表现在记录某一个区域的人的生活，区域的人的文化传统。比如侗族的3月15日摔跤节就只在黎平双江镇的四寨和寨高举行。还有一些区域性的节日就是同一个节，由于每个寨子过节的时间不同，会延续很长时间。比如苗族的"闹冲节"等。这些特殊性的地域民众生活和特殊的传统被节日记忆着，并且在区域性民众生活实践中不断得到传承。

我国是多民族国家，民族与民族之间的交往交流关系紧密，彼此在生活上往来，在文化上交流畅达，这些体现在传统节日的记忆上就表现出民族与民族传统节日的交融性。比如贵州传统节日记忆中，汉族与少数民族传统节日的交融就体现得相当明显。早在汉武帝时期，中央王朝就在贵州设置郡县派驻官兵，并"募豪民西南夷"，龙、傅、尹、董等"三蜀"大姓率属众落籍牂牁郡。以后历代王朝，内地汉族人口多以官、军、民身份不断进入贵州。明代以"调北征南"和"调北填南"形式在贵州实行"军屯"和"民屯"，大批江南人口被指令集团性地移入贵州屯垦，其中仅卫所官兵即达20余万之众。清代"改土归流"的普遍推行和府厅州县的广泛建立，使封建地主制的全面确立，使周边及内地汉民因逃离、商贸、手艺等入黔谋生的数量增多。安顺、平坝、镇宁、长顺一带明代屯军的后裔"屯堡人"妇女服饰沿袭了数百年前江南民间服装式样，这些样式在其他地方早已消失了，却在“屯堡人”中留了下来。古代“干栏”式房屋，在布依族、侗族、水族及部分苗族、仡佬族聚居区保留下来。少数民族传统节日中的青年男女自由交往、恋爱，再依次提亲、定亲、接亲等程序，在很大程度上也受到汉族婚姻习俗的影响。

在中华民族传统节日交融中，少数民族保存着民族特色，又受到汉文化的影响，吸纳了汉文化的营养成分。贵州许多民族有自己的语言，但大多数能同时使用汉语。语言上的交融，带来了文化上的交融。汉族的过年，在贵州很多民族中都盛行。同时，很多民族又保留了自己的年节，像苗族、侗族、彝族、水族等以九月、十月、十一月为岁首的“年”仍在一些地方盛行。这种传统节日中“和而不同”的多元共存现象是贵州民众生活的选择，也是传统节日生活选择、传统节日记忆主体选择的结果。通过传统节日中文化记忆周期性的展示、积累，在拥有同一文化传统成员中产生了巨大的亲和力和情感认同，民族与民族之间的交融导致了文化记忆的共通性。

民族传统节日的记忆尽管呈现交融性、多元性特质，但是，民族传统节日的文化记忆往往成为民族历史的源脉，文化诞生的原点，也就是说，民族传统节日的文化记忆具有根基性的特点。比如民族传统节日中的核心基因，像仡佬族的“祭山”“吃新”，瑶族的“祭盘王”，侗族的“祭萨”，水族的“过端”“过卯”，彝族的“火把节”，布依族的“三月三”“六月六”，苗族的“苗年”“吃鼓藏”“吃新”“吃姊妹饭”“跳花山”“四月八”等传统节日的主要内容就是该民族生活的信仰根本、生活传统和文化关键性元素，这些关键性的元素成为民族文化象征符号，发挥着凝聚力量。

因此，传统节日的信仰仪式需要现代阐释，它的信仰价值需要现代确认，它的信仰意义需要现代性的记忆。这些根基性的信仰记忆元素不断地在记忆框架内部填充新的内容。这些记忆性的框架填充，不是随意性的，更不是个人因素的添加，而是民族、区域集体性的记忆建构。“记忆的集体框架也不是依循个体记忆的简单加总原则而建构起来的；

它们不是一个空洞的形式，由来自别处的记忆填充进去。相反，集体框架恰恰就是一些工具，集体记忆可以用以重建关于过去的意象，在每一个时代，这个意象都是与社会的主导思想相一致的。”①

三、传统节日的记忆框架

传统节日记忆，并不是原版复制式的记忆，而是具有建构性质的记忆。在记忆过程中，当下社会约束框架显得尤为重要，节日记忆虽然是传统的，早已存在于社会和民众生活之中，但是，民众对这些传统的记忆更多的是立足于当下的社会环境、当下的社会需要和个人的兴趣，并从自身利益出发对传统节日进行重塑。在这个意义上，民族传统节日的“过去不是被保留下来的，而是在现在的基础上被重新建构的”。有的时候，我们强调，“我”的记忆是真实的，是唯一的，但是，这种真实性、精确性和唯一性，仍然逃脱不了社会框架的影响，逃脱不了社会框架的约束，逃脱不了个人的需求，“尽管我们确信自己的记忆是精确无误的，但社会却不时地要求人们不能只是在思想中再现他们生活中以前的事件，而且还要润饰它们，削减它们，或者完善它们，乃至我们赋予了它们一种现实都不曾拥有的魅力。”②

传统节日某个场景的“重现”，是基于时间、地点差异基础上的“重现”，因此，传统节日中的“重现”在任何时候都有新的元素，“并将新的要素引入其中，这些新的要素是从当前所考虑的这一场景之前或之后的不同时期转借而来的。”③比如，我们对过去节日传统的记忆，是我们曾经经历过、阅读过、了解过、听说过的“事件”，并且立足于当下民众生活，不可避免地加入了当下的生活观念、价值尺度，以

---

① 【法】莫里斯·哈布瓦赫著，毕然、郭金华译：《论集体记忆》，上海：上海人民出版社，2002年，第71页。

② 【法】莫里斯·哈布瓦赫著，毕然、郭金华译：《论集体记忆》，上海：上海人民出版社，2002年，第91页。

③ 【法】莫里斯·哈布瓦赫著，毕然、郭金华译：《论集体记忆》，上海：上海人民出版社，2002年，第106页。

此为基础描述和书写我们对传统节日事件的记忆。“先于（过去的）某个事件、人物的那些事件和人物已经孕育了它们，正如它们也已经孕育了那些随后将会出现的事件和人物一样。每当我们回溯这些事件和人物，并对它们加以反思的时候，它们就吸纳了更多的现实性，而不是变得简单化。这是因为，人们不断进行反思，而这些事件和人物就处在这些反思的交汇点上。”①

就拿“多彩贵州”文化品牌建设来讲，其中最靓丽的就是传统节日，最活跃的也是传统节日。要建设“多彩贵州”，自然就不仅仅是展示、传承传统节日，而是要将贵州各民族传统节日与贵州多民族民众生活需求相联系，与贵州当下社会文化产业、文化消费相联系。也就是说，“多彩贵州”品牌建设中的传统节日可以进入市场，并且可以以文化产业的形式出现，这种文化产业表达的是以传统节日象征符号为核心的产品，这些产品里必须包含传统节日的文化，这种文化属于传统节日诞生发展过程中的观念符号，自然就包含深邃、多元的文化记忆。

现代化过程中，民众对文化的多元遵循是贵州传统节日进入市场的客观需要。城乡居民越来越多地通过市场进行文化消费，市场将日益成为文化服务人民大众的主要渠道。利用市场机制，繁荣文化市场，满足人民群众多方面、多层次、多样性的精神文化生活需求。

民族传统节日的娱乐活动多样化，有的是“娱人”，有的是“娱神”。表面看来这与经济发展没有必然的联系。随着我国改革开放的深入，传统节日被打上了“节日经济”的标签，特别是20世纪90年代末“农家乐”的开展，直接将传统节日与经济挂钩，给民族传统节日活动注入了新的活力。“农家乐”利用传统节日活动，并且借助传统节日元素进行宣传，以此将传统节日文化与区域社会经济紧密联系，形成了传统节日符号的消费化趋势。

---

① 【法】莫里斯·哈布瓦赫著，毕然、郭金华译：《论集体记忆》，上海：上海人民出版社，2002年，第107页。

中国传统节日诞生是“民族性”的，也是地方性的，由于人口流动，社会融合程度越来越强，于是，中国传统节日出现了从“民族性”向“民族性”与“区域性”的转变，今天许多传统节日活动变成了区域或社区的“公共事务”和共同文化，也成为地方性、区域性的历史记忆。比如在20世纪50年代以前，贵州传统节日活动大多局限在区域生活的民族内部。中华人民共和国成立以后，随着贵州各民族通婚日益增多，许多人由于婚姻的关系从身份上取得了参加民族节日活动的资格，原来纯属于民族内部的传统节日活动逐渐变成了社区内所有社会成员的“公共事务”，原来传统节日展示民族文化的功能转变为展示“社区文化”，于是传统节日的“熟人”世界逐渐将“非熟人”化，变成了更为广大的公共文化了，其文化记忆表现得更加的多元化，但是传统节日的核心符号没有变化，传统节日核心的象征符号包蕴的意义，以及共同体的文化本质也没有变化。

在传统节日发展过程中，我们发现当代民族传统节日逐渐走向地方性质的节庆文化，尤其是在传统节日文化丰富的地区，地方政府往往利用传统节日将其与地方文化发展、地方经济发展结合起来，从而将民族传统节日发展成当地的节庆，这是传统节日的转向，也是传统节日记忆方式的转向。从传统节日到文化节的转变，是以市场为先导，以文化品牌建设为目标，在这里包含了多种人文因素。文化节是传统节日现代性的一种表现，尽管不是全部。文化节是由政府或企业搭台，有他们明确的诉求目的。此时在民间社会，传统节日依然在过，他们按照传统的逻辑在过。

在当代社会，民族传统节日进入资本市场，往往以文化消费、地方文化品牌符号的方式出现，各地民众主要是争夺记忆资源，同样一个传统节日会出现在不同地方，像端午节、中秋节、火把节、“六月六”等民族传统节日，不同地方、不同民族发展过程中，都以不同的方式争夺记忆资源，将这些传统节日由共享的记忆转化成专属性的记忆。显然，传统节日记忆资源包含了社会权利、社会利益和社会关系。然而，在中国传统社会里，主流文化往往掌握和控制记忆资源，为了自身的利益，对于外来文化采取排挤、压制态度。

民族传统节日发展是与时俱进吸收新的文化的过程，因此，传统节日在走向现代生活过程中，更多地具有公共性，这些公共性的文化不是随意添加的，而是从传统节日中挖掘的，将传统节日的公共性和社会建构结合在一起，要将政府、民间、文化人士等多方面的力量通合起来。传统节日公共文化产品的属性，决定了政府部门在民族传统节日活动中起引导作用，而不是包办传统节日。

无论传统节日在现代生活中发生怎样的变化，无论何种力量进入传统节日，其受到现代生活的影响在所难免，以多样化的方式推动传统节日传承创新在所难免。但是，传统节日的记忆框架依然是支撑传统节日走向未来的根本力量。

四、传统节日特色符号记忆

民族有符号、国家有符号、地方有符号，这些符号是有意义的事物、人物、社会生活、风俗习尚的高度凝聚。这些符号背后的事物、人物、社会生活等由于历史的记载、传说，文学艺术的描述而变得重要，成为人们集体性的文化记忆的象征。任何一个民族的传统节日都会拥有这些符号，都会围绕这些符号建立社会关系，传达情感和记录生活。如果传统节日中没有高度凝聚的象征符号，一个民族就很难使自己的集体性的文化记忆一代又一代传承下去。

每个民族都有属于自己的历史和文化，他们通过典籍文献、文艺作品、口头传诵、身体力行等载体与形式将其代代相传。这些历史和文化是生活的过去，但也属于未来。过去的传统或多或少生活在对民众的文化记忆中，并且影响了民众生活未来的建构。

现代民族国家在不断适应现代社会建构和想象过程中包含了传统节日的象征符号。民族传统节日象征符号是历史，是传统，是历史记忆和文化记忆的对象，是源于生活的事象。在民众的记忆里，传统节日总是依赖象征工具、象征符号传递情感，记录生活，这也是传统节日的象征符号离不开社会、文化、群体的集体记忆活动，离不开公共性的民众活动，并且在周期性的节律生活中得以延续的原因。

任何一个传统节日，都有与之相适应的文化内涵与特征。当下社会与市场接轨，传统节日活动有无吸引力和生命力，特色的传统以及依赖传统的现代节庆符号才是根本。传统的文化符号，是传统节日的重要表现，也是区别其他传统节日的重要标志。只有挖掘出具有民族特色或具有传统节日特色的文化符号，让民众一看就知道是什么民族的活动，什么地方的传统节日，这样的传统节日在走向市场化和推进品牌建设中才具有活力和魅力。

随着时代的发展，传统节日需要被赋予新的内涵，需要展示与时代相适应的形式。要采取多种方式，让传统节日象征符号与地方文化建设、地方经济发展结合起来，努力追求民族传统节日活动的效益最大化。比如，黔东南苗族侗族自治州台江县苗族姊妹节在多年的建设中，已经成为台江县苗族文化保护与发展的知名品牌，起到了扩大台江苗族文化影响力，带动台江地方经济发展引擎的作用。

五、传统节日空间记忆场再造

传统节日的活动是在特定空间和时间下进行的。在传统节日发展中，空间由物理性逐渐生成文化性，因此传统节日的空间就是重要的记忆场所，从这个角度来说，传统节日的空间记忆场积累了深厚的传统文化，民族传统节日记忆场，主要是人的活动。这些与人有关的记忆场，关涉每个人的经历以及人过去的事情。过去使用的器物、住过的房子、走过的道路，总会让人想起，总会给人一种亲切的记忆。这些器物、这些房子、这些道路均会与生命某个阶段相连，均会沉淀为某些情感，这些物品就有某种“符号”意义，它们记载了人生的历程，能唤起民众的记忆。人活动的场所，也是传统节日的活动场所，因为人的活动，传统节日的记忆场成为有情感温暖、有历史厚度、有人伦精神的场所。

传统节日活动空间，是物质文化遗产与非物质文化遗产相结合的空间。许多民族传统节日活动场所，或为古庙，或为拱桥，或为溶洞，或为河滩；场内或种有古树，或砌有井泉等，这些都构成了特殊的标志物。有的传统节日活动场所修有专门建筑，如苗族的龙船棚、铜鼓坪、芦笙堂、赛马场、斗牛塘、对歌台、“妹妹棚”“坐花房”，侗族的鼓楼、戏楼、花桥、凉亭、“萨岁”等等。有的传统节日活动场所留有相关碑刻，记载着与民族传统节日有关的历史掌故。这些传统空间，是该民族在长期历史过程中，根据自己的生活和信仰建立的，承载了久远的历史记忆，承载了该民族的生活方式和生活情结。

苗族“花场”又名“赶花场”“跳花节”，多以自然村寨为单位，一般选择建在村子旁边向阳的坡上。苗族有“苗族不跳花，谷子不扬花”之说，这说明“跳花”与苗族民众的农业生产活动相关，并且靠农业生产相关的仪式得以传承。从这个角度上说，苗族“跳花”是一种信仰、一种仪式、一种娱乐。“跳花”的花场作为其活动空间，成为苗族历史记忆的主要场域。

苗族“跳花”与苗族生活相关，具有深厚的历史底蕴和丰富的文化内涵。“跳花”活动的时间因地域差别而有所不同，但是，大多数苗族的“跳花”安排在农历二月到五月之间。“跳花”活动始终围绕着花树进行，具体分为七个部分：讨花种、砍花树、栽花树、拜花树、转花树、迁花树、送花树等。花场“跳花”，芦笙舞是主要活动内容，几百对芦笙手围着花树边奏边舞，以花树为中心转而不止，从栽好花树至送走花树，从未停止。[①]

苗族传说跳花起源于远古时代，那时男人出嫁，女人管天下。当时地上没有花，也没有花场，只有天上的人才跳花。天地之间，人们通过天梯自由往来，地上居住的人常到天上赶花场。有个女人叫谷绕妮奏，

---

① 贵州省水城县政协文史委员会，贵州省水城县民族事务委员会编：《水城文史资料》（少数民族专辑，第3—4辑），1989年，第304—305页。

她丈夫到天上跳花多日不回，她爬上天梯寻找丈夫。上天后，她看到到处开满奇花异草。她想，丈夫不回家是迷恋这些奇花异草，我何不把花树带回人间栽种，让人间也遍地鲜花，留住丈夫的心。她拔起一棵花树走向天梯，不小心花树从手中滑脱，落向人间倒插在地上，从此地上有了鲜花。但是，因为是倒插入地的，便不能像在天上一样四季开花，只有在春天才开花，苗族也只有在一年的春季举办花场。据说后来天上人不乐意别人偷了他们的花，就把上天玩要的地上人通通赶了下来，收了天梯。从此天地之间再无往来。①

这则故事解释了苗族引种花草、栽花树的记忆，这个壮举由女性完成，就是对女性祖先的纪念，故事发生在“男人出嫁，女人管天下的时候”，表达了他们对曾经经历过的母系民族社会生活的记忆。

苗族“花场”故事多，讲述与“花场”有关的故事也多，以“男女相恋”为故事的中心，反映了苗族的婚恋习俗文化。同时，这些讲述人讲述的“花场”作为记忆的媒介和载体，是苗族传统的记忆场域。苗族民众通过对“花场”的讲述再现式地记忆了传统婚恋习俗和苗族民众的生活。

传统节日是民族、村落盛大的活动，需要一定场地作为支撑。因种种原因，许多民族传统节日活动空间年久失修，严重影响到民族传统节日活动的开展。这就要求我们对传统节日活动场地的现状进行调查，根据情况制订扶持维修计划，通过整合各方面资源逐年进行维修，注重把握传承文化精神和文化力量，在现代旅游文化中摄入传统节日文化的因素，促进现代化过程中让民族传统节庆文化为全民所共享，实现优秀民族传统文化的有效传播。

传统节日，作为时间制度习俗，作为传统文化实践活动，与时序结合构成岁时节日。岁时节日结合了民众关于自然时间的认识与人类在这个时间节点上的特殊活动，从而使自然时间具有了意义，以时间为核心

① 泽桂著：《舞蹈与族群》，贵阳：贵州人民出版社，1997年，第102页。

的记忆构成了传统文化记忆系统。

传统节日是以年度为周期进行的，是文化生存方式，属于民众生活、生产记忆。传统节日要求这个“同一族群”的“全体成员”统一在同一节日时间段参与共同的节俗活动，即使是官员，回到家庭生活中也要和家人一样过传统节日。这种全民参与的文化生活是一年一度周期性发生的，它所承载的文化内涵被周期性地反复贯彻和强调，在同一族群内的全体民众的记忆中根深蒂固、世代传承，因此，传统节日具有了历史记忆和文化记忆的属性。

传统节日是集体性的，这种集体性尽管立足于区域社会，但是，民众在传统节日活动中，以共享性的传统为根本，在此基础上分享传统，凝聚共同情感带来的快乐和幸福。在这里，共同性的传统记忆，面对着对共同性的历史认识和理解，保存认同的凝聚力量。“借助集体记忆，借助共享的传统，借助对共同历史和遗产的认识，才能保持集体认同的凝聚性。”①

当然，我们应该认识到民族传统节日文化的特殊性，我们要尊重传统节日主体的意愿，尽量避免旅游活动致使民族传统节日过度商业化，损害民众对于传统节日的依赖感、认同感，尽量保留传统节日的传统生活、传统记忆，只有传统还在，传统节日才能够不断适应时代，焕发出新的生命力。我们要尽量使现代性带来的民族传统节日的记忆资源的争夺变得更加科学、合理，满足参与传统节日主体的诉求。

第四节　以“人为中心”的民族传统节日符号体系

中国是礼乐之邦，礼乐与中国文化精神息息相关，可以说，礼乐中包含了丰富的中国的文化精神。礼乐中的文化精神不是一个抽象的概

① 【英】戴维·莫利著，凯文·罗宾斯、司艳译：《认同的空间：全球媒介、电子世界景观和文化边界》，南京：南京大学出版社，2001年，第98页。

念，它应该是许多个具体的行动、事件以及人的品格等组成的。比如，礼乐文化中表现出来的勤俭、尊老爱幼、团结互助、不断进取等都应该是我们民族精神的体现。这些礼乐通过一定的手段和渠道不断地、反复地在特殊的场合和特定的时间进行展演，使其模式化，其中以人为主体的传统节日就是一个绝好的平台。这些规范人、滋养人思想和精神的礼乐，通过传统节日中的人的一系列活动表现出来，而作为具有特殊时间概念的传统节日，其显现的意义与平时既有联系又有区别，并反映在传统节日文化主体的身上，也即是通过人的角色转换来体现其所具有的特殊文化思想。

中国传统节日文化由一系列象征符号构成，这些符号是传统节日意义生成的关键，然而，传统节日是围绕人诞生、发展的，因为人的存在传统节日才有意义，因为传统节日的象征符号是以人为核心，表达人的生活、人的情感和人的思想观念。

一、民族传统节日与人的主体性

传统节日文化从一开始就离不开人，人贯穿传统节日的始终。具体来说，表现在传统节日文化的诞生和缘起中，人起了关键作用，也就是说，人创造了传统节日文化。早期从原始宗教中诞生的节日，是由于宗教为表现人的渴望、人的思想和精神，通过特定的空间和时间，由人扮演各种超人的角色完成普通人难以完成的任务，于是年复一年，这些宗教活动和仪式定型而演化成今天的传统节日。在民族传统节日形成发展过程中，许多历史人物被赋予永恒的生命进入了传统节日。历史人物也往往给节日赋予了新的意义。如后稷、屈原、介子推、钟馗、秦叔宝、尉迟恭等都是历史人物进入传统节日，虽然我们无法廓清传统节日的出现是否缘于这些历史人物，但是民众将历史人物赋予创造节日的文化使命，显示了他们的真实情感。传统节日文化的成熟、繁荣离不开人的推动，传统节日的文化构成，诸如仪式、习俗等都是经过人来完成。文人雅士用自己的智慧为传统节日谱写的优美篇章，丰富了传统节日文化，诸如王安石的"爆竹声中一岁除，春风送暖入屠苏。千门万户曈曈日，总把新桃换旧符"，又如杜牧的"清明时节雨纷纷，路上行人欲断魂"等诗句，为传统节日文化增添了浓厚的文学色彩，使传统节日的人文精神和文化思想得以彰显。传统节日文化的核心是以人为主体的，它所展现出来的群体意识、蓬勃的生命精神，是人的本质的体现。中国传统节日所表现的内容主要有两类，即神和人。在我国许多民族中，传统节日舞蹈和演唱民歌是重要部分，那些欢腾奔放的舞蹈和激越高亢、情溢四海的民间歌谣，充分展现了人的品格和精神。传统节日中的神是人依照自己的观念和思想塑造的，因此，传统节日中的"神"是人的另一种形态的表现，寄托了人的思想和情感，民众期望自己的愿望通过神这种特殊的"人"来实现，也就是说传统节日中的神，在某种意义上就是人。从表层看，神处于节日文化的从属和客位，事实上，传统节日中的神与人一样，他表现的是人的思想。传统节日习俗更迭围绕人而展开。就拿藏族传统节日来说，它的起源与早期藏族先祖的宗教信仰有密切的关系，这些信仰是人创造的，它包含了人的观念和思想。到公元7世纪，松赞干布立西藏本土文化，广泛吸纳外域文明，使藏族的传统节日在文化大碰撞、大开放的年代进入成熟期。20世纪中叶，西藏民主改革，民众可以放声歌唱新的生活，于是一系列传统节日风俗在崭新的时代发生了变化，一些新的节日也不断涌现出来，这些都是由于藏族民众的推动，使藏族传统节日走向了欣欣向荣的繁盛时期。

传统节日文化的形成，起主导作用的人是广大民众，那么是否其他人就不重要呢？笔者以为这问题并不简单，因为在民间对经典的解读和仪式的操作大都由地方文化人完成，也就是说传统节日文化中文化精英的作用不能忽视。事实上，笔者在肯定传统节日文化以基层民众为主体同时，并没有忽视文化精英的作用。首先，这里所说的创造传统节日文化的主体是广大民众，并没有否认其他人在传统节日文化中的作用，基层民众是传统节日文化的主体而不是唯一；其次，地方文化人对经典的解读和仪式的操作，起到规范传统节日文化的作用，他们并不能在传统节日文化的创造中居于核心地位，因为，传统节日文化是由信仰和一系列习俗构成的，而他们也许在这个方面能起到一定作用，他们可能会使传统节日习俗或内容仪式化或规范化，但这些活动在传统节日文化的形成过程中只是一种外在的形式，并不是决定性的。传统节日的关键是习俗的创立和仪式的生成，这些都是民众在集体生产和生活中完成的。

如果说在传统节日中，人的主体性表现得鲜明突出的话，那么我们目前所见到的当代传统节日，人的活动，或者说人的主体地位并不明显，但这并不能动摇人在当代节日中的位置。比如在藏族100多个传统节日中，人并没有被忽视，人始终是传统节日活动的中心，虽然在现代化的浪潮中，民众对传统节日的文化的关注视角不同，但是，我们并没有忽略传统节日中人的主体地位，只不过是民众关注节日文化的点和面多了。民众在传统节日文化中的活动也呈现出多元化的特点，传统的节日习俗与具有现代气息的新民俗交织在节日活动中，在某种程度上，传统的节日习俗淹没在充满时代气息和现代精神的习俗中而表现得不是那么突出，从而使人的注意力并不那么聚焦，而是呈多点多面的扩散形态。

那么，在传统节日文化的形成过程中是否存在人为干预因素呢？笔者认为传统节日文化在演化过程中，一些人为干预因素是存在的。如果没有人为干预因素，传统节日文化的发展会受到一定的限制，其发展速度也会变得迟缓，乃至还未成熟就消失了。也就是说，人为干预因素对传统节日文化的发展不是一件坏事，关键是我们采取什么样的方式，抱着什么样的态度来进行干预。比如说，经历了1000多年变化的春节习俗如果没有人为的干预该是一个什么样子？人为的干预春节习俗主要是正面的引导，有意识地将一些喜闻乐见的习俗通过民众常见的方式与其他的固有的春节习俗融为一体，使其成为春节习俗的有机组成部分。当然，强行和过分对传统节日文化进行干预也是不对的。

二、民族节日象征符号与生活传统

总览中国传统节日文化，其产生的原因不外乎三种：纪念性的，宗教性的和庆贺性的。在这些传统节日活动中，人将自己的思想、愿望通过诸多的文化生活得以展现，这些文化生活都是我们老祖先在千百年的传承、涤新过程中，在时代文化浪潮中继承下来的，它代表了民众的价值观、生命观，这些毫无疑问是传统节日中最具凝聚力的习俗，其传统的信仰色彩非常浓厚，它使传统节日更具文化意味。因此，在传统节日活动期间，传统文化的力量似乎比平时更为强烈。正是这股强大的传统正能量，使民众在传统节日中能够达到彼此的认同，也正是这些显性与隐性的信仰，使我们在传统节日中能突破时空的距离把心连在一起，生活融为一体。

在我国的传统节日中，生活实践传统和文化表达传统渗透在习俗的诸多方面。重阳送花糕、中秋赠月饼、元宵提花灯、端午馈粽子等均是典型而传统的节日活动，它体现的是亲属互访、朋友互拜、“礼尚往来”的传统生活。一代代传承下来的原始崇拜和宗教活动，在传统节日期间十分盛行，巫术、禁忌、敬神、驱邪、祈求降吉祥等活动，尽管在历史发展中有淡化趋势，但是它的一部分内容仍作为传统被继承下来。祈求风调雨顺、五谷丰登；强调孝道、亲情友情等传统风俗仍然是传统节日的重要内容。选择终身伴侣、渴求生育繁盛、珍视个体生命等充满生命精神的传统代代相袭。祝健康平安、求延年益寿的人生追求比任何时候都要强烈、要鲜明。这些传统既是文化选择、文化传承的结果，体现了民众的价值判断、审美规范，同时又是民众自身文化的反映，反映的是民众共同的文化心理，共同、永恒的文化思想，永不磨灭的精神追寻。

传统节日不仅具有模式化的传统，还是呈现文化个性的亮丽舞台，在特定的时间和特定的场合，人无时无刻不在张扬自己的个性，展现自己的智慧和才能。这些个性的闪现，使传统节日文化具有浓厚的人文色彩，也使传统节日充满着动感和活力。如果从归属来说，民众表现的个性应该是自己的，但是从历史传承角度看，它又是民族的。也就是说，民族性格是由千千万万个性风格组合而成。反过来说，我们从民众的个性风格上，也可以洞悉民族性格或民族传统文化。如果具体分析民众的个性，笔者认为主要由两部分组成：一是个人的生理特性，经过社会化以后而形成的文化色彩极为浓厚的生理文化载体，如声音、手势、步伐等；二是从周围社会文化中继承和吸收过来的，即通过社会和民俗环境对人的影响而促使人不断地社会化和文化化。在这两种过程中，就包含了民族个性和浓厚的民族传统文化道德。举一个例子，传统节日中的舞蹈动作虽然千差万别，但是它所表现的蓬勃的生命律感，与民族整体奋进精神息息相关。由此可见，传统节日文化中的传统是个性化在历史的流变中不断模式化和类型化的结果，而个性化又是文化传统的补充和发展。它使传统节日文化在遵行模式化演进的过程中，表现出传统节日文化的多样性。

传统节日象征符号是传统的凝聚，是在民族生活中不断积累、不断传承的生活传统，它具有穿越时间、空间的力量。尽管传统节日在每年都会周期性地度过，但是每一年的表现都有所不同，这种不同基于传统节日的生活化。传统节日象征符号的传统性是模式化的，但是对于民众来讲，这种模式化的传统置于生活之上，只有当这些以象征符号为核心的传统节日被生活化、情感化了，传统节日才具有生命力，传统节日象征符号的传统性才能够与民众生活紧密相连且具有特殊的意义。

三、角色转换与文化平等

人在传统节日活动中，往往表现得与平常有所不同，这种不同，意味着传统节日具有转换创新能力。传统节日中人的角色转换与其象征符号有紧密关系，那么，人是通过哪些象征符号实现角色转换，以什么途径实现角色转换的呢?

换衣服：传统节日中人的服饰往往最富文化色彩，人们穿上崭新的衣服，使自己面貌焕然一新，不仅容光焕发，更为重要的是，人们在心理上抛弃了旧我，使自己进入到新的角色。

洗澡：在一些传统节日或喜庆活动前，人不仅要清扫房子，而且要清洗自己身上的污垢，以便干干净净地欢度节日。这里面是否包含着舍弃旧的东西，重塑新我的过程呢？诸如西藏沐浴节的来历，传说有一个面黄肌瘦、遍体伤痕的姑娘，跳进一条清明透亮的河水中洗了一个澡，待她从河里出来，一下子就变成冰清玉洁、如花似玉的少女了。这一个“澡”，使她完全变成了新我。

理发：理发在传统节日期间具有特别的意义，尤其是对非自然脱落的头发人们更是倍加小心地照看，并赋予其许多巫术行为，并认为这些头发有神秘的力量。在我国农村，每年的春节，无论是大人还是小孩，都要剃“过年头”。理发师到家后，与平时的待遇完全不同，家人要给理发师特别的照顾，希望他能将自己家人的头发理得更好，为其带来好运，使家人在新的一年里万事顺利，其中也包含了希望理发师能够用自己的巧手，修理出一个全新的自我的寓意。

时间：在中国民众心目中，一旦某一时间消逝，便意味着过去的终结。因此每一个新时间到来，意味着新的生活开始，持续多年的生活也将发生变化。故此，民众在传统节日中，当“时间”的变化和转移的时候，要举行一系列庆祝活动，祈愿庆贺新的开始。继之，民众在新的时间里，相应也会使自己发生改变，从而达到转换自己角色的效果。

空间：统揽我国传统节日的举办地点，绝大部分在野外的某一个地方，这个地方在传统节日期间成为民众公共活动空间。在这个空间里，虽然民众的心情各有不同，但是有一个目的是相同的，那就是希望在这样一个空间里实现自己的角色转换，并且彼此达成角色认同。

祭祀活动：传统节日中的祭祀活动在不同时代、不同民族和不同人群中存在差异，其主持祭祀的人数可以是一个或几个，也可以是全体民众参与。他们通过祭祀活动，为神灵奉献牺牲，既是对过去一年神灵佑助的酬谢，也是期望神灵赐予来年的福禄。通过祭祀仪式，民众期待自己能够以新的行动获得神灵的认同，从而完成自我角色变化。

上述所谈的六个方面是传统节日中人的角色转换方式，然而，我们还注意到在传统节日文化中人的身份经常通过空间转移而不断发生变化，这种变化意味着人角色的转换和职能的转移，尤其是民众的职能在传统节日时间和传统节日以外的时间完全不一样。也就是在传统节日活动中，国家公务人员、祭祀人员、普通百姓等，他们在职能上是平等的，他们从社会的人转向为情感中人。在传统节日活动中，人的社会角色、家庭角色逐渐被淡化，他们忘记了自己的身份和地位，忘记了自己承担的一切社会职务，取而代之的是他们以表达情感为中心，这种情感有亲情、友情和恋情等。因此，传统节日文化在传达情感的同时，回归到人的本体，以致能够达到狂欢，乃至忘我的境地。

尽管传统节日中人的平等意识十分强烈，但是我们必须看到，传统节日活动的仪式和程序决定了一部分人仍然存在明显的职别之分，诸如祭师、演员等。这是否意味着有职能的不平等存在呢？对此笔者觉得这种区别是暂时的，一旦祭祀完毕、演出结束，他们会和一般民众一样参与到传统节日活动之中。同时我们还看到，祭师、演员等职别并不是他们身份的标志，他们所从事的这类活动，在传统节日文化中，主要体现在民众对他们的价值判断上。在传统节日活动中，人的身份是平等的，换句话说，传统节日活动中的人表现为地位平等、性别平等等。这种平等，在传统节日文化出现的概念中得到了很好的印证。在我国的传统节日文化习俗和仪式中，几乎见不到诸如政治、皇权、王爷、统治、权力、等级、差别等带有政治和地位、身份色彩的上行概念；相反，传统节日中的下行概念特别盛行，诸如土地、收获、喜悦、欢笑等词汇在传统节日文化中屡屡出现。因此，传统节日文化中的民俗承担者各自遵行着自身的文化逻辑参与传统节日活动，丰富传统节日内容，传承传统节日习俗。

笔者强调传统节日的身份平等，是否否认了传统节日所具有的地域、民族或群落特性呢？笔者所指的传统节日身份平等，是一个相对的概念，也即是它在一定范围内，不同群体有不同的节日，即传统节日为不同的民族群体和阶层提供呈现自己的公共空间，这是现实存在的，也是民众在长期的历史进程中自觉自愿选择的结果。这种不同，主要有两方面的原因：其一是环境造成的，这种环境应该包括自然环境、社会环境和民俗环境。自然环境是不同民族群体所生活区域的民众赖以生存的自然资源和生态背景，诸如气候、植被、蓝天、白云、山水等；社会环境，主要是影响民众生存的政治与宗教文化的环境，它更多的带有自觉的性质，有时强制性色彩相当浓厚；民俗环境在基层民众的生活中占有相当的分量，也是制约民众生活的主要手段，它往往表现为不自觉性质，具有长期传承的特点，它的力量是潜在和隐性的。因此有什么样的环境，就会孕育出什么样的文化。其二，不同阶层在传统节日中所展现出来的文化差异的另一个原因是人为因素。一部分人通过传统节日中的文化活动刻意显示其地位、身份的差异。他们可以通过多种手段参与传统节日活动，诸如提供金钱、场地、组织等，从而显现出与一般民众的差异性，同时这种现象的出现也与这一部分人的民俗心理有关。这种不同并不全是好事，但也并不全是坏事。笔者要强调的是，这种现实存在并非现在才有。比如，这一部分人如果用自己优越地位和条件为民众的节日活动提供无偿的资助和组织安排，正确引导传统节日文化发展的主流意识，应该说他们对传统节日文化的发展是有积极作用的，而在我国传统节日的发展史上不乏这样的人士。但是，传统节日文化发展到今天，在商品经济大潮冲击下，那种充满铜臭味的做法不时充斥在传统节日文化之中，有人利用自己的地位、金钱、职务之便，借用节日聚会之机，大开利己之门。这一部分人的做法，只能损害传统节日文化的发展，有碍于民族文化的建设。

民族传统节日象征符号中的人的表现是多方面，人作用于传统节日象征符号的诞生、发展是多方面的。象征符号的意义是人赋予的，传统节日通过象征符号表达以人为中心的生活实践。

第二章

基本传统与文化形态：民族传统节日的当代呈现

传统节日是中国民众的生活方式和文化传统的集中表达，从早期特定时间和特定空间中表达的生活行为，到制度化和仪式化的民众聚会、交流活动，始终在调节民众生活节奏，始终以特有的方式传递民众的生活愿望和情感需求，因此，传统节日在中国民众生活中不仅重要，而且呈现出丰富多彩的局面。

中国民族传统节日是历史的，也是生活的，传统节日在历史长河中传承、发展，在每个时代记录了民众生活。中国传统节日既是生活，又是生活的记录，在传统节日体系中，包含了丰富的象征符号，这些象征符号以传统的形式记录民众的现实生活，因此，民族传统节日的象征符号具有当代生活的意义。

第一节 民族传统节日的丰富性

中国是多民族国家，存在着不同的文化板块和文化走廊，这些文化板块和文化走廊上的民族传统节日具有不同的文化个性和特色，在每个文化板块中的民族，因为生活地域和历史传统、宗教信仰等方面的原因，呈现不同的个性和特色，由此形成了传统节日文化的丰富性和多样性。

中国境内生活着56个民族，其中少数民族有55个。从20世纪50年代初期到1979年云南的基诺族被确定为中国最后一个少数民族，中国的民族识别经历了30多年的时间。在识别不同民族过程中，每个民族有各自体系化的节日文化，它们与各自民族的生活融为一体，成为绚丽的文化风景，形成了多元化、多样性的传统节日文化。

中国境内目前确认的55个少数民族，与汉族一道共同创造了中华文化，也创造了中华民族丰富多彩的节日文化。在中华民族共同体内部，民族传统节日多姿多彩。第一，中国民族传统节日，是中国少数民族与汉族民众生活往来的主要内容，中国少数民族传统节日文化融合了中国少数民族文化与汉民族文化的生活关系。少数民族的传统节日，相当多的是在与汉民族交往过程中诞生的。第二，中国各民族生活间彼此往来，构成了中国各民族传统节日交流、融合关系的基础，成为各自民族传统节日诞生和发展的动力源泉。第三，民众的生活成为传统节日的重要内容，生活是传统节日的主体部分，或者说传统节日就是生活，只不过它是特殊时间段的生活。民众的生活，其实分为两个节点，第一个节点为“日常生活”，它是民众从早到晚一天的生活行为，是惯常的，普遍化的；第二个节点为“非日常生活”，也就是仪式性的生活，是特殊时段的生活，比如孩子出生的仪式、结婚的仪式和丧葬的仪式等，这就是生命仪式性的生活了。传统节日也是仪式性的生活，比如春节、清明、端午、中秋等都是在特定时段举行的，并非每天实践的，它是特定时段的生活，具有特别的意义，传递这些意义则要依赖特别的仪式，这就是“非日常生活”了。第四，民族传统节日是中国传统节日的一部分，每个民族的传统节日在各民族生活交往中相互补充、相互碰撞，从而形成新的传统节日。少数民族中间有大量属于自己的节日、属于自己的生活，民族和民族之间的节日构成互补互动，成为中华民族节日体系的主要特征。

中国传统节日历史悠久，丰富多彩，目前绝大多数学者将中国传统节日分为祭祀性的节日、农耕性的节日、纪念性的节日等。笔者在这里没有采用这种方法，因为中国传统节日是多元的，其发展也是在多元格局下完成的，因此，笔者不想把这些传统节日碎片化。笔者在这里采取传统节日地域和内容相结合的分类方法，将中国少数民族传统节日划分为专属性传统节日和共有性传统节日。

专属性传统节日。这里所说的“专属性”是指某一个民族或者某一个地区的传统节日，也就是说只有某个民族或地区来过这个节日。以藏族雪顿节为例。每年拉萨的七八月份，藏族有一个雪顿节。这个节日在拉萨是除了藏历年之外，一年之中影响最大的传统节日。藏历年是所有涉藏地区的藏族要过的年节，但雪顿节却不是，雪顿节只属于拉萨地区。雪顿节最早诞生于17世纪，它从哲蚌寺开始，逐渐发展到拉萨地区，并且从原来只属于喇嘛的节日，发展成喇嘛和拉萨俗众都要过的节日，其中有在寺院展佛仪式，有献演藏戏仪式，有吃酸奶仪式等等。藏戏演出，在拉萨以外的涉藏地区也会流行。因此，说雪顿节是藏戏节是不准确的，雪顿节必须具备展佛、藏戏演出和吃酸奶等核心及具有其象征符号的活动，而这些活动只有拉萨才有，因此，说雪顿节是拉萨藏族的专属性传统节日是有道理的。云南文山西畴县上果村有一个“女子太阳节”，节日里有请太阳、祭太阳、送太阳的仪式，均由女子完成，尤其是18岁以下的女子要沐浴之后才能迎接太阳、祭祀太阳。这是一个古老的节日，今天仍然传承在西畴县上果村。尽管我们更多地说它是西畴壮族的传统节日，但是在发展过程中，上果村除了壮族以外，还有汉族生活，尽管汉族家户少、人口少，但是他们却并没有融入壮族的传统节日“太阳节”之中，因此，西畴女子太阳节在民族杂居村落里，呈现出鲜明的专属性节日特点。像这类专属性传统节日在中国少数民族中数量众多，是民族地区特有的。

多民族共有性传统节日。中国是多民族的国家，其中有的少数民族聚居在一起，有的则呈现散杂居状态。笔者在多个民族地区做调查的时候，发现在一个村里有多个民族生活在一起，在大部分地区很难区分某个节日就是属于哪一个民族的。比如，云南新平花腰傣的花街节，这是新平傣族的传统节日，但是生活在新平的彝族、哈尼族和汉族也与傣族一道共同庆贺花街节，与傣族一样进行花街节的所有活动。在中国有30多个民族要过春节，有些民族有两个春节，如湖南的土家族，他们过"赶年"，在我们的春节前一天，但同样也过春节。这些意味着不同地域的民众具有共同的精神财富和文化传统，值得我们重视。

在多民族杂居的社区或村落，生活在同一个地域的不同族群，分享着地理环境带来的福祉，也承受着自然生态带来的困扰，由此形成了共同的文化心理和信仰，并且彼此分享不同族群祖先创造的智慧。也就是说，在现实生活中，尽管他们民族身份不同，但是在地域作用下，地域文化传统被民众认同和接受，于是，多民族共有的传统节日就成为共有传统发展创新的体现。

中华民族有多少个传统节日？中国境内有多少个传统节日？目前并没有准确的统计，这个统计需要有个时间点——"今天"有多少个传统节日？如果要统计中华民族历史上有多少传统节日，有点麻烦，因为很多节日消失了，文献没有记载，也就没办法统计了。根据目前出版的一些著作，通过几个数据我们可以大致窥见中国少数民族究竟有多少传统节日。第一本著作是20世纪80年代末期出版的，由李竹青先生编著的《中国少数民族节日与传说》，里面介绍了13个少数民族的111个传统节日；第二本著作是范玉梅先生编著的《中国的民族节日》，里面介绍了34个民族节日，后面附录了55个少数民族的603个传统节日。在《中国民间节日文化辞典》里收录了1700多个传统节日，其中包括了1154个少数民族节日。至于那些流传在少数民族中间，没有被记录下来的传统节日还有很多。我们再看某一个地区。1984年，贵州省民委和贵州省文化厅编印的《贵州省民族节日概况一览表》，确认了贵州省一年中的民族节日达到490多个。笔者编写的《藏族节日文化觅踪》中统计的藏族传统节日就有110多个。这个数字，并不代表每个藏族节日，也不代表所有藏族都要过，有许多传统节日不过是地方性的。我们再看一个民族地区，就是贵州凯里，有学者统计，凯里的民族传统节日有133个。凯里是一个地区，就是在凯里的苗族传统节日就有123个，这又意味着什么呢？苗族的支系较多，生活地域分布较广，不同地域和不同支系的苗族传统节日的数量之多可想而知了。

上面几本著作记录的少数民族传统节日总体数量和一个地方传统节日的数量，充分说明了中国少数民族传统节日的丰富性和多样性，共同性和差异性。这些简单的数字，表明中国各民族兄弟姐妹们的生活是令人向往的，他们在传统节日中歌唱，在传统节日中享受美食，在传统节日中释放情感，在传统节日中交流生产、生活经验，其积极的生活态度和生活情怀，无时无刻不在传递中国少数民族民众在传统节日期间生活的幸福感和自豪感。

第二节　民族传统节日的基本传统

中国民族传统节日的基本传统，主要指传统的主题和传统内容。这里概括的基本传统带有普遍的共同性。无论哪个民族的传统节日，都是人创造的，人与人之间没有那么多的差异性，更多的是共同性。我们研究文化，理解个人，都是从共同性的角度出发。今天很多人看待少数民族文化持猎奇的态度，认为有些文化是“奇葩”，其实那是文化的特殊性。也就是说，中国民族传统节日既有特殊性，也有普遍性，既有差异性，也有共同性，那么，中国民族传统节日的共同性体现在哪几个方面呢？

第一，欢聚团圆传统。追求团圆和美好是每个人的向往，在我们很多传统节日里都有表现，其中在过年表现得特别突出。近30年来我们发明了两个词，一个词叫作“春运”。为什么要“运”呢？“春运”做什么？因为大量的人口流动。为什么流动？因为春节期间人们对家的追求，对团圆的渴望。另外一个词叫作“春晚”，即春节时候的联欢晚会。在过去，我们的春节联欢是以家庭为单位的，传统的熟人社会，我们拜年，在村里跟乡亲邻里拜年，这就是熟人社会。所以说30年来，

"春运"和"春晚"的出现是时代发展的必然，它们对中国少数民族传统节日也影响极大。春节拜年的变化很大，原来是登门拜年，如今我们有的家庭的孩子在国外春节时回不来，我们有的朋友在国外春节时见不到，于是就发明了QQ拜年、电话拜年、微信拜年、视频拜年等。需要注意到，节日的核心传统元素还在，只是换了一种方式，细加考量，那就是人与人的情感。现在我们很多老年人每年守着传统社会意义上的"家"，希望孩子们加入春运的队伍，过年的时候能回来。"春晚"也是为了维系现代社会家的团聚的传统，因此，为了适应现代社会，传统节日文化虽发生了改变，但民众渴望团圆的传统一直延续着。

第二，伦理道德传统。中国传统文化里面，忠孝、诚信、礼仪、廉耻等是中国人生活传统价值观的精髓。这些价值观在传统节日里得到了充分体现。过年要给长辈拜年，尤其是要给年龄较大的长辈以特殊关怀。中国少数民族专门为孝顺老人创造了节日，比如朝鲜族的回甲节，是为庆贺老人60周岁专门举办的节日。又如重阳节是以尊老敬老为核心的。在这些节日里面，子女们专门为老人准备一些礼品，孝敬老人。也有讲究诚信，提倡忠义传统的节日，比如许多地方举办的关公庙会等。也就是说，伦理道德的传统在中国少数民族的传统节日里体现得非常充分。

第三，向往自由，追求美好爱情的传统。每个人都向往自由，都在追求美好的爱情，这些内容在传统节日中也得到充分体现，并且形成传统。比如，苗族的姊妹节就是青年女子与男子彼此歌唱，寻找美好爱情生活的节日。恩施土家"女儿会"发源地口耳相传的《十个棚"女儿会"的由来》便讲述了传统"女儿会"的由来：

石窑原名"十个棚"，地远山荒，相传本无人居住种植。后有张、谢、李、滕、杨等十姓人家迁入，分割据地，挽草为界，搭棚建屋，立户创业。时薛姓有一乡士（有学识，在乡中有威望的人），常出外，游洞庭、玩九州，薛姓教女，严守闺门，平时不许外游，儿女由父母包办订婚，无见面之机，只等适龄，拜堂才得相见。某年乡士远游，于敬“亡人”之前夜即七月十一日归家，盛乐此行之见闻，妻女设酒宴，乡士与贤妻杨氏互相敬酒，正酣，忽唤九女入，与道：“明晨你姊妹可理头善装，上街赶场，沿商埠游玩一日，平时不可。”贤妻当即表示不同意，道：“女儿家赶场到商埠游玩，成何体统。”乡士急给贤妻开导：“江湖一带之女子，当老板、当掌柜、当店员，是经商里手，水上会划船，饭馆会厨师，服装会缝纫，能歌善舞，杰女之多，令我钦佩。我要女儿们上街赶场，商埠游玩，增添交谊，见多识广，大有益也。”贤妻再无言。尔后每年农历七月十二，趁敬亡人之机，梳妆打扮，穿着一新，与邻里姊妹，相邀上街，赶场一日。连续数年如故，积之成习。是地结缘男女，亦趁此良机，相互瞥见一面，虽勿敢交一言，但中意者，便嫣然一笑，面红耳赤，以表情意。此俗流传年久，人们便称农历七月十二日为“女儿会”[①]

2009年2月15日，调查者王燕妮前往石灰窑镇调查“女儿会”，在乡文化干部的指引下徒步半小时寻访已81岁高龄的石灰窑漆树坪退休老教师张述猛，采录了一个与“女儿会”相关的民间传说：

祝银姑的故事是我老祖父拿来教育我爷爷的，我老祖父活了77岁，他死的时候我才2岁。我父亲有5兄弟，老祖父嘴巴会说，爱管闲事，叫我爷爷要学祝银姑，管闲事要了断清楚，不拖泥带水，要做好事积德。据说祝银姑就住在这附近，叫鸡笼洞祝家寨。那里前有大山叫头棚，后有大山叫幺棚。祝家二代人没得儿子，只有姑

---

① 齐书清著：《石灰窑“女儿会”的由来》，政协恩施市文史资料工作委员会编：《恩施文史资料第一辑》，1985年，第198页。齐书清著：《我所知道的石窑“女儿会”》，政协湖北省恩施市文史资料委员会、湖北省恩施市民族宗教事务局编：《恩施民族工作二十年·第十三辑》，2003年，第184页。

娘，祝银姑老头招人把祖坟埋在凤凰头，第二年就生下个姑娘，长得好，能说会道，聪明无比，叫作银姑。银姑长到十五六岁时就喜欢管“闲事”，每天来找她的人很多，尤其是找她协调婚姻家务事的。她从小爱喝烟，经常一根烟袋，一匹大黑骡，请一个马夫，出门上高山到头棚，转过来到长坪洗脂棚，在一水井旁的大青石上坐着梳妆打扮一番，再到石灰棚（石灰窑）。她每年五月初五都要到石灰窑街上来，一堆扯皮的、打婚姻关系的、搞不好的人都来找她解决问题。由于她在妇女姑娘中威望很高，找她解决问题的人越来越多，五月初五又是家家（外婆）接姑娘回去过端午的忙日子，银姑就在街上鸣锣约定，说七月十二是闲月，又是月半，初一祭祖人图平安，要将姑娘们接回来玩，十三才烧纸钱磕头送祖人回扬州街赶场。凡是婚姻、家庭有问题的都在这天（七月十二）到石灰窑街上找她解决。她只鸣锣人们都听，于是每年七月十二她都一定要来街上，这一天街道都挤得破，女人特别多。她管“闲事”一管到底，威信很高，凡找她解决问题的都能解决好。她管的闲事里婚姻事情最多，尤其是为婚姻不美满的妇女解除原婚姻，要不就是给她们撮合好的婚姻。她自己一生结了四次婚，不管哪家，男人都管不了她。她的后人到现在都很强。[①]

如果说《十个棚“女儿会”的由来》为我们展示了石灰窑女儿们走出封闭的封建家庭进入自由开放的外面世界的过程，那么《祝银姑的故事》向我们展现的就是石灰窑的女子在婚姻中争取幸福的大胆追求。无论是待字闺中的九女在“女儿会”上择偶还是祝银姑在“女儿会”这天为妇女解决家庭矛盾，两个传说的主题都是“自由”，即自由择偶和自由调解婚姻关系，其传递的是土家族女性在传统价值观念约束下获得公

① 访谈对象：张述猛；访谈人：王燕妮；访谈时间：2009年2月15日；访谈地点：石灰窑漆树坪村猴子跬。

众允许的出门权，是土家族女性乐观豁达的生活理念和对封建主流意识对女性束缚的强烈反抗精神，是土家族女性追求自由爱情生活的表达。这种传统就是女儿会的精神，也是女儿会得以传承的社会基础和文化土壤。

第三，崇尚自然传统。崇尚自然传统，就是指我们对大自然的尊重。我们和自然原本是和谐的关系，这种和谐关系不仅贯穿在物质生产生活中，还贯穿于传统文化中。传统节日处处体现着先祖对自然的尊重。如在中国西南地区生活的藏族、纳西族、门巴族、珞巴族等民族就有“祭山节”或者“山神节”。对他们而言，山神是神圣的，它有很多禁忌。比如，在山上不能砍树，不能大声喧哗，这些传统节日禁忌习俗也很好地保护了自然环境。中国少数民族的生活在很大程度上依赖于自然环境，他们在诸多方面表达着自我生活与自然之间的关系，并且以传统节日的一些习俗强化自我和自然的关系，这就是中国许多民族生活地区自然生态保护相对较好的重要原因之一。

第四，时间和空间传统。涉及传统节日，我们需要关注时间和空间两个概念。传统节日的时间指什么？它和我们日常生活的时间有区别吗？有，传统节日的时间是文化时间，这个文化时间承载着传统、情感和关系。我们生活中平常的物理时间是线性时间，过了今天那就永远不会再有今天了，但文化的时间可以循环，尤其是文化时间里与祖先的情感往往通过一系列的活动不断延续。传统节日每年都会过，实际上它是循环的，但这个节日所承载的传统会有所变化，也就是说去年的端午节和今年的端午节的时间一样，但内容会有所区别，或者说有所创新，或者在传统里面有所减损，因此，我们经常说传统是被发明的。

中国传统节日的时间是中国人长期以来生活实践体验的表现，这种时间体验源于生活。《史记·太史公自序》就记载：“夫阴阳四时、八位、十二度、二十节，各有教令。”中国传统节日时间强调人与自然节律之间的关系，“顺天应时”的特征十分明显，同时，根据自己的生产生活，将自然时间以立春、春分、立夏、夏至、立秋、秋分、立冬、冬至等，为节气赋予生活的意义、文化的价值。这种对于传统节日时间的规定成为传统节日主体生活共同性建立的土壤和道德情感表达的方式。保罗·康纳顿说：“随着每个周期性庆典的举行，庆祝者发现自己好像处在同一个时间内：和往年的庆典或前一个世纪的庆典或五个世纪前的庆典一样的展示。这些重要的时间间隔的组织方式，使它们显得具有同质性，并且在体验上也是如此。”①这些对于传统节日以及庆典仪式的时间的认知是“重复性”“循环性”时间不断赋予新生活的意义。当然，随着现代生活的不断推进，传统节日不断进行重建、重构，新生活的需要推动了传统节日时间的现代性的建构。也即是现代中国传统节日正在经历现代性改造，其中就出现了传统节日时间的变革，包括传统节日时间和为适应现代生活建构的新时间。无论怎样变化，作为传统节日的时间是有意义的、有价值的，也是有情感的。新建立节日时间就是社会经济发展需要和文化品牌建设的需要，但是这两种时间制度统一于传统节日之上并不矛盾。

传统节日的空间传统是在民众生活实践中形成的，并且不断被固定。传统节日的举办地有特殊要求，这些空间上的要求与历史、与先祖生活关联在一起，这个空间是由历史厚度的空间，交织着历史上的人际关系和信仰关系。然而，传统节日发展到今天，其空间发生了很多变化，尽管如此，它仍然是有意义的空间。在传统节日的空间里存在很多关系，比如说年节，其空间一般都在家庭，但是今天会发生一些变化，有些人家条件比较好的，生活在城市里的人，过年就去旅游，到国外去看看，这是年节发生的一些变化，但是并不能动摇年节的时间和空间。中国少数民族传统节日有特定的时空传统，比如壮族赶“歌圩”均有较为固定的空间，苗族的“歌场”也是长期形成的便于民众生活和吟唱的空间，回族、藏族、撒拉族、汉族等每年举办的“花儿会”也是有固定

① 【美】保罗·康纳顿著：《社会如何记忆》，纳日碧力戈译，上海：上海人民出版社，2000年，第76页。

的空间，这些传统节日空间的形成是历史的，也是生活的，是传统节日主体根据自己生活节律创造的仪式性质的时间和仪式性质的空间，这些因为时间和空间承载着传统的力量，承载着某种特殊的关系，由此承载着民众生活的幸福感。

第五，人、祖先和神灵关系传统。中国少数民族绝大部分生活在边疆和不发达地区，他们的社会发展往往比内地和发达地区发展缓慢一些，生活中传统的东西留下来的多一些。在以人为中心的生活空间里，建构出来的祖先、神灵等关系空间制约着他们精神生活，在此基础上诞生了诸多的节日。举个例子，拉扎节是甘南地区很多民族过的节日，而拉扎仪式是为了驱鬼酬神礼佛。这也是对人神之间、人佛之间关系的调节和补偿行为。拉扎节的调节作用实际发生在对人与人以及人与鬼、神、佛之间关系的协调上。“三月十五”是黎平南部侗族地区的传统节日，寨高村和四寨村为节日的主办方，“三月十五”主要包括祭萨岁、祭祖公、踩歌堂、多耶、唱大歌、摔跤、赛芦笙等，其中以摔跤为主要内容也最为隆重，现在的人称之为“摔跤节”。在此期间，村落里的侗族会举行祭祀祖先“萨岁”以及各类摔跤等娱乐活动。黎平县黄岗村的“喊天节”正值黄岗糯稻生长的中期，需要雨水，但是，此时的天气却经常不下雨。黄岗人便认为是得罪了雷神，为了农业更好收成，于是就请鬼师向雷神喊话，希望降来雨水。为了达到这个目的，人们就开始祭祀“雷神”，举行祭祀仪式。“喊天节”其实就是黄岗侗族民众与自然的关系的体现，在这里交织着神与人、人与自然的关系。上述活动实际上是对村落文化空间内的综合关系的平衡机制。传统节日仪式的实施过程就是民众意志与神灵意志的沟通过程，人与神的关系以及人与祖先的关系在节日里得到了充分体现。我国许多少数民族，他们通过传统节日，调节生理时间、生活时间，调整民众的精神生活时间，传统节日符合他们生活的节奏，符合心理情感的节奏。如拉祜族苦聪人的畲皅节上祭祀神灵是仪式的核心环节，通过祭祀仪式，将苦聪人的生活世界和神灵世界联系到一起，实现为生活祈福的情感寄托。畲皅节仪式中所

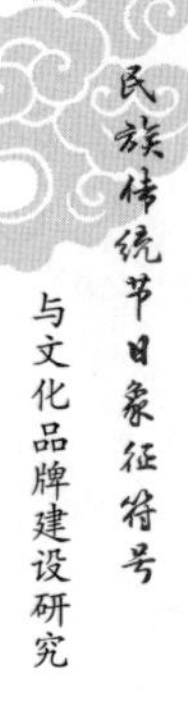

祭祀的神灵呈现出不同的形态。有的认为所祭祀的神灵是“天神”“地神”“猎神/山神”；有的认为是“竜神”“猎神”“山神”三者的集合；有的认为是一公一母两个神灵；还有的认为祭祀的神灵就是“竜神”。无论神灵多少，无论祭祀神灵时间的差别，哀牢山区苦聪人畲肥节的祭祀神灵的性质没有改变。在节日里，苦聪人和神灵的关系也最大化地得到呈现。

民族传统节日，包含了民众的宇宙观、世界观和信仰观念，在这些观念作用下，中国民族传统节日中充分地体现了中国人的信仰世界，这些信仰世界在中国民族传统节日中实现了体系化建构，具体体现在关于神的世界的建构，这是基于有利于、有益于人类生活的信仰建构的。关于“鬼”世界的建构则是以地下世界，即地狱的鬼世界为中心；而关于“仙”世界的建构，来源于民众的“仙人”思想，来源于道家世界观念的作用；“精怪”世界的建构，则源于民众对自然的认识，“物老成精”的观念支撑了中国“精怪”世界的建构及其发展。现实生活中人的世界是感性的，可以说，民众建构的神的世界、鬼的世界、仙的世界、精怪的世界均来自他们对生活的不同建构。人的世界是可以生活的世界，是可以实践、创造的世界，其他的世界都是因为民众生活的需求建构出来的。中国民族传统节日中建构的人与祖先、神灵关系传统，是人与祖先和神灵达成的某种默契，其目标就是实现人的愿望。

上面所谈到的民族传统节日五个方面的传统是共有的传统，如果具体到某一个传统节日上，就会表现出多样性和多元性，当然，民族传统节日的共有传统远不止这些，至于每个传统节日的传统形式的特殊性与该民族或地区民众的生活的关联，就是另一个话题了。

第三节　民族传统节日的时间形态

当下人民精神文化生活日益丰富，在城镇化、现代化、全球化的语境下，“时间”作为传统节日象征符号有其内在的精神文化内涵。中国传统节日时间及其与此相关的符号与仪式在当代得到了传承，同时，也正经历着现代人生活需要作用下仪式的现代转换与新的创造。

近期的流行歌曲《时间都去哪儿了》在春节和元宵节里演唱，唤醒了民众对传统节日的感知和人生的感知，感动了许多人。

“时间都去哪儿了，还没好好感受年轻就老了，生儿养女一辈子，满脑子都是孩子哭了笑了。时间都去哪儿了，还没好好看看你眼睛就花了，柴米油盐半辈子，转眼就只剩下满脸的皱纹了……门前老树长新芽，院里枯木又开花，半生存了好多话，藏进了满头白发。”歌曲里的“时间”记录了越来越丰富的人生。这首歌原本是电视剧《老牛家的战争》的片尾曲、电影《私人订制》的插曲，电影上映时，大家对其插曲几乎只字未提。然而在经济、社会高速发展的时代，在2014年的春节晚会上，这首未引起民众注意的“老歌”因再次演唱引起了巨大的反响，它直击人们的心灵。并且这首歌在春节的时候演唱，就变得特别有意义。它唤起了民众对生命和时间的思考，引起了民众对生命时间和节日时间的焦虑。

传统节日是以时间为轴线的文化表达，其轴线上的核心是民众的生活所串联着的生活实践及其产生的文化。“时间不是我把它记录下来的一种实在过程、一种实际连续。时间产生于我与物体的关系。”[①]传统节日在特定时间内形成人与社会、生活的关系，从而产生传统节日生活体系和文化体系，就像葡萄藤，以葡萄藤为主干长出葡萄叶，结出葡萄果。长出葡萄的土地，就是传统节日中的空间；葡萄逐渐生长的过程及其每年循环长出枝蔓，结出葡萄果，就是传统节日中的时间了。

民族传统节日的时间是传统节日所在地民众时间实践和时间体验的产物，这种时间是基于某个时段，因为某件事情或某些历史作用于民众的生活之中而发生的时间感，从而生成了异于日常生活的时间制度及时

---

① 【法】梅洛·庞蒂著，姜志辉译：《知觉现象学》，北京：商务印书馆，2001年，第515页。

间行为，从而使这种时间具有了神圣性和实用性。

说到时间的神圣性，主要体现在在传统节日时间内所做的事情、体验的事情和感受的事情。在传统节日时间内，人与神、人与祖先的关系，主要通过祭祀仪式得以完成，由此实现了传统节日里的信仰关系和祭祀关系的达成，实现了人与自然、今人与先祖、神与人之间关系的延续和强化，由此产生了传统节日时间的神圣性，有的时候还带有一些神秘色彩。“宗教徒认为时间既不是均质的也不是绵延不断的一方面，在时间的长河中存在着神圣时间的间隔，存在着节日的时间（它们中的绝大部分都是定期的）；另一方面，也有着世俗的时间、普通的时间持续。在这种世俗的时间之中，不存在有任何宗教意义的行为。当然，在这两种意义的时间中间，有着延续性的中断。不过，借助于宗教仪式，宗教徒能够毫无危险地从普通的时间持续过渡到神圣的时间。”[①]传统节日的时间作为神圣时间的实践，源于世俗时间的生活功能和文化意义。

当然，我们也发现导致传统节日时间神圣性的事件可能是历史的，也可能是建构的，包括传说故事，像汉族“年”的来历就是典型。农历正月初一是春节，又叫阴历（农历）年，俗称“过年”。这是我国民间最隆重、最热闹的传统节日。春节是汉族的节日，满、蒙古、瑶、壮、白、高山、赫哲、哈尼、达斡尔、侗、黎等十几个少数民族也有过春节的习俗。古代的春节叫“元日”“元旦”“新年”。辛亥革命后，才将农历正月初一正式定名为“春节”。

相传，中国古时候有一种叫“年”的怪兽，头长触角，凶猛异常。“年”长年深居海底，每到除夕才爬上岸，吞食牲畜伤害人命。因此，每到除夕，村寨的民众扶老携幼逃往深山，以躲避“年”兽的伤害。这年除夕，桃花村的民众正扶老携幼上山避难，从村外来了个乞讨的老人，只见他手拄拐杖，臂搭袋囊，银须飘逸。乡亲们有的封窗锁门，有

① 【罗马尼亚】米尔恰·伊利亚德著，王建光译：《神圣与世俗》，北京：华夏出版社，2003年，第32页。

的收拾行装，有的牵牛赶羊，到处人喊马嘶，一片匆忙恐慌景象。这时，谁还有心关照这位乞讨的老人。只有村东头一位老婆婆给了老人一些食物，并劝他快上山躲避“年”兽，那老人捋髯笑道：“婆婆若让我在家待一夜，我一定把‘年’兽撵走。”婆婆无奈，只好撇下家，上山避难去了。半夜时分，“年”兽闯进村。它发现村里气氛与往年不同：村东头老婆婆家，门贴大红纸，屋内灯火通明。“年”兽浑身一抖，怪叫了一声，朝婆婆家怒视片刻，随即狂叫着扑过去。将近门口时，院内突然传来“噼噼啪啪”的炸响声，“年”兽浑身战栗，再不敢往前凑了。原来，“年”兽最怕红色、火光和炸响。这时，婆婆的家门大开，只见院内一位身披红袍的老人在哈哈大笑。“年”兽大惊失色，狼狈逃窜了。第二天是正月初一，避难回来的百姓见村里安然无恙十分惊奇。这时，老婆婆才恍然大悟，赶忙向乡亲们述说了乞讨老人的许诺。乡亲们一齐拥向老婆婆家，只见婆婆家门上贴着红纸，院里一堆未燃尽的竹子仍在“啪啪”炸响，屋内几根红蜡烛还发着余光。欣喜若狂的乡亲们为庆贺吉祥的来临，纷纷换新衣戴新帽，到亲友家道喜问好。这件事很快在周围村里传开了，民众都知道了驱兽的办法。从此每年除夕，家家贴红对联、燃放爆竹；户户烛火通明、守更待岁。初一一大早，还要走亲串友道喜问好。这风俗越传越广，成了中国民间最隆重的传统节日。

民间还流传另外一个传说：古时，有一个叫“年”的妖怪，经常骚扰百姓，杀人放火，无恶不作。百姓想了很多办法都不能杀死它。就在百姓叫天天不应，叫地地不灵，准备举家外迁的时候，有一壮士出现了，他甘愿献出自己的生命与“年”同归于尽，以换得百姓安居乐业。后来，壮士在“年”经常出没的地方与“年”展开了一场生死搏斗。最后，“年”被杀死，壮士也不幸牺牲。人们为了怀念这位壮士，祝贺获得新生，便在“年”被杀死的这一天举行各种各样盛大的庆祝活动，而且燃放鞭炮，张贴门神对联以驱赶邪恶，并逐渐形成一种习惯，流传下来，此后，人类便有了“过年”的习俗。

除夕是指每年农历腊月的最后一天的晚上，除夕的意思是“月穷岁尽”，民众都要除旧布新，有“旧岁至此而除，来年另换新岁”的意思，是农历全年的最后一个晚上。故此期间的活动都围绕除旧布新，消灾祈福为中心。周、秦时期每年将尽的时候，皇宫里要举行“大傩”仪式，击鼓驱逐疫疠之鬼，称为“逐除”，后又称除夕的前一天为“小除”，即小年夜；除夕为大除，即大年夜。显然，这里面关于“年”的习俗就带有许多建构的性质了。

传统节日时间的实用性、功能性，是指在传统节日特定的时间内，人与人、人与社会的关系会得到缓解、得到加强，并且传统节日时间常常是休息和团聚时间，从这个意义上说，传统节日时间自然就带上实用功能了。

在这里，笔者以为传统节日时间不仅是一个物理的时段，而且是这个时段内产生的文化和各类关系。因此，传统节日时间就包含了物理时间和文化时间。在这里，物理时间是线性时间，是往前走的，并且呈现单线朝前迈进。但是，我们也清醒意识到传统节日的物理时间的线性是周期性的。美国学者罗杰·迪·亚伯拉罕认为：“在仪式和节日期间，人们对时间和空间的感觉与日常生活中是很不一样的；它们全是一种两可之间的经验，在这种经验里一般的时间进程停止了，一种更大的生命节奏被用来作为计量时间的手段。”[①]传统节日的线性时间到了一定时候是循环的，这种循环往往以一年为周期，传统节日一般一年一次，每年都在一次又一次的循环中等待，每年一次的物理时间尽管时间节点一致，但是生活不一样，人也有所改变，因此，传统节日的物理时间是线性循环式的“被利用”的时间。

民族传统节日时间作为神圣时间，不仅仅具有线性时间的特质，更多的是时间上面黏附诸多的民众历史生活事件。中国古代先祖将一年四季轮换的时间与生活相联系，“春种、夏长、秋收、冬藏”被看成是整

---

① 【美】罗杰·迪·亚伯拉罕著：《节日的语言：对经济繁荣的庆祝》，载维克多·特纳编，方永德等译：《庆典》，上海：上海文艺出版社，1993年，第212页。

体的、循环性的时间体系，并且在每个时间节点上赋予了民众生活的意义。其传统节日期间的时间可以穿越历史，将过去与将来融合在一起，以多种方式凝聚着不同民族和地区民众共同体的价值判断和道德情感。比如，在传统节日期间民众会有许多期待，他们生活中的禁忌和祝愿都指向了吉祥、平安和幸福，等等。传统节日期间人与人之间的尊重，尤其对老年人的尊重、对死去祖先的尊重，表现得比平时要更充分。德国学者皮柏认为，在节庆日，“过往的时间停滞了。我们生命本身的不断耗损，因永恒的现实显现出来的‘停滞的现在’而暂时中止。”[①]

> 周期性庆典并非传统社会的专利。但是，周期性庆典是一种补偿手段。用马克思的名言来说，资本主义冲垮了所有的社会封闭性、每一个祖上规限和封建约束；被制造的仪式，不管在资本主义无情加以推动的现代化进程本身中如何含蕴，是缓解手段，是一个竖立起来的门面，用以隔绝这个世界大清扫行动的全部寓意。新制造的仪式涌现出来，立即被形式化，表示对这种全球历史突变的承认。这就解释了为什么如同现代加冕礼一样，涉及一系列成文礼法仪轨的被制造的仪式，以它们的一成不变为显著标志。由于它们的仪轨一成不变，它们被当作一个制度革新社会中不变观念的代表，这在其他地方是没有的。它们的意图是安定人心，它们的情调是怀旧。所以，不是重拟和神话认同的体验，而是形式结构的展示，是这种仪式的最显著标志。
>
> 在现代性条件下，周期性庆典永远不过是一种补偿谋略，因为现代性原则本身否定了周期性庆典结构的观念。它不相信个人或社群的生活能够或者应当从有意操演的回忆和复活原型的活动中得到

① 【德】皮柏著，黄藿译：《节庆、休闲与文化》，北京：生活·读书·新知三联书店，1991年，第41页。

价值的思想。[1]

然而，在现代中国，各民族的传统节日的“时间”正在发生改变，传统节日的“传统时间”多了现代生活中的“现代时间”的挤压或者排斥，民众的传统节日体验和传统节日时间也在发生急剧变化。于是，传统节日或多或少地失去了原有的质量，不同民族和地区民众因为生活需要建构新的节日时间。这些时间的规定性均源自每个人在传统节日的经验层面上不同的体验方式，当然，这里的体验包括了传统节日的“时间形式”和“时间内容”。

进入现代社会，中国传统节日仍然是民众生活的组成部分，节日时间成为传统节日的重要符号而被继承和传递着。但是，现代生活改变了民众的生活方式，改变了传统节日依托的社会结构，因此，传统节日时间也发生了很多变化。

民族传统节日发展到现在，时间形态发生了明显变化，主要体现在传统节日时间被悬置，传统时间的意义淡化和传统节日时间被更改，传统节日时间被压缩。这些在很大程度上影响了民族传统节日时间符号象征意义的发生及其表达。

现代传统节日时间悬置起来，就是不去遵循原本固有的传统节日时间。在现代生活中，民众建构了新的节日时间，加上新的节日空间的建立，传统节日时间逐渐被遗忘了。既然传统节日新的时间建立起来了，与此相伴的现代节日内容也会发生变化。

比如，湖北恩施土家族的“女儿会”，原有的七月十二日契合了乡村社会生活重要的时间点。中元节在恩施地区被称为“月半节”。农历七月初十到十五为月半节，俗称“过月半”，又称“中元节”“鬼节”“亡人节”，土家族十分重视此节，有“月半胜清明”的说法。在

① 【美】保罗·康纳顿著，纳日碧力戈译：《社会如何记忆》，上海：上海人民出版社，2000年，第73—74页。

这个节日，后人要把祖先请回家，供饭（泼水饭）、化钱（在屋前烧包）。[①]“过月半”是祭祖，须接回出嫁的姑娘，全家团聚。这在时间上就有“婆家过月半走不脱，娘家过月半必须去”的矛盾，于是民间约定俗成将七月初一至十二均称为“过月半”。只要父母健在，嫁出去的姑娘都必须带上子女在七月十二回娘家团聚。“女儿会”在七月十二，涵盖了祭祀祖辈亡者和男女结合繁衍后代的双重意义，将人生礼仪中的生与死在农历七月十二日实现了高度契合，形成了人生轮回转换观念。

现代“女儿会”将传统“女儿会”的时间悬置起来，在建构新的节日时间时带来变化。1995年是国家旅游局确定的“中国民俗风情旅游年”，作为恩施独具特色的民俗风情，“女儿会”借由这个契机从1800多米的高山迁入恩施市主城区举办，主办单位为湖北省人民政府和恩施市人民政府。1995年的“中国湖北民俗风情游暨恩施‘土家女儿会’”在恩施市民族路开幕，沿街门面展示恩施的各种特产，500多名演员表演了土家族舞蹈和土家婚俗，这次“女儿会”被称为集节庆、文化、旅游、招商为一体的综合性民族盛会，参会人员也从以前四县边区扩大到全州和边界省市。可以说1995年的“女儿会”开始成为代表土家族独特风俗的全州性民族节日。从1995年开始，恩施市委、市人民政府成为“女儿会”的直接主办方，“女儿会”的举办地也依据每年主题理念的不同在变化。1996年的“女儿会”依然在恩施市民族路举办，主要内容是恩施各县市和周边省市的物资展销和经贸洽谈会。1999年的“龙鳞宫女儿会”在恩施高桥坝龙鳞宫举办，目的是为迎接湖北省新闻年会在恩施市召开，以此为契机，省外各级媒体开始关注“女儿会”的报道。2000年，为推动恩施的旅游经济，尤其是扩大清江闯滩、梭布垭石林景区的旅游影响力，恩施市政府将“女儿会”搬入梭布垭石林景区，恩施市各乡镇的群众都组织队伍参加，进行了土家婚俗、傩戏、耍耍等民

① 王承尧、罗午著：《土家族土司简史》，北京：中央民族学院出版社，1991年，第371页。

俗节目表演，并在部分景点设置风情表演区，表演传统女儿会上“利用生意打暗号”和“男女自由相爱”的场面。2001年“梭布垭恩施‘土家女儿会’”借由湖北省第五届少数民族传统体育运动会、湖北省国际清江闯滩节在恩施市举办的时机，为一会一节的召开助兴，侧重民族歌舞表演。2002年“梭布垭恩施‘土家女儿会’”由恩施市委宣传部、梭布垭石林风景区发展有限公司主办，这次“女儿会”首次采用公司运作的形式，来自湖南、重庆、陕西等14个省（市）的领导参与了边界经贸洽谈会，中央、省、州各级媒体参与报道。2003年“梭布垭‘女儿会’”在形式上加入了土家族青年吃腊肉、抵扁担等民间比赛项目，还原了传统“女儿会”上民间体育竞技比赛的趣味性。2004年“首届中国魔芋节暨恩施‘土家女儿会’”又回到了恩施市城区举办。恩施市政府在举办“女儿会”之前就在梭布垭举行了民歌大赛，“女儿会”当天决出土家“歌王”“歌后”“歌师”，并在市体育运动中心举办了“相约女儿会”的庆祝演唱会。2005年“石灰窑、梭布垭恩施‘土家女儿会’”，在石灰窑集镇和梭布垭石林风景区两个地方同时举办，活动主题为“‘女儿会’暨特色农产品展销”，“女儿会”时隔十年后再次回到其发源地石灰窑举办，石灰窑集镇上甚至挂出了“热烈欢迎‘女儿会’回家”“‘女儿会’终于回家了”的标语。石灰窑集镇上主要突出“女儿会”的民族特色，既有民族民间歌舞表演，又举办了石灰窑村新人结婚仪式。2006年“梭布垭、石灰窑恩施‘土家女儿会’”，恩施市政府将“恩施‘土家女儿会’”确定为申报湖北省非物质文化遗产名录项目，在石灰窑成立了“女儿会”保护传承协会，进行“女儿会”男女恋爱表演和相关资料采录活动，组织了四县边区物资交流，在梭布垭石林组织中外游客参与游园活动。2007年恩施“土家女儿会”为配合恩施州州庆（8月19日），将举办时间改在农历七月初七，七月初六在梭布垭石林景区举行开幕式，次日在恩施市民族广场进行土家婚俗表演和“相约女儿会”集体婚礼，通过网上报名的来自全州20对少数民族新人举行了集体婚礼，恩施州各县（市）都选派民间艺术表演队在恩施市各个社区广场为社区居民表演。2008年恩施“土家女儿会”打出“相约女儿会，梦圆情人节”的主题，不再拘泥于舞台表演，而是组织民众积极参与其中，为还原土家族青年赶场相亲的场面，来自市内外1700多名青年男女通过网络、现场报名等方式参与了政府组织的相亲活动，同时举行了“2008首届恩施‘土家女儿会’论坛”，邀请各界专家学者为“女儿会”发展把脉。2009年土家女儿会在2008年的基础上，依然秉承“赶场相亲”文化主题内涵和活动形式，全力打造大型相亲派对活动。[①]

土家族“女儿会”的现代形态，在于与当代恩施土家族民众生活需求结合起来，除了传统女儿会的内容之外，还确定了每年“女儿会”主题，这些主题主要配合恩施州政府活动而开展系列活动。因此，传统“女儿会”的时间就让位于政府设置的主题活动举办的时间了，但是，即使是新确定的“女儿会”时间，也距离传统“女儿会”时间不会很远，筹办“女儿会”的会议举办方也会尊重传统“女儿会”的时间。“女儿会”传统时间悬置并没有带来“女儿会”传统内容的悬置，这才是“女儿会”在当代社会仍然具有广泛影响的原因。

民族传统节日在当代社会发展中，其传统节日的时间有的时候是“空心”的，也就是说，传统节日的时间传统不存在，这个“时间”已经不是文化时间，而是物理时间了。当代人的节日生活很大程度上抽空了传统时间的内容，传统节日时间变成了形式化的时间，这样，以传统的庆典、仪式、服饰等面目出场的“节日时间”在一定程度上成为现代节日时间的“点缀”。作为一个现代生活的节日，它要打上“传统”的名号，于是，传统节日的时间和名称就成为连接传统与现代的唯一的纽带了，传统节日时间中的活动内容及其传达的文化含义却没有，完全依照现代人的生活进行。

传统节日的形态没有变化，传统节日时间的更改是由地方生活带来

① 王燕妮著：《恩施土家族“女儿会”研究》，华中师范大学硕士论文，2010年，第28—29页。

的。比如凯里舟溪钉耙山“闹冲节”自兴起至2000年，节日时间都是农历二月的子午日，节日活动各为一天，四场为满，中间两场聚会人数最多、最为热闹。但2001年后，“闹冲”时间被村民们改了。为了弄清修改原因，笔者专访了当地巫师，他也是“闹冲节”活动委员会主要负责人之一，他说：

> 2001年正月底，石青村村民委员会、石青村党支部委员会、钉耙山“闹冲”活动组织委员会和部分村民代表开会商量，决定更改“闹冲”时间。我们从六方面去考虑：其一，中间两场为主要比赛时间，各用一天我们难以把各种比赛开展完；其二，各种音响等设备难得搬来搬去；其三，每场只举行一天，活动不便组织管理，四场都要去主持，增加村委和组委会的负担；其四，我们有意让资助单位或个人有机会共享娱乐；其五，连续四场都有宾客招待，给村民带来过多负担；其六，忌“虫”忌“鼠”已经不是人们心理的负担。
>
> 经过两天讨论，我们做了两点决定：一是节日时间的选择：选在中旬的子日或午日举行，哪一天较接近周末就定哪一天为“闹冲节”。如周末在前，就提前举行；如周末在后，就以子日或午日开场，连续举行三天活动，其他子午日不再“闹冲”。二是节日活动的准备：在二月初，由村民委和村党委负责牵头，“闹冲节”活动组织委员会着手准备，选定负责人、安排评审比赛程序、确定名次等。
>
> 我们把讨论结果向全村人公布，得到大部分人的同意后，就定下来了。

为了确证此事，调查者王廷胜又对参与此事的村支书和部分村民代表进行访谈，他们的陈述基本上吻合。

由此可见，钉耙山“闹冲节”时间不再是从前的子午日，而是由石青人来选定日子，但所选日子要有一天是子日或午日，并向邻近村镇张贴海报，公布节日日期、活动内容、比赛名次和奖金等等。[①]

传统节日时间的更改是为了便于民众生活，便于节日活动举行，但也是因为时间的更改，导致一些传统节日的内容或丰富，或减少，有些传统节日的功能发生了变化。

传统时间的压缩带来了传统节日内容、信仰的变化，带来了传统节日中与“人”有关活动的变化。传统节日“传统时间”受到现代生活中“现代时间”的挤压和排斥，使民众的节日体验和节日时间发生急剧变化。民众的传统节日生活或多或少地失去了原有的文化含义、传承状态。这些均源于人在传统节日的经验层面上不同的时间体验及其体验方式，包括了传统节日的“时间形式”和“时间内容”。

一直以来，民众过着朝夕相处的熟人社会的生活，每天的时间、每年的时间在聊天中、在劳动中、在亲情中度过，民众度过了新年，仍然在盼“新年”，因此，过年就显得特别的隆重，也显得特别的喜庆。如今，熟人社会还在，广大乡村留下的却是老年人和孩子，他们在时间的期盼中，期盼着神圣、温暖而有盼头的“年”的到来，这样他们才能够、才有理由让外出的家人回到身边，才能够家人团圆。据统计，目前中国60岁以上老人约2亿，近一半生活在“空巢”的家庭中。当我们忙于工作，忙于挣钱，忙于事业前途的时候，大多数人的父母却留守家里“空巢”等待。人们离家在外，一年回去两三次，陪伴父母的时间很少很少，时间都去哪儿了？

自古以来，春节都是“关系”的巩固与确认的重要仪式实践。人与人之间的“礼节”很大程度上体现为人际关系。在熟人社会里，在无媒介参与的社会里，春节期间放爆竹、闹花灯、迎神送穷、舞龙舞狮等，都具有狂欢性质。在狂欢中，人的主体性得以彰显，并且将与之相关的

---

① 王廷胜著：《苗族钉耙山“闹冲”对歌习俗研究》，中央民族大学硕士学位论文，2010年5月，第48页。

价值内化为自身观念意识的组成部分。

年味去哪儿了？民众往回赶，在路上，不像过去，一年之中在家里，期盼着年，迎接新年，如今时间没有了，年味自然就淡化了。今天中国人过年的讲究比以前少了许多，许多祭奠方式也越来越简单。在“平日工作压力很大，生活节奏太快，想在春节时过几天属于自己的慢生活”的选择中，年的意蕴和对年的渴望随之滑落下来。

随着我国经济发展和社会环境变化，传统的吃团圆饭、贴春联、放鞭炮等习俗日渐淡化。现在，越来越多的年轻人选择“宅”在家，通过QQ聊天、微博交流、视频对话等方式拜年。什么是年味？年味就是全家团圆的喜乐气氛；就是一家人围在火炉边的说话；就是饭桌前晚辈向长辈敬的那杯酒；就是屋外烟花爆竹噼噼吧吧的声响；就是母亲忙前忙后煮好的香喷喷的饺子；就是逛庙会看舞龙吃糖球的享受；就是不管认识不认识见面都说“过年好”的态度；就是家家户户挂上红灯笼贴上年画的喜庆气氛。

“有钱没钱，回家过年”，外出打工的人开始踏上归家的旅途，加入“春运”的队伍，此时的“春晚”出现了。“春晚”中的每个文艺节目是文艺工作者对过年时民众共同心情、愿望的审美化表达，也在传统春节所承载的价值观念体系里融入了时代、社会等具有现代性的因子。由狂欢变为联欢，尽管民众努力通过“春晚”等电视媒介建立了节庆秩序，但是并没有完成。“春晚”意味着消费时代的来临，商业因素浸染，在年复一年的电视联欢中，春晚给予人的仪式感逐年降低。但是，近几年的“春晚”，逐渐演变为电视媒体、手机短信、微博、微信等全媒体参与下的节庆仪式。春晚中的节目不仅仅是文艺表演，电视观众个体声音、平等诉求、在场感的彰显欲望，也源于节目本身触及问题的公共性、普遍性。

春节亲友相聚以及由相聚派生出的种种祝福和问候的形式，构成了民族文化心理和情感重要的文化符号。今天，这些古老的符号在新的社会发展背景和新时代生活中得到滋养，从而获得了更加旺盛的生命力。但无论传统时间如何被压缩，春节以何种新颖的形式出现，最为可贵的，仍然是涌动着平凡的温情。

纵览上面现代传统节日时间的四种形态，笔者以为当代人的生活在很大程度上抽空了传统节日时间的内容，抽空了传统节日时间的传统，从而导致了传统节日的现代生活的轴心变成了形式化的时间轴心，这样，以传统的庆典、仪式、服饰等面目出场的“节日时间”在一定程度上就是现代节日时间的“点缀”，就是现代节日的“传统性”。

民族传统节日时间叙事形态发生了变化，并不是说传统节日在现代时间作用下抛弃了传统时间的价值内涵和传统内容，而是在现代时间作用下，不得不赋予节日应有的内容、功能和价值，从而使这种形式化的时间具有新的内容。这些内容显然是为了寻求某种补偿、寻求某种源泉、寻求某种共同性的根基，从而实现某种具有“共谋”性质的生活任务和文化目的。

第四节 民族传统节日的空间形态

传统节日是以人为主体的时间与空间交织的文化实践，其构成的空间是有情感、有生活的，有历史传统，有文化深度的空间，从而成为传统节日生活属性、仪式活动呈现不可或缺的要素。因此，在中国多民族传统节日文化中，空间叙事就是人的生活叙事。但是，中国传统节日在不断发展，其发展包含了传统节日的空间发展，由此，形成了不同的节日空间形态。

1998年，联合国教科文组织发布《人类口头和非物质遗产代表作条例》，将“文化空间”定义为：“一个集中了民间和传统文化活动的地点，但也被确定为一般以某一周期（周期、季节、日程表等）或是一事件为特点的一段时间。这段时间和这一地点的存在取决于按传统方式进行的文化活动本身的存在。”[①]在笔者看来，文化空间不仅是实体性空间

① 邹启山主编：《联合国教科文组织人类口头和非物质遗产代表作申报指南》，北京：文化艺术出版社，2005年，第2页。

区域、文化关系，而且应该是看问题、表达意义的视角。传统节日的空间就是文化空间的本质化体现，包括了“文化场所”“文化环境”，其传统节日的空间叙事包含了“有形”的空间和“无形”的空间叙事。

传统节日空间源自节日主体的实践活动，因此，强调传统节日空间的文化属性，包含了时间性，文化只有在时间中才能存在，时间性是文化空间的重要属性。因此，传统节日的空间叙事呈现出生活性、时间性和动态性。

一、传统节日的传统空间叙事

传统节日活动的空间是节日主体在长期历史发展过程中，在生活实践中形成的，因此，传统空间对于节日功能、意义和情感的表达具有重要的意义。

以恩施市石灰窑为例。石灰窑特殊的地理环境，决定了其开发比较晚。

> 石灰窑开发得迟，为何开发迟呢？因为气候限制，地表为下浸土，浸水多，天干才有粮食收入，和中华人民共和国成立初期才开发的太山庙[①]一样，气候太冷，开发受限制，没得收入哪个来居住咧？所以石窑这里有句话，“天干三年吃饱饭”。石灰窑在明末清初还是地远山荒，无人居住种植。清政府初期鼓励开荒，可“永准为业”，才有张、薛、李、滕、杨、田、覃、曹、黄、王十姓氏迁入，挽草为界，搭棚建屋，立户创业。因此石灰窑也叫“十个棚”。这十个棚是十姓氏搭狗草棚开荒，不是他们说的军队建制[②]，石灰窑的蒙古族也是清初鼓励开荒才来的。[③]

---

① 恩施市有一句话叫“高不过太山庙”，是说双河乡境内的太山庙是恩施市的最高处。

② 贺孝贵著：《女儿会的起源及价值》，《文艺季刊》，2008年第2期。

③ 访谈对象：齐书清；访谈人：王燕妮；访谈时间：2009年2月21日；访谈地点：恩施市林业局齐书清家。

明末清初社会动荡不安，王朝更替，持续的战乱、瘟疫、天灾都严重破坏了社会生产力，民不聊生，人口损失惨重，巴蜀之地更是贫瘠不堪，境内人口锐减，耕地荒芜，此时期很多人从湖南等地携家带口逃荒至恩施。清康熙三十三年（1695年）开始实行湖广填四川政策，鼓励外省移民入川垦荒，时间长达100余年，如此大规模的社会迁移也促进了湖广至四川中间地带的兴起。恩施位于在湖北与四川接壤之处，是入川必经之道，故民间流传石灰窑最初开荒者的十姓氏就是此时从湖南边界迁徙而至。“各处流民，入山伐木，支椽上盖茅草，仅庇风雨。借粮作种，谓之棚民。”[①]直到乾隆时期才有外来人口迁入石灰窑进行商贸活动：“邑民有本户客户之分，本户皆前代土著，客户则乾隆设府后，迁贸而来者。大抵本户之名多质直，客户之民尚圆通，”[②]因历史原因，石灰窑当地石碑毁坏较多，现在能找到年代最早的一块石碑是立于同治年间的朱氏祖先石碑，碑文记载：

吾父生于乾隆甲申年九月十八日亥时，系湖南直隶礼州石门县黄龙山生长人氏，乾道六十一岁亡于道光甲申年腊月初九日巳时于湖北施南府恩施县东乡崇宁里十甲十个棚响板溪……

社会动荡导致人民生活动荡不安，石灰窑地势险恶，崇山峻岭，人烟稀少，虽不利于农业生产，但距离城市远，恰是躲避战争、天灾人祸的绝佳优势，因此两省边界许多灾民纷纷翻山越岭迁入此地，寻求乱世之中一处安稳的栖息之地。故石灰窑开发最早时间确可追溯到明末清初。高山地区居民很难到城市里来交换货物，石灰窑处在三县一市交界处，占据了建集镇集市的地理优势。

---

① 田发刚、谭笑著：《鄂西土家族传统文化概观》，载〔清〕嘉庆《恩施县志》，长江文艺出版社，2004年，第94页。

② 〔清〕同治七年《恩施县志》卷七，《风俗志 · 习尚》。

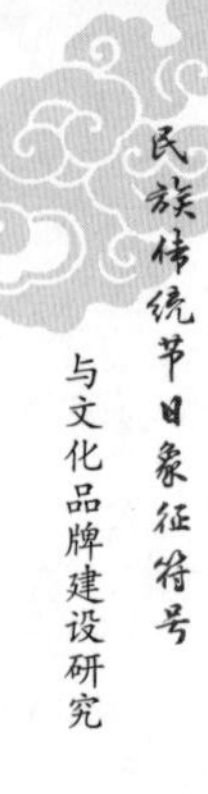

> 建场时十姓氏召开族长会议，当时确立了几个地方，最后采取一个办法，称土，即哪里的土重些，就在哪里建场，最后在石窑，挖的是青岩大土，一称最重，就定在石灰窑了。开场日期公告，是薛乡士写的，那个红纸一贴，上街和下街，鞭炮特别多。据我找的那些老人口传，民国时期，石灰窑商会规定，场期农历双日为热场，单日为冷场。①

现在石灰窑人还保持着逢双日赶集的习俗，赶集时热闹非凡。形成集镇后的石灰窑自然成为高山地区最热闹的经济、文化、信息集散地，当集镇早期的物资交流功能日益成熟时，当女性也开始有了走出家门和商业贸易的需求时，“女儿会”便依托石灰窑的社会背景逐渐成形并蓬勃发展起来。

虽然“女儿会”的形成时间没有翔实的文献记载，但根据民间传说和石灰窑特殊的地理环境、民俗形成过程，笔者认为石灰窑在各类物资交流的生活场所建成后逐步形成现在所说的女儿上街赶场的习俗，大致的成形年代应该在改土归流后距今约200年的时间段内，距今150年左右才粗具规模。“女儿会”正是伴随着中国文化发展历史进程，整合了多项民族文化因素，开始具备了丰富的多元文化内涵。

20世纪50年代到80年代初期的“女儿会”没有完整的官方记载。此段时期内对“女儿会”的资料都源于部分参与者的记忆。

> 1953年我第一次参加“女儿会”，我工作的点上放假了。我搞的那个地方是区委副书记负责，工作组长使劲安排活路，七月十二号放假两天，被副书记知道了，他把队长批评一顿：“‘女儿会’有什么值得放假的？”还没过4个钟头，区里打电话来说要副区长

---

① 访谈对象：齐书清；访谈人：王燕妮；访谈时间：2009年8月20日；访谈地点：恩施市林业局齐书清家。

去区里开区委会，他就走了，吃下午饭，队长就问我，他说政委不允许明天后天放假，您看呢？我说：“你是队长，你做决定。你安排活路就安排活路，你说放假就放假，这是你的权利。”放假呢，我也有机会到石窑去，1953年我参加第一个“女儿会”，就想看“女儿会”到底是哪门个情境。一到街上去，我前后都是女儿，有的见面了就给我把东西，桃子、梨子、煮鸡蛋啊，那天在下街风雨桥把我拦到，都给我把东西吃，我唯独接的是陶家女儿的，我看她是妇女积极分子，是我们依靠的对象。其他人就都在旁边嘻嘻哈哈笑起来哒，走的时候还要我到她屋里去。那天女儿都准备了东西，几个女儿都给你东西，你只接一个的话其他人也没得意见，就只笑“好，你好”，意思就是看上你哒。实际上我在心目中就已经定哒的。街上卖袜，卖鞋，卖农副产品的多。讲生意的也有，聊天的也有，也有那天见面，但是都是以赶场为主。①

1956年女儿会以物资交流会形式搞了一次，区长没同意也就没宣传，但是民众还是自己来。②

1958年是石灰窑乡解放后首次“女儿会”。我在石窑当书记，那时我在管财贸抓财务，四大家给供销社准备资金和调集物资，所有的货物，尤其是妇女背来的，供销社都收购，没得价的就地议价，就地销售。在全乡组织开展妇幼保健工作交流会。保健站给每位中青年妇女发放卫生用品，女社员七月十二还不派活。③

我们把供销社的负责人搞到石窑去组织物资交流会，大量收购农副产品，完成采购任务。把各个乡点上的节节布都运到石窑，搞哒一部分免票针织票，手巾啊，汗衫，姑娘穿的花布，都搞的免

① 访谈对象：齐书清；访谈人：王燕妮；访谈时间：2009年8月20日；访谈地点：恩施市林业局齐书清家。

② 访谈对象：杨光富；访谈人：王燕妮；访谈时间：2009年2月15日；访谈地点：石灰窑居委会。

③ 访谈对象：齐书清；访谈人：王燕妮；访谈时间：2009年2月21日；访谈地点：恩施市林业局齐书清家。

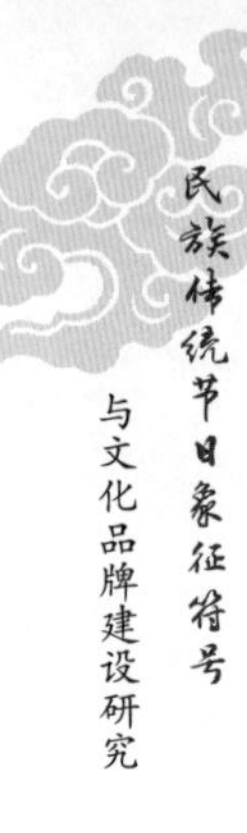

> 收票，专门解决一些姑娘们买花布的问题。再就是副食，特别是妇女用的针线，凡是女同志需要的那些要布票的东西，都在石窑那天免哒，所以一听说那天又有好东西卖又可以扯到布，每次的“女儿会”，不管你哪门禁止，人都特别多。再者，那时候物资收购非常困难，通过这个办法，可以缓解机关物资缺乏的压力。但是不敢公开说“女儿会”这天搞物资交流会，只说七月十二这天搞物资交流会，因为那时候区长啊、公安员都反对这个。“文化大革命”时期更是不敢提，特别是“四清”时，根本不敢提。民间喊的是赶场，不敢说“女儿会”。[①]

20世纪80年代初期，政府开始重视“女儿会”在民间的影响力，并利用“女儿会”集场的性质，有组织地开展边贸物资交流活动，此段时期内关于“女儿会”的官方记载比较翔实。主办方则为具备行政性质的乡政府或区公所。1979年“女儿会”由石灰窑公社主办，第一次组织了宣恩、鹤峰、建始、恩施四县边区乡镇农民文娱体育代表队，开展了传统体育比赛和傩戏等地方文艺表演活动。1984年，“女儿会”由红土区公所主办，这是恩施成立少数民族自治州后第一个“女儿会”，恩施州、市领导前往石灰窑，四川、重庆、湖北五峰等地的男女青年也都纷纷前来，并开始有专家学者进入石灰窑进行考察，此次“女儿会”成为历史上规模最大，影响最大的“女儿会”。

> 1984年红土与石灰窑合区，“女儿会”是石灰窑公社组织的，缘于李州长（当时恩施州长李辉轩为石灰窑人），那次“女儿会”看不到街，只看得到人。[②]

① 访谈对象：齐书清；访谈人：王燕妮；访谈时间：2009年8月20日；访谈地点：恩施市林业局齐书清家。

② 访谈对象：杨光富；访谈人：王燕妮；访谈时间：2009年2月15日；访谈地点：石灰窑居委会。

1986年“女儿会”前十天，石灰窑遭受了百年未遇的冰雹袭击，老百姓认为：“越是受灾越不能‘蔫火’，越是要办好‘女儿会’。”恩施市政协在“女儿会”前组织医疗队到石灰窑义诊，“女儿会”当天更是组织了傩戏等文艺表演还进行了灾区慰问座谈。1987年，“女儿会”首次举行物资交易会，邻近四县组队参加，恩施市供销社和物资品公司派专车运送烟、酒、糖、服装等商品，下午召开了庆祝大会，市文工团表演了相声、小品、流行歌曲等节目，石灰窑的村民表演了傩戏、山民歌、唢呐，并以赛歌、青年幽会、骡马托货赶“女儿会”等方式，还原了石灰窑“女儿会”的原始风情，首次展出了以“女儿会”为创作蓝本的女性绘画、书法作品，并以街头宣传专栏形式宣传本地的劳动模范和10名致富女能手的先进事迹。1989年石灰窑成立区公所，这一年“女儿会”物资丰富，来赶“女儿会”的人数达到3万人，恩施市政府组织带领40多个单位到石灰窑参加，石灰窑当地组织了民族体育比赛和“女儿会”书画征文比赛。1993年“女儿会”，石灰窑区政府组织了4个代表队，每个队都有文艺、体育、吹打乐队，围绕新街、老街游行一圈，表演丰富多彩的节目和开展传统体育比赛，并组织了农副产品收购和物资交流。

“闹冲节”是贵州凯里苗族的传统节日，其区域性较强，闹冲节举办的传统空间并非唯一的，而是呈现出多样性。

钉耙山，在石青村境内，位于石青村西部，其山名就是根据苗语直译的。作为山名，专指钉耙山主峰及其山脊；作为片区名，包括钉耙山及其北面山冲和周围丘陵。钉耙山又叫“狮子山”或“张口山”。从远处看就像一个开口朝天的狮子头（如图2-1所示），有吞噬远山之势，故钉耙山又有这两个名称。当地人常把白壁崖看作“龙头”，西钉耙山为“龙尾”，白壁崖下的山冲有一孤峰当作“龙珠”，整座山就如巨龙戏宝。东钉耙山顶上有众多嶙峋怪石，这些怪石是很多病弱“孩子”的“石爸爸”“石父亲”（如图2-2所示）。

图2-1　钉耙山西北面像狮子张口处

图2-2　东钉耙山上的“石保爷”

这些“石爸爸”就像先祖“央公”一样看望和护佑他的子民们健康成长，给他们添子增孙，所以，当地人又把钉耙山称为“央石山”。可见钉耙山是当地人心目中的一座神山。

> 古时候的一天夜里，有仙女下凡来砌两座山，一座是香炉山，另一座就是央石山。她们先砌好了香炉山，才修建央石山，但修香炉山用的石头过多，她们把附近的石料都采得差不多了。
>
> 修建央石山时，鸡已叫三遍，她们怕天亮了被人发现，再采石料恐怕来不及，匆匆修了一半便离开了，所以剩下东南面的半边山没修好，余下的几块石头就堆在白壁崖旁，形成了开口朝天的山口。由于没有修完，再加上用的石料少，所以央石山才没有香炉山那么高。①

这个传说神化了钉耙山，钉耙山在当地人的心目中变得神圣而重要，这也许是当地人选它为节日场地的原因之一。

钉耙山北山麓的宽敞山冲叫“闹冲”坝子，因“闹冲”场地所在而得名。坝子覆盖着一层厚厚的黄壤，土壤肥沃。20世纪80年代前，“闹

① 访谈对象：王儒；访谈人：王廷胜；访谈时间：2009年2月；访谈地点：舟溪镇石青村。

冲”坝子是石青村的主要旱地所在，是当地玉米、小麦、黄豆、油菜、烤烟的主要产地。

20世纪80年代中期，里禾水库水利工程竣工，水沟绕山冲而过，农民们把较平坦的旱地改成了良田，使石青村的农田增加了一倍。在那里种植水稻，阳光充足，稻谷颗粒饱满，连年丰产，很多家庭的稻谷收成多达万斤。

同期，石青村的农民掌握了西瓜种植技术，“闹冲”坝子及周围丘陵成为凯里市的主要西瓜生产地，西瓜销往临近城市及省区，西瓜生产给瓜农带来很高的收入。一个瓜农给笔者讲了如下趣闻：

> 在20世纪80年代中期，石青村的木电杆被砍，高压线被盗，曾一度断电。村民只有点煤油灯照明、用柴油机作动力打米磨麦。
>
> 有姑娘唱歌戏弄石青村的某青年，她唱道：
>
> 走过石青冲，点煤油灯也罢，柴油机声隆隆。
>
> 该青年毫不示弱，以歌反驳唱道：
>
> 煤油灯也罢，柴油机也罢。
>
> 有片好黄土，种得西瓜卖，
>
> 收上千银两，不过穷日子。
>
> 他的歌令对方自讨没趣而哑然失笑。[①]

歌词中的“好黄土”就是指钉耙山“闹冲”坝子。这个趣闻，从侧面反映了当地人以产西瓜为自豪，更进一步说，是“闹冲”坝子给当地人丰厚的馈赠，在“闹冲”坝子上种植西瓜使很多当地人开始脱贫致富。

2005年之后，里禾水库改为凯里市饮水工程，不再供给钉耙山方向灌溉用水。“闹冲”坝子并不因此而受到太大的影响，勤劳的农民们把

---

① 访谈对象：王生；访谈人：王廷胜；访谈时间：2008年7月；访谈地点：舟溪镇石青村。

稻田变为玉米地，整个山冲在夏天成了“青纱帐”（见图2–3），有些家庭光收玉米，就达100担以上。

图2–3　“闹冲”坝子玉米地

“闹冲节”就是在这样一个坝子中延续、发展。肥沃的坝子和“闹冲”文化一样多产——坝子给石青村村民带来物资的多产，而“闹冲节”则给整个文化圈带来了精神和文化的多产。

有了一座神圣的山，山下是一片宽敞的坝子，周围又是零星的苗族村落，从地理位置上看，它非常利于人们聚散，这可能是民众选它为“闹冲”场地的又一个原因。

二、传统节日新建空间叙事

传统节日在发展过程中，因为民众生活迁徙，或者民众生活需要，其举办的空间发生改变，于是就出现传统节日的新的空间，在新空间中传统节日的叙事基于生活的需要呈现出新的特点。

凯里“闹冲节”的空间发生的一些变化是社会性的，也是生活性的。凯里人传说，1855年张秀眉起义，石青村大寨的王元善借“闹冲节”聚众响应，老人们只记得他的英雄事迹，却说不清他们在哪里聚众。人们都说，起义失败后，钉耙山“闹冲节”被官家查封而停了许多年。后来“闹冲节”怎么复兴的，一个村民讲述了如下传说：

石青村花寨有一名歌手雄农，他爱上了姑妈的女儿佩瑙珍，她也是几腰寨的歌手。他不知以什么方式接近表妹，便以薅小麦为名，约佩瑙珍来对歌。

雄农跟妈妈说，他要到沙子坡附近的土头薅小麦，让她中午包饭到麦地给他吃，但没有说包多少，便带着花寨的三个歌手出发了。佩瑙珍带着七个歌手从几腰寨过来，他们在跌牛崖[①]附近相遇，然后往下走，到雄农家的土边对歌。中午，他妈包饭去那里一看，哪里是在薅小麦，除了他们对歌外，已有许多人围观，包去的饭远远不够他们吃，也不好去打搅，就悄悄回家了。

他们对歌到天黑还分不出输赢，就一起回雄农家吃晚饭。饭后继续对歌，来欣赏的人把雄农家围得呀里三层外三层。他们对了三天三夜还分不出输赢，第四天佩瑙珍她们只好先回家去，两人又相约下次再来对歌。

雄农家较富，他爸爸又是当地的理老。他爸觉得让两个孩子那样对歌下去，没有固定的时间和地点，还把人家姑娘带到家里来对歌，有些别扭。所以他爸决定一周后复立“闹冲节”。他仍然按以前的子午日选好日子，杀了一头大肥猪，煮了一担糯米饭，抬到钉耙山祭天祭地，[②]请四方宾客来吃，并在钉耙山下的沙子坡附近议榔。[③]他宣布：“以后的钉耙山‘闹冲节’仍定在每年农历二月子午两天，一天为一场，四场为满。各地来的男女青年像钉耙山那样雄

① 跌牛崖，位于钉耙山东山脊，通往“闹冲”场地的山道旁。传说有牛相斗，滚落山崖摔死，故以此命名。

② 这是有关“闹冲节”传说中仅有的一次祭祀。

③ “议榔”，苗语称ghed hlangb，就是议定典章制度。“议榔”是一个村寨或若干村寨或一个鼓社、几个鼓社甚至一大片地方以“政治经济军事联盟”的形式召开“议榔会议”。“议榔会议”的主持者称“榔头”，苗语称hfud hlangb。“议榔会议”以“榔头”“理老”“鼓主”“寨老”等为“会议主席”，各村寨或“鼓社”派出代表参加，共同对伦理道德、生活生产、社会治安、刑事刑罚、婚姻缔结、男女社交、公共财产、氏族结社及其成员的权利和义务等方面的“议榔”内容做出规定并要求社会全体成员遵守。引自：贵州民族出版社编，吴德坤，吴德杰搜集整理翻译：《苗族理词》，贵阳：贵州民族出版社，2002年，第2—3页。

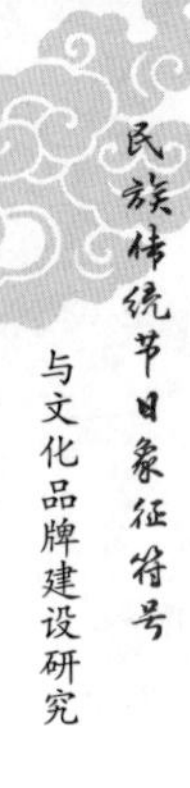

壮屹立。男女青年在土边地角以歌传情，自由恋爱。愿有情人都成眷属，幸福地成家立业，添子增孙。任何人不能乱吵乱闹。谁若随意打架斗殴，身做身顶，命做命当，与其他人无关。”（这个规矩一直沿袭至今）从此，钉耙山“闹冲节”就重新建立起来了。[①]

由此看来，雄农和佩瑙珍表兄妹对歌，使钉耙山“闹冲节”之火复燃了，他们当时是在沙子坡附近对歌，沙子坡成了当地人集体记忆中的“闹冲”地点，使后来的“闹冲节”又增加了纪念王元善和雄农兄妹俩的性质。这个传说从另一侧面反映了对歌是当地青年谈情说爱的一种方式，当地人“游方”对歌不能在同一宗族的异性面前或父母叔伯面前唱。

调查者王廷胜从记事时候起，“闹冲”场早就在梧桐冲的公路旁了，我不知道是什么时候迁过去的，所以笔者继续向知情人刨根问底。他说，据传人们在沙子坡附近的土边地角对歌一段时间后，来“闹冲”的人太多，场地容纳不下，才迁往沙子坡西北约500米的子午日坪[②]茶林里，“闹冲节”在那里举行了几十年，后来继续往下迁。他还讲述了搬迁情况：

那时我还小，只模糊记得，在抗日战争胜利那年，从凯里通往麻江的公路也正式开通，路经钉耙山下的山冲。

听我爸说，第二年，大中村芦笙节期间，[③]为了庆贺抗日战争胜利和公路开通，人们在大中村举行篮球赛，石青村的王保长也去看热闹。陈乡长问他：“我们大中村举行篮球赛，你们石猛村[④]将举行什么？”王保长回答说：“我们钉耙山闹冲节要举行赛马，表示

① 访谈对象：王雄；访谈人：王廷胜；访谈时间：2008年2月；访谈地点：舟溪镇石青村。

② 当地族群根据“闹冲”的日子给那里的茶林命名，现已经被开垦为耕地。

③ 大中村芦笙节于正月10—12日举行。

④ 石青村原称“石猛”，1958年后才改名“石青”。

庆贺。”

当“闹冲节”到来前，他去问石青村花寨的两位寨老：“我们的闹冲场地可不可以迁到公路旁去？这样才好赛马。”两位老人都说：“我们钉耙山闹冲节只是年轻人们谈情说爱的节日，场地在哪里都可以，搬迁没有什么忌讳，你们就搬下去吧。”

“闹冲节”那天，王保长当场宣布：“为了庆祝抗日战争胜利和凯里至麻江公路的开通，我们今天要把闹冲场地搬到梧桐冲的公路上去举行，牵马来的，可以在路上赛马。年轻人可以在公路旁的土边地角自由对歌。从下一场起，我们就在那里聚会。”

从此后，“闹冲节”的场地就迁到了梧桐冲的公路旁。[①]（如图2-4）

图2-4　1946年后“闹冲”场迁近公路

关于这条路的开通，《凯里市志》载：

> 牛场至舟溪（3.5至7千米）段属原下司至榕江公路一段，由麻江、炉山两县于民国三十四年（1945年）冬修成路坯。[②]

由此可见，这个村民的讲述是可信的。“闹冲”地点迁近公路，成了当地人纪念抗战胜利和公路开通的一种方式。

凯里市至麻江县的新公路开通后，这条路已经无人照管、年久失修，但它仍然被当地农民用作运肥料、农作物和粮食的主要路线。“闹

① 访谈对象：王雄；访谈人：王廷胜；访谈时间：2008年2月；访谈地点：舟溪镇石青村。

② 贵州省凯里市地方志编纂委员会编：《凯里市志》，北京：方志出版社，1998年，第686页。

冲节”到来时，民众就沿着公路游玩，在公路两旁的草坪或土边地角对歌。20世纪80年代中期，里禾水库的灌溉水沟开通到钉耙山下，绕过宽广的“闹冲”坝子通往麻江县下司镇铜鼓村一带。水源加速了坝子的土变田和开荒，除了公路和坟地外，其余荒地都被当地农民抢着开垦。此后，要举行活动，钉耙山“闹冲节”组织委员会只好与那些垦荒的农民商议，用他们的田土作为活动场地，这造成了很大麻烦。据前任村支书说，2001年，他们用面积相等的田与舟溪镇屯上村的农民交换，得到鹞子坳一块田作斗牛场（如图2-5），对歌场地也迁到斗牛场南边的小坡上。至2001年，“闹冲”场已经四易其地了。

图2-5　石青村用田换来的斗牛场

2007年下半年，鹞子坳的斗牛场被凯里市经济开发区征用，作为凯里学院新校区的建筑用地，但由于他们还没把校园建完，2008年和2009年，“闹冲节”仍在鹞子坳举行。2009年上半年，钉耙山北山冲全被征用，用于修建昆（明）—沪（上海）高速铁路火车站，“闹冲”因没了活动场地而面临又一次搬迁。

钉耙山“闹冲节”的空间经历了如下搬迁：未知地点→沙子坡附近→子午日坪（19世纪后期至1945年）→梧桐冲（1946年至2000年）→鹞子坳（2001年至2009年）。每一次搬迁都记录了当地的一段历史，同时反映了凯里钉耙山地区苗族社会、文化和生活的又一次变化。因此，“闹冲”场地变化成了记录当地历史、社会生活和文化生活的一本无文字的书。

恩施土家“女儿会”从20世纪50年代至今经历了一个较长的发展期，从现有可搜集的资料入手，笔者发现，恩施土家“女儿会”的现代发展，经历了从乡村到都市的变迁过程。尤其是“女儿会”在1995年从原发举办地石灰窑镇迁入恩施市城区，便逐步开始具备都市化的特性。

“女儿会”在传统空间基础上新增加了恩施市、梭布垭等空间，这是政府为了经济发展目的增加的空间，石灰窑人的“女儿会”空间并没有消失，只不过走的是民间自发的道路，这也是传统“女儿会”空间结构形式。作为“女儿会”原发地的石灰窑集镇，在1995年之前一直是“女儿会”最重要、最稳定的文化活动空间。石灰窑集镇距离恩施市区145千米，距离乡政府所在地35千米，因公路盘山而建，高山寒冷多雾，驱车前往要耗时约7个小时。集镇处在恩施南通往鹤峰的要道上，面积450亩，镇内老街全长200米，宽约5米，1975年后沿石鹤公路增建新街，长约1千米，宽约15米。乡民保持着逢双赶场的习俗。每逢场期，远近乡民自发前往集镇打货，多是背着背篓徒步出行，摊贩集中在街道两侧，售卖货物涉及生活各个方面。即便“女儿会”从表象看已经移居到恩施市，但当地民众依然在七月十二这一天相约赶场，热闹非凡。随着“女儿会”的影响越来越大，石灰窑当地民众开始热切期盼“女儿会”能回到原生地。尤其是2005年和2006年“女儿会”在石灰窑设立分会场，石灰窑本乡民众打出“欢迎‘女儿会’回家”的口号，无疑体现了当地民众民族自我意识的苏醒。

2005年“女儿会”成为恩施市极力打造的文化名片。2009年全省宣传部长会议上，“女儿会”被纳入湖北省地方节庆文化品牌。2009年恩施州两会期间提出将农历七月十二设定为土家“女儿会”民族假日，给未婚男女青年放假一天。2009年，女儿会申报湖北省非物质文化遗产成功，2010年，“恩施土家女儿会”获湖北省第七届“屈原文艺奖”文艺活动品牌奖，成为湖北省建设民族文化品牌的标兵。“文化场域是土家族传统文化的生存与展现空间。文化场域由乡村移位至城镇，城镇成为土家族文化展演空间，许多由政府组织和群众自发组织的文化节日活动均在城镇举行，出现明显舞台化趋向。”[①]可以看出，“女儿会”在不断的发展过程中，不仅没有受时代的影响而走向消亡，反而在实践磨炼中，在民众自发自觉的坚持中，一步步适应了市场经济发展的大环境，既保持了自身的传统文化内涵，又丰富了表现形式，最终从一个高山集镇一个青年男女交往、物资交流的集会建设成为恩施土家族文化品牌。

现代传统节日空间的两种形态、一定程度上淡化了传统时间的作用，尽管在新建的传统节日空间中传统内容有不少削弱，民族传统节日空间叙事形态发生变化，其在传统节日空间变化中并没有抛弃了传统空间的内容和价值，并且赋予传统节日新的空间、新的内容和新的功能。

传统节日空间叙事形态经历了“传统空间”和“新建空间”的转换，这种转换由此引发一系列新的文化生活变化，丰富了传统节日的象征符号，使传统节日的新空间逐渐成为民族地区的文化品牌建设的重要内容。

① 《土家族简史》，国家民委《民族问题五种丛书》之二，中国少数民族社会历史调查资料丛刊（修订本），北京：民族出版社，2009年，第386页。

第三章

传统实践与重建生活：民族传统节日象征符号的建构

民族传统节日与其他文化一样，受到当代社会发展的冲击，受到现代化生活影响，呈现出“与时俱进”的特质。但是，在现代生活影响下，民族传统节日的变化表现在传统节日的象征符号上，这些传统节日的象征符号在不同民族、地区的文化建构中融入了“文化风情节”“文化旅游节”和“文化身份”等功能要素，传统节日的当代建构并未脱离传统节日文化本质，而是利用象征符号实现节日主体的“目的性”，这是民族传统节日发展的方向。

第一节　从民族传统节日到文化风情节[①]

传统节日包含丰富的民族民俗风情，许多民族传统节日在走向当代社会过程中，不断突显其风情、风俗，从而实现“文化风情节”谱系性的符号建构。

“六月六”是贵州贞丰县布依族的传统节日，作为黔西南州着重建设的民族节日文化项目，经过50多年的发展，已经具有一定的知名度。

① 该节由李晓城撰写，林继富修改。

贞丰县政府在摸索中尝试新的传统节日表达方式。比如在“六月六”当天全州放假一天，多民族共同参与；2012年与2013年“还节于民”的办节方案，将“六月六”从舞台带回布依族的村寨；为使更多的布依族人参与祭田仪式，将传统的以家庭为单位的布依族家庭祭田改为以村寨为单位的集体祭田等。这些尝试都是品牌建设者在品牌发展的过程中因地制宜地利用地方条件和民族特色，以达到经济效益、社会效益和文化效益多重收获的效果。

一、2012年“六月六”布依族风情节

2012年2月，贞丰县按照往年惯例成立了“六月六”布依族风情节组委会，开始安排和筹备当年的贞丰县布依族“六月六”活动，活动方案、经费预算、邀请嘉宾名单、舞台布置、租赁道具等都在六月份之前做好了部署。但是接上级通知，2013年将迎来贵州省黔西南州建州100周年，“六月六”将会作为建州活动的一部分开展隆重的节日活动，所以2012年的“六月六”安排有了临时改变：

> 今年又有改变了，我们商量了一种新的形式，也就是群众自发性地办，由布衣学会进行指导，以这样一种方式，各家各户把自己家种的豇豆、南瓜、糯米集中起来，今年由布衣学会来主办，不由县委、县政府来主办，所以对推动精神文明的发展，我觉得是有很大作用的。[①]

2012年的贞丰县布依族“六月六”活动最后商议由贞丰县布依学会主办，布依学会联合其他相关单位，如贞丰县文艺联合会、贞丰县人民代表大会、贞丰县文体广电局等，这些单位领导、专家在一起开会

① 访谈对象：王文信；访谈人：林继富、李晓城、黎维丽；访谈时间：2012年7月18日；访谈地点：贞丰县民族与宗教事务局办公室。

商讨，最后决定废弃原有“2012年贞丰县‘六月六’布依族风情节”活动方案，主张“还节于民”。2013年的“六月六”布依族风情节缩小规模，把“六月六”的举办地放在布依族村寨，以村委会组织，村民参与的方式举办。经商讨，确定节日的举办地设在位于县城9千米的必克村。必克村是典型的布依族聚居村落，村内除少数几个从外地迁入的汉族人外，百分之九十九都是布依族世居百姓。必克村有文化站，有专业表演团队，其中棍术和高台舞狮为县级非物质文化遗产代表性项目。必克村盛产糯米，又有采石工业，靠近贞丰县城，交通相对便利，经济发展迅速，有一定的物质基础。综合考虑，在必克村办“六月六”节日活动是很妥帖的选择。

此外，为了扩大影响，政府出资聘请了贵阳市专业的节庆演出团队，在贞丰县双乳峰风景区搭台表演，观看这台演出需要凭借景区门票，或者持有文艺演出的门票。演出内容根本不涉及布依族传统节目，纯粹属于商业演出。

（一）“六月六”的准备

餐饮及停车的准备：2012年贞丰县“六月六”布依族风情节活动参与的各级领导、媒体、各演职人员、科研人员、游客、村民等，均要在必克村吃午餐，必克村没有相应的餐饮接待处。7月20日，距离“六月六”还有4天，“风情节”组委会相关人员来到必克村，在必克村村委会门前小舞台上就风情节接待事宜召开会议，会议的主持者是贞丰县人民代表大会办公室主任蒙立胜，主要参与的有民宗局局长、副局长、办公室主任、文联主席、布依学会相关人员、必克村村干部、必克村小学校长和负责后勤的村民和个体户。会议约有1个半小时，粗略统计了吃饭的人数，并细致地将就餐人员分为两类（见表3-1），摆放50余张饭桌，制定了不同的接待方案。桌凳均来自村小学，锅碗瓢盆均来自各个村民家里，使用后归还。食材从此次会议前就开始置办，预计购买猪肉400余斤，6斤以上的鸡要80多只。瓜菜由村民家庭来出，其余食材从县城批发购买。

表3-1 2012年贞丰县“六月六”布依族风情节活动餐饮安排

参与人员种类	主要组成	就餐地点	布置	食品内容
第一类	机关单位领导，专家学者和媒体工作人员	村小学舞台上	铺桌布，摆上桌签	鸡肉、猪肉、豆腐、瓜菜、酒、糯米饭、粑粑、米饭等
第二类	村民、游客	村小学校园篮球场上	无	同上

会议商讨，在“六月六”临时征用与小学校园一墙之隔的必克村老年协会危会长家的院子作为午餐准备地，在其家中搭建灶台。村中妇女若无特别事情，“六月六”早晨均自愿前来此处共同准备午餐，在饭后进行清洗工作，并选取村寨中的年轻布依族姑娘着布依族传统服装做礼仪服务，负责引导、斟茶、倒酒以及布依族传统敬酒劝酒等事宜。

进入必克村的机动车道路主要有两条，一条是从县城直接到达必克村，另一条是从风景区双乳峰方向到达必克村。为了避免交通堵塞，村里派专人在路口方向疏导交通，入村一律从县城方向的道路进入，出村则从双乳峰方向。村委将“六月六”布依族风情节活动的举办地点必克村小学门前的路重新修整，以便机动车通行。停车点设在村北部的主干道附近，贵宾车可停在必克村小学附近。

表演节目的准备：2012年“六月六”布依族风情节在必克村文艺演出的节目分两部分进行准备，第一部分是必克村村民自筹节目，另一部分是邀请其他布依族村寨的表演队前来助兴。布依族人向来能歌善舞，必克村的文化站在当地小有名气，经常被邀请至其他地区做表演，其中棍术、布依族古歌、八音坐唱和高台舞狮都是非物质文化遗产项目，这几个项目是必克村的重头戏。必克村主管文化的驻村干部主要负责村中表演项目。由于年轻成年男子多在外打工，其他留在村中的村民平时白天大多要务农，表演的准备也经过几番商讨，最后决定每天晚上请愿意参演的村民在村小学进行排练。此外还邀请了长田乡、者相镇、沙坪乡、鲁容乡的表演队前来参演。

表演场地设在必克村小学校园内，舞台的装饰工作在六月初六前三天就开始了。装饰物全部来自村民自家，舞台背景用竹子搭建而成，舞台上装饰的玉米、辣椒等物件，也是村民自发贡献出来的。表演的道具，除了乐器和高台舞狮所用的桌子是村政府的，其余均是村民自家制作的。表演的服装由村民自己筹办，多是布依族的传统服装。

祭祀活动的准备："风情节"组织集体祭田活动，该活动将在六月初六上午九点左右在必克村西边的水田进水口处进行。经过村委开会商讨，部署了祭祀活动的过程、准备的祭祀物品以及人员走位。六月初五下午三点，"风情节"组委会以及参与祭田活动的相关人员在必克村小学集合进行祭田彩排。彩排活动涉及迎宾方阵如何引导参与者及观众到达祭祀地点；村民出入场路线；活动主持者"寨老"主持词；祭祀物品的购买与安置；条幅的制作；供桌的摆放；祭祀流程；祭辞；组织布依族妇女在活动后的戏水与对歌以及可预见的其他情况。

祭祀时需要的祭品有：黑猪一头，公鸡一只，三色糕粑和挂着白色纸马的芭茅秆。供桌摆放有：两支红色蜡烛，三碗米饭，三杯白酒，三双筷子，三支香，一斗大米，一块猪肉和若干纸钱。这些都在"六月六"的前一天由村政府准备好，在祭祀开始前摆放。

迎宾及礼物的准备：2012年贞丰县"六月六"布依族风情节邀请了各界人士百余人，必克村在此之前从未举办过如此规模的活动，所以如何迎宾是个问题。首先，村委会商量借鉴了其他村寨举行类似活动的先例，在村口由赞助商出资竖立起一个欢迎的"彩虹门"，上面写有"贞丰烟草公司热烈欢迎各界朋友莅临2012贵州·贞丰六月六布依风情节"的文字。此外为了表现布依族人的热情，村里决定"六月六"当天由村中布依族妇女着传统布依族服饰在村口列队唱布依族山歌并奉上美酒以欢迎嘉宾。歌词是几天前由必克村村民陆德欢创作的：

一年一度"六月六"，党最关心布依族。

拿到比克来起（举）办，四面八方来庆祝。

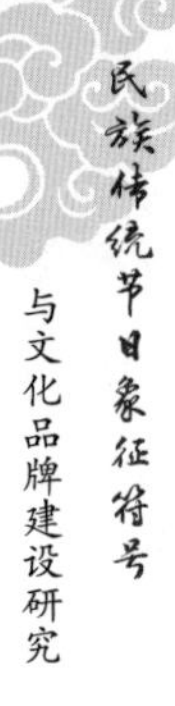

布依风情这一天，党委领导放心宽。
拿到必克来开展，四方贵宾都来观。
六月初六这一天，布衣风情到处传。
政府贵客齐来贺，歌声笑声飞满天。
六月初六实在好，布依风情来对歌。
四面八方客来贺，山欢水笑人欢乐。
一年一度六月节，布依儿女最喜客。
民族山歌来对唱，唱起歌来好闹热。
六月里来六月春，布衣风情内容多。
龙狮歌声来庆贺，神仙听见也动心。
六月初六似春风，吹开人们花万丛。
政策顺心人鼓劲，日子越过越开心。
一年一度“六月六”，四方客人来庆祝。
感谢政府领导好，日子越过越幸福。

除此之外，向前来参加“六月六”活动的贵宾每人赠送一个布依族传统手工艺品——糠包。传统的糠包制作是将普通的织布缝纫成小袋子形状，里面装上沙石或谷糠，将小袋子用线封口，再在四角缀以彩色的绒线，在花球上方缝上一条长绳方便提拿和投掷。而贞丰县“六月六”布依族风情节上赠给来宾的糠包统一定制购买，有的绣有“布依风情”或“万事如意”字样，有的绣有贞丰县著名景区双乳峰的图案，有的绣有普通的花样等。四角缀着黄色或白色的绒线，花包上缝有一根红色的长绳。来宾进入村寨后，由迎宾人员为来宾佩戴。

必克村在“六月六”前夕成立了临时的迎宾队伍，主要由舞狮队、舞龙队、器乐队以及礼仪人员构成。“六月六”当天在寨口，村中文化站组织的器乐队站在进寨的道路两旁，吹奏唢呐，敲打锣鼓。舞狮队和舞龙队随鼓点舞动，另有一些村民身着戏服随音乐模仿唐僧、孙悟空、猪八戒等形象。此外，身着布依族传统服饰的礼仪人员高举着写有前来过节的其他村寨和社会团体的牌子，列队站在寨口迎接。这些礼仪人员都由村中上小学的布依族女孩组成。这些迎宾队伍在嘉宾到来时要引导他们前往活动的下一站。

（二）集体祭田

祭田仪式是传统“六月六”的重要活动。水田为居住在村寨里的布依族百姓提供日常饮食，稻作的昌盛与否直接关系到布依人的温饱，水田是布依族人民生活的依靠，田神的形象也因此应运而生了。没有相关的文献描述布依族“六月六”中祭祀的田神是一位怎样的神灵，且由于演化时间久远，我们甚至也不可考证祖先最终是如何和田神融为一体的。但是贞丰县布依族人民在六月初六依旧要去自家的田里祭祀，即使是在历经特殊的时期曾短暂中止，也不曾消失。“我们只有在‘文化大革命’有一年不准挂纸，但我们这个村寨有去挂纸的，那个是天不怕地不怕的。”[①]由于布依族缺乏文字的表述与记载，所以这种仪式的传承用其特殊的方式叙述着这个民族的水稻农耕文化。

自从贞丰县在2003年将布依族“六月六歌节”更名为“六月六风情节”后，活动的主要地点转移到了县城，从目前掌握到的资料看，只有2010年在贞丰县的双乳峰风景区举行过祭田仪式，其他年份有过祭龙仪式和祭鼓仪式，但都没有祭田仪式。有些布依族家庭会在“六月六”的早晨前往自家水田祭祀，完毕后就进城参加或观看“六月六”布依族风情节的活动。但大多数的布依族村民都不再祭祀，追究其原因，一是因为科技的进步。村民意识到稻田的丰收与否不再是田神能够左右的事情，村民说自家已经有很多年不去祭田了，因为“祭田不祭田庄稼都照样生产，生了虫子就打药嘛”。二是因为青壮年多外出打工，村寨多剩下“空巢老人”和“留守儿童”，祭田缺少中间层。三是商品经济的发达使得稻米的食用不再依靠自家水田的产出。有些家庭已经不再种田，

① 访谈对象：罗玉文；访谈人：李晓城；访谈时间：2013年7月17日；访谈地点：贞丰县岩鱼村。

或在水田上盖起楼房做起了生意，或将水田转让给别人。

2012年“六月六”的组织者本着“还节于民”的宗旨，将“六月六”活动安排在传统的布依族村落，祭田仪式被重新安排在活动中，只是集体祭田改变了传统的每家每户自发的祭田的形式，这也是活动组织者对于传统“六月六”内容恢复的一种尝试。

祭田仪式是迎宾后的第一项活动。地点选在距离主干道路较近的一块水田进水口处。用木棍撑起两个横幅，一个标有“布依族‘六月六’祭田仪式”，另一个标有“风调雨顺 五谷丰登”，这两个横幅简单地围出祭田的主要区域。三个小寨[①]的男女老幼分别站在围绕祭祀区域的三条田埂上，来宾则从大路上被迎宾方阵带来。水田入水口放置供桌，供桌上摆放祭祀用品，供桌前的水田里插有挂着纸马的芭茅秆，供桌后放置有蒸好的染色糯米饭。主持祭祀仪式的“寨老”站在距离供桌大约半米处的一块长石上。

等来宾就位后，祭田仪式正式开始。活动流程头天都已经彩排过，首先由祭田仪式的主持者，也是祭田活动主要实施者——“寨老”致欢迎辞，他没有过多地介绍祭田的原因，就直接开始了祭田仪式。祭祀的牲畜除了一只公鸡外，还有一头黑猪，这是以前祭田仪式中所没有的。这头黑猪在祭田仪式开始的时候忽然闯入，甚至一度脱离人的掌控，跑进水田中，使得场面有些混乱。最后黑猪被若干布依族青年制伏，按在距离供桌不远处的一块空地上。“寨老”开始在供桌前按照传统“六月六”的祭田仪式焚香祷告，并将公鸡的鸡血淋在挂有纸马的芭茅秆上。在这一系列活动后，“寨老”高声祝颂道：“此鸡不是普通鸡，头戴红霞冠，身穿五彩绿毛衣。别人拿你无用处，今天‘六月六’我们拿你来做祭田鸡。一祭东方，风调雨顺；二祭西方，五谷丰登；三祭南方，人寿年丰；四祭北方，四季平安！”杀鸡祭田活动到此告一段落，进入杀猪祭祀的环节。一人用铁杵钩住黑猪的下颚，一人用短刀直接插入其喉

① 必克村由坡脚、合心和中心三个自然村寨组成。

咙，直至黑猪丧失活动能力，在众人的欢呼声中燃放了鞭炮，祭田活动正式结束。

布依族传统“六月六”自发的对歌活动也被主办方推向表演的前台。祭田活动过后，必克村妇女都站在水田入水的水道边，一边戏水，一边歌唱预先选编好的布依族山歌。与此同时，迎宾队伍再将来宾带到下一个活动地点。

集体祭田，是在“六月六”传统中所不曾出现过的祭田方式，虽然必克村民口述，在“人民公社”时期曾有过以公社为单位的祭田活动，但是那样的祭田也是自发的，是出于“为自己”的一种祭祀。如今政府组织的集体的祭田活动则是出于“为他人”的一种表演。于是祭田活动被重新操演了，无论是祭田活动的内容还是祭田活动的意义都发生了变化。祭祀的对象也被模糊化，不再是传统的每家每户的“祖先田神”，而被笼统地称为“田神”。祭田的功能也发生了变化，虽然依旧以祈求风调雨顺、五谷丰登为宗旨，但是代际间关于田间管理知识的传递却没有突出。自发的对歌，变成了既定的表演项目，且去掉了男声部，只有女声部的“戏水歌唱”，以此增加表演的可观赏性。

集体祭田不代表没有以家庭为单位的祭田。村委组织者鼓励各家各户自发祭田，要求以每户家庭为单位，自发带着祭田所需的祭品，站在集体祭田活动区域为中心的田埂上，显示祭田规模的声势。待到集体祭田结束后，可以再以家庭为单位，到自家水田里祭祀。虽然这样的安排带有表演性质，但是也在某种程度上激发了民众祭田的热情，有些很多年都没有举行过祭田仪式的家庭，当年在政府号召下也举行了祭田仪式。由于青壮年村民多在外务工，祭田仪式上更多的参与者是家中的老人带着自己的孙辈。老人借此机会向自己的孙辈介绍自家的水田并传承祭田的习俗。

（三）文艺节目

集体祭田活动结束后，所有来宾转移到第二个活动现场，即必克小学，观看文艺演出。演出一共有九个节目，多是布依族传统器乐和歌舞表演。其中铜鼓十二则、八音坐唱、高台舞狮、棍术等都已列入国家、省、市和县不同层级的非物质文化遗产代表性项目名录。所谓的文艺演出，只是借助“六月六”活动的契机集中展示布依族文化，也是“六月六”布依族风情节的主要目的之一。

图3-1　六月六歌会

图3-2　男歌手

图3-3　女歌手

布依族棍术，主要流传于必克村，在鲁贡镇的部分布依族村寨也有分布。棍术通过师徒传授或父子传授的方式流传至今已有200余年，2009年贞丰县布依族棍术被贵州省人民政府公布为第三批非物质文化遗产代表性项目。棍术以棍为武器，最早是出于保护村寨安全和防身而练习的一种武术。其套路主要分为高桩、矮桩两种。使用的棍一般采用青冈树或马铃光树制成，长度一般同使用者的耳朵一样高，直径3厘米左右，两头粗细一样，且磨得光滑，一般用土漆漆好。[①]高桩和矮桩的目的各不相同，前者攻击人肚脐以上的部位，属攻击性棍术；后者以防守为主，主要攻击人肚脐以下的部位。各套路结构严谨，灵活多变，姿势优美。现在的棍术已经演变成一种表演艺术，其表演非常讲究，每招结束后都有敬礼的动作。

勒尤，是布依族的木制双簧乐器，产生至今已有700余年的历史。其吹奏方式和唢呐相似。“勒尤”在布依语中的含义是选择朋友，本是青年男女在谈情说爱时吹奏以传情达意的乐器，小伙子在路途、田间或村外、山野吹奏，或消愁解闷，或抒发对情人的思恋，或呼唤情人。吹奏者往往只根据一个固定的核心乐句或动机自由发挥，青年男女各自知道

① 政协贞丰县委员会编：《贞丰县政协文史资料第九辑·贞丰县布依族专辑》，2010年，第75页。

其中含义。作为表演艺术的勒尤表现的内容广泛，大多有标题，且包含的内容较为具体，从相认后的相邀，到离别后的思念以及失恋的苦涩等等都能用勒尤乐声来表达。2008年，贞丰县布依族勒尤被列入第二批国家级非物质文化遗产代表性项目。

八音坐唱，又称“八音弹唱”，是流行于安龙、兴义、关岭、镇宁、晴隆一带的乐器合奏表演。其中乐器包含月琴、胡琴、唢呐、笛、箫、锣、鼓等。最初是一人自弹自唱，后来发展为多人演唱、多人伴奏，弹唱曲目的内容有叙述民族起源、表现劳动生产、反抗剥削压迫、歌唱爱情生活等。语言朴实，气氛热烈，具有鲜明的布依族特色。现贞丰县所在的兴义市“八音坐唱”已被列入第一批国家级非物质文化遗产代表性项目，政府也加大了对其的保护力度。除了传统民族乐器表演外，还有一些现代娱乐文化的表演，比如魔术、现场作画、儿童舞蹈等。

（四）招商引资

图3–4　商品交易

图3-5　市场摊点

从文化生活角度看，任何一个民族文化现象与经济生活的联系是紧密的。贞丰县“六月六”布依族风情节的筹办实则是政府利用贞丰布依族文化来搭建“经济唱戏”的舞台。必克村由于存在地理位置优越，传统文化保留较为完整，政府领导的重视等诸多便利条件，所以有些企业愿意前来和必克村合作。签约活动在任何时候都可以进行，之所以在“六月六”，并非是因为“六月六”带来的商机，而是利用“六月六”来宣传商机。

（必克村文化馆干部）周进：基本上周一到周五。帮助他们搞一下，我们现在准备成立一个综合性的开发公司，把文化这一块，旅游这一块全部规划进来。我们这里的大米、糯米在市场上都是供不应求的。这一块以后我们要做成旅游产品来包装并卖出去。他们这个公司是自己集资，现在已经将近100万了，正在办手续。要把大家的意见加进去，共同致富。

问：糯米种植在必克村水稻种植中的比重是不是蛮大？

（必克村村支书）周连继：占有三分之一。我们现在要做大一点，想把它打造成品牌，卖贵一点。我们村有一个优越条件，村里的农田全部是地下水，同样的一种品种，在我们这里栽就比别的地方要香。

周进：所以这一块我们乡里请了几个企业，都准备在这里建立基地。后天“胖四嫂”就会和村里签订500亩的种植协议。

周连继：还有村里的葡萄园啊，有个老板要在我们这里建600亩的葡萄基地。还有一个老板后天要在这里签订，种植喂黑猪的草，300多亩。“六月六”那天总共有3个公司和我们签约。[①]

通过和必克村村委工作人员的交流，我们了解到“六月六”期间共有3家公司和必克村签约，全部是和农业相关的项目。合约很早就商谈好了，独等“六月六”签约。此外，村中组建了一个综合性开发公司，苦于对外宣传的媒介太少，筹集到的资金有限。“六月六”的举办吸引了州内外各界媒体、游客、企业代表、各级领导的前来，无疑是最好的宣传和推介方式。所以，村委决定以这次活动为契机，大力宣传村寨的有利条件和优惠政策，以期得到更多投资商的关注，增加村寨的经济收入。基于对此的认识，村委最终“导演”了2012年“六月六”布依族风情节文艺会演中签约仪式的一幕。

（五）“六月六”宣传

贞丰县“六月六”布依族风情节是政府主导的将传统民族节日纳入到旅游市场的一种方式，对于这张名片的打造，“六月六”的宣传必不可少，只有扩大宣传，才能吸引更多的关注者，达到“经济唱戏”的效果。经过30多年的发展，由政府“导演”的贞丰县“六月六”知名度不断扩大。黔西南州和贞丰县从政府网站、微博，地方报刊、电台、电视等多种传播媒介着手，宣传和打造布依族“六月六”。每年贞丰县布依族“六月六”活动都会设计“节标”以及宣传画，张贴在“六月六”活

① 访谈对象：周连继、周进；访谈人：林继富、李晓城、黎维丽；访谈时间：2012年7月22日；访谈地点：贞丰县必克村村委办公室。

动的举办地。

2012年贞丰县“六月六”布依族风情节的举行地必克村过去只是一个普通的布依族村寨，但因为承担举办“六月六”活动，所以村寨也成为宣传的对象。“六月六”前夕，在村寨举办活动的主要场地——必克村小学校园的外围墙上张贴上了宣传画，小学外的村道上布置了主题为“必克印象”的宣传板，重点宣传村寨的历史、自然风光与经济建设等内容。整套宣传板底色是布依族蜡染的色彩，显得古朴厚重。必克村也被冠以布依族“必克古寨”的名头，大肆宣传其历史由来和民族构成。此外，在村中主干道边的住房墙外也都贴上了2012年“六月六”的“节标”以及“必克古寨”的宣传条幅。

除了对“六月六”和村寨的宣传外，还有对赞助企业和单位以及与必克村签约合作项目的商家的宣传。必克小学的教学楼上布置了宣传条幅，并在教学楼下空地处设置了与必克村签约合作项目的商家的销售专区。

（六）经费预算及筹集

“六月六”布依族风情节活动得到了州里以及县里财政支持，每年“六月六”活动前都由活动的主要负责单位（主要是县布依学会）向县一级的人民政府递交《关于拨给“六月六布依族风情节”活动经费的请示》，并附有活动经费预算的详细条目，内容主要涉及来宾住宿、餐饮、场地布置、服装制作、器材租赁、车辆安排、演出道具、人员雇佣等多个方面。活动除了有政府的财政支持外，一些单位、企业或个人也会予以支持，例如贵州紫金矿业股份有限公司、贵州施达集团公司、贞丰县奇峰公司、贞丰县烟草等都先后直接或间接地对贞丰县“六月六”布依族风情节活动给予过资金上的支持。

2012年的“六月六”活动主要在村里进行，活动的主要执行方由县级单位转移到了村委会。村委为了更大程度地节省开支，利用了村寨里一切可以利用的人力物力。其中全程调配的人员多是必克村村民，他们是自发无条件参与，节目表演也都是村寨自发组织，演员服饰皆为家家户户自己缝制的节日服装，舞台都是村民自发组织搭建，装饰物来自村民的无偿提供。“六月六”活动的主要开支来自餐饮、纪念物、道路的修整、邀请函制作以及祭祀用品等。

（七）“六月六”活动总结

一天的活动结束，贵州省委组织部驻贞丰县挂职县长助理、县教育局党组书记赵鑫，组织了村委的领导、北京中医药大学中草药专业调研队伍的一行3人等，在村支书周连继家中的院子里做了简要的节日活动总结座谈会。

赵鑫书记讲述了必克村的历史、自然和人文概况，对于前来必克村做调研的北京中医药大学团队和我们团队表示了欢迎，赵鑫书记一再表示：“没有文化，必克村很简单。”[①]希望外地专家学者能够对必克村文化的打造多做贡献。也希望能有更多的学者关注必克村，这不仅能够更多地宣传必克村的风俗文化，更能给必克村带来经济收入，改善人民的生活。其次，他对2012年“六月六”布依族风情节活动做了总结，虽然没有确切的统计数字，但是赵鑫估计此次前来必克村过节的游客超过了3万人，他认为活动的举办是非常成功的。最后，他表扬了活动的具体实施者——必克村村委，并对村委领导不辞辛苦的工作表示肯定。

> 4个村干部，带了19个小组长，代表全县把这个“六月六”办成这个样子。一点不乱，这完全得益于我们党的领导，是党培养出了这么优秀的干部，太能干了。他们都十天没有睡觉了……今天终于画上了一个圆满的句号。[②]

“六月六”活动总结座谈会后，前来参会的调研学者纷纷表示参

① 访谈对象：赵鑫；访谈人：李晓城、黎维丽；访谈时间：2012年7月24日；访谈地点：贞丰县必克村周连继家。

② 访谈对象：赵鑫；访谈人：李晓城、黎维丽；访谈时间：2012年7月24日；访谈地点：贞丰县必克村周连继家。

加此次“六月六”活动受益良多，不仅感受到村民的热情，而且感受到布依族传统民俗的博大精深。最后大家观看了村民自发在院子里的“浪哨”对歌。至此，为期一天的2012年贞丰县“六月六”布依族风情节活动落下帷幕。

二、2013年“六月六”布依族风情节

2013年黔西南布依族苗族自治州建州四十一年，贞丰县“六月六”布依族风情节作为州里重点建设的文化品牌，本来是想作为建州庆典的一部分，办一场规模较大的布依族文化盛宴，因而，贞丰县一直在等待州里的批示。后因种种原因，此事未能如愿。贞丰县临时成立了“风情节组委会”安排“六月六”活动，根据商讨，依然延续2012年的办节模式，分为两个部分，即“六月六”上午在必克村举办集体祭田仪式与文艺演出，下午聘请演出策划单位在双乳峰风景区举办商业演出。虽然准备仓促，但因之前积累了办节经验，所以“六月六”活动较2012年有了很大的进步，主要表现在“六月六”准备、文艺节目、招商引资和“六月六”宣传几个方面。

（一）“六月六”准备

2013年7月10日，县里召开了“风情节”组委会最后一次动员会，再次明确了“六月六”活动的内容和地点以及组织领导的单位。其中主办及承办单位几乎涉及全县包括县委、县政府、林业局、文体广电局、公安局、民宗局、卫生和食品监督管理局等在内的大部分行政单位以及县布依学会、奇峰公司等社会团体和地方企业。任务及分工都做了详细的规划方案。

在必克村，近一年的新农村建设已使村中发生了巨大的变化。虽然经费尚未到齐，但是建设先行。

我们这里新农村建设还要晚一些时候来，但我已经开始做了。先做好了，再要钱！按照规定一家补2万吧。村里的新农村建设也在

搞，广场、国道。[①]

总结2012年办节经验后，村委会认为首先要改换活动地点，由于村小学于空间有限，接待能力不足。村委积极向县政府争取资金，于活动开展前的一个月在村口处征用了几户人家的用地，修建了一个文化广场。广场由贵州省委组织部驻贞丰县挂职县长助理、县教育局党组书记赵鑫亲自设计、督工。整个广场以布依族妇女的传统服饰作为设计灵感，以鹅卵石、草皮、水池和水泥地板共同构建出服饰形状的地面。整个广场前期拆迁、施工建设、灯光照明、道路铺设及广场周边整顿等共计花费人民币约450万元。

虽然准备仓促，但由于分工明确，各单位集中做事，效率很高。2013年7月11日晚，县教育局、林业局、法院、县人大、妇女儿童联合会等单位的相关负责人共同来到必克村广场附近视察准备工作，与必克村村委成员及部分村民举行活动商讨会议，对于活动广场的最后布置、舞台搭建、音响调试、灯光照明、主干道修饰、证件设计、广场周边民居墙体美化、村民经营货摊位置安排、主持人选择、销售特产包装设计等细节做了最后统一敲定。

（二）文艺节目

与2012年在必克村举办的文艺节目相比，2013年的文艺节目多出了2个。11个节目里，由必克村自编自演的节目只有2个，邀请来的周边乡镇，只有鲁容乡有1个表演节目，其余节目全部由县文化馆编排演出。虽然布依族传统的歌舞、棍术、“八音坐唱”等依然存在，但从参演人员、编曲、服装到舞台走位都经过专业的设计和训练，与之前村民们自发排演的形成了强烈反差。

此外，节目中穿插了打粑粑、敬酒、纺布及布依族婚俗展示等“副

---

① 访谈对象：周连继；访谈人：李晓城；访谈时间：2013年7月11日；访谈地点：贞丰县必克村周连继家。

节目”，即在舞台上有节目表演时，舞台下还安排了这些展示活动，作为舞台的延伸，向观众表现布依族传统技艺与习俗。活动内容增多、复杂与专业团队的加入，使得文艺节目表演更加成熟，观赏度也有所增加。

（三）迎宾布置

2013年由于有文化馆参与，迎宾变得更加复杂。宾客进入村寨要经过至少三道“拦门酒”，最后一道接近主会场的“拦门酒”由县文化馆的演员来敬。于过去由布依族妇女站在村口一字排开的阵势不同，2013年的迎宾人员有歌舞及器乐表演，且为男女搭配。

迎宾用的“彩虹门”上写有“2013·中国·贞丰‘六月六’布依族风情节”，与2012年相比，去掉了冠名商的标记，增加了布依语的对应翻译，并用“中国”替换掉了“贵州”。这一改变反映出贞丰县“六月六”布依族风情节组委会突出本民族语言文字的特色并表现要将“六月六”品牌影响扩大到全国的办节目标。

（四）招商引资

2013年的当地主要投资商并未过多在“六月六”活动时大肆宣传，而是主要展示中南控股有限公司投资200万元援建必克村小学的设计图纸，体现必克村教育与经济、文化并重的发展愿景。

此外，与2012年随处摆摊进行商业活动的情景不同，2013年，组委会联合村委在广场边的主干道专门开辟了经营摊位供村民们销售地方小吃、土特产等。其中有带有“品牌”的自制糯米酒，用土陶罐包装，分大、小两种规格，外包装上标注有“布依族传统”“必克古寨”等字样。

（五）“六月六”宣传

2013年活动组委会首次设计“六月六”活动主题，即“弘扬布依文化　打造美丽乡村”，明确了宣传活动目的，即“为进一步提升贞丰知名度，推进旅游业跨越式发展，以浓郁的布依风情为载体，全面推介展示布依族文化，打造美丽乡村，重点推出双乳峰景区和美丽乡村——必克，加快贞丰旅游市场化步伐。”此外，还在村寨张贴了宣传海报，制作了多个气球彩带标语。而必克村支书也表示2013年他毅然接下举办“六月六”活动是为了扩大村寨的宣传：

> 我跟你说我为什么要办这个“六月六”啊。假如我们去电视台打广告，县电视台，三分钟，要花几十万，是不是？我办这个节日，有媒体啊、记者啊、游客啊就给我宣传啦，我就不用（在）电视上搞啦。我想的是这个，就是给我们宣传。[①]

宣传，是当代传统节日品牌建设活动至关重要的部分，从2013年贞丰县“六月六”布依族风情节这些宣传行为上，我们看到了在品牌建设中传播宣传在抢占市场、扩大影响方面的作用。

三、“六月六”布依族风情节的象征符号建构

布依族“六月六”的祭田仪式是“六月六”中最为重要的习俗，也最具有民族特色。传统祭田仪式是以家庭为单位，家中的长辈带着晚辈前往自家水田的入水口杀鸡祭田，祈求水稻丰收，借此传承水稻种植知识。然而随着“六月六”布依族风情节的举办，祭祀仪式被推上了表演的前台，这是传统节日习俗中所从未有过的新形态。虽然以家庭为单位的祭祀依旧存在，这是布依族民众遵循传统生活需要的，也是承载布依族民众生活中“六月六”的本质所在，但是，“六月六”布依族风情节集体祭祀仪式的出现，将“六月六”引向更为广大的生活空间和文化空间，带来了“六月六”的系列建构性行为，带来了“六月六”的象征符号的意义转换。较之与传统的家庭祭田，集体祭田发生了许多变化，详见下表：

---

① 访谈对象：周连继；访谈人：李晓城；访谈时间：2013年7月11日；访谈地点：贞丰县必克村周连继家。

表3-2　家庭祭田与集体祭田的比较

	操作人	场所	供品	祭词	祭祀对象	祭祀后是否停留
家庭祭田	家庭成员（无主持人）	自家稻田	芭茅秆、纸马、三个碗、三对筷子、三根香、纸钱、肥肉片、活鸡、粑粑	不固定（多为美好祝愿）	驻守田间的五代或三代以外祖先	不定
集体祭田	村寨集体（寨老主持）	场地开阔便于观众观看的稻田水口	芭茅秆、纸马、三个碗、三个酒杯、三对筷子、三根香、纸钱、肥肉片、活鸡、活猪、一张供桌、两根红烛、标语、糯米、染色糯米饭	固定（一祭东方，风调雨顺；二祭西方，五谷丰登；三祭南方，人寿年丰；四祭北方，四季平安）	田神（没有确定形象）	文艺展演

除形式上的变化外，作为祭祀对象的“田神”，其形象的变化引人注意。家庭祭田的主要对象是五代或三代以外的祖先，而一年当中只有在“六月六”这天必克村布依族人才会去祭拜守护自家稻田的祖先，大部分节日都只在自家供奉祖先处祭拜五代或三代以内的祖先，这与布依族祖先崇拜的信仰传统相关。集体祭田的形式是之前从未有过的，换言之，集体祭田的形式是为了适应现代经济社会生活而演变的新的祭祀方式。祭祀对象不再是家族神，新“田神”应运而生，对于“田神”的形象布依族人没有具体解释，但这并不影响祭祀活动的开展，因为，家族神和“田神”在这个祭祀活动中的主旨作用都是一样的，即确保稻作生长昌盛。

关于仪式新形式的变化，康纳顿指出：“通过涉及‘老’传统为之服务的那些社会制度，在迅猛的社会变迁冲击下，一旦开始崩溃，到处都会迅速出现创造新仪式的活动。事实表明，在后传统社会里，仪式的创造既是一个普遍问题，也是一个具有特殊意义的现象。”[1]正如今天必

① 【美】康纳顿著，纳日碧力戈译：《社会如何记忆》，上海：上海人民出版社，2000年，第58页。

克村布依族“六月六”中的祭田，“现代化的逻辑重演或重拟之举在想象中具有可能性和说服力的那些条件受到侵蚀。”[①]因此，民族传统节日中的仪式随之发生变化，这也是节日传统中的一环，将会成为未来的记忆。“六月六”对过去时代的见证，也将成为对永恒的幻想。因为社会生来就是新生事物盖过古老事物。

“六月六”仪式从家庭走出来，以集体祭祀形式呈现，强化了集体认同的关系，涂尔干认为：“仪式是一种手段，社会集团凭借这一手段来定期地重新肯定自身，认为自己是被一个有一致利益和传统的团体所联合一起的人们，会聚在一起并转而意识到他们在道德上的一致性。”[②]在仪式上，民众受到集体观念的强烈影响，神圣物被创造或是被再造，信仰也被唤起或更新，从而使集体意识得以保持和复兴，使社会成员增加了集体意识，其中仪式的功能就是强化一种整体的价值和行为模式。

法国社会学家莫里斯·哈布瓦赫指出，集体记忆不是一个既定的概念，而是一个社会建构的概念。“只有通过阅读或听人讲述，或者在纪念活动和节日的场合中，人们聚在一块儿，共同记忆长期分离的群体成员的事迹和成就时，这种记忆才能被间接地激发出来，所以说，过去是由社会机制存储和解释的。”[③]换句话说，哈布瓦赫认为现在一代人是通过把自己的现在与自己建构的过去对置起来而意识到自身的，人们通过和现在一代的群体成员，周期性地一起参加纪念性的集会，就有可能在想象中通过重演过去来再现集体思想，进而强化这种身体记忆，而存在于欢腾时期和日常生活时期之间的明显空白，事实上是由集体记忆填充并维持着。

布依族“六月六”这一关乎稻作丰收的仪式性的传统节日，其重要

---

① 【美】康纳顿著，纳日碧力戈译：《社会如何记忆》，上海：上海人民出版社，2000年，第74页。

② 【法】埃米尔·涂尔干著，渠东等译：《宗教生活的基本形式》，上海：上海人民出版社，1999年，第119页。

③ 【法】莫里斯·哈布瓦赫著，毕然、郭金华等译：《论集体记忆》，上海：上海人民出版社，2002年，第43页。

性被放置在民族传统认同的高度。诚然，如今的稻作生长已经有了更多可把握的因素，“六月六”的仪式以展示布依族文化的方式寻找到了另外的传承途径，但是，不论是哪一种方式，布依族人都在其中寻找到了一种文化边界，以区分于其他民族集体认同，从而固化在民族的记忆里。

如今贞丰县“六月六”布依族风情节已经逐步发展成为政府主导下的以发掘民族文化、突出民族特色、开发旅游、招商引资为主要目的的新节日形式。这种新的形式是“六月六”为适应其生存环境而产生的变化，它有选择性地保留了一部分传统“六月六”的内容，但是，有些传统的“六月六”习俗也丧失了生存的条件。“六月六”在现代多民族民众生活作用下，出现了许多建构性的象征符号，由此生成新的意义系统，这是布依族传统“六月六”在当下的选择与调适。

第二节　从民族传统节日到文化旅游节

传统节日是民族传统生活的集中展示，是民族文化资源最为丰厚、最具魅力的表达窗口。我国民族地区在实施地方社会经济发展过程中，充分挖掘传统节日的文化资源，将传统节日纳入地方旅游文化建设之中，发挥传统节日的旅游文化功能，利用民众传统的节日资源改善民众生活，实现共同富裕。

2015年4月8日至12日，笔者跟随中国民间文艺家协会前往西双版纳州勐海县考察布朗族“桑康节”，参与了2015年布朗族“桑康节”系列活动。在与布朗族民众共同生活的日子，在与当地政府交流的时候，笔者对布朗族文化，特别是布朗族“桑康节”的历史和文化有了更为深入的理解，并对勐海县政府在布朗族传统的“桑康节”基础上创新发展的文化旅游节——“茶王节”的具体做法进行了调查。

一、布朗族的传统“桑康节”

布朗族分布在云南省西部和西南部沿澜沧江中下游两侧的山岳地

带。据2000年云南省第五次人口普查统计，中国布朗族总人口为91882人，其中有86401人属于农村人口。[①]主要分布在云南省的临沧、西双版纳、思茅、保山等地。其中西双版纳傣族自治州勐海县是布朗族最为聚居的地区，这里生活着布朗族30090人，其中11337人聚居在布朗山布朗族乡，这里是全国布朗族最为集中的地方，也是全国唯一的布朗族民族乡。

勐海县巴达、西定、打洛、布朗山一带布朗族生产、生活条件相对落后，传统文化保留了较古朴的形态风貌，人们均沿袭着传统的生活习惯，其中布朗族的“桑康节”就是典型。

“桑康节”是布朗族的“年节”，是感恩的节日。在新年里，布朗人以丰盛的年糕、饭菜，向佛寺里的僧人敬献，感恩僧人和佛祖的保佑；向寨子的老人敬供，以感谢老人的养育之恩；邀请亲朋好友到家里做客，感恩他们的帮助。

历史上布朗族和傣族关系密切，布朗族和傣族杂居一起，生产方式和生活习惯十分相似。布朗族与傣族一样信仰上座部佛教，经济往来、文化往来频繁，布朗族没有自己的历法，采用的是阴阳合历的傣历，勐海县布朗族所过年节傣语称为“桑堪比迈”，过年的时间多数年份在傣历的六月中旬，具体日期要用西双版纳傣族历法推算日子的公式推算。

布朗族的“桑康节”至今已有一千多年的历史。“桑康”即“过新年”，“桑康”一词含义为“经过”或“移入”，在这里既有过渡的意义，又有转折的期待。

关于“桑康节”来历，布朗族诸多传说表达了布朗人生活记忆的种种情感。相传很久以前，有位巨神与他的十二个孩子创造了天地和万物。太阳九姊妹和月亮十弟兄每天日夜同出同进，把大地照得通亮，没有黑夜，民众无法休息；太阳烧灼了大地，晒死了万物，民众难以忍受。巨神就造出弓箭射落了八个太阳和九个月亮，避免了万物被暴晒而

① 国务院人口普查办公室、国家统计局人口和社会科技统计司编：《中国2000年人口普查资料》（中·民族），北京：中国统计出版社，2002年，第266页。

死，人间开始有了黑夜。但是，剩下的一个太阳姐姐和一个月亮哥哥却吓得躲了起来，天下一片黑暗，民众寒冷不堪。巨神怕惊吓了太阳姐姐和月亮哥哥，自己不便出面，就召集百鸟百兽去请日月。萤火虫照亮，燕子带路。百鸟百兽来到日月藏身的山洞，请日月出来升上天空。大家推举公鸡与日月订协议：百鸟归巢时，黑夜到来，月亮哥哥出来；公鸡鸣啼时，白天到来，太阳姐姐出来，分别给人世间带来黑夜、白天和温暖。从此以后，人类才有了白天和黑夜，民众才有了白天干活，夜晚休息的作息制度。①

传说归传说，虽然带有不少虚构想象成分，但是从本质上来看，却是布朗人生活的记录，也是布朗人生活的写照。每逢布朗族的“桑康节”，布朗族民众就在太阳出来前穿戴整齐，在村寨东边，搭起彩棚，摆上供案，奉上糯米、酒、肉、芭蕉等，由寨老主持送月落，迎日出的仪式。民众迎着东方喷薄而出的旭日，载歌载舞，感谢太阳给人间以温暖，给万物以生机。当然，他们也忘不了巨神的功劳。在这里，“桑康节”包含了“敬太阳神”的意义。敬拜太阳神和月亮神之后，布朗人还要去寺庙插花、浴佛、“赕佛”、泼水祝福等。之后，布朗人堆沙塔、打竹球，载歌载舞，欢庆新的一天的到来。此时就具有了“迎接新的收获”的意思。

在这里，布朗人总是以自己的生活为根本，解释传统仪式的合法性，由此获得“桑康节”的正当性和权威性，也由此建构了神灵、佛祖和人类交织一体的世界。在“桑康节”仪式活动中，布朗人将神界、佛界和人界构建成生活共同体，从而实现历史记忆的情感连接和日常生活的情感表达，由此给予未来生活新的起点和新的希望。

传统的布朗族的“桑康节”一般是四天，每一天均有说法，每一天均有安排。

第一天称为“麦”，是旧年的最后一天，这一天主要是打扫房屋、

① 岩温扁主编：《布朗族民间故事》，昆明：云南人民出版社，1994年。

家庭的脏污，清理村寨环境卫生，清洗衣服被盖、炊具食具，宰猪杀牛，做黄粑“厄糯索”，并且用这些食物用来赕佛和馈赠亲友。“除夕”早上，每家晚辈人要把最好的饭菜送到老人跟前，跪着请老人吃饭，祝老人健康长寿。并且伸出双手，掌心向上，接受老人祝福。

第二天叫“恼”，其意为腐掉的日子，这天是按照傣历计算周年时间长度中多余出来的日子，也就是说，这一天既不是旧年的时间，也不是新年的时间。布朗人常称这个日子为“空日”。为什么有这么个日子呢？布朗族有自己的解释：相传这一天是恶神捧玛点达拉乍死亡之日。既然是恶神死亡的日子，就是灾难过去，吉祥来临的交替日子，因此，放在旧年或者新年都不合适，于是便有了“空月”。在这个“空日”里，人们通常要备办家宴、吃年饭或宴请亲朋好友，迎接新年的来临。

第三天叫“麦帕雅晚玛”，其意为“日子之王”，就是新年开始的时间。这一天举行庆祝新年活动，其内容极为丰富，主要包括：向佛寺献供：早晨，布朗人用竹筒抬来清水供僧侣浴佛，用水将寺院里佛像身上的尘埃冲洗干净。向家族献供：家家户户吃红糖糯米粑粑，用芭蕉叶包成两份，各插上一对蜡条、两朵鲜花，送到家庭长家中，其中一份装入家族长卧榻上方挂的“胎嘎滚”（家族神位）内，作为祭祀家神之用；另一份献给“高嘎滚”（家族长）。各户男家长都要脱下自己的包头巾，向作为“嘎滚”（家族）代表的家族长行拜年磕头礼，并且用水象征性地从头到脚为家族长做洗礼，一边洒水，一边祝祷：“新年到了，我们家族成员，祝告卡滚长命百岁、吉祥平安，请告卡滚赐福给家族成员。”家族长也向人们祝福道：“全家族的孩子们，逢年过节来祈福，这是祖辈传下来的古礼，不可忘记。旧的岁月过去了，新的一年到来了，全体儿孙们来告辞拜年，你们都有福了。预祝你们庄稼茂盛，谷物丰收，人畜兴旺。”念完祝词，家族长带领家族成员向“胎嘎滚”（家族神）代袜么·代袜那神祈祷祭祀，请祖宗赐福给家族。然后带领大家到寨西日落方向，举行滴水仪式，祈风调雨顺，人畜平安。布朗人用银钵盛满清水，用橄榄、松树的枝叶蘸着清水相互泼洒，以示祝福。

布朗族对祖先敬拜不仅传承在桑康节中，而且表现在对祖先遗物的保存、供奉以及桑康节和清明节的祭祖仪式上。布朗族家族被称为“嘎滚”，每个“嘎滚”的祖先灵物“胎嘎滚”由家族长“高嘎滚”保管。“胎嘎滚”是一个小篾筐，里面装着本“嘎滚”祖先遗留的物品，如小刀、蜡条、剪刀、经书等。逢年过节和家族聚会时，家族长要向“胎嘎滚”汇报，“嘎滚”各家都要派人带着花和蜡条来向其作礼。民众也向“胎嘎滚”敬献食物、蜡条等，邀请他们一同来参加节日活动。[①]

吃罢中午饭，全寨人穿戴一新，抬着“高升”，载歌载舞地拥向赶摆场，燃放“高升”，迎接“日子之王”的来临。桑康节的活动以歌舞和泼水为主。布朗族民众身着盛装，涌向村落公共场所，路边人群向他们泼洒除邪的草药水或清水，表示祝福。舞蹈开始时，有两位被称为“打别”的领舞者，他俩从头到脚都裹扎着黑布，只有眼睛、鼻子、嘴巴处留几个洞。据说这两个人是天帝下派人间佯装穷人的神，暗察民众对佛的虔诚，心地是否善良。两人脖子上各挎一个包，舞到人前时，就向民众讨乞，此时民众都会乐意解囊。舞蹈结束后，布朗族的青年男女便开始泼水狂欢了。

图3–6　“桑康节”期间的布朗族男子

① 赵瑛著：《布朗族文化史》，昆明：云南民族出版社，2001年。

图3–7 “桑康节”的布朗族妇女

泼水之后就是吃百家饭，即把各家所做饭菜，用芭蕉叶包好带来与其他人家分享。人们吃饭喝酒，其乐融融。

第四天叫“桑刊阿百腊”，或苏节达腊、苏节达罕，[①]意为“叫魂”，现也叫“茶祖节”。

“桑康节”期间，布朗族民众要向“寨心”献食物、蜡条等供奉。布朗族认为只有向“寨心”报告才意味通报了各路鬼神。布朗族村寨“寨心”由头人选择，并且在“寨心”处垒上石块，搭起架子，献祭供品。“寨心”不仅是村寨的地理中心，而且是文化中心、信仰中心，桑康节期间祭祀“寨心”，以此祈求保佑村寨人畜健康、谷物丰收。

勐海县布朗族散居山区，住地分散，节日活动多以传统的自然村寨为单位举行，但是，有些村寨比较小，相邻村寨比较近，有些地方也会由两个布朗族村寨共设一个赶摆场，两寨村民在赶摆场里共度新年。

二、文化旅游的“茶王节”

近年来，随着现代生活的改变，布朗山寨“桑康节”也发生了明显

---

① 王郁君著：《南传上座部佛教和原始宗教的有机融合：芒景村布朗族桑刊、茶祖节活动一瞥》，《思茅师范高等专科学校学报》，2009年第5期。

的变化，勐海县政府和布朗族民众都在接受传统“桑康节”的转型，就是将布朗族的传统新年既作为布朗族民众传统生活中的“年节”，又将“桑康节”推向文化旅游市场。

比如，布朗族民众生活中为“告卡滚”举行洗礼的习惯已经废除，但是，布朗族民众在过年时仍然时兴向长辈拜年祝福。传统“桑康节”中的泼水、洒水仪式在一些村仍然保留，尤其居住在旅游景点的布朗族村寨，出现了泼水祝福的新内容。

布朗族“桑康节”名称出现的变化，意味着布朗族新年身份的变化。比如，在相当长的历史时期，布朗族“桑康节”被称为“宋坎节”“桑刊节”“厚南节”等，这些节日名称是音译为汉语造成的，但是，音译带来的结果表面看起来是名称的差异，实是文化理解的差异。

2010年4月，西双版纳州布朗族发展研究会与勐海县西定乡在弄捧村举办了首届布朗族“桑康节”暨第四届布朗弹唱邀请赛，邀请了西双版纳州布朗族乡镇、村委会负责人以及布朗族民间歌手汇集一堂，共同欢度“桑康节”，缅甸掸邦东部第四特区色勒县的布朗族人士应邀参加，“桑康节”由此开始走出村寨。

布朗族“桑康节”的变化是必然的，这种变化源于时代要求，源于布朗人适应社会发展的要求，适应改善生活的要求，其改变转折点是2013年12月27日，西双版纳州十二届人大常委会第十三次会议审议通过《关于确定“桑康节”为西双版纳傣族自治州布朗族传统节日的决定》。立法确定“桑康节”为布朗族法定节日，极大地促进了布朗族群众文化的心理认同和民族自豪感，有利于布朗族优秀传统文化的继承、弘扬和发展，也能使其他民族更进一步了解布朗族，促进了布朗族与各民族之间的相互交流和理解。从此以后，“桑康节”被政府正式确认为布朗族的传统节日和假日，明确了每年“桑康节”的时间为公历的4月9日至11日。

现在，“桑康节”的内容比过去有很多改变，除以往传统活动外，又增加了文娱节目的表演和体育比赛，成为带有极强表演性的文化节了。

布朗族“桑康节”发展为文化旅游节离不开政府、企业的力量，不妨看看从2011年开始，布朗族“桑康节”是如何以旅游文化节的形式示人的。

勐海县是普洱茶发祥地之一，是滇藏茶马古道的源头和滇缅通关的重要驿站。种茶、制茶、饮茶和茶叶贸易历史悠久，古茶树资源丰富、优质品种众多，有世界上最古老种茶民族，有最古老的茶树王、最古老的茶园、最古老的种茶山寨、最醇厚的普洱茶，还有国内国际茶叶市场最响亮的普洱茶品牌。

勐海县委、县政府围绕建设“中国普洱茶第一县”的目标，全力把勐海建成全国最大、最优、最安全的普洱茶生产加工基地县，大力改善投资环境，扶优扶强普洱茶龙头企业，扶持优质茶叶原料建设，加强普洱茶品牌建设，全力提升茶叶产业，形成了“大益”、陈升茶业有限公司、勐海七彩云南等为龙头的普洱茶精加工企业群，成功打造出了“大益”“陈升号”“老班章”“七彩云南”等普洱茶著名品牌。

2011年4月10日上午，第三届“勐海茶王节”开幕式在苍茫的云南省西双版纳州勐海县格朗和乡南糯山中举行。“茶王节”以“倡导绿色低碳普洱茶生活方式”为主题，来自勐海县11个乡镇选送的18位制茶能手进行茶艺比赛，举行民歌表演。在舞台上，表演的民族有傣族、哈尼族、拉祜族和布朗族。参加开幕式的当地领导有西双版纳州委常委、常务副州长罗红江，西双版纳州人大副秘书长杨文明等，还有来自韩国、日本、马来西亚、俄罗斯等国和中国香港、台湾地区的茶界专家、学者及茶商。勐海县委副书记刀华新代表县委、县政府对与会嘉宾的来临表示热烈的欢迎，他说，“勐海茶王节”的举办，其主要目的是为来自海内外的茶界人士、普洱茶爱好者和涉茶企业提供一个相互交流的平台，为勐海县乃至云南省茶产业的繁荣发展出谋划策，让绿色、健康、和谐的普洱茶生活方式更好地普及社会各界。开幕式上，举行了茶叶原料订购协议签字仪式及茶叶拍卖、茶王节茶叶大赛颁奖仪式等活动。

2011年举办“茶王节”的时间是布朗族“桑康节”的时间，但是，在这里没有提到布朗族的“桑康节”，而是将“茶王节”作为唯一的内容，节庆里面主要以茶为核心，至于节庆里面出现的歌舞演出，却是推介普洱茶的一种行事方式了。笔者以为此时的“茶王节”与布朗族传统“桑康节”有关系，只不过这种关系是隐形的，其现代“茶王节”选择时间与“桑康节”一致，借助传统的节日时间，以布朗族民众生活文化为依托，以地方文化与地方经济发展结合的方式进行活动。

2012年4月12日，勐海县举行傣历“1374年节”、布朗族“桑衎节”暨第四届“勐海茶王节”。政府领导、副州长王方荣代表州委、州政府对第四届“勐海茶王节”暨布朗族“桑衎文化节”的举行表示祝贺，他说，勐海县是普洱茶原产地，茶产业是勐海县的支柱产业，“茶王节”系列活动的举行，为勐海县以茶会友，共谋茶叶产业发展搭建了良好的平台。他希望勐海县委、县政府充分挖掘特有的民族茶文化资源，合理利用、保护和开发茶资源，进一步擦亮“普洱茶”名片，推动勐海县经济社会发展。

开幕仪式上，布朗族、哈尼族、拉祜族同胞先后登台举行祭茶仪式。勐海县文艺工作者以及来自布朗山乡、格朗和乡、勐阿镇的村民，表演了采茶舞、布朗族舞蹈、哈尼族舞蹈、拉祜族歌舞、布朗弹唱等文艺节目。

从2012年与2011年的比较来看，笔者以为发生了如下变化：

第一次明确将为经济发展举办的“茶王节”与传统节日结合，传统节日与地方文化节有机结合，为地方传统节日的文化价值带来了新的阐释和新的增长点。

将勐海县傣族和布朗族的传统节日与“茶王节”结合在一起，其地方文化的标识更为鲜明突出，这种结合存在合理的生活逻辑。傣族和布朗族是当地两个主要民族，傣族的泼水节和布朗族的“桑康节”时间接近，勐海县将两个主体民族的传统节日作为“茶王节”的文化依托，具有历史基础和现实依据。

2013年4月9日，在勐海县布朗山布朗族乡举行勐海第五届“勐海茶王节”暨布朗“桑衎节”，其中主题为“走进世界上最古老种茶民族的聚集地，探寻布朗族与茶起源的璀璨文化，彰显勐海普洱茶王者风范”。

此次活动由中共勐海县委、勐海县人民政府主办，中共布朗山布朗族乡委员会、布朗山布朗族乡人民政府承办。活动内容为展示勐海县傣族、布朗族、哈尼族、拉祜族等民族古老传统的祭茶仪式，传统的手工普洱茶制作技艺，勐海传统茶王赛总决赛，评选出2013年勐海“茶王”；布朗族迎新年篝火狂欢夜，“倾听天籁布朗”——布朗弹唱邀请赛，布朗族生产生活农耕文化展示和体验。“茶王节”期间还进行“敬佛陀”“迎太阳神”“浴佛”“沐浴”“滴水”、新年祈福等一系列布朗族传统迎新年活动。不妨看看第五届“勐海茶王节”暨布朗“桑衎节”日程表：

表3–3　勐海第五届“勐海茶王节”暨布朗“桑衎”节日程表

活动内容	活动时间	活动地点
金手斗茶（年度传统茶王赛）	2013年4月9日9：00	布朗山乡新曼峨村（乡政府驻地旁）
开幕式	2013年4月9日 15：30—16：00	布朗山乡新曼峨村（乡政府驻地旁）
布朗弹唱邀请赛	2013年4月9日 16：00—18：00	布朗山乡新曼峨村（乡政府驻地旁）
倾听天籁布朗暨颁奖晚会	2013年4月9日 19：30—20：30	布朗山乡新曼峨村（乡政府驻地旁）
迎新年篝火狂欢夜	2013年4月9日 20：30	布朗山乡新曼峨村（乡政府驻地旁）
布朗族生产生活农耕文化展示和体验	2013年4月9日 （全天）	布朗山乡新曼峨村（乡政府驻地旁）
嘉宾和来宾制茶体验	2013年4月9日 （全天）	布朗山乡新曼峨村（乡政府驻地旁）
茶文化特色走廊	2013年4月9日 （全天）	布朗山乡新曼峨村（乡政府驻地旁）

续表3–3

活动内容	活动时间	活动地点
民族风味美食特色走廊	2013年4月9日（全天）	布朗山乡新曼峨村（乡政府驻地旁）
农产品特色走廊	2013年4月9日（全天）	布朗山乡新曼峨村（乡政府驻地旁）

从上表可以看出，勐海县第五届“茶王节”又发生了不少变化：

“茶王节”没有傣族的泼水节，主要是布朗族的“桑衎”节，这样布朗族与茶之间的关系更为紧密。

茶王节期间表演布朗族文艺节目，从祭祀茶神仪式，到制作茶艺，从布朗族民众的日常生产活动，到各种农夫产品展示，从布朗族文艺展演到篝火晚会，内容丰富，形式多样。

举办的地点主要在布朗族山寨，以布朗族民众表演节目为核心活动。

2013年勐海县“茶王节”内容围绕“茶”开展，具有继承性，这是勐海县将“桑康节”建设为“茶王节”品牌的举措，这种延续性是有效果的，也是有效益的。除了宣传“茶”文化之外，还宣传了农耕生产形式、农业生产的产品等，这就通过原先单一化的“茶”，扩展了勐海县农产品的知名度。

三、“桑康节”象征符号的传承与建构

笔者列举“桑康节”建构为文化旅游节“茶王节”的基本镜像，可见其主流是变化的，是商业化、观光化的。但是，从“桑康节”到“茶王节”文化旅游活动中，看到布朗族人继承了传统的民俗活动，其中的“花”和“水”始终没有变化。

历史上布朗族长期受到傣族土司统治，与傣族一样信仰南传上座部佛教，传统节日与傣族有许多相似，诸如泼水节、开门节等。在这里水很重要，花同样重要，因此，有些地区的布朗族将泼水节称为桑康节，

也叫作插花节。原因很简单，在这两个节日里，所有的人都会插花，并且都插艳丽的花，好看、好香、好漂亮。

在“桑康节”期间，我们见到布朗族男男女女敲着蜂筒鼓和象脚鼓到河边以碗盛沙，到佛寺前面的空地上堆放，并插上鲜花，围绕着沙堆，跟在蜂筒鼓和象脚鼓后面跳舞。

布朗族对水的崇拜与水信仰有关。在布朗族，“苦拉”被视为最大的水鬼，“据说它是一个人首蛇身的怪物，每当下大雨、涨大水，或山崩地塌时，‘苦拉’就出来，人见了便立即死亡。”[①]那些小的水鬼无处不在，像小水沟、小箐和水塘都有水鬼，因此，布朗族民众都不会轻易前往这些地方洗澡，更不用说在这些地方抛洒污秽之物或者大小便了。“龙王”掌管着雨水，布朗族常常祭拜龙王，祈求风调雨顺和谷物丰收。

当代“桑康节”转型过程中，地方政府和布朗族民众会集中建设一些带有普遍性象征符号，建设一些具有品牌效益的文化符号，于是，围绕“茶”建构的文化旅游节祭祀茶神的仪式就被搬上了舞台。祭祀茶神仪式是布朗族“桑康节”传统活动，但是，过去曾取消过，近几年来又重建，并且与茶王节结合。这个活动有意义吗？笔者以为是有的，而且其建构性的仪式更符合现代人重建文化节的逻辑。

祭祀茶神的仪式在布朗族是存在的，有些地区布朗族有茶树崇拜。据说在云南普洱芒景村，布朗族在“每一块茶地里举行仪式后种植的第一棵茶树为茶魂树，茶魂树根附近埋着一根用梨树制作的具有民族特色的木桩，旁边栽着一根仙人掌和一棵鸡蛋花树，并有一个用竹子制作的小供篮为标志。”[②]布朗族流传的《祖先歌》中唱道：“叭岩冷是我们的英雄，叭岩冷是我们的祖先，是他给我们留下竹篷和茶树，是他给我们

---

① 《中国少数民族社会历史调查资料丛刊》修订编辑委员会编：《布朗族社会历史调查》（二），北京：民族出版社，2009年，第102页。

② 苏国文著：《芒景布朗族与茶》，昆明：云南民族出版社，2009年，第12页。

留下生存的拐棍。”[①]

> 2009年4月17日，就是桑刊、茶祖节的高潮——祭祀芒景布朗族的祖先、茶祖帕哎冷。前三天的活动可由各村寨自行组织，而祭祀茶祖的活动则须芒景村所有寨子全部参与。当天中午，各村寨带领锣鼓队与各自的供品到帕哎冷寺集中，所有人员到齐后，大家相继进入帕哎冷寺贡拜茶祖。贡拜活动结束后，在锣鼓队的带领下，所有的人排成长队前往帕哎冷曾经住过的哎冷山祭祀茶魂。哎冷山在芒景上寨的后面，地势很高。山顶上早已搭好一个临时的叫魂台。叫魂台由七根曼登树削成的“跌宛那”（神柱）支撑，每根神柱上都绑有一棵芭蕉树、一棵刚长出叶子的甘蔗，还绑有两节细竹筒，两头都用芭蕉叶包着，里面装有谷子和米。每一根神柱上都有一个贡篮。用芭蕉叶覆盖的叫魂台上共摆放着7只煮好的鸡、3堆酸茶和1瓶酒。据苏国文介绍，7只鸡代表7种要叫魂和祭祀的对象，分别是：腊（茶）、考（谷子）、色罕（森林）、埋来（地下的各种动物，包括有益的和有害的）、色跌（土地）、色别（防护林，指古茶林外围的界限）、色王（主管万物的总神）。参与祭祀的人员相继到齐后，便由布占念诵佛经叫魂，同时所有人手举点燃的蜡条，面对叫魂台跪拜。[②]

芒景布朗族的“桑康节”要祭祀茶祖，这是传统的节日仪式。同时，布朗人每年都要到缅寺进行多次“赕佛”等活动，茶叶、酸茶都是“赕佛”活动时的“赕品”。[③]布朗族“礼品茶”有一包一包的茶叶，也

---

① 西双版纳傣族自治州人民政府编：《中国普洱茶》，昆明：云南美术出版社，1995年，第50页。

② 王郁君著：《南传上座部佛教和原始宗教的有机融合：芒景村布朗族桑刊、茶祖节活动一瞥》，《思茅师范高等专科学校学报》，2009年第5期。

③ 《民族问题五种丛书》云南编辑委员会编：《布朗族社会历史调查》（二），昆明：云南人民出版社，1982年，第119页。

有一筒一筒的酸茶。茶叶、酸茶既是布朗人款待宾客的佳品，也是馈赠嘉宾或亲朋好友的礼品。布朗族建新房、入寨式、祝寿、订婚、结婚等等，茶叶、酸茶都是表达心意、传递感情的礼品。[①]布朗姑娘出嫁时，也往往把茶叶作为陪嫁品带到婆家，有的甚至还把一块块的茶园、一棵棵的大茶树作为陪嫁品划归婆家。[②]

图3–8　图桑康节祭祀茶树

每年阳历的4月13至17日，当地的布朗族要过“茶祖节”，通常会在节日的最后一天呼唤“茶祖”以保佑茶叶丰收。[③]“2005年普洱茶开始兴盛，为了更好地保护布朗山千年万亩古茶园，打造古茶品牌，布朗族古茶魂树祭拜仪式目前正在恢复中。”[④]可见，布朗族对茶树崇拜曾一度中止，因茶叶市场繁荣又得以复苏。

布朗族在“桑康节”基础上建构“茶祖节”有深厚的文化基础，同时，“茶王节”“茶祖节”仪式也是有布朗族的传统根基。芒景布朗族

---

① 《民族问题五种丛书》云南编辑委员会编：《布朗族社会历史调查》（二），昆明：云南人民出版社，1982年，第119页。

② 《民族问题五种丛书》云南编辑委员会编：《布朗族社会历史调查》（二），昆明：云南人民出版社，1982年，第119页。

③ 云南社会科学院编：《布朗族的茶与传统文化》，昆明：云南民族出版社，2008年，第57—64页。

④ 苏国文著：《芒景布朗族与茶》，昆明：云南民族出版社，2009年，第12页。

末代头人苏里亚的儿子苏国文自澜沧县教育局退休后回到芒景村。在他的大力倡导与呼吁下，2004年首次将村中老人与村委会共同发起组织的全村规模的“茶祖节”报给上级相关部门，率先恢复对祖先和茶魂的缅怀与祭祀。[①]在芒景布朗族民众的记忆中，茶叶是他们祖先帕岩冷留给他们的生存资源，也是布朗族民众建构“茶祖节”的记忆资源。

正是对茶叶这一经济资源的竞争，芒景布朗族凝聚在一起，并且实现了很好地团结。同时，他们将茶的经济资源、生活资源与文化资源进行整合，将传统的祭祀茶祖的仪式更名为“茶祖节”，就将历史记忆融入他们的茶叶资源中，既唤起了布朗族的历史记忆，凝聚了族群成员，同时，也把茶叶的文化特性向外界传达了出来，提升了布朗族“茶”的文化品质和经济价值。

无论是传统的祭祀茶祖的仪式活动，还是重建的茶祖节，其核心都是布朗族族源的历史记忆与精神信仰，是他们凝聚族群成员的最有感召力的生活实践。

从“桑康节”到“茶王节”只有十几年的时间，但是，它以政府为主导力量，民众的认同行为和多元化的传播媒介为方式，塑造了布朗族“茶王节”文化品牌。

“茶王节”显然与茶叶资源的竞争分不开，传统的祭祀茶祖的仪式不能直观地让人把茶叶与布朗族联系起来。但是，“茶王节”却容易让人把布朗族与茶叶联系起来，其与茶叶、祖先有关，包含了布朗族祖先帕岩冷的历史记忆和布朗族的迁徙历史。

“桑康节”也罢，“茶王节”也好，都从不同方面唤起了布朗族共同的历史记忆，形成了布朗族民众根基性的生活联系。“茶王节”象征符号来源于“桑康节”以及茶祖的祭祀仪式，“茶王节”象征符号是在布朗族主体、政府、民间社会组织、商品市场的共同建构下产生的，具

① 王郁君著：《南传上座部佛教和原始宗教的有机融合：芒景村布朗族桑刊、茶祖节活动一瞥》，《思茅师范高等专科学校学报》，2009年第5期。

有传统的认同性功能，又具有资本化功能，这正是民族品牌的含义，显示出“桑康节”在当下重建为“茶王节”的意义。

第三节　从民族传统节日到乡村振兴

中国共产党第十九次全国代表大会报告中指出，要实施乡村振兴战略，“推动文化事业和文化产业发展。满足人民过上美好生活的新期待，必须提供丰富的精神食粮。……深入实施文化惠民工程，丰富群众性文化活动。加强文物保护利用和文化遗产保护传承。”[①]在乡村振兴过程中，乡村文化要发展，乡村文化产业要振兴，这些均需要清理和利用优秀的传统节日资源。于是，在我国许多地区，传统节日成为乡村振兴的重要抓手，不仅是乡村文化发展的引擎，而且是文化产业、文化旅游的重要资源，助力于乡村振兴和乡村文化建设。

浙江省象山县石浦镇开洋节是地方特色鲜明的传统节日，体现了中华海洋文明的重要内容。笔者以为，中华民族传统节日与中华文化的构成是一致的，大致可以分为农耕文明、海洋文明和游牧文明，从文明的角度讨论中华民族传统节日，能够以整体的文化观认识中华文化的基本构成。笔者在这里尽管不以文明为根本展开讨论，但是却贯穿了石浦人海洋文明与文化的线索，透过石浦人开洋节的系列活动，讨论如何认识传统节日与海洋文化的关系，以海洋文化为中心的传统节日如何在当代中国乡村社会建设中发挥作用。

一、象山石浦海洋文化的多样性

浙江象山石浦是中国著名的渔港之一，许多岛屿上的居民世代靠海为生，以捕鱼为业。千百年来，渔民因为在海洋上生活，创造了一套适

---

① 习近平著：《决胜全面建成小康社会夺取新时代中国特色社会主义伟大胜利》，《人民日报》，2017年10月28日。

应海洋、开发海洋、从海洋获取生活资源的本领，在此过程中孕育出浓厚的海洋气息、渔家生活文化习俗和与海洋有关的传统节日活动，推进象山石浦海洋文明的发生、发展，形成了多样化的象山石浦海洋文化。

渔民开洋节是象山石浦东门岛传统节庆活动。每年农历三月二十三日是东门岛渔民开洋节，祭祀海神、祈求平安是渔民开洋节的核心活动，配之系列的民间文艺表演活动，表现出石浦人历史、宗教、生产、民俗等诸多海洋文化内容。

象山石浦渔民的神灵信仰较为复杂，但是与海洋有关系，即信仰佛教神灵和一系列民间神灵。如释迦牟尼、观音等佛教神灵，而更多的是对天后（妈祖）、关公、城隍、鱼师、平水大帝、圆峰大帝、财神、土地的信仰以及信仰一些地方性的神灵，比如东门岛的王将军、天门都督等。这些神灵保佑着渔民的生活，成为渔民出海祭祀的对象。在象山，我们还发现了许多渔业生产的工具神，如船神（船龙爷、船菩萨）、网神等。岛上渔船的船神有两种：一是船龙爷。船龙爷是船本身，渔民原先视船为“木龙”，后来将船神称为“船龙”，或“船龙爷”。二是船菩萨，在石浦东门岛渔船上供的船菩萨大多是从庙里请到船上的神灵令箭（三角令旗）或灵位，以天后娘娘、王将军、关公为主。船上有龙龛，供神灵令箭或灵位。如今大部分船上没有神龛，平时都以祭祀船龙爷为主。象山石浦渔民的神灵信仰，都以海洋和渔港为背景。

石浦海洋文明集中体现为丰富的渔文化，在这里，渔港是渔民往来的港口，港口产生了众多的渔文化。这里的渔村、渔民、渔宅、渔盐、鱼汛、渔事、渔行、渔节、渔商、渔谚、渔俗、渔具、渔服、渔船、渔食、渔市、渔歌、渔号（子）、渔谣等无不折射出象山石浦海洋文明中渔文化的特殊分量，围绕渔产生的石浦妈祖信仰及迎亲习俗，象山渔民开洋、谢洋节，象山晒盐技艺等均被列为国家级非物质文化遗产保护项目，这些项目中均包含了以渔文为中心的海洋文化内容。

在石浦海洋文化中，与海有关的饮食习俗独树一帜。石浦港作为重要的渔港，早在汉朝时就被人们认识利用，由此港口出入的渔船以及由渔船上装卸的渔货，形成了一整套海洋食物的生产、运输链。这里的鱼类、甲壳类、贝类成为当地人餐桌上的美味佳肴。

象山海岸线长，海港优良，早在吴越时期，大量的丝织品和越瓷器通过象山，从海上送往国外，成为中国海上丝绸之路的重要港口，来来往往的文化在这里汇聚，因此，象山的海洋文明融入其他文明，呈现出多样化特色不难理解。

象山石浦海洋文明融入其他地区的文化从人口迁徙中也能得到充分证明：石浦东门岛最早居民姓氏无法查寻，传说周姓和谢姓在唐以前从福建迁此建村，周姓业渔，谢姓业农。重刊民国《象山县志》记载东门有十二姓，即周、林、陈、蔡、任、吕、蒋、邵、戴、丁、谢、胡，主要从福建泉州、兴化和浙江宁海、三门等地迁入。明初，沿海实行"海禁"，东门一度作为抗倭指挥中心和沿海阵地之一。清政府在顺治十八年（1661年）又一次迁沿海居民于内地。同时，福建、台州、宁海、三门等地的民众不断涌入东门岛居住，东门岛逐渐人丁兴旺。[①]由此可见，东门岛居民大多是从清初开"海禁"后从外地迁入，且融合了闽、浙两省沿海世代业渔民众的生活习俗、生产方式，并且带来了以石浦传统海洋文化为核心的文化融合。

石浦海岸线较长，驻守海防人员就不仅仅是石浦人了，他们大多来自外地，外地人的进入，也带来了外地生活习俗和文化传统，从而不断形成石浦式的海洋文化。明洪武二十年（1387年），因地处海防要冲，调昌国卫守御置前、后二千户所，筑堤捍守。石浦所城"南面海，西北依山""高二丈，广六尺，周六百有七丈。辟西、南、北三门。辟水门于（西）北、南二门之侧。罗以月城，城上雉堞一千九百六十，警铺二十九，敌台十三。"东南开"濠一百十丈"。下辖石浦巡检司和大金山、后山、前山、下岙、松岙、土湾六烽堠。逢汛期，卫拨游哨兵船防守。清顺治，改置石浦陆、海二汛。康熙二十三年（1684年），仍设官

① 〔民国〕《象山县志》，2004年，第七卷，第412—416页。

防守，重筑所城。东、北面相接，长约700米。它一头连着渔港、一头深藏在山间谷地，城墙随山势起伏而筑，居高控港，素有“城在港上，山在城中”之称。这些踞守海防线的士兵及其机构与当地人融为一体，他们的生活、文化也成为石浦海洋文化的组成部分。

据《象山东门岛志略》记载：“明嘉靖《象山县志》载：唐时东门港就辟为渔港商埠，清时东门大捕船名扬浙东。清雍正年间，岛上渔民仿福建式样造大捕船，每年农历三月廿三日或四月初八（闰年时）北上岱衢洋，采用大捕抛椗张网作业捕大黄鱼，称谓‘抲洋山’，至农历六月廿至廿三渔船才回乡。那时岛上有大捕船80余艘。有渔谣：‘东门大捕船，一网三万六，抲到早稻熟。’清乾隆三年（1738年），东门岛创立太和公所，为浙东地区最早成立的渔帮组织。民国初期东门岛有大捕船99艘，红旗小对船30余艘。民国后期战事连年，兵荒马乱，海匪横行，灾害频发，岛上渔业生产濒临崩溃，至1949年，只剩大捕船24艘，红旗小对船16艘，舢板船30余只。历史上东门岛一直是渔业重镇。而今东门渔村被誉为‘浙江渔业第一村’。”[①]

石浦东门港的发展孕育了海洋文化，构成了以海上渔民为中心的海洋文化生产，形成了浙江象山石浦海洋传统文化谱系，并且得到了很好发展。

二、石浦开洋节与海洋文化

据《东门岛志》记载：“渔船出海谓‘开洋’（俗称‘出洋’）。旧时‘出洋’前，船头祭神，烧化纸牒，称‘行文书’，祭后投杯酒、肉食于海，谓‘酬游魂’。”[②]《象山县渔业志》和《象山东门岛志略》记载，清代雍正年间开始，象山东门岛渔民仿照福建船式样打造大捕船，北上舟山岱衢洋花鸟北渔场等海域单船捕捞大黄鱼，大黄鱼汛期

① 《象山东门岛志略》（内部资料），2000年，第100页。

② 《象山东门岛志略》（内部资料），2000年，第391页。

是从立夏开始（农历三月下旬），鱼汛期渔民们全家都到舟山定居几个月。[①]这个季节捕鱼关系到一家人的生活。因此，渔民对出海捕鱼就特别重视，不仅祈求神灵保佑家人平安，而且祈祷出海捕鱼丰产、丰收。此时大约在每年的农历三月下旬，或闰年的四月上旬，渔民就会到庙里举行开洋祭祀仪式，后来逐渐形成开洋节。随后，又将这种仪式与天后娘娘的诞辰结合起来，成为当地人盛大的节日。从这里可以看出，开洋节的诞生是基于渔民海上生活的开始，从而成为一年之中海洋与渔民发生关系的开始，成为海洋生产的开始。

渔民开洋仪式是一年中的盛事，仪式举行选择在早上涨潮时分，以此表示财源随潮滚滚而来。“祭祀的人在前一天剃好头，晚上要用红糖水洗好澡，第二天穿上新的（或干净的）衣服去庙里祭祀。祭祀仪式结束，请‘菩萨’（有木雕或泥塑神像，也有的则在神明前求得三角小旗令箭一支来代替神像）上船，放在船圣堂神龛内，顶礼而退。引路灯笼挂在船头，以驱邪保平安。下午（有时在祭祀前几天）开始演戏，一般演戏五天到十天不等，俗称‘出洋戏’。三月二十三这天趁良辰吉日，顺风顺水，渔船出海。”[②]石浦人举行的仪式较为特殊，并且有严格的禁忌，这意味着石浦人与海洋的依赖和紧张关系。

东门岛渔民开洋典礼是在天后诞辰日举行的，在开洋典礼的前一天（农历三月廿二）晚上，岛上信众为天后娘娘护寿。岛上渔户除了在庙里祭拜神灵外，在开洋节前后，他们还会在开船前到船上去祭拜船龙。

唱开洋戏是东门岛开洋节的传统，每年必唱，一般都要做三天三夜或更多，在开洋戏开演前，由二位村民到村里的王将军庙、城隍庙、东门庙等各大庙宇，恭请诸菩萨来看戏。由一人手捧大红桶，供上三炷清香，把代表各庙菩萨的令箭（三角小红旗）插到插香的易拉罐（空易

---

① 《象山东门岛志略》（内部资料），2000年，第100页。《象山县渔业志》，2008年（内部资料），第168页。

② 解亚萍著：《浙江象山东门岛渔民开洋节民俗调查》，载顾希佳主编：《中国节日志·渔民开洋谢洋节》，北京：光明日报出版社，2014年，第220—221页。

拉罐里放上香灰或大米使香插着不倒）上后，另外一人打上一把遮阳伞撑在大红桶上面，恭恭敬敬把菩萨请到庙里看戏。等各庙菩萨都请到，放三声鞭炮，以一出《天官庆寿》作为“庆寿戏”，也作为开洋庙戏的开始。

开洋节的祭祀仪式在天后宫举行，祭品有全猪、全羊。在祭祀天后娘娘时常常有肉、鸡、红蛋、寿面、黄鱼、豆腐、年糕、寿桃等供品，另外还敬莲子、红枣、小糖、花生、桂圆等，宣读祭文。2009年东门岛开洋节祭文如下：

> 维公元二〇〇九年农历三月廿三，时值天后娘娘诞辰吉日，浙江省象山县石浦东门岛父老乡亲，于官基山麓天后宫，敬献果品美酒，祭颂天后。
>
> 古岛东门，历史悠久，祖祖辈辈，靠海为生，以渔为业，举国知名，邑人深知，海兴我兴。政府立法，休渔开渔，渔区尊奉。
>
> 今日隆重祭祀天后娘娘，举行开洋典礼，祈告沧海，潮遂人愿，满载而归，人海共荣，丰产安康，再创辉煌。
>
> 幸哉，尚飨！[①]

东门岛的开洋巡游是在司仪主持下完成一系列仪式程序，届时，岛上渔民老大抬着天后娘娘神像按照指定路线巡游东门岛各街巷及石浦沿港马路，民间文艺表演队跟随其后，形成一支浩浩荡荡的迎神赛会队伍。

可以说，开洋节是石浦海洋文明的具体生活实践，尽管有许多变化，但是，海洋文化是其主要内容，因为开洋节的综合性、传统性和稳定性，石浦海洋文化沉淀并支撑了开洋节的发展，成为石浦当今乡村旅游的重要抓手。

---

① 解亚萍著：《浙江象山东门岛渔民开洋节民俗调查》，载顾希佳主编：《中国节日志·渔民开洋谢洋节》，北京：光明日报出版社，2014年，第220—221页。

三、海洋文化如何为乡村旅游助力

如今的象山石浦，被誉为“中国渔村”，这里开始将与海洋有关的文化结合起来进行现代利用，并且发展了“渔文化民俗游”及“海滨海洋休闲度假”为主题的大型休闲滨海旅游。这些做法意味着石浦人走上了将传统海洋文化资源转化成海洋文化资本的道路。其实这种道路的选择早在20世纪80年代就开始了。

1984年起，石浦镇东门岛渔民的开洋祭祀活动开始慢慢恢复，先前暗中进行的个人性质的“地下”祭祀转为公开性质的全岛统一组织安排的开洋祭祀，内容遵循传统的仪式，诸如法会、祭祀仪式和做庙戏等也得到恢复。

20世纪90年代初，石铺镇的渔区实行渔业（渔船）股份合作制，渔民就自筹资金建造大船，装备现今的捕捞设备，除了遵循传统的鱼汛实践之外，平时也可以出海捕鱼，于是出现了两种情形：渔民们延续传统的开洋时间，即每年的农历三月廿三到庙里举行开洋祭祀仪式；个体性的祭祀活动，往往因人而异，人们自己选择出海时间，为了祈求平安，家人就会到庙里祭拜。无论哪一种，均显示出石浦人与海洋之间的紧密关系，石浦人遵循传统祭祀海洋神灵的仪式，既体现了现代生活的灵活性，又体现了集体意识中的个体性。

进入21世纪，随着中国乡村社会生产模式的巨大变革，以海洋为生的石浦人逐渐意识到传统的捕鱼业开始受到挑战，于是，石浦人以捕鱼为主的谋生方式开始转向以海洋文化为主的多种生活方式。象山石浦人开始做起了多元化、多样化的海洋文化文章，开始探索以海洋文化为中心的文化旅游。

2003年初，石浦人丁爵连提议举行大型传统的东门岛开洋节活动，得到村委会的大力支持。但由于2003年的“非典”疫情，东门岛开洋节推迟到了2003年农历六月二十三的谢洋日，当天举行了大型的“谢洋妈祖赛会”，这次活动在传承传统的基础上，被赋予了新的文化内涵。除传统法会、祭祀仪式、演戏外，还增加了踩街、天后金身上船绕石浦港、东门岛巡游一周等活动内容。[①]2003年的“谢洋妈祖赛会”，引起了众多媒体的关注，象山县石浦镇东门岛渔民谢洋节也逐渐从石浦镇走了出来，成为石浦乡村海洋文化旅游的重要一步。

从2007年开始，象山县政府和文化部门逐渐挖掘、整理渔民开洋节活动，2008年开洋节被选入国家级非物质文化遗产保护名录。这也让石浦人意识到这是祖先留下来的生活方式和宝贵的文化财富，于是，他们开始在众多海洋文化中选择开洋节、谢洋节作为当地特色的渔俗文化进行品牌建设，从而提升了石浦乡村海洋文化旅游的品质。

依托海洋文化开发乡村旅游要以乡村传统文化为核心。乡村传统文化是乡民生活的延续，是能够得到所有乡民接受的文化传统和生活方式，因此，这类旅游能够调动乡民的积极性。

在石浦开展海洋文化旅游，笔者以为应该充分挖掘与海洋有关的传统文化，其中传统庙宇作为旅游发展的空间坐落应该受到重视。比如，东门岛天后宫是岛上渔民举行开洋节的主要活动场所，其坐落在东门岛东南面官基山麓的老村道旁，穿斗式与抬梁式建筑相结合。大殿中堂塑天后娘娘座神像，坐神前的神轿中供着天后行神。中堂东面是送子娘娘神像，西面是赵千岁（赵公明）神像。中堂东侧塑有顺风耳、顶风神像，西侧是千里眼、平浪神像。两侧厢房分别供有土地公、土地婆及财神菩萨。

东门岛天后宫是当地人信仰朝拜空间，这里一年四季香火旺盛，元宵、清明、七月半、中秋、除夕等传统节日或者渔民家里有大事，如远行、造房、经商、升学、婚丧、生病、遇难事、渔船上有什么不顺等，人们都要到天后宫来祭拜，祈求天后娘娘护佑。渔民开洋节前后天后宫香火最旺，所有的渔家人都要到天后宫虔诚祭拜，以保佑家人出海平安丰收。

类似于天后宫的空间坐落还有城隍庙、王将军庙等，这些庙宇具有

① 解亚萍著：《浙江象山东门岛渔民开洋节民俗调查》，载顾希佳主编：《中国节日志·渔民开洋谢洋节》，北京：光明日报出版社，2014年，第220—221页。

历史和文化深厚，融汇了石浦东门岛渔民文化生活，是当地海洋文化最为集中、最为浓厚的地方，其不仅是乡民信仰的依托，而且是乡民生活关系的再现，同时又是旅游者了解石浦渔民生活和海洋文化的有效途径。

在开发乡村旅游的时候，依托开洋节固然重要，但是，在此基础上应该更好地整合当地传统文化资源，诸如民间传统娱乐形式、民间传统饮食、戏曲表演等民间文艺以及特殊的舞蹈和音乐，在遵循这些传统文化的同时，以现代人的生活需求组织文化建设，从而实现石浦海洋文化的当代呈现。

四、乡村旅游中海洋文化如何得到保护

乡村旅游不仅仅是消费文化，笔者以为应该将消费传统文化与保护传统文化结合起来，让传统文化在消费过程中得到传承、创新，这样的乡村旅游才具有可持续性，才能够达到发挥传统文化精神传递和社会秩序建立的目的。

石铺镇在走乡村海洋文化旅游发展的道路上，不仅要搜集传统的开洋节、谢洋节仪式文化，而且要对与此相关的石浦民间传统文化，尤其是海洋文化进行系统搜集，加强对海洋文化的保护力度。

2004年初，丁爵连、韩素莲等人发起，在东门村委会领导下，恢复成立东门岛渔家船鼓队。东门岛渔家船鼓队，按古代抗倭战鼓和扬帆出海时的传统锣鼓节奏，整理出72拍民间鼓谱，添置3艘鼓眼彩船，16只大鼓，16副大顶钹。岛上渔姑、渔妇利用业余时间，以天后宫为基地演练鼓钹，她们有的练单打、双打，有的练高架两面打、多人打。练习期间，还多次请民间老艺人指点，对鼓阵立位、擂鼓击点，逐一修正。[①]历史上，东门岛鱼汛期渔船出海时，均要鸣鼓开道，祈求渔民平安的习俗。鱼汛结束，渔船返里归港时，也要击鼓欢庆。这种仪式在今天得到

① 解亚萍著：《浙江象山东门岛渔民开洋节民俗调查》，载顾希佳主编：《中国节日志·渔民开洋谢洋节》，北京：光明日报出版社，2014年，第220—221页。

恢复，并且结合今天石浦人的生活需求不断创新丰富。

石浦人供祭海神后，渔民在一起会餐，菜肴丰盛，主要以海洋的鱼、虾、蟹、螺等为主，集中展示了当地传统饮食文化，这些食物既能满足游客对海洋的饮食需求，又能让渔民传统饮食文化在创新中得到保护。

开洋戏演出的都是象山渔民喜欢的传统戏曲，2009年东门岛开洋节期间演出的剧目为：《红丝错》《富春令》《怨雪龙泉井》《巡按训子》《康王告状》《送花楼会》《五女拜寿》《花亭会》等。这些戏曲的观众为岛上渔民群众及其亲友，其中又以老人、妇女居多。在开洋戏开演前，由二位村民到村里的王将军庙、城隍庙、东门庙等各大庙宇，恭请诸菩萨来看戏。在谢洋节之傍晚，全村渔民、渔妇及老人、子女会到村旁护龙山山腰规模较大的海神庙观看酬神戏，演出的有《水漫金山》等传统剧目。

也就是说，开洋节、谢洋节期间，戏曲演出成为既娱神又娱人的活动，在促进人与神情感交融的同时，又增进了人与人之间的交流，同时也能够起到保护石浦民俗传统的特殊作用。

开洋节、谢洋节作为石浦最有代表性的海洋文化，在长期的历史发展中，在石浦人与海洋打交道的过程中，形成了石浦人传统文化链，构成了石浦人与海洋为生的生活方式和精神空间。开渔节的祭海典礼、开船仪式和庆典晚会是对石浦传统渔文化的继承、保护。因此，当代石浦人在推进乡村旅游建设的过程中，不仅仅要利用传统文化，更应该加强对传统海洋文化的挖掘和保护，并且以符合时代的方式推进石浦海洋文化的创新发展。

第四节　从民族传统节日到“文化身份”[①]

传统节日是在长期的历史生活和社会发展中形成的，具有表达情

① 该章节由李丽森、解晓丹合作撰写，林继富根据著作内容修改。

感、彰显身份、凝聚力量的功能。传统节日构成了民众生活的边界，包含了丰富的身份认同内容。当代中国各民族交往交流频繁，不同民族杂居现象突出，尤其是许多民族兄弟离开故乡，进入城市生活，乡音、乡情、乡风、乡俗成为他们身份认同、家乡归属的重要表达对象，其中传统节日就是家乡认同、家乡情感最好的传递方式。

> “三月三”是壮族的传统节日，是壮族人民对土地和水稻礼赞的节日，是思亲敬祖的节日，是酿造亲情友情的节日，是对幸福许愿的节日，是歌舞欢腾的节日，是爱情的狂欢节。为了传承和弘扬壮族这一优秀的传统文化，从1978年起，中央民族大学广西籍师生发起并举办了首届“三月三”节日活动，迄今已是第34届。与北京“三月三”活动的影响不无相关，1984年起，自治区人民政府在南宁市举办了首届歌节，1993年改为广西国际民歌节，使“三月三”从壮乡山野走向都市，走向世界。“三月三”成为壮乡和八桂大地重要的文化符号和文化品牌。
>
> 北京“三月三”活动，曾在中央民族大学工会地下室举办17次，还在民族文化宫、民族园等处举办。1997年至2001年在国家民委多功能厅举办，2002年至2009年在广西大厦举办，2010年又回到了中央民族大学。34年来，党和国家领导人韦国清、李铁映、阿沛·阿旺晋美、程思远、布赫、铁木尔·达瓦买提、司马义·艾买提、李兆焯以及广西籍和壮族的开国将军莫文华、吴西等曾多次出席节日活动，新华社、中央电视台、《人民日报》等众多媒体曾多次报道宣传。
>
> 每一届“三月三”，在京壮族同胞和广西籍人士都踊跃参与，献策出力。“三月三”，已成为凝聚乡情友谊的纽带，京桂沟通互动的桥梁，弘扬民族文化的平台，民族工作的阵地和民族大团结的节日。同时，“三月三”的影响也不断扩大。近年来，北京各高校的广西籍大学生、研究生积极参与“三月三”活动，改变了原先以民大学生为主的局面。北京广西企业家也对“三月三”活动高度关

注和大力支持，今年还有广西籍海归人士出席我们的联欢会，这一切更使我们对未来充满了希望。[①]

三十多年的“三月三”在京欢庆活动，汇集了大批广西籍人士，他们有的在学校、有的在商界、有的在政府部门……他们需要一个平台，在远离故乡的首都，在体现民族精神的节日里，共同娱乐，分享喜庆。一年一度的“三月三”联欢会正是这个平台，它把热爱、熟悉家乡文化的人容纳进来，把一些有民族才艺的人集中起来，以一个广西老乡联谊的形式，通过节日活动密切广西人之间的联系，为个体和群体集聚社会资源，让大家有更多的拓展个人事业的机会，也通过个人的成长来帮助家乡的发展，在北京积攒更多有助于广西发展的资源。同时宣传家乡传统文化和当代发展的理念，普及民族知识，强化地域认同，激发大家对家乡民族文化的热爱和投身家乡建设事业的激情。

在北京举办“三月三”显然与广西是不一样的，但是，既然是“三月三”，其中最核心的就是其象征符号的运用，然而，这些被移植到北京的“三月三”象征符号的意义就有所差异。笔者以为，“三月三”象征符号的意义在于广西壮族身份、广西地域身份中的团结、协助和友爱得到了强化。

一、“三月三”的举办

农历“三月三”被不同文化背景的民族赋予了各种不同的内涵。相传“三月三”是黄帝的诞辰日，中国自古有“二月二，龙抬头；三月三，生轩辕”的说法。农历三月三，还是传说中王母娘娘开蟠桃会的日子。晚清《都门杂咏》里这样描写当年庙会之盛况的：“三月初三春正长，蟠桃宫里看烧香；沿河一带风微起，十丈红尘匝地扬。”魏晋以

① 在京“三月三”活动主要筹办人黄凤显在2011年在京广西籍同胞欢庆“三月三”系列活动开幕式上的致辞。搜集人：李莉森、解晓丹；搜集时间：2011年6月12日。

后，上巳节改为“三月三”，后代沿袭，遂成汉族水边饮宴、郊外游春的节日。在我国，壮族、侗族、畲族、黎族、土家族等民族都有各自欢庆“三月三”的生活传统。壮族的“三月三”根植于壮族特有的历史背景下，承载了壮族人民对于生存、人生、情感等重大问题的思索与感悟。在其欢乐的歌海之中，沉淀的是壮族文化，因此，“三月三”不仅在长期的历史发展中，也在现代生活的今天；不仅在大山之中的清美壮乡，也在文化荟萃的繁华首都，尽情地演绎着它的多姿多彩。可以说，“三月三”民俗已然成为壮族文化的品牌之一。

（一）传统“三月三”如何举办

诞生于壮族传统历史文化背景中的壮族“三月三”，富有太多的含义：祭祖、求偶、求子、对歌、碰蛋、抢花炮等都有别样的色彩，展开来看，则是一幅绚烂多姿、集中展现壮族风情的画卷。这幅画卷，直到今天，依然焕发新的光彩。

“三月三”的起源与壮族的歌圩习俗传统密不可分。壮族歌圩历史悠久，源远流长，内涵十分丰富。其最早可追溯到原始社会，源于先民们祭祀神灵祈求生育丰收的宗教活动，而后逐步演变为青年男女定期聚集荒野，“以歌代言”“以歌择偶”的社交活动，也成为壮族婚恋传统的重要元素之一。由于这种活动是以青年男女相互对歌唱为主要内容，每处聚众多达数千人上万人，“唱和竟日”，犹如唱歌的圩市，后人便统称为“歌圩”。

关于壮族歌圩生活传统的记载，最早是南朝沈怀远所著的《南越志》，此书早佚，但清人李调元《南越笔记》卷一转引：“越之市名之圩，多在村场，先期召集各商或歌舞以来之，荆南岭表皆然。”越人及其后裔喜爱和善唱歌，唐代时已为中原所知，因而张籍在《送严大夫之桂林》诗中有“听歌难辨曲，风俗自相谙”之句。这种喜爱和善唱歌之俗，世代传承。周去非《岭外代答》载：“广西诸郡，人多能和乐，城郊村落，祭祀婚嫁喜葬，无不用乐，虽耕田亦必口乐相之。”民众“迭歌相合，含情凄婉……皆临机自撰，不肯蹈袭，其间乃有绝佳者”。正如后人刘锡蕃《岭表纪蛮》所云："（壮乡）无论男女，皆认唱歌为其人生观上之主要问题，人之不能唱歌，在社会上即枯寂寡欢，即缺乏恋爱求偶之可能性；即不能通古今，而为一蠢然如豕之顽民。"这些典籍或多或少地记录了古代壮族人爱唱歌、擅唱歌以及生活中处处充满山歌的风俗，但是盛况之下却没有写到歌圩缘何而起。

在民间，关于歌圩起源传说讲道：从前有个孤寡老妇人，她上无兄下无弟，身无分文。每天只好在地主家打工或是上山摘野果度日。有一天，她从地里收工回家到半路，碰见一条被打断尾巴受了伤的泥鳅蛇。那蛇奄奄一息地摇摇头张张嘴，好像喊着："救命呀，救命！"老妇人本着善意，将短尾巴蛇抱回家放进缸里，每天到田边地头捉小青蛙喂它，把它当儿子来抚养，并给它起名"特掘"。一年又一年过去了，蛇长大了，老妇人却撒手西归。老妇人死了怎么办？短尾蛇就呼风唤雨祈神求天，请天兵天将把她抬到大明山埋葬。此举惊动了上帝，上帝派仙人下来询问并转告人间百姓，每年三月初三允许"特掘"回来祭拜母坟。[①]从此每到农历"三月三"，大明山刮起一阵风，民众都说这是"特掘"回来扫墓啦！"特掘"回来扫墓，民众也跟着扫墓，以后壮家把"三月三"定为祭扫节。"三月三，龙拜山"的民俗也由此而来。每年农历三月初三，人们抬着龙母塑像游村串街，然后举行祭祀活动，龙母即叫小龙蛇出来作法，降下甘霖，便可保当年风调雨顺，丰收富足。祭祀完毕后，男女青年便相互唱起歌来，唱歌地便成为歌圩。每年八月十五，人们还会抬龙母出来游街串村、唱戏，以鸡鸭鱼肉祭奠龙母与"特掘"，表示丰收以后的还愿。

云南富宁壮族传说："北宋时期，壮族人民不堪王朝的压迫，景祐二年（1035年），在剥隘镇毛根寨壮族妇女娅皇的率领下揭竿起义。娅皇经常手持大刀追杀官兵，杀得宋军七零八落，仓皇逃命。一次战斗

① 罗世敏、谢寿球主编：《大明山龙母文化揭秘》，南宁：广西民族出版社，2006年，第283页。

后，天气炎热，娅皇下河洗澡，被躲在草丛中的残败官兵射死在河中。义军因群龙无首而失败，宋王朝派兵将他们的家属驱逐出境。被遣散的时间最早在正月，最晚在四月，大部分在三月。被驱赶的人思念家乡，不时返回探亲，乡亲杀猪宰羊盛情款待。起初在家设宴接待，因返回的人越来越多，改在院心，院心容纳不下，就到田坝或草坪中设宴摆席，由此形成了一年一度的'隆洞节'。""隆洞"是壮语，"隆"是下去，"洞"是田坝或坪子，合为"下坝"之意。初时在个别村寨举行，后来形成以某一村做东道主，一个洞（几个村）参加的活动，再后来规模越来越大，范围越来越广。"隆洞节"前几天，由东道主张贴广告或发红柬邀请各地人们前来参加。作为东道主的村寨，群众会推举1—2名德高望重的长老负责检查落实各户捐助物资，督促各户酿好米酒，发动群众搞好屋内外清洁卫生，准备花糯米饭、卷粉等食物。每处活动3—5天。起初仅设宴迎亲归来，以单一对歌清除苦闷和疲劳，后来逐渐发展到跳舞、自编自演土戏，小商贩也趁机前来卖东西，形成了农村小集市贸易。青年男女借机谈情说爱，青年女子来时带食品和鞋，男子带毛巾和钱，通过唱歌结交，互相宴请，互赠所携带礼物。所以，在壮乡流传着这样的民谣："三月里来隆洞街，哥送月饼妹送鞋。哥送月饼用钱买，妹送鞋来自己裁。""三月里来隆洞街，锣鼓咚咚戏开台。青年男女唱对歌，寻歌问底找情人。各种商品摊上买，花花绿绿任你挑。一年一度在于春，望哥明春再回来。"①

山歌的传唱少不了山歌能手，其中广为人知就是"歌仙"刘三姐。传说刘三姐相貌出众、歌声动听，不仅用歌声传播知识，更用歌声反抗剥削，从一个传说中的人物变成了全壮族人民敬奉的歌神。因此，歌圩开始前，众人要抬着刘三姐的像游行一周，祈求她赐予歌才，保佑"三月三"歌圩人人对歌如意。大新县壮族传说，歌仙刘三姐来到壮乡传歌，触怒了财主。财主便施下毒计，在她上山打柴时，差人把她推下山

① 杨宗亮著：《壮族文化史》，昆明：云南民族出版社，1999年，第250—251页。

崖。后人便在三姐遇难的日子——农历三月初三，聚集在山下，唱三天三夜的山歌，表达对这位歌仙的怀念。歌圩就这样世世代代传下来了。[①]

自古以来，在壮族聚集的各个地区都有相对固定的歌圩地点和日期。一般都在农闲和重要节日举行，与壮族地区的生产季节有密切关系，每年一两次或三四次不等，相邻村寨歌圩期要错开，不能同日。歌圩的规模有大有小，小的有数百人至千余人，一两天结束；大的歌圩，方圆十里甚至百里以外的人都赶来参加，多达一两万人，通宵达旦，热闹非凡，时间持续四五天之久。歌圩是壮族及其先民所创造和喜爱的一种具有悠久历史传统的文娱活动形式，是民众相互接触、交流思想、表达愿望，抒发情感、传播知识、增进友谊的娱乐场所，也是青年男女交友和择偶的良好机会。因而，壮族人自小就跟随大人学习编唱山歌，各地还开设有教唱山歌的“歌馆”，涌现出许许多多的歌师。

图3–9　欢庆“三月三”

① 陈一榕著：《歌圩情结——广西大新县壮族歌圩调查》，《广西民族研究》，2008年第3期，第91页。

图3-10 “三月三”开幕式

图3-11 “三月三”热闹场景1

图3-12 “三月三”热闹场景2

图3-13　巡游

图3-14　巡游队伍到哪家门口就要祭祀

从歌圩的起源来看，歌圩最早是先民祭祀神灵祈求生育、丰收的信仰活动，而后逐步演变为青年男女定期聚集对歌求偶的社交活动。因壮族地区自然环境差异，各地民风民俗大同之中还有日期与仪式上的小异。以“三月三”而言，各地不太统一，有的地方拜山，有的地方纪念英雄，有的是祭五谷神，有的是对歌节，个别地方过神农节。虽然现在“三月三”已被定为民族的传统节日，主要活动是赛歌和其他文娱活动，但是地方上的“三月三”仍旧各放异彩，并且始终不背离传统的祭祀、求偶、求育等原始主题。

目前，在广西武鸣、马山、柳城、东兰等县的壮族每年春节或农历三月初三期间，都要对壮族始祖姆六甲、布洛陀进行祭祀。民众普遍认为祖先是保护神，能护佑家族人丁繁衍，六畜兴旺，五谷丰登，于是与祖先神灵有关的东西就被奉为“禁忌”。壮族一年中的13个较大的节日中，有9个与祭祀祖先有关。

图3–15　“三月三”祭祀罗波庙

在大新，三月初三是扫墓的日子，家家户户都会做10—15斤红、黄、蓝、绿色的糯米饭，买鱼和肉各1片，1—2斤酒，一两只鸡，还有蜡烛、香、纸等祭品到祖宗墓前去拜。隘江乡于三月初二这天，各屯都会杀1只猪，备办30斤酒，30斤白米，还有纸、烛等到土地公祠去祭拜，拜后全屯每户留1人在祠前聚餐。他们认为这样就可求得平安，否则当年天将大旱。[①]在那坡、连山、天峨、隆林等县，也是在“三月三”这天祭拜祖宗或庙堂。

在上思县，三月初三那天各家各户都会做五色糯米饭，杀鸡拜祖坟。据说这个节日来源已久——晋朝时有个名叫介之推的人，当主公重耳避难逃跑时，没有什么可吃，他便割股肉给他吃，后来重耳返回朝廷，举行宴会庆祝，请来大批朝臣贵戚，可是忘记了介之推。经人提醒，重耳下旨补请介之推，介之推不肯来。重耳亲自去请，介之推便跑上山去。为了把介之推找出来，重耳下令放火烧山，但介之推宁愿一死也不出来，结果介之推抱住一株枫树被火烧死了。为了纪念介之推，重

① 广西省少数民族社会历史调查组编：《广西省大新县壮族调查资料》，1957年，第307页。

耳下令每年于三月初三介之推死的那天为纪念日，后来群众都以这一天为扫墓日。

大明山地区每年农历三月初三或八月十五为全民祭祀日，三月初三祭龙母，主要是求雨水，开春插秧种田，该祭日又可与“特掘”拜山祭龙母的传说联系在一起。每到三月初三，当地的壮族同胞以五色糯米饭作祭品（传说龙母的养子“掘尾龙”是五色龙）扫墓，清代文人韦丰华在《廖江竹轻词》中记载：“胙颁真武喜分将，食罢青精糯米香。忽漫歌声风外起，家家儿女靓新妆。”诗中所说的“胙”就是指祭神的食品，“真武”是龙神，即龙母和“掘尾龙”。“胙颁真武喜分将”是描绘赶歌圩的人祭祀龙母并分食五色糯米饭等祭品的欢乐情景，后来祭扫演变为歌圩节，规模很大，多则几万人，满山遍岭都是人。据考，武鸣县歌圩的风俗到处都有，但以大明山下最为隆重，时间最长，影响最大——武鸣境内乡镇、武鸣县城、南宁市等地都有人来，多者上万人，少者几千人。每到晚上，老年人、小孩子看戏，青年、中年男女对唱山歌，从罗波潭一直到廖江河汇合处，沿河两岸布满了人，通宵达旦。有些年轻人，连唱三天三夜，兴犹未尽。《武缘县图经·卷六》记载：“管歌之习，武缘仙湖、廖江二处有之，每三月初一日至初十日，沿江上下数里之内，士女如云。”这两处歌圩都是在河边举行，它们也都具有以歌祭龙神、以歌娱龙神的习俗内涵。崇拜龙母之神的壮族，选择在河边、潭边举行时间最长、人数最多的歌圩，这不仅透露出母系民族的遗风，还透露出崇拜龙母神仙的古老意识。由此可见，大明山一带的壮族歌圩，又具有崇母文化的特质。[①]

① 罗世敏、谢寿球主编：《大明山龙母文化揭秘》，南宁：广西民族出版社，2006年，第154页。

图3-16　千人歌舞表演

宜山三月初三各家要分别供祭花婆神。龙胜三月初三为上司神农诞辰，传说神农发明播种五谷，有很大的功劳，所以后人到此日就得杀猪烧香来祭奉。武鸣县“三月三”扫墓，停止生产一天，传说这天是北帝诞辰。

（二）“三月三”在北京

如此多彩而富有意义的“三月三”，成为外出广西人对家乡最深的牵挂，“每逢佳节倍思亲”的情愫在“三月三”荡漾在每个广西游子的心中。数十年来，汇聚在北京的广西人将“三月三”作为释放乡情的大舞台，也作为广西壮族人在京的身份展示、交流的机会。

“三月三”活动自从在中央民族大学举办以来，主要经历了三个阶段。第一阶段是在中央民族大学举办。1978年，中央民族大学的广西籍师生发起并举办了在京的首届“三月三”节日活动，地点在中央民族大学工会地下室。中间陆陆续续地搬到民族文化宫和民族园举办过。第二阶段是1997年到2009年，这个阶段的“三月三”走出民大，举办的层次越来越高、规模越来越大、影响范围越来越广。其中1997年到2003年是在国家民委多功能厅举办的，2004年到2009年则移到广西大厦驻京办。第三个阶段是2010年至今，又回到中央民族大学举办。

由于大量的广西人聚集在北京，尤其聚集在北京的高校里，对于家乡的情思促使广西籍师生萌生了在北京举办“三月三”的想法。当时广西人比较集中的就是中央民族大学，由于中央民族大学少数民族较多，大家都有过本民族传统节日的习惯。1978年，中央民族大学的广西籍师生发起并举办了第一届“三月三”活动。对于当时为什么要挑选“三月三”作为中央民族大学里的壮族师生共同欢庆的节日，第一届在京“三月三”发起人之一覃录辉这样描述：

我们属于恢复高考制度后的第一批、第二批学生，77、78级都是同一年入学，高考后到了当时的民族学院。当时学校里的各个民族都在过自己的传统节日，壮族也有很多自己的民族节日，跟别的民族很不一样，我们就想挑一个比较有特色的来过。我们的“鬼节”，也就是七月节在壮族中比过春节还隆重，因为是祭拜祖先嘛，非常有民族代表性。但因为当时“文化大革命”刚结束没多久，也不太适合提倡过“鬼节”，所以当时对此节考虑较少。因此我跟马彪，现在的广西壮族自治区主席，还有覃光广，也是柳州地区来的，还有郭辉几个人，在蓝多明和蓝波老师（当时是马列主义研究所书记）的带领下，挑选了“三月三”这个节日。因为“三月三”在广西叫“歌节”，从唐末兴起，到宋代达到鼎盛。“三月三”就诞生在歌圩上，对壮民族弘扬自己悠久的文化，或实现广西同胞之间的交流是非常有意义的。对现代来说，当时是80年代初，那时中国因为解放思想和新观念的兴起，传统文化有点复兴，所以那个时候我们就提出来还是组织一下民族学院的师生过一过自己的节日“三月三”。所以就发起了。[①]

在急速变迁的时代大潮中，远离自身生活的文化传统，在文化多

① 访谈对象人：覃录辉；访谈人：李莉森、解晓丹；访谈时间：2011年6月21日；访谈地点：覃录辉办公室。

样性空间生存的精英们急于抓住某些能够抒发“乡情”“乡愁”的“证据”，以维持自我“身份”。于是中央民族大学里的广西壮族籍师生提出要过自己民族的节日。对于这个请求，1978年校党委开会讨论决定，每个民族选一个节日，每年在中央民族大学欢度。对于刚开始在京进行的“三月三”活动，梁庭望回忆了举办的背景：

改革开放以后，学校（中央民族大学）里的一部分人提出要过自己民族的节日。当时只有十几个少数民族过自己的节日，十一个伊斯兰民族和藏族的藏历年。其他民族提出既然民族平等，各民族是否也可过自己的节日？对于他们的这种请求，1978年校党委开会讨论：每个民族都过自己的节日会不会导致学校混乱？有一种意见是节日是个欢乐的日子而不是一个混乱的日子，应该不会导致学校的混乱。因此学校决定，每个民族选一个节日，每年在民大欢度。

当时我还在政治系，壮族节日的选定主要是由我来发起。1978年成立壮文化研究小组，主要成员有几个老师和一个学生代表（马彪），我们把壮族的节日排了一遍，共有五十多个，其中既有受汉族影响产生的节日，也有本民族本土的节日。一开始曾选择七月十四“鬼节”，但“鬼节”与佛教关系太密切，起源也不太明显。而“三月三”起源于龙母文化，是根据千百年来壮人纪念龙母和她辛勤抚育长大的“特掘”（壮话“断尾蛇”之意）的感人故事传说而形成的，这个故事虽然简单，但是结构复杂，主要有四层意义：一是天人合一，人与自然和谐；二是人应有救助人的善心；三是要有孝道；四是文化的交流，即壮汉文化交流（从蛇上升为龙），所以大家觉得还是挺有意思，于是就选了“三月三”。1979年过了一次“三月三”，1980年开始正式过，主要是在地下室。当时请了一些领导来，莫文华等两位将军也来了。民大每次都有组织、有分工，有很多学生参加，除了壮族以外，瑶族、汉族的老师、同学也会来。当时主要就是我给同学们讲“三月三”的来历，买一些水果来吃，老师自己做些五色糯米饭带来，同学们自己演些节目。90年代开始，交给黄凤显主持。这个时期体育活动多了起来，主要活动就是聚会，广西各民族在一起，以交流为主。[①]

后来成为“三月三”主要组织者的黄凤显老师回忆了在京参加“三月三”活动时的情景：

> 我85年到88年在北大读研究生的时候就参加过中央民族学院的“三月三”活动，是他们邀请我来的，当时在工会的地下室。那次印象最深的是壮族的吴西老将军来了，同学们自己搬桌椅，在家属院东门有个卖粥的地方，当时叫“月亮山寨”，在这个地方吃的饭，认识了一些在北京工作的广西前辈。1996年，我第二次参加。中间隔了那么长时间的原因是我毕业后到山东工作了，1996年才考回北大读博士。所以，1996年他们又邀请我参加，那年是在民族园，邀请到了阿沛·阿旺晋美这些领导人。当时是在学报工作的红梅当主持人，请了刘忠来唱歌。我第一次看到我们民大的学生在“三月三”的活动上表演节目，尤其是“跳竹竿”。当时是在王府井的青龙酒家吃的饭，那是广西人开的一个饭馆。因为当时我已经有意向来中央民族大学工作，所以吃饭的时候，不光梁庭望老师，其他老师也说：我们就等着你来，明年的“三月三”活动就由你来挑头，当时就这么说的。然后呢我1996年7月份到民大工作，年底就筹备了1997年的“三月三”。[②]

从各位老师的描述中，可以看出第一届在京的“三月三”活动开

① 访谈对象：梁庭望；访谈人：李莉森、解晓丹；访谈时间：2011年5月11日；访谈地点：梁庭望家中。
② 访谈对象：黄凤显；访谈人：李莉森、解晓丹；访谈时间：2011年6月13日；访谈地点：黄凤显家中。

始于1978年。从此，这个传统一直延续下来。当时筹备的人员有老师梁庭望、蓝多明、蓝波，学生有马彪、覃录辉等人。活动地点主要是中央民族大学的地下室。活动内容很简单，以广西籍的师生们自娱自乐，交流情感为主。每年的活动都会有文艺晚会，还有篮球足球比赛，一些广西籍的国家领导人及在北京党校学习的广西领导人也会来参加。“三月三”的活动凝聚了在京的广西人，在活动发展的过程中，参加的人员也越来越广泛，从一开始以中央民族大学的师生为主，逐渐扩展到涵盖高校、政府、商界等社会各界的广西籍人士，“三月三”活动也得到越来越多人的认可。

值得一提的是，北京的“三月三”活动影响了广西“三月三”活动的举办，原来广西民间民众也会过“三月三”的活动，但都是民间自发，并没有组织者进行正式地组织，但自从北京的“三月三”逐渐成规模后，广西壮族自治区也从政府层面把“三月三”定为广西的节日。1984年，中共中央政治局委员、全国人大常委会副委员长韦国清同志和国务院副总理杨静仁同志等多位国家领导人莅临民族文化宫参加了在京壮族同胞举办的“三月三”歌节，1988年广西壮族自治区人民政府下达文件，确定“三月三”歌节为壮族节日。对此，梁庭望老师和覃录辉老师都有深刻的印象。

民大这边过“三月三”影响力越来越大，很多广西的代表人物都来参与。后来考虑到“三月三”活动的大本营是广西，广西不过光我们自己过也不行。于是1984年就改到民族文化宫过节，那年很多中央领导来，杨静仁、韦国清等都来了，影响力随之扩大了。因为当时只要是中央领导出席的活动，中央电视台就要报道，新闻播出之后广西的一些人就坐不住了，于是就给政府打报告，正式将“三月三”定为广西的节日。1988年开始，广西本地也安排过“三月三”这个节日，地点大多安排在武鸣县。[①]

> “三月三”的活动之前在民大校园里举办，后来韦国清答应要来了，就把它搬到民族文化宫去办，这样影响力就扩大了。然后逐渐地把“三月三”活动发展起来，就成为在北京的壮族跟各民族共同过的一个节日。这样以后，从民族文化宫那一届开始，我们跟广西驻北京办事处联系上了，它每年会给我们一定的经费支持，规模逐渐形成。广西壮族自治区政府在这个基础上索性把“三月三”恢复，我们只能说是恢复，因为广西从来都是过“三月三”的，只是从来没有人组织过。得到政府的支持后，广西壮族自治区政府后来也拨出一部分经费，落实一批专员来办好在北京的“三月三”。[②]

一般来说，民俗活动都是先由本土民间发起并影响扩大到其他地域，但“三月三”活动恰恰相反，是从外地的兴盛逐渐影响到本土“三月三”的再建构，这不得不让人感慨在京“三月三”活动的影响力和号召力。

20世纪90年代中期，广西驻京办觉得有责任组织在京“三月三”欢庆活动，经过商议就将“三月三”就搬到了广西大厦，有了正规的演出场地和队伍，也建立了“三月三”活动小组，主要由中央民族大学的老师、广西驻京办、广西民委的领导组成。庆祝活动逐渐形成了体育、文艺、学术三位一体的模式。

从1997年开始，在京的“三月三”活动逐渐走出中央民族大学，节日邀请的人越来越多，影响力也越来越大。黄凤显老师作为90年代后“三月三”的主要筹备人，对这段历史记得很清楚：

---

① 访谈对象：梁庭望；访谈人：李莉森、解晓丹；访谈时间：2011年5月11日；访谈地点：梁庭望家中。

② 访谈对象：覃录辉；访谈人：李莉森、解晓丹；访谈时间：2011年6月21日；访谈地点：覃录辉办公室。

1997年“三月三”就从民大的地下室搬到国家民委多功能厅了，来了不少歌星，主要是广西的。当时“三月三”活动的筹备会是在民大三号楼校办公室开的，梁老师（梁庭望）就给我交代任务，说以后的“三月三”活动就由我来筹备。当时国家民委的办公大楼建成使用，有个多功能厅，通过联系当时的国家民委副主任江家福，我们就到民委的东门厅举办了这个活动。

3月29号上午9点国家民委多功能厅，大约有350人参加。那年在民大还举办了一些讲座，这次活动就成立了筹备组，顾问是三个，一个是吴西老将军，一个是水电部副部长严克强，一个是教育部副部长韦钰。主任是江家福，副主任是谢启晃、梁庭望、黄凤显。筹备组成员有十来个，学生没有进入筹备组成员。下面分了若干个工作组：秘书组、后勤组、会务组、文艺组、报道组。然后给相关的人士发了邀请函，还给民委打了报告，给北京少数民族联谊会打了报告，发了入场券，发给所有出场的人。有程思远副委员长，铁木尔·达瓦买提副委员长，全国政协布赫副主席，国务委员司马义·艾买提，国家民委主任李德洙，广西壮族自治区政府副主席周明甫，这些领导同志出席。[①]

从1997年到2003年，在京的“三月三”活动基本都是在国家民委多功能厅举行的，而且，每年都会有很多领导人参加，扩大了在京“三月三”活动的宣传范围。2004年，在当时的国家民委副主任江家福提议下，“三月三”活动转到广西驻京办，至此，“三月三”的活动就搬到了广西大厦，与此同时，学校也会相应地举办各种学术和体育活动。通过广西壮族自治区成立五十周年大庆这个契机，而且在组织活动日趋成熟的条件下，“三月三”文化研究协会成立了：

① 访谈对象：黄凤显；访谈人：李莉森、解晓丹；访谈时间：2011年6月13日；访谈地点：黄凤显家中。

2009年“三月三”协会就成立了。其实“三月三”已经办了三十几年，2009年时觉得学生这个组织已经比较成熟，已经锻炼出来了，于是就成立协会了。我们把这个协会注册成一个学生组织，以后的“三月三”活动的举办就有了一个平台。①

这个协会成立的目的在于通过开展“三月三”系列活动，促进广西老乡的联系，弘扬广西优秀传统文化，加强民族文化交流，推动各民族大团结。这个协会会不定期地举办广西文化交流活动，包括讲座、研讨会等，开展以广西民俗为主要内容的山歌、民歌比赛。更重要的是，每年的农历“三月三”，协会都会精心策划和组织欢庆“三月三”文化的系列活动，包括文艺联欢会、民族传统体育比赛及文化研讨会、讲座等。这个协会的成立对往后“三月三”活动的成功举办起到了推动作用。

总的来说，这个阶段的“三月三”活动逐渐变得复杂起来，不仅地点上经历两次变动，活动内容也逐渐增多。此时的“三月三”已经成为学术、体育、文艺的一系列活动，比如2009年的“三月三”举办时，在中央民族大学的文华楼就有一个座谈会，讨论的主题是广西民歌。在篮球场有篮球赛，在大学生活动中心有联欢晚会，气氛很活泼，还邀请了外校的老乡过来一起参加。因为学生的积极参与，学校举办的“三月三”活动也很热闹，引起了组委会对于“三月三”回到中央民族大学的考虑。

2010年，在京“三月三”活动正式搬回中央民族大学。其中的原因参与组织的师生们都有各自的看法：

我们主要考虑去广西大厦交通不方便，学生过去成本比较高。

① 访谈对象：梁少林、莫玥晖、韦百阳、黄元庆；访谈人：李莉森、解晓丹；访谈时间：2011年6月1日；访谈地点：中央民族大学理工楼前小花园。

学生回来接近一点钟，吃饭不方便。另外演出队伍越来越依靠中央民族大学的学生。这几年北京高校广西籍的学生参与得越来越多，而且我们的演出队伍越来越多的是民大学生，基于这些情况我们就提出回中央民大办，驻京办的谭勇主任也同意了。[①]

在广西大厦过“三月三”的时候，虽然地方高档，投入也比较多，但在那个时候只给领导提供饭，学生的就由学校自己组织，当时广西籍的同学会发放食堂的餐券，后来经费不够，就没弄了。当时学校有四五辆车负责把学生和老师从民大拉过去，但学生对于过去参加“三月三”不是很积极，因为广西大厦地方小，也太远，搞活动不方便，很多驻京办的广西领导人坐在前面，学生在很后面，像开会一样，学生和老师感觉活动和自己没关系，融不进去。慢慢地，大家也就都不愿去了。后来经过商量，还是把地点改到民大。[②]

学生说并不喜欢在广西大厦举办的“三月三”活动：

“三月三”主要是去广西大厦举办的广西在京人士的联谊会，民大一共拿到二百个学生代表名额去当观众，当时是各院系的联系人往下发，看谁愿意去。早上七点半就到学校门口集中坐大巴一起过去。当时在广西大厦的一楼跳竹竿舞，学生就是围观，上去玩的比较少，然后就到一个小宴会厅里去看节目，表演节目的主要是广西大厦的艺术团，民大的学生只有两个节目。很多人都只去一次就不再去了。因为最前面坐着各界人士、领导、老干部，学生坐后面，嘉宾比较多，政治气氛比较浓。广西大厦这边是广西在京人士的聚会，范围很大，不是专门的学生活动。我们觉得不够热烈，只

① 访谈对象：黄凤显；访谈人：李莉森、解晓丹；访谈时间：2011年6月13日；访谈地点：黄凤显家中。

② 访谈对象：韦晓康；访谈人：李莉森、解晓丹；访谈时间：2011年5月4日；访谈地点：韦晓康办公室。

是一个小舞台，只能摆三四百个椅子，场地不够大。[①]

由这些访谈可知，广西大厦“三月三”活动存在着交通不便、场地小，而且没有得到广大师生的认可等方面的弊端。2010年，“三月三”活动时隔32年后回到了中央民族大学，效果很好，得到了很多老师和学生的好评：

从2010年开始，“三月三”开始回到民大举办，搞了台晚会，以广西大厦表演团的节目为主，我们也有几个同学能参与进来的节目。另外广西的画家办了画展，还有体育比赛，北京高校的很多广西籍学生都来了。回到民大后，效果就不一样了，学生反响很好，来的人多，一起跳竹竿舞什么的，广西大厦的表演团过来演出时会把竹竿和器材带过来，领着同学一块玩。总体而言，还是这边比较有意义，国家民委的人也愿意参加这边的，因为跟学生在一起比较高兴。[②]

当时有一个驻京办的领导说：“‘三月三’还是回到民大、回到学生中来比较好。”大家都很高兴。本来过节日就是要有很兴奋很热烈的气氛，如果没有学生的话，一群老领导、老干部是不会很开心的。要有学生在其中尖叫、欢呼、鼓掌，气氛才够热烈。像今年（2011年）有很多老干部、老老师都来了，远远超过我们的预期。因为去年第一年回来，大家都在观望，结果气氛很热烈、效果很好。所以今年大家都来了，而且今年的节目更新很多，有篮球赛、梁庭望老师的讲座，很多学生都参与进来了，比较有活力。[③]

---

① 访谈对象：梁少林、莫玥晖、韦百阳、黄元庆；访谈人：李莉森、解晓丹；访谈时间：2011年6月1日；访谈地点：中央民族大学理工楼前小花园。

② 访谈对象：韦晓康；访谈人：李莉森、解晓丹；访谈时间：2011年5月4日；访谈地点：韦晓康办公室。

③ 访谈对象：梁少林；访谈人：李莉森、解晓丹；访谈时间：2011年6月1日；访谈地点：中央民族大学理工楼前小花园。

广西“三月三”在北京的活动地点主要是中央民族大学、国家民委多功能厅和广西大厦驻京办。“三月三”的活动由最初的小规模联欢发展成文艺会演、文化展示、体育比赛三位一体的系列活动。从这段历史的梳理中可以看出，中央民族大学在在京广西籍同胞欢庆“三月三”活动中具有重要的地位和意义。主要原因有四个：第一，在京的“三月三”兴起于中央民族大学，是“三月三”进入都市的发源地；同时“三月三”活动一直由民族大学的师生负责和筹备，学生更是活动的主力和主体。第二，民族大学对民族地区的招生有政策倾斜，因此聚集了很多广西籍的师生，学生们在走进大学校门之前一直在广西生活，进入大学后和自己的母体文化隔离，心理上需要一个适应和缓冲的过程，“三月三”的存在方便他们之间相互认识，有助于缓解思乡之情。第三，“三月三”活动的学术讲座主体是广西籍的老师，他们对广西文化有着深刻的认识，能运用自己的学识和修养把本土文化很好地传达出来。这类广西籍文化精英主要集中在学校，尤其是在具有民族文化研究优势的中央民族大学内。第四，学校内的各种关系相对简单，等级制度不明显，活动氛围比较轻松自在，和传统“三月三”的活动环境相近。

“三月三”中途曾经离开民族大学，搬到国家民委和广西驻京办，也是有自身原因的。第一，随着节日的影响力逐渐扩大到学校之外，参与活动人数逐渐增多。除了壮族之外，广西其他各民族也会来共同参与；除了师生之外，各行各界的广西人也都会来参与，因此“三月三”成了广西人在北京共同欢度的一个节日。而学校自身的组织和规模承载不了迅速增加的人数，各方面的能力还不成熟。第二，政界人物的参与，使得筹办节日的活动地点也要提高到一个相应的档次。1984年开始，中央的很多领导人都参加“三月三”活动，“三月三”活动成立了筹备组，顾问也都是有一定职务和社会影响力的人员。虽然在后期，官方的介入使得“三月三”活动略微偏离原本举办节日的意图，但这个过程仍然是“三月三”发展中的一个重要阶段，它使“三月三”地位得到了巩固。如果没有这个时期的发展，“三月三”的在京活动不可能达到现在这样的规模。

民族传统节日要在适合的土壤上才能生生不息地发展下去，在国家民委和广西大厦等官方场合举办的“三月三”活动在后期凸显出一些不方便，促使负责的老师和同学们将活动又重新迁回中央民族大学内。主要原因有三个：第一，在广西大厦举办“三月三”活动交通不便，虽然有了很多学校外的人员和政界人员的参与，但活动参与的主体依然是学生。学生到广西大厦等地参加活动时来回需要耗费大量的时间。第二，广西大厦的活动场地较小，容纳不了太多的人。在访谈中，学生因座位问题而放弃参加节日的例子也有很多。第三，在广西大厦等地举行的“三月三”活动官方色彩较浓，等级制度较明显，失去了“三月三”在民间应有的轻松愉快的氛围，违背了节日的初衷。而且“三月三”活动的演出队伍越来越依靠中央民族大学的学生，最后还是把活动的地方搬回到民族大学内，恢复“三月三”最开始时的生机。

虽然回到中央民族大学的“三月三”只举办了两届，但从老师和同学的回应看得出效果很好。组织和参加活动的人还是很认同把举办地点迁回中央民族大学的决定，在大礼堂看演出联欢会，在教室听壮族专家的讲座，到操场上参加体育活动，这些形式虽然看起来很简单，但却能让所有广西籍的人都参与到“三月三”之中。对此，我们相信广西的“三月三”活动在北京会办得越来越好。

二、在京“三月三”对传统象征符号的运用

就传统节日而言，其所富有的文化内涵在于各种活动，它既是传统节日被人们庆祝的缘由，也是民众将传统节日具体化的施行方式。可以说，一个传统节日正是由多多少少、大大小小的符号组成的，这些符号支撑起了这个传统节日真正的意义。壮族“三月三”的符号在历史的发展之中不断演变、丰富。为了在千里之外，自然、文化环境截然不同的首都北京将“三月三”组织、开展起来，最重要的是将长期生长在传统环境之下的众多符号进行运用。

不论是“三月三”这个特殊意义的日子，还是对歌、抛绣球等广为人知的壮族民俗，都是对在京广西人有着巨大吸引力的符号。因此，在京举办“三月三”欢庆活动，最重要也是最具有生命力的基点，便是将各种各样的“三月三”传统元素的还原性运用。

常言道“三月三，龙拜山”。如今壮家的祭扫习惯，大多仍从农历三月初三日开始，延续到三月十五，这期间都是祭扫祖先墓的日子。宗族崇拜是壮族祖先崇拜中最主要、最普遍的类型，其崇拜对象是与人们有血缘亲属关系的历代祖先。为什么要崇拜祖先呢？流行于隆安县的“行孝歌”告诉我们：“天下谁没有祖先？人间谁没有父母？有祖先就应祭祀，有父母就应孝敬。”即是说，祭祀和怀念祖宗的主要目的是：祖辈过去创业难，后辈须发扬光大；父母养育恩如山，子女要知恩图报；祖先灵魂能显灵，保佑子孙得平安。每年到“三月三”，壮族民众就不约而同地到墓地给祖坟除草、培土，之后进行祭祀活动。这种习惯至今流传。

壮族“三月三”给祖先扫墓，扫墓之后还会进行歌圩，男男女女之间相互唱答，并在一来一往之中成就美好姻缘，实现命脉的延续。

除“三月三”在民间流传的众多传统，龙母故事以及其核心的祭祖情节使壮族“三月三”更加意味深长。龙母故事包含四层含义：首先，表达了人类对祖先的崇敬与怀念。龙母是传说中的人物，是否真有其人不得而知，但民间塑造这个形象，是为了映射出人类对始祖母的崇敬与怀念。母亲是最平凡、最伟大的角色，龙母是凝聚母亲特质的化身：她表现出仁慈和倔强的精神，她为壮族民众开辟了新生活，她是民族的楷模。可以说，龙母就是无所不在的母亲，她时时在我们身边，护佑着我们，保护我们民族的富足和安康。其次，传扬人类对文明的追求。龙母救蛇、养蛇、采集百花草为人治病以及秃尾蛇“特掘”孝敬母亲的种种故事，表明古代人类对文明的认识。再次，表现了人与自然的和谐共处。娅迈养小蛇的故事，暗示和表现了壮族人民对幼小生灵的关爱。秃尾蛇“特掘”，是自然的象征和代表，娅迈养蛇，与蛇共存，表现出人类与自然的和谐共处。娅迈养蛇的故事，也暗示了远古时代，人类就知道如何与自然共处，知道如何处理好人类与自然的关系。也只有处理好人与自然的关系，人类才能生存和发展。如果破坏了人与自然的关系，人类就会遭到报复。我们应从龙母故事中得到启示和借鉴，处理好人与自然的关系，做到人与自然和谐共处。最后体现了壮汉文化交流。壮族有很多部落都崇拜蛇，以蛇为图腾。故事一开始，龙母救的是一只断尾巴的小蛇，但是后来小蛇长大却变成了可以降雨拯救苍生的龙。龙自古是中华民族信仰对象，是吉祥物，因此可以说这是壮汉民族长期交往中形成的文化共通共融的产物。

20世纪80年代初，中央民族大学的壮族知识分子在讨论选择民族节日时，首选“三月三”。后来经广西壮族自治区人大讨论，最后把“三月三”定为壮族的统一节日，并写进自治区民族自治条例（草案），成为法定节日。自此以后，“三月三”成为广西壮族的标志性传统节日。

“歌圩”是壮族特有的风俗，其产生时间可以追溯到原始社会，主要形态至今都有所保存。从古至今，壮族歌圩就是青年男女开展社交活动的场所，他们通过唱歌交朋结友，欢会情人，寻求配偶。对于歌圩产生的原因，学界主要有两种不同观点：一种认为它是脱胎于原始社会壮族先民的宗教祭祀活动。一种认为它是部落之间为了实现族外群婚实施的男女青年的交往形式。

虽然歌圩的产生各地说法不一，但在大明山脚下，歌圩的产生是从祭龙母之后才开始。武鸣清代诗人韦丰华在《廖江竹枝词》中就有对廖江歌圩的记载。廖江在武鸣的陆斡、罗波一带，那里水潭边有座古庙，即水神庙，现在叫罗波庙，最初供的是龙母神像，至今一年四季香火不断。每年“三月三”，这里都要举行盛大的祭祀龙母活动，然后举行歌圩活动，而且歌坛开台必唱龙母故事的山歌，正如两江镇龙母村81岁高龄的梁连玉老歌手所唱的：“特掘在我村，龙母在天下，众人敬龙母，子孙都兴旺。”“敬天上龙母，长寿三百年，子孙都勤劳，发财过他乡。”[①]歌台从大明山下庙口村龙母庙沿古廖江（壮语称“达娅”，即祖母江）一直摆到罗波的龙潭边，绵延10多千米。

歌圩场上对歌是传统的问答形式，其中内容丰富广泛，涉及农事、古今历史、理想、情操等，中华人民共和国成立后的歌圩又增添了歌唱翻身解放、宣传党的政策等内容。有比、兴、赋，庄重、活泼而生动。青年们用歌声相互了解，歌声悠悠飘扬，娓娓动听。虽然没有严格统一的程序，但大致上有一定的惯例，就是随着人与人之间相互关系的发展而形成大同小异的情歌套路。

“依歌择配”是壮族民间歌谣的载体，是壮族婚姻生活的缩影。如今，以歌圩定情的方式和通过唱山歌交朋友的方式已不再适应青年人的生活了。尤其是在生活环境从崇山峻岭的山区转到了四通八达的大城市之后，山歌失去了它赖以生存的土壤。但是它依然是“三月三”节庆的核心生活，没有山歌就无所谓“三月三”。覃录辉就说过：“对歌，这是‘三月三’最起码的一个文化形态，没有对歌就成不了‘三月三’，没有歌圩也就没有‘三月三’，它是最基本的形式，所以我觉得以后过‘三月三’不管演出得多好，没有对歌就不算‘三月三’最起码的形式。”[②]因此每一届的“三月三”上，都会有青年男女对唱壮族传统山歌，一方面是为了要留住民族的根脉，另一方面也是想将民族特色文化传承给大学生群体。

绣球是壮族青年男女间传递爱情的信物，这与壮族先民生存环境有关。壮族生活的地区山环水绕，养育了民众如山如水一般迂回婉转的情感表达方式。绣球是姑娘们用手工做成的彩球，以圆形最为常见，也有椭圆形、方形、菱形等。绣球大如拳头，内装棉花籽、谷粟、谷壳等，上下两端分别系有彩带和红坠。民众在茶余饭后互相抛接以娱乐身心，起到沟通感情的作用。随着历史的发展，绣球逐渐演变成为壮族男女青

---

① 罗世敏、谢寿球著：《大明山龙母揭秘》，南宁：广西民族出版社，2006年，第55页。

② 访谈对象：覃录辉；访谈人：李莉森、解晓丹；访谈时间：2011年6月21日；访谈地点：覃录辉办公室。

年表达爱情的方式。在山与山、岭与岭之间青年男女借助“绣球”为媒介向对方倾诉自己的爱情。在歌圩上，男女青年各站一边，相互对歌，男女双方越来越了解，气氛越来越热烈。姑娘会情不自禁把自己手中五彩缤纷的花绣球抛向自己中意的小伙子。小伙子接到绣球后品味欣赏一番，又向姑娘抛回去。经过数次来来往往抛接，如果小伙子看上姑娘，就在绣球上系上自己的小礼物，抛回馈赠女方，姑娘若收下，即表示接受小伙子的追求，两人便可以相约到别处“谈情说爱”。关于壮族“歌以传情，球以定情”的求偶风俗，自宋代以来就有记述。例如宋代周去非的《岭外代答》：“上巳曰男女聚会，各为行列，以五色结为球，歌而抛之，谓之飞驼。男女目成，则女受驼而男婚已定。”明代朱辅《溪蛮丛笑》：“土俗节数日，野外男女分两朋，各人双色彩囊豆粟，往来抛接，名曰飞驼。”清代《庆远府志·诸蛮》：“当春日戴阳，男女互歌谓之浪花歌，又谓之跳月。男吹芦笙，女抛绣笼。绣笼者，彩球也。回旋舞蹈，歌意相洽，即投之报之，返而约聘。”此类记载说明壮族青年男女抛绣球娱乐传情活动古已有之。20世纪60年代，历史学家顾颉刚在《抛绣球》文中认为：“‘抛绣球’至元代即大盛，岂非以是时西南各族与中原来往之频繁，并使其风俗亦于无形中感染而来耶。”在元代，由于政治、经济、军事等多方面原因，我国各民族之间交往频繁，此时壮族的“抛绣球”活动被汉族文人所闻并经过艺术的加工形成“绣球卜婿”的模式广为流传。

在民间山歌演唱中，绣球作为壮族男女表示爱情的信物更加明显——“哥接绣球胸前挂，条条线把哥心牵，金丝绣球鲜又鲜，我俩从此订百年。”绣球作为壮族男女之间爱情的传播媒介在民间流传了许多美丽传说。如靖西的传说讲：八百多年前的靖西县旧州古镇下的一个小村庄里，居住着一户贫穷人家。贫穷人家的儿子阿弟爱上了邻村的姑娘阿秀。阿秀美丽漂亮、生性善良，也深深地爱上了诚实、勤劳、勇敢的阿弟。有一年春天，阿秀在一次赶圩时，被镇上一个有钱有势的恶少看上了，要娶阿秀，阿秀以死相胁，坚决不从。当恶少得知阿秀深深地爱上邻村的阿弟时，为了让阿秀死心，他眼珠一转，计上心来。他贿赂官府，以“莫须有”的罪名将阿弟关进地牢，并判了死刑，等待秋后问斩。阿秀听到这个消息后，整日以泪洗面，哭瞎了双眼。阿秀在哭瞎了双眼以后，开始为秋后就要被问斩的阿弟一针一线地缝制绣球。针扎破了手，血流在了绣球上，被血浸染以后，绣球上的花更艳了，叶更绿了。经过九九八十一天，载满阿秀对阿弟深深的爱恋，浸透了阿秀鲜血的绣球做好了。阿秀变卖了自己的首饰，买通了狱卒，在家人的陪伴下，在阴暗潮湿的地牢里摸到日思夜想骨瘦如柴的阿弟。阿秀绝望了，摸索着从身上取出绣球戴在了阿弟的脖子上。这时，只见灵光一闪，阿秀、阿弟和家人便飘然落在远离恶魔的一处美丽富饶的山脚下。后来，阿秀和阿弟结了婚，生了一儿一女，靠着自己勤劳的双手，过上了幸福的生活。故事一传十，十传百，慢慢地绣球就成了壮族人民的吉祥物，壮族青年男女的爱情信物。

抛绣球是壮族在歌圩中的娱乐活动，在现代各地壮族歌圩中仍然盛行。百色敢壮山还有专门的“绣球坡”，歌圩时必须要唱《绣球歌》。中华人民共和国成立后，在国家举办的少数民族传统体育运动会上，抛绣球成为独立的比赛项目。比赛分团体赛和男、女个人赛。团体赛每队由男、女各5人参加；个人赛每次比赛5人，计个人成绩。团体赛比赛时间20分钟，分两段进行，每段1分钟，第一段为5名女运动员上场抛绣球，第二段为5名男运动员上场投绣球。比赛时运动员将绣球投过9米高、直径1米的圆圈后飞快捡起自己专用的球反向投圈，中圈得分。

绣球是“三月三”歌节的重要象征符号，少了绣球，“三月三”就失去了特色。因此，在中央民族大学的广西籍老师、学生等，每年的“三月三”都要准备一大批绣球。近几年，负责准备绣球的同学们都会事先通过网络进行批量采购，赠予与会的嘉宾，展示给观看演出的观众，或者作为奖品奖励给友谊比赛中获奖的同学。为了让更多的同学们参与到抛绣球的比赛中来。组织“三月三”活动的同学们还别具匠心地推出简易版的抛绣球比赛，撤销圆圈，参赛者异性搭档，一个人背着彩色背篓、另一人抛球，抛到背篓里的得分。同时在2011年的户外欢歌中也举行了抢绣球活动，吸引了大批壮族与非壮族观众参与其中。

壮族地区在“三月三”的“碰鸡蛋”活动热闹喜庆，即男女青年事先准备好染红的熟鸡蛋，游戏时一男一女各握一个红蛋相对而立，然后使之相互对碰：如果双方红蛋同时破裂，则认为是两人的命运相连，接着便将它们互赠并吃掉；如果只是单方面的红蛋破裂，则表示双方没有缘分，只好各自将红蛋吃掉。[①]在中央民族大学“三月三”举行的最初几年，老师们都很用心地给同学们准备红鸡蛋。覃录辉回忆说：“为什么当初我们开始办的时候一定要有五色糯米饭，一定要有红鸡蛋，因为这是‘三月三’最原始的民俗。煮鸡蛋一定要有‘一品红’，农村围墙上有一种花叫‘一品红’，把它泡到水里，等它变成红色便拿来染鸡蛋，它是无毒的，不是工业原料，五色糯米饭中的颜色也是这样，用枫树叶、黄花等染出来，用民间的办法做。因为原来食堂有几个员工是壮族的人，会做这些小吃但到现在就没有了。”

五色饭，又称青精饭，是用枫叶、红兰草、香饭花、姜黄等植物汁浸泡糯米蒸熟而成。为什么要做五色饭呢？有多种传说。一说因为地上生五谷，每色代表一种谷，五色就代表五谷了。用五谷做成的五色饭祭祀母亲，算是稻作民族对先祖最大的孝心了。二说壮族祖先布洛陀带领人们抵抗外族入侵时，身上的干粮被战士们的血迹染成了红色，有些还发乌，汗渍也浸成黄色，干粮变成了五颜六色。后人为了纪念祖先功绩，每年旧历三月初三，都会做好五色糯米饭扫墓上供，以表示对祖先功绩的崇敬。[②]三说是从五色龙引申来的，即龙母养育的龙蛇身有五彩。四说是古时先民居住大明山，瘴气毒雾极重，因常得病，龙母拾百花萃绞汁给人治病。后人对龙母表示敬重，便做五色饭以祭龙母。五说与民族英雄韦达桂有关。韦达桂是带领壮族人民与地主斗争的英雄，被地主

---

① 罗志发著：《壮族的性别平等》，哈尔滨：黑龙江人民出版社，2007年，第132页。

② 《中国各民族宗教与神话大词典》编审委员会主编：《中国各民族宗教与神话大词典》，北京：学苑出版社，1990年，第776页。

迫害致死后，壮族民众常拿糯米饭到其坟前参拜。忽有一天，在参拜时风雨大作、电闪雷鸣，坟上各种植物的汁液落入糯米饭中将其染成五颜六色，韦达桂从坟中破土而出，化为巨龙腾空而去。六说有一个很孝顺的青年每天上山打柴的时候都背着自己的残疾老母亲以便照顾，无奈山上的猴子总是抢走青年为母亲准备的饭团，青年为了不让母亲挨饿，就想出办法用枫叶将饭团染黑，饭团从此不被猴子抢走，而后来人们就用各种植物给饭团染色。“五色饭”的主旨都是表示先辈的付出换来生活的五彩缤纷，吉祥如意，因此要不忘感念先祖恩德。如今在壮乡过“三月三”，扫墓、赶歌圩都做五色饭，可以说五色糯米饭是壮族民众、广西民众心底里对家乡最深刻的感情。因此，1978年在中央民族大学第一年庆祝“三月三”时，就有老师做了五色糯米饭带来跟参加聚会的师生们一起分享。如今随着参会人数的增多，制作满足每人需求的糯米饭已经是不可能的了，但是在“三月三”系列活动的小规模会餐中，糯米饭依然是必须准备的传统饮食。

除了汉族和壮族外，广西还生活有苗、瑶、侗、水、仫佬、仡佬等11个民族。在长期的大杂居、小聚居的过程中，各民族以自身独特的文化使得广西成为各民族团结奋进、多种文化大放异彩的和睦大家庭。作为广西人在北京聚会的大舞台，中央民族大学举办的“三月三”也保留了多民族共享的特色，从一开始操办节日，就以各民族共庆节日为主题，有大批壮族、瑶族、苗族、侗族等在广西居住的少数民族师生共同参与进来。近年来，随着参与的人员越来越多，“三月三”举办得越来越成熟，为了丰富节日的内涵，广西其他民族的传统文化以及其他节庆的特色文化不断被融入，所以在京“三月三”的传统还交织了壮族、苗族、瑶族、侗族等多民族的生活传统。

从2010年开始，为了活跃气氛，在学生的户外欢歌活动中增加了侗族的“多耶舞”。“多耶”是侗族民间歌谣的一种，其形式是男女牵手搭肩，围成圆圈，以整齐的步伐，踏歌进行。有领唱，有齐唱。这种歌多以祖先的来源和迁徙、对外村或对本村的赞颂为主要内容。其声势浩大，充满了团结和友好的气氛。每年大年初一，人们祭萨、喝萨茶、引萨观村容后，回到耶舞坪进行跳舞。开始由一名长者吹笙在前带领，先由歌师领唱《入堂耶歌》或《引萨人堂耶歌》，全村男女老少身着节日盛装，边歌边舞，依次进入舞坪中，先由外而内盘旋，形如螺蛳尾一般，在舞坪中边收拢边舞，称为“拗螺蛳尾”。待参加的人都进入舞场，而后又由里而外，边歌舞边往外退，在由里向外的过程中，老年人和孩子们逐渐退出舞场，最后留下青年男女手牵着手或人跟着人围成圆圈继续边歌边舞。不过此时年轻人所唱的耶歌内容不限，可唱耶萨歌或叙事耶歌以及新编和即兴创作的一些耶歌。

侗族耶舞的步伐和动作比较简单，但节奏性非常强，通常以歌调来统一步伐和变换队形。歌词由一人领唱，众人只重复每小节中的末句或只跟随“耶哈耶”即可。步伐为四步，三进一退，手牵手时，一般迈开左脚向左斜行；不牵手时，则迈开左脚随前者直行三步退一步。如流行于九龙寨的《入堂耶歌》开头即唱道：“三步前行一步退，身穿盛装人舞坪，左脚划地地太平……”在其他耶舞歌的开头更直接唱道：“入堂舞，一先出左，二再出右……”出脚的过程中，同时也摆手共舞，通常女子们还拿着手帕边行边舞。

从侗族跳舞所唱的歌和演唱的形式来看，耶舞来源于祭祀歌舞，主要目的在于娱萨乐神。如今引入中央民族大学的“三月三”，明快的音乐和简单易学的舞步大大提升了师生的参与度，总是能掀起一波高潮。

古时，在祭过龙母，吃过青精饭之后，“三月三”举行歌圩活动，与此同时，还举行抢花炮活动。抢花炮含义是祈福求子。壮族民间传说人是一朵花，生命之花是由花婆赐予的。龙母就是花婆，求龙母送花，即是求龙母送子。民间用铜钱缠上彩带放进土炮，点燃土炮，这铜钱花朵飞到天上落下来时，谁抢在手，就是花婆赐福于他，来年他家必生贵子。[①]抢花炮活动在广西普遍存在，生活在广西的壮、苗、瑶等民族均有抢花炮活动。在宜山县“炮会”每三年举行一次。燃放时，先用绳把花炮拉上高竿，悬挂，然后引火。炮着火后，先烧去外壳，现出人物花鸟，通体明亮，火花四溅。烟火激动人物花鸟，或旋转不息，或肢体弹动，使纸扎彩缯的人物栩栩如生。[②]该活动目前已发展成民族体育竞技项目之一。

在中央民族大学举办的“三月三”中也有抢花炮比赛，不仅还原了传统，更充分利用抢花炮过程中的强身健体和团结合作吸引和锻炼了广西学子们。

中央民族大学“三月三”利用首都北京作为政治、经济、文化中心的有利条件，不断汲取新的文化元素，以大学生为主的参与者作为新生力量不断，带来更多鲜活、年轻的元素，使得“三月三”作为展演传统文化舞台的同时兼具更多的时代符号。

文艺会演是中央民族大学“三月三”自创办就一直保留的活动，不论地点或是演出人员如何改变，其对老乡们的吸引力从来没有改变。文艺会演的演员都是广西老乡，来自广西的文艺工作者以及爱好文艺的广大师生每年都精心编排，给广大老乡带来充满家乡韵味的视听盛宴。尤其是2009年庆祝广西壮族自治区成立五十周年的庆典在中央民族大学大礼堂上演时，吸引年轻人的广西流行歌手后弦到来，以一曲《九公主》引爆了全场激情之后，有更多的时尚元素不断融入。例如2011年到文艺会演献唱的桂台青少年交流形象大使、偶像歌手胡夏，以南宁人的身份在大礼堂与老乡们的欢聚，献上歌曲《爱夏》《张三的歌》，获得了在座同学的热情喝彩，除此之外，还有中央民族大学广西学子带来的健美操表演，时尚动感，表现了年轻人的速度与激情。

这些时尚、流行元素的加入赢得了年轻学子的热衷和追捧，使得中

---

① 罗世敏、谢寿球著：《大明山龙母揭秘》，南宁：广西民族出版社，2006年，第58页。

② 广西壮族自治区编辑组编：《广西壮族社会历史调查》（第五册），南宁：广西民族出版社，1984年，第65页。

央民族大学“三月三”在数量庞大的大学生群体中获得了更多的认同，也使得中央民族大学“三月三”在继起的年轻一辈心目中占据越来越重要的地位，这为这个在现代环境下成长起来的节日更长远地传承找到了可依靠的基点，正如贾仲益老师总结的那样：

> 实际上，我们说“三月三”首先是民间的歌会，歌会在乡土社会中主要是提供给社会成员沟通感情，抒发情感的平台，最重要最核心的是为年轻人提供相互熟悉相互了解的条件，促成他们之间的交往，目标是年轻人能找到自己的另一半。当然，老的少的在参与这个过程中也会享受到这个快乐。到北京后，大学生群体或在北京工作的这些人，有很多倾诉和表达的手段，不一定唱山歌，这种古老传统的形式，山歌的歌词等已经不能把我们丰富的内心表达出来了。所以现在用现代的流行歌曲来传达。这样“三月三”中的山歌形式就变了。歌只是一个形式和符号，对于这个群体来讲，歌只是一个点缀的符号，真正让这个群体自得其乐的是家乡人之间的那种亲切感，找到老乡认识朋友的喜悦感，这个又回到它的社会价值上了。[①]

“三月三”在北京毫无疑问要受时尚、新鲜、流行元素的影响，外来的文化悄无声息地“浸入”其中，使得民族的、传统的、异地的文化形式逐渐融入迁入地的文化特色，从而得以在此立足。可以说，这样的转变势在必行。一方面，参与“三月三”的主要人群逐渐年轻化、时尚化，家乡文化和都市时尚对于他们有着同样深刻的影响；另一方面，“三月三”举办地点和时代的改变“迫使”它必须努力地去适应、去融入都市生活节奏和都市人的审美需求。“三月三”活动的组织者没有也

---

① 访谈对象：贾仲益；访谈人：李莉森、解晓丹；访谈时间：2011年6月1日；访谈地点：中央民族大学紫藤花架下。

不能回避这一状况，而是充分利用起来，找来广西流行歌手，编排体现广西年轻人当下精神状态的节目形式，既让“三月三”的活动多元化，同时也体现了广西文化在现代化高速发展之中的积极进取精神。

梁庭望老师回忆起中央民族大学举办“三月三”的最初几年，说他印象最深刻的是他每年都会给同学们讲讲“三月三”的来历，讲讲家乡关于“三月三”的传说。梁老师说要让同学们了解“三月三”，才能过好“三月三”。近几年，传统文化越来越受到重视，因此，中央民族大学“三月三”系列活动的第三股力量——文化讲座日渐形成体系。从2009年的“壮族‘嘹歌’文化讲座”，到2010年梁庭望的“辉煌的历史，灿烂的未来——‘三月三’歌节与壮族历史文化讲座”“‘三月三’韦氏书画展”，再到2011年李锦芳教授的“‘三月三’——壮族文化漫谈”等讲座都采用现代多媒体的形式，图文并茂地向同学们介绍家乡文化和特色，取得了很好的效果。

作为集中展现广西文化特色的文艺联欢会，现代化的舞台提供了展演空间，网络为扩大影响提供助力。现代化舞台有利于全面、精致地展现歌舞、服饰、乐器等民族风尚，这也是当初从中央民族大学活动中心搬到广西大厦的因素之一。广西大厦不仅为“三月三”提供了完整的艺术舞台，受过现代艺术专业训练的艺术团演员们通过自己的表演提升了“三月三”联欢会的艺术性。随着参与学生人数的增多，需要更大的空间容纳观众，中央民族大学的八百人大礼堂发挥了更大作用。另外，网络对于推广“三月三”也相当重要。一方面，在京籍广西人数越来越多，尤其是学生群体，他们对于“三月三”态度热情，其获取相关信息和加强联络主要是通过网络；另一方面，“三月三”的网络宣传是强有力的宣传方式，活动的筹划、准备、内容、流程、图片、视频、报道以及嘉宾的发言、致辞等等都依托网络迅速传播，将“三月三”的影响力进一步扩大，将广西文化和在外广西人的家乡情感进一步强化。如今，受到北京“三月三”活动的影响，广西当地和全国各省的广西人都借鉴“北京模式”，加强沟通和联系，逐渐形成一个强大的人际网络，通过

“人”的力量进一步推动广西经济、文化的发展。

在学生群体中，历史最为悠久，受关注程度和参与度最高的莫过于篮球、足球等现代体育竞技。体育事业发展较好的广西，提供了大众参与体育活动的良好环境，生长在其中的广西人，也对体育活动有着极高的热情。根据韦晓康老师回忆：“每次过节都有现代体育比赛，主要是篮球和足球，这在广西是比较普及的。我1987年刚分到中央民族大学工作，1988年接触“三月三”就是从这两个项目开始的，直到现在一直都主要负责体育活动这一块，每年都是我来主持开球仪式。”[①]在随后的二十几年中，“三月三”的举办地更换多次，但是在中央民族大学的校园里，广西学子们自发的篮球比赛每年都如期举行，没有老师指导，也没有丰厚的奖品，仅仅基于对体育的热爱而展开乡亲之间的友谊比赛，学生参与度一直很高。2011年，篮球比赛仍是“三月三”系列活动中的大热门，来自北京、河北保定各高校的25支队伍进行了激烈角逐，负责组织体育活动的黄元庆同学在采访时说起：“今年的球队特别多，一共25支球队，一天要打完25场比赛，时间特别紧。好在项目、赛制、奖品等都已经有惯例承袭下来了，2009、2010年我们都在参与，已经知道其中的惯例，只需要根据实际情况改进，不停地调整。今年球队多，带过来的观众也多起来，还有队伍从河北保定包车过来了，专门来参加篮球赛。操场上大约有三四百人，真是越做越大气，人数、范围、规模、层面都越来越大。”[②]

正是这些众多的元素构成了北京“三月三”的内涵，赋予了它存在的方式和传承的意义。当然，远离了它们滋长的乡土，来到大都市之后，它们的适应和调节成为不可避免的事情。这个过程体现了属于地方的、民族的节日在城市立足所经历的过程和所具备的特点。

---

① 访谈对象：韦晓康；访谈人：李莉森、解晓丹；访谈时间：2011年5月4日；访谈地点：体育学院院长办公室。

② 访谈对象：黄元庆；访谈人：李莉森、解晓丹；访谈时间：2011年6月1日；访谈地点：理工楼前小花园。

第一，从活动的松散性到组织性的转变。作为民间节日的“三月三”，有属于农耕社会的闲适、散漫，体现着生活在南方民族自由、奔放的个性和与自然和谐相处的生活态度。覃录辉在回忆“三月三”时说道：“在家乡每到‘三月三’，大伙聚在一块，你掏几毛，我掏几块，买一条狗或者抓一条蛇，就在野外合伙吃一顿饭。女孩子，男孩子，在外面找点柴火，垒点石头，弄点鱼和蛇，姐妹们兄弟们就煮了吃。人人见了都有份，在山脚河边，这个民俗特别好，弄一条眼镜蛇，然后再去要点鸡蛋，你回家拿几个，我回家拿几个，如果有鸡就一只鸡，如果正好运气好，原来没有禁猎，那就可以弄个果子狸，龙凤虎都有了。壮族好客，就叫花子走过那里也有吃的也有份，谁也不会排挤你。吃完就对歌，想下河洗澡的就洗澡。刚在民大办‘三月三’的时候，也不分什么师生，都叫兄弟姐妹们，你讲一个‘三月三’的来历，学生也可以补充。买点糯米饭、鸡蛋，也可以买点现代的瓜子糖果，你高兴的时候就给你话筒唱两句歌也可以，大家联欢，很热闹。”①

随着参与人数的增多和节日性质的转变，小规模联欢时所允许的随兴已经不可能实现了。第一方面，要确保上千人的活动安定有序，必须要有完备的组织和充足的人员做好周密的安排和服务工作。第二方面，活动内容的丰富性使得组织人员必须精细分工，八仙过海各显神通。第三方面，“三月三”活动经过数年发展，其影响力已经超越“民间”的范畴，每年都有很多政界领导、商界精英参与，使得其层次得到了提升，同时也就对组织的严密性提出了要求。这些事情已经不是几个热心的老师、同学就能承担下来的。于是在成立“三月三”组委会的基础上，依靠广大的学生群体形成了北京广西大学生联谊会、北京广西博士生联谊会、北京广西少数民族骨干研究生联谊会、“三月三”文化研究协会等多个组织负责每年“三月三”联欢活动的筹备和组织。相关的人

① 访谈对象：覃录辉；访谈人：李莉森、解晓丹；访谈时间：2011年6月21日；访谈地点：覃录辉办公室。

员每年都会提前讨论、制定“三月三”活动的详细策划，具体分工，协助落实，并在会后及时总结经验。在这种形式下的“三月三”活动，都有一定的组织性，联欢会的节目、体育比赛的次序、讲座的内容和地点都事先得到了安排，不再具有随意性。

第二，人员构成的多样性、流动性。据贾仲益老师介绍：“从一开始‘三月三’在京联会的定位就是‘广西老乡会’，是老乡聚会，并不是一般狭隘的壮族‘三月三’歌节。‘三月三’本来就是很多南方民族传统的节日，在广西长期多民族杂居，‘三月三’已被壮族以外的民族接受的，它不仅是壮族的代表性符号，也是广西一个地域文化的代表性符号。所以从一开始，组织人员的主观上考虑就要力图要打破节日民族的限制，要打造广西籍的老乡聚会。基于对家乡的地域认同，瑶族、苗族、京族等师生到时间搞这样的活动，大家都会参加。像朱雄全老师啊、雷明光老师啊，他们俩是瑶族，我是苗族。这个不影响我们做这样一个节日，大家还是很融洽的。”[①]直到现在，每一年参与“三月三”活动的人士已经不仅仅是广西的壮族人，还包括其他省份的壮族以及广西其他民族的同胞。各个民族都积极参与，例如在2011年的文艺联欢上，不仅有壮族的演员、节日，还有侗族大歌、瑶族舞蹈等等。从另一个角度而言，参与“三月三”联欢活动的人员除了老师、学生以外，还有在中央任职的领导，在北京经商的商人，到北京培训、开会的各界人士……大家在“三月三”这样一个欢乐的节日里以同样一个身份——老乡一同分享喜悦。

第三，活动具有明确目的性。离开了故乡的“三月三”，缺失了祭祖、求偶、恋爱等主题，但是决不仅仅是一群人聚在一起吃喝玩乐这么简单。在“三月三”发起之初，就是抱着“少数民族过自己的节日，

① 访谈对象：贾仲益；访谈人：李莉森、解晓丹；访谈时间：2011年6月1日；访谈地点：中央民族大学紫藤花架下。

释放热情，抒发情感”[①]的目的。贾仲益老师介绍道：“办节日的考虑在于民间和政府的互动。北京这边广西籍的老乡很多，这些老乡有的在学校、有的在商界、有的在政府部门，有的职位很高。广西驻京办广西大厦建好后，一个是有场地，一个是让在京的高层领导干部有一个跟我们广西籍的老乡在一起共同娱乐的，分享节日喜庆的平台。但政府高层的参与，驻京办在借用的过程当中，从政府的角度出发，想要办得更正式一点，邀请更多的领导来参加，提升节日的层次，也增加它的社会关注、媒体关注的分量，借这样一个机会，对家乡有更多的宣传。广西老乡聚集起来，通过节日活动让大家有更多的了解，为个体和群体集聚社会资源，让大家有更多的拓展个人事业的机会，也通过个人的成长来帮助家乡，在北京积攒更多个人发展的资源。”[②]另外一方面，则是为了传承民族传统。覃录辉老师说道：“把它放到弘扬优秀传统文化的基点上，大家一起来聚一聚，唱一唱自己民族的歌，跳一跳自己民族的舞，各民族交流一下各个地方的政治文化、经济建设的成果，聊一聊家乡的大大小小的事。各同学在一起对对歌，那是像刘三姐一样原汁原味的，相互介绍一下我们民间的文化还留存着哪些。在这个过程当中才可以还原它，了解原来它是这样。因为很多同学是从城市来，就不知道。如五色糯米饭，一定要有这个环节，这样做才有传人，才能学到基本的文化。这个是很重要的。”[③]

“被发明的传统意味着一整套通常由已被公开或私下接受的规则控制的实践活动，具有一种仪式或象征特性，在不断重复中灌输一定的价

① 访谈对象：梁庭望；访谈人：李莉森、解晓丹；访谈时间：2011年5月11日；访谈地点：梁庭望家中。

② 访谈对象：贾仲益；访谈人：李莉森、解晓丹；访谈时间：2011年6月1日；访谈地点：中央民族大学紫藤花架下。

③ 访谈对象：覃录辉；访谈人：李莉森、解晓丹；访谈时间：2011年6月21日；访谈地点：覃录辉办公室。

值和行为规范，而且必然暗含与过去的联系性。”①

由此我们可以理解，传统“三月三”的节日元素得到重视，并被移植到了北京高校的特殊环境之中，对歌、吃五色糯米饭、三人板鞋、竹竿舞、多耶舞等众多具有广西特色的“三月三”传统项目被利用起来，在每年的“三月三”的活动中向生活在北京的广西人展演着，通过对家乡旧有的习俗的执行，以强化情感上的认同，激发游子们对于家乡的强烈情感。

其实，参与其中的人们都清楚，所谓的“三月三”就算不断添加传统元素也不能与家乡本土的“三月三”相比，不仅展演“舞台”不同，参与的人员也大不一样。这些在象牙塔中的精英们，不再需要通过“三月三”的平台来对歌求偶，更多的是为了在大城市中见一见老乡、听一听乡音的思乡情怀的抒发。

三、在京“三月三”传承的角色关系

在京“三月三”举办得到很多方面的支持，其中身处政界的广西领导是主要的保障力量，各种民间团体则是重要的执行力量，比如“三月三”文化研究协会、北京广西博士生联谊会、北京广西大学生联谊会和北京广西少数民族骨干研究生联谊会。这些学生组织在“三月三”活动的开展中有着很重要的作用，他们在宏观指导之下，操办其中许多具体的细节。

（一）推动“三月三”发展的主力——高校教师

1978年“三月三”活动的发起就与代表文化精英的高校老师们有着密不可分的关系：在北京过“三月三”的想法是由当时的蓝多明、梁庭望、蓝波等几个老师带着马彪、覃录辉等学生协商提出并进一步实施的。如今“三月三”的主要负责人则是黄凤显、韦晓康、韦文颂等几个

① 唐卉著：《希腊神话历史探赜：神、英雄与人》，上海：复旦大学出版社，2019年，第311—312页。

老师，他们不仅是每年“三月三”活动的策划者，也是“三月三”活动的决策者和监督者。

1978年，大家商谈壮族在学校里该选哪个节日时，就成立了一个壮文化研究小组，这个小组除了马彪一个学生外，其他的都是老师。可以说，是当时的这些老师推动了“三月三”节日的发起。如今中央民族大学里的有47位壮族老师，每届的“三月三”活动，他们都会尽量参与，他们的付出为今天在京“三月三”活动的蓬勃发展打下了基础。

从历年“三月三”活动的举办流程中也可以看出老师的作用。学生先进行活动的简单策划，最后要交给老师审议，经过几个主要的老师商量之后，再交给学生反复修改。韦晓康老师说：

> 筹办“三月三”这个活动一般在年底就开始酝酿，春节前后商量。因为我们几个老师经常聚会，聚会的时候就会谈谈该怎么做。回来后就和学生负责人讲，他们下去做，有问题再反馈给我们，双方一直协商，可以说老师是主导，学生是主体。

从中可以看出，“三月三”活动都是在老师们的指导下进行的，他们严格把关，把握着“三月三”活动的方向和进程。主要负责“三月三”活动的学生也说：

> 筹备的时候一定要跟老师保持很紧密的联系，我们联系比较多的是韦晓康、贾仲益、韦文颂、黄凤显等老师，他们是整个组织活动进程的指导者；还有少语系的李锦芳、覃晓航等老师，因为我们办学术讲座主要是跟他们联系，凡是讲座什么的这些老师都会参与。[①]

① 访谈对象：蒋灵斌；访谈人：李莉森、解晓丹；访谈时间：2011年5月12日；访谈地点：中央民族大学理学院办公室。

在“三月三”活动的策划筹办中，不同的老师也有不同的分工。活动实施之前，几位老师都会聚集起来，对活动的聚餐、演出、学生活动、学术活动等几个部分进行协商和分工。在相当长的时间里，黄凤显老师整体负责“三月三”的活动，韦文颂老师负责后勤和财务，韦晓康老师主要负责体育比赛和文艺活动，蓝波和蓝多明负责组织退休人员，在职的老师则由韦景云负责。

从以上的分析中可以看出，老师在“三月三”活动的举办中起着中流砥柱的作用，他们把握着“三月三”活动的发展方向，在具体的工作中有明确分工，为“三月三”节日的延续创造了一个良好的氛围。

（二）“三月三”传承新的生命力——学生

老师负责在宏观方面对节日进行把控，但在具体的细节操作上还是要依靠学生的力量。中央民族大学每年都会从广西招收百名以上的优秀学生。此外，北京其他高校中也有不少广西学生，这些学生在同一个城市内学习、生活，形成了特殊的少数民族学生聚落，具有年轻气盛、思想活跃、地域意识浓厚、集体活动频繁、社会和民族责任感强等特点，其影响广泛而深刻，是“三月三”在京顺利开展的重要力量。

在京“三月三”活动举办之初，学生就参与进来，以他们庞大的人数和积极的热情在“三月三”系列活动中起到了不可替代的作用。当年还是学生的马彪和覃录辉老师等人为在京“三月三”的兴起付出了很多努力。如今，学生举办“三月三”活动的传统依旧延续了下来，他们不仅是这个节日活动主要的参与人员，也是组织人员，更是未来“三月三”活动的接班人。例如北京广西博士生联谊会、北京广西少数民族骨干研究生联谊会、广西北京大学生联谊会，这三个协会也把在北京高校求学的广西学生联系起来，主要组织者也是学生，协会的领头人也都是从众多高校中选拔出来的，旨在为广西学子们提供交流、学习的平台，也为广西文化在北京的发展集聚人才资源。它们在“三月三”活动中充当协办方的角色，主要负责对外宣传，通知各个高校的广西同学参加。

在“三月三”节日的实际操作中，我们协会要和各联谊会协商分工，利用各个组织吸引外校人员参与。学生中的各负责人要进行第一次开会交流，进行宣传、物品和人员的准备，各院系“三月三”的联系人再进行第二次会议，分担各具体的工作，主要是回去组织动员，进行宣传，在论坛、QQ、人人网、壮族在线等网络上对活动进行发布和宣传。每年举办完后内部都会反省并把需要改进的地方写成文，以便以后修改。[①]

虽然准备“三月三”这个事情占用了很多个人时间，但是为老乡们搭建一个交流的平台，为他们做点事情感觉很荣耀。另一方面，自己的组织、交际能力也在这个活动的组织中得到加强，同时结交到很多朋友。老乡们通过这个活动联系得以加强，找到一种家乡的认同感。在协会中的成员凭着自己的热情和执着在做这个事，没有人计较其中的辛苦和得失。我们工作人员虽然没办法具体参与到“三月三”的各种游戏活动中，但看着大家开心自己也很高兴。[②]

除了学生组织主要负责人外，协会中的其他学生也为“三月三”的操办付出了很多，除了时间和精力外，还付出了很多的感情。

学生除了是“三月三”活动的主要组织者外，更是主要的参与人员、“三月三”中最活跃的因子。全北京高校的广西籍学生都通过“三月三”这个平台聚集到一起，他们已经把“三月三”作为在北京的一个乡谊的活动，一种联谊、交流、沟通的机会，所以大家都愿意参加，不仅出节目、参加体育比赛，而且以“三月三”为契机，进行其他方面的拓展，平日也经常办活动聚会，加深彼此的联系，他们的积极参与让“三月三”氛围更加浓厚。

---

① 访谈对象：蒋灵斌；访谈人：李莉森、解晓丹；访谈时间：2011年5月12日；访谈地点：中央民族大学理学院办公室。

② 访谈对象：荣城；访谈人：李莉森、解晓丹；访谈时间：2011年5月12日；访谈地点：中央民族大学理学院办公室。

（三）不可忽视的力量——政府

除了老师和学生外，在京“三月三”活动的举办和发展还有政府的支持和推动。1978年“三月三”活动的发起如果得不到政府领导人的支持也不可能举办成功。30多年来，党和国家领导人韦国清、李铁映、阿沛·阿旺晋美、程思远、布赫、铁木尔·达瓦买提、司马义·艾买提、李兆焯以及广西籍和壮族的开国将军莫文华、吴西等多次出席联谊活动，新华社、中央电视台、《人民日报》、中央人民广播电台等众多媒体曾多次报道。这些领导人物对“三月三”活动的发展起到了扩大宣传和加大影响力的作用。除了这些领导人以外，要做好在京的“三月三”节日活动，还必须得到相关政府部门的支持，这里主要是广西驻京办事处。在采访中我们得知，和政府部门的联络也经历了一些波折。黄凤显老师说：

> 头两年比较困难，当时驻京办的老领导不太理解，也不太信任我们，所以有点困难。大概到了1999年左右，情况就不一样了，广西驻京办的领导对我们这个活动是大力支持，特别是当时驻京办的副主任张小康，他一直是力挺我们这个活动的。因为广西在北京的唯一一个民间活动就是“三月三”，他多次在这个活动上说过要成立一个广西商会，而且要通过商会的活动来支持“三月三”的活动。[①]

因为广西驻京办副主任张小康的支持，2010年，也就是“三月三”活动搬回民大的第一年，还组织成立了一个专门的“三月三”组委会，主要成员有广西驻京办副主任张小康，民族出版社副主任黄凤显及黄克贵等人，后来又增加了韦晓康和钟廷雄家人。为便于今后更好地开展“三月三”活动，经组委会研究决定，又成立了“三月三”组委会秘书

① 访谈对象：黄凤显；访谈人：李莉森、解晓丹；访谈时间：2011年6月13日；访谈地点：黄凤显家中。

处，作为北京广西“三月三”组委会的执行办事机构。

这些政府部门和政府领导人的积极参与引起了媒体的集体关注，无形中对“三月三”活动做了最好的宣传，扩大了“三月三”在北京的影响力。另外，他们也在积极配合中央民族大学的师生出谋划策，提供了一些好的政策和建议，为“三月三”活动的发展指明方向。

从以上梳理可以得知，老师是在京“三月三”活动的主导，把握“三月三”活动的方向；学生是实行者，负责活动的具体操作；政府官员是有力的推手，他们各自扮演不同的角色，共同推进“三月三”的发展。从整个活动的操作上说，各个角色之间是和谐的关系。学生、老师之间的分工协作并没有等级，而是和平商议“三月三”的关系，能相互体谅。老师和同学的关系十分融洽，在访谈中，看得出学生对老师的情意，也体味得到老师对学生的赞赏。政府官员主要是和老师们联系，他们并不直接参与“三月三”的具体操作，但是他们不仅认可而且积极参加相关活动，同时为“三月三”的顺利开展提供了资金上的保障，每年都会给予“三月三”固定的资助。在京“三月三”活动的三个主要群体能有良好的协作关系说到底是因为同乡之间具有一种包容、依赖的情怀。籍贯具有很强的稳定性，籍贯的认同，使广西籍人员在北京的社会生活中也表现出鲜明的地域特色。这是一种地缘网络，说得更确切些，是同乡网络，由此滋生并强化了同乡情意。

四、“三月三”符号建构中的文化身份

在京“三月三”虽然是民间组织的节日，实际上也是党和国家民族工作的延伸。所以在京“三月三”活动一直受到上级有关部门的重视，得到了国家民委、北京市少数民族联谊会、广西驻京办和广西人民政府的支持和指导，他们除了每年给予固定经费支持外，还会派人到现场指导。

“三月三”活动是生根于广西的节日，但随着大量广西人以工作、求学、经商、婚姻或其他原因进入北京，并在北京长期生活，“三月

三”在北京的广西人中成了凝聚彼此的需要。在京“三月三”虽然离开了广西的生存环境，但在新的地域，它有着更加深刻的意义。不仅可以弘扬优秀民族文化，增强民族凝聚力，而且还能搭建起广西各个民族沟通交流的平台，为促进社会主义文化发展和民族团结做出贡献。

北京是大都市，人员成分比较复杂，广西人进入北京后，迫切希望得到认同。同时在城市中，由于社会环境中的种种条件，作为文化影响较小的民族，如果以单个个体出现，其保留自身民族传统文化和传播本民族文化的能力都十分有限。而在京“三月三”的活动增强了在京广西人的自豪感和认同感，他们之间即使原来素不相识，只要是同样来自广西就会倍感亲切，关系自然就会融洽。在“三月三”的活动中广西各民族成员之间联络感情，互通信息，增强了民族内聚力和认同感。少数民族聚落的形成，极大地满足了城市少数民族在文化生活、宗教信仰、风俗和心理等方面的渴求和需要，从而使诸如民族节日、民族歌舞、民族饮食、服饰文化等得以保留。而这些传统文化的传承过程，也就是其向外传播的过程。[1]对于在京“三月三”活动来说，同样有这样的目的和功能，通过“三月三”平台把在京广西籍人士聚集起来，用歌舞、体育活动、学术讲座等形式过节，不仅成为保留民族传统文化的载体，也是传播民族文化的窗口。在传统社会里，长辈会向晚辈讲述节日传说，寓教于乐，起着潜移默化的作用，使人们从小受到传统文化的熏陶。在京“三月三”早期举办的时候，老师们也会对学生讲述“三月三”的传说，把民族的、传统的文化灌输给学生。如今随着人员的增多，这种形式逐渐被讲座所替代，把过去家庭式的传承转换为学校式的灌输，把非正式的漫聊转为正式的讲授。但不管是哪种形式，这种集体性的活动都起到了同样的作用——填补了青年人的历史记忆，强化了“三月三”的内聚力，维系和传承了民族文化，无意识地使在城市中生活的广西籍学生或其他群体对“三月三”民俗文化的认识得以提高，进而在新的社会

① 沈林著：《中国城市里的少数民族聚落》，《中南民族学院学报》，1996年第3期。

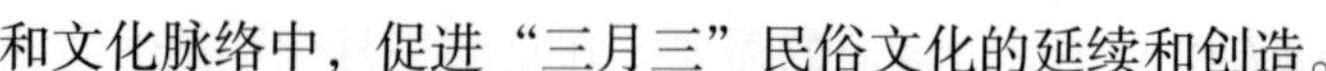
和文化脉络中，促进“三月三”民俗文化的延续和创造。

露丝·本尼迪克特在《文化模式》中指出：“个体生活历史首先是适应由他的社区代代相传下来的生活模式和标准。从他出生之时起，他生于其中的风俗就在塑造着他的经验与行为，到他能说话时，他就成了自己文化的小小创造物。而当他长大成人并能参加这种文化的活动时，其文化的习惯就是他的习惯，其文化的信仰就是他的信仰，其文化的不可能就是他的不可能。”①从中可以看出，构成个人身份的核心基质其实是文化身份，斯图亚特·霍尔将文化身份定义为一种“共有的文化”，即文化身份反映的是一种共同的历史经验和共享的文化符码，广西人在广西本土时有共同的传统生活记忆，由此被赋予了共同的文化身份。但文化身份认同与建构中的文化主体性多元文化论认为，不存在一种一成不变的文化身份，一个民族的文化身份总是在不断地重新被定位与建构的，所以当广西人离开本土的文化环境，迁移到其他地方时，其文化身份就得重新定位，其中的关键是要借助一定的再现体系唤起、激活甚至发明那些指向历史深处的公共记忆符号，通过公共记忆的陈述与复述来想象一个强大的“我们”。②在京“三月三”就是广西人在新的都市环境中的一种公共记忆，它通过一套文化再现体系对主体位置进行赋值、命名与表征，引导互不相识的人们建构共享的归属感和认同感。

本尼迪克特·安德森在《想象的共同体》中详细阐述了基于记忆重建的文化政治：“近代国民（民族）是想象的共同体，互不相识的人之所以能有一种一体感和连带感，乃是因为他们想象彼此拥有共同的过去记忆。”在京“三月三”活动作为一种文化再造物，想象的共同体不是虚构的共同体，而是一种与历史文化变迁相关，根植于人类深层意识的文化身份的识别与认同。尽管在新的都市现代社会中，“三月三”的形

---

① 【美】露丝·本尼迪克特著，何锡章、黄欢译：《文化模式》，北京：华夏出版社，1987年，第2页。

② 刘涛著：《多民族聚居地区的文化身份识别及其象征符号生产——基于甘肃省积石山县的民族志调查》，《国际新闻界》，2010年第2期。

式和内容以充分满足现代人的需求为主，创设出和新形式匹配的一些活动，但它传承的核心依然是“三月三”的传统文化，是“三月三”的象征符号，比如五色糯米饭、绣球等文化符号以及结交朋友、交流感情等精神诉求。所以，各个民族共享的文化记忆与历史符号无疑是构建地域文化共同体最为有效的策略。

在新的都市环境中，在现代性审美镜像下，建构民族品格和民族独特性是重中之重。在京广西籍民族性的身份建构，是通过在京“三月三”活动实现的，凸显了广西公共地域文化共同体的身份。但是，在京“三月三”唯有成为北京广西籍人员中自然而然的一部分时，才能真正承载起在京广西籍人员共有的文化身份的识别与建构功能，才能真正达到在新社会中的民族身份认同。从这个角度来讲，在京举办的广西壮族“三月三”凸显了民族身份、地方身份的意义。

在京“三月三”象征符号重建过程具有包容性，这些融入“三月三”的象征符号源于广西的地缘文化传统，源于北京地缘文化传统。在北京的广西人既要“入乡随俗”，又要嫁接北京甚至其他民俗象征符号。“三月三”活动既有篮球等广为流行的项目，也逐渐增加了三人板鞋、抛绣球、抢花炮等文娱项目；现代舞台化的文艺会演同时，还举行大众参与的竹竿舞、多耶舞等民族舞蹈；学术讲座除了为广西经济文化的发展献计献策，还注重将广西的地域文化以及民族文化在大学生中普及等，这些不仅使新传统可能被轻而易举地移植到“三月三”传统之上，也通过从储存了大量的都市化仪式、象征符号和道德训诫的“仓库”中借取资源。在新的地域环境之中，发明出独特的“传统”，并通过将这现成可用的有关象征实践和文化交流的一套复杂语言重复使用，使其影响力愈来愈大。通过这样的途径，在北京多元的文化社会中，来自广西地域的人群汇聚到一起。

在京广西籍各层精英人士参与到“三月三”传统文化的重建与转化中来，是因为“三月三”在历史发展过程中，已成为广西地区民众共同的认知节庆。在京广西籍人士的热情实际上也是为了满足自己的文化需

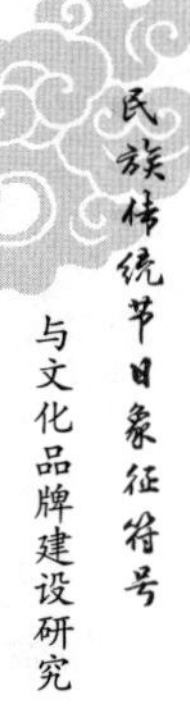

求。在文化精英、政治精英、学生精英的推动下，“三月三”传统地域文化在城市中被赋予更为丰富的内容和形式，凸显了其在地域认同、民族认同中的特殊价值，也彰显了壮族民族身份和广西的地域身份属性。

第四章

象征符号与共同体建设：民族传统节日象征符号生活功能[①]

随着中国社会快速发展，新的生活方式大量出现，中国聚族而居结合的文化共同体产生了变化。民众新知识结构的形成引起社会知识结构的巨大改变，乡村社会新的知识群体得以建立。中国民族地区出现现代劳动与现代劳动者，他们离开传统的乡村，离开传统的农业劳动，进入现代城市，或者现代城市边缘，成为区别于传统农耕生产的新型劳动者。乡村社会的政治权力构成及其运作发生巨大变化。这些导致了民族、地区文化共同体的深刻裂变，也成为当代民族、地域文化共同体建构的新契机。由系列仪式、信仰、文化组成的传统节日，是民众生活记录、民众情感表达和地域文化谱系的核心，也是民族文化共同体、地方文化共同体建构的重要对象。

第一节　拉祜族苦聪人畲吧节的起源

拉祜族苦聪人以仪式凝聚着族群民众的力量，这种仪式在苦聪人的社会进程中没有消失，只不过在现代社会中，仪式的原始性和神秘性逐

① 该章节由黄雯、林继富撰写。

渐减弱，现代生活内容不断增加。

畲肥节起源和发展经历了漫长的历史过程。畲肥节，苦聪语称为“箧科门”，汉语俗称“祭竜”，是流传于苦聪人传统居住地域，由苦聪人族群内部共享的传统仪式性的节日。进入21世纪，政府开始重视传统文化，开始重视少数民族的文化遗产，尤其是2005年之后，苦聪人开始从传统的自然村落搬迁到由政府出资建设的新村之中，传统的“箧科门”在苦聪人的新村里慢慢建构成为充满时代气息的畲肥节。

关于苦聪人畲肥节的起源，现已很难寻觅到最初的“真相”。畲肥节起源的只言片语至今仍流传在苦聪人的生活中，樟盆村文旧村民小组的普正友说：

> 据传，以前我们这个地方来了一头犀牛，在我们现在祭竜的那个地方睡过。这头犀牛来的时间不是说几十年的问题，是上千年的问题，但具体是多长时间以前来的都搞不清楚了。结果那一年我们这个地方人丁、六畜、五谷这些方面都比较顺，大家就觉得这个犀牛是天地派下来的，后来就把天地供在那个地方祭拜，就是现在的祭竜了嘛，希望能够求得人丁清洁，五谷丰登，六畜兴旺。[①]

传说虽然很简单，却包含了祭竜的核心元素：祭竜祭祀的天、地；祭竜是为了祈福，祈祷人丁繁盛，五谷丰登，六畜兴旺；也从传说的角度解释了为什么祭竜都必须在属牛日。

苦聪新村的竜长王国富[②]在讲述畲肥节中的祭竜仪式时，给出了两种解释：

> 祭竜有两个古话，到底是哪个古话我都搞不清楚。一个是说，

① 访谈对象：普正友；访谈人：黄雯、王生云；访谈时间：2012年8月13日；访谈地点：学堂村烟站。

② 王国富，苦聪新村竜长，原居住于九甲镇勐真村，2006年搬迁至苦聪新村。

有一个人记不清是哪个时候的人了，当时皇帝家做好事，他去送礼。这个人穷，良心好，别样没有，他就拿了一只大鹅去送礼。皇帝家还没有到，大鹅就死了，只拿得三根鹅毛送去。所以现在俗话就说，千里路上送鹅毛，礼轻人意重。皇帝家就回赠了一件龙袍衣给他，那个人就拿着回来。这个苦聪人是靠砍山、挖山、种老苦荞吃过日子。回到家他就开山挖地，挖老苦荞地，种洋芋，白天干活计就把龙袍脱了在树头上挂着，等到下午去拿就拿不动了，那件龙袍衣在那个树上留下了，变成了龙神，就说龙袍衣在那里封神了，就让他在那里看山，保佑种庄稼怎么种怎么好。

另一个故事又是说的良心不好，这两个故事到底是哪个我也不知道。另一版本说有一个人叫田登，也是苦聪人。大年初一初二是兴着要叫人民点灯，他不叫人民点灯，要叫人民放火。大年初一初二是大家要欢欢乐乐地过年，他要叫人民烧山，不知烧死了多少活物。他就犯罪了。他犯了罪之后，也是就拿大鹅去献皇帝，要解决他这件事。他把活物害多了，是犯了要杀头的罪的。人家说点灯他要放火。去断案断不清楚。他拿着去皇帝家的半路就把大鹅也杀了吃了，然后把鹅毛拿着去。拿着去了以后皇帝家就说千里路上送鹅毛，还是属于礼轻人意重。他这个人把活物害多了，但皇帝家那里也没有把这件事断清楚，反而回送了他一件龙袍回来，但他就在半路上自己吊脖子死了。他吊脖子死了以后，观音老母过路又遇着，看见他穿着龙袍，观音老母就以为皇帝吊脖子死了，就封他为龙神了，给他管五谷六米啊，种什么什么好，养牲口也养得好。这个龙神本来就是一棵树，不能盖房子。

我是听我们那里的老人一班传一班地讲下来的。这两个故事，一个是良心好的，一个是良心不好的，哪个是真的我也不知道了。

反正两个故事都是关于一棵树，一个神。[①]

值得注意的是，这两则传说中的祭竜是被作为“祭龙”讲述的，并且和“千里送鹅毛”“皇帝”“观音”等外来文化联系在一起，意味着苦聪人的祭竜仪式起源常常纠结了当代人的思想，也意味着苦聪人祭竜仪式是在守护传统基础上不断融合外来文化且实现了生活上的交流。

除了口头流传的起源传说，镇沅文化人以自己的理解记录了畬睤节的来历：

关于畬睤节的来历，很多苦聪人都这样告诉我：在很远古的时代，有一个名叫“畬睤”的神，常给人间带来灾害，人间的言行稍不注意，就被视为触犯了畬勒戛，畬勒戛就会作祟，让人间五谷无收，六畜不长，各种灾难就会降临人间。

为了制服作恶多端的畬勒戛，一个苦聪老猎人扛着木弩、镖杆，只身进入茫茫的哀牢深山里去寻找。他爬过九十九座山，九十九条箐，蹚过九十九条江河，在哀牢山里闯了三年零三天，终于在一片抬头看不到一点蓝天的栗树林里追到了畬勒戛，就拿出木弩向畬勒戛射去，但箭总是射不到畬勒戛的身上去。老猎人又拿出镖杆，尽管老猎人使出吃奶的力气，镖杆也还是镖不进畬勒戛的身子。

畬勒戛看人间竟敢有这样的猎人用弩、镖杆射他，就张开巨大的嘴向老人扑去，要把老猎人一口吞下。此时的老猎人也再没有力量与畬勒戛较量了，就靠在一株栗树上叹息。这时，老猎人突然想起带在身上刚射到的三只老鼠，就拿出老鼠向畬勒戛丢过去，并乞求畬勒戛：“你要吃就先吃老鼠，吃了老鼠再吃我。”

① 访谈对象：王国富；访谈人：黄雯、张志芹；访谈时间：2012年9月6日；访谈地点：苦聪新村。

老猎人想不到，老鼠一出他的手就像箭一样飞向畲勒戛，一个咬住畲勒戛的喉咙，另外两个一个一口将畲勒戛的两只眼睛咬吃了。畲勒戛被惩治了，老猎人也因为劳累过度而死了，从此畲勒戛就再不敢作恶，危害人间了。

老猎人过世以后，活在世上的后辈苦聪人为了纪念他，就选定寨子附近的一片栗树林为畲肥林，并在畲肥林里选一棵比较高大、粗壮的栗树为畲勒戛树，将其视为老猎人的化身进行祭祀。①

这则传说有很浓的英雄主义色彩，猎人作为英雄的化身，从一个方面反映了狩猎曾经在苦聪人生活中的重要地位。另外，传说记述三只老鼠协助猎人杀死作恶多端的畲勒戛，这或许可作为解读者东镇苦聪人在畲肥节期间追老鼠的缘由吧。

另外，吴小生和罗富良的《苦聪人的春天》在叙述畲肥节的起源时讲道：

苦聪人认为世间万物都有灵魂，所有的生物都要经过数九严冬的残酷摧残，能活到现在的都是福大命大的精灵，都值得庆贺。能活着就是预示着蒙新，大地将变化，人间将变化，一切都得从头开始，万象更新。在世间的生灵中，最先蒙新的总是“畲杰”（汉语树的意思），树能顽强地生存下来，树首先勇敢地展示自己新的生命的开始——发出新芽。苦聪人对“畲杰”（树）不畏严寒，昭示新生万分崇拜，他们觉得应该给树（畲杰）祭拜，是“啊补厄浆么”赋予了新的生命。在苦聪人的心目中，只有野性十足的雄性才具有保护周围群体的能力，例如公牛、公羊、公猪等，具有生灵的树也一样，只有雄性树，即畲肥才能担任起保护“锅挫惹”的重任。苦聪语“畲”即树，“肥”即公树（雄性树），“畲肥”由此

① 郑显文著：《深山苦聪人》，北京：中国图书出版社，2005年，第72—73页。

> 而得。传说，苦聪先人勒地拔把九层天下一派水浪滔天的世界，通过他登山划河沟，露出了山川河流和大海，万物得到了生息。二月初八这一天，就是苦聪先人完成登山划河沟的日子，于是勒地拔把形成山川河流、大海的日子和万物蒙新两件值得苦聪人纪念的事融为一体，即把二月初八定为苦聪人的纪念日、狂欢日——畲皅节。①

这一传说中将畲皅节的起源归因于苦聪人对树的崇敬以及对于先祖的纪念，并将畲皅节定义为“纪念日”“狂欢日”，没有指出节日祭祀神灵的性质。

以上关于畲皅节口头讲述或书面记录的起源传说中，似乎已无法确定畲皅节起源的具体年代，但是可以肯定地说，畲皅节是以祭竜仪式为中心，是以万物有灵观念作为基础的。因此，畲皅节的起源与生活在原始时代的苦聪人崇拜植物、动物有紧密关系。尽管现代人对神灵祭祀弱化，着力解释并凸显畲皅节的娱乐性和狂欢性，忽视畲皅节的仪式性，这些都不足以改变畲皅节起源的原始信仰的特质。

第二节　从“箢科门”到畲皅节

传统“就其最明显，最基本的意义来看，它的含义仅只是代代相传的东西，即任何从过去延传至今或相传至今的东西”“决定性的标准是，它是人类行为、思想和想象的产物，并且被代代相传。”②苦聪人畲皅节传统代代相传，并且一直处于不断变化之中，它经历了从过去仅存在于村落中的传统仪式，到今天由政府、地方文化精英和村落民众共同参与的集传统与现代性于一身的民族传统节日的建构过程。

畲皅节这一名称是2005年镇沅县申报拉祜族（苦聪人）民族传统节

---

① 吴小生、罗富良、罗成臻著：《苦聪人的春天》（内部资料），2007年，第6页。

② 【美】希尔斯著，傅铿、吕乐译：《论传统》，上海：上海人民出版社，1991年，第15页。

日时，由吴小生和罗富良经过对苦聪人传统节日研究，慎重考虑所选定的。2005年之前，苦聪人将畲肥节称为“篾科门”，也就是当代苦聪人村寨的“祭竜”仪式。

哀牢山是苦聪人世代居住的家园，他们在林幽谷深的大山里繁衍生息。“篾科门”诞生于苦聪人过去生活之中，并且是集祭神仪式、接亲待友、跳歌唱曲等多种仪式性活动和文化娱乐为一体的传统节日。苦聪人的传统生活空间以村落为主，每个村落居住着几十户至上百户人家。对于生活在莽莽深山之中的苦聪人来说，村落是他们进行日常生活的主要范围，也是保证他们日常生活安全的屏障。同一个村落里的民众在生产上相互帮助，在生活上相互关心，在信仰上以共同的村寨神灵为核心，由此凝聚民心，聚集力量，组成彼此不可分离的共同体，“篾科门”仪式就是村落共同体信仰的加强仪式。

每年正月或二月某个属牛的日子，苦聪人以村落为单位，聚集在村落附近的神树周围，举行“篾科门”的祭祀仪式，希望通过祭祀，使神灵护佑村落平安，保佑村落里的所有人的幸福。仪式最初由具有特殊身份，能够与神灵对话的竜长组织，后来逐渐演变为由竜长和村干部共同组织。对于神灵的敬畏和未来的祈愿保证了村民对于祭祀仪式参与的自觉性。完成祭祀仪式后，村民将在祭祀地点聚餐，随后各自回家接待亲朋好友。晚上，村民们聚在竜长家跳起竜舞，唱起曲子，附近村落的苦聪人或者其他民族的人也会来祝贺村落的节日，与他们同乐。

在20世纪60年代，“文化大革命”苦聪人的“篾科门”产生了巨大的冲击。在笔者走访过的多个苦聪村寨中了解到，“文化大革命”期间，“篾科门”被勒令停止举行，只有一个叫蛮旧的村子据说一直偷偷进行。蛮旧村的村民说，1962年的时候，当地的政策要扫除牛鬼蛇神，由于害怕政策，村里的祭竜也停止了。当时村里的老竜长说：“哎，我们这个寨子的麦子不行了不行了，被虫吃完了，牛也死了。”后来他悄悄去山上祭竜，不久村里就好了起来，毛虫不见了，牛也好起来了，田里的麦子也一大串一大串地好起来了。“那次以后，人们相信竜长的话，觉得神灵对苦聪人很爱护，所以人们也很尊重他。后来，苦聪人心目中无比神圣的神树在‘文化大革命’时期被砍倒，被当作柴火或建房的木材。”[①]曾经充满欢声笑语的“篾科门”骤然成为苦聪人生活中害怕触摸的敏感地带。然而，上了年纪的苦聪人却偷偷地操演着这个仪式，并且将这个仪式的传统记忆封存起来。

20世纪80年代，随着国家文化政策的改变，民众对传统文化越来越尊重，“文化大革命”期间中断的“篾科门”又回到苦聪人的生活之中。然而，重获新生的“篾科门”虽然大致保持了原来的传统形式，但是，在苦聪人的村落传承中却呈现出不同的形态。有的村落的“篾科门”的内容和形式保留较好，有的村落的“篾科门”的形式发生了变化，不少的村落祭祀进行了重组而变成了更大的祭祀共同体，有的村落在原来共同体基础上分散为几个更小的独立的祭祀共同体。另外，在“篾科门”的具体内容上，不同的村落也发生了不同方向和程度的变化，有的村落甚至将原来集体祭祀改变为分散的家庭祭祀，省略了传统的祭祀后的聚餐和晚上的唱竜歌、跳竜舞的环节。值得注意的是，不管节日仪式形式变化程度如何，“文化大革命”的经历使苦聪人对待“篾科门”的态度发生了巨大改变，从前那种对于“篾科门”中祭祀神灵无比敬畏的心情也发生了变化。

文化的传承是不断适应时代变迁的过程，苦聪人的传统仪式也在不断适应时代而变化，“篾科门”从传统仪式到畲葩节的转换就是苦聪人做出适应时代的选择和创新性的发展。

从“篾科门”到畲皅节的发展，得益于镇沅县人民政府设定民族法定节日的推动。镇沅县由彝族、哈尼族与拉祜族三个民族共同实行自治。1992年，镇沅县颁布了《云南省镇沅彝族哈尼族拉祜族自治条例》，其中的第三十七条规定：“每年农历六月二十四日为民族节日。

① 访谈对象：吴小生；访谈人：黄雯；访谈时间：2012年2月27日下午；访谈地点：镇沅县人大吴小生办公室。

各民族的传统节日，都应受到尊重。”2005年，在修改镇沅县自治条例的时候，许多有识之士提出要将生活在镇沅的彝族、哈尼族和拉祜族三个主体民族的传统节日写入自治条例之中，并且作为镇沅县的法定节假日。

在此之前，镇沅县人大常委会派人深入考察每个民族该将什么节日定为法定节日的问题。当时彝族的火把节、哈尼族的十月年节没有异议，只有拉祜族（苦聪人）的节日还存在争论。有人说是要定新米节，也有人说要定黄瓜节。吴小生和罗富良知道了这件事后，便极力主张将畲皑节定为苦聪人的法定民族传统节日：

> 我和罗富良商量将畲皑节作为苦聪人的节日。他们（人大）当时不同意，要搞新米节。立法程序首先是调研，第二是写出调研报告，第三是建议。自治条例一直要报到省人大常委会，省人大常委会做出决议后，又批转给地方人大常委会，人大常委会上要举手表决通过。这个程序复杂，不是我们两个能做的，但是我们两个起到关键性作用。我们提出设立畲皑节，如果别人有意见可以提出来，我们不同意你们设立新米节、黄瓜节的原因我们也提出来。那时候是在会上争啊，我们提出来不同意的理由：第一就是民族节日要全社会都能参与，这个是最重要的。黄瓜节和新米节都是各家各户过的，不可能集体来过。新米节是六月二十四的时候，那个新米还刚开始黄一点，如果有客人来你怎么拿出去煮给人家吃？以前的老品种么那时候都还不黄，现在的新品种到那时候也有收割了的。作为一个节日，是要世界宣传，世界各民族都能来享受你这个民族节的。当时我的指导思想是，别人参与进来，你这个节日才有活力。第二就是时间，这个时间就决定了民族活动便不便于开展。第三，要本民族能够接受。我们是有文化的人，苦聪人也相信我们，在他们当中有影响力。他们就说，一个民族节日，各民族都不能参与是不行的。当时人大讨论举手表决，为了达到这个目的，千方百计地

去做其他人的工作。①

在吴小生的努力下，畲00节终于成为苦聪人的法定传统节日。2005年颁布的《云南省镇沅彝族哈尼族拉祜族自治县自治条例》第四十八条中写道："自治县的自治机关尊重各民族的传统节日。每年农历六月二十四日为彝族'火把节'；农历十月十五日为哈尼族'十月年节'；农历二月八日为拉祜族'畲00节'。节日期间各放假三天。"

关于畲00节的由来，吴小生与罗富良这样解释："畲00节是汉语直译音简称，苦聪语的完整语句是：畲00阔门。苦聪语中'畲'即树，'00'即公树（雄性树），'畲00'由此而得。"②他们认为畲00节表示了苦聪人对具有强大生命力的雄性树"畲杰"的崇敬。罗富良认为："畲00节是结合苦聪人的一些语言特点说出来的节日，但是它正儿八经地叫'垰乍杩'。后头'垰乍杩'也不说了，就跟汉族说过'祭竜节'了。说'祭竜'可能认得的人多，但是'祭竜'是汉语，不是苦聪语。"③也就是说，畲00节是苦聪人的传统节日"垰乍杩"，汉人将其称为'祭竜'。苦聪语中，"垰"就是寨的意思，传统的"垰乍杩"是苦聪人祭寨神的节日。节日名称变为畲00节后，虽然保持了祭寨神的内容，但内涵更丰富了。

① 访谈对象：吴小生；访谈人：黄雯；访谈时间：2012年2月27日下午；访谈地点：镇沅县人大吴小生办公室。

② 吴小生、罗富良、罗成臻著：《苦聪人的春天》（内部资料），2007年。

③ 访谈对象：罗富良；访谈人：黄雯；访谈时间：2011年8月5日；访谈地点：镇沅县罗富良家里。

图4-1 祭祀竜树

图4-2 祭祀竜树

关于“畲吧”的具体来历，吴小生告诉笔者：“苦聪人的这个节日一切，包括从字的形成，都是罗富良我们两个操作的”“‘畲吧’这两个字都是我们当时合作造出来的。这两个文字是有，但是这两个组合在一起是我和罗富良两个造出来的。从苦聪人的角度，‘畲’就是畲族的那个‘畲’，‘吧’就是比较美丽的东西。漂亮的东西，大家都喜爱，所以大家都能融合到这个节日里。也有的专家、文人提出来，苦聪人的畲吧节起名太漂亮了，不行。他们说，要素素的。反正我们有我们的意图。这个‘吧’字，百分之九十的人都不会念。你不信的话你去街上问，好多人都不会读。但是我们想的正是要让你记住这个东西，甚至你读错了要给你笑，才记得住。”[①]在吴小生与罗富良合著的《苦聪人的春天》里，他们这样叙述畲吧节来历：

畲吧节是汉语直译音简称，苦聪话的完整语句是“畲吧阔门……”。苦聪人对“畲杰”（树）不畏严寒，昭示新生，从而万分崇拜，他们觉得应该给树（畲杰）祭拜，是“啊补厄浆么”赋予了新的生命。在苦聪人的心目中，只有野性十足的雄性才具有保护周围群体的能力，例如公牛、公羊、公猪等，具有生灵的树也一样，只有雄性树，即畲吧才能担当起保护“锅挫惹”的重任。苦聪语“畲”即树，“吧”即公树（雄性树），“畲吧”由此得名。[②]

吴小生、罗国富将传统的祭竜仪式命名为畲吧节，带有明显的民族感情和个人对苦聪人传统文化的理解，他们希望畲吧节吸人眼球，使人过目不忘；希望畲吧节蕴含苦聪人更多的期盼与祝愿。他们也希望通过畲吧节名称及其仪式内容的建构，让畲吧节不仅仅成为苦聪人的一个仪式性的节日，而希望将其推向更为广大的社会，将其建设成苦聪人的文化品牌。

当畲吧节成为镇沅县苦聪人的法定节假日之后，其节期由原来各村落选择在正月或二月的某个属牛日，转而固定为每年的农历二月八日。这与当地作为多民族自治县的民族政策有关，也与吴小生和罗富良有密切关系。吴小生告诉我们：

时间也是我们定的。他们很多民族在过节日的时候都是下雨水，黄瓜节也是7月份。当时就觉得6月彝族（火把节），7月拉祜

① 访谈对象：吴小生；访谈人：黄雯；访谈时间：2012年2月27日下午；访谈地点：镇沅县人大吴小生办公室。

② 吴小生、罗富良、罗成臻著：《苦聪人的春天》（内部资料），2007年，第6页。

族，10月哈尼族（十月年节）。我说不行，这些时间一个我都挨不着。为什么定在这个天气较干的季节？这个人们旅游就更方便了嘛。所以我就选了老历的2月8。老历的2月8一般进入3月份了，3月份正是人家旅游的黄金季节。又干燥又能活动，也好出入。所以节日时间的来历就是这个情况。①

在《苦聪人的春天》中对畲吧节节期的解释则是："传说，苦聪先人勒地拔通过登山划河沟，让九层天下一派水浪滔天的世界，露出了山川河流和大海。万物得到了生息。二月初八这一天，就是苦聪先人完成登山划河沟的日子，于是勒地拔把形成山川河流、大海的日子和万物蒙新两件值得苦聪人纪念的事融为一天，即把二月初八定为苦聪人的纪念日、狂欢节——畲吧节。"②

吴小生和罗富良将畲吧节的节期定为农历二月八日，是出于让更多外来人能参与到畲吧节的便利性考虑，为了使畲吧节传统显得完整，他们还将苦聪人的传说与这一节期联系起来。这一举措反映了吴小生和罗富良在建构畲吧节传统的过程中，考虑到建设畲吧节文化品牌的需要。

在畲吧节成为苦聪人法定节日之后，镇沅县人民政府成为影响畲吧节传承的重要力量。为了表示对苦聪人畲吧节的重视，政府每年都会对部分节日传统保持较完整的村落拨付一定的经费予以支持。比如者东镇学堂村仓房村民小组的畲吧节一直受到政府和外界的支持和关注。在仓房祭祀地点附近的平地上立有画有苦聪人"猫鱼图腾"的"图腾柱"，每年二月初八过畲吧节时政府还会进行资金或物质资助，并让相关领导与村民一起过节。另外，如者东镇樟盆村的文旧村民小组和九甲镇勐真村的大勐真村民小组，由于保留了较为浓厚的节日传统，也受到当地政府的关注，并给予适当的资金支持。但是政府的支持力量毕竟有限，在

① 访谈对象：吴小生；访谈人：黄雯；访谈时间：2012年2月27日下午；访谈地点：镇沅县人大吴小生办公室。

② 吴小生、罗富良、罗成臻著：《苦聪人的春天》（内部资料），2007年。

更多的苦聪人村落中，畲吧节依然只能靠着自身的传统力量传承。

从“篾科门”到畲吧节意味着这个过去仅属于苦聪人的节日，转变为当下多种外力渗透其中的新的节日，并且呈现出多样态。以节称为例，“篾科门”广泛流传在苦聪人内部，为苦聪人的内部知识，随着苦聪人生活圈的不断开放，“祭竜”成为苦聪人对外交流最常用词，有的地方甚至在苦聪人之间也用“祭竜”代替“篾科门”。畲吧节作为新近产生的节称，为村干部以及和外界联系较频繁者所使用，但是，部分身处偏远村落中的苦聪民众，至今不知畲吧节为何种文化。

从“篾科门”到畲吧节，充满了当代苦聪文化人的建构，充满了当代苦聪人渴望改善生活的愿望，但是，走这条道路毕竟是现代生活需要的结果，对于目前仍然保留在传统村落中的“篾科门”，我们要给予足够的尊重，给予大力扶持。当下苦聪人畲吧节呈现的多种形态不是一件坏事，而是文化多样性的有效表达。

从“篾科门”到畲吧节的转换，最重要的表现在信仰仪式及其神灵。苦聪人的畲吧节举行仪式的目的是为了敬神和祈福，神灵在畲吧节的诸多节日元素中占有重要地位。那么，畲吧节所祭之神究竟为何？具有什么特点？在苦聪人的生活中发挥着什么作用？

者东镇的樟盆村和木厂村所在地理位置较为偏远，苦聪人聚居较为集中的村子，苦聪人传统文化也得到了较为完整地保存。比如，樟盆村中的文旧和蛮旧村民小组是典型的苦聪人聚居村落，村里全部是苦聪人，至今保留了较完整的接七仙女和扁担神等习俗，文旧的畲吧节也一直以其隆重性而被附近的苦聪人所推崇。普正友[①]告诉我们：“祭竜的神有三种，有天神、地神和猎神。猎神是以前老古的时候以狩猎为生，猎神还是比较重要，说是到那里磕磕头，打猎更能打得到。”[②]但是文旧村的竜长艾发强却认为畲吧节时所祭祀的神灵是竜神、山神和猎神，竜神

---

① 普正友曾经担任樟盆村村主任，组织过多次畲吧节。

② 访谈对象：普正友；访谈人：黄雯、王生云；访谈时间：2012年8月13日下午；访谈地点：学堂村烟站。

和山神是一公一母两个神，竜神为公，山神为母。蛮旧畲吧节祭祀地点中为竜神、山神、猎神所分别设立的三个小祭祀点也为这一说法提供了现实依据。

图4-3　采访祭祀竜树仪式

图4-4　采访祭祀竜树仪式2

图4-5　传统祭祀竜树仪式1

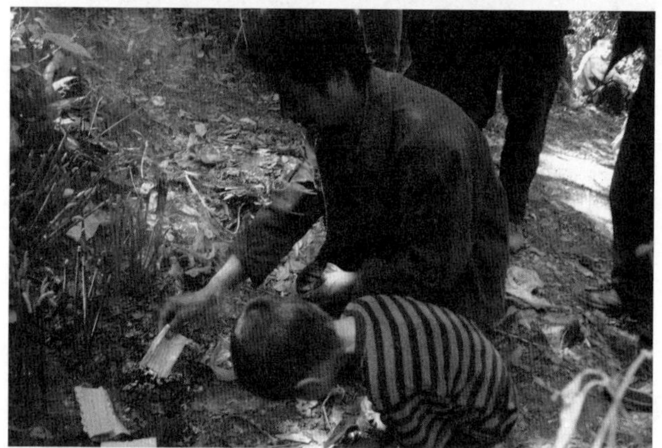

图4-6　传统祭祀竜树仪式2

图4-7　传统祭祀竜树仪式3

木厂村与樟盆村一河之隔，两相对望的苦聪人聚居村。木厂村苦聪人畲肥节中神灵的存在形态与樟盆村大致相同，都认为畲肥节中所祭祀的神灵有三个，但对于具体是哪三个神灵也存在不同的说法。木厂村村民普知昌的爷爷曾经是木厂村平掌村民小组的竜长，对于畲肥节中祭祀的神灵，普知昌认为：

祭竜，等于汉人说的供天地，我们苦聪人把“摩科”叫天，“篾（名）科”叫地，“飒科”既指猎神，又指山神。供着三处，上头是“摩科”，下头是“篾（名）科”，旁边是“飒科”，是一个三角形。就说养牲口，发展这些是祭在山神那里，“篾（名）科”是土神了嘛，就像汉人安五方土的形式。[①]

现任木厂村村干部的李和成为我们提供的关于畲肥节中神灵的说法与蛮旧村的竜长艾发强的说法一致，他认为畲肥节中所祭祀的神灵包括竜神、猎神和山神，并进一步解释了三个神灵之间的关系：

我们这个族，竜是管全体。猎神管着畜牧，比如我这供着猎神，你去动了，有些东西（病了）你拿针来打都打不着。像猪、牛、羊，它会都死了。你去敬奉了（猎神）以后，就算不打针，不喂药，动物们慢慢都还会恢复。山神是管着人和庄稼粮食农业这块，就像我家种着一片粮食，有时候它会一片地枯死了，你去农科站拿药来打也管不着，还是蔓延着。你真真（找先生）查着以后，找个日子香火拿着，祭拜一下，慢慢它就不会蔓延了。我好几回出远路晚上回来碰着不三不四的东西，回来还会吐，昏迷不醒，你吃药管不着，你像送鬼一样拿点姜水来喝喝，就清醒起来了。所

① 访谈对象：普知昌；访谈人：黄雯、王生云；访谈时间：2012年8月13日中午；访谈地点：者东镇。

以这个山神、猎神、竜这些东西，竜神总的管着两大项，山神和猎神又分别管着一项。就像我们的大脑神经，哪个神经系统是管哪个东西，它有一定的安排。我还是相信。像我们者东的飞来寺，我们县上大领导过年还是要找个日子来献献。所以我们有传统的宗教信仰，特别是祭竜、祭土主这些是我们开天辟地就兴着的，这是一种民族文化。①

从樟盆村和木厂村的现存神灵形态来看，在畲吧节的传统祭祀仪式中，所祭祀的神灵是由三个神灵组成，但同时存在“天神”“地神”“猎神”的组合以及“竜神”“山神”“猎神”的组合这两种不同说法。

勐真村是九甲镇苦聪人最为集中的村子，其中大勐真村民小组全部由苦聪人组成。大勐真村民认为畲吧节有两个神灵，且为一公一母，用苦聪话可音译为“箢巴”和“箢么”。这在具体的祭祀仪式中得到展现，在大勐真的祭竜仪式中，献祭神灵时需要一公一母两只鸡分别献祭一公一母两个神灵。

我们“箢科门”老人祭的是“箢巴”“箢么”，意思是一公一母。“箢巴”是公的，“箢么”是母的。分着一公一母意思就是两夫妇，跟两口子一样了嘛。杀鸡要杀一公一母，先杀公的那个，再杀母的那个。②

将畲吧节中的神灵想象为一公一母两个神，是将现实生活中的家庭组成形式映射到对神灵想象中的体现。既然现实生活中需由一男一女来

① 访谈对象：李和成；访谈人：黄雯、王生云；访谈时间：2012年8月12日；访谈地点：木厂村李和成家。

② 访谈对象：常正云；访谈人：黄雯、张志芹；访谈时间：2012年9月6日；访谈地点：苦聪新村常正云家。

共同组建完整的家庭，那么作为人类护佑者的神灵也同样应该具有这一完整性，于是就有了神灵由一公一母组成的想象。

苦聪人有俗语称："土主老爷不开口，豹子不抬狗。"通常在年节时期，或者生活遇到坎坷时，民众们会对土主进行祭祀，以求得它对家庭和生产等方面的护佑。在漫长的流传和发展过程中，由于在祭祀性质上具有相似性，祭祀土主和祭祀竜神发生了很多交集。

者东镇的仓房村民小组，是居住在哀牢山区的苦聪人中近年来受政府干预最多的村落。在仓房，畲岜节的神灵被认为是一个笼统的"竜神"，并且村民将"竜神"和"土主"安放在同一个地点进行祭祀。

> 祭竜，我们苦聪话叫"篾科门"或者"篾科比"。"篾科"是管人、牲畜、庄稼这些的。我们这里竜和土主两个是供在一个地方的，但是祭的时候念的词不一样。还有土主是它来找的话要去祭，不找的话不用祭；竜是每年固定的日子都要去祭，竜平时不会来找。以前是属牛的日子祭，现在我们是二月八带祭竜带过苦聪人的畲岜节了嘛，连拢着过的。现在就是到二月八，不管属什么就那天过了。[①]

一般说来，在苦聪人生活中，祭竜和祭土主还是有明确的区别的。木厂村的李和成这样解释竜和土主的不同：

> 竜是管全体，土主是管一个家庭。竜下面管着猎神和山神，土主自己是一个老总，下面是管全家。竜要说不管一个寨子，那一个寨子都要去祭拜，一家不去都不行。假如我忙，去不了，也要凑肉、凑香纸给竜长，让他帮拜。要说管全社又有点说不清楚。我觉

---

① 访谈对象：仓房村竜长；访谈人：黄雯、王生云；访谈时间：2012年8月14日；访谈地点：仓房竜长家。

得是管整体，一个社。实际上有的说法，根据祭拜的情况来看，你去祭拜，才管你自己。如果管全社，总的一个人去祭，应该也就都管了。所以有点说不清楚。土主是才管一家，土主有的几家人才安一个，有的一家有一个，我们就是几家人安在一起的。但是几家人安在一起也是你去祭拜么管你，他去祭拜么管他，各献各的。

竜和土主的祭法不同。土主本来的祭法是有点说不清楚了，它是如果家里哪里不顺，随时可以找个日子去献献饭，大年初一，三十晚上，初一、初二，正月十五、十六，火把节拿新米，还有某些时候哪里不顺都可以经常去献献饭。但是竜就是一年才有一次，好些地方是属牛日那天你才能去祭。祭竜的时候你去打扫、杀鸡、磕头、献饭都只给一天时间。所以土主是经常化，竜是一年才有一次。

要说竜最大吧，土主还是不能丢。要说土主大，竜也还是放弃不得。他们两个要说职位上，可能是平等的。因为有些时候竜不祭也得，土主不祭不得，又觉得土主大。竜一年才祭一回，又觉得这个竜更大。这个可能以神话来说，他们两个是平起平坐的，但是主管还是竜。要说大小有点说不清楚。像一个村里面，主任和书记，有时候主任大，有时候书记大，但总体来说还是书记大。但是行政工作主任的东西你书记还不能插手。[①]

畲吧节中的祭祀神灵仪式包含着苦聪人最核心的信仰和文化，在畲吧节传承过程中，不同地区的神灵形态出现了不同的传承轨迹，导致了当下多种神灵形态共存的局面，既有三个神灵的集合体，又有一公一母两个神，还有的为单一的竜神，这也使得不同地区的畲吧节祭祀仪式呈现出大同小异的现象。

---

① 访谈对象：李和成；访谈人：黄雯、王生云；访谈时间：2012年8月12日；访谈地点：木厂李和成家。

第三节　畲肥节与苦聪新村文化共同体建立

神灵是维系拉祜族苦聪人对畲肥节情感的重要桥梁，但是，畲肥节的具体实践和传承依靠丰富的节日活动得以实现。在畲肥节活动中，时间与空间是两个重要的存在维度，做白酒和捉老鼠、祭祀仪式、接亲待客、跳歌等一系列仪式活动，从不同的角度使节日变得完整而丰满，畲肥节传统象征符号的建立成为苦聪新村文化共同体建立的基础。

图4-8　畲肥节期间的亲朋往来

图4-9　打跳聚乐

传统节日因为时间和空间变得具体和富有情感，“人们所理解的空间是一种可以被分为对称部分的、三维的、具有几何形状的、可以在同一平面上延伸的形态。人们所想象的时间是一种纯粹的过程，是一系列不可改变的连续事件从过去产生，经过现在，又走向未来的发展过程。”[①]在早期社会，民众并不把时间、空间理解为一套起中性作用的生活框架，而是把它理解为能够对民众生活施加影响的具有神秘因素的力量，因此，民众对时间、空间的认识和体验都带有主观性。“无论是空间还是时间，它们都带有价值判断和情感性的含义。”[②]畲皅节作为存在于苦聪人生活世界中的民俗事象，是以一个相对固定的模式实现传承，其中时间和空间是其存在的两个基本维度。

民众的生活都是建立在一定的时间轴上。民众观察自己生活的世界，发现自然万物的变化遵循着一定的规律，日月的阴晴圆缺、风霜雨雪、草木枯荣、候鸟来去等自然物候的重复与间隔出现无不表示时间的变化。民众依据时序发明了历法，民众依据生产和生活中的时间制度创造了节日，这些不同传统节日表达的主题协调着人神关系，解决民众不同的生存需求。居住在哀牢山中的苦聪人的畲皅节一般定在属牛日，为什么选择属牛日作为畲皅节的节期，郑显文在《深山苦聪人》中说道：

> 苦聪人为什么选定正月祭祀畲皅神，过畲皅节，在调查中我得到这样两种说法：一是苦聪人老猎人是在正月里死去的；第二种说法是因为“一年之计在于春”，正月是一年的开头，一进年头就祭畲勒戛，那么一年到头就会得到畲勒戛的保护，人畜就会平安，五谷就会丰收，这也是苦聪人由于生产力低下，一种靠天而生，靠神而活的思想意识的具体表现。

① 【俄】A.J.古列维奇著，庞玉洁、李学智译：《中世纪文化范畴》，杭州：浙江人民出版社，1992年，第25页。

② 【俄】A.J.古列维奇著，庞玉洁、李学智译：《中世纪文化范畴》，杭州：浙江人民出版社，1992年，第29页。

为什么选定属牛日为祭畲勒戛的日子，这也是苦聪人一种原始宗教思想的表现。他们由于自身抗击自然的力量太弱，只有把这样一种求平安、求生存的乞望，寄托在每一事物或某一物体之上。他们愿作恶的畲勒戛不再复活作祟，危害人类，给人间带来灾难。即使作恶的畲勒戛复活了，也愿他像牛一样温温顺顺听从人的使唤，一辈子给人间造福，所以苦聪人就把畲accessor节定在了正月里的一个属牛日。畲肥节就这样一代一代地相传下来了。[①]

另外，樟盆村文旧村民小组的村民传说：

据说，以前我们这个地方来了一头犀牛，在我们现在祭竜的地方睡过。这个犀牛来的时间不是说几十年，是上千年，但具体是多久以前来的都搞不清楚了。它来的那一年我们这个地方人丁、六畜、五谷这些方面都比较顺，大家觉得这个犀牛是天地派下来的，后来就在那个地方祭祀，就是现在的祭竜了嘛，希望能够求得人丁清洁、五谷丰登、六畜兴旺。[②]

樟盆村文旧村民认为将畲肥节定在属牛日正是源于传说中那只神奇的犀牛。

民间传说在一定程度上反映出苦聪人对于畲肥节时间的情感认知。从上述传说中不难看出，苦聪人对牛寄寓了特殊的情感，不管是那只为苦聪人带来福泽的神奇犀牛，抑或希望作恶的畲勒戛即使复活，也如牛一样温顺并造福人类，都反映了苦聪人在关于牛的态度上是赞美的。如果说民间传说带有虚构的成分，那么，在现实生活中，苦聪人在山地从事农耕劳作离不开牛，苦聪人与牛的关系至为密切。对于家庭甚至村落

① 郑显文著：《深山苦聪人》，北京：中国图书出版社，2005年。

② 访谈对象：普正友；访谈人：黄雯、王生云；访谈时间：2012年8月13日；访谈地点：学堂村烟站。

来说，牛是劳作效率和农业收成的重要保证，这也就不奇怪为何苦聪人会将他们最重要节日的节期定在属牛日了。

值得注意的是，各个苦聪人生活的村落具体的畲皑节时间各有不同。有的村落在正月的第一个属牛日过节，有的村落则选择在正月或二月的其他属牛日举行节日。各个村落选择哪一个属牛日作为畲皑节则与村落的历史传统有关。以樟盆村为例，樟盆村的几个村民小组每年要进行四轮祭竜，第一轮祭竜是由第三村民小组在正月开始后的第二个属牛日时进行；第二轮祭竜是由兑娘和岩怕两个村民小组在第三个属牛日进行；第三轮祭竜是由文旧村民小组在第四个属牛日进行；第四轮祭竜是由南着村民小组在第五个属牛日进行。不同的村落选择不同的属牛日作为节期的重要原因，是为了方便不同村落的苦聪人在节日期间互相走亲访友，有充分的时间参与到彼此村落的节日中去。也就是说，牛日不变，至于选择什么时间的牛日则由苦聪人的生活来选择，在这里，传统的不变性和生活的灵活性实现了有机的结合。

空间是畲皑节的重要因素，它是畲皑节仪式的实践领域，也是畲皑节主体的行为基础。对于传统节日空间，是建立在物理空间中的文化空间，在传统节日空间里，所有的关系和所有构成空间的物象并非均质性的，而是具有情感性，具有与民众生活远近、亲疏的关系，由此而发生出不同的意义。之于苦聪人的畲皑节来讲，其所属空间及其空间结构中的关系并非均质，它包括神圣空间和世俗空间两个部分。畲皑节中祭祀仪式的空间固定在村落附近的神树或神树林处举行，具有神圣性；畲皑节期间的跳歌环节一般在竜长家里举行，接亲待客环节则在村民家中进行，这一部分节日活动的空间具有世俗性。

祭祀仪式的空间选择必须符合一定的条件，一般要求祭祀地点必须高于村落中民房的平行线，并且被选中的作为神灵附着地的神树通常长势茂盛。

选祭竜的地点一定不能矮于人家的平行线。但是其实根据有些

> 情况来看也有不管的，像平掌就是竜安在下头，人在上头。我们这个是我阿公教我们竜一定要安在上头的，他的说法是人由神管的，所以神要在上头。他选址的时候，我们老家在下头，选址时这个地方基本上都种地了，唯一有现在选准的那里有小片森林，所以他选去选来，就选了那个位置。选竜最好要选在梁子上，不能要洼子，梁子的话在我们的承包地范围之内才有这一块，所以他就选在这里了。选的时候树不多，一处一棵的，到他把竜和土主安进去之后，就没人去那里种地了，树就长得多了。现在的竜树，那棵大山合树，当时还没有。就只有一棵麻栗树。那棵麻栗树是棵大的老树，我有点印象，还空心，我们把竜安上之后，祭拜了六七年，它慢慢就枯死了，然后恰恰它的根上就长出这棵接班的山合树来。[①]

在选定祭祀仪式地点之后，这一空间便因为被认为是神灵的栖息地，而与村民们日常生活的世俗空间区分开来，成为一个相对封闭的神圣空间。民众必须对这一空间内的树木保持敬畏之情，必须严格遵守禁忌，不能对它们表示不敬以及有任何的破坏行为。

如果说畲吧节中的时间、空间符号成为苦聪新村村民认同的基础，那么，畲吧节的祭祀仪式中的象征符号则是苦聪新村村民认同的核心了。

从仪式逐渐发展为节日是很多民族传统节日形成的基本过程。传统节日的传承和维系在很大程度上依赖于特定仪式的举行，苦聪人的畲吧节也是通过一系列仪式得以长期传承。同一个村落共同体的成员们通过在特定时间和空间内参与节日的仪式活动，既完成了对节日的实践和传承，又加强了村民们彼此间的沟通和交流，从而强化了作为同一个村落共同体成员的身份认同。

① 访谈对象：李和成；访谈人：黄雯、王生云；访谈时间：8月12日；访谈地点：木厂李和成家。

祭祀神灵是畲皑节的核心环节，通过祭祀仪式，将苦聪人的生活世界和神灵世界联系到一起，实现为生活祈福的情感寄托。虽然经过漫长的传承过程，如今在不同苦聪人村落中，畲皑节祭祀仪式所祭祀的神灵呈现出不同的形态。有的认为所祭祀的神灵是“天神”“地神”“猎神/山神”；有的认为是“竜神”“猎神”“山神”三者的集合；有的认为是一公一母两个神灵；还有的认为祭祀的神灵就是“竜神”。无论神灵多少，无论祭祀神灵时间出现怎样的差别，哀牢山区苦聪人畲皑节祭祀神灵的性质没有改变，祭祀神灵的仪式仍然保持着一致性，无论过去，还是现在，无论是传统村落，还是苦聪新村。畲皑节祭祀神灵的仪式大致包括领生、回熟、看卦、念祝词和聚餐等几个部分。

为了表示对神灵的敬畏，民众通常必须提前准备好畲皑节当天所需的祭祀物品。过去祭祀物品一般由村民轮流提供。现在祭祀物品一般是由村民集体出资购得，村民会在畲皑节的上一轮属牛日到竜长家凑米和凑钱，然后由竜长用这笔钱去购买祭祀物品，剩下的钱不论多少都归竜长所得，并用凑得的米制作白酒以便在节日当天食用。比如文旧村民小组从1998年开始取消了帮工的形式，而采取由村民凑钱的方式为畲皑节活动做准备。2013年，文旧村民小组购买祭祀物品的钱就由72户人家共同集资而来，每户人家交纳14元钱，然后用这笔钱买了3只鸡和1头小猪作为祭祀品。畲皑节的前一个晚上，竜长和组长等节日的主要组织者要聚在一起开会，商量并布置第二天的具体人员分工。

畲皑节那天，过去一个村的村民会互相约定好时间后，大家聚在一起向祭祀的“竜树”出发。出发时由竜长带着祭祀需要的物品走在最前面，其他人带着各家祭祀所需的香纸以及聚餐的食物，按从老到小的顺序依次排在后面。有的村落过去在出发前往祭祀点的路上还会鸣枪。郑显文曾描述他在文旧村看到村民出发去祭祀的情景：

以前祭竜的那天，大家都争着抬着铜炮枪，那时候枪还没收，差不多每家人都有一支或者两支，从开始出家门，就要放一排枪，放两三枪，三四枪，然后差不多走了三四十米，又要放一排。到那个祭竜的地点，差不多要放十来排枪，相当热闹啊。祭好回来又要放着回来。据说是谁放的枪越多，能打到的猎物就越多。枪支没有收以前打猎的情况相当多。祭竜当天打猎的也有，但是不多。我们记得当时在祭竜那里，铜炮枪堆起来都能堆很高。枪基本上是买的，自己会造的也有。①

但是，今天的畲粑节，祭竜的组织性已经远不如从前那般严格了。2013年3月24日畲粑节（祭竜日），我们早上8点多到达文旧村民小组组长家的时候，几个主要组织者正在商议当天的日程。他们说祭祀仪式将在上午10点半到11点左右在位子村子上方的神树林进行。竜长、组长等主要组织者会提前到达，其余的村民则不用组织，自行前往。2013年他们用村民集资的钱，以每公斤36元的价格买了2只母鸡和1只公鸡，一共花了100多元，然后又以206元的价格买了1头小猪。

到了祭祀地点之后，他们先打扫祭祀地点，打扫先由竜长在祭祀之前独自继续，等村民全部到齐了再打扫一遍。比如木厂村背阴山：

竜长早上起来要先去打扫竜址。他要拿着一炷香和一些纸钱，在竜树那里拜一下，把香桩插上，纸钱烧了才能开始打扫卫生。就是拿着刀子去打扫整整，只有他才能动，我们还不能动。动好以后他就不得归家了，要在那里等着不能给猪鸡狗鸭过，不能让任何东西来干扰。②

随后，将进行“领生”环节。所谓“领生”，即是将准备献祭给神

① 访谈对象：普正友；访谈人：黄雯、王生云；访谈时间：2012年8月13日；访谈地点：学堂村烟站。

② 访谈对象：李和成；访谈人：黄雯、王生云；访谈时间：2012年8月12日；访谈地点：木厂李和成家。

灵的鸡、猪等活物在神树下宰杀，“领生”意为神灵将献祭物的生气领走。“领生”一般由竜长执行，而祭祀神灵所需的活物各地有所不同。木厂村背阴山的李家竜是由参加祭祀的每家人家自行决定要用一到四只数量不等的鸡来祭祀神灵。

> 各家要杀几只鸡看自己的方便。如果自己想杀，竜神、山神、猎神每个点杀一只也可以，有些土主处也要祭，一家人就要杀四只鸡。有的他不方便么就猎神和山神那里不杀，只在竜神那里杀一只的也有。竜长在那里，你主人家拿着鸡去说要在哪里杀，然后竜长就帮你杀鸡。[①]

学堂村仓房村民小组在祭祀时村里只需要用一只鸡，由竜长杀了献祭给竜神。九甲猛镇村大猛真村民小组的苦聪人则需要用一公一母两只鸡来代表村民献祭给他们所信奉的一公一母两个神灵，且祭祀用的母鸡不能是下过蛋的。

文旧村民小组2013年为祭竜准备的祭祀物品包括一只公鸡、两只母鸡和一头小猪，竜长艾发强在“领生”环节，拿着相应的祭祀物品，在祭祀神的时候小声念了几句祈福语和神灵沟通，还要在祭祀每个神的地方插上两根朱了树，然后丢卦。用来丢卦的物品是两个由竜长世代相传的银圆。丢卦时，如果两个银圆落地后露出的是同一面，即同是人面或同是字面，则意为顺卦；如果相反，则意为不顺，要继续丢到顺卦为止。艾发强竜长在竜神和猎神前都只丢了一次就得到了顺卦，在山神前却接连丢了三次才得到了顺卦。竜长念完祈福语、丢完卦，就要将相应的祭祀物在神灵面前杀死祭神。祭祀物可以由竜长亲自来杀，也可以由别人来杀。他们将一公一母两只鸡在祭祀竜神的地方宰杀，献给竜神；

---

① 访谈对象：李和成；访谈人：黄雯、王生云；访谈时间：2012年8月12日；访谈地点：木厂李和成家。

将一只母鸡在祭祀猎神的地方宰杀，献给猎神；又将小猪在祭祀山神的地方宰杀，献给山神。祭祀仪式中的杀猪方式很独特，要在小猪的脖子上用刀划开一个很大的切口，但又不能让猪直接死亡，要让它慢慢流血而死。这种做法被叫作“开大门”，意为要让村里每户人家都保持清洁。另外，除了用于祭祀神灵的三只鸡和一头小猪外，竜长艾发强还从自己家里带了一只小鸡参加祭祀。这只小鸡被称为“看堂鸡”，鸡带到祭祀场地后，又会被竜长在仪式结束后完好地带回家饲养，据说它的长势有预示村里新的一年的运势的作用。

“一回生，二回熟”是苦聪人常说的一句俗语。俗语言简意赅地概括了苦聪人祭祀仪式中的两个重要环节，“领生”和“回熟”。苦聪人认为在“领生”环节中将祭祀物在祭祀点宰杀后，神灵只是将祭祀物的生气领走，之后还需要将被宰杀的祭祀物煮熟后，再一次拿到祭祀点对神灵献祭，将煮熟的祭祀物拿来给神灵享用的过程被称为“回熟”。同样以2013年文旧村的“回熟”过程为例。趁竜长艾发强在进行“领生”的活动时，其余人已经在神树林中的空地上用从村里带来的柴火和铁锅将水烧开了。然后大家七手八脚地将被宰杀的鸡拔毛、剖腹、清洗内脏收拾干净，还有几个人则将小猪拿到离神树林最近的人家去拔毛和清洗。与此同时，村民们纷纷祭拜三个神灵，为神灵上香、跪拜。等到下午快两点的时候，竜长将收拾完并放到铁锅里煮熟的祭祀物品拿到神灵前，念祝福语和磕头。竜长告诉我，“领生”和“回熟”时所念的祝福语都是一样的，大意就是要保佑全村什么都好，六畜要什么都好，人间也要什么都好。

“回熟”时，一般只是仪式性地将祭祀物放到开水中简单地过一下水，而不用等到肉完全煮熟。竜长将通过看鸡卦占卜寨子这一年的运气好坏。看卦时，竜长将献祭给神灵的鸡的头和大腿骨取出，然后根据传统的占卜方式来对卦的吉凶做出推断。看鸡卦的方法为：首先数出鸡两只大腿骨上的洞眼的数量，在上面插上牙签。鸡卦分人边和神边，左边为神，右边为人。鸡死了以后原本的头的方向为脚。鸡卦中的四签卦是最好的，即人边有头有脚，神边也有头有脚。三签卦也还好，即只要人边有头有脚，神边有头就行，可以没有脚。蛮旧畲䎬节当天的三个鸡卦中，一个是四签卦，两个三签卦。四签卦即神边有头有脚，人边有头有脚。三签卦中的一个是人边有头有脚，神边只有头，不过由于神边的那个签是站签，即插上牙签之后是直立的，不倾斜，所以相当于是两个签。这种签是添人添财的；另一个三签卦是神边有头有脚，人边只有头没有脚，村民们说这样不是特别好。

随后，大家便开始着手准备在祭祀地点聚餐。过去聚餐所需的食物一般由村民们通过凑份子的方式获得，现在不同村落具体方式略有不同，有的村落采取每家自带适量的食物，然后集体拼凑在一起的方式；有的村落采取由几个小组轮流负责准备聚餐食物的方式；还有的村落则采取让村民们出份子钱，然后用份子钱去集体采购食物的方式。郑显文在《深山苦聪人》中记录了过去文旧畲䎬节的聚餐过程：

> 我参加的是一个名叫蛮旧[①]寨举办的畲䎬节。……我看到，所有参加畲䎬节的苦聪人，除老鼠干巴外，都带着一竹筒或一篾盒米（约一市斤）一坨盐，及少许的姜巴、辣椒、花椒、葱蒜等作料。……进入畲䎬林后，有的拉柴火，有的挖灶坑支锅，有的抬水煮饭，有的点香祈祷，没有一个闲人，大家都怀着一种多做事，多得到神灵保佑的心态，参加畲䎬节。……待鸡猪收拾干净后，放入锅中稍煮一会便捞了，放在畲勒戛树前的树叶上祭祀半个小时后，将鸡和猪按部位砍碎成指头大的小块，由畲比木和卡些主持分配，凡参加祭畲勒戛的人，无论大人小孩，还是远方的客人，每人一份，平均进行分配。留下小部分煮鸡肉稀饭供大家享用。[②]

① 文旧，又被称为蛮旧。

② 郑显文著：《深山苦聪人》，北京：中国图书出版社，2005年，第78—82页。

时至今日，文旧畲吧节聚餐形式也发生了一些变化。参加祭祀仪式时，每家人都要自带一点米，竜长从每家人带来的米中抓出一把放在他的木斗中，然后拿去献过神之后人才能吃。其余的米汇在一起和祭祀用的鸡和猪煮成一锅。煮熟了之后，一家一点地分，用叶子垫起来，有几家就分成几份。村民如果来齐了能吃完就吃完，如果有些人因为其他原因没有来参加也要分给他们一份，让家人带回去。煮鸡肉和猪肉粥的时候，民众就地取材，捡三块石头搭成简易的灶，上面放铁锅，捡拾树林里的干树枝和树叶做柴火，熬制鸡肉和猪肉粥，其他人则祭拜神灵，或者在祭祀点坐着聊天。等粥熬制得差不多了，村民就用树叶和树枝做成简易的碗筷，然后分食鸡肉稀饭。自从2013年开始，文旧村民小组的分食鸡肉稀饭的活动发生了一些改变。村民们决定杀的鸡和猪不再在祭祀地点煮吃了，而是一家分一点拿回去煮。因为家里客人多，要招待客人，在这里煮鸡肉稀饭有些忙不过来。他们说过去在这里煮鸡肉稀饭吃，也只是一种仪式性质的吃，一人抓一点吃，吃完之后还要回去正式吃一顿。所以民众只是把从自己家里带来的米放到大铁锅里煮成稀饭，每人分吃一点，鸡肉和猪肉则被按户数平均分好后，发给每家人带回去煮吃。

祭祀活动结束前，竜长要撒米。竜长的木斗里盛放献过神的米被苦聪人视为神米。要回家的时候，每家来一个人围在竜长周围，竜长把米撒出去，站着的人用衣服去接着洒出来的米，接得多的人就预示今年粮食多，接不到的心情都不好。现在基本上竜长会一家分给一小点。

聚餐结束后，大约是下午五点，大家开始收拾东西准备回家，以便在家中迎接远道而来的亲戚和朋友。

畲吧节维系村落共同体的作用主要是通过祭祀仪式得以实现。畲吧节中的村落集体性祭祀仪式是凝聚巨大传统力量的稳定部分，在苦聪人传统社会中发挥着整合村落、凝聚村民的巨大力量。

涂尔干认为，宗教是信仰与仪式活动的统一，它们都同神圣的事物有关。信仰和仪式活动可以结合为独立的道德共同体。仪式之所以成为相对稳定化的形式，它需要有信仰和意识形态方面的内容来支持与支撑。信仰的“存在”虽然无法“看见”却起到至关重要的作用。如果人们不相信所谓的“神灵”，仪式也就失去了效力。任何宗教信仰和意识形态的表现都必须借助“有形”的、可触摸的、可效仿的、可参与的行为和活动加以显示，即具体的仪式程序。我们在分析苦聪人畲皑节中的祭祀仪式对于维系村落共同体的作用时，应从着力于祭祀仪式所包含的社会价值体系和仪式程序两方面进行考察。

畲皑节祭祀神灵仪式的象征符号包含着苦聪人的社会价值体系。首先，畲皑节的祭祀神灵的仪式蕴含着苦聪人对于其文化中神灵系统的认识。虽然不同地方的苦聪人对畲皑节的神灵所指略有不同，但是他们都用汉语统一将其称为“竜神”，并认为“竜神”是他们信奉的所有神灵中最大者，而且每个村落共同体都有专属的“竜神”，对其不敬将受到惩罚。正是因为相信“竜神”的存在以及对“竜神”怀有敬畏心理，使得村落共同体中的所有成员都被这一无形的力量牵引和约束。每年畲皑节时，都必须履行自己作为村落共同体一员的责任，自觉自愿地参与祭祀神灵的仪式活动。其次，畲皑节祭祀仪式包含苦聪人特定的祈福心理。祈福是所有祭祀仪式所蕴含的社会价值体系普遍存在的因素，但是根据祭祀的神灵、祭祀人和祭祀仪式程序的不同，所祈之福又各有不同。在畲皑节的祭祀仪式中，苦聪人祈求神灵保佑村民、牲畜和五谷一年到头平安顺利和丰产丰收。祈福必然要求祈福者心诚，而参加祭祀仪式是表现诚心的重要方式，故在村落统一进行祭祀时，身为村民必须参与其中，从而村落的祭祀传统才能维系，并且满足了村民的祈福心理。

更进一步说，“竜神”具有村落界限的特性，使得对竜神的敬或不敬不仅关乎个人的利益，还关乎村落共同体的整体利益。在不少苦聪人生活地区，至今还流传有由于个人不敬行为，使村落受到神灵惩罚的例子，这就使畲皑节祭祀仪式中所包含的社会价值体系上升到了“道德规范”的范畴。这样，畲皑节祭祀仪式中民众对于神灵的敬畏和祈福心理，就成为超越个人精神层面的村落集体精神风貌，而举行和参加祭祀仪式也相应成为村落共同体的普遍处事方式，并在其中发挥维系村落共同体的文化功能。

畲吧节的祭祀神灵仪式包含严格的仪式程序。作为一种社会的表达方式，仪式的程序显得尤其重要。在很大程度上，仪式的权力性和权威性源于仪式的程序性。只有按照人群认可和习惯接受的程序规定才算得上是仪式，如果程序被任意篡改或变动，其庄严性就会丧失殆尽。仪式的程序既构成仪式不可或缺的有机部分，同时，程序自身又组成程序的表述。任何种类和形式的仪式，其中的程序选择和介入并非无关紧要，民众选择一种程序行为和动作，事实上都在选择和传达一种意义，一种情感。畲吧节的祭祀仪式包括领生、回熟、看卦等具体的仪式程序，竜长就是这些程序的主持者和把关者。他的职业素养要求在他主持下所举行的仪式必须符合传统的规范，以此来展现仪式的庄严性和神圣性，并通过这些特定程序的表述，传达村民对于神灵的敬畏情感和祈福心理。更重要的是，村民在年复一年参与和重复这一严格仪式程序过程中，获得了对于仪式庄严感和神圣感的认可，并在共同参与活动的过程中加深了对于村落共同体成员身份的体悟和认同，从而对凝聚村落共同体发挥着作用。

苦聪新村的建立尽管源于政府改善苦聪人生活的努力，但是，苦聪新村的村民从各地传统苦聪村寨迁移过来，意味着与传统村落共同体的分离，预示着融入新的村落共同体。然而，新的村落共同体建立是要以新的村民认同的传统为基础，传统仪式“篾科门”被民众作为信仰的核心在苦聪新村建立起来，由此转化成畲吧节，构成了苦聪人谱系性的象征符号，成为维系苦聪新村村民情感的纽带和村落文化共同体建立的基础。

第五章

记忆框架与建构动能：“年”的传统品牌建设

“年”是中国第一大节，俗称“大年”，其历史悠久、内容丰富。传说“年”是怪兽，每到大年三十的晚上就会上下找东西吃，民众都不敢出门，躲在家里。第二天天亮，家家户户开门庆贺，人人见面道声平安吉祥。

将“年”作为人民生活的时令，作为一年的开始至少有三千多年的历史了。《尔雅·释天》曰：“夏曰岁，商曰祀，周曰年，唐虞曰载。”这里的“年”就是农作物丰收的意思。这一点我们从甲骨文、金文的“年”的写法结构中上部分为“禾”字，下部分为“人”字可看出。甲骨卜辞中记有“受年”“受黍年”等，这些均显示“年”与农业丰收有关。《穀梁传·桓公三年》曰：“五谷皆熟，为有年也。”这些记录包含了华夏先民认为“年”就是指的农作物丰收，并且以多种方式感恩神灵赐予农业丰收，庆贺一年收成的时间，因此，“年”是农业时间的标志，也是农业时间的终点和起点，其赋予“年”转换功能。在社会历史发展过程中，“年”在不同时代有不同的称呼。《尚书·舜典》曰：“月正元日，舜格于文祖。”孔颖达注疏：“月正，正月；元日，上日也。”《礼记·王制》记载：“元日习射上功。”张衡在《东京赋》曰：“于是孟春元日，群后旁戾。”薛综注：“言诸侯正月一日从四方而至。”《列子·说符》认为：“正旦放生，示有恩也。”《史记·天官书》曰：“正月旦，王者岁首”，这里的“正月旦”是贵族官家的“岁首”。《玉烛宝典》认为：“正月一日为元日，亦云三元。”南朝梁代宗懔《荆楚岁时记》曰：“正月一日是三元之日也。”从上述文献记载来看，将“岁首”称为“元日”的较多，并被作为新年的开篇。

从汉武帝到清朝末年都以正月初一，即“元旦”为新年。辛亥革命后，以1912年1月1日为“民国元年一月一日”，这就出现了两个新年，即旧历的新年和新历的新年。1949年9月全国政协第一届全会通过决议，采用公元纪年，也就是阳历，从此将阳历一月一日称为新年，也就是今天的元旦，阴历正月初一定名为春节。但是，在民间社会，“春节”是历史上相沿千年的“年”始终未变，其文化根基、民众情感难以撼动。然而，笔者所说“年”的时间不是从正月初一开始，正月初一是新年的开始，而在此时间的“旧年”，即一年的岁末是中国“年”的重要组成部分，这里面的“忙年”“过年”是“年”的核心内容。因此，中国人的“年”包括了从腊月初八至正月十六的这段日子，有的地方还会延续到农历“二月初二”。

“年”在中国人生活中的位置是任何中外节日都无法取代的。“年”是中国人的生活实践，在相当大的程度上是以记忆为核心的实践行动。中国“年”依赖于记忆框架内传承发展，并且呈现出文化记忆的传统属性和建构特质。

“年”的传承并非原封不动，而是带有建构性质，是在记忆框架作用下的传承发展。“年”的记忆框架强调“年”的传统性和在记忆框架下的建构行为。“年”在记忆中其核心传统元素保留下来，并且以生活的形式得到发展，因此，“过年”方式的选择主要依赖于记忆主体所处的社会环境、群体生活条件和个人生活处境，这就决定了文化记忆的时代生活属性，由此凸显了文化记忆的建构性质和共同体的属性。

第一节　春节生活仪式及其文化意义

春节即农历新年，是一年的开始，俗称“新春”“新年”“岁旦”“大年”等，民众口头上习惯称“过年”“过大年”。春节是中华民族生活智慧的体现，在历史发展过程中，民众在继承春节传统中不断丰富、创新生活内容和情感表达形式。先秦以前，春节叫“上日”“元日”“改岁”“献岁”；两汉时，春节被称为“三朝”“正旦”“岁旦”“正日”；魏晋南北朝时期，春节被称为“元日”“元首”“岁朝”；唐代以后，沿用先前春节传统，并不断适应民众生活进行改造，其称呼有“元旦”“岁日”“新正”“元日”等。中华民国时期，引进西方历法，将公历一月一日称为“元旦”，农历一月一日定为春节。

对于中国人来讲，无论出现什么样的困难、灾难，都要过春节，都要把春节当作最重要的节日来过。围绕“辞旧迎新”主题，中国形成了丰富的春节礼俗生活实践、共同的生活期待和共有的文化传统。

一、何为春节

今天的春节指农历新年。历史上春节意为迎接春天到来，就是立春。《月令七十二候集解》曰：“立春，正月节。立，建始也。五行之气，往者过，来者续。于此而春木之气始至，故谓之立也。”《海城县志》记载：“立春节在正月初旬，若遇到闰月年后，即在腊月下旬，旧俗，先立春一日，守土官率属迎春子东郊，颁分时刻，公服祭勾芒神。”[①]据文献记载，周朝迎接“立春”仪式从三天前就开始。届时天子斋戒，立春日，亲自率领三公九卿诸侯大夫，到东方八里的郊外迎春，祈求丰产丰收。清代富察敦崇《燕京岁时记》曰：“立春先一日，顺天府官员，在东直门外一里春场迎春。立春日，礼部呈进春山宝座，顺天

① 《海城县志》卷六，1937年铅印本。

府呈进春牛图，礼毕回署，引春牛而击之，曰打春。”《临潼县志》记载：“立春日，女新适人者，女家归礼焉，曰迎春。人争涂裂土牛皮，以涂灶，曰祛蚍蜉。夺春仗以育蚕，曰蚕盛。用朱墨笔画牛角及小儿项，曰打春。”[①]黄陂，“立春，县官同佐杂迎春于东门外，抬芒神及土牛于堂上，县官鞭春，一人喝采。其喝采者为‘春官’。乡间农人看芒神之鞭扬与不扬及土牛身上颜色以卜年之顺成。越日，春官自县中以及四乡遍处人家说采”[②]。湖北黄安县迎春前一天“扮故事，打插秧鼓，唱插秧歌，复有春官服红袍，一隶持杖旁侍，沿门诵吉词隶应曰：是！谓之说春。”[③]辽宁《铁岭县志》卷二十记载：“立春为国家盛典。前一日，守土官率僚属，盛陈卤簿仪仗，杂以秧歌、龙灯、高脚、旱船等剧，并具芒神、春牛往东关高台拈香行礼，俗曰演春。”[④]道光十六年《商河县志》记载：“迎芒神，土牛入至县衙大门外土牛南向，芒神西向，安神完毕。立春日正时，备牲礼果品，各官诣芒神位前往三献礼，至土牛前击鼓者三，击土牛者三，名鞭春，向芒神揖退。”

上述文献记载的“打春”“说春”“演春”“鞭春”等均是“春节”的仪式。今天浙江衢州市柯城区九华乡妙源村的梧桐祖殿，是一座春神句芒庙，保留立春祭祀传统。祭春神、鞭春牛、抬福游村、尝春咬春。迎春时，在民间各地有打春牛习俗，就是用桑木做骨架子，用泥塑做成牛的形象，其泥塑取的土必须是冬至后的辰日的土。打春牛要用彩色的鞭子打。春牛尺寸为三尺六寸五，象征365天，春牛的尾巴是一寸二，象征12个月，它的四蹄儿象征四季，打春牛的鞭子是二尺四寸，象征着二十四节气。春牛肚子里有五谷。当然，这种春牛的制作方法已经包含现代人赋予的意义了。清代顾禄的《清嘉录》卷一记载：“立春

① 胡朴安著：《中华全国风俗志》（上），长沙：岳麓书社，2013年，第192页。

② 刘昌绪、徐瀛编纂：《黄陂县志》，见丁世良、赵放主编：《中国地方志资料汇编：中南卷》，北京：书目文献出版社，1991年，第338页。

③ 林缙光编纂：《黄安县志》，见丁世良、赵放主编：《中国地方志资料汇编：中南卷》，北京：书目文献出版社，1991年，第355页。

④ 《铁岭县志》卷二十，民国二十二年铅印本。

日，太守集府堂，鞭牛碎之，谓之‘打春’。农民竞以麻麦米豆抛打春牛，里胥以春球相馈贻，预兆丰稔，百姓买芒神，春年亭子，置堂中，云宜田事。”打春牛成为各地官方和民间举行春耕动员大会，拉开春耕大忙的序幕。当天，妇女还要戴春，就是穿各种各样好看的衣服，以及象征春天的绿色衣服。打春牛中有人会专门扮演春神句芒的形象。春神句芒在《山海经·海外东经》记载为“鸟身人面，乘两龙”，辅佐伏羲，死后成为草木之神、生命之神。《岐山县志》记载：“立春前一日，有司迎句芒神。里市各扮故事，表曰庆丰年。是日男妇携儿女看春，俟土牛过，争以豆麻散之，谓之散疹。”[①]此时“迎句芒神”是迎接春神到来，期望春神祛病消灾，保护生命健康，像这类习俗在山西其他地区均有流传。《凤翔县志》曰：“春日，民间以线贯豆，争挂牛角，用禳儿疹”；《城固县志》记载：“立春日，用牛土，书字于门，曰镇宅。”[②]古代中国是农业国家，对于农耕生产极为重视，并以立春日天气阴晴变化预兆农业生产的收成。《临潼县志》记载：“春日喜晴厌雨。歌曰：‘但得立春晴一日，农夫不用力耕田。’”[③]南朝梁代宗懔《荆楚岁时记》记载：“立春之日。悉剪彩为燕以戴之，帖‘宜春’二字。”唐代诗人韦庄《立春》写道：“雪圃乍开红菜甲，彩幡新翦绿杨丝。殷勤为作宜春曲，题向花笺帖绣楣。”崔道融《春闺》曰：“欲剪宜春字，春寒入剪刀。辽阳在何处，莫忘寄春袍。”宋代王安石的《次韵冲卿除日立春》记载：“犹残一日腊，并见两年春。物以终为始，人从故得新。迎阳朝翦彩，守岁夜倾银。恩赐随嘉节，无功只自尘。”诗名“除日立春”以及内容意指除夕与立春在同一天，这或许成为将春节与农历的“年”联系起来的较早记录了。朱淑真《立春古律》曰：“生菜乍挑宜卷饼，罗幡旋剪称联钗。”《乾州志》认为“立春前一日，职官迎春于东郊，乐人扮杂剧，女童唱春词，街民捧盒酒献官长。锣鼓彩

① 胡朴安著：《中华全国风俗志》（上），长沙：岳麓书社，2013年，第192页。
② 胡朴安著：《中华全国风俗志》（上），长沙：岳麓书社，2013年，第192页。
③ 胡朴安著：《中华全国风俗志》（上），长沙：岳麓书社，2013年，第192页。

旗，聚观杂沓。设春盘，卷春饼，谓之唆。”[①]立春设春盘、卷春饼就是迎接春天到来的仪式性质的饮食习俗。

公元前104年，汉武帝太初元年进行历法改革，明确规定农历正月初一为岁首，又称“元旦”。从此以后，立春迎春习俗被挪移过来，立春逐渐变成为春天到来和农耕生产的节气了。明朝万历《滁阳志》有“除夕：更桃符，贴宜春字”的记载；《米脂县志》曰：“除日，贴宜春字，以花炮代爆竹辟邪祟”；光绪《寿阳县志》曰：“正月元旦，贴宜春字。”这些记载将“春”与除夕、正月元旦有机结合，显然包含了中华民族的“除夕”“元旦”与“春”的联系。清代诗人祝德麟在《桃符》记载春日贴桃符习俗：“楹贴宜春字，门悬辟恶图。已知新岁鬼，不怕旧桃符。”这与今天春节对于“门”的仪式性装饰是一致的，是汉族“年”延续不绝的习俗。

中国人十分重视立春习俗，不仅将之作为春天到来的时间标志，也预示新年农耕生产活动的开始。因此，立春中的祭祀春神、吃春饼、“贴宜春”无不包含了中国人对于春天到来的祈愿。

立春与春节在时间上并无很大的区别，有的时候，立春与除夕就在同一天，宋代郭应祥就写有《鹊桥仙·立春除夕》：“立春除夕，并为一日，此事今年创见。席间三世共团栾，随分有、笙歌满院。一名喜雪，二名饯岁，三则是名春宴。从教一岁大家添，但只要明年强健。”无论是立春、除夕，都希望“明年强健”。2019年的立春与春节相遇，2021年的立春为2月3日，春节为2月12日，在春节前10天。也就是说，立春在春节或前或后，也可能与春节是同一天。立春的习俗与今天的春节习俗有许多是相似的，然而，今天的立春不是春节，立春作为春节的传统何时被丢掉了呢？农历的新年何时成为春节的呢？

1912年1月1日，中华民国政府成立，孙中山先生就任中华民国临时大总统，并宣布“中华民国改用阳历，以黄帝纪元四千六百零九年十一

① 胡朴安著：《中华全国风俗志》（上），长沙：岳麓书社，2013年，第192页。

月十三日，为中华民国元年元旦。”[①]次日孙中山又下令于“阳历正月十五日，补祝新年”。[②]1914年1月24日，内务部总长朱启钤提交《四时节假呈》：“我国旧俗，每于四时令节，游观祈献，比户同风，固由作息之常情，亦关人民之生计……即应明白规定，俾有率徇。拟请定阴历元旦为春节，端午为夏节，中秋为秋节，冬至为冬节。凡我国民均得休息，在公人员亦准给假一日。”[③]袁世凯随即批准。1914年1月26日是中国第一个新式春节（甲寅新年）。农历新年被称作春节，从1914年开始。这就意味着中华民国以后，在政府的干预下，春节指传统新年，就是农历的元旦。这种做法并非无中生有，而是与民国政府改用阳历有关。

这种情况在这民国时期地方志中有大量记载：“中都的元旦，士大夫夙兴，吉服祭拜祖先毕，以次拜父兄，出拜师长亲族。齐民亦然；咸宁县的元旦，鸡鸣起，燔桃柴，设香案，礼天地祖先；兴平元旦，焚香燃烛，设果肴，祭灶中雷；临潼县志；元旦，比鸡鸣，各县黄纸于长竿，以祀天，曰接天神。又以木炭县之门，曰去瘟疾；高陵县元旦，以黄纸作钱，结彩悬门，名宝盖钱；石泉县元旦祭祖先、拜尊者毕，醉饮而散，名曰拜神子；山阳县元旦，以甲乙丰，丙丁旱，戊己虫雨伤，庚辛兵，壬癸潦。占夏粜，风从南来东来者皆贱，逆此皆贵。”[④]上述记载的“元旦”生活习俗就是“年”的习俗，也是春节的习俗。1949年9月27日，中国人民政治协商会议第一届全体会议通过了“公历纪年法”，将公历 1 月 1 日定为“元旦”，叫阳历年；将农历正月初一定为“春

---

① 孙中山发表：《临时大总统改历改元通电（一九一二年一月二日）》，广东省社会科学院历史研究室、中国社会科学院近代史研究所中华民国史研究室、中山大学历史系孙中山研究室合编：《孙中山全集》第二卷，北京：中华书局，2006年，第5页。

② 孙中山发表：《临时大总统改历改元通电（一九一二年一月二日）》，广东省社会科学皖历史研究室、中国社会科学院近代史研究所中华民国史研究室、中山大学历史系孙中山研究室合编：《孙中山全集》第二卷，北京：中华书局，2006年，第5页。

③ 朱启钤著：《蠖园文存·定四季假呈》，贵州省文史研究馆编：《民国贵州文献大系》第三辑上册，贵州人民出版社，2015年，第40页。

④ 胡朴安著：《中华全国风俗志》（上），长沙：岳麓书社，2013年，第192页。

节”，叫阴历年，亦称农历年，规定春节放假三天。

即使政府在使用阳历规划工作时间制度，然而，以农耕为主的中华民族也习惯于农历的时间制度，并作用于农业生产生活节奏。于是，在民间民众更重视的是“年”，也就是春节的生活。

由此，我们可以看到，元旦成为西历，也就是阳历新年，春节则固定为农历新年。

二、元日、年和春节

元旦、年和春节的发展十分明晰，“年”是中华文化精神的核心符号，也是具有浓厚伦理道德意涵的传统节日。

（一）元日、元旦是农历新年

说到农历新年，先要讨论“年”是什么？自古以来，在中国各地流传了许多关于“年”的传说，其中最主要的一种说法认为“年”是危害人间的怪兽，为了驱赶怪兽“年”，民众就以燃烧竹子的爆炸声响为方法，后来逐渐演变成固定仪式性节日了。这是传说，显然“年”不是什么怪兽，只不过是民众对于生活在蛮荒时期野兽威胁人类生活想象性的建构，当然带有真实生活的历史记忆。

如果从“年”的字形结构来看，甲骨文中的“年”由上下两部分构成，上部是一束穗子向下垂的禾谷象形，下部是弯着腰、臂向下伸的人的象形，这是先祖农业生产劳动场景的“象形”。《穀梁传·宣公十六年》中记载：“五谷皆熟为有年，又岁也……五谷大熟为大有年”，这里的“年”是“五谷”成熟的时间；《尔雅·释天》疏曰：“年者，禾熟之名。每岁一熟，故以为岁名”；东汉许慎的《说文解字》沿用了小篆的写法，释义为：“年本作季，谷熟也。从禾千声。”显然，“年”与农业生产有关，“年”的内涵就是以农业生产为核心的仪式活动，其举办时间是稻谷成熟的时候。大约在西周时期，民众在新旧交替时节，举行庆祝丰收和祭祀祖先的仪式活动已经定型。汉武帝时代，“年”成为节庆仪式已经形成了。

至于“新年”的具体时间，《尚书·舜典》中有“月正元日，舜格于文祖”的记载；《后汉书》中所说，“春正月元日”的“元日”，古人又称为“元旦”。两汉时期，“新年”更多叫“正日”或“正旦”或“岁旦”；魏晋南北朝时，把过年叫“元日”或“元首”，这里的“元首”是指新的一年的首日。宋人吴自牧《梦粱录》曰：“正月朔日（即初一），谓之元旦，俗呼新年。一年节序，以此为首。”就是说，元日、元旦即为“新年”。

（二）农历新年是春节

政府规定农历新年是正月初一，延续了中华民族新年的传统。然而，新年传统是长时段时间体系活动，包含了仪式性、娱乐性、节奏感的实践与空间凝聚的文化生活。

对于民众来讲，将春节视为农历新年是基于中华民族关于“年”的生活传统的传承、发展。政府规定“正月初一”为农历新年，发展为从一天延长到与民众“年”的长时段仪式生活。于是，农历新年，也就是春节与民众生活中的“年”，显然包含“新年”和“旧年”。从这个角度上说，农历新年是春节，春节包含了“辞旧迎新”，“新”与“旧”在这个时段构成有意义、有内涵、有价值的生活实践、文化实践。

（三）“年”是中华民族的时间制度和生活韵律

“年”是时间制度，也是生活实践。我国是多民族国家，不同民族生活在不同区域，每个民族均有“年”的传统习俗。“年”作为生活实践和时间制度，与民众生活的自然生态有关，与民族社会历史发展有关。我国各民族生活实践中形成了各自的时间体验和生活节奏，有的民族创造了时间历法体系，比如藏历年、彝年，哈尼族十月年，就是哈尼族以十月为岁首，所以每年农历十月的第一个属龙日要过“十月年”等。不同民族的“年”就是自己生活中最隆重的节庆活动了。

春节与“年”的合一，主要是汉族的“年”。汉族的年从汉代开始定型，在我国多民族共同生活、交流交往交融中聚合多民族生活智慧，包含多民族的仪式习俗。因此，汉族的“年”绝非汉族单一的年节，而是包含了多民族生活实践和生活情感，这就出现了以汉族“年”为核心的春节成为全国性的大节。从历史到今天，“年”始终是多民族共享的传统佳节，包含了多民族共同创造的历史传统和文化生活，是中华民族共同生活、共同分享的文化传统。

由此可以说，中华民族的“年”包含汉族的“年”及其他民族的“年”，以春节为核心建构的“年”的体系充分体现了中华民族的时间制度和有节奏的生活韵律。

三、“春节”生活习俗的基本结构

“春节”生活习俗主要指农历新年的习俗，其包含了旧年和新年，就是民众常说“年关”。“年关”是重要的仪式时间，新旧转换的生活实践的节点。

“年”文化在传承中不断丰富，旧有的习俗与新的文化内容不断交汇、融入其中。从腊月初八，中国人就开始进入“年”的生活。但是，大规模的仪式通常是从腊月二十三或二十四送灶神回到天宫开始的，这是一个特殊的仪式时间，民众把这一天称为“小年”。这个阶段就是辞旧阶段，从正月初一到正月十五是迎新贺岁阶段。春节期间，“年节”生活是有规律、有安排的，民间流传了许多关于“过年”的民谣，例如，河南开封年谣说：

> 二十三，祭灶官；二十四，扫房子；二十五，打豆腐；二十六，蒸馒头；二十七，杀只鸡；二十八，杀只鸭；二十九，去灌酒；三十儿，贴门旗儿；初一，撅着屁股乱作揖![①]

广东海丰新年的歌谣唱道：

---

① 《民俗周刊》（广州）第53、54、55期合刊，1929年4月10日，第109页。

初一人拜神，初二人拜人。初三穷鬼日，初四人等神。初五神落天，初六正是年。初七七不出，初八八不归。初九九头空，初十人迎行。十一嚷挤追，十二搭灯棚。十三人开灯，十四灯火明。十五人行街，十六人击犁。[①]

正月十五成为“年”结束的标志，也是春节结束的标志。

具体来讲，“春节”生活习俗就是中国传统年俗生活，它是以时间与空间相互交织构成的生活实践，从家庭到村落，进而到社会，构成了严密有致、团结和谐的生活节奏，具体来讲包括忙年、过年、拜年和送年等，并且在“年”的不断传承中融入多民族生活、情感和文化，构成中华民族共有的精神家园的文化传统。

（一）忙年

包括过年前的各项准备，以及小年夜等，在北京等地流传很广的儿歌唱道：

小孩小孩你别馋，过了腊八就是年；腊八粥，喝几天，哩哩啦啦二十三；二十三，糖瓜粘；二十四，扫房子；二十五，磨豆腐；二十六，去买肉；二十七，宰只鸡；二十八，把面发；二十九，蒸馒头；三十晚上熬一宿；初一、初二满街走。[②]

也就是说，每年的腊月初八，吃了腊八粥就进入到忙年的时间。此时民众有许多禁忌，语言上不准说不吉利的话，家里不要随便动土、随便在家里钉钉子等。相传腊月初八是释迦牟尼成道日。我国关于腊八粥的记载，最早出现在《天中记》中，宋时的东京腊八日，都城诸大寺送七宝五味粥。腊八粥又有七宝粥、五味粥等名。民间则以糯米、大

① 魏伟新编著：《海丰歌谣全本评注》，广州：广东人民出版社，2017年，第259页。
② 马兰主编：《老北京的传说》，天津：天津人民出版社，2015年，第269页。

米、小米、黄米、芸米、小豆、菱角、栗子、枣子等凑成八种材料熬煮成粥，用八宝粥祭祀祖先和供佛，馈赠亲友。上海《松江府志》记载："初八日，各寺庙设豆糜，杂置菱、枣、栗子之类，谓之腊八粥。"[①]

腊月二十三或二十四，民众开始全家扫除，称为"打扬尘"，这一天就是人们常说的"过小年"。《清嘉录》卷十二记载："腊将残，择宪书宜扫舍宇日，去庭户尘秽。或有在二十三日、二十四日及二十七日者，俗呼'打尘埃'。"之所以说"小年"为腊月二十三或二十四，是因为中国北方人的小年为腊月二十三，南方人的小年为腊月二十四。在过小年的问题上，古代就流传"官三民四船五"的说法，也就是说，官家的小年是腊月二十三，老百姓小年是腊月二十四，鄱阳湖一带水上人家小年是腊月二十五。至于具体历史文献，并没有关于为何南方和北方过小年有时间差异的记录。晋代周处的《风土记》记载："腊月二十四日夜，祀灶，谓灶神翌日上天，白一岁事，故先一日祀之。"这里记录的是南方的小年祭祀灶神的历史。

无论小年是什么时间，南方和北方的人都要打扬尘，也称扫尘，其含义是除旧迎新、拔除不祥。"小年"还要祭祀灶神。相传，这位灶神原是天上一颗星宿，因为犯了错，玉皇大帝将其贬谪到人间，就当上"东厨司命"，其神位被民众安排灶房。范成大《祭灶词》曰："古传腊月二十四，灶君朝天欲言事。云车风马小留连，家有杯盘丰典祀。"[②]俗话说："腊月二十三，灶王爷上天""二十三，糖瓜粘，灶君老爷要上天。"过去，差不多家家灶间都设有"灶王爷"神位。传说"灶王爷"是玉皇大帝封的"九天东厨司命灶王府君"，负责管理各家的灶火。

腊月二十四日为祀灶时日，不知始于何时。北宋孟元老《东京梦华录》记载："帖灶马于灶上，以酒糟涂抹灶门，谓之醉司命。"明沈榜

① 顾炳权著：《上海风俗古迹考》，上海：上海书店出版社，2018年，第415—416页。
② 赵杏根选编：《历代风俗诗选》，长沙：岳麓书社，1990年，第70页。

《宛署杂记》就有记载："坊民刻马形印之为灶马，每年十二月二十四日，农民鬻以焚之灶前，谓之送灶君上天。"明代于谦在《腊月二十四夜口号》中写道："金炉银烛夜生春，爆竹声催节候新。自笑中年强随俗，买饧裂纸祀厨神。"祭祀灶神包含了民众辟邪除灾、纳福求吉的心愿。灶君相传为炎帝等崇火的神灵，"炎帝作火，死而为灶神"。魏晋时期，灶神常驻人家，与百姓朝夕相处，在家里监视家人的举动。于是，家人害怕灶神，在腊月二十四祭祀灶神，并多在黄昏入夜时举行。一家人先到灶房，摆上桌子，向设在灶壁神龛中的灶王爷敬香，并供上核桃糖或"灶糖"（麦芽糖）、灶饼等。灶糖（麦芽糖）也称"胶牙饧"，黏性强。清代文人厉鹗在《胶牙饧》中记载："节物关人意，残年一碟添。蓼花分点缀，粉茧共黐粘。"因此，在祭灶时，用饴糖涂灶王爷的嘴，是让灶王爷甜甜嘴，向上天言好事。北京大鼓词说："年年有个家家忙，二十三日祭灶王。当中摆上一桌供，两边配上两碟糖。黑豆干草一碗水，炉内焚上一股香。当家的过来忙祝赞，祝赞那灶王老爷降了吉祥。"灶神自二十四日夜上天言事，除夕夜下降人间。当然也有地方接灶神迟至正月十五的。

每户人家还要祭祀家宅六神，即土地爷、天地爷、龙王爷、灶神爷、仓库爷、牛（马）王爷。这些神灵是家庭保护神。"小年"过后，民众认为诸神上了天，百无禁忌。娶媳妇、嫁闺女不用择日子，称为"赶乱婚"。直至年底，结婚的人特别多。民谣有"岁晏乡村嫁娶忙，宜春帖子逗春光。灯前姊妹私相语，守岁今年是洞房"的说法。

从腊月二十四开始，每天准备的年货内容都是有安排的，尤其到了腊月二十七，家家户户要宰杀家禽，赶年集更是集中采购年货，为家人添置新衣服、新鞋子、新帽子，添置装饰新年大门、神龛等地方的春联以及拜年使用的礼品，赠送小孩子的各种礼品，女孩子的各种头花饰物等。家人有条不紊地忙碌着、快乐着、辛苦着。

（二）过年

时间到了腊月三十，就是人们常称的"大年三十"，就是"除夕”。这一天习俗众多，充满深刻的象征意义，包含了浓浓的家族、家庭的团结友爱、和睦向上、吉祥祝愿的情感。主要习俗包括：

1. 吃团年饭

一般在大年三十晚上，全家人聚在一起吃的这顿饭叫“团年饭”，简称“年饭”。吃团年饭的时间在我国各地有明显的差异。湖北麻城顺河乘马岗一带是大别山区，吃年饭是在腊月三十的早晨，这一天天还没亮，家里的父亲就开始做年饭，做好年饭后喊孩子们起床吃年饭。吃年饭前要放鞭炮，每家每户都在争夺第一响鞭炮声。无论吃年饭的具体时辰怎么样，但都是在腊月三十这一天，赋予了团年饭浓郁的象征意义。

团年饭的食材最好，种类丰盛。鸡鸭鱼肉样样不能少，尤其是鱼，团年饭的“鱼”谐音“余”，团年饭要剩下一些，象征年年有余。团年饭的菜还被赋予吉祥名称：以南京为例，藕被称为“路路通”，寓意一切顺利，荠菜叫“聚财”，黄豆芽叫“如意菜”，金针菜叫“真金筷”，黑木耳叫“乌金碗”，这些菜肴的名称被赋予发财、如意、顺利的象征意义。

团年饭做好，家里主人先把这顿饭献给神灵享用，然后献给家族历代祖先。家神、祖先和家人共同吃团年饭，将中国人感恩、慎终追远的传统代代赓续。团年饭座位依照辈分高低排序，长辈首先动筷子，其他人随后。

吃团年饭是情感的传递、伦理道德的传递，极大地促进了家庭成员情感交流，增进了亲人间的感情。

随着现代化，“团年饭”习俗顺应时代发展发生了一些改变。传统团年饭都是在家吃的，今天不少人家，尤其是城市生活的人家开始选择到酒店吃团年饭。然而，酒店的团年饭无法取代以家庭为场合的团年饭，也并未得到大多数人认同。酒店是商业空间，尽管商家在酒店设置了很多春节符号，比如红灯笼、春联、鞭炮等，但是，酒店聚集了多个家庭，无法满足团年饭以家庭为核心的私密空间，也没有家庭空间的亲情、人伦、血脉关系。

2. 压岁钱

大年三十晚上长辈要为晚辈发压岁钱，也就是今天民众常说的“红包”。压岁钱一般在亲属关系中发生，这是家庭之间特殊时间的礼物流动形式，属于中国人家庭以及家族内部仪式性质的礼物，有助于家庭、家族制度和秩序的维护和增强。

有的压岁钱是晚辈来拜年时候，长辈发给晚辈，如祖父母家、外祖父母家、父母家、岳父母家等必须在幼辈向长辈致拜年礼之后发放。娄子匡在《新年风俗志》记述：“这是辈分较小的向着生存着的辈分较大的年长的人拜新的礼节。幼者要跪下叩头三响，长者只需俯首揽臂道好，不过客气一点的长辈，他就跟着跪下，还要送红纸小包的拜钱几角或几元，叫小辈去自买玩具或食物。”[①]传统压岁钱具有“压祟”的象征意义，并且压岁钱往往是单向的流动，包含了晚辈对长辈的尊敬、孝顺，长辈对幼辈的慈爱、关怀。

近年来出现的微信红包能否取代传统压岁钱呢？笔者认为不能。微信春节红包括两种类型：一是家庭关系（亲属关系），二是社会交往关系。家庭关系（亲属关系）类微信红包是由家中长辈向幼辈发放的带有压岁钱性质的微信红包。社会交往关系的微信春节红包经常在好友、同事、同学等家庭关系之外的社会关系中发放。也就是说微信春节红包的社会功能并不仅指向中国人的家庭。微信红包与传统春节红包的明显区别在于其通常以“抢红包”的形式出现，这就使微信春节红包丧失了在春节礼仪中的礼物属性。春节“抢红包”“拼手气”等特质，更多的是互动性质的娱乐游戏。

3. 贴春联

过年贴春联是重要习俗，家家户户都要贴，即使家里在春节期间没有人住，也要委托亲戚在大门贴上春联。在窗户门口贴春联是宋代以来广泛流行的迎春礼俗。宋代以前，过年时候，为了辟除邪恶，人们家

① 娄子匡编著：《新年风俗志》，上海：上海文艺出版社，1989年，第35页。

门口挂桃符；宋代以后，门口贴春联以迎春纳吉。明人刘侗曰："东风剪剪拂人低，巧撰春联户户齐"；《燕京岁时记》说："春联者，即桃符也。"[①]光绪《德安府志》云，除夕"家家大门贴神荼、郁垒像，曰门神，并用红笺书吉语，曰春联"[②]。从桃符到春联，是过年时节物质形态的变化，是社会精神不断进步的标志。过去在门口贴上桃符是驱邪，春联则主要是祈愿吉祥，现在最流行的春联是"一元复始，万象更新""天增岁月人增寿，春满人间福满门"等等。

4．守岁

除夕夜守岁，家人欢聚一堂，等候新年到来。晋朝周处《风土记》曰："至除夕，达旦不眠，谓之守岁。"除夕夜，家里每个房间要点灯，堂屋火烧得旺旺的，民间有"三十的火，十五的灯"的说法，就是大年三十晚要把火垅烧得旺旺的，寓意来年财旺人旺。守岁晚上，家人在一起其乐融融，这个充满情感的时间，在许多文人笔下留下了脍炙人口的诗篇。

唐太宗李世民《守岁》曰："寒辞去冬雪，暖带入春风。共欢新故岁，迎送一宵中。"除夕守岁，家人是快乐的，也是幸福的，在一宵中，送旧迎新。宋代范成大《卖痴呆词》描写家乡吴中除夕夜的风俗："除夕更阑人不睡，厌禳钝滞迎新岁。小儿呼叫走长街，云有痴呆召人买。二物于人谁独无？就中吴侬仍有余。巷南巷北卖不得，相逢大笑相揶揄。栎翁块坐重帘下，独要买添令问价。儿云翁买不须钱，奉赊痴呆千百年。"据说以前吴中一带孩子常患"痴呆"毛病，除夕夜孩子们出来沿街叫卖，希望把"痴呆"卖掉，使自己变得聪明。

除夕，寄寓了中华民族共同的期待，当然，各地的除夕夜存在一些地方性差异，如浙江宁波传统除夕：

① 〔清〕富察·敦崇编著：《燕京岁时记》，北京：北京古籍出版社，1981年，第95页。

② 《中国地方志集成·光绪德安府志》（第12册），南京：江苏古籍出版社，2001年，第104页。

此日，城乡各家换桃符，写春帖，易门神，谓之“从新”，放爆竹谓可辟邪。余姚有送天地菩萨习俗，用道士送来的天地纸神像，先放在八仙桌上拜祀，然后在中堂室外，燃一堆芝麻秆和马料豆秆，火堆上化天地神像，意为天地神骑火马上天，马料豆秆给火马吃，芝麻秆意为保佑年年好，节节高。此晚，各家摆“除夕酒”，亦称“分岁酒”或“午夜饭”。点香烛具牲礼，设南北果品、香茗春酒，以祭祖宗，请“亡灵”回家过年。席间，父辈习惯为孩子们搛菜，共享天伦之乐，多说吉祥之词，讨新岁之彩。盘中全鱼一般不动筷，因“鱼”与“余”谐音，留之新岁，意为年年有余。酒毕，全家吃汁水年糕汤或油菜年糕汤，意为新岁油水多，年年高。吃完年夜饭，长辈给孩子分发压岁钱。旧时，富家分大洋，穷人分铜板，多包以红纸。孩子们将压岁钱压在枕下，慈溪一带的小孩将压岁钱压到正月初五方可取用，幼儿则用红线将压岁钱系至项颈，谓可避凶镇邪。

除夕夜，城乡各家安灶神和灶马于灶陉，焚香点烛。民间传说，灶神于十二月二十三上天，此晚下界，故各家多以酒馔祭祀灶神，俗称“接灶”。各家水缸挑满水，米缸内放置米团制作的“元宝”“如意年糕”和一碗米饭，缸外张贴红纸，谓之“缸缸满甏甏满满米缸”，并以此占卜新岁年成丰歉、气候节令。正月初五开缸收饭，碗中见水，谓新年多雨；若米饭干燥，谓新岁多晴天。余姚有请龙风尚，多在谷仓上贴青龙图，用两爿白鲞、两只蛋，供在谷仓下面，点香求拜，祝祷明年收成好。

夜晚各家紧闭门户，俗传张天师捉妖时曾曰：“八旗大人红门而进。”因“红”与“逢”谐音，野鬼错听逢门而进，便见门即进。各家通宵达旦高烧明烛，农户多围聚灶边，以火缸、火甏取暖，谓之“守岁”。妇女也有去庵堂寺庙坐夜守岁的，谓之“修爹娘完全”。出嫁女子此晚必须回夫家，不可住在娘家，认为新灶神要下界点名入册。[①]

宁波除夕是忙碌的、快乐的，也是幸福的，以家庭为单位的辞旧迎新意义在除夕得到充分彰显。

（三）拜年

传统新年包含多种祭祀仪式和各种传达情感的风俗。大年初一，民众开启新生活，拜年习俗正式拉开走向社会交往的序幕。

明代北京元日（即正月初一）拜年盛行，“京师元日后，上自朝官，下至庶人，往来交错道路者连日，谓之拜年。”[②]正月初一，天刚刚亮要放“开门炮”，家人可以外出拜年，乡邻可以来家里拜年。而在江浙一带，仪式更为隆重。

在温州，从初一到初五例为节假。初一清晨五时，家家户户放开门炮，象征送旧迎新。各家先拜祖宗，再拜“六神”（灶神、檐头神、白虎神、井神、土地神、财神）。在中庭摆小方桌，盛米一碗，盖以红纸，周围粘固，端供桌上，烧香点烛，虔诚膜拜，叫作“接三清”（源于道教的三尊神）。直到初四，才送神拆坐。家内，晚辈按序向长辈叩拜行礼。清晨吃松糕或汤圆。客来献橄榄茶，点心是桂圆肉或莲子，也有用肉丸加洋粉丝。与邻里亲友往来拜节，互贺新禧，俗称“拜年”。并互相留饮新年酒，叫“春宴”。老年人到各庙宇，拜殿神，祈祷保佑平安，较大的庙宇，如东瓯王庙、忠靖王庙、关帝庙等都有鼓吹伴奏，拜神者要给礼包。有钱人家在中堂上高挂含赤金字寿屏（家有长寿老人才用）或大幅书画，屏前有长条桌，左端万年青，缀以红花，右端置一个精细雕刻的插屏，中间或摆时针，或摆大元宝。左右有一对大蜡烛锡台，

---

① 《浙江简志》编委会编：《浙江风俗简志》，杭州：浙江人民出版社，1986年，第146—147页。

② 〔明〕陆容著：《菽园杂记》，北京：中华书局，1985年，第52页。

有的重百余斤，高与人齐，插上大蜡烛。长条桌前排列两张方桌，两边除同样陈列大蜡烛台、大蜡烛外，还有一对明角灯（俗称“堂灯”），两桌中间又有个“大元宝”（用一斗糯米、籼米或红糖做成），插银花，缠彩红，上放几个黄柑。另外则陈列若干江西窑的花盆，上植各种花卉，在花盆上贴写有“吉利”两字的红纸条。在长条桌和方桌前面，挂着刺绣的大红缎桌帏，左右两角配置雕刻精细的金漆栏杆。中堂两旁挂满书画，两边排列大座椅和茶几，披上大红缎刺绣的椅披，茶几上放置几碟茶点。读书人用大红纸，书写吉利辞，如写“一年四季，读书大吉”之类，叫“新春开笔”。每户人家用红糖、糯米制成大小“元宝”，取招财进宝之意。“大元宝”陈列在中堂，“小元宝”放在谷仓、米缸、书橱、箱笼、衣柜、抽屉、坛钵等处。人们都穿新衣，儿童穿大红色衣服，年轻妇女满身红艳，连老妇也系着大红裙，因为红色象征吉利。

从初一到初五，每夜寝室中燃灯，直至天明，名曰“岁灯”。正月初五，每户人家把除夕摆在中堂的祖先画像各种珍品、字画等收藏起来，叫作“收珍”。收珍时，家中人要祭拜，下辈外亲也来祭拜。[①]

现代交通和通信方式快速发展虽拉近了民众的生活距离，民众间的拜年既保留了传统熟人社会的登门拜年，也衍生出以电话、短信和视频等拜年方式，这在很大程度上扩大了拜年范围。但是，这些远距离拜年，并不能取代面对面拜年方式的情感流动和人际交往的真切之感！

（四）送年

“送年”就进入到“元宵节”时间了。正月十五“元宵节”以“灯”为中心，并且以“闹”为活动主题，民间有“闹元宵”的说法，

① 《浙江简志》编委会编：《浙江风俗简志》，杭州：浙江人民出版社，1986年，第202—203页。

就是形象的概括。正月十五“元宵节”在西汉受到重视，但是，在全国盛行则是汉魏以后的事了。

“送年”习俗集中于正月十五，这一天称上元节、元夜、灯节，民众以赏花灯、吃汤圆、猜灯谜、放烟花、社火表演、走桥等形式度过。此外，不少地方元宵节还有游龙灯、舞狮子、踩高跷、划旱船、扭秧歌等民俗表演。

正月十五元宵节，民间有挂灯、打灯、观灯等习俗。从正月十二晚举行龙灯开光仪式，正月十三出行、上庙、喝彩，家家门前摆香案，迎接龙灯。正月十四拜灯，每条龙灯分别叩拜群众，表示新年问候。正月十五玩游灯，晚上十二点男女老少在一起烧毁龙灯，称为“灿灯”“送龙灯升天”。

送年的大幕以“灯”为中心，在我国很多地方，关于“灯”的活动主要集中在四天，即正月十三为“试灯”，十四日为“起灯”，十五日为“正灯”，十六日为“圆灯”。这些关于“灯”的习俗，不同地方有些许差异，但是均是以“灯”为主。

元宵节要吃汤圆，圆圆的汤圆、甜甜的汤圆意为新的一年团圆、甜美、和美、和顺。

四、“春节”生活仪式的意义

中国人在鞭炮声中、歌诀声中，在忙碌赶年集中、在祭祀家神、祖先中，在贴福字、门神中，在穿新衣、拜年走亲戚中，在看花灯、玩龙灯的热闹习俗中送走旧年，迎来新年。“春节”作为时间制度被伦理化和制度化了。

“年”体现出中国人的历史观、民族观、国家观和文化观，包含了浓郁的民族情感，将中国人与自然、人与人、人与社会的关系展现得淋漓尽致。中国人浸润在传统的年的生活方式中不断适应新时代，从而实现家庭、社区、社会和国家认同。中国人借助仪式，克服社会存在的差异，建构社会秩序和共同的归属感。仪式使民众能在共同的行动中邂迈、相知并相互融合。仪式传递情感上的安全感和社会可靠性——在经济、政治和社会不稳定的时代，这一点非常重要。[①]春节包含中国人丰富的精神意蕴和文化内涵，具体来讲，主要体现在以下五个方面：

（一）新旧生活过渡仪式

春节是中国人生产生活时间转换的关键点，包含送走过去一年的不吉不利，祈愿新的一年大吉大利，并以全新状态进入新的生活。

“小年”的“扫尘”即是将家里每个角落打扫得干干净净，扫除家里的所有污秽。

汉代腊岁前一日举办大傩的官方礼仪是继承周朝礼俗：“先腊一日，大傩，谓之逐疫。”[②]晚清时期天津庆云县，“除夕，爆竹驱疫，门前燎火，花炮呼噪，群曰：‘大户无忧，小户无忧，清平世界，百姓无愁。”[③]这是进入新年前的驱邪逐疫习俗。宋代陈元靓引钱易《南部新书》记载唐朝岁除日驱傩：“燃蜡炬燎，沉檀焚煌如昼。”“今人除夜满室点灯照岁，是其故事也。”[④]今天大年三十晚上家里每个房间点灯，并且把火垅烧得旺旺的，认为这是“照虚耗”，驱除灾难，送走各种不吉利、不健康的事物。

大年三十前一两天，所有人都要沐浴，湖北麻城习俗，大年三十晚上，家里每个人要沐浴，洗去身体上的污秽，在我国有些地区叫作“洗邋遢”。《帝京岁时纪胜》记载清代北京“二十七，洗疚疾；二十八，洗邋遢”[⑤]。湖北鹤峰人除日“浴身”称为“洗隔年尘”，也称“洗邋

① 【德】洛蕾斯·辛格霍夫著，刘永强译：《我们为什么需要仪式》，北京：中国人民大学出版社，2009年，第5页。

② 〔西晋〕司马彪：《续汉书·志第五》，北京：中华书局，1965年，第3127页。

③ 〔清〕光绪《天津府志》，转引自《中国地方志民俗资料汇编》华北卷，第46页。

④ 〔南宋〕陈元靓：《事林广记》，【日】长泽规矩也：《和刻本类书集成》，第1辑，上海：上海古籍出版社，1990年，第191页。

⑤ 〔清〕潘荣陛、富察·敦崇：《帝京岁时纪胜燕京岁时记》，北京：北京古籍出版社，1981年，第40页。

逷”[①]。

大年三十前，每个人要理发，这叫“剃过年头”，这种习俗至今盛行。传统社会对“剃过年头”非常重视，家里要专门为理发师备一些礼物，或者专门请他吃点过年的食物，这种习俗在新年第一次理发中同样盛行，只不过新年第一次理发叫“剃开张头”。这些“辞旧”的生活仪式延续至今，具有强大的生命力。

正月初一，是新的一年的开始。每家主人在天亮时燃放爆竹，开门迎年。据记载，江苏震泽镇新年第一天的仪式为：“元旦，主人晨起，爆竹。洁衣冠拜天，俗谓之‘接天’；次拜灶，谓之‘接灶’；次拜祠堂及先人画像。”[②]为了在新的一年有新的气象，所有人都会将年前置办新的衣服穿在身上，这种以新衣服迎接新年到来的习俗在汉代就已出现。唐代刘禹锡《元日感怀》中“燎火委虚烬，儿童炫彩衣”[③]的诗句就是描写唐代儿童穿新衣迎接新年的生活场景。宋代，“小民虽贫者，亦须新洁衣服，把酒相酬尔”[④]。今天，尽管民众的生活质量已经有了很大提高，购买新衣服、穿新衣服不是稀罕的事情，但是，家人还会置办新年衣服，“无贫富老幼皆更新衣”[⑤]。民众穿上新衣，戴上新帽，象征进入新的生命旅程。这种对自身的新打扮与门户的新装饰体现了中国人重视新年的更新意识，重视生活新旧转化。因此，春节期间，民众通过多种生活习俗和实践行动，表达出渴望丢弃过去不吉利、不健康的生活，转换到新年的新生活的旅程的意愿。

---

① 〔清〕同治《鹤峰州志续修》，转引自《中国地方志民俗资料汇编》中南卷上，书目文献出版社，1991年，第443页。

② 〔清〕道光《震泽镇志》，转引自《中国地方志民俗资料汇编》华东卷上，第446页。

③ 《全唐诗》，上海：上海古籍出版社，1995年，第895页。

④ 《东京梦华录》卷之六；《梦粱录》卷一，正月“士夫皆交相贺，细民男女亦皆鲜衣，往来拜节。”

⑤ 〔民国〕《新乡县志》，转引自《中国地方志民俗资料汇编》中南卷上，书目文献出版社，1991年，第50页。

（二）迈过冬天，跨入春天的仪式

以春节指称传统新年有100多年历史，农历新年的文化意涵也就是春节的文化意涵。王安石《元日》云：“爆竹声中一岁除，春风送暖入屠苏。千门万户曈曈日，总把新桃换旧符。”这首家喻户晓的诗歌记录了春风送暖，新春到来，民众在鞭炮声中送走旧的一年的景致，以及千门万户在旭日映照下的明亮灿烂。吴自牧在《梦粱录》中提到“迎春牌儿”是以具体物象寄寓迎接新年春天的来临。过年贴的对联称“春联”，说明“年”“春节”与“春天”的内在联系。潘荣陛在《帝京岁时纪胜》记载：“除夕……祀祖祀神接灶，早贴春联，挂钱悬门神屏对。”[①]富察·敦崇《燕京时岁记》曰：“春联者，即桃符也。”[②]今天，我们从把“新年联欢会”称作“春节联欢会”，将新年期间的交通往来称为“春运”等等现象可看出春节是迎接春天到来的仪式。

（三）维系家族关系，和润家族情感的仪式

“年”是民众的时间，也是民众的实践，在特定时间内进行的实践包含民众的情感，也饱含深邃的文化。从腊月初八开始，民众开始进行忙年准备。随着时间推移，不断加强辞别旧年的活动，“小年”家人分工合作清扫屋里屋外的“扬尘”；大年三十“团年饭”，更是家人隆重的聚餐、聚会、聚情、聚力的生活实践。团年饭包括请逝去的祖先，他们当然是家里人，团年饭不能落下祖先，因此，在吃团年饭前，由家长依次请祖先回家团圆，在祖先享用之后，家人才围桌吃饭。“年饭”座位长幼有序。“年饭”后或者“守岁”时长辈给晚辈压岁钱，表达家族长辈对晚辈的祝福，充分展示了中华民族的伦理道德和生活秩序；“除夕”日家人在一起话过去、谈未来，开展各种娱乐活动；团聚守岁体现了，亲情的幸福，这些春节习俗不仅对家庭、家族关系进行了有效维

① 〔清〕潘荣陛、富察·敦崇：《帝京岁时纪胜 燕京岁时记》，北京：北京古籍出版社，1981年，第41页。

② 〔清〕潘荣陛、富察·敦崇：《帝京岁时纪胜 燕京岁时记》，北京：北京古籍出版社，1981年，第95页。

护，而且使家族成员之间的情感得到和润和加强，家族的内聚意识、家族的绵延在年的习俗中得到延续。

（四）强化社会团结，维护生活秩序的仪式

“年”是以家庭、家族为单位的生活仪式，但是，家庭、家族离不开生活中乡亲邻里关系，离不开亲朋好友的帮助。这是家人、家庭、家族幸福、快乐生活的源泉。这些人际、社群关系在“年”的生活习俗中表现得十分丰富，也相当充分。

“拜年”是从新的一年的第一天开始。拜年按从家里人到村里人，从亲戚家到朋友家的秩序。湖北麻城拜年顺序是初一清早跟爷爷奶奶、父母等长辈拜年。在家长带领下跟村里其他人拜年，也跟临邻的朋友拜年；初二清早前往外婆家拜年；初三到丈母娘家拜年；初四到朋友家拜年。这个拜年秩序就是以“家庭”为中心的社会关系强化和建构。清同治年间《江夏县志》记载：“周亲密友，宴集酬酢，几尽一月。村人致糕相饷，俗曰‘年糕’。”[①]清光绪年间《孝感县志》曰：“亲朋互拜，至必款留，曰‘拜年不空过’，疏亲均拜，曰‘拜年无大小’，各持糍糕以为礼。”[②]“拜年”是传统熟人社会人际交往关系不断加强的惯习，也是建立新的社会关系的方式。从忙年、过年和拜年安排来看，体现了中国人生活的秩序感，在有序的生活安排中逐步实现文化认同，年复一年不断强化和扩大。

进入正月以后，各地民众将每天生活安排得井然有序，并且具有象征意义。这种新年习俗在我国许多地方都存在，就拿民国时期的陕西来讲：“城固县正月五日，剪纸人送掷门外，谓之送穷。临潼县五日饱食，谓之填五穷。延绥镇五日，忌出门，以新肉置釜中，炭火炙之，或以麻豆，名曰崩穷。韩城县六日夜，多听静，以卜终年吉凶。六日，炒

① 丁世良、赵放主编：《中国地方志民俗资料汇编》中南卷（上），北京：书目文献出版社，1991年，第379页。

② 丁世良、赵放主编：《中国地方志民俗资料汇编》中南卷（上），北京：书目文献出版社，1991年，第327页。

黑豆，散房壁，名爆六。延绥镇七日，用糠著地上，以艾炷炙之，名救人疾，俗以疾七，声相近也。人日晴，人安。乾州八日属谷晴，年必丰，九日炙谷皮于阂以祛灾。同州九日用糠一合，黎明置门前，炭火燃之，名曰炙穷。”“韩城县十日名老鼠嫁女，是夜家人灭烛早寝，恐惊之也。延绥镇十一日夜不张灯，十二日厨不动，谓之鼠忌。临潼县都中每至正月十五日，造面茧，以官位帖子，卜官位高下，或赌筵宴，以为戏笑。”[①]春节期间每日的安排是民众生活的秩序，是祖先在生产生活中摸索出来的生活智慧，也是建构生活秩序的行动。

现代社会，许多社区、单位利用公共场所开展春节团拜的共享仪式，从而增强民众公共文化空间的意识，极大地培养了社区共享的精神，也体现了家国一体高度的文化自觉、自信。

（五）祈愿生活富足、丰产丰收的仪式

春节“辞旧迎新”在祈愿和祝愿、渴望与期盼中进行。对于民众来讲，生活富足、丰产丰收成为春节主题，渗透在许多生活习俗中。清同治五年《郧县志》记载：“正月迎春之日，城乡民人察看士牛头、身、腹、角、耳、尾、膝、蹄系何颜色，及芒神系腰、行缠、左右鞋裤全否，生在前后左右立，以觇岁事而卜丰啬，惟老农多悉之。”[②]“宜城县的第一活动是，主人拿来方升子，装满粮食，点燃四支蜡烛插在四角，供在耕牛面前，叫作‘点牛王蜡’。‘出天行’以后，在牛身上仔仔细细摸来摸去。如果摸到麦草，预示当年收麦摸到稻草，预示当年收稻。”[③]这些仪式是祖先在辞旧迎新的关口，对来年农耕生产丰收丰产的祈愿。

正月初一迎财神以及其他新年神灵。春节凌晨开启门户，称为“开财门”。湖北许多地方大年三十与正月初一交接时间要“出天方”，

① 胡朴安著：《中华全国风俗志》（上），长沙：岳麓书社，2013年，第193页。

② 丁世良、赵放主编：《中国地方志民俗资料汇编》中南卷（上），北京：书目文献出版社，1991年，第450页。

③ 韩致中著：《新荆楚岁时记》，上海：上海文艺出版社，2001年，第15页。

就是接财神，并且在初一开门要大声喊道："开门大发财，元宝滚进来。"南京初五为财神日，清晨人们摆供设祭，焚香接神。在苏州，无论贫富贵贱，初五都要祭祀路头神，说初五是财神五路的诞日。

大年三十晚上，许多地方有到牛栏观察牛的活动，牛头朝向意涵了新的一年是丰产还是歉收。

正月十五祭紫姑礼俗，"其夕，迎紫姑以卜将来蚕桑，并占众事。"[①]紫姑是蚕桑神，也能够知晓女性的"众事"。随着科学昌明，祭祀紫姑的习俗已不复存在。但是，春节作为民众祈祷、渴望生活富足、生产丰收的愿望的文化形式没有改变。

春节是中华民族共有历史文化记忆和生活实践，春节习俗是中国人传统生活智慧的呈现。春节是传统文化的传承，也是创造文化的生活。各地在实施春节文化品牌建设中，不断强调春节传统中的共同性、集体性的生活力量，强调春节的符号象征的是中华民族共有的传统精神，这是必要的，也是春节品牌内涵建设实现创造性转化与发展的方向。

第二节　陕北"年"的记忆框架与当代生活实践

民众的记忆是生活积累、生活行为，人离不开记忆，对于传统来讲，记忆是传统传承和创新的根本，但是，记忆并非原版复制，并非一字不漏，而是以关键性文化为核心的活动。2019年《中共中央宣传部中央文明办关于组织开展2019年传统节日文化活动的通知》中就中国传统的春节、元宵节、清明节、端午节、中秋节和重阳节的活动提出了明确要求，其中"倡导传承吃年饭、贴春联、拜大年、吃元宵、赏花灯、猜灯谜等传统习俗，组织开展'传家训、立家规、扬家风'等活动。"[②]这

① 〔南朝梁〕宗懔著：《荆楚岁时记》，景印文渊阁四库全书（第589册），台北：商务印书馆，1986年，第18页。.

② 《中共中央宣传部 中央文明办关于组织开展2019年传统节日文化活动的通知》，中宣发〔2019〕6号。

个通知代表了我国政府对于春节、元宵核心传统的认知、肯定，在一定程度上强调以“年”的核心传统要素作为年的传承建设框架，丰富民众的年节生活。那么，陕北“年”的记忆框架包括哪些内容呢？

一、陕北“年”的传统记忆框架

（一）时间框架

陕北“年”的时间从腊月初八到正月二十三日，另一种说法是从腊月初八至农历二月二日。无论哪一种，都界定、明确了陕北过大年的时间内容，它不仅包括一个物理时间，而且意涵了这个时间段内的文化活动。

腊月里，二十三，我送灶马爷上天关；腊月里，二十四，裁下对联写大字；腊月里，二十五，称上几筐黄萝卜；腊月里，二十六，割上几扇猪羊肉；腊月里，二十七，豆腐做好做黄酒；腊月里，二十八，黄脸婆姨把粉搽；腊月里，二十九，家家买好干烧酒；月尽头，吃早饭，今年忙得团团转，先挑水，后扫院，窗花对联贴半天，炸糕煮肉剁下饺子馅，白天晚上不得歇，初一初二到初三，拜年女婿叫得欢。[①]

神木、府谷一带有童谣《腊月忙》唱道：

腊月二十一，扫尘当第一；腊月二十二，推碾又拉磨；腊月二十三，灶君上了天；腊月二十四，裁下红纸写下字；腊月二十五，扫墓来祭祖；腊月二十六，急忙备酒肉；腊月二十七，剃头洗手脚；腊月二十八，糊窗挂年画；腊月二十九，一切用物都备

① 马举龙著：《陕北情丝》，西安：太白文艺出版社，2010年，第112—113页.

够；腊月三十，五香要扑鼻；腊月三十夜，议论红火升上天。①

二十三“送灶君”。即入年关，把过腊月二十三叫“过小年”。祭祀“灶王爷”，以求温饱。当地谚语有云：“腊月二十三，送灶君。”陕北人传说腊月二十三是“灶王爷上天”向玉皇大帝汇报工作的日子，老百姓要吃杂面给灶君送行。

二十四，全家进行房屋扫除，清除垃圾、清扫扬尘。据说，腊月二十四打扫房子是为了迎接天上派来“视察”的人。

二十五“磨豆腐”。每到腊月二十五这一天，每家每户都会做豆腐，豆腐是年夜饭必备食品。

二十六“割斤肉”。腊月二十六，人们选择这一天去街上买肉，人们在这一天忙着杀猪宰羊。

二十七“赶大集”。腊月二十七人们去街上置办年货，鸡鸭鱼肉、蔬菜水果、瓜子花生、糖果零食、烟酒礼品、对联窗花，烟花鞭炮等都要买回来。

二十八“贴年画”。年货置办好后，要贴年画、对联、“福”字、窗花。

二十九“蒸馒头”。腊月二十七到二十九为蒸馍时间。家家户蒸几笼馍馍，要吃到正月十五，有“正月十五以前不擀面”的习俗。

大年三十晚上是辞旧迎新的转折时间，也是“年”的时间节律第一个高潮，这一天活动是汇聚一年情绪，也是释放未来希望，其活动的丰富性、多样性和象征性最为集中。

正月十六燎烟火。据说燎烟火可以治百病，这是在自家人中进行的习俗。陕北人相信“燎一燎，腿不疼”“燎一燎变聪明”。

正月二十三，人们开始迎接灶马爷，“送灶早，迎灶迟”。人们擀杂面，点香祭祀神灵，奉上枣山山灯。

---

① 李苗苗：《陕北榆林过大年》，西安：陕西人民出版社，2019年，第31—32页。

这是陕北民间关于过年的时间和传统的规定，从腊月二十三到正月二十三之前，每天均有相应的活动，这些活动是长期以来陕北人忙年、闹年、拜年和辞年的主体性活动。

在时间框架内，尽管这些年俗内容具体明确，但是，对于每个家庭来讲又是不一样的，因此，在“年”的这个时间框架内，其民俗活动内容和形式会发生一些改变，从而呈现出陕北“年”文化的多样性特点。

（二）地域框架

陕北的“年”涉及的地域是以陕北为中心构成的地域框架，这种地域比行政区划管辖的范围要广泛一些，显然包括黄河流域的陕西和山西相邻区域，包括与内蒙古接壤的陕北文化区域。

地域框架的核心范围主要是以家以及家人为中心构成的熟人关系空间。这里的熟人关系包括相邻的村民，这些人均是长期生活在村里或者临近的村民。朋友关系，主要是在生活中结交的朋友，一般是以相邻的村落或者城市居民为主。以亲戚为中心的关系，主要是母系亲戚，就是外婆、舅爷等等母亲娘家的亲戚；有父系亲戚，就是以父亲为中心构成的关系。

这里的家庭、朋友和亲戚都是在家人、朋友、亲戚的活动范围构成“年”记忆的地域框架性结构，也就是说，“年”记忆的地域框架就是人际交往范围的框架，将时间和空间交织在一起构成的关系不仅是个人、家庭活动范围，而且是区域社会结构的重要部分。

陕北“年”的记忆框架保留的关键习俗世代传承，常常很难发生改变：“年”传承的是关键核心传统，民俗对于年的记忆也是关键性习俗，只要关键习俗还在，传统的“年”就在。陕北“年”的关键习俗是什么呢？在笔者看来，主要包括腊八、小年、二十三至大年三十的忙年、过年；正月初一至初七的拜年；初八至正月十五的闹年；正月十五的闹元宵；正月十六至正月二十三的辞年等活动。

图5-1　秧歌队过彩门1

图5-2　秧歌队过彩门2

图5-3　闹秧歌1

图5-4　闹秧歌2

图5–5　民间艺术表演

图5–6　秧歌队转九曲黄河灯

“年”的关键习俗延继表现为“年”的传统活动还在，这是“年”关键习俗传承的生命，也是以生活为动力的“年”的生存状态。比如，陕北的“腊八”是关键习俗，其活动内容丰富，并且充满了情感。陕北人在腊八要吃“焖饭”。“焖饭”在前一天晚上就开始“焖”，其主料是黄软米，加上红小豆、豇豆等各类陕北出产的豆子，还有红枣、葡萄干等，凑够八种就可以了。吃“焖饭”前，民众将焖饭用碗盛一点放在灶王爷前，然后在窑面上的天神、土地神神龛前，石碾、石磨、牲畜圈棚，甚至庭院前的果树上也要粘一些“焖饭”上去，有的地方还将“焖饭”喂鸡、猪、牛等家禽家畜，以“焖饭”的方式祈愿五谷丰登、六畜兴旺，由此拉开了“年”的祭祀活动。腊八吃“焖饭”的仪式意义在于祝愿与期盼。

腊月十五以后，陕北家家户户就开始准备“年茶饭”。做稠酒、蒸黄馍馍、磨豆腐、炸油糕、擀杂面、炸油馍馍等，当然，还有杀猪宰羊。红烧肉、鸡肉、酥肉、排骨、炖肘子等为过年准备的“八碗”大菜，在陕北人看来，“穷过月，富过年”，女子铰窗花、画门神画等，男人扫窑洞、糊窗花等。

陕北的腊月二十三有“腊月二十三，油塔塔垒上天”的说法。我们对绥德的考察中发现，每家每户蒸的“油塔塔”祭祀灶马爷，是为灶马爷准备上天路途的干粮，在装满豌豆的碗中添些许谷草秆儿，是为灶马爷骑乘的马备的草料。这些准备停当，男主人跪在灶爷前，请灶马爷“上天言好事，回宫降吉祥”。

腊月三十是“过大年”。早晨起床，人人穿新衣服。长辈嘱咐晚辈不能说不吉利的话，要说好听的吉利的话。陕北有的地方在孩子背后挂个“枣牌牌”[①]，有的人家则是给孩子脖子上戴“增岁顶针”[②]。吃过隔年捞饭，家家户户开始挂红灯笼，贴对联、门神、窗花。笔者在陕北考察“年俗”时，看到陕北人家家户户的仓房、碾子、磨盘上都贴有对联。全家人要带“年茶饭”到祖坟上祭拜，与祖宗共度新年。大年三十黄昏时候，大人领着小孩到河里搬冰块，将冰块置于家门口、院墙四周及牲口圈周围，保佑人畜平安，避邪镇宅。“吃年夜饭”前举行打醋炭仪式。传说姜子牙给诸神分封完神位后，发现自己没有位置了，就给自己封了个“醋坛神”。陕北人用“打醋炭”的方式纪念、感恩姜子牙。家里年长的人从炉子里取出煤火，浇上醋，炭火发出嗞嗞的响声，醋香

① 枣牌牌：将红枣、谷草秸秆用红线串起，红线上端挂铜钱，下面坠鞭炮，是避邪祈福的吉祥物。

② 增岁顶针：用红线穿上妇女做针线活用的“顶针”。每年增加一个顶针，直到孩子过了十二周岁，是给孩子求吉祥的方式。

味溢满屋内，然后将这些沾醋的炭火洒向家里的各个角落，一边洒一边喊“吉利，吉利，大吉大利，各路神灵都敬遍，保佑全家永平安”。

大年三十晚上，同族的人，或者家人坐在一起喝酒聊天，叫“熬年”，直至天亮。长辈们等孩子们睡着，拿出早已提前准备好的钱，压在孩子的枕头下，就是“压岁钱”。

正月初一，家里的男主人在鸡鸣报晓时，洗净手脸，为各神位前续香火、叩拜，鸣放“开门炮”，迎接“灶马爷”回家。初一早晨吃水饺，有些地方叫“扁食”，饺子里包上硬币，据说吃到硬币的人不缺钱花。饭后，晚辈依次给家族中的长辈拜年。陕北的黄龙县，称拜年为“问强健”等。这一天不出门、不扫地，更不能往门外倒垃圾。

陕北人把正月初五称为“送穷五”，延安叫“送穷媳妇”。家家户户要将初一至初五的垃圾扫在一起，在太阳升起前倒出家门，边倒边说：“穷媳妇，穷媳妇，离开我们，前边有个有钱人等。”说完这些带有驱穷的话，放几个炮仗，送走穷根。早饭要吃饺子，叫作“填穷窟窿”。

从上面列举的陕北“年”的关键习俗看来，“年”是陕北民众的生活实践，也是“年”传统的生活化、情感化的表现，因此，社会在变化，陕北“年”在记忆框架内的实践也会变化，这就决定了陕北“年”的地方性差异，导致了陕北的“年”并非都是一致的、同质的，而是具有地方性的传统生活和生活传统，这就意味着陕北“年”的记忆框架存在地方性“年”的传统框架。有些关键性的习俗在一些地方传承，也有一些关键性的习俗具有地方性，比如，迎接新年习俗中神木的火判习俗特色鲜明，在神木高家堡火判连街祈福活动红红火火，清代柴萼《梵天庐丛录·火判》曰：“京师旧俗，上元夜以泥涂鬼判，尽空其窍，然火其中，光芒四射，为之火判。”火判官有钟馗、包公等人物，如“钟馗啖鬼”降妖镇宅；包公的清正廉明，火判官身上的火焰四射，不仅热闹、温暖，而且是人们对正义、光明的渴望、期盼；在陕北流行秧歌习俗的内容和唱腔中，清涧与陕北就不一样，这就导致了由各种要素组织的秧歌的表现形式有不一致性的地方。“年”的关键习俗的差异性，更能说明陕北“年”在记忆框架内的实践活动的能动性。

陕北“年”的记忆框架以实践、地域和关键要素展现出来，但是，这种记忆框架不仅是记忆的活动，而是陕北人的生活。陕北“年”的记忆框架是陕北人传承“年”的生活行为，也是陕北人的认同文化，加强了陕北人对地方感、身份感的认同，可以说，“年”的记忆框架构成是陕北文化传统区域的边界，也是他们传统生活的边界。陕北“年”的记忆框架内的民俗活动并非单一的，而是综合性的生活实践和文化行为。

二、陕北“年”在传统记忆框架内的发展

陕北“年”遵循传统的记忆框架，并且在此基础上得到很好的发展和充分的实践。陕北“年”是特殊时段内民众的生活，它在不断适应时代中发展和变化，可以说所有“年”的习俗都会变化，如果说“年”所以为“年”，是因为“年”作为仪式的结构性的关键要素没有丢失，而在这些结构性关键内容的外围随着生活发生改变。比如陕北人大年三十晚上“守岁”成为许多孩子的期待，过去是在家庭范围内，主要是家里的长辈完成，但是，今天的“守岁”却已经打破了家庭范围，民众在守岁的晚上首先观看中央电视台主办的“春节联欢晚会”，电视中主持人零点倒数的时候，大家也会聚在一起倒数，就像以前守岁一样，以某种行为迎接新年的到来。压岁钱除了保留传统的以现金的形式交给晚辈以外，还有使用现代的新技术发红包、抢红包的形式，让民众多了许多乐趣。传统拜年习俗还在，尽管有所淡化。随着人们活动空间的变化，以电子邮件、微信视频的形式拜年多有出现，这种“互联网+”的形式深刻影响了陕北“年”俗的变化，它让民众的活动空间变大，活动变得频繁。为了适应时代新变化，正月十四、十五举行的“转灯”仪式中将过去的煤油灯换成了电灯。其形式保留了，但是有些习俗就不太好进行，传统转灯仪式中“偷灯”习俗十分重要，传说偷绿灯生女子，偷红灯生儿子，年轻媳妇偷灯会有人高喊“偷灯养小子呢”，这种既有信仰又有趣

味的仪式因为换成电灯而无法进行。于是，有些地方在使用电灯之后还保留较少的油灯，以便于一些渴望孩子的妇女的需要。陕北过年是要贴对联的，这个习俗没有变化，传统对联的内容还在，但是又有新发展，诸如歌颂改革开放的、歌颂新时代的内容经常出现在对联中。

从上面的变化来看，陕北“年”俗的许多关键性要素在当代年俗中还在传承，它在适应生活过程中将年的记忆保留在主要框架内同时又充满了活力和张力。

“年”的记忆和实践不是被动的，是站在今天生活上的传承，是站在当下生活上的建构行为。所以，民众就会体会到、享受到每年过年生活的新鲜和快乐。也就是说尽管每年要过年，但每年又有不同关于年的生活。

当代中国乡村社会的城镇化、乡村振兴成为解决中国乡村问题的重要方法，这导致传统乡村社会结构关系的巨大变化，以村落为单位的家族变成新城镇的家庭，城镇社区取代了传统村落组织，其传统年俗的变化就成为必然。腊月二十三，绥德祭祀灶神是要擀杂面，绥德的女主人每个人能擀上一手好杂面，这是绥德人的传统生活。如今这个传统还在，但是，在政府组织下，绥德郭家沟在2017年、2018年的“过大年”活动就举办了擀杂面大赛。绥德腊月二十三“送灶马爷”祭祀活动被纳入过大年活动现场千人送灶马爷，供奉大型的“枣山山”，进入公共场所的表演性的年节活动充满了仪式感，将传统社会家庭内部厨房的活动搬上舞台，变成了公共性的文化活动是有意义的。这种家庭仪式与公共活动结合，将原先家庭仪式的个性化、私密化活动走向更为广大的空间，变成了民众熟知的知识展演，唤醒民众关于年的记忆，也传承年的知识，也以时代性的方式将地方性知识在更大范围内实施建构，使其成为地方发展的动力资源。

“年”是民众选择性的传统生活，也是选择性的生活记忆，许多年俗在时代作用下被遗失或者丢弃了，也有一些年俗在相当长的时间内沉积和沉寂，却在一个特殊的年份被重新挖掘、诠释重新回到民众生活之中，有些沉寂已久的年俗被民众发现、以特殊的生活方式激活成为国家、民族或者地方的力量源泉，铸造成为文化记忆。“当下的处境好像是一种触媒，它会唤醒一部分历史记忆，也一定会压抑一部分历史记忆，在唤醒与压抑里，古代知识、思想与信仰世界，就在选择性的历史回忆中，称为新知识和新思想的资源，而在重新发掘和诠释中，知识、思想与信仰世界在传续和变化。”[①]陕北“年”记忆的建构和建构年的记忆行为在特定时空，它必然受到社会各方面因素影响和各种力量的控制，民众在社会中获得记忆，也只有在社会中民众才能够对于年进行回忆、识别和记忆的定位。“正是在这个意义上，存在着一个所谓的集体记忆和记忆的社会框架，从而，我们的个体思想将自身置于这些框架内，并汇入到能够进行回忆的记忆中去。”[②]

三、陕北“年”在传统记忆框架内的新内容

陕北“年”在传统记忆框架内，常常因为民众的生活变化而不断增加新的内容，成为新时代陕北人年节生活的表现，也是陕北“年”节充满活力和魅力的实践。陕北“年”是以民众生活为中心的传承发展，我们不能忽视陕北一些“年”的习俗越来淡化。在腊月初一，陕北人还会给孩子吊“腊牌牌”，当地也叫“枣牌牌”。这种“枣牌牌”使用麻绳将红枣、干草节、煮熟的黑豆穿成串，有的人家还在“枣牌牌”上缀五色丝线、彩色布条和一些蒜瓣，在孩子的胸前左右各挂一串，一直吊到腊月初八，就将“腊牌牌”取下来吃掉。这种习俗在过去是重要的习俗活动，旨在保佑孩子的健康成长，希望通过孩子吊“枣牌牌”增强生命延续的力量，但是，随着孩子家庭生活的富有和现代保护孩子健康的方式越来越科学，过去在新年到来时期为孩子吊“枣牌牌”的形式逐渐淡化了。

---

① 葛兆光著：《历史记忆、思想资源与重新诠释》，《中国哲学史》，2001（1），第46页。

② 【法】莫里斯·哈布瓦赫著：《论集体记忆》，上海：上海人民出版社，2002年，第69页。

传统社会生活中民众对自然认识有限，于是，在一些特殊的时节观察天象、动物等变化预测年成就成为他们的生活知识了。比如，腊月初八的天气，在陕北人看来与人的生活和年成有关。当地有谚语云：“明冬暗年黑腊八”，就是说，腊月初八如果是黑沉沉的，来年的庄稼就会丰收。这种占卜习俗今天已经不太被人相信了，农业在民众生活中的位置也不像过去那样重要了，陕北这类“年”的习俗就不太流行了。

先前陕北一些地方正月十六的“燎烟火”习俗很普遍，几乎家家户户都要做，目的是祛百病。家庭主妇要将家里衣服进行清洗，迎接春天万物复苏。“燎烟火”在自家院子里进行，主要活动是取来一些烧火做饭的干柴火，大家在火苗上跳来跳去，口中还念念有词“燎百病、燎利身”“燎一燎，脚不疼”“燎一燎，变聪明”等。随着年轻人外出务工和城镇化建设，许多人家都盖起了楼房，“燎烟火”的人家就变得越来越少了。

作为优秀传统文化，“年”要持续具有生命活力，其根本就是适应时代和民众生活需要做出调整，在守恒的状态下达到良性发展。在此情态下，许多时代内容会进入到年节之中，以“年”的关键性传统为中心出现了许多新的年节活动。诸如米脂的闹秧歌，当地叫“闹羊鬐”，今天米脂过年时的秧歌不仅延续了传统秧歌的阴阳八卦、二龙吐须、剪子股、卷箔等项目，还糅合了其他文化表演，秧歌的舞蹈有的时候还创造成为秧歌剧进行表演。

城市新社区、乡村新村庄的建设导致了人口结构、家庭结构的变化，作为核心传统的“年”人们还在过，并且成为凝聚社区民心的重要传统，这就要求我们“在城市依托历史文化街区、公园、景点、广场、地标性建筑和博物馆、图书馆、展览馆等公共文化阵地，组织非物质文化遗产展示、灯光秀、快闪等活动。在新时代文明实践中心建设中，挖掘与运用乡土文化资源，组织乡土文化能人开展庙会、灯会、秧歌会、

'村晚'等特色文化活动。"[①]让传统年的活动、新时代与年相连的活动，以及各类发明的活动统合起来组成新时代的"年"的新生活、新传承，采取多样化、多种形式，丰富民众精神世界。从目前陕北"年"的活动考察，笔者以为在"年"的记忆框架和实践活动中的新内容应主要体现在以下两个方面：

（一）各地区性的春节联欢晚会

各地区春节联欢晚会与中央电视台举办的春节联欢晚会的目的和主题是一致的，以唱响主旋律、歌颂新时代为主要内容。比如2019绥德春节联欢晚会就以"奋斗新时代，建设新绥德"为主题，舞台以陕北的红火喜庆为主色调，陕北的剪纸、对联装饰舞台，开场舞就是"盛世华章"，随后的《扭起秧歌迎新春》、晋剧联唱《新时代 新征程》、陕北唢呐演奏《黄土魂》等均是绥德地方性的艺术形式，以新内容、新组合呈现在人们面前。春节联欢晚会形式是传统与现代生活的对接，在有限的时间和空间内将时代主旋律、民众生活面貌和地方传统有机结合，活跃了地方民众文化生活，成为当代年节传统生活的新内容。

（二）政府、社区举办与年俗有关的民间文化活动

这种活动是各类文化的叠加，而且以当代社会主流价值为核心。作为优秀传统文化的构成部分，比如2019年2月18如在米脂举办的"米脂县非遗项目展演"，就以米脂秧歌的形式在广场展演。

2019年2月18日，正月十四，米脂县在广场上组织了"米脂县非遗项目展演"，其主要节目包括：吹打乐团演奏《欢庆》《陕北民歌联唱》《腰鼓情》《荷包情缘》，三人场子《相亲》。民歌联唱《交朋友》，说书《刮大风》《山丹丹开花红艳艳》《老伞头》等。这种在年节期间进行的传统文化展示，实质上就是将传统知识以现代生活、现代形式展示出来，丰富米脂人过年期间的生活文化，也烘托过年期间的热闹气

---

① 《中共中央宣传部 中央文明办关于组织开展2019年传统节日文化活动的通知》，中宣发〔2019〕6号。

氛，拓展年节期间民众之间的交往活动空间。

这些文化节目常常以某一个社区、某一个乡镇或者某一个艺术团体为核心进行表演，因此，带有一定的竞争性。热闹、喜庆文化节目与年的气氛相吻合，其所表达的美好祝愿、希望与年的渴望一致，在“年”的记忆框架的新内容活跃了民众的生活，丰富了年的内容。

陕北“年”的发展需要新内容，淳朴的节庆文化保留与新的文化融入，很好地实现了创造性转化和创新性发展。

陕北“年”所选择和实践的新内容并非是虚幻的、随意的，而是融入传统“年”的仪式之中，与传统“年”的习俗结合。新的内容围绕“年”的仪式展开，融入“年”仪式中，并没有影响民众在年节期间的生活，而是加强了传统“年”的时代感、生活感，这也正是陕北“年”在发展中需要的力量。

陕北“年”的记忆是以框架的形式、关键性习俗回溯历史本源，以此寻求文化认同，确认自己处在历史发展过程、历时事件和社群文化之中，围绕“年”拥有一些可以利用的传统资源，民众通过“年”的资源获得自我、地域或者族群需要的自信心和凝聚力。陕北人以“年”为中心，把许多关于“年”的传统历史融合起来，不仅成为地域、族群认同的基础，也成为陕北人文化自信力量的源泉。

陕北“年”的记忆框架是情感的、也是生活的，是私密的、也是公共的，“年”的记忆框架内，包含了建构性的行动，这种不断的建构就是生活行动、生活情感的体现。陕北“年”始终强调当下的生活，以及在当下生活驱动下的理解、接受和实践。

第三节 阆中春节象征符号的文化品牌建设路径[①]

自2017年中共中央办公厅、国务院办公厅印发《关于实施中华优秀

① 该节由林继富、马培红合作撰写。

传统文化传承发展工程的意见》以来，有关传统文化的研究开始从挖掘阐释的理论层面转向资源转化的实践层面，注重“赋予新的时代内涵和现代表达形式，不断补充、拓展、完善，使中华民族最基本的文化基因与当代文化相适应、与现代社会相协调”[①]。至于具体如何推动传统文化与现代社会相适应，文化品牌建设提供了重要方向。文化品牌是文化资源的品牌化，既可以从品牌的不同发展阶段理解文化品牌的成长过程[②]、塑造策略[③]、营销与传播[④]等，也可以从传统文化角度进行文化资源内容建构[⑤]，但容易忽视文化资源建构前后的变化和文化资源发掘并走向品牌内容中心的过程。从文化资源到文化品牌的发展并非自然而然，而是在社会发展、民众需要等因素的基础上不断建构的。对这一过程的关注，不仅需要理解文化知识谱系的整体性和品牌建设的特殊性，还需要理解两者之间的交叉衔接与提炼重构。

地域不同、民族不同，春节文化就存在差异。春节根植于传统，春节符号的形成离不开民俗认同，正如韦伯与格尔茨所言，“人是悬挂在他们自己编织的意义之网上的动物”[⑥]，民众通过建构文化的象征意义形成对春节的民俗认同。当然，将春节当作一个文化体系，就可以发现春节是在亲缘谱系、姻缘谱系、地缘关系、族缘关系、乡邻关系和语言谱系等[⑦]方面的共同作用下的相互连接。

① 中办国办印发《关于实施中华优秀传统文化传承发展工程的意见》，《光明日报》，2017年1月26日。

② 周竞红著：《乌兰牧骑：内蒙古各民族团结进步的优秀文化品牌》，《中央民族大学学报》（哲学社会科学版），2020年第4期。

③ 周宇著：《激荡与共生：全球化视角下地方文化品牌的创新性塑造》，《学习与实践》，2020年第2期。

④ 王均、刘琴著：《文化品牌传播》，北京：北京大学出版社，2010年。

⑤ 岗·坚赞才让著：《格萨尔文化遗产的保护与发展思路》，《西藏研究》，2009年第3期。

⑥ 【美】克里福德·格尔茨著，纳日碧力戈译：《文化的解释》，上海：上海人民出版社，1999年，第5页。

⑦ 林继富著：《民俗谱系解释学论纲》，《湖北民族学院学报》（哲学社会科学版），2008年第2期。

春节，其特质存在于每一个“过年”的人身上。四川阆中，享有“春节文化之乡”[①]的美誉，在春节中，除了民众普通流行的活动（如祭灶、贴春联、年画等）之外，还有自身的地方性春节文化，如阆中的落下闳春节文化博览会、春节老人、年爷爷等。阆中春节构成了谱系性的生活关系和文化结构，这些关系从历史上就因为人员之间的流动和交往，形成了春节文化要素的聚合与衔接，在传统与现代交集、冲击、碰撞中，阆中的春节文化不断演变，但是，均没有离开围绕“春节”为核心的传统的符号体系建构。

阆中作为“春节文化之乡”，在春节文化资源发掘方面具有一定的典型性。自20世纪80年代起，阆中就注重春节资源的发掘，从资料整理到活动展开，对春节资源的发掘力度不断加大。在对具有广泛参与性和认知度的春节进行品牌塑造方面，阆中表现得尤为突出。阆中春节是地方性知识与普遍意义春节的结合体，通过对阆中春节中的历史人物落下闳的提炼与重构，重塑了以之为核心的阆中春节品牌内容体系。

一、阆中的知识谱系与落下闳

地方是时间与空间的统一，地方性知识则是一种谱系性存在，既包含了知识的整体性，又包含了相互依存、紧密联系的网络结构。知识的谱系与历史发展密切相关，是层累的、传统的。民众在生活中自觉不自觉地筛除一些不合时宜的，留下一些有重要用途的民俗文化，增加一些现代文化。正如希尔斯所说：“传统在其发展进程的每一个时间点上，都是一种混合物，它由长期延续下来的各种因素、新增成分和各种创新构成。”[②]处于生活中的个体与群体在相互交往中拥有共同的生活，形成

① 阆中经过申报、专家评审，2010年2月4日，中国民间文艺家协会授予阆中“中国春节文化之乡”的美誉。

② 【美】E.希尔斯著，傅铿、吕乐译：《论传统》，上海：上海人民出版社，1991年，第59页。

了“某一地方的人群共同体共同拥有的知识体系和价值取向”[①]，建构了民众生活在地域、文化和心理上的整体性。当然，这种整体性也包含了认同，凝聚了地方民众对地方生活和价值观念的认同，是地域和心理界限的自我与他者的重要区分。因此，从谱系出发，透过民众生活可以看到某些文化前后相继的纵向联系和彼此关联的网络结构，明确知识在谱系中相对确定的位置。要了解阆中春节与落下闳的关系，就要先厘清阆中春节的知识谱系，“深入考究，细细揣摩，发掘其谱系具有的紧密联系和网络结构”[②]，进而确立其与春节之间的紧密关联。

阆中春节知识谱系是在民众、国家、知识分子等共同参与的漫长过程中形成的，其历史的文化叠加与融合形成了现在丰富多彩的春节文化。不少学者对春节起源进行考证，源于腊祭，源于巫术、源于鬼神，说法不一。对于阆中而言，春节的产生和伏羲联系在一起。《保宁府志》序言：“夫阆中渝水为华胥之渊，伏羲所都，三巴首导神功也。”[③]另有记载，“伏羲演八卦，开启性灵，推定历度，初置元日。”[④]也就是说，伏羲在阆中活动，推定历法，设置的元日即为春节的开端，阆中民间称伏羲为“年神”[⑤]。《淮南子》卷三《天文训》又载：“东方木也，其帝太皞，其佐句芒，执规而治春。”[⑥]伏羲作为东方木神，和治春联系了起来。以伏羲的元日和治春为基础的神话就形成了民众对自然时间的确定和“春”的概念在阆中的延续。由于伏羲对农耕社会的贡献，阆中

① 彭兆荣、吴兴帜著：《作为认知图式的“地方”》，《北方民族大学学报》（哲学社会科学版），2009年第2期。

② 林继富著：《民俗谱系解释学论纲》，《湖北民族学院学报》（哲学社会科学版），2008年第2期。

③ 〔清〕黎学锦、徐双、史观纂：《保宁府志》（六十二卷）序三，刻本，清道光二十三年，第12页，国家图书馆馆藏。

④ 杨小平著：《浅论“春节”与阆中》，教育部人文社会科学重点研究基地·四川大学中国俗文化研究所，国家重点学科·四川大学中国古典文献学学科点主办，《中国俗文化研究》（第8辑），成都：巴蜀书社，2014年，第98页。

⑤ 四川阆中春节文化研究会编：《阆中春节的传说》，北京：中国戏剧出版社，2009年，第9—12页。

⑥ 〔清〕姚东升辑，周明校注：《释神校注》，成都：巴蜀书社，2015年，第36页。

在正月初一到元宵要耍龙灯放烟火纪念伏羲[①]，也形成了许多和伏羲有关的神话传说，如：年神传说、伏羲治春、伏羲封年、伏羲与龙灯等等。

阆中春节的具体习俗与怪兽“年”密不可分。从郑玉德搜集的资料来看，怪兽“年”总是侵扰百姓，一个叫万年的年轻人通过贴对联、放爆竹、熬夜通宵等方法驱赶“年”，后来就演变成了阆中守岁和拜年的习俗。战国时期，“部落的巫师会根据北斗手柄东指的时间测算出历法的变化，并在此期间充当春神，在部落里四处游走，向人们祈劝农”[②]，即所谓春祭，在阆中称之为“春倌说春”。汉代，阆中的落下闳确立了正月初一为岁首，原本不同时间举行的祭祀、庆祝等活动逐渐统一在正月初一进行，形成了春节的固定时间。

到了唐代，以祭祀为核心的春节习俗渐渐转向祭祀与娱乐并存。正月十六“游百病”的习俗出现，“‘上元’后一日，锦屏山游人如蚁”[③]，参与人员众多。现在民间有“正月十六游百病，游了百病少生病”的说法。宋代，每逢腊月初八，即吃“腊八饭”以庆丰收[④]。腊月二十三是“灶王爷”上天回报工作的日子，为防止“灶王爷”在玉帝面前乱奏，民间设香案、化纸帛、供牲馔，拜祈为全家美言，这便是“祭灶”[⑤]。拜年习俗依然存在，“除夕及元旦后亦必到墓前辞岁拜年”[⑥]，除此之外，“每岁元旦日，家主必具衣冠躬往亲友家展拜，谓之拜新

① 四川阆中春节文化研究会编：《阆中春节的传说》，北京：中国戏剧出版社，2009年，第14页。

② 四川阆中春节文化研究会编：《阆中春节的传说》，北京：中国戏剧出版社，2009年，第105页。

③ 丁世良、赵放主编：《中国地方志民俗资料汇编》（西南卷上），北京：书目文献出版社，1991年；又载四川省地方志编纂委员会编：《四川省志·民俗志》，成都：四川人民出版社，2000年，第387—388页。

④ 阆中市地方志编纂委员会编：《阆中县志》，成都：四川人民出版社，1993年，第925页。

⑤ 阆中市地方志编纂委员会编：《阆中县志》，成都：四川人民出版社，1993年，第925页。

⑥ 岳永武、余仲钧修，郑钟灵等纂：《阆中县志》（三十卷），1926年，石印本，第114页。又载国家图书馆出版社，2010年。

年”[①]。正月初九是“上九会，城北过街楼前，优伶演戏士女往观，络绎不绝，路为之塞。乡间各神庙亦于此前后数日中举行”[②]。清代阆中出现了灯节，“十日至十五日谓之灯节，沿街鱼龙曼衍或狮灯相往还，如古傩者，前三日，城隍庙前平竖八大木，高数丈，（灯）置其上，贮油于中而燃之谓之灯山。远视之，如列星万点，横亘天半，大有可观”[③]。

民国时期，阆中仍有正月“十日至十五日”[④]的灯节。对于灯节的壮观场景，《御街行·上元阆中灯会》载：“银花火树春城路，看灯若，流星雨。牌灯开道串车灯，喷火龙灯狂舞。牛灯春唱，戏灯锣响，长震巴渝鼓。灯山涌客如涛煮。”[⑤]20世纪50年代以后，“‘送灶’‘接灶’‘烧赙纸’‘赌博’及节间诸灯戏长期废止，其余各俗皆相沿”[⑥]。

阆中春节民俗改变较为明显是在20世纪50年代至70年代，这个时间段我国开始了“破四旧”“立四新”，反对封建迷信的运动。阆中春节与全国各地一样，许多传统的民俗活动被废止，《四川省志·民俗志》载：“50年代以后，‘送灶’‘接灶’‘烧赙纸’‘赌博’及节间诸灯戏长期废止，其余各俗皆相沿。”[⑦]《南充市志》亦载：“50年代后祭土地、祭灶活动被视为封建迷信，渐被禁止。”[⑧]阆中倡导过革命化的春

① 岳永武、余仲钧修，郑钟灵等纂：《阆中县志》（三十卷），1926年，石印本，第115—116页。又载国家图书馆出版社，2010年。

② 四川省地方志编纂委员会辑：《四川历代方志集成》（第三辑），影印版，北京：国家图书馆出版社，2016年，第218—219页。

③ 丁世良、赵放主编：《中国地方志民俗资料汇编》（西南卷上），北京：书目文献出版社，1991年；又载四川省地方志编纂委员会编：《四川省志·民俗志》，成都：四川人民出版社，2000年，第387—388页。

④ 岳永武、余仲钧修，郑钟灵等纂：《阆中县志》（三十卷），1926年，石印本，第115—116页。又载国家图书馆出版社，2010年。

⑤ 李文明著：《阆中春节文化探源》，北京：中国戏剧出版社，2009年，第12页。

⑥ 四川省地方志编纂委员会编：《四川省志·民俗志》，成都：四川人民出版社，2000年，第387—388页。

⑦ 四川省地方志编纂委员会编：《四川省志·民俗志》，成都：四川人民出版社，2000年，387—388页。

⑧ 南充市地方志编纂委员会编：《南充市志》，成都：四川科学技术出版社，1994年，596页。

节，许多人在春节期间仍然在革命生产的工地上，过年的物资依靠政府定量供应，春节虽然在民众心里是团聚的、是一年中富足的时间节点，民众也想办法举行守岁、迎春等活动，但是这些均仅延续在家庭范围内。改革开放之后，广大农村实行农村生产责任制，民众开始以家庭为单位生产生活，这些就使原本集体化的生活方式发生了改变，民众的生活日益富足起来，春节期间的饮食和娱乐活动也在一段时间内丰富了，各项民俗文化活动在春节期间逐渐得到恢复，重新融入民众的生活中。现在的阆中春节活动已形成了从腊八到二月二的完整的时间序列，内容多样。特别是腊月二十三之后，活动尤多。正如歌谣所唱："二十三灶上天，二十四房尘去，二十五磨豆腐，二十六肉进厨，二十七快宰鸡，二十八洗头发，二十九买香酒，三十团圆席"[①]，"正月初一，到各家拜年；正月初二，拜谢媒神；正月初三到初六，赶庙会；正月初七，人日的庆典；正月十五，闹元宵；正月十六，游百病；正月二十，补天节；二月二，龙抬头"[②]。阆中春节蕴含在当地民众的生活之中，并通过一项项颇具仪式感的碎片化习俗展现出来，总体呈现出春节各要素的关联与前后相继的延续。

阆中春节活动以团圆为主线，遵循着迎—聚—欢的逻辑顺序展开，既体现了"祭典的内隐"，又体现了"庆典的外显"[③]，也是阆中人在生活实践中形成的文化传统在特定时空的显现，也是阆中人在生活实践中形成的自觉不自觉的集体意识。这种集体意识是对春节民俗的认同。"在民俗认同符号体系中，包含了民俗的核心符号和次生性符号。这些民俗符号系统在不同时代加入时代内容"[④]，实现传统的不断更新。从时

① 四川阆中春节文化研究会编：《阆中春节文化研究》，北京：中国戏剧出版社，2009年，第188页。

② 史建平、李宪亮编著：《中国年俗文化概观》，北京：朝华出版社，2014年，第193页。

③ 乌丙安著：《中国春节：祭典与庆典严密组合的传统行事》，《江西社会科学》，2011年第1期。

④ 林继富著：《"民俗认同"与"文化自愈机制"：两个有用的概念》，《长江大学学报（社会科学版）》，2018年第4期。

间上看，阆中春节将民俗活动串联起来，在时间上由点到线不断延长。自伏羲开始，经由落下闳确定春节时间即正月初一，而后续开始时间逐渐从祭灶延长到了腊八，结束时间从正月十六游百病延长到二月二。从空间上看，以家庭为核心的春节空间范围不断扩大。历史上，春节的祭祀是以家庭为核心的亲属活动，拜年、发红包等习俗的融入形成了以熟人群体为界限的活动空间，而现在的花灯、游百病习俗则将春节活动范围进一步扩大到了社区、县市。阆中春节“使代与代之间、一个历史阶段与另一个历史阶段之间保持了某种连续性和同一性，构成了一个社会创造与再创造自己的文化密码”[①]，不仅揭示了阆中春节的传承发展与相互关系，也展示了阆中春节知识形态的时空演化过程。

落下闳作为《太初历》参与者之一发明了历法，还确定了正月初一为岁首。虽然其在阆中春节知识谱系中占有一席之地，但并不显眼、甚至相对于其他民俗活动来说可以忽略。其实，落下闳的天文历法成就一直被我们应用于生活之中，然而落下闳对春节的贡献未被我们注意，也就忽略了其在春节知识谱系中的特殊价值。

中国春节文化是多彩的、多样的，也是多元的。四川阆中落下闳提出“岁首”的春节时间段却发挥了巨大影响，许多春节习俗在此基础上逐渐形成，并且获得了丰富发展。原本不同时间举行的祭祀、庆祝等活动便逐渐统一在农历正月初一进行。现在，落下闳出生地桥楼乡还保存着五阳山、长公殿等相关遗迹，这也是落下闳发明历法的现实证据，不管这种依据是真实的还是附会的，在落下闳出生后的地方的民众看来这是实实在在的历史记忆。围绕落下闳形成的传说在春节活动中多有体现，如“落下闳撮合元宵喜相逢”[②]。这些传说构成了以桥楼乡民众生活为基础的知识谱系，并且成为当地民众建构精神价值的核心要素。

---

① 【美】E.希尔斯著，傅铿、吕乐译：《论传统》，上海：上海人民出版社，1991年，译序第3页。

② 四川阆中春节文化研究会编：《阆中春节的传说》，北京：中国戏剧出版社，2009年，第63页。

阆中春节在历史的发展中呈现出从祭祀到祭祀娱乐并存的发展态势，淡化了春节的神秘色彩和庄重氛围。春节文化蕴含在每个人的生活之中并通过仪式感的文化习俗得以展现，总体呈现出以团圆为核心的涟漪式发展态势。春节的“传统在其发展进程的每一个时间点上，都是一种混合物，它由长期延续下来的各种因素、新增成分和各种创新构成，这些东西已成为这一传统的一部分”[①]。当然，春节作为神圣与世俗交融的阶段，也不能忽视其禁忌习俗，如春节期间不倒垃圾、不用刀、不用针，忌说带有死、鬼等字眼，还有“正月忌头，腊月忌尾”的说法。阆中春节的禁忌习俗影响着民众的思维模式和行为方式，并与春节活动一起构筑了不同于日常生活的行为方式和思维模式。

二、落下闳作为阆中春节品牌建设的定位

地方性知识转化为具有影响力的文化品牌，“关键在于它内在所具有的文化功能效益和独特的文化意蕴”[②]，而这需要通过品牌定位来实现，也就是要在资源基础上，找到“人无我有、人有我优”的差异点，形成品牌核心竞争力。阆中通过挖掘落下闳与春节之间稳固而紧密的联系，确立了以落下闳为核心的品牌定位。

文化资源独特性的挖掘，需要依托文化资源的地域性，明白其文化个性，并在原有文化内涵的基础上进行更为精细化的考量。阆中春节特色鲜明，但最终选择了在阆中春节知识谱系中较为独特的落下闳，并通过对其的发掘、整理与研究，建构了落下闳与春节的紧密联系。

落下闳与春节的关联要从汉代开始说起。自古以来，民众根据自然规律安排农业生产。汉代以前，历法多变，有以十月为岁首，有以十一月为岁首，并不统一。历法错乱致导致农时紊乱，汉武帝遂统一历法。落下闳在《太初历》制定过程中发挥了重要作用。《史记·历书》载：

---

① 【美】E.希尔斯著，傅铿、吕乐译：《论传统》，上海：上海人民出版社，1991年，第59页。

② 王均、刘琴著：《文化品牌传播》，北京：北京大学出版社，2010年，第43页。

“招致方士唐都，分其天部；而巴落下闳运算转历，然后日辰之度与夏正同。”[①]《汉书》亦载：“愿募治历者，更造密度，各自增减，以造汉《太初历》……巴郡落下闳与焉。都分天部，而闳运算转历。”[②]由此可知，落下闳担任运算转历工作，结果日辰之度与夏正一致。夏正以正月为岁首，落下闳制定的《太初历》将“十月为岁首改为以正月为岁首”[③]，与周期循环的自然时序紧密吻合。落下闳是中国第一位有据可考的在历法上确定正月初一为岁首的天文学家，后续春节活动多是在这一时间基础上汇聚延续的。围绕落下闳，阆中相关的文化资源陆续被发掘出来。在历史遗迹方面，落下闳出生地桥楼乡保存着五阳山、闳庙子、长公殿、365步年梯，在阆中乡间保存荐闳园、落凤垭、观星桥等，饱含着阆中人对落下闳的情感。在传说故事方面，关于落下闳的传说在春节活动中多有体现，如“落下闳撮合元宵喜相逢”[④]等。

通过文献资料、历史遗迹、民间传说等相互印证，落下闳成为阆中春节文化源头的关键人物，加之《寰宇记》卷十六载：“落下闳，阆中人”[⑤]，因此，敬晓钦指出“中国春节源头在阆中”[⑥]。随后一系列功劳的加持让落下闳与阆中春节的联系更加紧密。2010年2月4日，中国民间文艺家协会授予阆中“中国春节文化之乡”称号，2017年，落下闳入选四川首批历史名人，2018年，阆中市被评为“阆中古城及春节源”纪念地，强化了落下闳与春节源头之间的关联，让落下闳成为阆中春节不可替代的人物，也不断确认春节与落下闳的关系。

---

① 《史记》卷二十六历书第四，清乾隆武英殿刻本，第1259页。

② 〔汉〕班固：《汉书》卷二十一上，清乾隆武英殿刻本，第1642页。

③ 阆中县建设委员会，阆中县政协文史资料委员会编：《落下闳资料选辑》（第2辑），1989年，第13页。

④ 四川阆中春节文化研究会编：《阆中春节的传说》，北京：中国戏剧出版社，2009年，第63页。

⑤ 四川省地方志编纂委员会编：《四川省志·民俗志》，成都：四川人民出版社，2000年，第20页。

⑥ 四川阆中春节文化研究会编：《阆中春节文化研究》，北京：中国戏剧出版社，2009年，第13页。

图5–7　落下闳雕像

阆中春节内容丰富，对于落下闳有关知识的发掘相当于“重新激活局部性知识，即小知识”[①]，注重找寻存在于历史文献或田野中琐碎的、边缘的、细节的知识，进而形成对落下闳在建构春节形象、春节知识谱系方面的完整认识。

品牌需要定位，“定位要从一个产品开始。那产品可能是一种商品、一个机构甚至一个人……确保产品在预期客户头脑里占据一个真正有价值的地位”[②]。品牌定位需要在地方文化中寻找特色，在同类春节文化中寻找差异，向民众传达一种与众不同的品牌形象。阆中从落下闳着手，通过资源发掘，将落下闳作为“春节之源”的确定者，建立了落下

① 【法】米歇尔·福柯著：《谱系学和社会批评》，【美】史蒂文·塞德曼编，吴世雄、陈维振、王峰、陈明达译：《后现代转向》，沈阳：辽宁教育出版社，2001年，第53页。

② 【美】艾·里斯、杰克·特劳特著，王恩冕、于少蔚译：《定位》，北京：中国财政经济出版社，2002年，第2—3页。

闳与春节时间源头的稳固联系，确立了阆中“春节之源”的品牌地位，形成了“拜阆中之源，到阆中过年”的品牌定位。

阆中春节的品牌定位注重特色化。在民众心中形成与众不同的印象需要确立品牌特色，这是品牌存续的重要一环。阆中特有的自然和人文环境，使阆中春节既有春节的共同性，又有自身的独特性。很多民俗都可以作为品牌特色，如亮花鞋、巴渝舞、游百病等，但要有其不可替代性，形成无法复制的特色，仅仅依靠民俗活动是无法达到的，不然就不会出现处处是火把节，天天是泼水节的现象。显然，阆中意识到并避开了这一点，将其特色放在“阆中之源”上，选择了“人无我有”的关键历史人物落下闳。落下闳与阆中的关系是确定的，与春节时间的关系是确定的，这就肯定了落下闳与春节时间之源的关系。这一关系是阆中独有的，也是其他地方春节无法复制的，很好地将本地春节与其他地方春节区分开来，形成“中国年·阆中源”的品牌形象，突出了自身的品牌特色，具有了品牌的核心竞争力。

阆中春节品牌定位蕴含了阆中人的情感价值。品牌不仅能向民众提供功能价值，也能向民众提供非功能性价值，如“情感价值、体验价值及文化价值等”[①]。其中，情感价值需要在民众心中建立自身与品牌之间彼此需要、引起共鸣的情感关联，推动民众对品牌的情感认同。过年是中国人的一种文化传统并通过重复性实践延续，每年一次的“人口大迁徙”是对过年“团圆”最朴素的回应，蕴含了民众阖家团聚的情感诉求，承载着个体对家和国的文化记忆。“过年”二字就像触发器一样，提到此二字就能够打开民众对家与国的记忆闸门。“到阆中过年”就是引发民众的情感共鸣，当民众有过年的心理需求时就会想到阆中，想到该地方带来的情感体验。因此，“到阆中过年”的情感价值准确抓住了民众的心理诉求，并直白地告诉民众阆中能够带来怎样的情感体验。

---

① 周鹍鹏著：《品牌定位与品牌文化辨析》，《山东社会科学》，2011年第1期。

地方文化品牌要想走向世界，就需要在世界市场上找到中西文化的契合点，而找到具有国际知名度和美誉度的历史人物则可以事半功倍。落下闳是真实的历史人物，在天文历法方面贡献颇大，成果世界共享。英国学者李约瑟在《中国科学技术史》中多次提到落下闳在浑天说、通其率等方面的贡献。2004年9月16日，中国科学院国家天文台将一颗国际永久编号为16757的小行星命名为“落下闳星”①，进一步肯定了落下闳在国际天文学上的影响力。现在，春节已经成为中国乃至世界的共享节日，“除了中国过春节，蒙古、朝鲜、韩国、印尼、马来西亚、新加坡、越南等国家，都把春节作为法定节假日，美国、加拿大、法国等国家，把春节作为重要的地方节日。而这一切，都与落下闳有关。”②阆中利用春节的广泛认知度和落下闳较高的地域辨识度与国际影响力，让阆中春节不再只是阆中的，而是世界的，并找到了阆中春节与世界性春节之间的连接点——落下闳，体现了阆中从中国迈向世界的文化自信。

关键人物可以是品牌定位的重要路径，但并不是阆中春节的相关人物都适合进行品牌定位。落下闳不是唯一和阆中春节相关的人物，伏羲与春节的关系显然比落下闳要早得多，河南商丘市睢阳区、湖北襄阳市、甘肃天水市等地方都有伏羲遗存或文化活动，影响较大，但伏羲是神话中的人物，很容易造成大众的模糊认知，不具有知识的唯一性和地域辨识度。落下闳是阆中从历史传统中提炼出来的“标志性”“关键性”的春节人物，将阆中与四川、中国、世界进行了有效连接，凸显了阆中春节的世界影响力。

三、阆中春节品牌内容建设的圈层逻辑

文化品牌塑造要以文化资源为依托，以文化创意为手段，将地方资

---

① 查有梁著：《“通天彻地”落下闳》，《光明日报》，2018年2月25日07版。

② 邓斌著：《依托落下闳故里 打造天文科普教育基地》，《南充日报》，2007年4月12日A8版。

源转化为品牌内容。阆中春节是品牌内容塑造的基础，而关键人物是品牌特色所在。结合当下社会环境，不少研究者从活动内容、活动形式上对落下闳和阆中春节相关元素进行创新，展现了文化资源的不同面貌，逐渐形成了以落下闳为核心，扩展到春节知识体系再延伸至相关民俗的有重点、有层次的阆中春节品牌内容体系。这种体系主要通过“中国（阆中）落下闳春节文化博览会”[①]体现出来。

总览阆中春节，精彩纷呈的春节活动推动了以落下闳为核心的品牌内容建设。在文化展览方面，建立了落下闳博物馆（含观星楼）、落下闳塑像以及落下闳故居（也称星座苑、落下闳纪念馆），主要展示落下闳生平事迹和天文历法成就。在人物形象塑造方面，着重建设落下闳的春节形象。作为“春节老人”[②]的化身，“落下闳”们在春节期间，身穿红色古装，手持法杖，走街串巷，恭贺新年快乐；开展“春节老人赐福”活动；专门设置“春节老人邮箱”；发行落下闳纪念章。从“别家入京”“金殿答疑”“小试锋芒”“间天负荆”“重整旗鼓”以及“丧失亲人”等方面编排川剧《落下闳》，讲述落下闳的生平故事；制作歌曲《中国年·阆中源》，创作长篇小说《落下闳》和编辑出版《落下闳文辑》。面向全球征集“春节老人”形象以及落下闳与春节关系的昵称；征集与落下闳相关的文献摘录、历史文物等文献资料；征集与落下闳、春节和二十四节气等相关的优秀文艺作品等，同时举办春节发源地向全球华人送祝福活动。这些内容通过不同表现形式强化了落下闳的品牌形象，有助于民众在活动中形成对阆中春节的独特印象。

除了对阆中春节的关键人物落下闳进行资源转化外，阆中市还围绕阆中春节营造了许多大型民俗活动，形成了与阆中春节文化相关的层级。具体来说，一是民俗论坛类活动。通过论坛形式举办“我们的节日·春节文化论坛”，邀请来自芬兰、美国、韩国、马来西亚等国的专

① 阆中在2018年、2019年、2020年均举办了“中国（阆中）落下闳春节文化博览会”。

② 2020年的“中国落下闳春节文化博览会”确定了“年爷爷”的称呼。

家与中国春节文化研究学者共聚阆中，共同研讨阆中春节，促进阆中春节的资料发掘和成果转化，推动阆中春节走出国门，走向世界；二是民俗展演类活动。建立“中华春节主题园”，主要以春节文化为轴，包括汉阙大门、春节文化广场、落下闳纪念广场、十二生肖大道、春芳夏荷秋枫冬竹四园和大型春节福钟，集中展示春节文化；建设以“团圆”为核心的全球最大灯笼广场；组织万人同品腊八粥、阆苑仙葩迎春灯会、“正月十六游百病”活动、阆中古城迎春花灯节、“春节发源地·阆中天下稀”网络春节联欢晚会、春节邮品大拜年、阆中古城新春曲艺节、“春节老家”摄影作品展、“春节民俗在阆中”美术作品展等特色活动。写春联、贴门神、祭祖、提灯会、亮花鞋、巴渝舞、春倌说春[①]、上元灯节、拜谢媒神等民俗活动也在其中，特别是亮花鞋，编创了舞蹈版和音乐版作品并巡回演出，深受民众喜爱。

图5–8　阆中春节文化博览会

① 说春都有一定的仪式和讲究，如阆中老关镇《春倌说春》：说拜年就拜年，拜年就要新年钱。不要捱来不要捱，快把利是拿出来。你把利是添一添，十个儿子九做官。添得多拿得多，十个儿子九登科。添得好拿得好，女儿各个花枝俏。慷慨主家天下少，轻轻一说兑现了。你们都是有名人，何必计较小事情。要算你在大处算，不要小处打算盘。不要推不要怨，拖到天黑添顿饭。你要磨到麦子黄，我就捱到面出来。你要拖到桃花开，柳树发芽我又来。摘自史建平、李宪亮编著：《中国年俗文化概观》，北京：朝华出版社，2014年，第158—159页。

图5-9　阆中春节文化博览会

以春节文化生活为核心，汇聚阆中以娱乐、祈福为主的民俗，活跃阆中春节文化，形成阆中春节品牌内容的外围层。阆中市开展了海内外家庭阆中过大年、川北婚俗新体验·我在阆中上花轿、“全球网红·阆中有礼”打卡活动、踩嘉陵江福桥·赏山水城胜景、阆中古城年味美食节等活动，内容丰富。特别是阆中春节大舞台民俗文化大联展活动，不仅有南充大木偶、阆中皮影、纸扎门神画、瓦当泥塑、工笔画、老观花鞋、剪纸、根雕等当地特色民俗活动，还有山东潍坊风筝、四川绵竹年画、陕西的香包、尼泊尔唐卡等国内其他地方和国外的文化展演，也有打腰鼓、巴象鼓舞、张飞巡城、烧花舞龙、阆中民歌、打钱棍、划旱船、舞牛灯、扭秧歌等街头文艺表演活动。这些民俗活动一方面带动了阆中相关民俗的发展，另一方面搭建了全国不同地区乃至全世界不同民俗的文化展演平台。

阆中春节在发展过程中，逐渐形成了较为完整的知识谱系，并在全国性的春节活动中拥有明显的地方差异，阆中将落下闳作为关键人物，形成了以落下闳为核心，以春节民俗活动为相关内容，并辅之以各地民俗的阆中春节品牌内容圈层体系。这些圈层的形成是基于春节传统的文化创意性转化，如围绕落下闳出现的“春节老人”形象，不管是卡通形象还是真人扮演，使历史人物又重新出现在民众的生活中。阆中文化品牌塑造围绕核心内容，深入挖掘年节文化内涵，不断延伸扩展，从地方特色走向具有春节普遍价值认同的文化活动，其具有的“归家感和亲情感、历史感与尊严感、狂欢感与实践感”[①]也在活动中得以体现。随着“正月十六游百病”（2013年）被列为中国体育非物质文化遗产保护与推广项目，阆中春节民俗（2018年）被列入四川省第五批非遗名录，正月初二亮花鞋（2012年）和春馆说春（2016年）被列入阆中市非遗名录，阆中春节中的文化要素正在形成新的亮点，影响力逐步扩大。这是品牌的力量，也是阆中春节品牌塑造的效果和阆中人希望达到的目标。

四、推动落下闳为中心的品牌建设的动力机制

以传统节日为中心的品牌建设可以发展出不同的知识谱系，但是并不是所有与传统节日有关的历史人物都可以成为文化品牌建设的对象，落下闳成为阆中春节文化品牌建设的对象，不仅有其自身的特殊贡献和人格魅力，而且拥有“内”与“外”的动力机制。

随着全球化进程加速，国家之间、地区之间的交往日渐频繁并相互影响。国家制定了各种政策推动文化发展，颁布了《中华人民共和国非物质文化遗产法》《国家级文化生态保护区管理办法》《文化部“十四五”时期文化产业发展规划》《关于实施中华优秀传统文化传承发展工程的意见》等政策，推动了传统文化的现代发展。随着国家文化政策的调整，地方文化发展，必须进行相应的调整，这也直接推动了阆中对自身资源的发掘和对地方经济发展的重视。

阆中虽然偏安一隅，但是，却以多种方式大力支持春节文化建设。20世纪80年代，阆中陆续成为国家历史文化名城和四川首批历史文化名城，春节文化建设开始受到政府重视，建立了阆中市春节文化研究会、四川省落下闳·春节文化研究所、阆中市落下闳研究会等机构，进行春

① 刘铁梁著：《感受春节》，《节日研究》，2011年第1期。

节文化资料收集、整理与研究。落下闳正是从中抽出来的能够代表阆中、代表四川、代表中国的国际性的人物形象。为此，阆中采取了相关措施建构落下闳形象，如出资建立中国春节主题公园和落下闳博物馆，做好落下闳春节文化博览会，组织春节期间的公众娱乐项目和提供大型文艺表演的活动经费，促进文化资源的整合与创新。同时阆中政府深知民众之于品牌建设的重要性，积极推动阆中春节的教育常态化，组织编印《春节文化研究》《春节诗词歌谣》等作为中小学生的课外读物，相继开展“我爱银河”“春节之源在阆中”等春节文化专题的校园讲座，开展落下闳诵读活动，免费向学生赠送《阆中春节文化教育读本》《品味阆中》等书籍，加深了中小学生对阆中春节文化的深入、系统理解。

学者是推动阆中春节资源发掘与提升知名度的重要学术力量。20世纪80年代以来，不少地方学者为阆中春节的资料搜集和整理做了大量工作，与落下闳相关的传说、故事等通过口述、文献的形式被整理出来。他们撰写了《中国春节先祖落下闳》《叙谈中国春节源头在阆中》《天阆星·1675·落下闳》《春节习俗与阆中文脉》《春节文化探源》《阆中春节文化研究》《落下闳资料选辑》《春节诗词歌谣》《阆中·落下闳》等论著，全面系统整理和研究了落下闳与春节文化的关系。近几年，全球范围内的专家学者参与到阆中春节的学术论坛中，扩大了阆中春节的知名度和在国际国内学术界的影响力。

阆中春节的品牌内容塑造离不开阆中人的参与，春节是阆中人的春节，是他们在春节时间的生活，他们不断建构春节传统的同时也在发明传统。“无论是真实的，还是被发明的，都会带来某些固定的（通常是形式化的）活动”[①]，如连续三年举办的落下闳春节文化博览会。落下闳品牌形象的形成是多方合力建构和理解的过程，阆中政府在理解地方文

① 【英】E.霍布斯鲍姆、T.兰格著，顾杭、庞冠群译：《传统的发明》，南京：译林出版社，2004年，第2页。

化和民众生活基础上塑造的“春节之源”的地方品牌形象，经过一系列品牌活动传递给民众，民众生活在由政府营造的春节文化空间中，“基于其内在已有的文化心理、文化情感、价值偏向，以及知识、信息的存储结构和状态，思想意识的水平等等因素，从而在文化认同的同时就已经在认同的内容上有所取舍、有所选择”[①]，进而形成了地方民众对阆中春节的认同和对品牌内容的理解。这一双向理解的过程包含了民众基于认同的自主选择，保证了以落下闳为核心的春节品牌确立之后能够得到认可。

落下闳在当代阆中春节文化中心位置的确立，是社会发展和民众生活需要的投射，这种投射并不是随意发生的，而是根植于落下闳的历史贡献，根植于民众的生活经验，根植于阆中人对于落下闳的情感，并在重复性的文化实践中被强化。事实上，推动落下闳成为阆中春节文化的中心是阆中人的文化自觉和新时代文化选择的自主体现。同时，要讲好落下闳的中国故事，需要更为科学地建立落下闳与春节的历史传统与民间知识体系，形成更加丰富的春节文化内涵和当代人的价值观念。落下闳是阆中连接四川、中国和世界的重要纽带，是中国文化品牌“走出去”的典型性春节符号，至于落下闳的“春节老人”抑或“年爷爷”的形象，则需要挖掘历史与民间与春节相关的文化资源，建立一套符合历史传统的文化符号系统。

阆中建设春节文化品牌的举措，基于阆中人生活过程中的春节文化传统，聚焦于春节文化关键性的象征符号，得益于学者对阆中春节文化的资料搜集与整理，因此，可以说阆中春节是地方性知识与普遍性现象交织在一起的具体呈现，也是政府、学者与民众多方合力的结果。

---

① 戴立勇著：《文化发展的动力学机制》，《武汉教育学院学报》，2001年第2期。

图5-10　阆中古街的年味

对于阆中春节象征符号的品牌化建设而言，其内在的逻辑有两条，一条是基于信仰的由祭祀到祭祀娱乐并存的发展脉络，另一条是基于关键人物从伏羲到落下闳的春节内容的建构。两者从内容上和时间上共同塑造了当代阆中人的春节文化品牌，形成了现代阆中春节生活的知识谱系，各要素的关联与延续在谱系中整体呈现出来。阆中春节文化品牌建设的过程，也是以春节作为阆中文化认同强化、凝聚的过程，从而形成了阆中地方性春节话语体系，这种话语体系的建构是否到位，新的象征符号的产生是否恰当，还需要阆中民众去理解、去选择、去实践。阆中春节象征符号谱系建设将春节文化放置在更大的舞台上，既有利于阆中春节文化的宣传又有利于阆中地方形象的塑造。当民众还在思考如何改善日益淡薄的年味，如何应对西方节日的冲击时，阆中春节文化传承发展以及其对春节民俗传统进行的创造性转换和发展，似乎是一条可以借鉴的道路。

第六章

溢彩流光与意义生产：传统元宵节灯会品牌建设

元宵节是中国传统节日，早在2000多年前的西汉时期就有记录。相传汉武帝正月上辛夜在甘泉宫祭祀“太一”活动，认为是元宵节祭祀的早期形态。元宵，原意为“上元节”的晚上吃汤圆赏月，后来发展为元宵夜，大街小巷张灯结彩，人们赏灯，猜灯谜，闹元宵，吃元宵，将从除夕开始的庆祝活动推向高潮，成为世代相沿的习俗。

第一节　元宵节的流变及文化内涵

元宵节是“送年”的仪式，是以“灯”为核心的传统活动。然而，我国民众常常将元宵节作为独立的节日来看待。2008年，元宵节入选我国第二批国家级非物质文化遗产代表性名录。而在此之前，2006年，春节入选我国第一批国家级非物质文化遗产代表性名录。从历史和现实来看，元宵节是春节的一部分，当春节作为一个时段，每天均有不同的仪式活动和生活安排，因此，春节是充满节奏的生活，也是张弛有度的传统实践。当时间进入到正月十二，就开始进入元宵节的时间域内，围绕元宵节的“灯”及其仪式构成相对完整的仪式生活和体系。民间流传有“年小月半大”的说法，元宵节掀起了春节的最后高潮，民众走出户外，举行最大、最热闹的聚会和交流，举行丰富的民俗表演，如：花枝招展的“采莲船”、奔腾苍劲的龙灯舞、欢快跳跃的瑞狮，热热闹闹“闹元宵”，从而别“年”，慢慢回归到日常生活之中。

一、元宵节的时间体系

在中华民族传统节日中，元宵节常常作为重大节日之一受到人们的重视。关于元宵节的起源，民间流传有许多传说。

相传汉武帝时，京城长安有个名叫“元宵”的姑娘，她和父母、妹妹靠卖汤圆为生。她心灵手巧，做的汤圆又圆又香又甜，被汉武帝选进皇宫，专为王室做汤圆。春节，元宵姑娘思念起亲人，可又出不了皇宫。正月初十那天，她悄悄来到井台上，想跳井自尽，恰巧被东方朔看见，问明情况，便想出一条妙计。东方朔化装成算卦先生，告诉人们：“正月十五降天灾，熊熊烈火四方来；弄得家家不安宁，搅得国家要衰败。”人人纷纷向东方朔求教。东方朔说：“要想拯救万物生灵，必须在正月十三中午，拦住从长安城西北方向来的一位穿红衣、骑毛驴的姑娘。那是火神娘娘，苦苦哀求于她，她定会救你们。”

正月十三日中午，一个穿红衣、骑毛驴的女子从长安西北方向朝城里赶来。人们立刻跪在路边，叩头哀求。那女子说：“正月十四、十五两晚上，玉皇大帝下令要火烧长安城，我怎敢违抗玉帝旨意？你们快去禀报当今皇上吧！也许他有办法。”说完，骑着毛驴走了。汉武帝听说后吓坏了。东方朔对汉武帝说：“皇上可下旨三道，一道叫元宵姑娘出宫教全城百姓赶制汤圆，以供奉火神娘娘。第二道，令全城百姓家家做灯笼，到正月十四、十五晚上点燃，可瞒过南天门外观火的玉皇大帝，火神娘娘也就能复旨了。第三道，在正月十四、十五晚上，让皇宫所有大臣、宫女都出宫同百姓观灯，必能解难消灾。”汉武帝照东方朔说的下了三道圣旨。

元宵姑娘接到圣旨离开皇宫，从而得以与全家团聚。原来，那穿红衣、骑毛驴的火神娘娘就是元宵妹妹装扮的。汉武帝和文武大臣观赏各式各样的彩灯，早把“天灾”忘在脑后。元宵姑娘这时也随同父母和妹妹赏灯。过了正月十四、十五，长安城安然无事，汉武帝大喜，便下旨每年正月十四、十五晚照例做汤圆，挂彩灯，放焰火。就这样，年复一年，相沿成习。因为汤圆是元宵姑娘教会的，人们为了纪念她，就将汤圆叫作“元宵”，正月十五也就被称为元宵节或灯节了。[①]

这个故事流传历史久，流传范围广，是历史上记载元宵节来历故事的演绎。故事代表了民众对元宵节来历的解释，包含了民众对于元宵节传统生活的特殊记忆。之所以把元宵节作为重要的、独立的节日来看待，笔者想主要是元宵节的起源和发展具有相对的独立性。

第一，元宵节的称呼具有独立性。元宵节，过去称为“正月十五”“正月半”或“月望”，有的时候称为“元夕节”，隋代以后称“元夕”或“元夜”，有的时候称为“灯节”，有的时候称为“上元节”，在中华民族一年的时间体系中占据重要位置，以“迎新”为其主要功能。

第二，元宵节起源的解释具有独立性。在元宵节起源问题上，历史上有多种解释：一是认为元宵节是汉文帝为庆贺正月十五平息“诸吕之乱”与民同乐的日子。平息“诸吕之乱”后每逢正月十五，汉文帝就率领大臣出宫游玩，后来世代相沿成习；二是认为元宵节起源于道教。唐代正月十五在京城燃灯是道教的“上元节”，即为天官赐福的日子。七月十五为中元节，“中元”祭祀“地官”，“地官”赦罪；十月十五为下元节，“下元”祭祀“水官”，“水官”解除厄运。从这里可以看出，“元宵节”作为“上元”已经成为道教重要的仪式实践节点。“上元”为新的一年第一次月圆之夜的意思。宋代吕原明的《岁时杂记》认为，元宵节是上元节，是因循道教的陈规习俗形成的。

第三，元宵节有独特的习俗，形成了相对独立的演进历史。从汉

① 李建忠讲述：《元宵节的来历》，见中国民间文学集成全国编辑委员会，中国民间文学集成陕西卷编辑委员会编：《中国民间故事集成·陕西卷》，北京：中国ISBN中心，1996年，第380—381页。

代开始，元宵燃灯发展成为生活风俗。唐代长安元宵节燃灯、玩灯、赏灯繁盛。宋代开封元宵节各类围绕“灯”的活动丰富，流光溢彩。明代元宵节成为民众生活的重要部分，民众可连续赏灯10天。清代元宵节是全民共欢的传统民俗节日。不同时代围绕“灯”形成的系列、系统的元宵节习俗，构成了丰富的祈愿、娱乐生活传统。21世纪以后，我国各地均有以元宵节为内容的国家级非物质文化遗产代表性项目获批。如2008年获批的元宵节项目有：北京怀柔区的“敛巧饭习俗”、北京密云县的“九曲黄河阵灯俗”、河北省蔚县的“蔚县拜灯山习俗”、山西省柳林县的“柳林盘子会”、福建省福州区马尾区的“马尾—马祖元宵节俗”、福建省仙游县的“枫亭元宵游灯习俗”、福建省泉州市的“元宵闹元宵习俗”、福建省晋江市的“闽台东石灯俗”、福建省连城县的“闽西客家元宵节俗”、甘肃省永昌县的“永昌县卍字灯俗”、青海省乐都县的“九曲黄河灯俗”；2011年获批的元宵节项目有：上海市黄浦区的“豫园灯会”、江西省南昌市湾里区的“上坂关公灯”；2014年获批的元宵节项目有：北京市门头沟区的“千军台庄户幡会”、河北省滦平县的“抡花”、浙江杭州市萧山区的“河上龙灯胜会”、浙江宁海县的“前童元宵行会”、山东省淄博市张店区的“淄博花灯会”、陕西省彬县的“彬县灯山会”；2021年获批的元宵节项目有：辽宁省朝阳市“辽西朱禄科黄河阵”、黑龙江省黑河市爱辉区的“瑷珲上元节”、江西省赣州市南康区的“赣南客家唱船习俗”、湖北省鄂州市的“百节龙习俗”、贵州省铜仁市德江县的“德江炸龙习俗”、黔东南苗族侗族自治州台江县的“苗族乌龙嘘花习俗”、甘肃省赣南藏族自治州舟曲县的“东山转灯”、湖北黄石的“王贵舞龙灯”、湖北荆州潜江的“潜江灯会”、河北蔚县的“打铁花”等。这些国家级非物质文化遗产代表性项目表明了我国元宵节的共同性、地方性和民族性，传递出中华民族民众对于元宵节的情感是鲜活的、浓烈的，是在以“灯”为核心共同生活习俗中表达的精神追求。

图6-1　花灯

图6-2　花灯

图6-3　花灯

图6-4　花灯

图6-5　花灯

图6-6　花灯

元宵节是正月十五，是一年中第一个月圆的日子。有人认为元宵节是祭月的节日，崇尚月亮应该是原始时期就有的习俗，但是，将祭祀月亮放在正月十五的习俗在汉代和唐代的典籍中没有记载。

尽管正月十五元宵节作为独立的传统节日可以成立，但是，笔者更愿意认为在中华民族的传统节日中，元宵节并非完全独立于春节之外，而是作为春节的重要组成部分，呈现的是春节的高潮与结束。无论从其在岁时、物候转换的特殊时间节点具有的意义来看，还是从其历经农耕社会的漫长历史演变所逐渐形成的具有广泛社会影响和深远文化内涵来看，作为春节的一部分，作为春节一个重要的时间节点是成立的。

中华民族的春节包括两部分：辞别过去一年和迎接新的一年的到来，也就是辞旧迎新。农历的新年，在中华民族的更多的地方叫“过年”，这个“过”就是跨过，既然是跨过，就是从一个地方到另一个地方，从一个时间点到另一个时间点。而跨过的是“年”，是一个生活的周期性的时间事件，也是周期性的生活实践。这个时间和实践是特殊的，对于生活在这里的人来讲是有意义的，因此，跨“年”就有两个年，一个是旧年，一个是新年。旧年的活动是从腊月初八开始到大年三十，新年则是从农历正月初一到正月十五。因此，中华民族辞旧迎新的“过年”习俗包括了忙年、过年、辞年和迎年。其中辞年就是辞旧迎新，而迎新的活动与辞旧连在一起，迎新的所有准备在辞旧阶段都准备好了，是以家庭为单位准备迎接新年的到来。每年农历腊月最后一天，就是大年三十，主要的传统民俗活动有祭祖，贴春联、门神，放爆竹，给压岁钱，吃年夜饭，送财神等。这些既是过去一年对于逝去祖先的酬谢，也是对当下家人一年来辛苦的酬劳，辞旧和迎新不可能分离，这就是为什么大年三十“一夜连双岁，五更分二年”的道理了。如果将“年”作为仪式来看，大年三十的守岁就是春节的第一个“阈限”期，此时就是旧年与新年的交替时间，其所有活动则区别于日常生活中的“夜晚”，而是重新生成了新旧交替的“守岁”的时间结构和意义表达。同时，我们也看到了新年内的所有活动与旧年之间的紧密关系，二者不能分开，这种关系经过大年三十“守岁”时期的“阈限”具有了新的生活实践和时间结构意义。于是，农历正月初一就开始了新的一年，直到正月十五是春节的又一个高潮，与大年三十构成了生活实践的一体化和情感表达的一致性。许多地方将正月十五称为“过月半”。“过月半”与“过年”具有同样的意义，依然是“过”，就是跨过的意思。这个跨过，就是跨过了所有的新年的起始，作为“过年”活动的结束。于是，在正月十五的“月半”时间点上，进入到“新年”的另一个“阈限”期，就是正月十五的一系列活动，尤其是以“灯”为核心的各类文化活动，并且采用“闹”的方式度过元宵节，诸如玩龙灯、花灯，踩高跷以及各类祭祀活动。这些活动是集体性的、村落性的，是民众在新的一年第一次最大规模的集体活动，以集体的形式实现“阈限”时间的秩序建构，这与大年三十的“守岁”以家庭为单位形成了对比。正月十五的元宵节的热闹、红火，当然也带有祈愿性质，均说明了“年”的结束，也意味着新年的生活行为和生产活动走向了正常化，民众的生活再次回归日常，进入新的生活循环时间。

通过上面的分析，笔者以为正月十五的元宵节既可以作为一个独立性的传统节日存在，也可以是春节的重要部分。说春节，说过年，不提到正月十五的元宵节就不完整，或者说就不是“年”的全部，正月十五的元宵节是春节的重要部分，春节期间的两次结构性调整，通过大年三十和正月十五的两个“阈限”期得以展开，从而使民众的生活有节奏、有意义、有期待。

通过上面的分析，笔者以为，元宵节的起源包含中华民族早期的历史记忆，这种历史记忆常常与历史人物和历史事件联系在一起。元宵节的习俗活动是丰富的，构成了谱系性的仪式生活习俗，这些习俗并非在同一时间起源，因此，元宵节的起源究竟在哪一个朝代、哪一个时间点，是很难说清楚的。目前我们只有通过文献记录元宵节习俗判断元宵节的起源发展，但是，文献记录元宵节的时间并不能说明元宵节起源的时间，只能说明元宵节的发展过程。笔者以为讨论元宵节的起源发展问题应该充分考虑中华民族民众的生产生活的周期，考虑天文历算与民众生产生活的关系，考虑民众对于月亮的态度，尤其是对于一年中第一个圆月的信仰态度，考虑到中华民族多元一体的生活格局，考虑中华民族“年”的构成，把正月十五的元宵节放在“年”的时间体系中来考虑，这样才能够更加清晰元宵节的起源与发展。

二、元宵节的文化内涵

隋唐时期有关元宵节的传说，以及围绕这些传说和当时的社会风俗、时代愿景等形成的元宵节民俗、民间生活文化就有很多了。宋代，随着城市经济的繁荣和市民阶层的崛起，寄寓了团圆、自由、丰收、幸福等众多美好情感与愿望的元宵节已表现出中国特色与中华文化内涵。

“元宵”中的“元”就是开始、初始的意思，即农历年的一年开始的“正月”；“宵”，就是夜晚，也就是农历新年的第一个月圆之夜。在月圆的晚上，祭祀月亮，食煮浮圆子，浮圆子即汤团，这就意味着吃元宵象征团圆。宋代周必大的《平园续稿》中的《元宵夜煮浮元子》记载：“今夕是何夕，团圆事事同。汤官巡旧味，灶婢诧新功。星灿乌云里，珠浮浊水中。岁时编杂咏，附此说家风。”天上月圆，碗里汤圆，家人团圆成为元宵节的美好象征。宋代吕原明《岁时杂记》曰：“京人以绿豆粉为科斗羹，煮糯为丸，糖为臛，谓之圆子盐豉。捻头杂肉煮汤，谓之盐豉汤，又如人日造蚕，皆上元节食也。”清代文学家孔尚任对八宝元宵赞不绝口：“紫云茶社斟甘露，八宝元宵效内做。”清代符曾《上元竹枝词》写道：“桂花香馅裹胡桃，江米如珠井水淘。见说马家滴粉好，试灯风里卖元宵。”对当时北京城内马家元宵称道有加。“正月十五吃元宵”成为家家户户必须遵守的规俗，也是通过元宵赋予团圆、甜美生活的期盼。

隋朝时，隋炀帝喜欢燃灯求佛，主张元宵节期间张灯游玩。《隋书·音乐志》记载：“每岁正月，万国来朝，留至十五日，于端门外，建国门内，绵亘八里，列为戏场。百官起棚夹路，从昏达旦，以从观之。至晦而罢。伎人皆衣锦绣缯彩。其歌舞者多为妇人服，鸣环佩饰，以花联者，殆三万人。”这些记载充分表现了隋朝元宵节以“灯”为中心的过节盛况。隋炀帝对于正月十五“燃灯”有特殊情感，写有《正月十五日于通衢建灯夜升南楼》，该诗曰：“法轮天上转，梵声天上来。灯树千光照，花焰七枝开。月影凝流水，春风含夜梅。幡动黄金地，钟发琉璃台。”

唐朝经济繁荣，唐代诗人苏味道的《正月十五夜》记载：“火树银花合，星桥铁锁开。暗尘随马去，明月逐人来。游伎皆嫁李，行歌尽荡梅。金吾夜不禁，玉漏莫相催。”北宋时期，开封作为都城，元宵节期间热闹异常，流光溢彩：“正月十五日元宵，大内前自岁前冬至后，开封府绞缚山棚，立木正对宣德楼，游人已集御街两廊下，奇术异能，歌舞百戏，鳞鳞相切，乐声嘈杂十余里，击丸、蹴鞠、踏索、上竿……至正月七日，人使朝辞出门，灯山上彩，金碧相射，锦绣交辉。面北悉以彩结山沓，上皆画神仙故事。或坊市卖药卖卦之人，横列三门，各有彩结。金书大牌，中曰‘都门道’，左右曰‘左右禁卫之门’，上有大牌曰‘宣和与民同乐’。彩山左右，以彩结文殊、普贤，跨狮子、白象，各于手指出水五道，其手摇动。用辘轳绞水上灯山尖高处，用木柜贮之，逐时放下，如瀑布状。又于左右门上，各以草把缚成戏龙之状，用青幕遮笼，草上密置灯烛数万盏，望之蜿蜒，如双龙飞走。”[①]

元宵节以“灯”为中心，构成了“灯”的意义系列，十三日夜的张灯叫“试灯”，十四日夜张灯为“神灯”，是祭祀祖先所用的灯；十五日夜的灯叫“正灯”，也叫“人灯”，放在门窗、床笫、几案等处，用来避除蝎虫；十六日夜的灯为“鬼灯”，放在丘墓、原野，为让游魂脱离鬼界。清朝时期，元宵节又称“灯节”，可见“灯”在元宵节中的重要性。在我国很多地方，“灯”与“丁”发音相近，在元宵节期间的灯笼也用来求子添丁，求灯辟邪保平安。宋代陈元靓在《岁时广记》的卷十二有《偷灯盏》，记录了当时人在元宵节偷灯的情景：“一云，偷灯者，生男子之兆。”这里“灯”谐音“丁”，就是男丁。这样一来，偷灯就象征着生育儿子，偷灯就是祈求子嗣绵延。有时候，农家在田间立长竹竿挂一盏灯，观察灯的火色，预测一年的收成。

元宵节与“正月十五”是一致的，也是一体的，只不过元宵节以往更多的是文化人，或者精英阶层的说法。元宵节经历了由宫廷到民间，或者说在这种说法意涵了“中心”与“边缘”的意义。在这里，我们发现许多农村，把这一天并不叫元宵节，而是叫正月十五，并且十分看重这个节期的功能。

元宵节记录着中华民族的历史发展，记录了多民族文化交往交融的社会生活。元宵节习俗早在汉代文献中就有记载，后来的元宵节习俗逐渐丰富，这些习俗体现了时代特征。比如，元宵节中关于“灯”的习俗就与佛教有一定关系。汉明帝为了弘扬佛法，下令在每年正月十五日在宫中和寺院“燃灯表佛”。中国社会历史进程中的事件和人物也常附会在元宵节之上，体现了元宵节的发展历程。更为重要的是，中华民族的元宵节具有地方性和民族性，这些意味着其具有穿越民族与地方的文化力量，意涵了其具有的包容性和适应性，展现出中华各民族元宵节具有

---

① 〔宋〕孟元老著，颜兴林译注：《东京梦华录》，南昌：二十一世纪出版社，2018年，第112—113页。

的普遍性的价值意义。

元宵节是集体性的仪式活动，从家庭走向社会，具有全民的性质。人人参与其中，乐在其中。在中国传统社会，元宵节期间，民众开始走出家庭，此时人与人交流互动，各类以集体为单位的民间文艺活动在民众中开展起来。大家在一起娱乐，男女相遇，充满了浓浓的情感。元宵节主要活动是大众娱乐，但是其社会文化意义却不仅仅是娱乐。此时有很多信仰活动，祈求神灵保佑，如在很多地方均有“走百病”的习俗，这是消灾祈健康的活动。元宵节晚上，妇女们相约出游，结伴而行，见桥必过，认为这样能祛病延年。

三、以元宵节为中心的文学抒怀

作为不分阶层与民族共同参与，有盛大庆典与繁华场景的生活仪式，具有特殊的时空场域与文化意象的元宵节，承载并激发出无数民众对美好生活、美好情感的向往。尤其是文化人对于元宵节情有独钟，他们为元宵节创作了许多文学作品。

宋代出现了“元夕词”，这些以“元夕”为主题的作品中，不同作者对于“元夕”的体会各有差异，其作品意境大有不同，辛弃疾和李清照所写的“元夕词”更是辉耀中华文坛。

元宵节是新年之初开禁的时间，春节期间许多禁忌在此时逐渐消解了，民众活动自由，没有禁忌的创作也自由自在起来。元宵节期间，各类民间文艺活动进入高潮，有时不同的文艺表演队还充满了竞争味道，精湛的民间艺术，民间艺人的绝活怪招在此时大放异彩。元宵节是民众交往交流的时间，不同年龄的人都能找到适合自己的活动，民众美好的情感在元宵节期间得到了释放。元宵节是新的一年第一个满月、圆月的时间，此时天上悬挂圆月，撒到人间是明亮的月光，勾起人们的无限遐想。古人对于元宵夜的描写有“一曲笙歌春如海，千门灯火夜似昼”“灯火家家有，笙歌处处楼”“东风夜放花千树，更吹落，星如雨。宝马雕车香满路。凤箫声动，玉壶光转，一夜鱼龙舞”。现代作家老舍在《北京的春节》写道：“元宵节处处悬灯结彩，整条的大街像是办喜事，火炽而美丽。有名的老铺都要挂出几百盏灯来，有的一律是玻璃的，有的清一色是牛角的，有的都是纱灯。有的各形各色，有的通通彩绘全部《红楼梦》或《水浒传》故事。公园里放起天灯，像巨星似的飞到天空。男男女女都出来踏月、看灯、看焰火。”冰心的散文《漫谈过年》记录了儿时老家的元宵节“灯俗”：“我们老家在福州市南后街。福州的风俗，元宵节小孩子玩的灯，都是外婆家送的。福州方言，‘灯’与‘丁’同音，‘添丁’是句吉利话，因此，外婆家送给我们姐弟四人的是五盏灯！我的弟弟们比我小得多，他们还不大会玩，我这时就占了便宜，我墙上挂的是‘三英战吕布’的走马灯，一手提着一盏眼睛能动的金鱼灯，一手拉着会在地上走的兔儿灯，觉得自己神气得很。”

我们也看到文人笔下的元宵节呈现出当时的社会现实生活状况，流淌着人文情感，选择性地记忆了家乡元宵节的风俗生活。

四、元宵节的时代创新

作为“节中之节”，元宵节在今天中国人的生活中依然扮演着重要的角色，但其在文化传承、民俗民风的传承发扬等方面却也面临着与复兴其他传统节日一样的现实问题。如何过好元宵节？笔者以为要认识到元宵节是庆贺欢迎新的一年到来的最重要的活动，也是祈愿新的一年风调雨顺的活动，各类娱乐性的庆贺和占验活动比较多。元宵节的娱乐活动代代传续，并且不断丰富。至清代，元宵节活动增加了舞龙、舞狮、跑旱船、踩高跷等“百戏”内容。

元宵节有很多占验的活动，比如特殊的“迎姊姑”习俗。唐代李商隐曾在《观灯行乐》中写道：“月色灯山满帝都，香车宝盖隘通衢。身闲不睹中兴盛，羞逐乡人赛紫姑”，就是写的唐代“正月十五”观灯、请紫姑的习俗。民国时期黑龙江《双城县志》记载：“正月十五夜，妇女请姑姑神，卜问本年一切休咎。法，以木勺为首，横缚一木为两臂，下缚有叉之木为两足，勺上包纸，绘眉、目、口、鼻，顶插花，身著衣，携之厩中念数语，入室以秤称之，较重于前，则神至矣；扶置坑桌旁，向问诸事，以前后磕头为休咎所由判。此即古之赛紫姑耳。”[①]“迎紫姑”是正月十五重要的习俗，主要是女性参加，女性在一起占卜当年的年成、占卜家庭健康等。正月十五的习俗中女性的重要性是与大年三十联系在一起的，大年三十的活动以家庭的男性为主，正月十五的活动则是以女性为主，其春节时段的习俗中阴阳配合默契，也显示出万物复苏时期女性的重要性。尽管我们说这里面有某种巫术行为，但是却正好印证了物候和农耕生产的自然规律。

正月十五更多的是以“灯”为核心。元宵节的“灯”是在家庭里，不仅在房子外面要挂灯笼，在家里每个房间也要点灯。民间有说法：“三十的火，十五的灯”，就是说，大年三十家里要烧最旺的火，在旺旺的火塘、火垅边守岁到天明。正月十五主要是灯，就是家里每个地方都要灯火通明，这些都是祈福求吉，祝愿人寿年丰。

正月十五的灯有许多传说故事。除了家里的燃灯，正月十五的晚上也有各种花灯，尤其是在城市、乡镇集市。“有灯无月不娱人，有月无灯不算春。春到人间人似玉，灯烧月下月如银。满街珠翠游村女，沸地笙歌赛社神。不到芳尊开口笑，如何消得此良辰。”这是明朝唐寅所作《元宵》，描绘灯火与月光映照下女子的美丽，表达了诗人对元宵节期间美好生活的讴歌。民众在元宵节尽情欢笑，迎接春天、迎接新生活，因此“十五的灯”就是春天的信号明灯。元宵节期间还有各类灯会，民众提着各种类型的灯笼参加灯会。李商隐曾在《正月十五夜闻京有灯恨不得观》中描述了唐代的都城灯会：“月色灯光满帝都，香车宝辇隘通衢。”《东京梦华录》有记载，每逢元宵节期间，开封大街小巷、茶坊酒肆锦绣交辉。从北宋以来，开封元宵节的放灯习俗延续至今。南宋时

① 丁世良、赵放主编：《中国地方志民俗资料汇编·东北卷》，北京：书目文献出版社，1997年，第420页。

期皇帝喜欢观灯，每年的元宵节，皇帝乘小车到宣德门的门楼上观赏鳌山。鳌山位于在灯市的中央，上悬数百盏各式花灯。《大宋宣和遗事》记载："自冬至日，下手架造鳌山高灯，长一十六丈，阔二百六十五步，中间有两条鳌柱。"元宵节期间因为灯而兴起了"灯市"，灯市中的灯花色多样，造型各异，灯市也由此成为地方重要的商贸市场，丰富了人们的生活。南宋时期的《武林旧事》就记录了都城临安一些茶馆元宵节期间出售花灯，逐渐形成元宵灯市。元宵节因"灯"而生的各类花灯和灯市丰富了民众的生活，也传递了民众的祈愿。这种传统充满了中华儿女浓浓的情愫，至今传承不息，并且在丰富和创新中发展，构成元宵节最亮丽的风景。

随着时代发展，今天我们应当更好地继承和弘扬元宵节蕴含的优秀传统民俗、文学风尚，并进一步挖掘元宵节的文化内涵。

元宵节是各类喜庆、热闹民俗活动频繁的时刻，也是众多民俗在共创共享空间竞相绽放生活美妙的时刻，我们应该充分重视元宵节作为特殊时间的民俗活动的开展，把传统的玩龙灯、耍狮子、踩高跷、划旱船、扭秧歌、玩社火、打太平鼓等活动开展起来，丰富中国人的文化生活，满足各族民众的精神需求。

弘扬元宵节期间健康的生活传统。比如，许多地方元宵节期间民众结伴而行"走百病"、爬山活动就十分有利于百姓的身心健康，应该得到发扬。

以多种手段繁荣元宵节饮食和活动。正月十五吃元宵中的"元宵"，作为食品，应该满足不同人的口味，走出传统元宵较为单一的口味。元宵节也是灯节，各种类型的花灯竞相绽放，应该把花灯制作和花灯销售结合起来，将电子、建筑、声学、光电等新技术、新工艺用于彩灯的设计制作，把形、色、光、声等结合起来，将花灯制作的知识性与趣味性，思想性与艺术性，传统性与现代性相结合，让各地的"灯市"丰富多样，满足民众的生活需求。

"正月十五闹元宵"聚焦在"闹"的活动上，让百姓在各种形式

“闹”的实践中传递喜悦的心情，表达美好的祝福，在欢乐的元宵节中结束春节的仪式，踏着新的步伐开始新一年的生活。

第二节 秦淮灯会的品牌营建

灯会以灯彩为核心，是我国劳动人民在节日中创造的，具有欢乐、祥和、健康、喜庆风格的活动。灯会中的灯彩表现为花灯，多用竹、木、藤、绸、布、麦秸、兽角和简易金属等材料制成。千百年来，灯彩艺人就地取材，制作出具有浓郁民族风格和地方特色的花灯，依托传统节日庆典，形成了以灯彩为中心的灯会文化。在中国灯会文化中，南京的秦淮灯会、四川的自贡灯会，因其历史悠久，文化传统丰厚，影响深远而具有鲜明的品牌效应。这些灯会文化从民俗传统成长为文化品牌，走着相似而又不同的道路。

秦淮灯会作为有明确目标建设的文化品牌的时间不是太长，但是，作为地方文化符号则具有久远的历史。古时，秦淮灯会被称为“笪桥灯市”“评事街灯市”或者“夫子庙灯市”，是南京人元宵节的生活习俗之一。1949年新中国成立之后，秦淮灯会一直被称为夫子庙春节灯市。1985年第一届灯会举办，夫子庙灯市更名为“夫子庙灯会”。2005年“夫子庙灯会”申报国家非物质文化遗产保护名录时更名为“秦淮灯会”。2006年申报成功后，“秦淮灯会”名称的合法性被确立，随之就拥有独享的商标权利。然而之后每年南京的春节灯会仍旧沿用“夫子庙灯会”。直到2010年春节南京举办的灯会，才开始启用“秦淮灯会”的名称。

南京“秦淮灯会”品牌形成路径，并非着眼于字面意义上的“秦淮灯会”，而是延伸到其历史、民众生活及其秦淮人特有的生活情感、文化表达。

一、优越的地理位置为秦淮灯会品牌形成提供可能

秦淮灯会是南京地区的民俗文化活动，又称“金陵灯会”，主要在每年元宵节期间举行。秦淮灯会所在地秦淮是南京市的一个行政区划，在历史上，秦淮地区属于南京核心城区的一部分。

南京历史文化积淀深厚，民间文化丰富，夫子庙的金陵风味小吃，秦淮灯船的桨声灯影，成为秦淮文化不可或缺的一部分。

秦淮灯会是以南京秦淮为中心的灯会活动。尽管秦淮河算不上大江大河，但是却养育着秦淮人，滋养着南京文化，是金陵古老文明的摇篮。

秦淮河，是长江下游重要的支流，古时候称为龙藏浦。相传秦始皇东巡会稽的时候路过秣陵，认为这个地方有股“王气”，于是就下令在今南京市区东南的方山、石硊山一带开凿，将龙藏浦向北引入长江。这则传说充分显示出秦淮河的神性和灵气。从汉代开始，龙藏浦就被称为淮水，到唐代，改名为秦淮河了。

从春秋战国时期建造金陵城开始，秦淮河流域的经济就很发达，交通便利，秦淮区逐渐形成了官民杂居、人口稠密、商肆林立的市井繁华胜地。秦淮人在这块土地上辛勤劳作，用自己的聪明才智，创造了绵延不绝、光辉灿烂的秦淮文化。

围绕秦淮河形成的包括瞻园、夫子庙古代建筑群、白鹭洲、中华门城堡以及从桃叶渡至镇淮桥一带的秦淮风光成为秦淮灯会生长、发展的生态环境。《秦淮灯船赋》记载：“小舫可四五十只，周以雕栏，覆于翠幕。每舫载二十许人，人习鼓吹，皆少年场中也，悬羊角灯于两旁，略如舫中人数，流苏缀之，用绳联舟，令其衔尾。有若一舫火举伎作、如烛龙焉，已散之，又如鬼雁。”

千百年来，秦淮河特殊的地理位置为秦淮灯会成为品牌提供了可能，秦淮河畔的发展始终与南京地区经济、文化、社会等诸多方面的发展密切相关。秦淮地区的发展在某种程度上讲就伴随南京城市兴衰。秦

淮河畔的灯火、灯会依托于南京民众生活、南京特殊地理位置和文化生态发展，发挥着越来越大的影响力。

二、秦淮灯会的赓续传承为品牌形成提供保障

秦淮灯会诞生、发展、繁荣及其衰微与南京在中国历史上的发展密切相关。秦淮灯会从三国时期的吴国开始直到今天就一直在传承，在创新。尽管历史上，秦淮灯会有时出现消歇，但是，一段时间之后，秦淮灯会又被激活，再次回到南京人的生活中。在秦淮灯会发展过程中，在民众生活需求作用下得以传续，不断积累的灯会文化传统，记忆着南京人的灯会生活。秦淮灯会的赓续传承、生生不息为秦淮灯会品牌形成提供了历史基础、文化血脉的保障。

秦淮灯会的形成可以追溯到三国东吴时期，唐代许嵩《建康实录》记载：“赤乌十年岁尾，帝崇佛教，以江东初有佛法，遂于坛所立建初寺。”且延续汉明帝以来“表佛”的做法，即在岁时节庆，或者欢乐喜庆场合张灯结彩。西晋左思的《吴都赋》曰：“饮烽起，西爵鼓震。士遗倦，众怀欣。”“开市朝而并纳，横阛阓而流溢，混品物而同廛，并都鄙而为一。”这些记载说明了三国时吴国都城众人开怀畅饮，商贸集市繁盛的情况。

东吴时期，元宵节期间，秦淮河两岸的达官贵人在宫内张灯结彩，东晋习凿齿的《诗灯笼》曰：“煌煌闲夜灯，修修树间亮。灯随风炜烨，风与灯升降。”暮霭降临，华灯齐放，秦淮河面就灯光摇曳，灯随风摇曳升降，此时的秦淮灯彩简单却适用。

随着社会的发展，秦淮河两岸的民众生活得到了很大改善，低成本的纸张取代丝帛制品而被大量运用，元宵节的灯彩艺术开始被越来越多的民众接受。

梁武帝萧衍崇信佛教，大肆建造寺庙。此时的元宵节宫廷内张灯结彩，既是庆典的活动，也是寺庙祭祀的盛事，其中就有用精丝制成的藕丝灯，外表绘制了佛教故事，这些开启了花灯故事的基本类型。萧衍

三儿子建文帝萧纲写有《正月八日燃灯应令》《灯赋》和《咏灯笼》。《灯赋》中曰："何解冻之嘉月，值蓂荚之盛开。草含春而色动，云飞采以轻来。南油俱满，西漆争燃。苏征安息，蜡出龙川。斜晖交映，倒影澄鲜。九微间吐，百枝交布。聚类炎洲，迹同大树。竞红蕊之晨舒，蔑丹萤之昏骛。兰膏馥气，芳炷擎心。寒生色浅，露染光沉。"《咏灯笼》中描写道："动焰翠帷里，散影罗幛前。花心生复落，明销君讵怜。"[①]从萧纲这些以"灯"为题的诗作中我们看到了当时秦淮灯彩的基本特征和当时民众的审美倾向，此时透光的材料在灯彩中得到使用。

开皇九年，隋文帝派兵灭陈之后，为了抑制金陵"王气"，就将金陵原有宫殿摧毁，采取强制迁徙居民等贬抑金陵的政策，秦淮灯彩发展受到了严重影响。

从初唐开始，秦淮河两岸人烟稠密，商贸兴旺，酒肆林立。笪桥一带，聚居了扎制花灯的艺人，出现了南京早期元宵灯市的雏形。[②]在相对安逸的社会环境中，每到正月十五前后流行着"闹元宵"、赏花灯的习俗，秦淮灯会开始形成。

南唐初期，江宁（南京）地区比较富庶。这时候，元宵节中的宗教内容和信仰色彩逐渐淡化，娱乐性的活动逐渐增加，民众从原先的禁忌、迷信中解脱出来。南唐李璟和李煜酷爱文艺，江宁城内文人墨客集聚，包括灯彩艺术在内的民间艺术得到了较大发展。

从宋太祖起，元宵节期间的张灯时间增加农历正月十七、十八日，累计五夜。火药技术催生出的烟花增添了元宵观灯的喜庆气氛。宋徽宗为了炫耀豪华，将万盏彩灯扎成一座"鳌山"。这意味着大型彩灯开始出现。此时的灯彩艺术加入了竞猜灯谜活动以及作为专门售灯和放灯的场所，也就是"灯市"。南宋诗人范成大《灯市行》中描述："吴台今古繁华地，偏爱元宵灯影戏。春前腊后天好晴，已向街头作灯市。叠玉

---

① 转引自孙艺乙、高安宁主编：《南京传统手工艺术》，南京：江苏教育出版社，2009年，第68页。

② 周女庆编著：《桨声灯影·灯彩秦淮》，南京：江苏文艺出版社，2004年，第11页。

千丝似鬼工，剪罗万眼人力穷。”是对南宋灯市的真实记录。

南宋时期，笪桥、夫子庙灯彩焰火齐集，街上车马、行人往来，通宵达旦。南宋词人辛弃疾在《青衣案·元夕》中写道：“东风夜放花千树，更吹落、星如雨。宝马雕车香满路，风箫声动、玉壶光转，一夜鱼龙舞。蛾儿雪柳黄金缕，笑语盈盈暗香去。众里寻他千百度，蓦然回首，那人却在，灯火阑珊处”[①]就是记录当年金陵笪桥和夫子庙元宵灯彩通夜欢舞的情景。

南宋淳祐三年，元宵节张灯又添加了农历正月十三，共计六夜。

明代，秦淮灯会达到了顶峰时期，秦淮灯彩品种发展到二三百种之多。明代初期，朱元璋为营造盛世繁荣图景，就将元宵灯节的时间延长至十夜：即农历正月初八上灯，张挂十天后于十八日落灯，十三日正式试灯。潘宗鼎在《金陵岁时记》中写道：“俗以正月八日、十三日、十五日为灯节。”朱元璋将元宵灯节增至十夜，从正月初八开始，到十八才落灯，那时南京人几乎“家家走桥，人人看灯”。此时的灯彩开始演变为民众娱乐的道具，有舞龙灯、舞狮灯等。秦淮灯会内容更为丰富。

永乐七年，明成祖朱棣以正月癸丑为始，“赐百官上元节假十日”，要求家家户户张挂彩灯。三年后又下令在南京皇宫午门外，集能工巧匠扎制了鳌山“万岁灯”。据明代陈建的《皇明通纪》记载：“永乐十年正月元宵节，赐文武群臣宴，听臣民赴午门外观鳌山三日，自是岁以为常。”这种灯规模宏大，以数千百种几万盏灯彩叠成山形，中间用五色玉栅簇成“皇帝万岁”字样，经灯火照射，熠熠生辉。

明代中期以后，南京城市人口已由明初的47万人增加到120万人。据明代《正德江宁县志》载：“上元作灯市，灯有楮练、纱帛、鱼鱿、羊皮、料丝诸品，又有街途串游者曰滚灯，曰槊灯，商谜者曰弹壁

---

① 〔宋〕辛弃疾著，朱德才选注：《辛弃疾词文选注》，北京：人民文学出版社，1988年，第50—51页。

灯。……加松棚于通衢，棚中奏乐，上下四旁，缀以华灯，灿若白昼，箫鼓声闻，灯火迷望。士女以类夜行，谚云走百病。”这时的秦淮灯会满足了不同人的生活需求，灯火通明而又驱除百病，参加灯会的游行的人更多了。

明武宗朱厚照南巡时，曾到秦淮河观赏灯船。可以说，秦淮灯船的出现将秦淮灯会及其秦淮灯彩艺术发展到高峰。据明末余怀《板桥杂记》记载：“秦淮灯船之盛，天下所无，两岸河房，雕栏画槛，绮窗丝障，十里珠帘。……薄暮须臾，灯船毕至。火龙蜿蜒，光耀天地。扬槌击鼓，踢顿波心。自聚宝门（今中华门）水关至通济门水关，喧阗达旦。桃叶渡口，争渡者喧声不绝。”[①]由此看来，吴敬梓在《儒林外史》中对秦淮灯会盛况的描绘绝非臆造：“水满的时候，画船箫鼓，昼夜不绝。城里城外，琳宫梵宇，碧瓦朱甍，在六朝时是四百八十寺，到如今何止四千八百寺！……到晚来，两边酒楼上明角灯，每条街上足有数千盏，照耀如同白日，走路人并不带灯笼……真乃朝朝寒食，夜夜元宵！”这个时期，秦淮灯彩出现了虎灯、蛤蟆灯、鱼灯、虾灯、蟹灯、荷花灯、菱灯、藕灯等，品种竟达到了二三百种。

明末清初时《枣林杂俎》记载：“南京灯杆高十二丈有奇，灯笼大丈余，荣四人剪烛。”此时出现了很多巨型灯笼。[②]这种巨型灯笼继承了前代人的智慧，开启了后来人制作“福灯”的先声。

清朝初年，戏曲作家孔尚任以秦淮灯会为依托，抒发自己落寞的情怀。“问秦淮旧日窗寮，破纸迎风，坏槛当潮，目断魂销。当年粉黛，何处笙箫？罢灯船端阳不闹，收酒旗重九无聊。白鸟飘飘，绿水滔滔，嫩黄花有些蝶飞新红叶无个人瞧。”这里以对比手法写到秦淮河两岸昔日辉煌和今日的衰败，昔日的喧闹和今日的落寞、寂静。该散曲为孔尚任的《桃花扇》结尾的一套北曲《哀江南》包含了孔尚任借灯抒情的创

① 余怀著，薛冰点校：《板桥杂记》，南京：南京出版社，2006年，第10页。

② 转引自孙艺乙、高安宁主编：《南京传统手工艺术》，南京：江苏教育出版社，2009年，第68页。

造性虚构。但是，从明朝末年到清朝初年，秦淮灯会在一定程度上没有明代的奢华和豪气了。

清代的南京城经过一段时间的萧条后，逐渐得到恢复，并且实现了快速发展，秦淮彩灯在制作上愈加精巧，在品种样式上有较大发展。《金陵岁时记》记载："府县学前、评事街，皆灯市也。洪杨未乱以前，盛称料丝灯，予不及见。惟明角之制有三星、八仙、聚宝盆、皮球、西瓜、草虫、金鱼之类，楼船则以碎玻璃条为之。他如绢制之灯、花鸟虫鱼，亦复惟妙惟肖。壁灯中有人物各种，惟走马灯最极灵巧。"[①]

太平天国时期，洪秀全受到基督教影响创立拜上帝会，定都南京，将其改名为"天京"，此时的秦淮灯会受到一定程度的抑制。"俗以正月八日、十三日、十五日为灯节。洪杨未乱之前，凡庵庙皆上灯。同光间，惟天青街之白衣庵最盛。评事街之江西会馆、门东之天喜长生祠、堂子巷之财帛司亦然。从前亦有上灯之事，今则罕见矣。"[②]太平天国运动期间，灯彩发展虽受阻碍，但秦淮灯彩仍然还在，此时产生了一种以灯彩为道具的秧歌舞，至今仍然流行于南京的部分地区。

太平天国运动失败后，湘军攻入南京大肆烧杀抢掠，直至曾国藩恢复秦淮灯船才使元宵观灯的习俗得到恢复和发展。随着近代徽商进入南京，聚集在南京上新河一带的木材商也参与到元宵灯彩的制作中来，由其制作的人形灯彩非常有名，时称徽州灯。[③]这意味着秦淮灯会具有极强的包容性和多元特质。

清代，笪桥成为灯彩荟萃的地方，清人甘熙在《白下琐言》记载："笪桥灯市由来已久，正月初鱼龙杂沓，有银花火树之观，然皆剪纸为之。若彩帛灯，则在评事街迤南一带。五光十色，尤为冠绝。"[④]此时壁

① 潘宗鼎撰，卢海鸣点校：《金陵岁时记》，南京：南京出版社，2006年，第19页。

② 潘宗鼎撰，卢海鸣点校：《金陵岁时记》，南京：南京出版社，2006年，第19页。

③ "洪杨乱后，上新河徽州木商灯会最盛，称徽州灯。"潘宗鼎撰：《金陵岁时记》，夏仁虎撰：《岁华忆语》（合辑），卢海鸣点校，南京：南京出版社，2006年，第18页。

④ 〔清〕甘熙撰，邓振明点校：《白下琐言》，南京：南京出版社，2007年，第34页。

灯、路灯、幌子灯等带有装饰性的照明灯彩也已出现，春节期间，商家们纷纷在店铺门前悬挂色彩斑斓的纱灯吸引顾客招揽生意。

在笪桥的桥南汇聚了金陵从事制作各类花灯的人，并且经营各种花灯。康熙帝南巡时，元宵之夜曾微服来到笪桥赏过灯。《红楼梦》第十八回有贾元春归省庆元宵灯市的盛况："贾妃下舆登舟，只见清流一带，势若游龙，两边石栏上皆系水晶玻璃各色风灯，点的如银光雪浪，上面柳杏诸树，虽无花叶，却用各色绸绫纸绢及通草为花，粘于枝上，每一株悬灯万盏，更兼池中荷荇凫鹭诸灯，亦皆系螺蚌羽毛做就的，上下争辉，水天焕新，真是玻璃世界，珠宝乾坤。"《红楼梦》第二十二回中有贾母与众人在一起制作灯谜、竞猜取乐的场景。《红楼梦》第五十三回描写了荣国府元宵节夜晚设灯宴的情形。曹雪芹对于灯彩、猜灯谜的描写在某种程度上就是清代南京民众举办灯会情景的写照。当时的花灯有宫灯、走马灯、浙江彩灯、龙灯、挂灯，各种禽兽花卉形的花灯、动物灯和那用绫绸扎制的人物灯等。清代捧花生在《秦淮画舫录》自序中说："游秦淮者必资画舫，在六朝时已然，今更益为华靡。颇黎之灯，水晶之琖（同"盏"），往来如织，照耀逾于白昼。两岸珠帘映水，画栋飞云，衣香水香，鼓棹而过，罔不目迷心醉。"从这里可以看出，清代秦淮灯船画舫兴盛。清代每年元宵节前后，由笪桥、评事街、升州路到夫子庙一带花灯似海，人涌如潮，给南京民众增添了无穷的生活乐趣。

清末民初，程先甲的《金陵赋》中写道："笪桥旧有灯市，曼（蔓）延于评事街，比岁稍寥落。而县学文庙（今夫子庙）称盛焉。"叶楚伧等人在民国《首都志》中亦载："灯市以笪桥、评事街、夫子庙等处为盛。"《岁华忆语》中记载："新年灯市，旧聚于评事街，迤北至笪桥市。近年则夫子庙为多。"[①]也就是说，从民国开始，灯市向南迁徙，夫子庙发展成为主要的灯市。

① 夏仁虎撰：《岁华忆语》，南京：南京出版社，2006年，第57页。

1949年之后，秦淮灯会得到了快速发展，尤其是1978年改革开放之后，夫子庙灯市灯会灯景得到创新性发展。以灯彩为主的文艺贯穿于秦淮灯会，大大丰富了其中的文化艺术内涵。在政府、企业的参与下，有组织的秦淮灯会已经举办了30届，每一届灯会均将南京人的生活场景表现得充分、丰富，典雅的民间灯彩被赋予了新的生命。经过电控、声控、气控等装置，许多大、中型彩灯妙趣横生，华彩多姿。

从秦淮灯会发展来看，秦淮灯会的兴衰与南京的政治地位、经济地位密切相关。也就是说，政治昌明、经济繁荣，民众生活相对富足，带来了秦淮灯会的快速发展。秦淮灯会的历史传承尽管有些曲折，但是，从东吴时期开始，其承载着每一个时代的政治、经济和民众的文化生活，这种日积月累"累层"式传统结构，成为其品牌形成的重要基础，也使其更加具有历史的厚度和生活的宽度。

三、文人书写为秦淮灯会成为品牌提供想象

秦淮灯会成长为文化品牌，文人的力量巨大。从唐代杜牧《泊秦淮》开始，就有许多描写秦淮灯会的诗文，这些诗文记录了国家的兴盛、繁荣与衰败，并且以"灯会"为主题的诗人寄托了对家乡故园的深切思念。

"烟笼寒水月笼沙，夜泊秦淮近酒家。商女不知亡国恨，隔江犹唱后庭花。"杜牧的《泊秦淮》收录于《全唐诗》卷五百二十三。杜牧以自己的亲身感受，写出了秦淮河两岸酒家林立，生活在这里的豪门贵族、官僚士大夫享乐游宴。唐王朝的都城虽不在建康，然而秦淮河两岸的景象却一如既往。"商女不知亡国恨"暗指欣赏"商女"歌唱的封建贵族、官僚、豪绅。诗中的"后庭花"，即《玉树后庭花》，是南朝荒淫误国的陈后主所制的乐曲，这靡靡之音，标志陈朝终归灭亡。《泊秦淮》婉曲轻丽之中意涵着辛辣的讽刺。

南宋诗人范成大吟咏的"春前腊后天好晴，已向街头作灯市。叠玉千丝似鬼工，剪罗万眼人力穷"就是当时灯市盛况的真实写照。

推动秦淮灯会成为文化品牌的文人力量，不得不提现代作家朱自清和俞平伯。20世纪20年代以后，秦淮扎灯艺人从农历正月开始，将花灯拿到夫子庙灯市上去卖钱谋生。这里各式各样的花灯琳琅满目，游人熙熙攘攘。现代文学家朱自清和俞平伯在1923年结伴同游秦淮河后，分别写出了《桨声灯影里的秦淮河》，他们的文章中就有秦淮灯彩和灯舫等迷人景色的描写。朱自清写道："舱前的顶下，一律悬着灯彩；灯的多少，明暗，彩苏的精粗，艳晦，是不一的，但好歹总还你一个灯彩。这灯彩实在是最能钩人的东西。夜幕降临时，大小船上都点起灯火，从两重玻璃里映出那辐射着的黄黄的散光，反晕出一片朦胧的烟霭；透过这烟霭，在暗暗的水波里，又逗起缕缕的明漪。在这薄霭和微漪里，听着那悠然的间歇的桨声，谁能不被引入他的美梦去呢？……我们真神往了。"

"在波光潋滟的秦淮河上，在灯火璀璨的夫子庙前，荷花灯、莲花灯、菠萝灯、花篮灯、狮子灯、兔子灯、金鱼灯、蛤蟆灯、元宝灯、飞机灯、宫灯、纱灯以及各种组合灯彩、大型灯组，竞相绽放，争奇斗艳。灯彩与盛世相映，笑语共欢歌齐飞。"

朱自清和俞平伯熟悉南京，熟悉秦淮河，熟悉秦淮灯会，他们以自己的亲身感受、生活体验写出的《桨声灯影里的秦淮河》表达了对于秦淮灯会的深厚情感，传递出浓浓的乡情、乡景和乡愁。

中国历史上多少文人书写过秦淮灯会没有统计，但是他们书写的秦淮灯会充满了美好的想象，他们建构出来的秦淮灯会世界是情感的再现，也是秦淮灯会传承的历史，为秦淮灯会成为文化品牌提供了想象空间，增强了秦淮灯会的故事性、情感性和人文精神。

四、政府力量是秦淮灯会品牌建设的推手

秦淮灯会成为品牌离不开政府。历史上的秦淮灯会发展有不同时代的达官贵人的推动。明代的皇帝朱元璋以及清代的康熙游览参观等更是推动了秦淮灯会的繁荣。在现代中国，政府这双手依然无处不在。

20世纪80年代以来，在政府的介入引导下，秦淮灯会开始复兴。

1985年春节，经南京市政府批准，秦淮区政府于正月十三、十四、十五日在夫子庙举办为期三天的首届秦淮灯会。从1985年秦淮灯会恢复举办以来，每届灯会均成立相关管理机构。起初是由秦淮区委、区政府组织辖区内各有关部门成立临时办公室，称为秦淮灯会领导小组，由区长担任组长，办公地点设在区文化局。领导小组成员单位有：秦淮区政府、文化局、工商局、工业公司、城建局、城管、商业局等。

从2009年秦淮灯会开始，主办单位由秦淮区政府变成南京市政府。秦淮灯会的组织形式以“灯展、灯市、灯景”三灯形式呈现，这些都是在政府管理下进行的。

为了鼓励扎灯艺人能扎好灯、特色灯，不断创新，政府组织部门在每年的秦淮灯会期间都会举行彩灯评比活动。

政府组织部门对灯会做了充分的宣传，灯会宣传以“阶段炒作，冷热有度；以灯为媒；宣传秦淮，贴近活动，突出特色；激活市场，拉动内需”为原则。秦淮灯会期间，灯会的宣传方式主要有电视，涉及江苏电视台城市频道、江苏卫视、南京电视台新闻综合频道等；报纸，涉及新华日报、南京日报、扬子晚报、金陵晚报、江南时报等；新浪、搜狐、雅虎等点击率高的门户网站。

政府参与使秦淮灯会的活动内容与形式变得更加丰富与精彩，从而满足了不同社会角色的需要。政府参与，充分利用行政资源，让一部分现代文化走进传统节日，满足一些对现代文化有所需要的人。政府参与，更好地继承了秦淮灯会中优秀的传统，如每年的秦淮灯会期间，政府都会组织传统的猜灯谜活动、庙会巡演活动。

政府通过多种手段宣传秦淮灯会，从而引起更多人的重视。秦淮灯会期间，政府通过与地方电视台、中央电视台合作拍摄录制相关的灯会新闻节目、专题片或者纪录片等，多渠道地对外宣传并有意识地保存秦淮灯会文化资料。

政府强调保护灯会和灯彩，也强调开发、利用灯彩和灯会。如政府支持鼓励秦淮灯彩的艺人在传统的基础上创新，并给予一定的政策支持；每年的秦淮灯会都会与外地灯彩企业合作开发新的灯组，使灯会期间的灯彩更加丰富多彩。

政府组织秦淮灯会的指导思想是传扬民族传统文化，展现秦淮灯彩艺术与时俱进，在灯彩的设计上每年都会布展突显当年国家重大事迹的灯彩。通过这种形式，政府可以强化主流文化意识形态，形成国家认同。秦淮灯会期间大规模的人流、商业活动刺激了旅游发展，产生大量的经济消费，推动了南京地方经济的发展。

2006年5月22日，“秦淮灯会”被国务院批准为第一批国家级非物质文化遗产代表性项目。与此相关的南京“南京白局”“古琴艺术·金陵琴派”等被保护起来，这些民间艺术成为秦淮灯会艺术中的重要成分，与“秦淮灯会”共同构成南京以“灯会”为中心的知识谱系。

政府参与秦淮灯会活动管理、引导和推介，极大地增强了灯会的规模效应，由此形成的社会效益、经济效益和文化效益是传统秦淮灯会无法达到的。

五、民众生活是秦淮灯会发展的内在动力

民众对生活需求主要分为两个方向：物质需求和精神需求。建立秦淮灯彩产业品牌需要融合现代的物质生活和精神生活。

“灯”是民间社会必不可少的生活用具，“灯会”是民众喜欢参加的群体活动，也表现了民众生活的悲喜欢乐。“务农的人来看灯，风调雨顺五谷登；行商的人来看灯，般般如意家业兴。”“正月里来是新春，家家户户挂花灯。花灯挂在大门口，迎来丰收太平年。”民众口中传承的这些俗语包含了他们对幸福生活的向往。

秦淮灯会不仅仅单纯关于彩灯，而且关涉到以彩灯为中心的民众的生活需求，由此构成了各种文化表演活动，诸如灯彩、风筝、空竹、糖画、面人、剪纸、中国结现场手工制作以及南京白局、南京评话、魔术、木偶、皮影、相声等传统艺术表演，共同构成了南京传统习俗中特

有的人文生活景致。

每到大年三十，夫子庙灯会正式拉开大幕，夫子庙便成为斑斓十色的花灯海洋。暮霭降临，市民和游客纷至沓来，观灯赏景。“老南京”有句俗话：“过年不到夫子庙观灯，等于没有过年；到夫子庙不买盏灯，等于没过好年。”这句俗语说明南京人对灯彩的钟爱，也展现出灯会和灯彩与南京人生活的关系。

秦淮灯会中的花灯制作材料是生活化的，比如竹篾和纸为材料的纸扎花灯，在民间十分流行，甚至将供物以灯彩的形式表现出来，惟妙惟肖。《金陵岁时记》“灯市”载：“光绪间，财帛司供神，以棉絮制成元宵形，又以纸为方糕、馒首，盛以纸盎，几欲乱真。”[①]

秦淮灯会中的花灯是基于生活实用、方便为目的制作的产品。秦淮花灯中，我们常常见到手提灯，如莲花灯、蛤蟆灯、花篮灯、菠萝灯、小型兔子灯、狮子灯、飞机灯等。这些不同类型的灯是生活中常见的，并且制作方便。

在秦淮灯会中，各类花灯均包含了深刻的象征意义。麒麟送子灯及开瓜见子多是母亲对出嫁女儿的美好祝福，希望女儿早日添丁。金鱼灯、元宝灯表现人们祈福年年有余、对美好生活的期望。西瓜灯寓意开瓜见子。以前南京人有个习惯，结婚想得子，春节时就到街上买一个开瓜见子灯，象征多子多孙多福气。由于南京灯彩包含丰富的象征意义，因此，在一些重要日子送灯彩成为南京人的习惯。《金陵岁时记》曰：“女子既嫁之初年，母家届灯节则遗以灯及元宵诸食品，名曰灯节盒。”[②]《岁华忆语》中记载：“八日为上灯节，人家始悬春灯，祝祖先，拜尊长，曰拜灯节。夜供元宵，其制以米粉裹糖。有女新嫁者，是日购彩灯及元宵送其家，曰送灯。”[③]南京秦淮人，很早就有灯节送灯的传统习俗，送灯蕴含了亲人之间美好心愿、祝愿，包含了节日期间的愉

---

① 潘宗鼎撰，卢海鸣点校：《金陵岁时记》，南京：南京出版社，2006年，第19页。

② 潘宗鼎撰，卢海鸣点校：《金陵岁时记》，南京：南京出版社，2006年，第18页。

③ 夏仁虎撰：《岁华忆语》，南京：南京出版社，2006年，第57页。

悦心情。

日常生活中常见的各类形象被彩灯艺人创造出花灯样式，如传统的“琉璃灯”“万眼灯”“走马灯”“夹纱灯”，现在的“梅里灯”“画舫灯”“龙舟灯”“莲花灯”“栀子灯”“葡萄灯”“瓜灯”“藕灯”“鹤灯”“凤灯”“鵁鶄灯”“猴灯”“鹿灯”“马灯”“兔灯”“虾灯”“螃蟹灯”“鱼灯”“蛤蟆灯”等，这里的动物、植物和生活器物都是南京人生活中的常见之物，民间艺人将其作为花灯内容制作，具体形象。诚如《金陵岁时记》“灯市”所载：“府学前评事街皆灯市也。洪杨未乱之前，盛称料丝灯，予不及见，惟明角之制，有三星、八仙、聚宝盆、皮球、西瓜、虫草、金鱼之类。楼船则以碎玻璃条为之。他如绢制之灯，花鸟鱼虫亦复惟妙惟肖。壁灯中有人物各种，惟走马灯最极灵巧。”

灯会活动不断把秦淮灯彩艺术推向新高潮，与此相辉映的其他民间文化艺术门类，如南京剪纸、空竹、绳结、雕刻、皮影、秧歌、踩高跷等，也依托秦淮灯会的旺盛人气和强大影响力不断发展繁荣。

以秦淮灯彩为主要内容的秦淮灯会，每年吸引了众多的海内外游人纷至沓来，推动了秦淮旅游文化产业的大发展。他们在领略秦淮风光、秦淮灯会时带来了资金，带来了信息，拉动了区域经济的发展。秦淮灯彩艺人也因为秦淮灯会分别成立了灯彩制作企业，每年利用各种博览会和春节灯会市场销售产品，带来丰厚的收益。

秦淮灯会因为民众生活的变化，时代发展，加快了灯彩艺术的生活化和时代化。比如现代科学技术进入灯彩，将形、色、光、声、动等组成要素融合于花灯制作，增强了游人的参与性。在创作题材上，传统灯彩品种被继承下来，又创作出诸如远洋轮船、运载火箭，现代灯彩中的生肖灯、卡通灯和各种灯组，以及城市建设、山林景观等花灯造型，还有反映社会主义核心价值观的花灯，从而将灯会中的传统与现代生活进行恰如其分的结合，成为当代社会走向繁荣发展的体现。

秦淮灯彩艺术不是静态的展示，而是让灯彩艺术动起来、活起来，增强了秦淮灯会的故事性、表演性，从而大大地提升了秦淮灯会的历史意蕴和文化品位。

六、地方文化传统成为秦淮灯会品牌内涵

秦淮河是南京众多河流之一，秦淮灯会的诞生及其内涵与水有紧密关系。

秦淮灯彩中的荷花灯与南京城内湖泊中生长的荷花、南京人对荷花的感情有关，南京城许多地名以荷花命名，诸如荷花塘、荷叶巷、莲花桥、九莲塘、莲子营等。这些地名传达着南京人与荷花的特殊情感，因此，秦淮灯会中出现以荷花为原型的荷花灯不足为怪。

除此之外，与水有关的秦淮灯彩还有鱼灯、蟹灯、菱灯、藕灯等。当代秦淮灯彩人创作的“金鱼吐泡”和“荷花送子”灯、“出水芙蓉”灯、“白莲花开”灯等充分展示了南京文化的秉性和特点。从这个角度上说，南京文化传统、南京文化品格是秦淮灯会品牌建设的核心内容，它构成了秦淮灯会文化的基本内涵。

秦淮灯会的核心是灯彩，灯彩艺人创造的灯彩的表达内容、艺术审美决定了秦淮灯会的成败。秦淮灯会的灯彩在不断继承地方传统基础上创新发展，将时代特色融入秦淮灯会之中深受人们的欢迎，并且在国内外产生了广泛的影响。2005年2月举行中国民间文艺第七届“山花奖”（灯彩）评选活动中，秦淮灯彩作品《金鸡吉祥》《秦淮娃娃闹春节》《金鸡报晓》分别获得金奖、银奖和优秀奖，为秦淮灯彩争得了荣誉。2005年，陆有昌扎制的秦淮传统荷花灯被国家邮政总局选入民间灯彩特种纪念邮票，向全国公开发行，成为展示秦淮传统灯彩的名片。从2002年开始，秦淮灯彩不断走出国门，传播中国传统文化，这些灯彩艺人和灯彩作品均是通过精心制作，蕴含秦淮人的地方生活、传统文化价值和当代中国人的精神禀赋。这些活动，让更多人了解秦淮灯彩艺术，极大提升了秦淮灯彩的文化品牌知名度，成为秦淮灯会文化品牌的基础。

不同时代秦淮人创造、传承秦淮灯会的努力是秦淮灯会文化品牌形

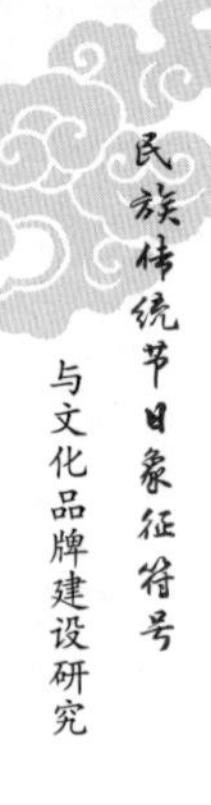

成的丰厚土壤；不同时代秦淮人的生活是灯会生产、创新的核心，也是秦淮灯会文化品牌得以形成的内在动力。

七、秦淮灯会品牌建设需要做的事情

秦淮灯会品牌形成经历了漫长历史过程，在实践中取得了许多宝贵丰富的经验，但是，秦淮灯会品牌的发展还有许多事情要做。

挖掘秦淮灯彩文化、灯会文化传统资源，将南京、秦淮地区传统文化与灯彩产业结合得更为紧密一些，帮助传统秦淮灯彩文化形成产业文化，建构出区域性符号，最终建立文化底蕴深厚、体系完备的秦淮特色文化产业。

秦淮灯会要设计有南京秦淮地区特色文化底蕴，又带有中国人普遍情感价值的品牌，既要为灯彩艺人提供维持作坊运作的可以实践的文化生产，又要将灯彩各个产业环节的革新和塑造统筹考虑。

秦淮灯会品牌可持续发展要不断探索和调整把握消费市场倾向、消费者喜好，兼顾灯彩市场、灯会期间各个层次的消费需要，提高灯彩产品的核心竞争力，进一步完善、细化产品的个性化和体系化。

第三节　从记忆资源到产业资本的自贡灯会

自贡位于四川省南部，素有“千年盐都”的称号，因为盐业发达，鼎盛时“富庶甲于蜀中”。自贡灯会源于唐宋，盛于明清，有800多年的历史。据地方志等文献记载，自贡自唐代以来就有新年燃灯的习俗，至清代有“狮灯场市”“灯杆节”等活动。据《荣县县志》记载：“正月八日之后，各祠庙皆燃火树，各门首皆点红灯，新年灯火甚盛……一城数亭，一亭各式，其高数重，构栋雕镂，嵌灯如星，一亭燃四五百灯，辉丽万有，西人来观亦欣然，京邑所不及也？”

自贡灯会始于唐宋，兴于明清，盛于当代，形成了新年燃灯、元宵节前后张灯结彩的生活习俗，从“灯杆节”到“天灯会”，期间有杂技、杂耍等民间艺术表演活动。自贡灯会“灯杆节”包含了区域特征和厚重的人文经济历史，引领中国彩灯发展近千年。中华人民共和国成立以后，自贡市共举办了21届“灯杆节”会，改革开放以来，自贡灯会更以奇巧的构思和宏大的规模享誉中国。

20世纪初，每年农历十月十日，自贡人手提红灯一盏上街游玩。随着社会的发展，自贡政府大力提倡，不断融合民族传统文化，使自贡传统灯会变得更为丰富和精湛。1964年，自贡市人民政府组织了中华人民共和国成立以来的首届灯会。从此，灯会规模便由小变大，工艺由粗糙变得精致，灯具从个体发展为群体组聚合。

图6-7　自贡灯会

图6-8　自贡灯彩1

图6-9　自贡灯彩2

自贡灯会以彩灯的宏大和系统组灯的规模著称。从政府组织的历届灯会来看，经常是几十组大中型组灯和数千只工艺灯交相辉映，“鱼美人戏群龙”“珍珠神女”“龙柱礼花”“腾云阁”“彩云阁”等等组灯如梦如幻，美不胜收。

自贡灯会不断将民众生活形象化、艺术化，将华丽的“灯”与现实生活、自然万物的“景”有机结合，将灯彩巧妙置入园林山水之中。水中灯、山上灯、树上“鸟”、湖中“蛙”，人物灯、动物灯、瓜果灯、戏剧脸谱走马灯、木制龙头雕刻灯，从而实现了灯中有景，景中有灯，形成灯景交融，气势磅礴，流光溢彩的场面。自贡灯会充满了精巧的艺术构思，灯彩将自贡人的生活观、审美观充分展示，将传统工艺与现代科技的高度融合，成为融文学、艺术、美学、科技、园林等为一体的综合艺术。

自贡灯会融入自贡人的生活中，融入自贡社会经济发展中，以此获得发展的动力，推动灯会朝着多元化、多样化方向发展，不断促进自贡灯会与商业、旅游业及其他服务业的高度结合，促进自贡城市建设，提高自贡人的生活质量。从1987年第一届国际恐龙灯会经贸交易会起，自贡灯会组织者就有意识地将经贸活动引入到灯会旅游中，组织了各种商品展销、订货会和经济技术洽谈、科技成果交易会，当年就有近1万名客商和企业的代表参加了贸易活动，商品成交额过5.6亿元。从此，灯会与经贸活动相结合，成为自贡灯会文化发展的趋势。与此同时，自贡灯会在政府的组织下，以企业为单位组成各类交易团，广泛开展以灯会为中心的文化交流活动、贸易经济活动。自贡灯会在北京、广州、武汉、上海等地展览，并举办以自贡灯彩为主的商贸洽谈会。自贡灯会以文养文、以文推进商业贸易发展的道路取得了突出成效。1988年，自贡灯会应邀去北京，深受北京人的喜爱。6月16日，党和国家领导人邓小平、杨尚昆、宋平、邓颖超等到灯会专场观灯，并给予灯会很高的评价。

为了更好地传承自贡灯彩文化，适应灯彩文化发展步伐，自贡市委、市政府高度重视，成立了“自贡市灯贸工作领导小组”，决策灯贸事业发展中出现的问题。自贡市政府领导下的“灯贸管理委员会”，统一规划、协调、管理全市的对内对外灯展活动及灯展中的经贸活动，统筹所有与灯展有关的联络、决策、实施工作。从此，自贡市灯彩在自贡、在全国的展览有序开展，从而使自贡灯彩品牌从自贡走向全国，走向世界。

与传统灯彩相比，自贡彩灯在传统匠作式、乡土式花灯的基础上，跳出传统花灯的材料、工艺、人员的限制，开拓出独具特色的彩灯的制作、管理和运营形式。自贡灯会以不局限于俗规俗制的开放姿态，实现了从传统的文化资源向现代灯会产业资本的转化，为此，自贡人在政府和民间社会资本的推动下，探索出一条特色传承发展道路。

自贡灯会在规模上突破了传统工艺灯小巧、单一、静止的格局，形成大型、综合、联动的特色。内容上既有中国古代神话题材，也有民间传说故事题材；既有中国古典文化题材，也有西方文学的题材；既有现代民众生活，又有宇宙奥秘；既有飞禽走兽，又有奇花异草。这些内容将灯会具有的传统性和现代性紧密结合，并且这类题材既有极高的观赏价值，还有知识性、娱乐性和趣味性，它将民众喜闻乐见的故事、民间传说用灯的形式巧妙地表现出来，使不少灯能看、能玩，供游人参与娱乐。

材质上，自贡灯会除选用传统的竹、藤、绸、缎、金属和白糖、玻璃、贝壳、瓷器等材料，今天的灯会中使用的材质就更为广泛，诸如空的矿泉水瓶、易拉罐、废旧的布料等。以日用瓷器餐具杯、碟、碗、盏、勺、盘，经由匠心独运的手工捆扎而成的“东方瓷龙”，技术上融传统的制灯工艺与现代科学技术于一体。它在保留彩灯民族风格、审美情趣和剪纸扎糊技巧的基础上，引进了现代光电技术，如激光全息片、逻辑集成控制器、数控器件译码器、计数器、声控、光控等，熔“形、色、光、动、声”为一炉，使自贡彩灯艺术焕发出熠熠光芒。

空间上，先前的自贡灯会往往是以村落为单位，或者以家族为单位，以巡游的形式进行。今天的灯会突破了以前以村为单位的形式，逐渐走向更为广大的空间，并且以展览的形式开展。巡游的方式基本绝

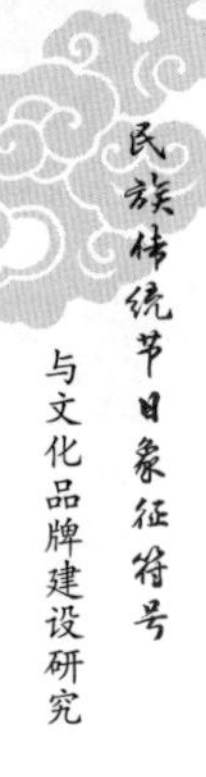

迹，展览观赏的形式更多。1988年自贡灯会应北京国际旅游年组委会的邀请，同北京北海景山公园管理处联合举办了北京国际旅游年“北海龙灯会”。1989年自贡灯会应武汉市的邀请，与武汉联合举办。1990年自贡灯会赴上海鲁迅公园展出，等等。

在时间上，尽管中国各地灯会时间不一致，但是一般都是在正月举行。许多乡村将灯日定在除夕，为的是送旧迎新，外村人是不去赶热闹的。正月初一至十五，是灯会的集中时间。然而，今天的时间很宽松，现在很多大型的节日、假日和庆典活动也有灯会等。

自贡灯会空间既是产业空间，又是文化空间，是各种社会关系编织的空间，自贡人充分利用自贡城市的历史空间、建筑景观和深厚文化底蕴的巨大魅力，以丰富多彩的灯彩艺术和民间活态的表现形式，将自贡的传统盐文化和多元民族文化融合在一起，建设与灯会有关的文化建设城市名片。

商业运作灯会并非今天才有，自贡灯会从清代开始就实行了商业化运作，由自贡盐商名流组织灯会展览。可以说，灯会中有许多东西是看不见、摸不着的，灯会是个无形资产，蕴藏着无限的经济商机。

品牌建设应坚守自己的传统，把传统文化置于优先位置，如果离开灯会自身的传统，既没有个性，也没有市场。创新是驱动力，创新是生产力。没有创新，固守已有的传统，没有新的内容进来，不吸收新的技术，灯会也很难受到大众欢迎。创新是在传统基础上的创新，是适应新的环境的创新。自贡彩灯文化发展园区2004年被文化部命名为“国家文化产业示范基地”。自贡灯会被国家旅游局确定为2004年中国向世界推介的“中国百姓生活游”的主要项目之一，现已发展成为国内外知名彩灯品牌。中国彩灯文化发展园区作为历届自贡灯会在当地的举办地，成为中国彩灯的研究、收藏、保护、开发、交易、教学和展示的基地。

自贡灯会汇集了各种新型灯品，大多规模宏大、精思巧构，大量采用现代声光化电技术，在观念内涵和表现形式上呈现出不同于传统灯艺的新气象，给人以强烈而新颖的审美感受。自贡彩灯与其他彩灯最大不同就表现在彩灯的材质选择及其制作工艺上。参与灯彩制作的各单位结合自己的特色选用一些特殊材料来制作彩灯，从而形成自贡彩灯的特色和亮点，其结果不仅使彩灯艺术的再生产得以顺利进行，更促成了自贡彩灯独有艺术风格的形成和发展。

品牌建设应以人民的生活为中心，自贡灯彩、灯会既是生活资源，也是产业资源：第一，灯会使用的花灯带来产业兴旺，就是制作花灯带来的效益。2002年第八届自贡国际恐龙灯会经贸交易会上展出的特大型灯组“世纪圣灯”共用去8000余件精美零部件。分为圣灯、圣姑、伞顶、龙椅、龙屏等九大部分，并由2002条龙组成，开创了灯会龙之最。该灯组集中国龙文化大成，分别选择了自春秋战国以来直到清朝历代的龙造型。其中特别选中汉代“文景之治”的吉祥兽、唐代“开元盛世”的天龙椅、清朝“康熙盛世”的九龙屏等历史盛世中的典型龙形象，这些经典的龙纹图样集中于一、二组门上，展现了中华民族的历史积淀与人文精神。“龙凤”不仅在中国传统文化中占据重要地位，在自贡彩灯艺术发展过程中也是经久不衰的主题。从各种各样的龙灯到以龙为装饰的灯组，彩灯与中国传统文化的融合，通过隐喻方式充分传达了中华民族是龙的传人，表达了祈福新年、巨龙腾飞的愿望。第二，制作花灯材质带来效益。花灯制作原料常常是民众生活中的材料，这些材料可以被利用从而带来效益。第三，围绕灯会带动产业链发展。灯会应用材质就是产业链的终端，如雕刻作品使用的大理石、玉石、黄杨木、象牙；绘画作品使用的纸、木板、颜色；灯会使用的有机玻璃、纱、绢、绸、玻纤、灯泡、灯管等。在制作灯具时，选择恰当的、美观的、新颖的、耐用的材料成为灯会产业链的组成部分之一。现在自贡制作灯具的大企业有多家，它们是带动文化产业链的中心。文化产业链包括围绕灯会出现的一大批图书、光碟、影视作品、图书馆，这些也是自贡灯会文化产业链的重要组成部分。

“需要”成为产业资本的根本。根据民众的需要，自贡灯会可以分为不同类型：实用型：如供照明用的灯，供宣传商品或厂家字号的广告灯，供戏曲舞蹈演出时用的道具灯等；观赏型：所有花灯都具备观赏性，只不过这种灯彩的观赏性最鲜明。如美化环境兼备照明效果的装饰灯；象征型：具有鲜明主题性，如重大节庆活动日或庆典活动时以红火喜庆为主悬挂的大红灯笼，为老年人祝寿的寿诞灯，昔时每逢中元节时点燃的莲花灯等；娱乐型：如春节时儿童手握的小年灯，折叠灯，手拉的四轮羊灯、狮灯以及各地流行闹元宵的耍龙灯等。从广泛的意义看，寓教于乐，突出趣味性、游艺性，许多观赏型的灯彩以及猜灯谜的花灯，均属于娱乐型。

自贡灯会实施品牌建设不仅扩大了自贡市的影响力，丰富了自贡人的文化生活，而且使自贡人收获了切实的经济效益。总结自贡灯会品牌建设，笔者以为在传统灯会进入文化品牌建设有以下经验值得推广：

自贡灯会受到地方政府重视、肯定，尤其进入21世纪以来，自贡市政府将自贡灯会作为优秀传统文化给予大力扶持。

从1978年至20世纪末，在恢复举办灯会之初，自贡灯会以节庆文化认同为依托，积极动员社会广泛参与，推动自贡彩灯艺术发展。最初采用灯会举办方式沿用新中国成立以来的做法，坚持“人民灯会人民办”的方针，由政府担当彩灯艺术发展的行动主体，以政府各种社会关系为依托，动员各大、中型企事业单位和区、县及相关部门做灯参展，通过政府间合作与交流等，积极运用各种社会关系，为彩灯外展铺平道路。每届自贡灯会结束，市灯贸委都要在参展企业作品中选出一批优秀灯组，赴外举办政府间文化交流大型自贡灯会，“以灯为媒，广交朋友，振兴经济；以灯为荣，振奋精神，建设自贡”。在彩灯制作过程中，自贡市政府动员各大、中型企事业单位和区、县及相关部门做灯参展。在政府的动员下，大单位做大灯，小单位做小灯，每届灯会的彩灯制作都得到了各单位的广泛参与，并逐渐成为自贡人的“共同注意力”。

以政府为行动主体，大多市民参与灯会的彩灯制作。在这种情形下，各单位不以营利为目的，全社会广泛参与，制作出做工精巧、用材独到、构思巧妙，集形、色、声、光、动于一体的自贡彩灯，比如日杂公司发明的瓷器灯、丝绸公司发明的蚕茧灯，等等；同时，通过政府动员单位，单位动员职工，培养了一批擅于制作彩灯的艺术人才。这样，自贡彩灯艺术的制作就建立起从政府到单位、从单位到个人的社会网络。

进入21世纪，自贡灯会制作、举办走向市场，灯会由政府承办改为由政府主办、业主承办。2000年“世纪之光”自贡第六届国际恐龙灯会经贸交易会采用“政府主办、业主承办”的机制，自贡灯会在市场经济发展格局中迈开产业化、市场化步伐。在这种机制下，彩灯的设计、制作及灯会的展出均由业主按照“自主经营，自负盈亏”原则进行，政府对业主实行“指导、监督、协调、服务”，从而结束了政府承办灯会的历史，也结束了政府动员各企事业单位及各部门制作彩灯送展的历史。

2000年，自贡市政府出台《自贡彩灯行业管理规定》和《自贡彩灯质量标准（试行）》，规定自贡市灯贸管理委员会对彩灯行业经营者的资格进行审核，对彩灯行业经营者和从业人员进行业务培训，对彩灯生产进行引导、提供服务，规定了从设计、制作、组装及形、色、光、动等艺术特色方面鉴定各种工艺灯、座灯、组灯、彩门的标准。彩灯制作由计划体制下的以各单位为主，转向以彩灯企业制作为主。从2003年到2006年底，自贡市在工商部门登记注册的具有彩灯经营业务的公司达80余家，其中自贡市灯贸委备案的51家，专业性经营彩灯业务的19家，全行业实现营业总收入2亿多元，实现利税2000多万元，带动劳动力就业3万人次。2007年，为了更好地适应彩灯行业发展，自贡市废止了《自贡彩灯行业管理规定》，彻底放开彩灯市场。2007年举办的第十三届自贡国际恐龙灯会，自贡市人民政府又发出《关于发动和鼓励自贡彩灯企业参加第十三届自贡国际恐龙灯会展出的通知》，自贡灯会也开始实行“政府主办，全民参与，市灯贸委组织自贡彩灯专业公司参展”的新运行机制。

自贡制灯企业成为彩灯艺术发展的行动主体，彩灯展出也从过去依赖政府向依赖企业及企业家个人的社会关系转化。制灯企业及企业家更多的依赖朋友、亲戚、熟人寻找关系，即借助业缘、情缘、地缘建立起彩灯展出的社会关系，以寻求彩灯企业的发展，开拓国内或海外业务，自贡彩灯的外展得到了快速的发展。

灯会不仅是商业行为，而且是文化传承保护行动，是实现文化可持续发展的实践。因此，我们抢救以灯彩为主的灯会类非物质文化遗产，使优秀的灯彩艺术得到保存和发展，不仅要改变传统观念，确立民间艺人的主体地位，更要融入市场，应对市场需要，吸引更多的人参与，以此激发灯彩制作艺人及灯会活动的创造力。

第七章

祭祀仪式与现代表述：丽江纳西族三多节品牌建设[①]

每年农历二月初八，是纳西族传统节日三多节。相传三多节源于祭祀三多。据乾隆八年（1743）纂修的《丽江府志略》载："麦宗（纳西族首领，曾到金沙江边迎降忽必烈）常游猎雪山中，见一獐色如雪，以为奇，逐之变为白石，重不可举，献猎人所携石祝之又举，其轻如纸，负至今庙处少憩，遂重不可移，因设像立祠祀之。"从此之后，民众常见身着白甲戴白盔、执白矛、跨白马的天神显灵：如果有战事，天神就会立马出现带兵助战；碰到火灾天空就会降下瑞雪浇灭大火；如果遇到瘟疫，他就驱散瘴气。纳西族认为他是玉龙雪山的化身，尊称他为"阿普三多"。元宪宗三年（1253），忽必烈南征大理时，就敕封"三多"为"大圣雪石北岳安邦景帝"。纳西族人认为三多属羊，于是在每年二月初八和八月的第一个羊日，民众都要用全羊祭奠三多。

纳西族三多节举办祭祀活动时，从不同村寨不同地区的人纷纷汇集到一起，跳起古老的东巴舞，当地民众在老祭司的带领下，共同纪念

① 该文调查、撰写人员为钱芬、姚萧、焦永洁、符琦、张彬彬、李宜洁，由林继富担任指导，2017年林继富前往丽江调查三多节并对该文进行补充修改。

三多节是纳西语的汉译音，也有译为"三朵节"的。本文中除特殊引文为"三朵"外，统一为三多节。

祖先，感谢自然。纳西人对自然的敬畏和对生活的热爱总是令我们格外动容。

1986年8月29日，丽江纳西族自治县第八届人民代表大会确定三多节为纳西族法定节日。自此，纳西族三多节从民间普遍性传承进入到政府认定的传统节日，政府也不断采取措施，加大力度传承和弘扬三多节传统，丰富节日内容，满足当代纳西族民众生活的需要。

然而，纳西族三多节传承面临一些挑战，尤其是年轻一代对于三多节的认知和接受程度越来越低了。虽然在三多节期间会有一些庙会和歌舞活动，但目的都是为了吸引游客。城区市民很少参与其中，节日举办的地点不仅少且离城区远，节日活动和表演千篇一律，多是吸引游客的噱头。今天的三多节似乎已经失去了纳西族传统社会的全民性，这就使三多节的传承面临困境。从旅游的角度来说，三多节也无法吸引大量的人参与其中，说明节日在旅游开发中存在不合理。

三多节作为凝结纳西族传统文化的祭祀性节日，不应该仅仅作为单纯的营销手段而存在的地步。由此，我们开始了调查。

三多节正式确立为纳西族传统节日以来，距今已经经历了30多年，然而相关的文献资料还停留在1987年对首届三多节的介绍。我们调查政府或者民间组织在开展三多节活动的状况就显得十分困难，相关的文字资料和影视资料非常少。因此，我们更多依据田野调查资料，讨论三多节如何从祭祀性节日成为地方文化品牌的建设对象。

第一节　三多节问卷中的问题

为了更好地了解当前人们对三多节的认知状况，我们以中央民族大学校内的学生为主要调研对象，问卷类型分为丽江同学和非丽江同学、少数民族同学和汉族同学两种。通过对比分析调研数据，得出结果如下，以其中三题为例：

非丽江同学知道三多节并了解三多节的比例仅为4%（如图7-1

所示）。

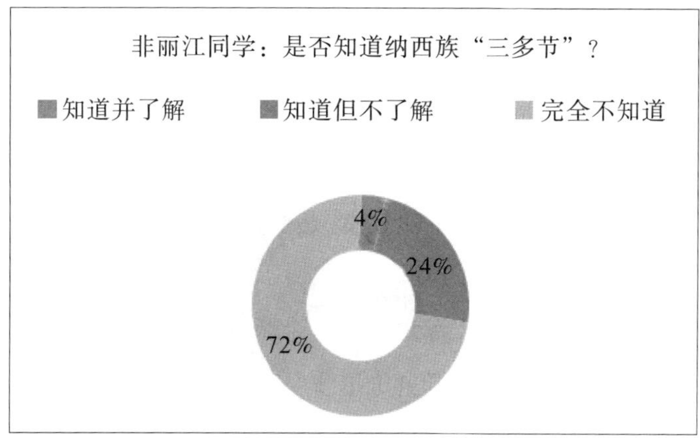

图7-1　三多节印象调查

知道三多节的丽江同学中，对三多节最主要的印象是法定三天假日（如图7-2所示）。

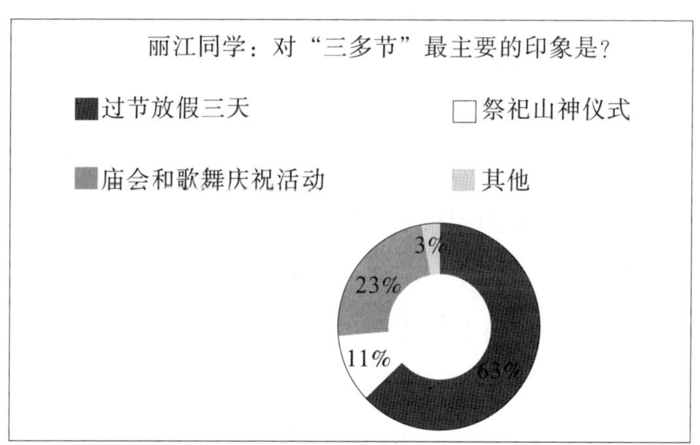

图7-2　三多节印象调查

对祭祀性三多节抱有高度期待，表示有机会一定或可能会去云南丽江参加三多节的占99%（如图7-3所示）。

所有同学：通过简介，你对三多节这样的祭祀性节日感兴趣么？如果有机会去丽江参加三多节，你会去么？

■ 我很感兴趣，一定会去　■ 我比较感兴趣，可能会去

■ 我没有兴趣，不会去

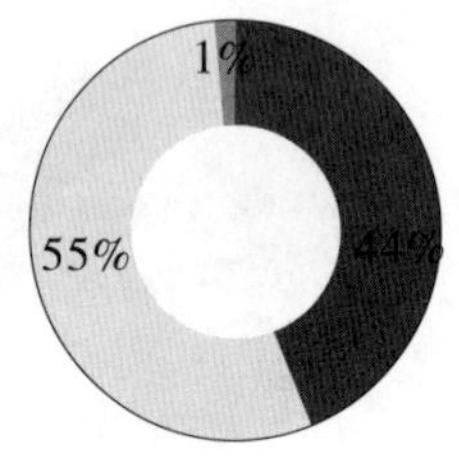

图7–3　三多节兴趣调查

从调研结果可以看出，三多节无论在汉族同学还是少数民族同学中知名度都不高。即使在知道这个节日的丽江同学中，很少有人知道它的传说和由来，这个节日对他们而言仅仅意味着三天假期，甚至有同学在放假之后才知道三多节的存在。在看完问卷中的三多节简介后，对其表现出高度兴趣的同学非常多，说明少数民族的祭祀节日以其丰富性对普通人同样具有较高的吸引力。通过前面的分析，祭祀性节日在神秘的光环下给人一种模糊不清的印象，如果在祭祀性节日中提取其个性特征，那么在正确的开发和宣传下，三多节和其他民族的祭祀性节日势必能得到更多的关注，打造出属于自己的文化品牌。

为了更好地了解三多节的流传现状，我们对丽江纳西族和其他民族也进行了问卷调查。问卷分为两种类型，针对非纳西族的问卷（问卷一）和针对纳西族的问卷（问卷二），每种类型各100份。问卷调查于2013年1月开始，于2013年4月结束，历时3个月的时间，分别针对纳西族和非纳西族采取匿名随机调查形式。

在非纳西族关于三多节认知度调查结果分析（问卷一）中，调查对象包括汉族和白族、苗族、藏族等少数民族，其中汉族问卷为66份，少数民族问卷为34份。

由调查结果可知，三多节作为纳西族的重要传统节日在丽江虽然拥有广泛的知名度，但其群众参与比例很低，知道并参与三多节的人只占到42%。这说明，三多节对民众的吸引力远远不够，并不是每个人都有兴趣并亲身参与进来。究其原因有以下几点：

第一，三多节宣传途径狭窄，影响力有限。

如图7–4所示，在知道三多节的人中，通过电视报纸等媒体知晓三多节的人仅占到14%，通过图书或网络查找到三多节的人几乎没有，而通过法定三天假日了解到三多节的人却占到86%。

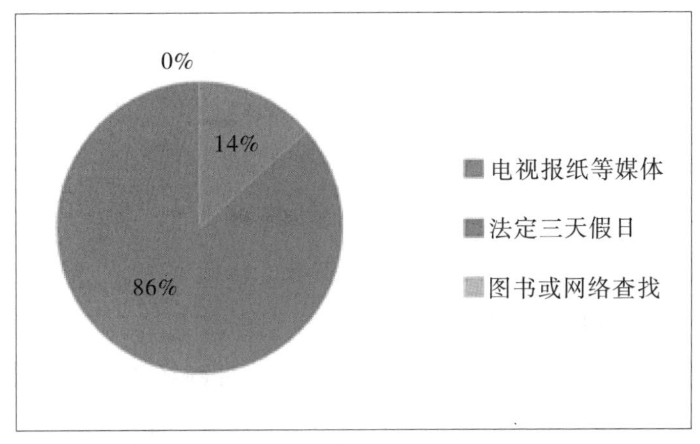

图7–4　三多节宣传途径分布图

这些说明，一方面，三多节文化的传播途径过于狭窄单一，仅限于电视、报纸等媒体，宣传力度没有引起民众的兴趣。图书、网络等人们日常生活中最能接触到的传播媒介也没有很好地利用起来，特别是网络这种在现代社会占据重要传播角色的工具。另一方面，对于大多数人来说，三多节的意义只是法定三天假日，很多人在假期有自己的安排而不是过节，三多节传统意味在人们心目中已淡去。

第二，民族特色突出，但参与感不强。

游客参与三多节评价统计如下（如图7–5所示）：

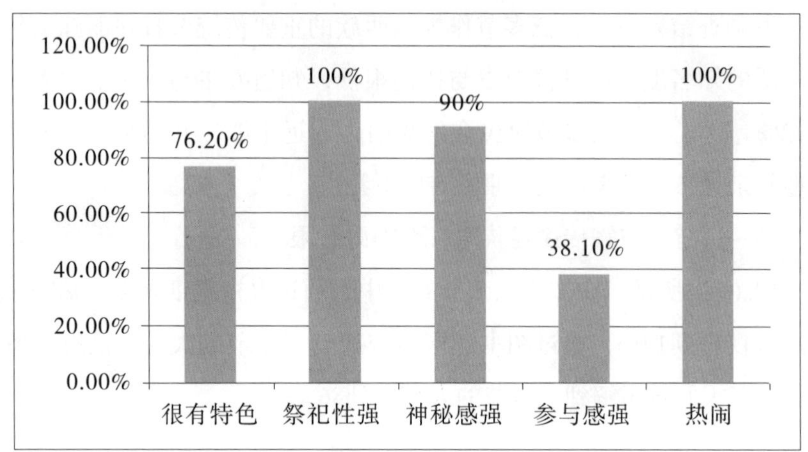

图7–5　三多节评价统计图

总体上来说，大部分游客对三多节的风格持认同的态度，认为三多节具有浓厚的民族特色，祭祀性强，有神秘感，并且十分热闹，同时，也反映了人们对三多节没有参与感。参加三多节的人中很大一部分是游客，他们参加的目的也只是为了观光游览，相比于当地少数民族，他们能够亲身参与的项目并不多，并且，对于这些游客，三多节本身的祭祀意义就少了很多，因此大部分游客感受到的是浓厚的民族特色却无参与感。让游客参与三多节是增加节日吸引力的重要一面，因此政府在对三多节的规划和开发中应加大群众性参与项目的开发，让每一位游客都有机会亲身参与，感受少数民族文化，如可以扩大节日庆典的表演场地、增加观看表演的席位，在广场上组织多个打跳舞队等等。

第三，保留传统过节方式，缺乏创新。

调查表明，36%的游客认为，三多节应该保持传统的风貌，以祭祀活动为中心，参与时以观看为主；48%的游客认为应当在原来过节的基础上融入更多现代狂欢节的元素，注重娱乐活动；16%的游客认为，古老的祭祀性的过节习俗应该与娱乐分开，把三多节分为传统部分和娱乐部分。总体来看，大部分游客支持将传统与现代相结合，在古老的节日中增加现代娱乐创新元素。这说明，三多节很好地保存了本身的原始风貌和文化底蕴，但随着现代社会的发展，人们对传统节日娱乐性、休闲性的要求在增加，过节方式也变得越来越多样，三多节作为纳西族的传统节日保存传统的同时，也应当考虑适当加入现代因素。

第四，政府重视程度有待提高。

总体上来说，丽江市政府对三多节的举办给予了一定的重视，但有54%的人认为，政府虽然有重视但行动力和政策支持力度不够。这说明，三多节的举办在政策支持上还存在需要改进的地方，政府仍然需要对这个重要的传统三多节加大力度给予支持。

第五，三多节应具备的节日传统的典型标签不明显。

三多节节日传统标签就是游客在参加三多节时认为应该具备的特点，统计结果如下：

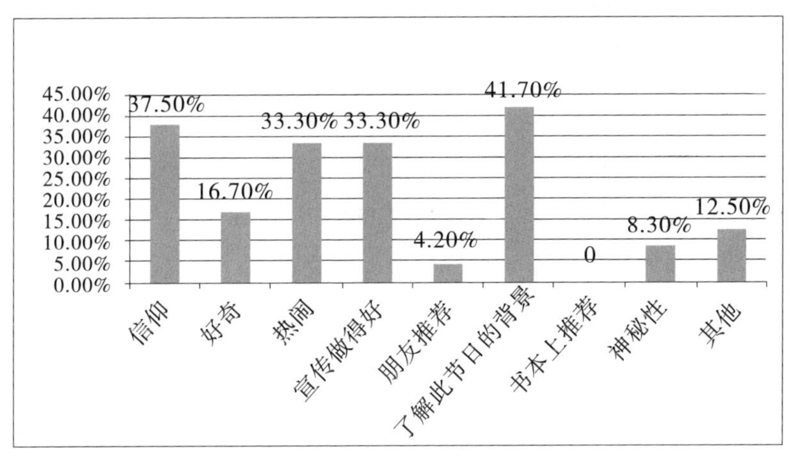

图7–6　三多节节日标签柱状图

从图7–6可以看出，了解三多节的背景及传说是三多节应具备的重要条件之一，只有在知道三多节相关情况的条件下才能更充分地参与这个节日。另外，由于三多节是一个传统祭祀性的节日，所以游客很注重这个三多节的信仰性，这也是吸引人们关注的重要因素之一。此外，节日本身的热闹程度以及宣传程度也是人们认为三多节能够吸引更多关注应该具备的条件。

第六，三多节庆典举行地点集中且较远。

三多节的主要举行地点在白沙镇玉龙村三朵阁，距丽江城区约10千米，乘车约20至30分钟。96%的人希望三多节不应局限于白沙等地，在城区也应设有相应的活动区域，而4%的人认为应保持传统节日的原貌，在原有的固定场所举行。三多节作为纳西族最盛大的传统节日，来到白沙镇参加节日的人数每年都在增加，但由于举行的主要地点较远，而主要客流量都来自城区，并且场地有限，很容易造成交通拥堵，客流过于集中，场地拥挤的状况。因此，在三多节活动举办的地点选择上，应该适当增加其他分场，在城区内人流较多且位置宽敞的地方，如丽江古城、红太阳广场等地方增设活动区域。这样，不仅可以增加市民和各地游客的参与量，还能扩大节日的影响力。

第七，三多节的旅游文化资源开发有待提高。

调查中，有82%的人认为三多节应该像傣族泼水节一样被开发，让人们更加了解这个民族、参与三多节。这说明，一方面三多节保存着完好的传统节日风貌，这是吸引人们关注的根本原因。另一方面，三多节存在着极大的开发潜力，需要注入新的活力，迎合市场需求。

在对纳西族关于三多节认知情况调查问卷分析报告（问卷二）中，我们了解到纳西族对三多节的了解情况不容乐观，尤其体现在年轻一代的纳西族人身上。当我们问起了解本民族的节日是否应为一个纳西族人的义务时，所有受访者均表示了解三多节是自己应尽的义务，而且均赞成让下一代多接触三多节。但是有意识并无行动，是纳西族年轻人对三多节认知匮乏的一个原因。而其只有意识而无实践的根本原因有以下几个方面：

第一，三多节时间安排问题。

有75%的人在回答对三多节了解不多的原因时，认为因为自己的工作忙碌而没有时间参加活动。在丽江有许多纳西族由于经商或者其他的原因，导致时间冲突，而未能过节，减少了了解三多节文化的机会。

第二，三多节吸引力贫乏。

在提及为何不去参加三多节活动时，有67%受访者均选择了三多节没有特点并且假期自己有安排。在参加过三多节的人中有54%的人表示三多节的过节流程符合传统过节方式，同时也体现了纳西族的特点和精神，仅有25%的人认为三多节的娱乐活动及旅游噱头占据了主要地位，传统仪式形式化。这说明，三多节本身的文化底蕴对传统节日的沿袭保存得比较好，但是随着时代的发展，三多节在年轻人心目中的地位却在不断地下降。在我们调查过程中得知，三多节带来三天的假期，这本来是给纳西族族人过节的好时机，但是有很多人却宁愿将假期做别的打算而不去参与三多节，这说明三多节在与时俱进这方面不尽人意。

第三，学校对三多节的宣传力度有待增强。

在问卷当中，当被问及应以怎样的方式去了解这个节日，有46%的人认为学校应该开设与三多节节日文化相关的课程，并且要求学校组织过三多节。三多节属于纳西族很重要的传统文化节日，而学校作为传播文化知识的地方对三多节文化的传播起了很重要的作用，特别是在年轻一代中。都说“读书要从娃娃抓起”，而对三多节的保护和传承也更需要一代又一代纳西族的接班人们去延续。

第四，三多节旅游文化资源的开发有待提高。

当被问到是否愿意对三多节像傣族的泼水节和彝族的火把节进行旅游开发时，有83%的人给出了肯定的答复。随着时代的发展，三多节需要市场经济给它注入新的生命力和生活力，有了旅游资源，便可将这种宝贵的资源转变为一种“经济作物”，在这种旅游带来的巨大利益之下，更能将人们的注意力投入到三多节传统的保护和充实、发展三多节的文化建设之中。

但是，在问卷答案中，我们依旧能看到一些亮点——政府职能。有92%的被调查者在问及政府在保护和弘扬三多节文化上做得如何时，他们认为政府对三多节采取了一系列举措，而且有54%的人认为政府在这些举措当中的实施和完成情况都不错。

除了传统的问卷调研形式，我们还实地采访了众多纳西文化名人和纳西族文化守护者，其中很多老人为我们讲述了他们自己曾经经历过的三多节。游客为我们诉说了来参与三多节的感触，尤其是在三多节中朗诵祭文的郭大烈对三多节有自己独到的见解，并出版了自己的研究成果。

在采访的过程中，发现大多数纳西居民对三多节的满意度还是比较高的，无论对与当地的老人还是年轻的小姑娘、小伙子来说，在他们心中，三多节是他们民族文化的一部分，与纳西风俗紧紧相连，就像傣族的泼水节、彝族的火把节一样。这种民族自豪感相伴而生的就是民族文化认同性。

在与他们的交流过程中，我们认识到三多节的知名度越来越高，影响力逐渐变大，从自发性到有组织有纪律，从纳西族族内的文化已经蔓延成丽江人民群众的一个传统节日。每年参加的人数递增，节目内容越来越丰富，政府在其中发挥的作用也越来越大，这也就难怪会吸引不少游客前去参加。

在这些游客当中，有少部分是先前知道并了解过三多节，因而在二月初八专门前去参加的；大部分游客都是在云南的游玩过程中听说有三多节，因而驱车前去。由此可见，对于三多节的宣传并不到位，尤其在国内的宣传，远远不如其他民族的一些传统节日有名气。

另外，吸引这些游客前去参加的一个重要因素就是民族文化。三多节作为纳西族的一个重要节日，也是其他民族人们了解纳西族的一条重要途径。而纳西族又很好地将民族传统故事与民族风情融入三多节，从传统的祭祀、打跳到民族风情浓厚的现代化歌舞，无不彰显着纳西族的民族信仰与民族精神。

第二节　三多节的传说类型及其习俗传承

纳西族信仰的“三多”既是玉龙雪山山神，也是纳西族的保护神，玉龙雪山则是“三多神”的栖息之地和化身。三多神有时会化为轻盈的树叶，有时会化为重如山岳的白石，每逢纳西族与敌人战斗，他总是以面如白雪，目如闪电，身披白盔白甲，跨白马、持白矛的形象显灵助阵，帮助纳西士兵战胜敌人。世世代代的纳西人都对这个雪山之神顶礼膜拜。

玉龙雪山距离丽江古城三十余里，古称“雪岭”“耸雪山”，蒙氏（古南诏王）曾封之为“北岳”[①]。玉龙雪山是纳西族的神山。明末清初的《天下名山志》曾将玉龙山收列其中。玉龙雪山山脉自北向南有3个主雪峰，最北称为“哈巴雪峰”，纳西语称“哈巴汁嗯鲁”，哈巴雪峰与南部的两座雪峰被阿昌果峡谷分隔开；第二个雪峰称为“黑水雪峰”，纳西语为“吉那嗯鲁”；最南端的雪峰也是玉龙雪山的最高峰，高耸于整个丽江坝子之上，因其褶皱表面像一把竖直打开的扇子，故称“扇子陡”。

唐贞元年间，韦皋与南诏王达成协议，共同进攻吐蕃，将其驱逐于雪岭（玉龙山）之外，这是雪山出现在文献中的最早记录。贞元四年，南诏王异牟寻自称“日东王”，封“五岳”，以玉龙山为“北岳”[②]，奠定了玉龙山在纳西文化中的重要地位。宋理宗宝祐元年，元军进攻云南途经丽江，元世祖忽必烈夜宿北岳庙，敕封庙中山神“三多”为“大圣北岳安邦定国景帝”。从此来北岳庙祭祀求福、求寿、求子的人越来越多。

纳西族信仰具有突出的自然崇拜意识，尤其是对山的崇拜。玉龙雪山是丽江地区最高的山脉，丽江坝子紧靠玉龙雪山，雪山是食物、衣着、住所的来源，是生活在附近村民，尤其是玉湖村民的主要活动场所和庇护所。山上冰川融雪汇聚而成的玉河、黑水、白水蜿蜒而下，灌溉了大片土地，也滋养了一代代纳西人。雪山给予纳西族先祖丰富而舒适的生活环境，使玉龙雪山在丽江人的生活和文化中占有不可替代的重要地位，玉龙雪山自然而然地使先民心中产生崇拜之情，继而生发了有关雪山的传说故事。

---

① 顾祖禹著：《读史方舆纪要》卷一一三。

② 王崧本《南诏野史》：“蒙氏平地方，封岳渎，以神明天子为国步主，封十七贤，五十七山神。”

在玉龙雪山下生活的玉湖村人认为，玉龙雪山不仅是一个“灵界”，是藏有“玉龙第三国”的神秘地区，也是一位神灵，是世代保护纳西人的“三多神”的化身。位于玉湖村北面，雪山脚下的北岳庙（又称三朵寺，古称三朵阁、北岳山神庙[①]）始建于唐朝，之中供奉的便是玉龙雪山的化身，保佑一方纳西人的“山神”与“战神”——三多。

纳西语“三多”亦常称为“三朵”当地人叫“阿普三朵”“阿普三朵”，纳西语义为“三朵爷爷”，或“三朵老祖”。“阿普”是纳西族人对老人的尊称，和汉语中“爷爷”二字意义相近。“三朵”是他的名。关于“三多”，在纳西族有大量的传说：

第一种传说：麦宗尝游猎雪山中[②]，见一獐色如雪，以为奇，逐之变为白石，重不可举，献猎人所携之石祝之又举，其轻如纸，负至今庙处稍憩，遂重不可移，因设像立祠祀之。元世祖忽必烈征大理，由丽江路敕封雪石“北岳安邦景帝”。时土府木氏与吐蕃战，神屡现白袍将，跨白马助阵。万历间，重拓殿宇，铸大鼎、大钟，以纪其事，至今每岁二月八日，土人祭赛祈祷多验。[③]

第二种传说：土木司家的一个牧人在牧羊的时，在雪山脚下见到了一块特殊的石头，遍地积雪的时候，唯独这块石头干燥无雪，他觉得很奇怪，回家顺路把这块怪石背了回来，不料走到村旁，突然觉得有几千斤重，只好放下来留在那里。到家后，把经过详细讲给主人，于是木氏把怪石当作神石就地建庙祀奉。神石被称为“阿普三多”。

第三种传说：有个猎人，名叫阿希高顶，力大无穷。一次他在玉龙山上打猎发现了一头白鹿，就让猎狗去追。追了好一会儿，那头鹿却不见了。以后好几次去打猎的时候，他都看见那头鹿，可就是打不到它。有一次，猎人刚拿起弓箭准备射它的时候，那头鹿变成了一块白色的石

① 有关北岳庙的名号搬迁与三多传说的历史变迁联系密切，下文将详细探讨。

② 按洛克的说法，这一传说原载于三多像内的手稿中，其中这一部分片段被作为“杂异”，记录在《乾隆丽江府志略·艺文略》中，名为《神石》。

③ 《乾隆丽江府志略·艺文略》。

头，猎人把这块石头背下了山。当他来到现在北岳庙所在位置，放下石头休息。等他再想背起石头往前走时，那块石头却变得很重，怎么也背不动。猎人回来后把这件事告诉了村里人，村里人认为这是块神石，就在周围修了一个庙来祭拜。[①]

这些传说中，常常出现“白石”，其中追赶者多是猎人、牧羊人，追赶的动物常常会被说成是白獐或白鹿。有关“白鹿化石”的部分，也常被说成是“白獐化石”或白鹿、白獐躲在白石之后，传说的后半部分都有建庙祀奉的情节。可以说这类传说是对玉湖村附近“北岳庙”形成的解释。

虽然细节不同，但在此类“白石三多”传说中，主要情节是大致相同的：追赶猎物—发现白石—背石回乡—白石生根—建造庙宇。在这类传说中，白石是三多神的化身，也是雪山的化身，白石、三多与雪山在一定程度上是合而为一的概念，是一体化的神灵形象，并且是以“白石”为神灵的外显形象，在这时的雪山神并没有以人物化的形象出现。

第四种传说：宋代时，部族之间经常打仗，纳西族的首领叫麦琮。有一次，麦琮做了个梦，梦见一个神来到他身边，神告诉麦琮他是来帮麦琮打敌人的。从那以后，每次打仗的时候，麦琮都会看见一个身披白色盔甲，手执白色长矛，骑着一匹白马的武士，他英勇无双，每次都能帮麦琮打胜仗，纳西族就把他当保护神崇拜。据说农历二月初八是“三多神”的生日，所以每年这一天都要庆祝。[②]

第五种传说：很古的时候，从北方的加宽地来了个自称“三多”的人，他对一个国王说：“你每天贡献我三只兽，你就会享大福。”国王照办了，却不见什么大福。于是国王的妻子就埋怨起来：“家畜都贡献尽了，可福在哪里？”这时三多神出现了。他对国王说：“我原打算让一半的天下归你，尊你为王，可是你为什么要在私下里埋怨我？如今

① 村民口述，朱明迪搜集整理，2013年2月12日。

② 玉湖村村民口述，朱明迪搜集整理，2013年2月12日。

我要回到雪山上去了，你贡献的东西我会加倍还给你的。”说完就像旋风一样的走了。三多走后，国王的贡献不仅回来，还加了十倍，可这个王国却一天天衰弱下去。这时，三多又托梦给宋末丽江纳西酋长麦琮，对他说：“麦琮，麦琮，我的名字是三多，我原是北方的神灵，我来到这里帮你作战，愿你的王国受福，你切勿三心二意！”说完，变成了一只白麝旋风般消失了。从此，麦琮每上战场，总有一个身穿白甲、戴白盔、执白矛、骑白马的骁将助阵，民众还会看到这个人出现在知府的衙门里，秘密地帮助麦琮。

这类传说中的“三多”常常是战神，他与“白石三多”的传说一脉相承。

第六种传说：“三多”是元忽必烈革囊渡江时，一个在丽江亡故的军官。按蒙古的规矩，军官死在哪里，就封在哪里，所以在丽江建庙祀奉。先前，庙门旁塑有多匹泥马，三朵塑像的服装、袍子、帽子像蒙古装束。但这位官爷的官职，没有木家的光禄大夫（元封赠木家祖先的官职）高，所以祭祀的时候，木土司不作叩头礼，只坐在椅子上作陪，让随从叩头祭奠。

第七种传说：先前，三多神像两边，塑有两神像，黑黑苍苍令人见而惊怖，据老辈人说，一个叫“阿冲朋”，一个叫“阿经停”。相传，一天阿冲朋在阿经停家的园子里放牛，牛吃了菜，阿经停发怒了，顺手拔起一棵棕树，正想打死阿冲朋，阿冲朋慌忙抱起牛跳过大水沟逃跑了。

这些传说与“三多”信仰紧密联系在一起，是“三多”信仰的体现，并且以口传的方式传承。传说中的三多形象从无形到有形，是一个逐渐具象化、丰满化的过程。“三多”传说中，纳西族民众以自己的生活需要为目的，将“三多神”进行了生活化的有目的的讲述，民众也有意无意地为“三多”形象添加了更贴近于人世的生平和渊源，不断拉近“三多神”与纳西族之间的关系，使“三多神”不再是一个虚无缥缈而遥不可及的概念，而是纳西族民众生活中的一员。

“三多神”信仰在纳西族十分普遍，并且受到汉族、藏族等多民族信仰的影响。在“三多神”信仰体系中，“三多神”不仅有属于自己的庙宇，而且其庙宇的建立也有很多有趣的传说。

位于云南省丽江城北13公里的玉龙县白沙乡玉龙村的北岳庙又名“玉龙祠”，也称为“三朵神祠”。据文献记载，北岳庙始建于唐代，是丽江现存最早的庙宇。全寺三进院落，由山门、花厅、厢房、鼎亭、大殿、后殿组成，占地2329平方米。院内大门上方写着“恩溥三朵”四个大字，大殿正中供奉“三朵”神像，当地群众因此又把北岳庙称为“三朵阁”，意为三朵神祠。

据史料记载，唐时丽江属南诏国，南诏王异牟寻模仿中原皇帝封“五岳”“四渎”，故封玉龙雪山为南诏的“北岳”并修庙宇祭祀。唐初，丽江也曾归属于吐蕃管辖，吐蕃称丽江坝一带为“三赕”，也即“三多”，故当地人把雪山当作保护神，也称“三多神”。南宋末年，忽必烈南征大理路过丽江时，又封雪山为“大圣北岳定国安邦景”，此后祭祀更盛。

丽江北岳神来历的传说与“三多”有关。相传有三个兄弟，一同从西域向南经过缅甸，又向北转回到丽江。老大、老二俩兄弟逆金沙江回归西域，而老三到了丽江白沙雪山下就不愿再走，成为当地的保护神。

老大去穷成了桑鸢寺的护法神，老二能穷成了敦抨寺的护法神，老三成为北岳神，丽江俗称为“崩石三朵”。崩石为地名，即今白沙，三朵为神名。

明代以后，民间传说融入新的内容。三多成为木氏土司的一员战将，土司历次出征获胜，也认为是三多神在暗中显圣助战。土司木公还重修北岳庙，并铸大鼎大钟于庙内，亲撰《重修北岳庙记》碑文。清代改土归流以后，其他一些西族聚居地也修建庙宇，供奉三多神像，甚至纳西族在拉萨也建起三多庙。据东巴经记载，“三多”于羊年羊月羊日出世，因此每年农历二月初八和八月第一个属羊日，各地纳西族都到“三朵阁”用全羊进行隆重祭祀，附近的汉、白、藏等族群众也进香朝拜。特别是二月初八“北岳庙会”，成了纳西族最隆重的民族传统习俗“三多颂”。

纳西族民众相信每年二月八日是“三多神”的生日。在这一天，周围的纳西族民族会群聚到玉龙山的北岳庙，举行盛大的三多节祭祀三朵神。《丽江北岳神考》中记载：“神属羊岁。”三多属羊，并且生于第一个羊日（即农历二月初八）。而有关三多的生年，嘟玛切里佩措在《纳西三朵神》认为：

> 莲花生建桑耶寺是大唐代宗年间（762~779）的事，当时三朵正是已出师、风华正茂的年纪。又根据丽江普济寺著名爱国宗教活佛圣露之大徒弟世路吉祥提供的有关三朵的一段经文：“在藏历木羊年时，丽江雪山风景极其美丽的地方，天是三角形的天，地也三角地，历史上八大金刚护送三朵时送别之地。”藏历木羊年为唐德宗兴元元年（784），由此往前推二十年左右，又要属羊年，得出的结论是三朵生于唐玄宗天宝十四年（755）乙未年农历二月初八（二月的第一个羊日）。[①]

通过上段文字，可以看出三多产生于唐朝，原信奉西藏的本教，应是吐蕃时期的人。三多并不是玉湖村纳西人主观臆想出来的神灵形象，而是由真实历史建构而来形象。

丽江纳西人对“三多神”十分虔诚信仰，以前有“只要有丽江人在的地方，就有北岳庙”的说法。传统的北岳庙会期间，人山人海，男男女女互对民歌。以前，丽江的各村各寨都筹集资金，用做庙会开支，香客们有很多的酒肉捐赠。纳西族有这样的说法，凡三十六岁和四十九岁是厄运年，常说“人遇了厄运年，就算不见阎王，脱你一层皮”。所以一到庙会日，遭遇厄运的人们不吝捐赠挂匾，祈求免祸，如不能保证赶

① 嘟玛切里佩措、杨志坚著：《纳西三朵神》，昆明：云南美术出版社，2011年，第16页。

到庙会，就不能事先说要去赶会，说了就一定要去。

北岳庙一般无庙主，唯有一种专为人卜卦的人，被称为“祷玉”。问卜时，问明问卜人的生辰八字后，掷贝于碗，以似唱似咒的声调，说出一大串吉凶祸福的话来，据说很灵验。

历史上，纳西族先民将自然崇拜、祖先崇拜、英雄崇拜等多种祭典集中在祭祀“阿普三朵”上，纳西族的东巴经中有《阿普三朵颂》（祭文）。“三朵颂”祭俗，集中体现了纳西族先民在狩猎、游牧、农耕等历史长河中形成的民族民间文化，如以祭祀山神为代表的自然崇拜；以祭祀本土保护神为主的祖先崇拜；以祭祀战神为主的英雄崇拜等多元文化特征。祭典集中展示了纳西族饮食、服饰、音乐、舞蹈、宗教、礼仪等习俗文化。

现在，纳西族的“三朵颂”已成为丽江最隆重的大型民俗文化盛会，是对外展示纳西族优秀民族文化的平台，也是各民族群众缔结友谊，谋求和谐发展的载体，是世代生息在玉龙雪山脚下的纳西人的精神寄托，体现纳西人对大自然的敬畏、崇拜以及对未来美好生活的向往。

由于历史的原因，“三朵颂”活动曾一度中断，东巴祭师和北岳庙独有祭师“祷玉”受到不同程度的迫害，加上社会经济的快速发展，现代化进程不断深入，能够熟读“祭三朵颂经”和主持祭祀仪式的文化人已经不多了。为此，地方政府和有识之士，为恢复纳西族的传统习俗，做了大量的工作，1986年8月，原丽江纳西族自治县第八届人大常委会报经云南省人大常委会批准，将每年农历二月初八定为纳西族的传统节日三多节。现行的《云南省玉龙纳西族自治县自治条例》规定：每年农历二月初八，为三多节，全民放假三天。自此，每逢二月初八，玉龙县和古城区各乡镇都组织开展各种活动，欢度三多节，周边地区的纳西族也相继恢复了祭祀活动。

近年来的三多节活动，除了在玉龙祠举办，也在丽江古城、四方街举办，以载歌载舞的欢乐形式邀请游人加入舞蹈队伍，以此宣传纳西族三多节。据我们调研所得，周边许多旅行社于节日前期也在宣传单上附印了和三多节相关的文字介绍和图片展示，许多外国游客都被三多节吸引前来游览参观。

纳西族的传统节日农历二月八“三朵颂”习俗，逐渐演变为纳西族法定节日——三多节，而农历八月羊日的“三朵颂”祭祀活动，除个别山区至今仍然还在举行外，在大部分纳西族聚居地区已经失传。

第三节　三多节的生活实践仪程

2013年3月19日早上6点，我们来到位于云南省丽江城北13公里的玉龙县白沙乡玉龙村，团队一行人与当地的纳西族同胞一起度过了2013年三多节庆典。

所有的车辆到了山脚下都必须按协警的指挥停在指定区域，我们只好徒步登山。通往三朵阁的道路宽敞而平坦，我们遥望着在晨曦中若隐若现的雪山顶，感受着三多节在逐渐敞亮的天光中拉开序幕。

越往前行人越多，民众从各条小道和巷口走出来，汇集到主干道上，同行的还有装满货物的板车，其中以各种特色小吃和日常用品居多，板车的主人是去三朵阁赴会场的商贩。大家走得井然有序，保持着雪山脚下的静谧安详，似乎无形中有一股力量在约束着大家不要喧闹。

步行500多米后，我们来到了三朵阁，也就是北岳庙，又称玉龙祠。北岳庙建于公元770年，其北岳神被封为“雪石北岳安邦景帝”。

三朵阁意为“三朵神祠”，由山门、花厅、厢房、鼎亭、大殿、后殿组成。院内大门上方写着“恩溥三朵”四个大字，大殿正中供奉“三朵”神像。

三朵阁内的大殿右侧至今还有一棵圆柏，被称为“唐柏”，应系建寺时所种，树龄已逾千年。此树高22米，胸径2米，虽然树身已部分枯死腐烂，但主干仍挺拔苍翠，生机盎然。院内还有许多其他苍老的树木，虽不算枝繁叶茂，却包含着别样的历史沧桑。民众在这些树的枝丫上绑上七彩的丝带，寓意着三多神将保佑子民们今后丰衣足食。

图7–7　鼎亭

早上7点半，此时离祭祀开始还有一个小时左右，但三朵阁内已经挤满了从各地赶来的纳西族民众。他们鱼贯而入亭内，敬完香又鱼贯而出，十分庄重，鼎亭在旺盛的香火的晕染下，呈现出一派神圣的祥和之气。身着祭祀人员服饰的人们，在亭边走动，时不时朝敬香的人们洒去清水，寓意为祈福者带去吉祥如意。鼎亭上有两幅匾额，外沿的“兴高萬芦”和内檐下的“如实好音”是纳西语的汉字谐音，意思为“好人好报”和“安康长寿”。

越来越临近祭祀的时刻，赴阁的人数在不断增加，来自不同地方的人们来到三朵阁。有的是当地负责准备祭品的人员，有的是负责排练仪式歌舞的团队，还有的是专程来上香祈福的纳西族民众。三朵阁内外的气氛也逐渐热闹起来。

8点左右，准备好生祭品的民众开始进入阁内。我们跟在后头，只见人们捧着准备好的猪头、海螺、生姜等祭祀品依次进入阁内，顺着花厅的右侧进入三朵阁的后方，继而来到大殿的外廊下。这时已经有人把供桌摆好，祭祀人员开始摆放准备好的祭品。

只见供桌上面铺满了松针，纳西族的朋友告诉我们：“过年过节铺青松毛是纳西古俗，意喻生活像青松一样四季常青。”青绿色在纳西族中喻意吉祥，我们不仅在祭祀的供桌上能见到松针，连阁外宽广的场地上至三朵阁山门的石阶上、阁内各个院落的地上、花厅开幕式的舞台上，都铺满了松针，松针气味清新，令人沉醉。

大殿前的空地上，有一支正在抓紧速度叠纸元宝的队伍，她们并不是专门的祭祀人员，是家家户户自发前来叠纸祭品的妇孺。她们准备了大量的“金银”和“百元大钞”，这种做法在全国各地的祭祖活动中都能见到。

大殿的左右侧是偏殿，右侧的偏殿坐着演奏纳西古乐的队伍，其中以老者为多，正在擦拭着乐器为接下来的祭祀做准备。左侧的偏殿的外檐下有一排绿色的煤球炉，上面放着正在煮食的铝锅，我们很感兴趣。询问后才知道，这是为了祭品中的熟食部分准备的用具。

图7-8　2008年纳西族三多节的祭祀品

原来贡品分为生熟两种，在阁外准备的大多是生的祭品，其中大部分是民众从家中挑选的比较精致的食品和摆件，例如那一对硕大的海螺，还有形状相似的“孪生”生姜等。但是有一部分祭品必须是熟食，且熟祭品不能提前制作，要在祭祀仪式开始前的一到两小时内完成，保持祭品的温度和色泽，所以三朵阁的偏殿变成了临时的厨房，然后由各地自发前来的巧妇为三朵祭祀准备精心烹饪的熟祭品。

由于离祭祀仪式开始还早，在取得祭祀人员同意后，我们进入了偏殿观看他们准备熟食祭品的过程。说起纳西祭祀的主角，除了主持仪式的东巴外，就数用来祭祀的祭品了，熟祭品的重中之重是一只乌鸡。

我们看到负责乌鸡制作的农妇熟练地把一只乌鸡从滚烫开水中捞起，放到了大圆木制成的砧板上，快速地切了起来，不一会儿就切完了。巧的是，农妇把切好的鸡块放到一只陶罐里，不多也不少，一只乌鸡正好好装满一陶罐。与此同时，偏殿屋檐下有一排炉子上架着正在煮食物的铝锅和一口黑色炒锅。

在食熟祭品陆续完成的时候，祭祀仪式即将开始。我们看到穿着红黄祭祀袍服的中年男子对称把贡品摆放好，又在贡品缝隙处补了些松毛，最后点上一对红烛，如此，在请东巴过来主持祭祀仪式前的筹备工作就完成了。

虽然这些祭品都是我们日常生活中看得到、吃得着的普通食物，可是，它们作为祭品的寓意就丰富多了，如何摆放也大有讲究。具体的摆放顺序如图7–9所示。

三多节祭神贡品都是与众不同的，必须有猪头肉和公鸡肉，猪头为生祭，上覆蒿草叶，公鸡为熟祭，偶尔用火锅形式出现。供桌的中央部分摆放着一只硕大无比的猪头，猪头旁边放着一只猪尾巴，这是以猪头猪尾表示“整猪”。纳西族的祭祀很多场合用活的整猪和活着的公鸡（被阉割后）祭祀，祭祀完毕再现场宰杀、烹饪，现在以猪头猪尾表示整猪，祭祀前就准备好公鸡，实质上是群体祭祀活动的一种祭品简化和仪式简化。

供桌上祭品的摆放次序从里至外依次是第一排：米盆及红糖、茶饼、盐袋、生姜；第二排：猪尾巴、猪头、乌鸡瓦罐、敬香；第三排：三朵颂祭文、酥油包、一碗清水；第四排：核桃仁和黄酒；第五排：五碗粳米。

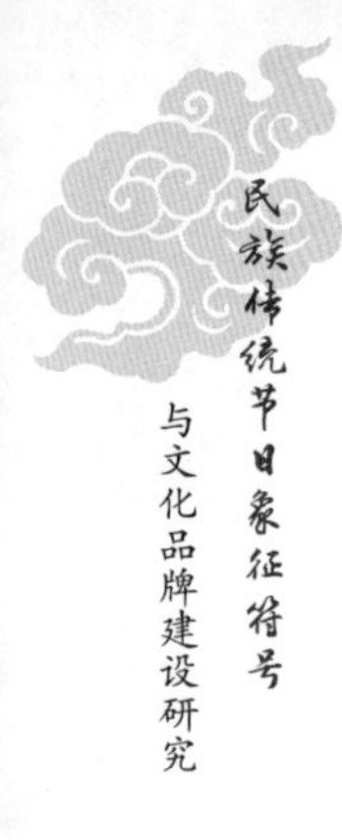

图7-9　2013年纳西族三多节上的祭品

第一行摆着一个装满白米的盆，白米之上放了红糖、茶饼、盐袋、生姜四物，是纳西族日常饮食中甜咸苦辣的代表，在纳西族的象形文字中也有对应的记载；第二行摆着的猪头、乌鸡瓦罐等熟祭品，祭天之后会被各地赶来的纳西族民众分食，以保证来年一年的平安顺利和幸福安康；第三行放着纳西祭文、酥油包、一碗清水，祭文是给大祭司祭祀时念的，酥油包曾经在多篇古代文献中出现，是纳西传统饮食中具有典型性的食品，清水则是玉龙雪山上的积雪融水，通常是在大祭司焚香祈祷过程中，他的徒弟们以蒿草叶沾着洒在祭品两侧；第四行：核桃（或花生）和黄酒则是下酒菜和饮品；第五行：供桌的外沿放着的分别架着一副筷子的五碗粳米，是为三朵神及他的两位藏族和白族夫人，还有三朵的两位保护神“茨巴汤纳将军”和勇敢的纳西族猎人“阿波高丁”准备的，相传茨巴汤纳将军和阿波高丁曾救过三朵的性命。

祭品被摆放好后，大殿右侧的古乐声响了起来。

大殿右侧里坐着的白沙细乐的乐队开始演奏起来，演奏的曲目是大型的安魂乐曲，在祭祀的时刻演奏，把殿堂渲染得肃穆恢宏。

事后我们查找到关于纳西古乐的一些资料。原来这些乐器按照演奏方式的不同可以分为3个乐器组：一为吹管乐器，有竖笛、横笛、波伯。其中横笛是主奏乐器，而波伯则是纳西族特有的竹制乐器。二为弹拨乐器，主要有筝、琵琶、苏古笃等。现在，筝几乎不再使用。苏古笃又叫

"胡拨"，形似"火不思"。三为拉弦乐器，只有二簧一种，其形制类似汉族胡琴。白沙细乐的乐队编制并不固定，根据运用场合和主人的贫富状况，可组3至4人、多至10人的乐队，其最常见的两种编制是8人组和4人组。在三多节这一天，通常会组织一个10人以上的组以显祭祀隆重。

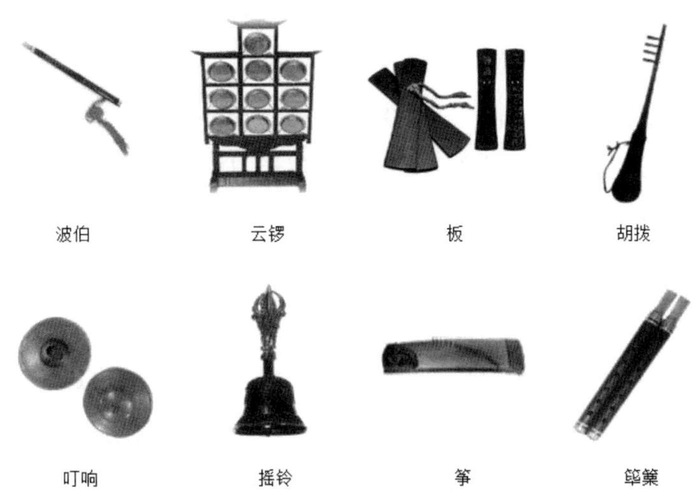

图7–10　纳西族传统乐器，其中筝已失传

演奏乐队的排列也有一定的规矩，乐队必须位于大殿（或祭祀灵台）的右侧。演奏者则按年龄的大小依次排列，年长在前，年幼在后，不能错序。我们发现白沙镇上的这支乐队的平均年龄大约在60岁，都是一些中老年男性，看不到青年人的身影。虽说纳西古乐曾经名动一时，吸引了众多青年音乐人投身研究学习，但师父虽多，徒弟却少。

大祭司是三多节祭祀的核心人物，他穿着隆重的祭祀袍服，手持祭文，用古老的纳西语言诵读着，祈祷着，这是每一次祭祀"三朵"最重要的环节。

在诵读祭文时，祭祀的徒弟会点燃之前准备好的纸祭品（元宝、锡箔之类），并放入许多松毛，有时会由来叩拜三朵神像的普通民众放入，也有一些人会自带纸祭品。冉冉升起的烟雾有些呛人，这时候，大祭司的徒弟便用蒿草叶沾供桌上的那碗清水，洒在大祭司和叩拜者周围，驱散烟雾。

祭祀过程维持在20分钟左右，大祭司一刻不停地念着祭文，不断有人进入大殿，在大祭司诵读祭文的声音中朝三朵神像叩拜，神情虔诚。有一对老夫妻进来了，他们相互搀扶着来到跪拜的蒲团前，在祭祀人员的帮助下一丝不苟地进行跪拜。这对老夫妻跪拜完毕，就在大殿中候着，大祭司念完了祭文，便走向这对老人。原来他们是老相识了，无数的纳西老人从年幼时就跟着家人来参加各种规模的三多祭祀仪式，也有数不清的东巴们像大祭司一样年复一年担任着三多祭祀的工作，或许从年轻的时候他们就在一场场三多的祭祀仪式中相识，年迈至此还依然不忘来给三多神上一炷香。

年迈的祭司深情地、认真地诵读祭文，我们不禁对纳西人信仰的虔诚产生了由衷的钦佩。每一个鹤发白眉的祭司，每一个苍老迟暮的经师，都是从年少甚至年幼时开始学习纳西的文字和东巴仪式的流程，他们要记住每一个纳西文字，记住仪式的所有步骤，要在有生之年忠于自己的信仰并尽最大的可能传播纳西文化，矢志不渝，甘之如饴。

图7-11　大祭司（右）和他的大弟子

祭祀仪式结束后，大祭司来到花厅观看开幕仪式的表演。他和一干子弟静静地坐在花厅左侧的厢房檐下，一边惬意地抽着样式古朴的烟袋，一边欣赏着台上的节目。我们走近他和他打招呼，希望采访他。原以为这个主持着祭祀仪式的大人物并不会把我们当回事，可是他却十分热情地和我们交谈起来。大祭司的普通话不是很好，他一直问我们是不是记者，一直叮嘱我们要把关于纳西族的文化告诉尽可能多的人，言之急切也的确显示出纳西族在文化传承上后继乏人的问题。

大祭司年纪大了，有些耳背，他急急地召唤来一个弟子，拍着他的胳膊说："你来，你来，他们是北京来的记者。"来的人是他的大弟子，也就是白沙镇下一代的祭司，年纪也不小了。只见他架着一副金丝边的眼镜，非常礼貌地回答起我们的问题。他告诉我们，大祭司身穿的这身祭袍叫五福袍，头戴的是五福冠，冠上的五位神灵分别是东巴教主和他的四个护法。他还特意提到大祭司手上古老的配饰，配饰由108颗珠子组成。在东巴教中有一种说法，人要做108件好事，这件配饰就成为一个平安符，可以让人们生活平安幸福，国家富强。一旁的大祭司听着自己大弟子娓娓道来，不住地点头，还补充了几个关于三多神的传说。

热情的大祭司让我们受宠若惊，他如此的亲民和善，一下拉近了宗教和世人的距离。一些纳西民众前来求字，他也纷纷答应，仔细地在纸上写下祝福的纳西文字，把美好的祝愿送给了虔诚的人们。

早晨9点半左右，在三朵阁的大殿内，庄重的祭祀仪式在古乐声中伴随香客的祈祷走向尾声。同时，2013年云南省丽江市白沙镇三多节开幕式表演正式开始，各位领导已经陆续就座，主持人是中共玉龙县委常委、宣传部长木根。

和祭祀仪式相比，庆祝三多节的开幕仪式就要现代得多，不仅音效设备齐全，领导的登台走位也显得形式化得多，倒是其中几个纳西老妇人的独奏和独唱很有特色。

玉龙县人大常委会主任和建中宣布"2013年纳西族'三多节'系列活动"开始，中共玉龙县委常委、县人民政府常务副县长杨福红致辞，接着由丽江市东巴文化传承协会郭大烈先生致祭文。随后开始了开幕式的文艺演出。

图7-12　和占强先生

图7-13　纳西族妇女的歌唱表演

在三朵阁花厅小小的舞台上，我们看到了汇演节目《树叶》——用叶子来演奏曲子。表演者是高龄65岁的和玉兰老人，穿着蓝黑颜色民族服装，身披七星披肩的她在舞台上淡定从容，投入地展示了自己的一手绝活。一曲完毕，掌声、叫好声经久不息。杨泽民先生带领着白沙镇的乐队上台演奏了《白沙细乐》，还是之前在偏殿演奏祭祀安魂乐曲的班底，打击乐和弦乐此起彼伏，仿佛又回到了在鼎亭烟雾缭绕中叩拜三朵的那一刻，花厅之中无一人喧哗，曲毕才掌声雷动。整场节目的高潮来自于纳西族大明星和占强先生嘹亮的歌喉，他一出场就引来阵阵叫好！他穿着白色的大坎肩，形象粗犷、高大，在花厅的舞台上唱着嫌不过瘾，又来到台下，和前排的观众互动起来，不时在歌曲的间隙处用幽默的话语和大家聊天，笑声不断。

当节目进行到一半的时候，领导基本退场离去，郭大烈到山门处接受采访。领导离去后，年纪较大的一些表演者被邀请入座。纵观整场表演，当时的流程并没有严格按照节目单的安排来进行，或许是表演者方面的出场问题，也不排除在节目单上“下功夫”的可能。而领导坐在主席台上半小时，接着完成揭幕仪式，然后走人，有些形式化。不过领导在，上了年纪的纳西大爷大妈们都显得拘束，领导走后，大爷大妈们就入了座，倒也让他们落得轻松自在。听着纳西族的大明星在台上边说边唱，引得众人前俯后仰，而且主办方丝毫不见外地邀请外地或外国游客参加一些所谓的“互动环节”——如发号抽奖、邀外国游客共舞等。从头欣赏到尾的我们也为这一场不掺杂任何商业色彩的纯庆典感到高兴和佩服。

2013年纳西三朵节（三多阁）节目单

一、涵蜜金组合《哦美达》《谷气》
二、和劲松《月亮花》《玉龙王国》
三、李秀香《谷气》
四、和瑞新《拉伯谷气》
五、和慧琼《雄几仔瓜瓜》《人生莫愁》
六、和国军《二月八》
七、和玉兰《树叶》
八、和占强《纳西人》《犁牛调》
九、和素文《敬迎贵宾》
十、杨泽民《白沙细乐》
十一、和占环《二胡独奏》
十二、和亚伟《哦美达》
十三、和丽元《阔留阔高贺》
十四、杨秀春《哦仔》《哦噜创自儿蹉》

玉龙县民族文化工作队
2013年3月13日

图7-14　2013年纳西三朵节节目单

10点左右，开幕仪式的节目还没有结束，三朵阁外的群体性歌舞活动却已经开始了。只见热情洋溢的打跳团队踩着欢快的节奏，邀请围观的游客和乡民加入进来，我们几个也忍不住一显身手。不同的舞蹈团队的服装也是各有千秋，年龄比较大的团队以蓝黑传统服饰配上七星披肩为主，位于打跳的中心地带。年轻一辈的打跳团队服饰颜色就靓丽得多，以亮黄色配上鲜红的织锦裙子为主，头饰也十分闪亮。而白沙镇当地的打跳团队则以白色的舞蹈服饰区分，红色的舞鞋十分打眼，在数量上也明显占据优势。

图7–15　打跳现场

热闹的音乐把场外的热度提升到高点，大家都放开手脚不再拘束。音乐和舞蹈真真切切地将我们和纳西族民众的距离拉近了。来自五湖四海的游客上一刻擦肩而过不会有任何表情，这一秒却大方地冲着我们的镜头做起鬼脸。尤其是当音箱里传来如雷贯耳的《最炫民族风》，整个广场都沸腾了。与时俱进的纳西打跳啊，真是印证了那句话——民族的就是世界的！

在打跳的广场之上，有一个小伙子吸引了我们的注意，他在场上风风火火地参加各个打跳的圈子，还不时和很多人合影。原来，他是纳西族的原创音乐歌手——纳多。我们对他进行了采访，当我们问及三朵阁的祭祀地点远离城区是否对来参加节日的人数造成影响时，他自信地回答道："这是我们民族的一种信仰，我觉得不会因为路程的遥远而影响我们祭祀的心情。"他热情地向我们介绍了他的新专辑，以纳西元素为主打的几首民歌是这张专辑的特色。他告诉我们，用纳西语说纳西的故事、用唱歌的方式把纳西文化传播得更远是他的创作宗旨。

除了欢声震天的打跳现场，周边的物资交流会也热闹非凡。与其说是物资交流会，实际上更像是广场外围的临时赶集场。各式各样的小摊贩在广场边缘地带搭起了撑架和桌椅，以买小食和零嘴的摊位为主，其次有日常用品、电信产品、花草、饰品等摊位。交流会的规模还有待扩张，组织稍有凌乱，且不注重环境的保护，广场上随意可见“飞舞”的包装袋和餐巾纸，多少给这神圣的节日添了一些堵。可是这倒丝毫不影响孩子们的心情。

广场是孩子们的乐园，尤其是女孩子们，无论长幼都穿着颜色艳丽的民族服饰，最小的还不会走路，被她的奶奶抱在怀里，但是身上的披肩和头饰一样不少。女孩子们拿着零花钱穿梭在各个舞队和摊位的缝隙中，买着喜爱的零食和小玩意儿，欢乐之情溢于言表。男孩子们更是激动，几乎所有的男孩子都聚集到了广场的东南角，因为在那里他们不仅迎来了丽江市的足球队员，更得到了队员们赠送给他们的足球！看着他们捧着足球时那灿烂的笑脸，我们不禁多按了几次相机快门，谁说这些英雄三多的后代里不会出现中国的球王呢，或许奇迹就来源于三多节的这一份馈赠。

图7–16　纳西族勒巴舞传承基地墙壁上的金蛙图腾

然而，在采访中我们也得知，这两年的广场打跳活动中少了一种舞姿的身影——勒巴舞。庆典结束后，我们查找关于勒巴舞的一些资料。勒巴舞据说是古代纳西族以金色青蛙的舞姿为启发而创作出的一种舞蹈，这从纳西勒巴舞传承基地墙壁上的青蛙图腾可见一斑。1980年的时候，勒巴舞世家第七代传人李文先曾在民间举行挽救勒巴舞的活动，他身先士卒积极表演，让更多的人认识勒巴舞、学习勒巴舞，继而达到传承勒巴舞的目的。可是如今三多节的大型打跳活动中却不见了这种舞蹈，纳西文字得以传承至今，是因为还有人在学习、在使用，同样的道理，如果连节日里都不见了“勒巴舞”，又怎么能指望人们在日常的生活中去跳这种舞蹈呢？

祭祀和庆祝活动在12点左右进入尾声，一天的庆祝活动以上午最为隆重，一般下午不会再有大型的打跳。在后续采访过程中我们发现，大多数当地纳西居民对三多节的庆祝方式表示满意，无论对与当地的老人还是年轻人来说，在他们心中，三多节就是纳西族文化的一部分，与纳西族民众的生活和文化密不可分。如今政府在纳西族节庆方面的投入越来越多，也让纳西族同胞感到了重视。值得一提的是，近年来三多节的交通秩序管理情况大有改善，国外游客的比例也在逐年增加，这和旅行社的大力宣传和引导有一定关系。

第四节　三多节文化品牌建设道路

三多节是丽江纳西族以祭祀为中心的传统节日，在当今文化消费时代，丽江纳西族民众没有游离于时代之外，而是将三多节纳入地方文化品牌发展道路上来，探索出三多节可持续发展的道路，并且取得了明显的成效。

一、政府的力量是三多节品牌建设的保障

传统节日品牌建设是文化建设与地方社会经济发展有机结合，也是多种人为力量介入和相互协调的结果。传统节日的保护和宣传，需要采取政府主导、全社会参与的模式，而政府在政策、法规方面发挥的作用，很大程度上是节日能够正常进行、能够带动地区经济发展的重要保障。

根据2005年5月27日云南省第十一届人民代表大会常务委员会第十六次会议批准的《云南省玉龙纳西族自治县自治条例》第七章第五十七条

规定："纳西族传统节日'三多节'放假三天。"这项规定的实行，一方面使得人们能够有更多的时间参与到传统节日中，不但增加了全民参与性，还扩大了三多节的节日影响。另一方面，这一规定的实行很大程度上也起到了宣传传统三多节的作用。我们从调查中得知，很多人都是通过这项规定才了解到三多节，从而产生了去活动地点亲身参与祭祀活动的想法并付诸实践。

但是，从这项规定所产生的效应中我们也看到了政府在动员、宣传上的不足。首先，三多节的吸引力有待增强。三多节对很多人来说仅仅意味着三天假日，虽然调查显示有很多人通过该规定得知有三多节并且愿意去参加，但由于民众自身时间安排问题和节日的吸引力不够，大部分人则更偏向于选择出行或在家休息放松，而不是去参加三多节。其次，政府在政策、规定的制定上也不尽人意。关于三多节的相关政策仅限于《云南省玉龙纳西族自治县自治条例》中规定节日放假三天一条，而关于如何利用三多节带动地区的发展却没有出台详细的规定，也没有制定过具体的规划方案。

自1986年开始，丽江市玉龙纳西族自治县人民政府作为主办单位，联合各部门，至今已成功举办过34届三多节活动。围绕三多节的祭祀主题，玉龙县政府开展了丰富多彩、富有特色的文化活动，充分体现出了纳西族的民族特色，继承、传播了纳西族的传统文化，并在一定程度上推动了丽江以及玉龙县文化的发展繁荣。

主办节日文化活动的单位和团体应该是群众文化活动的主体，但按照传统运行机制，是由宣传文化主管部门，或乡镇文化站牵头文化活动。以往多年，纳西族三多节主要由中共玉龙纳西族自治县委员会和玉龙纳西族自治县人民政府为主办单位，中共白沙乡委员会和白沙乡人民政府为承办单位，多部门配合共同组织。近几年来，三多节都是由中共玉龙县委宣传部牵头，与中共古城区委宣传部、丽江纳西文化研究会共同举办的，加入了民间文化团体的参与，体现了文化主管部门统一安排、其他各部门与文化机构互相配合的特点，充分发挥了政府部门的作用，积极吸引民间力量的介入，真正达到了办文化节日、办群众节日的目的。

政府主办的三多节庆典活动方案每年都会有不同程度的改变，增加一些创新内容，但总体上来说还是以祭祀为主、文艺表演为辅的形式开展。2010年，玉龙县政府围绕三多节的主题，以庙会为“点”、活动为“线”、景区景点组成“面”、民族文化为“内核”，举行了大型文艺演出、白沙旅游推介会、物资交流会、门球比赛等系列活动，重塑“北岳庙会”品牌形象，把三多节庙会、旅游、农业生产有机结合在一起。在三多节庆典活动的准备方面，虽然政府做出了大量努力，但是我们在翻阅历年三多节活动方案时还发现，2010年和2009年的活动方案竟然完全一样，说明政府在三多节的组织形式上缺乏深入仔细的规划。

对于参加三多节活动的单位和个人，玉龙县政府除了运用传统参与机制，通过行政、经济等方式组织群众参与活动，也从群众多层次、多样化和不同文化的需求出发组织群众参加三多节祭祀庆典。在三多节系列活动方案上，主办单位除了邀请市、县政府各部门相关领导等出席，还邀请了丽江市纳西文化研究会杨国清会长以及丽江纳西族文化名人郭大烈先生，另外我们在祭祀举行当天还看到许多纳西族老人受邀到观众席中观看表演。在自发前来参加节日的民众中，不但有玉龙县居民，还有从周围乡镇赶来的少数民族，也有很多外地游客，甚至还吸引了外国游客。三多节除自身具备的文化符号吸引力吸引着人们，政府在组织、鼓励各界人士参与活动上也具有很大作用。

旅游推介会、物资交流会是玉龙县政府新近推出的节庆项目之一。旅游推介会以文字图片宣传形式向游客和来宾推介白沙丰富的历史文化和优美的自然景色，物资交流会以展销盆景、兰花、十里香等丽江传统花木和农业生产工具为主。这两项活动的开展取得了很好的效果，不仅为白沙乡的旅游做了宣传，吸引了大批游客，扩大了三多节的影响力，还通过商家展销，为玉龙县人民的生活带来便利，同时也推动了玉龙商业的发展。近年来的三多节在以往集中举行文艺活动的基础上，组织了群众打跳活动和原生态民族歌舞展演，并在白沙乡、古城、红太阳广场组织庆典活动。

但是，与以往几届三多节不同，近几年的三多节都由商家自发摆展台进行商品销售，许多商家在打跳广场周围、路边摆放摊位，没有统一规划的销售地点，一方面造成了交通不便，另一方面零散的贩卖形式不成规模难以管理。此外，这些商贩多是一些没有经营执照的小商小贩，并且多数都是卖小吃，由于周围都是农田、公路，环境得不到保障，食品卫生安全问题令人担忧。

在三多节举办期间，政府投入了大量人力维持祭祀现场的秩序，以保证三多节庆典的有序、安全进行。首先，在交通上，在白沙乡道路入口处设置关卡，严格限制进出活动举办现场的车辆，除公交车以外，其他车辆不得进入白沙镇；搭乘出租车、微型车、自驾车的游客需要在白沙镇外下车步行进入活动举办地点，游客所驾驶车辆需停放到停车点；在道路设置交警执勤点，保障交通安全。其次，在安全保障上，出动警力进行巡逻，避免发生踩踏事故，保障祭祀活动现场的秩序。另外，在消防上，出动消防员全程守候活动场地，消防车随时待命。

总体来说，相关部门制定的一系列安全保障方案确实产生了很好的效果，为三多节安全、有序进行提供了有效的保障。但我们在采访过程中也感受到三多节组织的一些问题。首先，参加白沙镇三多节的游客太多，即使有交警进行交通管制，在白沙镇外还是出现了堵车现象，平日从市区到达白沙镇只需二十分钟的车程，在三多节那天却需要一个多小时。其次，车辆停放地方是一片荒地，没有人负责指引车辆停放，而许多司机直接把车停在了路边，增加交通的堵塞。因此，在交通、安保措施上相关部门还需加强管理。

2013年这种情况得到一定的改善，据交警部门统计，2012年三多节截至中午12点，前来参加庆祝活动的车辆大概有1500辆左右，2013年则达到了2700辆左右。面对如此大的交通压力，2013年的三多节，玉龙县交警大队全员参与，广大民警和协管人员在道路上积极引导，相比去年还完善了道路交通的标识标牌，从市区到达白沙镇，再从山脚赶往玉龙祠的时间比往常节庆日缩短了将近20分钟。正是在大家的共同努力之下，2013年的三多节实现了道路畅通无阻和安全有序。

三多节作为纳西族最重要的传统节日，除自身具备的文化独特性吸引人们，政府在宣传上也起着很大的作用。一方面，丽江市政府通过电视、报纸等媒体宣传纳西族三多节。三多节祭祀当天，宣传部门组织丽江市电视台、玉龙县电视台对三多节流程进行跟踪报道，并录制视频在电视上播出。另一方面，邀请文化部门、文化名人参加三多节，通过文化部门、文化名人的影响力推广三多节，让民众对三多节有深入的认识。然而，调查数据显示，通过媒体知晓三多节的人仅占14%，大部分人都是由于三多节放三天假才知道有这个节日。文献中记载三多节的资料不多，而各类文化读物、旅游读物中对三多节的记载也很少。这说明，三多节的宣传途径过于狭窄，对外界的知名度不高，政府对三多节文化品牌的传播推广还需利用各方资源、扩大宣传途径、加大宣传力度。

二、三多节关键象征符号提取是核心

三多节品牌建设中，关键性象征符号的提取至关重要。从目前情况来看，丽江纳西族非常重视三多节关键性象征，其中包括：

七星披肩：服饰是民族文化的重要组成部分，也是区分不同民族的标志。提起云南纳西族三多节，最具有代表性的服饰就是七星披肩。

图7-17　身着七星披肩的纳西族妇女

图7-18　身着七星披肩的纳西族小女孩

丽江和维西地区的纳西族妇女服饰，在清代改革服饰过程中，吸收了满族妇女宽腰大袖的特点，改短衣为前短后长的宽大袄子，改长裙为围腰，披七星羊皮。清朝末年，丽江大研镇和附近坝子、维西流行这种服饰，一直保持到现在。这套服饰包括宽袖白衬衫，衣领和袖口绣花为装饰。宽腰大褂穿在白衬衫上面，无领，右衽面襟，前幅短，后幅长及胫，浅色镶边大褂，外加紫红或藏青色的坎肩，深色不扎边的长裤，而羊皮披肩，俗称“七星羊皮”，象征纳西族妇女勤劳，披星戴月。纳西族称之为“优轭”，是羊皮“余轭”的变音。东巴经中有剥羊皮、揉羊皮、披羊皮的象形字，意味着“七星羊皮”是纳西族传承的服饰之一。制作“优轭”用绵羊皮，以毛厚色黑为贵。纳西族平时和天冷时披羊披肩，毛朝里面，热天和雨天毛朝外。七星羊皮披肩不仅起到装饰作用，也有御寒防雨、垫肩保护肌肤、夜间压被保暖的功能。

七星披肩绣有七星喻北斗，其半圆形似“月”，在三多节现场，纳西族穿上民族独特的传统服饰，把历史和信仰背负在肩上，参加属于他们的盛大节日。

纳西文字：文字与语言是民族的灵魂，是民族精神的内核。三多节庆祝现场纳西族文字随处可见。纳西文字属于象形文字，是东巴文明的文字载体。纳西族象形文字约有2200多个，有较浓厚的图画文字特点，以一字象一物，或一事，或一意，但与图画之惟妙惟肖求其美感不同，而是用简单笔画将事、物、意表达出来。用这种象形字书写的句子有的像是一幅图画，它起到一种提示作用，无固定的读法。所以，用象形文字书写的东巴经书，即使是会说纳西语，又认识一个个象形字，但仍不能读懂经文。只有从小从师学习的东巴教徒才能眼看经文，口诵句子。这种文字已有约1000年的历史，纳西族东巴教徒用这种象形字书写了约1500卷经书，是纳西语言文字、社会历史、宗教哲学、天文地理和文学艺术的重要宝藏。

图7-19　工艺品上的纳西文字

民族精神传承与民族节日庆祝往往与民族文化分不开，文字属于民族所特有的财富，在纳西族三多节活动过程中，要将纳西族的传统文化与三多节融合在一起，使其得到进一步地传播，为更多人所熟识。

纳西古乐：三多节开始前，会议现场就能远远地听到后院传来的曲声，这就是所谓的纳西古乐。纳西古乐源于汉族的洞经音乐和皇经音乐，目前保留下来的只有洞经音乐。传说原有汉族经文配唱，传到纳西族民间后，逐渐变为单纯的乐曲。纳西古乐分为“神州”和“华通”两个大调，并根据不同内容分为50多个小调。经常演奏的有“清河老人”“小白梅”“山坡羊”等20多个小调。

图7-20　演奏纳西古乐的老人

图7-21　纳西古乐演奏

纳西古乐的洞经音乐是道教礼乐活动时所用的音乐，明清以来即风行于中国各地。洞经音乐于明代嘉靖年间（1522—1566）从南京、福建、四川等地引入云南，并且进入丽江纳西族民众生活中保留至今。如今纳西古乐融入三多节中，使节日内涵更加丰富。

打跳：三多节最欢快的是“打跳”。据传纳西族“打跳”源于宋末元初，古称踏歌，俗称打腊利，现纳西语称“咚罗丽”或“纽踔”。“咚罗丽”有“欢乐的跳舞”或“大家来跳舞”等含义。一些地区因其舞时用笛子和葫芦笙伴奏，也称之为“芦笙舞”或“笛子跳”。“打跳”常用的伴奏乐器有塞箫（直笛）、横笛、葫芦笙。打跳中的歌曲为即兴或固定唱词两大类。据记载，纳西族“打跳”原有70多种，保留至今的有20多种。打跳动作有三打脚、合脚跳、甩手跳、三步一摇晃等。常用的“打跳”曲有《纺麻线》《赶街调》《洗麻调》《三打脚》《三步三摆晃》《大家跳》《永宁调》《合脚跳》《甩手跳》《蛮调》《单打脚》等。打跳的基本形式通常是乐器演奏者领头打跳，参与打跳活动的人相互牵手（或左手叉腰，右手搭在前者右肩），围绕篝火随着伴奏音乐做统一动作，并沿逆时针方向做环形移动。当领头的人吹响笛子或芦笙步入场中心时，大家便会不约而同地跟上去，手挽手，兴奋地踏着乐曲的旋律，循环踏歌而舞。高潮之际，民众还会情不自禁地喊出“喔！哼！”的喝彩声。声音越高，场上的舞步就越重，纳西人的乐观和开朗尽在“打跳”活动中展现。“打跳”时要求每个人步伐一致，节奏要与音乐节拍相符。打跳有时欢乐，有时悠闲，或快或慢，或停或走，男的憨厚有力，动作热烈粗犷，姑娘们雪白的拖地长裙随舞步飘旋。音乐旋律由欢快变为炽烈，舞姿由轻快变为雄健，舞步由轻盈变为急骤，吼声由欢悦变为高亢，产生宏大的气势与梦幻般飘柔相结合的韵致。“打跳”是游客乐意参加的项目，也是他们把自己融入当地环境和三多节中的很好方式。伴随着音乐声，纳西族用欢快的舞步抒发着他们心中的热情，而远道而来的游客也用这种独特的方式表达着他们对纳西族三多节的敬仰。

图7-22 “打跳”的人们

图7-23 “打跳”现场

三、从三多节传统符号到现代经济符号

三多节是丽江市纳西族传统祭祀性节日，它是集宗教信仰、民俗活动为一体的传统节日，民众通过祭拜的形式表达他们内心对三多神的敬仰与崇拜，祈求幸福安康。三多节不断强化纳西族的认同感和自豪感，并通过一系列活动增加彼此间的交流与沟通，而对于非纳西族的游客或群众来说，这是了解其他民族文化的途径，也是增进不同民族之间交流的机会。

民族地区的发展与繁荣需要依靠当地经济的发展，经济的发展依靠文化传承，文化的传承离不开经济发展，如何将三多节的活动与经济发展结合起来，把三多节的节日传统符号建设成现代经济符号，笔者以为可以从下面着力：

第一，增加三多节在城市的宣传力度。

中国城市生活的人口不会对公交站牌灯箱里平面广告和火车站巨幅宣传图感到陌生，我们对很多信息的撷取都是来自目之所及的广告牌。公交车站和火车站是城市客流量密集的地方，来来往往的人们驻足或停留，总有那么几秒钟会将目光投放到绚丽的巨幅广告牌上，或许一句动人的广告标语，或许一幅充满暖意的画面就能勾起人们对广告中地点的向往。三月份（农历二月初八）是丽江旅游的淡季，充分利用“三多”效应，打开淡季市场是重要的营销策略。

三多节主要祭祀庆典在丽江举行，三多节是纳西族的传统祭祀节日，搭上“丽江”和“纳西”两块金字招牌，三多节的品牌力量就会得到滋养。三多节庆祝活动集中在白沙镇，白沙镇位于雪山脚下，雪山是圣洁的美好象征，这一优越的地理位置可以使三多节带有神秘的色彩，也会有更多游客愿意前往参加三多节的庆祝活动。

三多节的谐音非常符合中国人的讨喜心理。“三朵”二字虽然是音译，但“朵”谐音“多”字隐含了“多多益善”，三多节的广告标语完全可以利用中国人喜“多”的心理，博得知名度。

因此，通过加大三多节在城市的宣传力度，吸引大批游客来感受三多节的氛围，而游客的增多必定会在交通运输、产品购买等方面带动丽江及其周边乡镇的发展，实现三多节拉动地方经济增长的目的。

第二，创新三多节旅游文化产品。

旅游文化产品是指在旅游生活中生产、销售的有关文化的产品，这其中既有关于旅游地区的文化传统的无形产品，也包括一些特殊的有形商品，尤其是民族文化与特色、区域文化内涵与特征的旅游产品。这其中有五个部分：旅游饮食、旅游住宿、旅游交通、娱乐设施、旅游购物等。

纳西族或者说丽江人在饮食上有自己的特色，但还不够鲜明。在三多节的活动现场，周围有一些小商贩在售卖一些有特色的食品小吃，比如饵丝饵块、糯米粑粑、特色凉粉等，但其不成规模，且卫生环境较差，部分游客担心不卫生，所以不愿意尝试廉价美味的小吃。

最好的改善方法是设定统一的遮风棚和太阳伞，为旅客提供良好的就餐环境，解决餐饮问题，旅客才会愿意留下来载歌载舞，而不是填饱肚子匆匆赶回市里。

“雪山脚下”是具有诱惑力的开发潜力的词汇，如果有类似农家乐的旅馆，不仅在三多节期间能够吸引游客前来，就是在平时，对于向往雪山的背包客、驴友也是不错的选择。虽然没有市区的热闹，交通也不一定方便，但是在雪山脚下，要的就是僻静和与世隔绝的情调。如果配上相应的自行车租赁、明信片邮递、心愿树领养等特色服务，或许能为“白沙客栈”一类旅馆带来不一样的前景。

白沙镇完全可以在晚上举办一系列如篝火晚会等活动，并向在当地游览的游客进行宣传，相信有很多游客会因为此而留在白沙镇，借此机会发展当地的农家住宿、农家饭店，制作独特而又美味的农家特色菜肴。

地理环境给白沙镇和三多节造成了一定的限制。由于盘山公路的有限宽度和白沙镇的有限人口，给来参加三多节游客配备专车的可能性很小，也很可能会造成资源浪费，所以白沙镇交通改善是否可以考虑设立自行车租赁点。这个做法在许多著名的旅游景点得到实施且效果很好，比如厦门环岛自行车租赁和西湖的环湖自行车租赁。如果白沙镇有环山自行车租赁，也能成功吸引一批年轻人前往，领略雪山脚下的风貌。

“七星披肩”是纳西族传统服饰，不少游客对此非常感兴趣，纳西族可以借此机会售卖此类型的仿制披肩，一方面可以将自己民族服饰宣传出去，同时也可以获取经济收入。手工织娘还可现象手把手教游客如何将“七星”绣上披肩，以趣味手工的形式吸引更多游客参与并购买。

白沙镇的特色是白沙壁画。2010年的三多节方案里就有白沙壁画的物资交流会，但是后来这个环节并没有得到很好的延续。我们认为如果能在三多节形成以工艺品为主要销售商品的物资推介会，不难得到外国游客和外省市游客的青睐。且就推广知名度而言，白沙镇需要这样的推介机会为自己的特色产品打广告，同时为将来开拓更大的市场做准备。

第三，建设三多节旅游线路。

白沙镇独特的地理优势可以使旅游形成一条线路。依靠丽江古城、玉龙雪山的知名度，在三多节前后将其活动内容融合进去，可以跟旅行社合作，特制与三多节有关的文化线路。比如说可以规划从丽江古城—白沙镇（三多节）—玉龙雪山等的旅游路线，宣传中除了丽江古城特色、雪山美景之外，也要重点强调浓郁的三多节文化氛围，在扩大三多节知名度的同时，让不了解的游客深入到三多节现场感受三多节的文化氛围，一定会让许多游客念念不忘，从而口口相传，进一步扩大三多节的知名度。在游客的游览过程中，也会带动当地与周边经济的发展，从而很容易使三多节文化与经济发展联系起来，游客对丽江及其周边地区的产品和消费场所来说，亦是潜在的客户群体。

总之，在未来发展中，应该在三多节活动中更好地融入传统元素，集思广益，增强纳西族民众在新时代社会经济和文化发展过程中的参与感、自豪感和认同感，延续并深化三多节多民族共享共融的优良传统，提高多民族民众的参与积极性，促进丽江及其周边乡镇的文化建设和经济产业发展。

第八章

文化基因与符号选择：端午节文化内涵与品牌建设

从古至今，端午节都是中华民族重要的传统节日。随着历史的演进，端午节俗文化不断丰富和发展。中华各地民众在自发自觉的赛龙舟、吃粽子、制香囊过程中传承着端午节的内涵、共享着端午节的欢愉。21世纪以来，非物质文化遗产保护推进端午节的兴盛与多样化发展。各地政府、企业和民众着力建设端午节，使之名气日益响亮。并且成为区域地方名片。

第一节　端午节的文化精义

端午节是中国的大节，也是流传最为普遍的节日之一，端午节很早就出现了较为成熟的节俗链，其形态一直比较稳定，成为中华民族的文化传统。自古以来，记录和解释端午节意义的文字纷繁复杂，这些记录和解释成为今人梳理和建构端午节历史面貌的丰富材料。为了解释的有效性，笔者拟就端午节起源和发展最为典型的湖北、湖南，也就是本文所说的两湖地区的清代端午节为例，探求端午节意义世界中的文化精义，这也是端午节品牌建设的核心要义。

一、端午节俗的基本形态

讨论清代两湖地区端午节习俗的文化指向及其蕴含的文化基因，少不了对端午节基本形态的了解，尽管清代两湖地区的端午节存在地方性差异，但是，其形态的一致性则是主流。翻检清代地方志，清朝光绪八年（1882）《孝感县志》中记录的端午节算得上典型，兹引如下：

> 五日为“端午”，又曰“端阳”，或名“重阳”。语云：“夏至逢端午，穷汉受罪苦。”又云：“夏至无雨见青天，有雨直到立秋边。”又云：“吃了端阳粽，寒衣方可送（或云家家都不空。空，去声。）”是日饮菖蒲、雄黄酒，涂朱砂、雄黄于小儿额及五官，以厌疾病，名曰“天炙（灸）”，亦以朱砂、雄黄等辟蛇蚁。妇人佩艾、佩砂、雄于囊，截菖蒲寸许为葫芦形，贯以线佩之。插艾叶、菖蒲于门，或作艾虎，画张真人驭虎像粘壁。小儿植艾蒲于盆，立纸为旗，书“庆贺端阳”，又以书“五月五日天中节，赤口白舌尽消灭（或作蚊虫、蛇蚤尽消灭）。”揭之壁楹。以箬叶裹糯米为粽，亦曰“角黍”。以香囊、艾虎、角黍、砂雄囊、扇遗亲友，医家亦以砂雄、乌发草，固齿牙散相送。
>
> 收采诸药，捕蟾蜍，或装好墨于蟾蜍腹中，俟干取出涂肿毒，有验。俗云：“癞虾蟆躲端午。”又云：“躲得过端午，躲不过端六。”剪鸲鹆舌灌雄黄酒，教以人言，俗名“八哥”，亦名“八八”。
>
> 竞渡：县河每年造龙舟，谓之“打龙船”。诚六门各造一舟，即以门之方为色，如南门红，西门白之类，各有火船，谓之“母船”；更有游船，通谓之“采莲”。士女空城往观。水手多不过三十二人，操锣鼓者各一，其进退疾徐全视鼓音，其人皆船户聘请。初一日下水，初六日乃罢。唱云：“寻芽儿好好龙才划。”俗谓此船为吊屈原而设，寻芽儿者，乃是屈原女寻爷儿之讹。又

云，不打龙船人多疫病，故曰龙船不打要划过。山村无水，以纸作龙船形，舁之而游，沿门收香纸酒食，说吉利语。如龙灯，名曰干龙船，久暂亦如龙舟，罢即烧之。俗云打鼓送瘟船，指此也。（沈宜按，《续齐谐记》以竞渡、角黍为吊屈原左徒事，或近之；《琴操》以为吊介子推，非矣。子推死于“寒食”，与“午日”无干，且子推晋人，竞渡楚俗，尤不相涉。）[1]

清代湖北孝感端午节习俗反映了两湖地区端午节传承的基本面貌，包含的文化因子及其生活基因显示了清代端午节较大程度上承袭了旧制中的传统，其中龙舟竞渡、食角黍、饮雄黄酒、挂艾蒿、贴符条、佩长命缕和香囊等为清代两湖地区端午节常见习俗。这些习俗以及彼此之间的链接构成了清代两湖地区端午节的基本形态及其意义。为了清晰解释清代端午节的文化精义，我们还得从端午节母题出发。

二、从“端午”到“端阳”

端午节在中国各地叫法不同，诸如“端阳节”“天中节”“女儿节”“粽子节”“诗人节”等等，这些称呼具有不同的象征意义以及端午节的时代性和地域性。清代湖北、湖南、重庆、广西等地区称端午节最多的为“端阳节”，端午节和“端阳节”一字之差，由“午”换成“阳”，暗示着端午节与太阳的关系。从汉语字面理解，“午”应为“正午”，此时太阳光最强、最亮，“阳”应为太阳。因此，端午节与太阳的关系成为人们感知气候、感怀生命的有效方式。有民谚曰：“端午节，天气热，五毒醒，不安宁。”概括了五月份气温升高导致病毒活跃，搅得人们的生活不得安宁。于是人们就开始自己采草药规避和治疗气温升高导致的一些疾病。“五月五日为‘端午节’……日午，采百草

① 〔清〕光绪八年《孝感县志》，见丁世良等编《中国地方志民俗资料汇编·中南卷》（上），北京：书目文献出版社，1991年，第331页。

以备药物。”[①]“五月五日午时，收采药物，屑丹砂、雄黄饮酒，并涂小儿耳鼻辟虫。”[②]民众认为，端午的时候阳气旺盛，正气汇聚，万物在此时为盛佳，阴邪被阳气驱赶，此时采摘的中草药最为纯正，也最有药效。因此，民众在端午时节上山采药，民谚说：“端午节前都是草，到了端午便成药。”南朝宗懔的《荆楚岁时记》载：“是日竞采杂药。”并引《夏小正》曰：“此日蓄药，以蠲除毒气。”宋人吕原明《岁时杂记》曰：“端五日午时聚先所蓄时药，悉当庭焚之，辟疫气。”宋代吴自牧的《梦粱录》记载：“五日采百草，修制药品，为辟瘟疾等用，藏之，良验。”清顾禄的《清嘉录》云：“土人采百草之可疗疾者，留以供药饵，俗称‘草头方’。”这些都是发生在“正午”，其意为借助太阳物理功效、信仰及其与太阳有关的巫术行为强化端午节呵护生命的特殊功能。

今天的广西富川的五月端阳，寨里、村里、乡里、镇上，家家户户都先后在家门前挂上几缕“凉叶”。这几缕“凉叶”由两种植物叶子构成，一种是艾蒿，一种是菖蒲，俗称之“凉叶”。这些草药有祛热除虫的功效。艾蒿含挥发性芳香油，可以提神、通窍、杀菌；菖蒲则可散发芳香，驱赶飞虫，清除污浊空气。

这些都是发生在“正午”，其意为借助太阳的物理功效、信仰及其与太阳有关的巫术行为强化端午节呵护生命的特殊功能。

另外，民众对于太阳的感知更多的是祈愿万物复苏带来丰收，祈愿毒气和邪气被旺盛的阳气驱散，因此，端午节包含了民众更多的祈愿心结和情感因素。

在湖北、湖南等地区还有“小端阳”和“大端阳”之分，两个端阳的来历各有说法：

---

① 民国九年《英山县志》，见丁世良等编《中国地方志民俗资料汇编·中南卷》（上），北京：书目文献出版社，1991年，第369页。

② 〔清〕同治六年《大冶县志》，见丁世良等编《中国地方志民俗资料汇编·中南卷》（上），北京：书目文献出版社，1991年，第325页。

五月“端午”，酿角黍，饮蒲酒，簪艾叶，系朱符，为竞渡之戏。而俗以初五为“小端午”，望日为“大端午”。相传伏波征五溪蛮于五日进兵，士卒有难色。伏波曰：“端午节令，蛮酋必醉，进可成功。今日乃小端阳也，后当以诸将过大端阳。”即进兵，诸蛮果醉，剿平之。乃于十五日大享士卒，遂名曰“大端午”。至今仍之。①

从这些记载来看，“小端阳”的来历与屈原有关，而“大端阳”与伏波将军有关的解释源于当地人对历史人物的纪念。当然，很多地区的人并不看重端午节究竟为哪一个具体人物而设，在笔者统计的50部两湖地区清代地方志中，只有10部地方志记录了端午节与屈原有关，且多加上“相传”“古说”等字眼，这个“相传”和“古说”明显源于《续齐谐记》和《荆楚岁时记》。笔者以为将端午节来历解释为屈原是文化人的价值表达。在媒体发达、信息快速传播的现代社会，文化人强化端午节与屈原的联系掩盖了端午节文化基因的原真意义。端午节是民众的生活，端午节的所有民俗元素源于民众的生活，民众过端午节的目的很直接，行为很直率：即民众不关心端午节的纪念意义，而关心端午节的“现在”意义和生活意义。

三、龙舟竞渡与送瘟

端午节期间正值仲夏，气温升高，百虫活跃，蚊蝇大量滋生，容易传播疾病。人们以多种方式驱除疾病，赶走瘟疫，其中最典型的就是以龙舟竞渡的仪式赶走瘟疫。

端午节期间“龙舟竞渡”的意义，江绍原先生认为源于送灾②；梁光

① 〔清〕同治十二年《溆浦县志》，见丁世良等编《中国地方志民俗资料汇编·中南卷》（上），北京：书目文献出版社，1991年，第613页。

② 江绍原：《端午竞渡本意考》，见王文宝、江小惠编《江绍原民俗学论集》，上海：上海文艺出版社，1999年，第203—229页。

桂先生提出竞渡脱胎于“命舟送灾”。[①]这些观点有助于理解端午节“龙舟竞渡”的意义。通过对清代两湖地区地方志的考察，笔者认为端午节期间“龙舟竞渡”的主旨是“送瘟”，预防可能出现的疾病和灾祸。

> 五月五日，沿门插艾，罢市竞渡，或编苇为船，肖龙形泛之，谓之“送瘟”。[②]
>
> （五月五日）竞渡……县河每年造龙舟，谓之造龙船……云不打龙船人多瘟疫。山村无水，以纸作龙船形，舁之而游，沿门收香纸、酒食，说吉利话。如龙灯名曰干龙船，久暂亦如龙舟，罢即烧之。俗云打鼓送瘟船，指此也。[③]

对民众而言，端午节驱除瘟疫的意义远大于纪念屈原的诉求，并且成为此间规约民众生活行为的禁忌：

> （五月）自初一日至初五日，龙舟竞渡，……不竞即有疫。[④]

“小端阳”上的龙舟竞渡是“送瘟”，“大端阳”期间的龙舟竞渡同样是“送瘟”：

> 五月十八日为龙舟之会。自四月即染纸造龙舟，长丈余，中像三闾大夫，冠、服、器用，绮绣、银刺，余亦尽饰。先期一日，罗列珍玩，远人来观，比屋衢饮，欢呼达旦，东西二舟，靡费各百余

---

① 梁光桂：《端午竞渡说源》，载《体育文化导刊》1991年第3期。
② 〔清〕乾隆十一年《岳州府志》，见丁世良等编《中国地方志民俗资料汇编·中南卷》（上），北京：书目文献出版社，1991年，第481页。
③ 〔清〕光绪八年《孝感县志》，见丁世良等编《中国地方志民俗资料汇编·中南卷》（上），北京：书目文献出版社，1991年，第332页。
④ 〔清〕乾隆二十八年《清泉县志》，见丁世良等编《中国地方志民俗资料汇编·中南卷》（上），北京：书目文献出版社，1991年，第332页。

金。至期，迎至青龙堤火之，谓为送瘟云。[①]

方志编纂者认为大端阳“送瘟”活动与五月五日小端阳“送瘟”活动一脉相承：“闻古缚茅为船，如送穷之制，故谓之茅船。后易以纸，寻以缯侈矣，且傅会五日投渊事，浼香洁之性而坐以止疫可乎？得毋阴生于午，毒月郁蒸，借斯涤荡，亦所以节宣阴气与！”[②]

龙舟竞渡需要水域，水域面积小或没有水域的乡村，龙舟竞渡很难进行，为了愿景的实现，民众发明了陆地上“送瘟”的“迎船”与“送船”习俗：

十八日，曰“大端阳”。以木雕五色龙，首尾夭矫如船形，中以绢画神将像，盛鼓乐，杂彩色纸标，遍巡于市。神各一船，船至，香楮爆竹饯之，谓之“送船”。出南城郭外焚之，夺得龙头者，以为宜男佳兆。[③]

“送船”仪式的主旨是“送瘟”，它与水上“龙舟竞渡”一样，要举行丰富多彩的娱乐活动：

“端午”，户悬蒲艾，亲友互饷角黍。午时，以雄黄酒洒四壁，辟诸毒虫。童子、妇女佩五毒、香囊等饰。四城以五采绫绢作龙舟迎赛，设层楼飞阁，于其脊中塑忠臣屈原、孝女曹娥及瘟神、水神各像，旁列水手十余，装束整齐，金鼓箫板，旗帜导龙而游，曰“迎船”。好事者取传奇中古事扮肖人物，极其诡丽。数日后，

① 〔清〕同治六年《大冶县志》，见丁世良等编《中国地方志民俗资料汇编·中南卷》（上），北京：书目文献出版社，1991年，第325页。

② 〔清〕同治六年《大冶县志》，见丁世良等编《中国地方志民俗资料汇编·中南卷》（上），北京：书目文献出版社，1991年，第325页。

③ 〔清〕道光二年《黄安县志》，见丁世良等编《中国地方志民俗资料汇编·中南卷》（上），北京：书目文献出版社，1991年，第355页。

以茶米、楮币实舱中，如前仪，导送河干焚之，曰“送船”。前此，守土者以为有伤民财，易滋事端，每禁之，卒不能止。[①]

这是一个缺少竞渡环境的龙舟赛。民众扎旱龙船，将尽忠的屈原塑像、尽孝的曹娥塑像和水神、瘟神塑像排列其中。除了送走瘟神，民众还扮演各类传奇中的人物，好笑、好玩，“极其诡丽”。

“送瘟”是端午节龙舟竞渡现实生活层面的功能，也是精神信仰层面的需求，民众希望通过竞渡、“送船”把瘟疫送走，把疾病送走，把灾难送走。清代两湖地区的人很少说竞渡是为纪念屈原或其他历史人物，如果解释为纪念屈原，多半也是沿用先前文献的说法而一笔带过。在两湖地区的人看来，龙舟竞渡是一种实践行为，一种仪式行为，一种象征行为：送走瘟疫、送走灾祸。这种竞渡的文化内涵在《鄱阳记》和《武陵竞渡略》中都有明确交代：“俗传竞渡禳灾，……一岁不为，辄降疾疫。”“划船不独禳灾，切以卜岁，俗相传歌‘划船赢了得时年’。”为此，作者还详细记录了竞渡之后的禳灾仪式：“今俗说禳灾于划船将毕，具牲酒、黄纸钱，直趋下流，焚酹诅咒疵疠夭，札尽，随流去，谓之送标。然后不旗不鼓，密划船归拖置高岸耆阁，苫盖以待明年，即今年事讫矣。尔时民间设醮，预压火灾，或有疾患，皆为纸船，如其所属龙船之色，于水次烧之。”[②]

湖北、湖南地区的端午节期间的“龙舟竞渡”充满了群体竞赛，也包含了胜负竞争和奖品争夺。

五月“端阳”……近水居民竞龙舟，舟绘黄、红、青三色，沿

① 〔清〕道光二十年《云梦县志略》，见丁世良等编《中国地方志民俗资料汇编·中南卷》（上），北京：书目文献出版社，1991年，第341页。

② 杨嗣昌：《武陵竞渡略》，转引自《古今图书集成·历象汇编·岁功典》第51卷“端午部”，中华书局影印本，第19册，第45—46页。

岸分曹，以角胜负，或饷以酒食，胜者得之，曰“夺标”。[①]

竞渡是通过“夺标”而获取相应的奖励，因利益驱动，参加竞渡的人往往要进行激烈竞争，这必定滋生相应的社会问题，滋生危害老百姓生命健康的事件，地方政府为了社会安定不得不出面干预：

> 惟永俗竞渡，必彼此争斗，至死伤不恤，且讳言其死，恐里人笑其不胜所大惑也。康熙间，太守刘公道著禁之，历年既久复竞争。嘉庆间，太守锡龄示禁，人遂革心。[②]
>
> 五月五日为“端阳节”。……但饮酒竞渡，每至覆溺之惨，并滋争讼之端，久奉例禁。乾隆己卯，知县梁栋严禁，乡民恪遵，不敢再举。[③]

竞渡中出现严重的社会问题，地方官吏严厉禁止，从而使传承上千年的端午节的龙舟竞渡在现实面前变得苍白无力。

> 汉江龙舟竞渡，设标船悬赏，角胜者或至覆溺，且有斗狠者，吊屈原之意可存，而竞渡之风当禁。[④]

端午节龙舟竞渡因溺死人和斗狠现象，当地人认为竞渡可以禁止，但是，驱邪逐疫，去毒禳灾的心理依旧保留。

---

① 〔清〕乾隆二十八年《武昌县志》，见丁世良等编《中国地方志民俗资料汇编·中南卷》（上），北京：书目文献出版社，1991年，第382页。

② 〔清〕道光八年《永州府志》，见丁世良等编《中国地方志民俗资料汇编·中南卷》（上），北京：书目文献出版社，1991年，第575页。

③ 〔清〕同治十一年《新化县志》，见丁世良等编《中国地方志民俗资料汇编·中南卷》（上），北京：书目文献出版社，1991年，第602页。

④ 〔清〕同治八年《江夏县志》，见丁世良等编《中国地方志民俗资料汇编·中南卷》（上），北京：书目文献出版社，1991年，第379页。

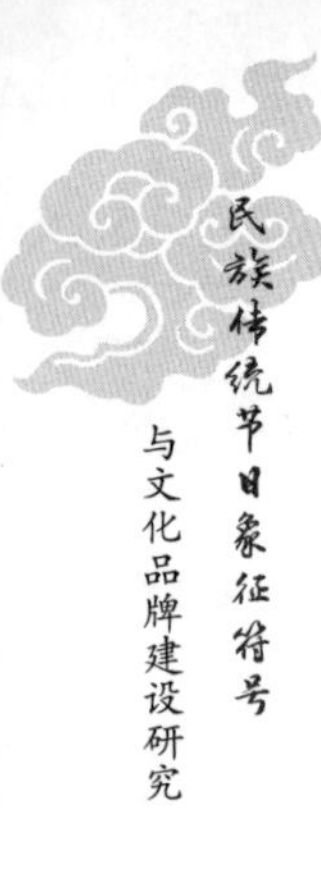

五月"端阳"，以葛艾、菖蒲悬门首，饮雄黄酒，啖角黍，并相馈遗。近水居民多为龙舟竞渡之戏，近以争斗酿巨案，官厉禁之。①

龙舟竞渡是为了驱除瘟疫和疾病，但要避免械斗，为此，有的地方认为保留了龙舟，也就保留了龙舟竞渡的意义：

自初一至初五日，龙舟竞渡，相传为拯屈原，不竞即有疫，往往斗伤至死。近严禁之，虽有龙舟而不竞渡。②

综上所述，端午节发展到清代，"龙舟竞渡"是为了"送瘟"，尽管龙舟或"船"中偶尔出现屈原、曹娥等具有纪念性质的历史人物，却并没有动摇和冲淡端午节以"龙舟竞渡"或"送船"护佑生命、呵护健康、祈福平安的意义。

四、生活习俗与避邪祛毒

中国人在端午节期间的许多生活习俗的意义均是避邪去毒和保护生命。比如，特别重视居室装饰的汉族传统节日主要有两个：春节和端午节。春节期间要彻底清扫室内、室外，张贴年画、对联，设置祖先神位等等，其意义在于祈福纳祥；端午节期间的装饰主要在室内和门楣上，远没有春节居室装饰的烦琐和精致，其意义是避邪祛毒。

在笔者童年记忆里，每逢端午节，父母总会早早外出割一把新鲜艾蒿，插在居室正门的门沿上，艾蒿残留着闪亮的露水珠子，散发出沁人心脾的香味。门户插艾风俗在周处的《风土记》中早有记载："采艾悬

① 〔清〕同治九年《醴陵县志》，见丁世良等编《中国地方志民俗资料汇编·中南卷》（上），北京：书目文献出版社，1991年，第496页。

② 〔清〕乾隆二十八年《清泉县志》，见丁世良等编《中国地方志民俗资料汇编·中南卷》（上），北京：书目文献出版社，1991年，第548页。

于户上。”《荆楚岁时记》五月五日条曰：“采艾以为人，悬门户上以禳毒气。”端午节插的艾蒿以当日清早从野外采来为佳，据《荆楚岁时记》曰：“宗则，字文度，常以五月五日鸡未鸣时采艾，见似人处，揽而取之，用灸有验。”也就是说越早从野外采来的艾越灵验。

清代湖北、湖南地区端午节还有于门户上画五毒符的习俗。“端阳节，悬艾插于门，……僧道刷印天师五毒像及符篆送诸檀越。”[①]另外，用“艾虎”作门饰在清代两湖地区也有传承。“（五月）五日为天中节，是日作艾虎，插蒲剑于门，取辟邪之义。”[②]

中国人对门户装饰向来很重视，插艾蒿、画五毒以及挂艾虎的真实意义在于将灾祸和邪恶挡在门外，求得家人平安健康。门户的装饰较春节要简单，室内的装饰则主要是悬挂天师像和遍洒祛毒的雄黄酒汁。

> 五月五日朔……悬天师像及符，饮雄黄酒，并洒四壁。涂雄黄于小儿眉心、耳轮，佩以五色彩线、香囊，古所谓“续命丝”也。鼓乐迎神行市上，旗帜陈列。外有马故事，择小儿为之；又有抬故事，以铁干为枢纽，上下二人，下则幼童，上或襁褓，制颇巧。[③]
>
> 五月“端午”，插艾叶辟邪，绘张真人像除五毒，糕饴、画扇相饷，饮雄黄、菖蒲酒，裹角黍。两镇龙舟竞渡，乡村妇孺采百草为药饵。[④]

挂张天师像驱邪习俗早已有之，《岁时杂记》记载：“端午都人画天师像以卖，又合泥做张天师，以艾为头，以蒜为拳，置于门之上。”

---

① 〔清〕同治四年《房县志》，见丁世良等编《中国地方志民俗资料汇编·中南卷》（上），北京：书目文献出版社，1991年，第450页。

② 〔清〕同治五年《郧县志》，见丁世良等编《中国地方志民俗资料汇编·中南卷》（上），北京：书目文献出版社，1991年，第454页。

③ 〔清〕道光二年《黄安县志》，见丁世良等编《中国地方志民俗资料汇编·中南卷》（上），北京：书目文献出版社，1991年，第355页。

④ 〔清〕同治十一年《广济县志》，见丁世良等编《中国地方志民俗资料汇编·中南卷》（上），北京：书目文献出版社，1991年，第367页。

南宋《梦粱录》卷三“五月”条载：“杭州风俗，自初一日至端午日，家家……以艾与百草缚成天师，悬于门额上，或悬虎头白泽。”明代，湖北黄州延续了端午贴天师像的风俗。清代，天师像贴进了客厅，《清嘉录》卷五贴天师符条：“朔日，人家以道院所贻天师符贴厅事，以镇恶。肃拜烧香，至六月朔始焚而送之。”清代两湖地区张天师画像应该在室内而不在门户上。“端午节凡附近寺观必印送张真人图像，至节则悬挂堂中。”[①]“天中节……堂中悬天师收五毒像。”[②]“（五月五日）贴僧道所印送张真人驭虎符于室中。”[③]

室内遍洒雄黄酒和在小儿额头点雄黄酒汁是为祛毒和驱除疾病，这个习俗普遍存在于清代的两湖地区：

> 五月五日，悬艾蒲于门外，贴僧道所印送张真人驭虎符于室中，食角黍、盐蛋，饮雄黄，以雄黄涂于小儿耳鼻，云辟百毒。燂艾蒲暨百草汤浴身，又以雄黄酒并蒜汁遍洒户壁间，辟蛇虫；或捕蟾蜍以墨入其腹中，倒悬一足，俟干取出，治肿毒有验。[④]
>
> 五月“端午”，悬葛藤、艾叶、菖蒲于门，用雄黄、朱砂合酒饮之，以其酒涂小儿额以厌疾病，或佩符蒜辟毒。[⑤]
>
> 五月五日，城市龙舟竞渡。比户食角黍、饮雄黄酒，采艾叶、菖蒲悬之门，以辟邪。[⑥]

---

① 〔清〕同治六年《长乐县志》，见丁世良等编《中国地方志民俗资料汇编·中南卷》（上），北京：书目文献出版社，1991年，第422页。

② 〔清〕同治五年《长阳县志》，见丁世良等编《中国地方志民俗资料汇编·中南卷》（上），北京：书目文献出版社，1991年，第428页。

③ 〔清〕同治六年《续修鹤峰州志》，见丁世良等编《中国地方志民俗资料汇编·中南卷》（上），北京：书目文献出版社，1991年，第442页。

④ 〔清〕同治六年《鹤峰州志续修》，见丁世良等编《中国地方志民俗资料汇编·中南卷》（上），北京：书目文献出版社，1991年，第442页。

⑤ 〔清〕嘉庆二十四年《浏阳县志》，见丁世良等编《中国地方志民俗资料汇编·中南卷》（上），书目文献出版社，1991年，第493页。

⑥ 〔清〕光绪八年《华容县志》，见丁世良等编《中国地方志民俗资料汇编·中南卷》（上），北京：书目文献出版社，1991年，第489页。

五月“端午”，插蒲艾于户，饮雄黄酒，杵蒜水洒堂室中，曰辟毒。①

五月“端午”，户悬蒲艾，用雄黄、朱砂、菖蒲合酒饮之，以其酒涂小儿额，剪罗为香囊佩之。午时，浴百草汤，灸以灯柱，谓“免疾厄”。以蒜汁洒地，避蝎蛇虫蚁。戚友以蒲扇、角黍（俗云粽子）、鸡豚相馈遗。②

祛毒气、驱邪气成为端午节生命精神的要旨，这种追求构成了我国许多地区端午节内在结构的意义链而深入民众生活的各个层面。

五月五日，沿门插艾，悬葛藤，划龙舟为竞渡之戏。具角黍，酌蒲殇，以雄黄、朱砂和酒饮之，用以辟邪。或造纸船，游闹街市，谓之“送瘟”。③

五月五日为“端阳节”。门首挂菖蒲，悬艾叶，饮雄黄酒，小儿佩符蒜，涂雄黄于额，以祛病解毒。裹糯米为粽，如角黍状，彼此相遗。坊市造龙舟竞渡。皆旧俗也。“端午”前后，或道或巫为纸船，若龙舟状，首尾系锣一、鼓一，至人门首击且唱，谓之“收瘟”，妇女竞以米投之。④

五月“端午”簪艾，饮菖蒲酒，采草药。屑雄黄和酒洒房室，点小儿额，谓辟疫。又，以菖蒲刻小葫芦，或以药屑为香包，系小儿衣襟。啖角黍，更相馈遗。旧于天河码头竞渡；于火星庙开坛作

---

① 〔清〕同治十年《茶陵州志》，见丁世良等编《中国地方志民俗资料汇编·中南卷》（上），北京：书目文献出版社，1991年，第508页。

② 〔清〕同治八年《安仁县志》，见丁世良等编《中国地方志民俗资料汇编·中南卷》（上），北京：书目文献出版社，1991年，第514页。

③ 〔清〕同治十三年《平江县志》，见丁世良等编《中国地方志民俗资料汇编·中南卷》（上），北京：书目文献出版社，1991年，第488页。

④ 〔清〕道光三年《衡山县志》，见丁世良等编《中国地方志民俗资料汇编·中南卷》（上），北京：书目文献出版社，1991年，第550页。

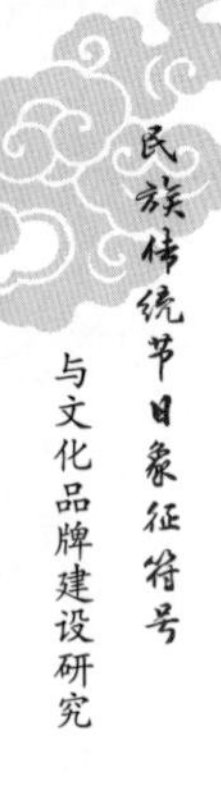

醮，扎舟送神，谓“瘟火会”。[①]

俗话说：“五月五，雄黄烧酒过端午。”《帝京景物略》记载：“渍酒以菖蒲，插门以艾，涂耳鼻以雄黄，曰避虫毒。”《燕京岁时记》曰：“每至端阳，自初一日起，取雄黄合酒洒之，用涂小儿额及鼻耳间，以避毒物。”雄黄酒可以解毒、杀虫，治疗恶疮、蛇虫咬伤等，民间谚语说：“饮了雄黄酒，病魔都远走。”

贵州安顺端午节会吃咸鸭蛋，此时的咸鸭蛋被染成红色，每人吃下一枚，传说可以避五毒，一年四季都不会头痛，有益健康。端午节午饭后，全家老老少少到附近山上走走，叫“游百病”。安顺人的观念里端午节走得越多，就会使越多的病留在野外，一年都将无病无灾。

屋内遍洒雄黄酒、菖蒲酒是民众在现实生活层面避免疾病的实践和操行。这种做法早在《四民月令》中就有记载：“是月五日，可作醢，合止利黄连丸、霍乱丸。采葸耳，取蟾蜍，可合创药，及取东行蝼蛄，治妇难产。……是月也，阴阳争，血气散。先后日治各五日，寝别内外。阴气入脏腹中，塞不能化腻，先后日至各十日，薄滋味，毋多食肥腻。”[②]

由此可知，清代时期我国端午节中“食角黍”“饮雄黄酒”以及悬艾蒿于门户都是为了驱邪、避邪；室内遍洒雄黄酒、佩符蒜、涂雄黄酒汁于小儿额头是为了祛病解毒和避疫。这些与龙舟竞渡的“送瘟”“收瘟”的文化意蕴殊途同归，并且共同组成了端午节的意义指向：送瘟避邪和禳解毒气。

五、“续命缕”与护佑生命

清代两湖地区端午节护佑人生命的习俗中，最典型的要数护佑小孩

---

① 〔清〕同治五年《郧西县志》，见丁世良等编《中国地方志民俗资料汇编·中南卷》（上），北京：书目文献出版社，1991年，第457页。

② 〔隋〕杜台卿撰《玉烛宝典》卷五引，北京：商务印书馆，民国28年。

和妇女生命的习俗，“续命丝”或“续命缕”就是其中的代表。

《黄安县志》曰：“（五月五日）小儿……佩以五色彩线、香囊，古所谓续命丝也。”①

《钟祥县志》曰：“端午……儿童佩艾虎，系五色续命缕。”②

《郧县志》曰：“又制纱囊，杂‘彩实’香屑系以五色丝线，谓之续命缕。”③

“续命缕”又称“长命缕”“长命线”。

清道光五年湖南《晃州厅志》载：“五日端午节……小儿系长命缕于臂。”④

《蕲水县志》曰：“五月五日端午节……以彩丝系臂，谓之长命线”。⑤

《燕京岁时记》记载详细：“每至端阳，闺阁中之巧者，用绫罗制成小虎及粽子、壶卢、樱桃、桑葚之类，以彩线穿之，悬于钗头，或系于小儿之背。古诗云‘玉燕钗头艾虎轻’，即此意也。”

“续命丝”和“长命缕”，早在汉代就已经成为清明节的护身佩饰了，《风俗通义》记载：“五月五日，以五彩丝系臂，名长命缕，一名续命缕，一名辟兵缯，一名五色缕，一名朱索，辟兵及鬼，命人不病温。”⑥《荆楚岁时记》中对“五月五日”记载道：“以五彩丝系臂，名曰辟兵，使人不病瘟。”吴均的《续齐谐记》里为屈原投放的粽子是以“以五彩丝缚之”，用来驱赶水中蛟龙。唐代《岁时杂记》曰：“端午

---

① 〔清〕道光二年《黄安县志》，见丁世良等编《中国地方志民俗资料汇编·中南卷》（上），北京：书目文献出版社，1991年，第355页。

② 〔清〕同治六年《钟祥县志》，见丁世良等编《中国地方志民俗资料汇编·中南卷》（上），北京：书目文献出版社，1991年，第393页。

③ 〔清〕同治五年《郧县志》，见丁世良等编《中国地方志民俗资料汇编·中南卷》（上），北京：书目文献出版社，1991年，第450页。

④ 〔清〕道光五年《晃州厅志》，见丁世良等编《中国地方志民俗资料汇编·中南卷》（上），北京：书目文献出版社，1991年，第618页。

⑤ 〔清〕光绪六年《蕲水县志》，见丁世良等编《中国地方志民俗资料汇编·中南卷》（上），北京：书目文献出版社，1991年，第361页。

⑥ 王利器《风俗通义校注》，北京：中华书局，1981年，第605页

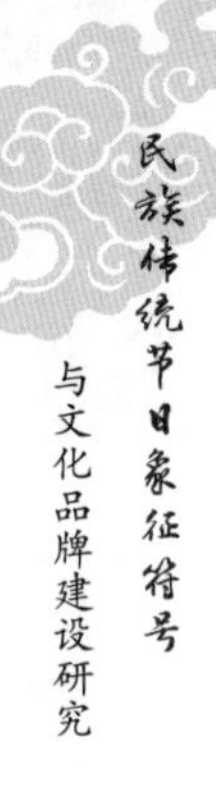

百索乃长命缕等物遗风尚矣。时平既久，而俗习益华，其制不一。《纪原》云：百索即朱索之遗事，本以饰门户，而今人以约臂。又云彩丝结纫而成者为百索纫，以作服者名五丝。”①

这里的五彩“长命缕”主要功能是避瘟，据说与东汉永建年发生的瘟疫有关：“夏至著五彩，辟兵，题曰游光。游光，厉鬼也，知其名者无温疾。五彩，辟五并也。……永建中，京师大疫，云厉鬼字野重、游光。亦但流言，无指见之者。其后岁岁有病，人情愁怖，复增题之，冀以脱祸。今家人织新缣，皆取著后缣二寸许，系户上，此其验也。”②“五彩缣”主要用以避瘟、保健康，后来这种健康的习俗又出现在端午节，成为端午节护卫生命健康的习俗，从而进一步强化了端午节避瘟祛病，护卫生命的功能。

端午节的“续命缕”在于护佑人们的生命，在于祈祷人们健康长寿，《清嘉录》卷五“长寿线”条曰：“结五色丝为索，系小儿之臂，男左女右，谓之长寿线。”将“长命缕”视为“长寿线”的习俗在20世纪20年代还保留着，《中华全国风俗志》引浙江《西安县志》曰：“端午……以彩丝为索，系儿童项臂，曰百岁为索，以辟邪延寿。”③

清代湖南、湖北地区端午节除了小儿系“续命缕”，还有妇女头上插艾、身上佩香囊等习俗，这些习俗与“续命缕”构成相同的功能诉求。

> 五月五日为端午节。插艾挂蒲，饮雄黄酒，以角黍、馒头馈送亲友，手腕束五色线，制作香包，缀蒜枚以为饰。④
>
> 五月五日为“天中节”。刻菖蒲，结艾为人形，或葫芦形，佩之

---

① 〔清〕李光地等撰《岁时广记》卷二一“端午部”引，上海：上海古籍出版社，1993。
② 王利器：《风俗通义校注》，北京：中华书局，1981年，第605页。
③ 胡朴安编：《中华全国风俗志》，上海：上海书店出版社，1985年。
④ 〔清〕同治七年《通山县志》，见丁世良等编《中国地方志民俗资料汇编·中南卷》（上），书目文献出版社，1991年，第373页。

解邪；或悬之门户，以禳毒气。……妇女制香囊自佩，或以相遗。[①]

湖南宁远佩艾人为“解邪”，悬于门户为“禳毒气”。

五月“端阳节”，悬艾插蒲于门，亦簪于发际。以菰叶笋箨包糯米为粽，缠以五色丝麻，并葛巾、薄扇、腌鸡鸭卵互相馈遗。僧道刷印天师五毒像及符篆送诸檀越。医家制名香，研雄黄合辟瘟丹。妇女佩香囊，以杂彩簇鸡心、瓜豆之形，实以香屑、雄黄，悬之钗头，或结五色长命缕于胸前；又以酒和雄黄涂小儿耳、鼻孔，并洒室隅，或倒书仪方字贴楹壁，以厌蛇蝎。[②]

端午节期间，湖北房县人的佩饰和“辟瘟丹”与“长命缕”构成端午节的民俗链，强化了祈愿长命、护佑生命的象征意义。

六、恶五月与除恶迎吉

端午节的民俗实践在于送瘟避邪，祛毒禳灾，其意义着力于护佑生命健康，祈愿长寿。送瘟、祛毒、避邪的功能如何发生在五月的端午节之中呢？“五月”在中国民间究竟是个什么样的月份？

五月“端午”，插艾叶辟邪，绘张真人像除五毒，糕饴、画扇相饷，饮雄黄、菖蒲酒，裹角黍。两镇龙舟竞渡，乡村妇孺采百草为药饵。（辛未《县志》）

十三日，敛钱作会祀关壮缪。是日雨，俗谓关公磨刀雨。

十七日棚会，市民十家为一棚，祭瘟神，会饮或醮禳。焚苍

① 〔清〕光绪元年《宁远县志》，见丁世良等编《中国地方志民俗资料汇编·中南卷》（上），北京：书目文献出版社，1991年，第585页。

② 〔清〕同治四年《房县志》，见丁世良等编《中国地方志民俗资料汇编·中南卷》（上），北京：书目文献出版社，1991年，第454页。

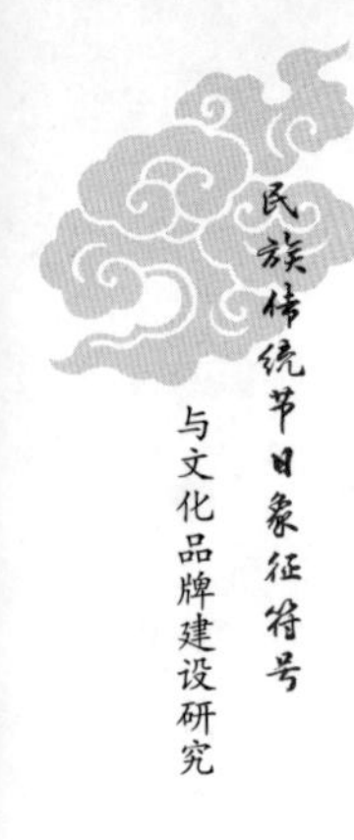

术，插桃叶。（丁未《县志》）

十八日雨，俗为“送船雨”。（《岸如楼诗抄》）

“夏至”后卯日逢成买肉，取池鱼，摘新稻数枚荐家神、社会毕，阖室群饮，谓之“试新”。[①]

五月与避邪、除毒、送瘟和雨水有关。避邪、除毒、送瘟意味五月是恶月，因为“时气”导致各类疾病滋生蔓延，各类危害生命的东西大量出现，为此，老百姓设置了各类应对措施和实践行为，从现实层面和精神层面予以规避：

五月五日，采艾为人悬门户上，以禳毒气。造龙舟、角黍竞渡，以吊三闾大夫。又，采菖蒲及雄黄渗酒，大小俱饮，小儿则涂于额耳，以避时气。[②]

视五月为“恶月”较早出现在《荆楚岁时记》中，该书称“五月俗称恶月”。《玉烛宝典》卷五记载：“（五月）世称恶月者”，并交代《月令》中记录五月为“恶月”是因为“仲夏阴阳争，死生分”。《四民月令》说得更为明白：“五月，芒种节后，阳气始亏，阴气将前，暖气始盛，虫蠹并兴。”[③]

既然是“恶月”，就会影响到人的生命和生活质量，人们就会想方设法创造出逃避五月灾难的办法和禁忌。《夏小正》云：“此日（五月五日）蓄药，以蠲毒气。”[④]《风俗通》曰：“夏至、五月五日，著五采避兵，题曰‘野鬼游光’。俗说五彩以压五兵。游光，厉鬼也。知其

① 〔清〕同治十一年《广济县志》，见丁世良等编《中国地方志民俗资料汇编·中南卷》（上），北京：书目文献出版社，1991年，第367页。

② 〔清〕同治八年《随州志》，见丁世良等编《中国地方志民俗资料汇编·中南卷》（上），北京：书目文献出版社，1991年，第460页。

③ 〔隋〕杜台卿撰：《玉烛宝典》卷五引，北京：商务印书馆，民国28年。

④ 〔南朝梁〕宗懔撰：《荆楚岁时记》引，上海：上海古籍出版社，1999年。

名，令人不病疫。”[①]《荆楚岁时记》记载：“五月五日……四民并踏百草之戏，采艾以为人，悬门户上，以禳毒气。”史籍中所载的禳灾避病的方法为“蓄药蠲除毒气”“著五彩令人不病疫”“采艾以禳毒气”等，这些习俗成为端午节张扬生命意义并得以代代传续的力量源泉。

> 五月十七日，有纸舫祈神之会，小儿女悉赴瘟司庙上枷。次日，庙神出游，舁者盛饰，去帽簪五色花，沿街拽茅船，谓之“逐疫”。[②]
>
> 五月“端午”，……俗好祀鬼神，取肩舆舁神像，鼓吹相从，沿街往返，或装诸杂戏及种种鬼神，谓之“迎会”，观者远近阗咽。以初十夜为“葛公会”，十六日为“天符会”，二十六日为“城隍会”。[③]

这里暗示五月的“时气”是毒气，邪气，民众通过各种方法予以避除，只不过这些功能汇聚于五月端午节之上罢了。

图8–1　安放神舟的神舟宫

① 〔南朝梁〕宗懔撰：《荆楚岁时记》引，上海：上海古籍出版社，1999年。

② 〔清〕乾隆二十八年《武昌县志》，见丁世良等编《中国地方志民俗资料汇编·中南卷》（上），北京：书目文献出版社，1991年，第382页。

③ 〔清〕同治十三年《益阳县志》，见丁世良等编《中国地方志民俗资料汇编·中南卷》（上），北京：书目文献出版社，1991年，第674页。

图8-2　西塞神舟巡村

图8-3　送入长江的神舟

图8-4　随江水漂走的神舟

端午节“除恶”习俗的目的在于护佑人们平安，祈愿人们富足健康。除了表达“除恶”行为以外，民众还将农业收成与端午节联系在一起，将农业收成与雨水联系在一起：

“夏至”，是日忌雷鸣。谚云：“夏至雷鸣干三伏。”俗以“夏至”占米价。谚云：“夏至五月头，边食又边愁；夏至五月终，耽搁粜米翁。”又，十三日为龙生，喜雨。谚云：“不怕五月十三漫，只怕五月十三断。”又，二十六日有雨为“分龙雨”，南阡北陌，晴雨各别。谚云：“夏雨分牛迹。”（按，五月十三日雨，俗称“磨刀雨”，以关圣生辰傅会之。《续博物志》：“五月为龙雨。楚俗谓二十日为龙会，二十五日为龙分。此日无雨则旱。”《提要录》：“四五月为梅天，雨曰梅雨，一曰霉雨，又曰煤雨。”）[①]

五月特殊时日的气候变化和雨水情况，可以用来预知农业收成。端午节习俗离不开雨水，离不开农业生产，因此，端午节自然就被附上“卜岁”“占年”的意义了。《武陵竞渡略》记载端午节龙舟竞渡可以“卜岁”[②]，唐代诗人储光羲的《观竞渡》曰：

大夫沉楚水，千祀国人哀。习棹江流长，迎神雨雾开。标随绿云动，船逆清波来。下怖鱼龙起，上惊凫雁回。能令秋大有，鼓吹远相催。[③]

---

① 〔清〕光绪元年《兴宁夏至》，见丁世良等编《中国地方志民俗资料汇编·中南卷》（上），北京：书目文献出版社，1991年，第522页。

② 〔清〕陶珽编纂《续说郛》卷二八，见陶珽编《说郛三种》，上海：上海古籍出版社，1990年。

③ 〔清〕彭定球等编《全唐诗》卷一三九，北京：中华书局，1960年。

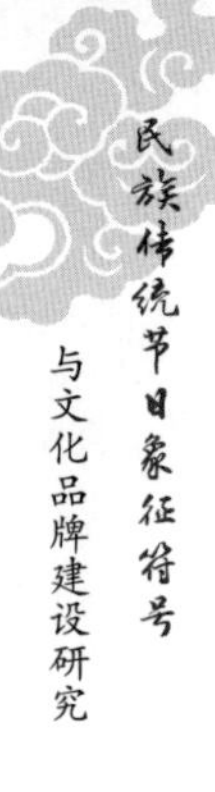

这些记录暗示端午节具有祈祷农业丰收的意义，意味着端午节的竞渡习俗可以促使秋天丰收，也为端午节除恶迎吉的行为提供了合理的解释，为后人从生活立场理解端午节提供了有效途径。

端午节承载了太多的文化，端午节起源及功能有太多相异的解释，有的认为端午节是纪念性节日，在其身上附会了屈原、伍子胥、曹娥等代表不同价值取向的典范人物；有的将端午节纳入图腾信仰系统给予重视，等等。这些现象及其解释证明端午节既是一个灵活性和适应性的开放性节日，又是一个拥有稳固的文化基因和相对保守的生活化节日。从我国文献，尤其是清代湖南、湖北地区保留的地方志来看，端午节与屈原的联系不普遍、不深入，更多的是来自生活层面的意义。笔者以为，端午节自古以来就存在着文人传承和乡民传承两个系统，这两个系统并非分离，而是充满了交融与对抗，充满了情感冲突和价值博弈。就端午节与屈原发生的联系来讲有两个显著特点：屈原出生地湖北秭归和屈原投江殉国之地湖南岳阳及周边地区都是经济较发达和交通较便利的地区。也就是说，屈原黏附于端午节是文化人的功劳，是文化人价值追求和情感皈依的表达。以文人为价值取向的端午节传承系统被大量记录在文献之中且不断被主流话语所渲染和张扬。乡民传承系统则立足于生活，并不断汲取养料，尽管也旁顾文人的解释，也向“强势”文人的解释靠拢，但是，更多的则是轻描淡写的“引用”和“因袭”，并未根本性地动摇端午节具有的“驱瘟逐疫”护佑生命的原发力。端午节期间民众的文化行为和民俗母题都指向“当事人”的生活，指向为人驱灾去毒，指向护佑生命的文化精义。清代两湖地区的端午节是这样，今天的端午节仍然是这样。

第二节　端午节传统的包容性发展

端午节是中国人的大节，历史久远，文化内涵丰厚，延绵不绝，传播广泛。端午节是中国人的生活节奏，是中国人生活的时间制度；是中国人自然观念、生命观念的表达；端午节习俗的“源”与“流”包含了中国人生活态度，其在发展中丰富，在交流中融合，体现了中国人的民族、地方自豪感，彰显了中国人的文化自信。

一、端午节传统习俗的源流

端午节是中华民族的大节，说端午节是大节，包含了两层意思：

端午节分布范围广：在中国，端午节盛行于人口分布的绝大部分地区，尤其是人口分居稠密的汉族人口集聚地；就民族来讲，中国56个民族中，有27个民族拥有属于自己的端午节，这些民族包括汉、蒙古、回、藏、苗、彝、壮、布依、朝鲜、侗、瑶、白、土家、哈尼、畲、拉祜、水、纳西族、达斡尔、仫佬、羌、仡佬、锡伯族、普米、鄂温克、裕固、鄂伦春等，由此形成了端午节习俗的多样性、多元性和多层次性，同时也表现出端午节拥有多民族共同创造、共同分享、共同传承的文化基因。

端午节习俗是在历史发展过程中逐渐形成的，今天我们所见到的端午节的每一个习俗均是诞生在不同时期，并且以不同的方式传承，融合了其他的生活内容。总揽中国端午节在历史发展过程中形成的传统习俗，具体包括以下内容：

端午与端五：两个传统时间节点；兰草、菖蒲、艾蒿：悬挂或插在门楣上，或泡水沐浴；五色线：常常戴在手腕上驱邪辟凶；道教符图：张贴以驱邪；蒲酒、雄黄酒：人们饮用蒲酒、雄黄酒；粽子、角黍：人们祭祀和饮食；龙舟：人们划龙舟或以龙舟进行竞渡；香袋：民众到河边游玩，丢弃香袋；端午扇：亲友互相赠送夏季使用的端午扇。

上述9个方面是中国端午节传统习俗的主要内容，这些习俗并非每个民族、每个地域的端午节都拥有，有的端午节只有部分内容，但是却构成了属于自己的端午节传统习俗的体系化。这些传统习俗也并非某一时候产生，而是在历史发展过程中逐渐产生、融合进端午节文化中，形成了端午节传统习俗。比如辽金时期，契丹人的“射柳”，成为后来北方端午节习俗。有的端午节习俗只是地方性或区域性的，比如从明代开始，端午节在北方的一些地区就称为“女儿节”，明朝沈榜的《宛署杂记》载：“五月女儿节，系端午索，戴艾叶，五毒灵符。宛俗自五月初一至初五日，饰小闺女，尽态极妍。出嫁女亦各归宁。因呼为女儿节。”

在端午节传统习俗发展过程中，端午节构成了稳定的习俗传统，上面列举的9个部分就属于端午节稳定的习俗传统，也是共同的传统。这些习俗传统穿越时间，有的时候还跨越地域，在更大范围内传承发展。

端午节是民众的生活，不同的生活需求引起了端午节的变化，可以说在端午节中所有变动都是民众生活的变动，这也正是端午节流传千年内在生命动力所在。

端午节的变动是生活的变动，这些生活来源于时间、地域和族群，这种变动构成了一套被民众认同、接受的生活系统和文化传统，构成了端午节一整套文化认同、心理认知的符号系统，彰显了端午节蕴含着中华文化认同基因的力量。

端午节传统习俗的起源是多样的，就目前来讲，大致包含了两种取向：避疫祈福，祈求民众生活平安、健康和幸福；人伦道德，传递民众生活中的伦理行为和道德准则。

端午节的人伦道德是人们生活的重要内容，是通过人来体现的，这也说明端午节起源与历史上的人物有密切关系，这些人物集中体现了中华民族的道德关怀和人伦情感。比如端午节的由来与屈原连接起来，意在表达对于自己祖国的忠诚、忠心和热爱，这是中华民族的传统美德，体现了民众对贤臣的渴望以及对屈原至死不渝的爱国情怀的认同。

端午节的每一种习俗均是建立在生活土壤之上，包含了民众的生活行为和生活期望。具体来讲，端午节的期望、祈愿在于端午节的意义，端午节的意义却以端午节时间与空间交织形成的意义系统呈现出来，这就是端午节的过渡性质转换仪式，端午节以仪式方式呈现的习俗要素明确指向过渡性的转换。

端午中的“水”：端午日的午时的水为午时水，被认为具有治病延寿、解热消毒的神奇效果，《琐碎录》云：“五月五日午时取井水沐浴，一年疫气不侵，俗采艾柳桃蒲揉水以浴。”南朝梁代人宗懔的《荆楚岁时记》，记述了荆楚农事、治病、祭祀、婚嫁等民俗及故事，其中说：

> 五月俗称恶月，多禁，忌曝床荐席及忌盖屋，五月五日谓之浴兰节，四民并蹋百草之戏，采艾以为人，悬门户上以禳毒气，以菖蒲或镂或屑以泛酒，是日竞渡，采杂药，以五彩丝系臂，名曰辟兵，令人不病瘟。又有条达等织组杂物以相赠遗，取鸲鹆教之语。[①]

杜公瞻注《荆楚岁时记》说：

> 按《大戴礼》曰：“五月五日蓄兰为沐浴。”《楚辞》曰：“浴兰汤兮沐芳华。”今谓之浴兰节，又谓之端午。蹋百草即今人有斗百草之戏也。[②]

《艺文类聚》四《岁时部》引《大戴礼记·夏小正》中说：“五月五日，蓄兰为沐浴也。”[③]唐韩鄂《岁华纪丽》说五月是“浴兰之月”，[④]宋吴自牧《梦粱录》说“五月重五节，又曰浴兰令节”。[⑤]

> 这一天清晨，人们都上山采药。凡是草、藤、灌木叶都采一

---

① 〔南朝梁〕宗懔撰，宋金龙校注：《荆楚岁时记》，西安：陕西人民出版社，1987，第46—50页。

② 〔南朝梁〕宗懔撰，宋金龙校注：《荆楚岁时记》，西安：陕西人民出版社，1987，第47页。

③ 〔唐〕欧阳询撰，王绍楹校：《艺文类聚》，上海：上海古籍出版社，1965年，第75页。

④ 〔唐〕韩鄂撰：《岁华纪丽》，见《丛书集成初编》，北京：中华书局，1985年，第47页。

⑤ 〔宋〕吴自牧撰，傅林祥注：《梦粱录》，济南：山东友谊出版社，2001年，第35页。

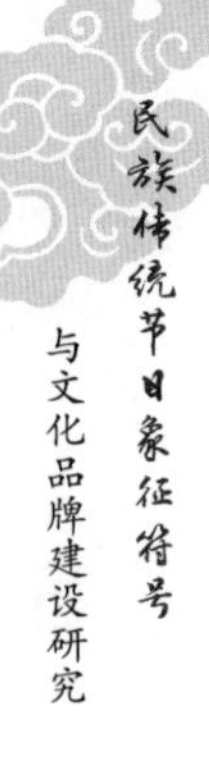

把，拿回来后放到大锅里煮水，用来洗澡。有的以这种药材缝在口袋里，给小孩佩带，有的妇女还缝制小巧的三角布袋，内装香草，系在自己的裤腰带上。[①]

除了艾叶外，人们也采摘各种树叶回来煮水洗浴，越南岱侬族俗称“百药浴”，意即尽可能采摘很多种植物叶子回来煮水洗浴。[②]

可以看出，端午节的“水”是药水，不仅因为这些带有灵力的草药，而且这些“水”是“午水”，以这样的水沐浴自然能够去污除秽，这就从生物药理意义转换为文化意义了。

同时，因为端午节有沐浴的习俗，有的地方称端午节为“沐浴”之节，强调沐浴后的功能性。这意味着端午节习俗起源于避夏日病虫瘟疫，禳邪驱虫，与天气湿热的变化联系在一起。

然而，端午节在不同区域流传，与不同地域、族群的人的生活联系起来，这就使端午节传统中的“水”在传统习俗中出现了许多差异。

邻水地区端午节的活动在水上，如竞渡、草船送瘟神等。宋代范致明在《岳阳风土记》中认为竞渡是送瘟的仪式：“民之有疾病者，多就水际设神盘以祀神，为酒肉以犒棹鼓者，或为草船泛之。”

缺水地区，端午节活动主要是人员往来以及各类游戏活动，即使有划龙舟送瘟神的活动，也是划旱龙舟。

从这里可以看出，端午与水的关系主要体现在两个方面，一是以水洗去污秽、灾难和疾病；一是以水作为龙舟竞渡的依托物，实现龙舟上民众从甲地到乙地的转场。从上面两个方面可以看出，龙舟与水的关系意涵了过渡性转换的功能。

“门首”的过渡性：门首作为家庭的入口，门首装饰对家庭规避

---

① 覃圣敏著：《壮泰民族传统文化比较研究》第三卷，广西：广西人民出版社，2003年，第1687页。

② 李彩云著：《中国壮族与越南岱、侬族端午节习俗考究》，载《百色学院学报》，2016年第3期。

邪恶、驱除灾祸、纳福迎祥极为重要。端午节作为重要转换性节日，过节时家庭的门是很重要的。端午节期间，家户的“门”与平时一样是家人出入的地方，也是家里和家外的临界点，但是，端午节期间家户的门上则悬挂着菖蒲、艾蒿等，以示驱邪纳祥。《玉烛宝典》曰：“五月五日，采艾悬于户上，以禳毒气。”清代顾铁卿的《清嘉录》中记载着“截蒲为剑，割蓬作鞭，副以桃梗蒜头，悬于床户，皆以却鬼”。清代范寅《越谚》称：“菖蒲作剑，斩八节（方）之妖魔；艾叶为旗，招四时之吉庆。”

艾蒿代表招百福，做成艾虎，则为驱邪辟祟之物。王沂公的《端午帖子》记载：“钗头艾虎辟群邪，晓驾祥云七宝车。”

我国很多地方端午节有佩戴饰品的习俗，如佩香囊、戴花环等，西晋周处的《风土志》中则有“以艾为虎形，或剪彩为小虎，帖以艾叶，内人争相裁之”的记载。今天在我国西北地区还流传着“端午不戴艾，死去变妖怪”的说法。

“恶月”的过渡性：端午为农历的五月初五，五月为恶月，端午在恶月里就具有特别的意义了，并且五月在一年之中是“恶”到了极致之时，从而生成“物极必反”的转型性功能。

五月为恶月的说法已经有很久的历史，因此五月在民间有许多禁忌。隋代杜公瞻所作的《荆楚岁时记》注说：

> 按《异苑》云：“新野庾寔尝以五月曝席，忽见一小儿死在席上，俄而失之，其后寔子遂亡。”或始於此。《风俗通》曰：“五月上屋，令人头秃。”或问董勋曰：“俗五月不上屋，云五月人或上屋，见影，魂便去。”勋答曰：“盖秦始皇自为之禁，夏不得行，汉魏未改。案《月令》，仲夏可以居高明，可以远眺望，可以升山陵，可以处台榭。郑玄以为顺阳在上也，今云不得上屋，正与礼反。敬叔云见小儿死而禁暴席，何以异此乎。俗人月讳，何代无

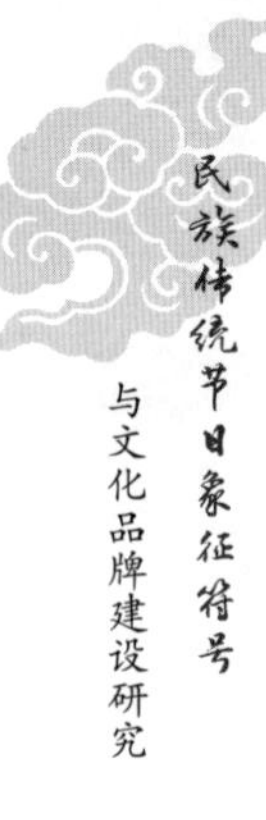

之，但当矫之归于正耳。”①

西晋史学家司马彪在《续汉书·礼仪志》中认为“五月五日”来自于夏代以来的夏至节，夏至节来临时民众常用朱索、五色印门饰止恶气，而五月作为“恶月”的说法，也与这个时间段开始的病害相关，所以，五月五日又被认为是“恶日”，是日若生孩子，将会危及家族，此时出生的孩子有被遗弃的危险。《风俗通义·彭城相袁元服》载：“今俗间多有禁忌，……五月生者，以为妨害父母。”②

端午节为什么会成为恶月呢？

端午节为五月初五。五月天气渐热，瘟疫易起，植物茂盛，百虫四处活动，民众会在此时遇到许多生活上的灾难，因此，五月作为“恶月”，包含了中国人对天时、地宜的认识和把握：了解了天时四季的变化与地上动植物活动生长的规律，掌握了瘟疫百病与天地运行变化的关系。天气炎热后，各种疫病流行，其中的蛇、蜈蚣、蝎子、壁虎（一说蛇）和蟾蜍五种毒虫出没，民谣称“端午节，天气热，五毒醒，不安宁”。

五月初五是阳气极盛，且是盛极而衰的时间，包含了许多不吉祥的因素，民众对此产生畏惧心理，因而五月被赋予“恶”的价值判断的意义，并由此在民众生活实践中产生了诸多禁忌，如不宜修房建屋——“五月盖屋，令人头秃”；不宜赴官——“五月到官，至免不迁”（《风俗通义》）；弃养五月五日出生的孩子，因为据五行的说法，五月子对其父母不利，“男害父，女害母”。

早在商周时期，五月作为“仲夏之月”是夏季禁忌最多的一个月份，在当时的北方人看来，“是月也，日长至，阴阳争，死生分。君子

---

① 〔南朝梁〕宗懔撰，宋金龙校注：《荆楚岁时记》，西安：陕西人民出版社，1987，第46页。

② 〔东汉〕应劭著：《风俗通义》，见《丛书集成初编》，北京：中华书局，1985年，第66页。

斋戒，处必掩身，勿躁，止生色，毋或进，薄滋味，毋致和，节嗜欲，定心气。百官刑事毋行，以定晏阴之所成”①。

汉族民众相信五月是恶月，往往与民众的生活联系在一起，也因为民众的生活，让民众相信五月五日为恶月并非绝对。《史记·孟尝君列传》记载齐宣王庶弟说田婴有子四十余人，孟尝君田文是田婴妾所生，生日当五月五日。田婴令田文的母亲不要抚养田文，田文的母亲却偷偷将田文养大。田文成人后看见父亲田婴，“田婴怒其母曰：‘吾令若去此子，而敢生之，何也？’文顿首，因曰：‘君所以不举五月子者，何故？’婴曰：‘五月子者，长与户齐，将不利其父母。’文曰：‘人生受命于天乎？将受命于户邪？’婴默然。文曰：‘必受命于天，君何忧焉？必受命于户，则可高其户耳，谁能至者！’婴曰：‘子休矣。’”②

在中国古代，民众相信五月为恶月，从田文的经历可以看出，其父亲田婴的立场是认同“五月五日”为恶日的，但是田母及田文的立场则认为“五月五日”所生孩子不吉祥的说法并不可靠。五月为恶月，五月五日为恶月中的“恶日”这种传统习俗在当前中国人的信仰中已经淡化了。

从这里看出，端午节传统习俗的起源是生活中的事件，或许某次偶然的事件、行动会改变习俗的发展方向，也就具有解释“恶五月”过渡的性质了。

端午节中的屈原：杜公瞻《荆楚岁时记》注说：“按五月五日竞渡，俗为屈原投汨罗日，伤其死所，故并命舟檝以拯之舸舟，取其轻利，谓之飞凫。一自以为水车，一自以为水马，州将及士人悉临水而观之，盖越人以舟为车，以楫为马也。《越地传》云起于越王勾践，不可详矣。是日竞采杂药。《夏小正》云此日蓄药以蠲除毒气。”③

① 孙希旦撰，沈啸寰、王星贤点校：《礼记集解》卷15，北京：中华书局，1989年。

② 〔西汉〕司汉迁著：《史记》，北京：中华书局，2011年，第2074页。

③ 〔南朝梁〕宗懔撰，宋金龙校注：《荆楚岁时记》，西安：陕西人民出版社，1987年，第48—49页。

唐代沈亚之《屈原外传》载，屈原以五月五日“遂赴清泠之水，其神游于天河，精灵时降湘浦，楚人思慕谓为水仙，每值原死日，必以筒贮米投水祭之。至汉建武中，长沙区回白日忽见一人自称三闾大夫，谓曰：‘闻君尝见祭，甚善。但所遗并蛟龙所窃，今有惠，可以楝树叶塞上，以五色丝转缚之，此物蛟龙所惮。’回依其言，世俗作粽，并带丝叶，皆其遗风”①。

图8–5 秭归屈原祠

图8–6 秭归端午节开幕式在屈原祠前举行

① 〔清〕蒋骥撰：《山带阁注楚辞》，上海：上海古籍出版社，1958年，第21页。

图8–7　在长江上为屈原招魂

端午节与屈原的关系从文献记录来看是“伤其死所”“楚人思慕”等，由此将端午节的竞渡和水上祭祀活动解释为纪念屈原所致。

笔者认为，当下民众在端午节期间吃的粽子，也是端午节最为核心的元素，最初也未必是源于对屈原的纪念。东汉许慎的《说文解字》开始有粽子的记载，此时距离屈原去世已经有400多年了，在这段时间里，粽子出现的具体时间就有待进一步讨论了。

“纪念屈原”成为端午节的基调，但是，端午节与屈原的关系是历史的真实，还是虚构，笔者觉得都不需要以细节上的考据为凭判断孰是孰非，无论哪一种笔者以为都是真实的，都是以真实的历史心性、情感流动为基础，这也是端午节延续的重要力量，并且由此展示了端午节在民众生活上的主体性和自信力。

端午节与屈原的关系在后世被不断传承、演绎，得助于端午节传统习俗中屈原“出淤泥而不染，濯清涟而不妖”的人格品质，这也正好体现了端午节传统风俗，体现了中国文化的家国胸怀，以及从端午节传统风俗中表现出来的屈原爱国主义精神的广泛影响力。从这个意义上讲，端午节属于中国，也属于世界，是中国文化包容自信的表达。

二、端午节传统习俗与人类共同价值观念

端午节传统习俗是多样性的，但是，这些习俗有稳定的成分，有共

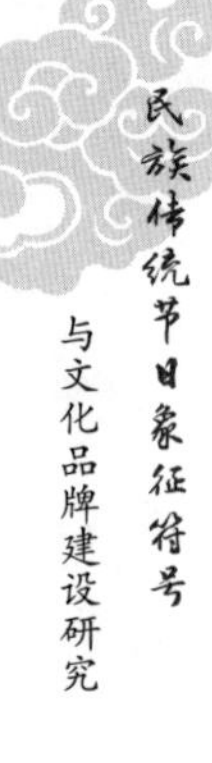

同的价值观念，这些观念体现了中华民族自然与人的关系以及民众的生命观念。

长期以来，中华民族形成了稳定文化共同体，这种稳定的文化共同体是有来源的，来源的核心就是文化，具体到每种文化来说，端午节就是这类文化的代表。端午节传统充分体现了中华文化的核心思想和包容共济的特性。

端午节的起源与中华民族对于阴阳的认识以及季节、身体关系的认识有着密切的关系。

端午节是中国人的时间系统中的重要内容，或者说是中国人对于自然时间认识的智慧体现。晋代周处的《风土记》载“仲夏端午，烹鹜角黍”，其注曰：“仲夏端五，端，始也。”也就是说，端五即为五月的第一个五日。古代中国人认为“值五日午”，就是凡逢五之日都称午，因此，五月初五为端午是否与此有关?

《后汉书·礼仪志》载：“仲夏之月，万物方盛。日夏至，阴气萌作，恐物不茂。其礼：以朱索连荤菜，弥牟蛊钟；以桃印长六寸、方三寸，五色书文如法，以施门户，代以所尚为饰。夏后氏金行，作苇茭，言气交也；殷人水德，以螺首，慎其闭塞，使如螺也；周人木德，以桃为更，言气相更也。汉兼用之，故以五月五日，朱索五色印为门户饰，以难止恶气。”①

这里讲的因为“夏至”“阴气萌作，恐物不茂”，就开始以礼仪的方式实现万事万物的平稳转换和民众生活的过渡。阴气与阳气交替，加上汉代以后阴阳五行观念的影响，夏至日出现阴阳调和性的礼仪实在正常不过了。

西晋周处在《风土记》中有“俗重端午与夏至同”的说法，认为端午节和夏至日是同日，并且成为民众生活中的节日。中国文化重视奇数相重的传统，视奇数为阳数，产生于道教的阴阳五行思想，端午为“重

① 〔南朝宋〕范晔撰：《后汉书》，郑州：中州古籍出版社，1996年，第118页。

午”“端阳”，二五相重，阳气开始旺盛起来。

五月发生的阴阳转化是否顺利关乎农业收成，关乎人丁兴亡和民众运数起伏，为了促进阴阳充分交合，五月形成了一系列民俗。

汉代应劭《风俗通》佚文：“午日，以五彩丝系臂，避鬼及兵，令人不病瘟，一名长命缕，一名避兵缯。”五色丝和桃印成为端午节中的厌胜物。其中五彩丝的青、白、红、黑和黄色分别代表木、金、火、水、土。东汉崔寔的《四民月令》云：“五月五日取蟾蜍，可合恶疽疮，取东行蝼蛄，治妇难产。”

由此可知，端午节在时间上具有转换意义。端午节包含中国人的阴阳感知观念，将自然中的阴阳与身体、生命观念有机结合，从而生成出的文化就是人和自然的和谐共生了。

民众以五月五日为节，目的在于辟邪消灾，以求健康平安。也就是说，端午节文化起源是中国人生命观念、宇宙观念、自然观念基础上的仪式性、娱乐性与生活性的表达，这一点充分证明了中国人对于文化的自信性、自信力。

中国人积累的生活知识体现了民众在生产、生活中保护生命健康的生存智慧。自周代以来，民众就有朱索桃印饰门、艾人悬户、系五彩缕、挂赤灵符等禳灾避邪风俗，并且许多风俗传承至今，如端午节赛龙舟、食粽子、洒饮雄黄酒、挂香袋、戴香包、插艾蒿、帖钟馗像、采药等。这些端午节活动内容都有各自的传说与典故，从一个侧面表现出中国文化的悠久历史，活动内容浩繁却饱含生活情感，并且表现了人类普遍共有的价值观念。

三、端午节传统习俗多样性的文化调适

端午节传承历史长，流传地域广，根本原因在于端午节习俗包含的文化具有极强的适应性和黏合性。端午节在保留稳定传统基础上，在不同的历史时期里呈现出不同的时代特征，还在不同的地域里呈现出迥异的地域特色，由此形成充满活力的地域传统。

端午节文化丰富的内涵在于端午节起源具有悠久的历史，目前关于记录端午节来历的文献主要是南朝梁吴均的《续齐谐记》。但是，文献记录往往与民间传承的端午节起源相距甚远。可以肯定地说，端午节的起源是古老的，与中国人的生命关怀有密切关系；端午节传统习俗不断丰富、发展，是中国传统节日中没有被中断的节日，这种力量来源于端午节不断做出适合时代、适合人民生活的调适。

就拿端午节期间门首插艾蒿的风俗来说，各地因为生活环境和历史传统影响，出现了多样化的习俗：我国大部分地区常在端午节期间于大门上悬挂菖蒲、艾蒿，江南人家配以桃梗、大蒜，苏州太仓加蒜头、楝枝，上海人加莲蓬；潮州一带很少使用艾草、菖蒲，而代之以“红花（石榴花）”“仙草”；广西金秀瑶族人家端午则在大门挂上一条民间俗称“仙人索”的葛藤；闽南和台湾在大门插上榕树枝；湖南通道侗族在门上挂艾蒿并配以多刺的楤木或气味浓烈的山胡椒，以示拒各种鬼怪于门外等等。这些变化与民众生活环境有关，与民众传承的历史传统有关，但是，无论传统表现出怎样的多样性，端午节的习俗总是寓意着希望家人平安健康、祛除灾难疾病。

端午节传统习俗是多样的，这种多样有的是端午节稳定要素中的地方性、民族性变化，有的则是端午节立足于地方民众生活形成的新的传统。无论哪一种形式，均是端午节习俗在文化调适过程中的必须和必然，由此形成了端午节习俗的多样性，构成了中华民族端午节文化的丰富多彩。

端午节传统习俗出现的“源”与“流”中的多样性，显然在于端午节文化的生命力，在于端午节传统习俗生命力源泉的生活需要，这也意味着端午节传统习俗多样性是中国民众文化自信的体现。

端午节传统习俗在历史发展过程中不断融合时代性的因素、地域性的文化和民族传统，形成了开放包容的特点。这种包容性体现了端午节的文化自信，也就是说，端午节文化的包容性源于文化自信力。

宋人吴自牧《梦粱录》所云：“五日重午节，又曰‘浴兰令节’……杭城人不论大小之家，焚烧午香一月，不知出何文典。其日正是葵榴斗艳，栀艾争香，角黍金色，菖蒲切玉，以酬佳景，不特富家巨室为然，虽贫乏之人，亦且对时行乐也。”[①]南宋刘克庄《贺新郎·端午》提到龙舟竞渡：“谁信骚魂千载后，波底垂涎角黍。又说是蛟馋龙怒。”[②]清道光《建德县志》云：“端午，裹角黍，小儿女簪茧虎于鬓，执蒲剑、艾人以嬉。”

我们注意到上面提到的端午节中出现的“角黍”，与大多数人端午节吃的粽子是一回事，但是，在不同区域表现出不一样的形态。西晋周处《风土记》曰：“仲夏端午，烹鹜角黍。俗以菰叶裹黍米，以浓灰汁煮之令烂熟，于五月五日及夏至啖之。一名粽，一名角黍。”[③]在这里“角黍”是五月五日和夏至的食品，又叫“一名粽”，那么，“角黍”和“粽”是一回事吗？

东晋初年，范汪《祠制》曰：“仲夏荐角黍。”这意味着我国古代夏至有用角黍祭祀祖先的风俗。“角黍”是以“黍”为核心内容并做成“角”的形状，作为祭祀用品，“角黍”的“黍”和“角”均具有意义。

考古发现告诉我们：山西、河北、东北、甘肃等地新石器时代遗址中均发现有炭化了的黍粒和黍穗。文字中最早记录的“黍”出现在甲骨、卜辞中。

中国最早的诗歌集《诗经》中有不少篇章和诗句歌颂“丰年多黍”。

“黍”作为华夏先民食用的粮食，民众因在生活上对“黍”的依赖性而产生了对包括“黍”在内的农作物的许多崇拜仪式，进而出现了每年的祭黍仪式，祈求来年农作物丰收。

《礼记·月令》记载仲夏之月“农乃登黍，是月也，天子乃以雏尝

① 吴自牧撰：《梦粱录》卷三，济南：山东友谊出版社，2001年，第35—36页。
② 朱祖谋编著：《宋词三百首注释》，北京：北京联合出版公司，2015年，第194页。
③ 《太平御览》卷八五一。

黍，羞以含桃，先荐寝庙。”《诗经·小雅·甫田》载：“今适南亩，或耘或耔，黍稷薿薿。以我齐明，与我牺羊，以社四方。我田既臧，农夫之庆。琴瑟击鼓，以御田祖，以祈甘雨，以介我稷黍，以穀我士女。……报以介福，万寿无疆！”这些历史文献记载说明“黍”是上古时期我国先民用以祭祀祖先和社神的祭品。

“黍”成为祭祀祖先的祭品，也是民众食用的物品。将“黍”做成“角”状，与人们视“角”状为神圣有关。这一点在今天的中国西南地区许多民族以“角”状物作为祭祀品有一脉相承的关系。

端午吃粽子的来历与端午节祭祀屈原的解释有关，这个说法最早出自南北朝。

南朝梁吴均《续齐谐记》云：“屈原五月五日投汨罗水，楚人哀之，至此日，以竹筒贮米投水以祭之。汉建武中，长沙区曲忽见一士人，自云‘三闾大夫’，谓曲曰：‘闻君当见祭，甚善。常年为蛟龙所窃。今若有惠，当以楝叶塞其上，以彩丝缠之，此二物蛟龙所惮。’曲依其言。今五月五日作粽，并带楝叶及五色丝，遗风也。”[①]

这里包含了吴均浓厚的人文情怀，包含了吴均对于屈原人格和爱国精神的无限崇敬。文中记录的是“筒粽”投入江中被蛟龙窃食。用竹筒贮米炊饭是江南人春游时或宴席上喜爱的一种饮食方式，与宗懔《荆楚岁时记》中“以新竹为筒粽”的记载一致。吴均小说中以竹筒贮米投江祭屈原的细节描写来自现实生活。我国古代东南地区常常将贮有稻米的筒粽投入江中祭祀蛟龙，这与北方周人用角黍祭祀祖先和社神的风俗十分相似。

至于端午节祭祀所用的“角黍”或者“筒粽”，《荆楚岁时记》中记载的“夏至节日食粽，周处谓为角黍，人并以新竹为筒粽”意味着南北朝时，民众已将北方的角黍和南方的筒粽统称为“粽”。

---

① 上海古籍出版社编：《汉魏六朝笔记小说大观》，上海：上海古籍出版社，1999年，第1008页。

端午节传统习俗的形成在于中国传统文化的包容性，这种包容与交流密切相关，因为交流，文化才具有生命活力，文化得以流动、发展、创新；因为交流，文化普遍的共同性和个性更为明显，比如，端午节作为传统文化核心，随着移民和其他方式流传到许多地区。就拿四川凉山会理县的端午节来讲，其传统习俗既有荆楚之风，又极具会理地方特色。湖北、湖南、贵州和四川一带，端午节分为大端午与小端午，小端午为每年农历五月初五，大端午为每年农历五月十五日。南宋人庄季裕《鸡肋编》载："湖北以五月望日谓之大端午，泛舟竞渡。"[①]会理人过大端午，可能是随了一路向西，经湖南、贵州进入四川东部和南部的湖北移民所传承的习俗。明清时期湖广移民是贵州主要的客民来源。贵州在清嘉庆年间因频繁的反清起义和灾荒，大量人口又继续西迁四川，清初又有湖广填四川。《会理县志》记载："仁宗嘉庆初年（1796），贵州因天灾发生饥荒，人民百十为群流入会理定居，数年间新增户约八九千户；继而入境采办矿产者日盛。经陆续清查报部，共有汉户20178户，144832人，其中男87299，女57533。"[②]从数据看，全县人口2万户左右，其中就有八九千户新增居民属于贵州灾民。这些因各种原因来到会理的湖北、湖南人不自觉将端午节的生活传统带进会理。会理人端阳药膳晚宴之后的"游百病"习俗，在四川、陕西、贵州等地有较大的影响力，显然端午节的"游百病"源于日常生活传统，也源于地方之间的文化交流。

端午节成为民族之间交往的传统基于民众生活的需要。"端午节是彝族的都阳节，彝族民间传统节日，流行于四川省凉山彝族自治州雷波县及金沙江沿岸等地，时间在农历五月初五日。传说古时有一年天气炎热，彝族寨子里病疫流行，民众惊恐万分。江边的汉族兄弟听说后就把端午节采的菖蒲、艾叶和雄黄送上山，用药给老人洗疮，用雄黄酒给阿

① 庄季裕撰：《鸡肋编》，北京：中华书局，1983年，第20页。

② 四川省会理县志编纂委员会编：《会理县志》，成都：四川辞书出版社，1994年，第17页。

依（泛指女性）擦身，不几天，民众的病全好了。后来，彝族人备了厚礼下山感谢汉族兄弟。汉族人告诉他们说，端午节的草药能治百病，还能避邪。从此，彝族也过起了端午节。因为端午节又叫端阳节，彝语把'端'念成了'都'，所以将端阳节叫作'都阳节'。节日这天，家家户户门前都挂上菖蒲和艾叶，孩子们要用雄黄酒擦脸，青年男女还要包好粽子，带上酒和坨坨肉，到风光秀丽的山间草坪，进行摔跤、跑马、斗牛、斗羊、跳舞等娱乐活动。"[①]

法国文学批评家谢弗勒指出："比较学家势必要和其他文化发生关系；由于他亲自从内心深处去体验和经历这些文化，这样也许能够保证他会拥有理解人类行为的多样性和相对性的禀赋。"[②]端午节传统习俗的多样性在于端午节传统主体包容性的生活态度，在于端午节传统习俗具有适应性和能动性，在继承端午节传统基础上，不断结合地方民众生活，产生新的端午节传统习俗，从而在不断调适中显示了端午节传统习俗的多样性。

四、文化自信作用下端午节的海外传播

端午节被海外接受，意味着端午节包含的中国文化对于提升中国人的自信具有重要意义。端午节是中国的，是汉字、汉语文化圈的传统生活精华。

在世界上，端午节广泛分布在汉字文化圈的国家中，也出现在受到汉文化影响深远的国家。端午节不仅是居住于中华大地上的各民族的节日，而且在同属汉字文化圈的一些国家和地区，比如日本、朝鲜、韩国，以及越南等东南亚国家和地区，民间自古以来就有过端午节的习俗。

在海外传播中，端午节祭祀屈原或者祭祀祖先等习俗成为中心元

① 严敬群主编：《中国传统节日趣闻与传说》，北京：金盾出版社，2012年，第117页。

② 【法】伊夫·谢弗勒著，王炳东译：《比较文学》，北京：商务印书馆，2007年，第179页。

素，这些祭祀行为的目的就是为了让当地民众更好地生活。同时，端午节在海外传播，是因为端午节包含深邃的、具有共同性的人类价值观、道德观念，这些观念在端午节习俗起源地区、传播地区得到传承，成为人们在生活中接受道德、实践道德的方式。

端午节的传播和被民众所接受，与端午节宣扬的孝道思想、仁爱精神和忠心行为有密切关系，也就是说，端午节在海外的传播，同样基于这样的文化基调和生活愿望。这就意味着端午节在传播中，文化是核心力，这是对中国文化自信力的精妙注解。

端午节的海外传播与汉文化影响力有关系，比如公元前3世纪至18世纪初，越南无自己的文字，汉语一直是越南的官方文字，当时越南的各种文学作品都用汉文写成。汉语文学传播就包括以各种形式记录的端午节及其习俗。

在旧时日本贵族盛行有关艾蒿、雄黄酒以及猎药等的五月活动，与中国古来流行的端午节习俗内容别无二致。由此可以认为，中国端午节习俗传入日本，经过日本人的选择、吸收，公元9世纪日本才正式确定，并在全国盛行端午节。公元4世纪至9世纪的500余年，是日本从物质到精神不同层面摄取中国文化的时期，端午节亦是在这种气氛中被引进到日本的。但是日本在接受中国端午节之后，将其实施本土化改造，把端午节演化成“男孩节”，并吸收端午节活动中的龙舟竞渡，寓意压胜辟邪，也包含了尚武思想。

生活在马来西亚等地的南洋华人早在19世纪之初就流行端午吃粽子、祭屈原的活动。华人漂流海外，在马来西亚等地生活，对于家乡的思念就是以文化呈现出“乡愁”，包括屈原故事在内的端午传统文化成为他们讲述、实践的内容，同时，端午节中的屈原故事强调的忠君爱国思想依附着年年循环的端午节代代流传。从这个意义上讲，“五月初五”端午节形成的集体记忆蕴涵了中华民族文化认同和价值观念。

当然，对于海外华人来讲，端午节的情感认同存在一定变化。早期下南洋的中国人从家乡带来端午节记忆中视五月为恶月，端午为恶日的习俗，因此常常在端午节期间开展各类活动以消除恶月、恶日带来的灾难。马来西亚的气候属于热带，当人们脱离端午节传统传承核心地区之后，离开端午节传统流传的亚热态生态环境之后，端午节原有的与气候有关的内容仍然存在，但是，马来西亚等热带地区的端午节增加了新的内容，削弱了原有的端午与屈原的关联。而那些增加的与移居马来西亚的华人的民族意识和主流的官方儒家道德价值有关的家居祭祖习俗成为马来西亚华人社会端午节习俗的核心内容并传承至今，这说明诸如端午节之类的传统节日具有中华民族集体意识和文化思想的强大力量。即使南半球的新西兰、澳大利亚的气候与位于北半球的中国大陆相反，但是当地华人还是坚持在中国农历五月初五过端午节，在南半球的冬季依照农历时间延续着端午节，无不说明了中国端午节的力量，以及端午节包含的民族集体意识，这也是端午节通过习俗传承展现出来的中华民族的文化自信。

在全球化时代，端午节作为优秀传统文化需要大力弘扬，需要突出端午节习俗传统和文化特色，要以端午节仪式为载体，在保持端午节传统中实现创新性发展和创造性转换，挖掘端午节蕴含的中国文化的自信力，充分利用端午节的传统象征符号实施资源转换，为民众生活服务，提高民众生活的认同感、自豪感和幸福感。

第三节　端午节象征符号的现代建构[①]

走向现代的端午节融入现代人的生活中，并且以现代人的生活方式进行建构。政府利用端午节的传统文化推动地方社会经济发展，丰富民众的生活，在此过程中，端午节传统的关键性符号的象征意义从传统形态进入到象征符号的资本化运作，扩张端午节的传统资本价值，湖北的秭归、湖南的汨罗、江苏的苏州正是如此，将端午节活动开展得风生水

① 该节由梁珊珊撰写，林继富修改。

起，而嘉兴的端午节更是在追求端午节传统象征符号资本化的过程中，让现代嘉兴人的生活不断融入其中，从而得到了有效的建构。

嘉兴市位于浙江省东北部，长江三角洲杭嘉湖平原的腹心地带，东临东海，南倚钱塘江，北负太湖，西接天目之水，大运河纵贯其境内。市境地势平坦，为太湖边的浅碟形洼地，地势大致呈东南向西北倾斜。嘉兴较容易受到洪涝灾害的影响。

数千年来人类垦殖开发，使嘉兴平原被纵横交错的塘浦河渠分割，田、地、水交错分布，形成“六田一水三分地”的生态格局。当地人利用水田种粮、湖荡养鱼、旱地栽桑，形成了极富水乡特色的人文景观。[①]

一、嘉兴传统端午节知识样态

端午节是嘉兴人的生活，是嘉兴传统文化的重要内容。相传嘉兴端午是为纪念伍子胥而诞生的，从其诞生之日起，端午节在嘉兴人的生活中就一直传承着。

> 我看到我妈妈买菖蒲、艾叶、大蒜，用红绳挂在门上辟邪；再到药店去买仓术、白芷、雄黄，放在火盆里，在中午午时的时候熏，熏到烟雾腾腾，把蚊子都熏跑了。小孩要用雄黄烧酒在头上写“王”字，穿花的虎皮衣，衣服上面画着老虎、蜈蚣、蜘蛛、蛇、蝎子。还要吃粽子，吃“五黄”：黄瓜、黄鳝、黄鱼、黄泥蛋（即咸鸭蛋）、雄黄酒。[②]

旧时家住嘉兴海盐的俞理婷的奶奶这样讲述民国时候的端午：在

① 叶永强主编：《嘉兴年鉴》，北京：方志出版社，2014年，第37页。

② 访谈对象：俞理婷奶奶；访谈人：俞理婷、梁珊珊；访谈时间：2015年6月19日；访谈地点：嘉兴市南湖区俞理婷家中。俞理婷系山东大学2012级民俗学硕士，嘉兴人，是笔者于2015年参加嘉兴市政府协同中国民俗学会举办的“二十一世纪民俗节庆文化发展及‘嘉兴模式’探索国际学术研讨会”时认识的朋友，现已在嘉兴市文化局工作。

一些人家，端午的家宴中还包括凉拌蒜蓉豆腐、雄黄炒蚕豆、蜘蛛煨蛋（旧传可以驱蚊）等时令性的祛疫食品和菜肴。

传统节日中，“庆典中的象征物就像语言中的词一样是一个符号，按照一定的规则与其他的符号组合在一起形成有意义的庆典‘句子’”。[①]嘉兴传统端午节习俗与象征物不仅是节日生活不可或缺的组成部分，同时也发挥重要的生活功能：对于嘉兴民众而言，端午节最大的意义在于季节的转换。端午节在每年农历五月初五，正是春夏交替的季节，又适逢江南梅雨季，天气寒暑交替、变幻不定，普通民居之中也常因地气格外潮湿。被称为“五毒”的害虫——蝎子、蜈蚣、壁虎、蟾蜍和蛇等都蠢蠢欲动。因此，农历五月在传统中被认为是不吉的“恶月”，五月五日更是被认为是不祥的日子。端午吃“五黄”的食俗，便被认为可抵御“五毒”之害。此外，清代顾禄所撰的记录江南民俗的《清嘉录》卷五中还有“截蒲为剑，割蓬为鞭，副以桃梗蒜头，悬于床户，皆以却鬼”[②]之说。菖蒲如剑、艾草如旗，而大蒜代表铁锤，用以祛除不祥鬼魅。端午正值气候由春入夏的交界，也是蚊子、蜈蚣、蜘蛛等害虫的幼虫大量生长的时期，传统端午节悬挂于大门上的三样植物，既是驱虫防疫的良药，又有着辟邪趋吉的象征含义。在端午正午，以中药混合熏烟，是去除湿气、防治害虫的良方。同样，给孩子额头、耳根擦雄黄酒、画“王”字，也包含着防蚊防虫、使儿童健康成长的民俗功能（嘉兴民众认为，雄黄散发的气味具有驱蚊的功效）。

过去，我们把家里零碎的布头藏起来，等端午之前做香袋。我那时在读书，就把布头拿到学校里，下课的时候做。同学们都做，做了比一比谁的好看，（然后把做好的香袋）挂起来，身上、家里

① 【英】维克多·特纳主编，方永德译：《庆典》，上海：上海文艺出版社，1993年，第10页。

② 转引自任丙未编：《中华民俗老黄历》，北京：气象出版社，2013年，第64页。

都挂；还（可以）送给要好的同学。[①]

戏馆里、农村戏台上要演《白蛇传》，其他戏这天不演的，大家都去看。[②]

从俞奶奶、俞爷爷的记忆中可知，端午节期间还会唱戏，以增添节日的欢乐气氛。因此，端午节同样是一个亲邻之间共享欢乐的节日。

粽子，是嘉兴人端午节中最为寻常的节令食品，也是那时候亲邻之间必不可少的馈赠礼物。访谈中，俞理婷奶奶这样描述旧时嘉兴人家的裹粽习俗：

最早的时候做白水粽、赤豆粽、肉粽、豆瓣（蚕豆）粽。每户人家都做了好多，几种东西拼起来，一家一家去分，他们给我们，我们给他们，大家互相品尝，看哪一家做得好。[③]

作为由春入夏的季节转换交点，端午节是许多农作物萌芽生长的开始。端午节丰盛的“五黄”家宴，可以说是人们为接下来的农忙劳动所做的体力上和精神上的准备。

“五黄”搭配粽子，构成了嘉兴端午时一桌隆重而丰盛的家宴。在物资匮乏的年代，难得的一顿美食更是与传统节日的氛围联系在一起，受到民众加倍的重视。在外的游子、出嫁的女儿往往会在端午节回家团聚，如果因故无法回家，也会与同在外地的友人共享一餐丰盛的“五黄”饭。时令菜蔬“五黄”搭配鲜美的粽子，出现在端午期间的嘉兴民众的亲人团聚间、亲邻走动中，增添着节日的喜庆色彩。

---

① 访谈对象：俞理婷奶奶；访谈人：俞理婷、梁珊珊；访谈时间：2015年6月19日；访谈地点：嘉兴市南湖区俞理婷家中。

② 访谈对象：俞理婷爷爷；访谈人：俞理婷、梁珊珊；访谈时间：2015年6月19日；访谈地点：嘉兴市南湖区俞理婷家中。

③ 访谈对象：俞理婷奶奶；访谈人：俞理婷、梁珊珊；访谈时间：2015年6月19日；访谈地点：嘉兴市南湖区俞理婷家中。

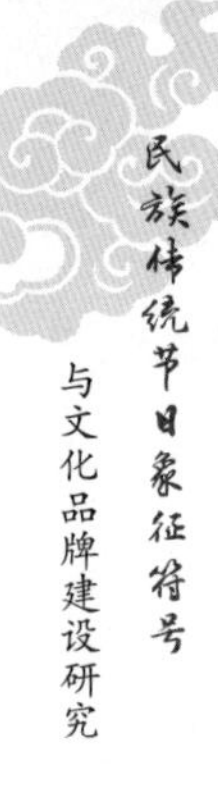

在秀洲区的一些人家，还有端午节请太太（祭祖）的仪式。请太太仪式多在上午九十点钟举行，菜肴通常是三荤三素，荤菜有鸡鱼肉，素菜有油豆腐、豆干和青菜等，还要用几个粽子。[①]这些祭祀传统的延续使得端午的仪式感更为隆重。

嘉兴各区县过端午节的方式多少有些差异，但传统的端午之于嘉兴，是一个驱疫健身的节日、家庭邻里间的节日、平民的节日，这是大家的共识。

从餐桌上的“五黄”、粽子、雄黄酒到门前的菖蒲、艾草和大蒜，加之一些家庭祭祀、戏馆中的《白蛇传》，形成一套传统嘉兴端午的象征系统，建构着嘉兴人的端午传统生活体系。

一些学者认为，传统端午节除了具有除虫驱疫、遣送不祥的民俗意义之外，还是古代南方民族举行图腾祭祀的节日。如闻一多在《端午考》《端午的历史教育》中提出，端午本应是以龙为图腾的吴越民族举行图腾祭的节日，吃粽子、赛龙舟、系彩丝等习俗均是据此传承而来。[②]然而，现在嘉兴市的龙舟赛、踏白船比赛以及子胥祭等有关图腾祭祀的表演活动，在当时则并没有受到民众的重视。“民国”时代的嘉兴，从市区到各区县农村，庆祝端午主要是以家庭为主要单元自发进行。另外，在清明期间举行的网船会、蚕花水会等自发的集会中，嘉兴传统的踏白船比赛会不时举行，划船高手也常以在此时夺冠为荣。

在民众自主选择的情况下，图腾祭祀与嘉兴传统端午节之间没有必然的联系，而在其他时间点举行的游艺活动，为现代嘉兴端午节与这些活动的结合奠定了基础。

二、嘉兴现代端午节象征符号生产

嘉兴现代端午节，是在传统端午民俗传统之上的重塑与拓展。经

---

① 杨秀主编：《人类非物质文化遗产代表作·中国端午节·嘉兴卷》，桂林：广西师范大学出版社，2013年，第128页。

② 彭国梁、杨里昂主编：《我们的端午》，长沙：岳麓书社，2004年，第38—41页。

过数年积累，现在嘉兴裹粽比赛、龙舟竞赛、踏白船表演赛、掼牛争霸赛、五彩香囊迎端午系列活动已经成为嘉兴每年端午必备的系列节目，也成为展示嘉兴端午文化的核心品牌符号。

文化被公认为是体现在符号中的意义传承模式，克利福德·格尔茨认为：作为解释性符号的交融体系，文化不是一种力量，不是造成社会事件、行动、制度或过程的原因；它是一种这些现象可以在其中得到清晰描述的脉络，即“深描”。[①]同时，也有学者指出：“符号作为文化能指与文化所指的关系，具有积极、活跃、易变、能产的特点。”[②]现代嘉兴端午节的核心符号，正是近些年政府、企业、民众等种种因素一同促进之下逐渐形成，他们经历了不同的发展路径，承载了不同的传统文化内涵，并且一直处于发展与变化之中；他们既展示着嘉兴传统文化的发展过程，又展示着新的意义生成过程。在当下端午节的核心符号背后，我们可以看到嘉兴传统文化的影子，也可以探索一些新鲜的内容是如何融入传统民俗符号之中的。

裹粽比赛

2005年，由中国食品工业协会嘉兴分会与嘉兴市政府联合举办的第一届“中国粽子文化节”上，五芳斋集团协助承担了嘉兴市端午裹粽比赛的各项工作。2007年，五芳斋集团开始以企业的名义冠名协办一年一度的端午裹粽比赛。十余年来，“五芳斋杯”端午裹粽比赛已经形成一个较为完备的体系，并在企业与政府的共同努力下，逐年推陈出新，形成由不同年龄、不同身份的市民共同参与的端午节活动。

2015中国·嘉兴端午民俗文化节“五芳斋杯”端午裹粽大赛由嘉兴市节庆活动组委会办公室主办，市食品工业协会承办，协办单位包括市外办、市台办、南湖区委宣传部、嘉兴经济开发区社会发展局、五芳斋

① 【美】克利福德·格尔茨著，纳日碧力戈等译：《文化的解释》，上海：上海人民出版社，1999年，第16页。

② 纳日碧力戈等著：《人类学理论的新格局》，北京：社会科学文献出版社，2001年，第8—9页。

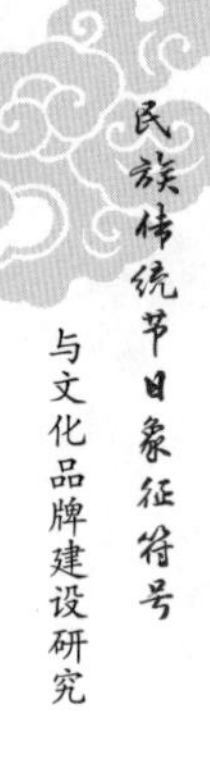

集团。比赛分市民裹粽比赛、外国友人裹粽友谊赛、台湾同胞包粽友谊赛、少儿裹粽比赛、专业选手裹粽精英赛五项。

活动组织过程中，嘉兴市委节庆办主要负责活动方案的审定、活动各方的协调指导和活动的宣传报道；市台办、市外办分别负责外国友人和台胞参赛人员的组织和管理；嘉诚集团（以房地产开发为主的嘉兴民营公司）配合承办相关准备工作，提供决赛活动场地及安保工作；市食品工业协会（嘉兴市各食品企业组织整理的行业协会）具体负责比赛的组织实施，协调各项比赛的环境布置，负责专业选手裹粽精英赛的人员、评委等组织工作；嘉兴市各个区县宣传部与社会发展局负责落实市民裹粽大赛预决赛的人员和参赛少儿的发动和组织管理，负责提供市民裹粽大赛预决赛的场地及环境布置。五芳斋集团负责提供活动所需原材料（糯米、肉、粽叶、绳等），并配合各项工作的开展。

经嘉兴政府机关规划和逐层协调，裹粽比赛分别在居民社区、嘉兴各小学、粽子企业、各类台企及外企之中挑选出裹粽比赛的种子选手。其中，市民裹粽比赛的预赛自五月上旬在社区展开，其他各项比赛的几轮预赛也在各单位的组织下逐一开展。

> 他们来裹粽子，有几个师父教他们。小男孩、小姑娘们都裹不来，我走过去，他们就叫住我："阿姨，不要走，教我！教我！"①

6月20日端午节当天，各项比赛在市区梅湾街西舞台分别进行决赛。比赛一开始，前来加油助威的亲友、摄影发烧友、采风者和各路媒体将比赛现场围得水泄不通。安保人员及时地为赛场周围拉起了红线围栏防护。

比赛现场，随机访谈的几位台胞告诉笔者，他们是来自经济开发区的台商企业，裹粽技艺是在来嘉兴之后才向朋友学的。在为外国友人设

---

① 访谈对象：王永贞；访谈人：梁珊珊；访谈时间：2015年6月18日；访谈地点：嘉兴市府南一区居委会。

立的比赛现场，还有工作人员在赛前对外国友人进行专门的裹粽技艺教学。主办方希望通过裹粽比赛，将传统裹粽技艺在更大的范围内、在不同的年龄层次内得以推广和传承。

五芳斋粽子运用了制作嘉兴粽子的典型手法。包裹时，先将粽叶折一折，依次注入底米、馅料、盖米，用右手把外端箬叶往里折叠，再向后折去；这样包好一端后再以同样手法完成另一端，使粽子成形；然后在中间绑一次后才从一端逐一绑向另一端以防变形，绳子的松紧程度以轻扯不移动为准。一个成型的粽子应四角坚挺端正、两端大小匀称。随着五芳斋粽子企业越来越红火，厂内裹粽师的技艺也越来越好，娴熟的员工往往练就一身“一手抓米、投馅，重量一把准”的好本领。于雪珍是五芳斋粽子生产车间里的老员工，如今已成为质检员的她闲暇时候常为村里的民众一展裹粽技艺。

在嘉兴，很多时候专业裹粽选手和普通市民之间的界线并不那么明确，多数具备专业技能的选手原本就是嘉兴当地的市民。嘉兴端午节良好节日氛围，的确从很多侧面促进了裹粽技艺在民间的进一步传承。

作为粽子生产厂商和“中国食品工业协会粽子行业委员会”的会长单位，五芳斋集团在对裹粽比赛的人员、物资等方面有全力的投入。加之向孤寡老人献爱心粽等端午期间与政府联合进行的其他粽子推广活动，也使企业与政府之间的合作越来越紧密，这既是对端午文化的重塑与弘扬，也是在追求一种长线的品牌效应。

> 提到端午大家就会想到粽子，五芳斋又是粽子（企业）当中的龙头老大。我们觉得在五芳斋身上有一种责任，除了要做大做强这个企业、引领这个行业之外，五芳斋身上还有一种希望传承端午文化的责任。同时，这两者也是密不可分的。[①]

① 访谈对象：刘岳；访谈人：梁珊珊；访谈时间：2014年7月9日上午；访谈地点：五芳斋大厦7楼办公室。

这些宣传手段在五芳斋集团良好口碑的树立和粽子市场的推广方面确起到了较好的作用。——当一个品牌演变为“老字号”和“知名”品牌时，消费者选择这一产品时，所消费的不仅仅是它的产品，更是对产品背后所携带的符号价值观的认同。即布尔迪厄所说的“符号资本”，即有形的“经济资本”被转换和被伪装的形式，其产生效益的原因在于它掩盖了它源自物质性资本形式这一事实。[①]换言之，在商业文明高度发展的今天，当一个消费者消费五芳斋的粽子时，他同时也认同并且消费着五芳斋集团所宣称的文化内涵，包括其悠久的历史文化传统、它呈现的与端午节的关系以及它所携带的健康美味的理念。经过长期的宣传，五芳斋使整个长三角乃至全国的民众将端午节与粽子相联系、将粽子与五芳斋相联系，其所产生的符号资本不可估量。

另外，政府对裹粽比赛的支持与推广，与近年来非遗保护的热潮也是分不开的。作为一项传统民俗，官方和民众都希望，在企业的推广之下，可以有更大范围的民众能掌握这一技艺。而不少技艺良好的民众，也愿意通过这样的活动一展风采。

裹粽子，原先是嘉兴民众最为普遍和传统的民间技艺，但由于社会的变动使之一度不再盛行。到了新时期，企业介入和推行才又使之成为端午节的节日符号和五芳斋的品牌符号。粽子从节日食品转变为嘉兴民众日常饮食的过程，也使当下的裹粽比赛得到进一步普及。可以说，裹粽比赛源自民间，虽一度被淡化，但在官方和企业的推行下再次返回民间，并承载了更多的内容继续发展。

龙舟竞渡

龙舟竞赛自2002年嘉兴船文化节开始兴起。自此，嘉兴每年都会举办不同规模的龙舟赛。2007年以后，五芳斋集团的加入，使嘉兴端午文化节在资金和内容上更为充裕。2009年，龙舟赛正式成为嘉兴端午民俗

---

① 张意著：《文化与符号权力——布迪厄的文化社会学导论》，北京：中国社会科学出版社，2005年，第172页，转引自：Pierre Bourdieu，*Outline of a Theory of Cambridge*，Cambridge University Press，1977，p.138.

文化节的一部分。

踏白船比赛在嘉兴民间颇有渊源。在机械船推广之前，木制的快船——即踏白船所用的小船，是临水而居的嘉兴民众常备的出行与运输工具。现代在嘉兴市区举行的踏白船竞技表演赛，自1997年的南湖民俗文化节开始重新进入市民的视野。2009年，踏白船表演赛在嘉兴市体育局、文化局的组织与倡导下，被纳入嘉兴端午民俗文化节体系之中，由企业出资冠名、政府协调组织。

关于嘉兴龙舟竞赛，在历代文献中有零星记载：

明代诗人李日华在《咏水轩日记》卷一中写道："观竞渡，士女填咽，所谓一国若狂者也。"[①]这里记录了明代嘉兴龙舟竞赛的热闹场面。

清代嘉兴龙舟赛盛况集中在康熙、乾隆年间。当时，嘉兴文人诗歌中有不少描写的片段，譬如，乾隆时，马寿谷的《鸳湖竹枝词》中写道："五月五日荡龙舟，今年可胜去年游。去年摇旗押船尾，今年打鼓立船头。"朱鳞应（生卒年不详）的《续鸳鸯湖棹歌》云："熙春桥外水如天，五日争看竞渡船。浦酒快斟人半醉，钗头艾虎一丝悬。"乾隆三十年（1765），嘉兴诗人马学乾的《烟雨楼观竞渡诗》中写道："风薰日午回长润，琼楼面面铺银盘。张牙舞爪龙舟集，旗裁五彩云霞攒"之句。同年，吴锡麟有《五日南湖观竞渡诗》写道："大船峨峨破空来，小船金鼓喧春雷。前者未前后更集，马奔隼疾湖云开。"张燕昌在《续鸳鸯湖棹歌》记载："菖浦泾上泊鸣桡，共酌菖浦酒兴豪。醉后回塘看竞渡，龙舟飞过会龙桥。"这些记录说明清代龙舟赛不仅热闹，而且规模盛大。

关于龙舟赛在清代兴盛的原因，我们从光绪《嘉兴府志》中看一些端倪："乾隆三十年，乾隆弘历第四次南巡，重游烟雨楼，龙舟竞渡掀起高潮。"[②]清代端午龙舟竞渡在嘉兴兴盛，由当时乾隆南下江南而引

① 〔明〕李日华著：《味水轩日记》，上海：上海远东出版社，1996年，第21页。

② 〔清〕光绪《嘉兴府志》，转引自杨秀主编：《人类非物质文化遗产代表作·中国端午节·嘉兴卷》，桂林：广西师范大学出版社，2013年，第73页。

发。《古禾杂识》中记载："市上筛锣击鼓，跳黑面钟馗、红须天师；南湖观竞渡。……南湖竞渡，则乾隆四十年后始绝响矣。又午后市上皆闭户。"[①]从中可知，清代南湖龙舟赛热闹非凡，受到民众普遍欢迎，但是由于耗资巨大，随着乾隆皇帝下江南热潮的过去，龙舟赛盛行不再。

道光三年（1823）年之后，嘉兴接连遭受几年水灾，关于端午龙舟赛的记载已经看不到了。《古禾杂识》中有："田价至嘉庆中年贵极，上者须三四十千钱一亩，次亦须二十千钱一亩。道光三年后多水患，而完粮之累日重。由是有田之家渐皆卖田，无田之家不敢买田。而田价逐年趋贱，或四五折，或二三折，甚至不值一钱，任其荒芜、无人管领。"[②]的记录。这种情况下，南湖游人日益稀少，就连作为南湖标志性建筑的烟雨楼也"残廊断槛，日就倾废矣"[③]。民众对于端午节的关注，也不在龙舟赛的风俗上了。

由明清嘉兴端午龙舟赛时断时续的情况可知：在王朝兴盛时期，民众的经济实力得到增强。此时，来自官方的提倡和支持也往往可以使龙舟竞技活动在嘉兴兴盛。但端午龙舟赛的风俗在嘉兴的基础并不牢固，譬如在龙舟赛掀起高潮的乾隆年间，当乾隆皇帝南巡风潮过后，受到巨大的物资损耗及水灾、虫害等因素影响，嘉兴龙舟竞渡规模反而逐渐缩小、次数也逐渐减少，甚至在"乾隆四十年后始绝响矣"[④]。

作为需要集体组织，投入较多人力、物力的公共表演，龙舟竞赛在嘉兴端午节中存在与否，与当时的政治、经济条件紧密相关。经济形势与官方意志既能促进龙舟竞技在嘉兴的兴盛，也能导致其传承的中断。而对于嘉兴民众来说，龙舟赛可以成为增添节日气氛的元素，但它并不是端午节的必备项目。

---

① 〔清〕项映薇等著：《古禾杂识》，嘉兴：秀州书局，2011年，第9页。
② 〔清〕项映薇等著：《古禾杂识》，嘉兴：秀州书局，2011年，第30页。
③ 潘希甫：道光九年（1829）《鸳湖日记》，转引自吴藕汀：《鸳湖烟雨》，北京：中华书局，2010年，第57页。
④ 〔清〕项映薇等著：《古禾杂识》，嘉兴：秀州书局，2011年，第9页。

“踏白船”

踏白船是嘉兴民间水上竞技项目。关于踏白船在嘉兴的起源有诸多传说。其中流传最为广泛的是以下两种说法：

一种说法是踏白船与古代水上演兵的军事训练有关：南宋时期，抗元名将宗泽赞赏岳飞的才能与忠勇，任命其为“踏白使”，“踏白”即是当时岳飞统领的水军番号。[①]史料《宗忠简公集》卷七《遗事》中写道：时岳飞偶犯，有司欲正典刑。公（宗泽）一见，奇之，曰：“此将才也！”留军前。适羽报敌犯汜水，遣飞为踏白使，以五百骑授之，公语曰：“吾释汝罪，今当为我立功！”且戒无轻斗。飞禀命即行，凯还，补为统领，后迁统制。[②]可见“踏白船”的称谓与岳飞“踏白使”封号相关，嘉兴民众对于踏白船的操练，也是为了纪念岳飞精忠报国的精神。

另一种说法是，踏白船的起源与蚕桑劳动有关：

很久以前，有年逢倒春寒，南湖一带地方桑树片叶不长，春蚕无以为饲。有一女子逃荒行乞至湖州双林地界，见该地桑盛蚕好，便连夜急行赶回南湖，唤起乡人飞舟买叶救蚕。这一年，嘉兴蚕茧仍得丰收。但这个报信女子却因劳累过度而死于途中。后人为了感激她的恩德，尊之为“蚕花娘娘”，每年三月十六日划船竞赛以示纪念。因为船只在比赛过程中，划船者奋力前行，船只常发出“白踏白踏”之响声，故称之为“踏白船”。[③]

明代以来，嘉兴以蚕桑为主要经济支柱，养蚕人家皆以踏白船作为运输桑叶的工具，因此，摇船的速度对嘉兴养蚕农户来说非常重要，嘉

① 嘉兴市文化广电新闻出版局编：《嘉兴市非物质文化遗产名录集成》，杭州：浙江摄影出版社，2010年，第70页。

② 宋泽撰：《宗忠简公集》，北京：中华书局，1985年，第95页

③ 周耀明、刘晓华编著：《汉族民间游乐风俗》，桂林：广西教育出版社，1994年，第228页。

兴民谚有“救蚕如救火”之说。作为水乡主要的交通运输工具，踏白船与嘉兴农业生产与运输有密切关系。

明清以来，蚕桑经济的发展使踏白船在嘉兴有了广泛生存空间。在秀洲区连泗荡的刘王庙，每年清明、中秋前后都要举行盛大的网船会。届时，来自浙江、江苏、上海、安徽各地的渔船纷纷赶来，对他们共同的守护神——灭蝗英雄刘承忠将军（一说为刘猛将军）进行祭祀，并举行包括踏白船表演赛在内的形式各异的表演。在嘉兴市区的三塔塘一带，每逢农历三月十六也会组织踏白船竞渡活动。

特纳认为，“社会展演使过去的重要事件复活，然后与现实的经验和行为结合在一起，使之成为传统得以延续。”[①]作为在嘉兴民众反复展演传承的竞技活动，踏白船起源的两类传说，传递了嘉兴民众两种生命意识。踏白船起源于岳飞水上演兵的传说，传达了嘉兴民众保护家乡、重视社会安宁的集体意识。这种理念来源于江南民众的历史传统，又在踏白船等竞技仪式的多次重复中得到传承与加强。从古至今，嘉兴民众抗金、抗倭运动，明末对清军的反抗和近代抗日活动都是他们保护家乡、保护生命的集体意识的体现。踏白船起源于蚕桑劳动的传说，也体现了嘉兴蚕农对生产生活的热情、对丰收的期盼以及在生产力较为落后的条件下，民众对生存利益的进取意识。

美国人类学者凯斯认为，文化认同并不是被动地一代一代传下来的或者以某种看不见的神秘的方式传布的，事实上是主动地、故意地传播出去的，并以文化表达方式不断加以确认。[②]传统的踏白船竞技在传承过程中维系并增强了嘉兴民众热爱家乡、保护生命和努力生活、期盼丰收的集体心愿，又在这些被内化为嘉兴民众集体心愿的氛围中巩固和丰富，并成为仪式符号的内涵。在老一辈渔民和农民的记忆中，踏白船竞技至今仍是他们人生中一项能够彰显技艺和能力的重大娱乐项目。陈宏

---

① 【美】麦克尔·赫兹菲尔德著，刘衍等译：《什么是人类常识：社会和文化实践中的人类学理论实践》，北京：华夏出版社，2006年，第64页。

② 费孝通著：《费孝通民族研究文集》，北京：民族出版社，1988年，第174页。

伟介绍踏白船的地位时说：

以前农闲时候，大家去烧香，各个村庄都要派出人参加踏白船比赛。摇得好的小青年，小姑娘会看中的；摇得不好的，找不到对象。一个小青年在村庄上要出名，就要靠摇船，就像现在的打篮球。摇船摇得好，四方把你的名气都传开了，各方面都提升了知名度。①

乡间自发组织的踏白船竞技并无物资奖励，但是，擅长踏白船的民众都会争相参与；竞技过程中，周边民众对之也充满了观赏和品鉴的热情。因此，作为一项与嘉兴人的生命、生活相关的习俗，踏白船竞技已经内化为嘉兴传统的一部分，嘉兴人生活的一部分。

传统龙舟竞渡和踏白船竞技在嘉兴现代端午节活动中都有继承和发展。但是，对于现代龙舟赛来说，继承的成分较多；踏白船竞技进入端午节，则完全是现代人的行为。

当下，每年端午节，嘉兴市政府都会组织以国际通行的规格和赛制进行的龙舟赛。端午龙舟竞赛由嘉兴企业五芳斋集团出资冠名，每年龙舟赛的规模、参与队伍各有不同。比如2010年的“五芳斋杯”嘉兴全国龙舟邀请赛，除了组织有嘉兴各个区县代表队比赛外，还邀请了大连、安徽、常州等地的龙舟队参赛；②2012年分“五芳斋杯”第三届世界大学生龙舟锦标赛（包括国内各大学的学生龙舟队）和嘉兴市龙舟比赛（由嘉兴市市民参与）两个部分。③端午龙舟赛每年都会进行，已经成为嘉兴现代端午节中的必备项目。

2013年，中共中央“八项规定、六项禁令”中就明确了“厉行勤俭节约”“未经批准不得举办各类节日庆典活动”的规定，嘉兴市政府举

① 访谈对象：陈宏伟；访谈人：梁珊珊；访谈时间：2015年6月17日；访谈地点：嘉兴市秀洲区王江泾镇政府。

② 《2010年“五芳斋杯”嘉兴全国龙舟邀请赛秩序册》，嘉兴市人民政府编。

③ 《2012“五芳斋杯”第三届世界大学生龙舟锦标赛秩序册》，嘉兴市人民政府编。

办节庆活动的规模有所压缩，各个区县、企业自行选拔和组织的竞赛队伍，已成为每年端午龙舟竞赛的主力军。龙舟队组建方面，常由企业和学校承办：如嘉兴职业技术学院的师生常组建两支队伍，一支代表五芳斋（校企为合作单位）、一支代表本校参赛；秀洲区的代表队伍，则由区内的嘉兴高级技工学校承办；而秀水学院则代表嘉兴市经济开发区参赛。另有一些区域由当地的渔民、海事局组队参赛。

以嘉兴职业技术学院为例，看看现在的端午龙舟比赛是如何组织和动员民众参与的。自2007年为端午龙舟竞赛出资冠名以来，五芳斋集团就试图寻找和组建属于自己的龙舟队。作为五芳斋的合作单位，嘉兴职业技术学院每年为企业输送一定的人才。校企之间的良好关系促使五芳斋集团与校龙舟队寻求进一步的合作。据校龙舟队教练韩捷的介绍：

> 2010年以前，五芳斋虽然每年承办比赛，但是没有龙舟队参加。企业员工参赛比较困难，就想到跟我们合作。我们学校五芳斋班的学生，本身就要到他们单位去实习。当然，光靠这一个班肯定不行，后来就想到，干脆我们学校出一个队，这样才组建起来。①

韩捷是健身教练，体校出身的他对诸多水上项目都颇为了解：

> 嘉兴市少体校有个老师，搞水上项目几十年了。我先从她那里学了一些水上运动的技术。龙舟也好、赛艇也好，都有相似之处。后来我们一边训练、一边比赛、一边学习更好的技术。现在的技术很多是从温州学来的。而温州的技术，很多是从广东学来的。②

① 访谈对象：韩捷；访谈人：梁珊珊；访谈时间：2015年2月28日下午；访谈地点：嘉兴职业技术学院办公室。

② 访谈对象：韩捷；访谈人：梁珊珊；访谈时间：2015年2月28日下午；访谈地点：嘉兴职业技术学院办公室。

除对水上基本技能和战略的掌握之外，龙舟竞赛也需要队员的耐力与爆发力。在水上训练不便的时间里，韩捷会组织龙舟队员通过健身房的训练来锻炼体能。每年三月开学以后，天气好转，龙舟队的正式水上训练也开始了。随着端午的临近，校龙舟队每周的训练多达四到五次。训练除培养各队员的技能以外，也培养了运动员之间较好的默契。

图8-6 赛龙舟

2002年以来，一年一度的端午龙舟赛使韩捷组织的龙舟队对队员的选拔、组织和训练日趋走向规范化。嘉兴民间，尤其是年轻人中，对于龙舟竞技的认可程度也越来越高。起初，嘉兴市政府通过组织赛前神龙祭、念颂词、给龙头点睛的仿古仪式增强龙舟赛的仪式感，但随着近些年中央政策对于祭祀活动的一些规定和市政府活动经费的缩减，祭祀仪式已不再举行。龙舟赛的娱乐性和竞技性成为主要看点。

端午龙舟赛期间，水上龙舟运动员们划得起劲，来自四面八方的民众也有岸边看得热火朝天。嘉兴市政府及时组织起诸多特警、民警、安保人员在岸边拉起了警戒线，以防安全事故的发生。

从传统到现代，踏白船在嘉兴民间的地位经历了巨大转变。改革开放最初几年，随着嘉兴市城市化与工业化发展，各水域的航道也经由市政府统一规划。水上航道正如陆上公路，以正规的机械船为主要交通工具。为保障水上交通的安全，市政府规定，民用人力小船不得进入航

道，并在一段时间内通过统一销毁的方式进行强制淘汰。

随着非物质文化遗产保护热潮兴起，踏白船文化价值重新引起了民众的重视，逐渐在南湖区、嘉兴市组织的文化节上亮相。2009年，嘉兴市三塔踏白船入选浙江省非物质文化遗产名录。同年，首届中国·嘉兴端午民俗文化节开展，并将该项目囊括其中，这一在嘉兴具有深厚民间基础的水上竞技，迎来了发展契机。随着嘉兴端午民俗文化节的逐年开展，踏白船在其中的地位也得到巩固。

如今，参与端午踏白船表演赛的选手来自嘉兴所辖县市乡村。踏白船比赛前的训练在村中小河、政府划定的航道中进行。端午踏白船比赛所用的小船由嘉兴市政府统一定制，船长不少于7.6米，宽不少于1.7米（船的模型如图8–7所示）。

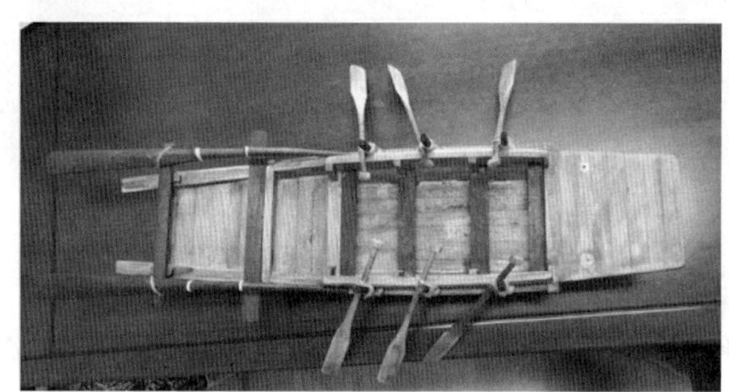

图8–7　踏白船所用船的模型

踏白船表演赛对传统踏白船比赛进行了改良。橹为踏白船的主要驱动器具，呈扁长形，用一块厚实的木板斜搭于船沿（当地人称“跳”）、橹的正上方有一眼小洞，用绳子通过小洞与船身相连。小船开动时，把橹人立于船头，通过对橹的推拉，来把握橹吃水的力度和角度，从而整体把握船的方向与速度，把橹人、船身、橹三者在前进过程中往往呈三角支点。为了提高速度，摇橹人身边常有人“拉帮”，即通过拉与橹相连的绳子来加快行船的速度。比赛用船设左右两个橹，在船两边的外沿上还伸出两块木板——比赛时，由左右两人摇橹，船的两边各有一名拉帮人站在外伸的木板上帮忙。其余选手分两排并肩坐于船中划桨加快速度。比赛中，小船飞速向前，遇到急转弯的情况时，站在外伸木板上的拉帮人身体往往与水面齐平，场面十分精彩（踏白船的动态示意如图8–8）。

图8—8　踏白船

相比龙舟引进的正规训练与赛制安排，踏白船比赛是由民众自发组织训练的。不同队伍的技术要领各不相同。嘉兴市委宣传部张一江处长回忆起这些年的踏白船比赛，觉得趣味横生。

> 2001年端午节，农民们都来参加踏白船比赛。大家都把荣誉看得很重，比得难分难解，还打起来了！那场面让人记忆特别深刻。
>
> 以前比赛中有抢荷花的环节，我们将两条船的尾巴上用一根绳子拴住，往两个方向进行划船拔河。参赛群众都很拼命，势均力敌，桨都划断了。
>
> 2012年，踏白船比赛中还有抢鸭子的环节。我们在指定区域放了六七只鸭子，让他们船划过去，用网兜把鸭子捞起来，鸭子哗啦啦拼命跑；很具观赏性，大家也觉得很开心，他们“咔”一下抱上去，鸭子“扑拉”钻到水里不见了，想想都很有趣。[1]

① 访谈对象：张一江；访谈人：梁珊珊；访谈时间：2015年6月26日下午；访谈地点：嘉兴市委宣传部办公室。

同样热闹的还有河流岸边观看比赛的民众。端午踏白船比赛过程中，来自各地的民众往往聚满了南湖两岸——经历过传统踏白船的老人、来嘉兴工作和生活的“新嘉兴人”、各路媒体和摄影发烧友围满了警戒线外。

2015年端午水上竞技，前几年作为踏白船比赛出资冠名企业的嘉兴粽子企业——真真老老粽子集团于2014年年尾被福建煌上煌食品集团收购，资金与控股权的变化使得该企业未冠名出资2015年端午节的踏白船表演赛。五芳斋集团承担了包括两项水上竞技在内的一系列端午节活动的出资和冠名。大量的资金投入使五芳斋集团与嘉兴职业技术学院之间的端午龙舟合作出现了暂时性中断，但嘉兴职业技术学院派出的两支龙舟队，并未中断参赛。另外，随着水上运动项目的日益盛行，嘉兴市船艇运动协会在市体育局的引导下于2014年12月成立，协会理事由水上赛艇和皮划艇工作者兼任。协会分担市体育局的工作，对市皮划艇、赛艇、龙舟等项目进行组织协调。在2015年端午节龙舟和踏白船竞赛过程中，比赛的裁判、水上船只的管理等工作均已转交协会处理，同为社会组织的谊弘救援中心负责了比赛的后备救援工作。端午水上竞技活动组织的重心，正在由政府向民间社团转移。

作为现代嘉兴端午节中竞技娱乐项目，赛龙舟和踏白船背后的历史价值和符号内涵不尽相同。

龙舟是全国范围内端午节的民俗活动，并非嘉兴端午节的必备项目。因为龙舟在全国范围内的盛行和它与端午节之间的联系，嘉兴历史上几次对龙舟的引进，均被当地民众接受，并在嘉兴盛行。这个过程中，龙舟赛的物资准备、训练、组织各方面多由官方组织。2002年以来，嘉兴市每年组织龙舟赛，表明嘉兴经济势头的看好。作为需要耗费一定人力、物力推行和维持的集体项目，龙舟在嘉兴的发展状况，与嘉兴市政府政策、嘉兴的经济状况密切相关。当然，再次亮相的嘉兴龙舟竞赛在今后的发展中同样会受到这些因素的影响。

以五芳斋为代表的地方企业的支持与民间社团的兴起，使现在龙舟比赛较之历史又有不同。近年，嘉兴民众之中的水上运动和健身的风潮逐步兴盛。加之嘉兴的水乡环境，政府的引导和推广，未经多久便使龙舟项目取得了较好的民众基础。在对嘉兴市体育局访谈中得知，2014–2015年嘉兴市体育局曾尝试在《南湖晚报》上招募组建市民龙舟队作为市民日常健身项目[①]，尽管后来因时间限制而未能成功，但也可见龙舟在嘉兴民众中间颇受欢迎。

现在，端午龙舟赛既是嘉兴端午文化节的标志性符号之一，又是五芳斋集团在端午节活动中的标志性符号之一，在经济形势继续看好的情况下，已具一定民众基础的龙舟赛必将得到进一步的发展。

相比较，踏白船在嘉兴具有深厚的历史渊源和牢固的群众基础。作为传统普遍运输工具，踏白船承载老一辈嘉兴民众的记忆，也是他们的拿手活。它在现代与端午节的结合，也与这些渊源关系密切。踏白船与嘉兴的端午节相联系的原因，主要有以下两个方面：

表面上看，嘉兴市政府组织与投入使踏白船有了与端午节相结合的契机。而踏白船传统项目加入，使得嘉兴现代端午节的内容更加丰满、与民众关系更为贴近。工业化与城市化迅速发展使踏白船赖以生存发展的文化系统不复存在，但而今踏白船作为传统文化，在嘉兴民间仍具有活力，并在与新兴节日的结合过程中重新焕发出生机。

踏白船进入嘉兴端午节，是因为作为水上竞技，龙舟赛与踏白船在竞技方式与民俗内涵上具有同一性。在竞技方式上，作为在固定节令中演习的水上竞技，二者都具有一定的仪式性和娱乐感，都是青壮年力量与技巧的比拼；作为文化表演，它们的成功与否往往取决于民众的观赏热情。在民俗内涵上，以往对端午龙舟竞渡民俗内涵的讨论主要有以下两种观点：江绍原在《端午竞渡本意考》中认为，龙舟竞渡是一种用法

① 访谈对象：黄伟民；访谈人：梁珊珊；访谈时间：2014年7月9日下午；访谈地点：嘉兴市体育局。

术处理的公共卫生事业，是一种公众攘灾的仪式。[①]闻一多先生在《端午节的历史教育》中认为，端午本是吴越民族举行图腾祭的节日。而赛龙舟便是这祭仪中半宗教、半社会性的娱乐节目。[②]水上竞渡的游戏，是为给图腾神和自己取乐。这一切，从表面上看虽很热闹，骨子里却是在战栗的心情下，吁求着生命的保障。[③]两方面的观点内蕴着民众追求健康、热爱生命的共同主题。这同传统踏白船竞技承载的努力生活、保护生命的内涵相近。总而言之，两者的内涵都可归根于民众对生活和生命的追溯。相近的呈现方式和民俗意义使踏白船较好地融入嘉兴端午节中，与龙舟赛相辅相成。

综观龙舟赛、踏白船两项水上竞技进入现代嘉兴端午节的过程，我们可以发现，在竞技方式基本一致的前提下，二者运行规律都发生了变化。龙舟赛从原先时断时续变为每年一办，赛制也逐渐固定。踏白船比赛进入到嘉兴端午节经历了从无到有的过程，是对嘉兴时令性民俗移植的结果。二者均将传统元素进行人为的和目的性的改造与组装，是现代的力量对传统符号的吸取与应用。两项水上竞技不仅承载传统追求健康、热爱生命的寓意，而且有助于推动现代嘉兴的经济发展和社会文化建设。

其中，龙舟赛在嘉兴的发展历程可概括为“官方投入推行—盛行—自然衰落—官方与企业再投入推行—盛行”；踏白船走的是“民间盛行—工业化发展、官方禁止—社会文化发展、官方支持—继续盛行”的道路。现代龙舟赛之于嘉兴，是社会经济与城市发展的产物，随着城市化的进一步发展，它生存的空间也将得到进一步的延展；踏白船则是传统桑蚕和渔业等农耕经济的产物，它的兴旺源自嘉兴民众的生产生活

---

① 江绍原著：《端午竞渡本意考》，转引自刘晓峰、陈云飞主编：《人类非物质文化遗产代表作·中国端午节·研究卷》，桂林：广西师范大学出版社，2013年，第13—33页。

② 闻一多著：《端午节的历史教育》，转引自刘晓峰、陈云飞主编：《人类非物质文化遗产代表作·中国端午节·研究卷》，桂林：广西师范大学出版社，2013年，第111页。

③ 闻一多著：《端午节的历史教育》，转引自刘晓峰、陈云飞主编：《人类非物质文化遗产代表作·中国端午节·研究卷》，桂林：广西师范大学出版社，2013年，第112页。

背景。如今，物质生活条件的改变也使踏白船在今日的传承面临一些问题。

踏白船的危机来源于传承的“断层”和当下工业化、城市化的影响。在嘉兴乡间，随着政府对水路航道的规范，年轻人不再有机会摇着小船自由出入，对于船的接触机会也越来越少；城市化大背景使他们将精力更多的集中于谋求现代社会生存的技能上。加之篮球等新型运动流行，使踏白船的受众范围在压缩。踏白船传承主体平均年龄接近70岁，他们的技术要领、比赛路数仍未被有效总结。

借助端午节，民众对龙舟赛、踏白船的表演形式均有接纳与吸收。城镇化的过程使踏白船不断地调整形式，适应新变化。

两项民俗在嘉兴民间有了新的回归，民众逐渐成为两项水上竞技的自觉传承者。因此，端午节的整体内容也从官方和企业的倡导再次向民众偏移。跨时空传承的特征使端午节的符号内涵具有丰富性和多义性，而它的意义生成的最终方向，往往依托于当下民众的生活诉求。

“掼牛”争霸赛

2015年6月21日晚，第四届“掼牛争霸赛”总决赛在嘉兴市南湖区凌公塘文化主题公园的中国斗牛馆内进行。盛大的露天斗牛馆前方，鎏金的“中国斗牛馆”五字由金庸先生提笔。

是夜，瓢泼大雨并未阻挡民众观战的热情。露天的斗牛馆内，来自海内外的掼牛勇士逐一上场，他们身着统一的暗红色单肩马甲，双手紧握牛角，努力将牛掼倒在地。若在规定时间内武士未能掼牛成功，则须给牛披战袍、向牛行礼。

掼牛比赛的牛主要是水牛和黄牛。如果光看比赛，很难相信这一传统江南味儿十足的武术表演赛源自回族习俗。

自明代以来便建有清真寺的嘉兴，为“掼牛”竞技发展提供了良好生长土壤。“掼牛”竞技原型“摔牛”起源于何时已不可考。据以韩海华为首的团队近年编撰的书籍《南湖武魂》介绍，摔牛竞技在回族中流传，源于这样一个传说：

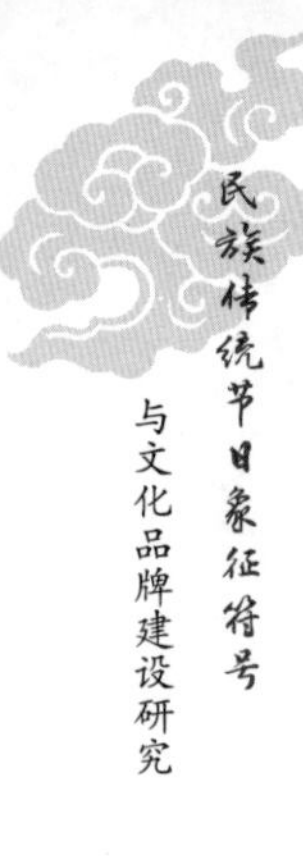

很久以前有一个回族营，居住着近千户人家，他们每年过宰牲节时，都要宰上百头牛。每次宰牛都要把牛赶在一起，然后由四五个年轻力壮的小伙子拿着绳子和木棍，互相配合把牛捆住摔倒。有一次在捆一头大公牛时，一个小伙子被牛顶伤，不久便“无常”了，乡亲们为此很伤心。第二年过宰牲节时，有一个勇敢聪明的年轻人，他眼尖手快，不用别人帮忙，一个人很敏捷地把牛摔倒了。乡亲们赞不绝口，广为流传。在他的影响下，以后每年到了宰牲节，有不少精明能干地小伙子一个个来摔牛。①

据现代掼牛主要传承人韩海华先生的师傅李尊思回忆：在20世纪30到50年代，能摔牛的人不多，但摔牛曾作为回民的特色项目被邀请演出，李尊思、李青山、韩忠明、韩忠祥等摔牛高手被邀在武汉新世纪演艺广场、上海大世界、嘉兴“中山厅”进行过摔牛表演。②在笔者访谈中，嘉兴市清真寺的教长巴阿訇这样理解摔牛：

摔牛，对回族来说（是）都知道（的活动）。伊斯兰回族人的生意一般就是（买卖）牛羊，宰牛之前要把牛摔倒。我在各地清真寺学习的时间里，学生就有宰牛的义务。伊斯兰教义里也探讨过这个事。而韩海华把它演绎成了一种体育或者一种文化，那就另当别论了。③

“摔牛”在回族生活中并不普及，笔者推断“摔牛”竞技是在嘉兴回、汉两个民族交流的过程诞生，并逐渐在嘉兴人生活中流行起来的。

真正使“摔牛”成为现在的“嘉兴掼牛”，还要从2006年对非物

---

① 《南湖武魂》编委会编：《南湖武魂》，北京：中国书籍出版社，2012年，第2页。

② 《南湖武魂》编委会编：《南湖武魂》，北京：中国书籍出版社，2012年，第3页。

③ 访谈对象：巴阿訇；访谈人：梁珊珊；访谈时间：2015年3月1日上午；访谈地点：嘉兴市南湖区清真寺内。

质文化遗产保护的重视说起。这一年，在外闯荡的韩海华回到嘉兴，获悉国家对非物质文化遗产保护的系列政策后，他开始对“摔牛”资料进行整理并上报。在这个过程中，韩海华反复比较“摔牛”“中国式斗牛”“掼牛”几个名称，最终以嘉兴方言“掼牛”命名。“掼”字在吴方言中有将物使劲摔下的意思，“掼牛”也是该运动项目在嘉兴当地的通用称谓。2011年，“嘉兴掼牛”与嘉兴端午节一道入选第三批“国家非物质文化遗产名录”。

从“摔牛”到“掼牛”，该竞技项目历经几代人传承，并在更多的人中得到推广与发展。韩海华的师傅是回族，他的弟子来自四面八方，但其中回族的弟子不多。谈起这些，韩海华既高兴又惋惜：

> 回族面临生活上的问题多一些。刚开始，我们是传统的师徒关系，没有工资，后来才有少量的补贴，几百块……这些徒弟来的时候都是孩子，通过几年的锻炼，成才了、也出名了，外面愿意请他们出去，我也没办法。他们说我这是“黄埔军校”，培养了一批又一批人才，但留不住，因为没有好的财团来支持我。[①]

从“摔牛”到“嘉兴掼牛”，掼牛表演经历了嘉兴本土化过程，这也是嘉兴回族找到自己身份定位的过程。社会经济的发展使“嘉兴掼牛”传承不再仅仅面向回族、面向嘉兴，而是将目光投向了更广阔的市场、以适应更多民众的需求。传承主体的扩大一方面削弱了“嘉兴掼牛”对嘉兴回族的身份认同功能，一方面又使“嘉兴掼牛”拥有更大的包容性。不同的文化在“掼牛”技艺传授、“掼牛”表演欣赏过程中得以接触、碰撞和融合，使“嘉兴掼牛”和嘉兴端午节发展形态更加多元。

---

① 访谈对象：韩海华；访谈人：梁珊珊；访谈时间：2015年6月25日上午；访谈地点：嘉兴市南湖区海华武馆。

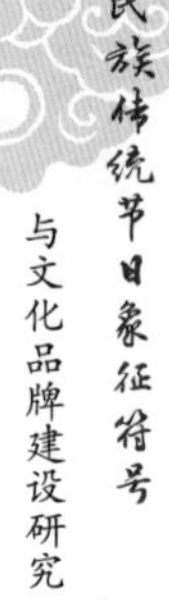

2013年，第二届“中国掼牛争霸赛”在端午节期间举行，并被嘉兴市政府纳为嘉兴端午文化节系列活动之中。同时，韩海华与他的团队每年“掼牛争霸赛”期间也会独立承办“中国掼牛”学术研讨会，采纳各方观点，以探索掼牛竞技的传承、发展与创新路径。2014年12月，韩海华牵头成立“中国掼牛联盟”，将与他关系较好的学者、企业、媒体成员都纳入其中。联盟的成立使2015的掼牛争霸赛在赛制规模和媒体宣传方面有了很大的进步。韩海华介绍：

> 通过“掼牛”联盟，这届比赛做得比前三届要好。特别是在媒体这块儿，很多媒体人都是联盟的成员，他们的文章、摄影，第一时间都发出去了。这一次的宣传是空前的，腾讯头条、凤凰头条、网易好像也是头条，都是很大的板块，中央五套昨天上午有四分多钟的新闻，还有专题片。①

从地方到中央，各类媒体对“掼牛”的关注自该项目初有成效时便已开始，联盟的成立，则使得“掼牛”争霸赛的影响力更为扩大、与其他企业合作增多。

> 很多企业看好我们这个品牌，也愿意加盟。包括中国天通，他是我们联盟的执行主席；还有里海基建，也是在美国收购了公司、即将要上市的，在我们嘉兴知名度很高；还包括博鳌进出口公司、中环服装……这些企业感觉到企业都需要有企业文化，而我们掼牛代表着嘉兴的文化。②

---

① 访谈对象：韩海华；访谈人：梁珊珊；访谈时间：2015年6月25日上午；访谈地点：嘉兴市南湖区海华武馆。

② 访谈对象：韩海华；访谈人：梁珊珊；访谈时间：2015年6月25日上午；访谈地点：嘉兴市南湖区海华武馆。

对接企业每年举办庆典活动时，都会邀请海华武馆进行武术表演，以达到宣传推广的目的。与企业与政府的对接使韩海华在资金、活动宣传、用人方面都可以较为顺利地周转。

尽管“掼牛”运动与嘉兴端午节之间原先并无关联，但与之前“掼牛”运动恰当把握的两次机遇一样，其与同为2011年第三批国家级非物质文化遗产的嘉兴端午节结合在一起举办，可谓是“两厢情愿”“门当户对”。“掼牛”希望得到更多官方关注和支持，嘉兴市委节庆办也希望嘉兴端午的内容能更加丰富和精彩。2014年的端午节的“掼牛”运动赛场上，韩海华面对着各类媒体，这样说道：

> 我们回族也过春节、八月半、元宵节。端午节，嘉兴的回族也一直在过。当然，我们回族的节日也一样的过。我们自己民族的特性，我们保存着。[①]

“嘉兴掼牛”发展机遇因政策和市场推动，未来发展形态也受到政府与市场的影响。这个过程中，“嘉兴掼牛”逐步转化为一种可供消费的文化资源、·种服务于社会政治的文化力量。它的实质是现代文明的产物。这种内核与嘉兴现代端午节总体追求一致。于是，从回族到汉族，从宰牲节到端午节，掼牛竞技都能加盟其中，且能别具一格、保持特色。

香囊

2015年端午期间，月河街区沿河一处堂屋被装饰得格外漂亮。来自市区各家庭、各单位的680多件形态各异的香囊在暖黄色的灯光下显得古色古香。这里正在进行一年一度的“五彩香囊迎端午”活动。

嘉兴端午民俗文化节中与香囊相关的活动自2009年开始。在开始几

---

① 访谈对象：韩海华；访谈人：梁珊珊；访谈时间：2014年5月31日上午；访谈地点：嘉兴市凌公塘公园。

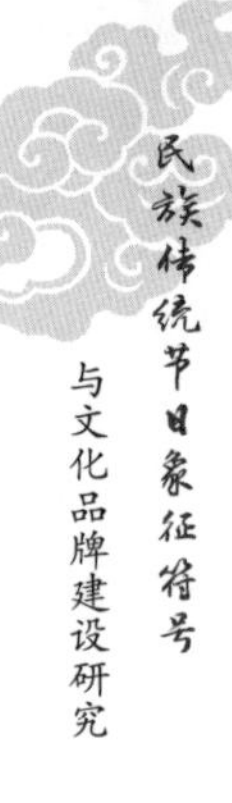

年，主办方将主题设置为“香囊制作比赛”。之后，逐步发展为由香囊制作、教授、评比、展演等板块组成的系列活动。五彩缤纷的香囊之于端午，如同灯笼之于春节，花灯之于元宵，它渲染出节日的气氛，也给火热的端午节送来丝丝清凉。

民国时期，嘉兴的年轻女孩子有在闲暇时制作香囊，并于端午期间馈赠邻里、师友的习俗。传统的香囊以药店里出售的苍术、白芷、藿香等除虫祛湿药材和棉花为主要填充物，再以家中零碎的布头为外壳，缝出粽形、心形、虎头形等状，互相馈赠佩戴。作为传统民俗饰物的香囊也频频出现在古人诗文中，常为古代女子闺房中所制作。各色香囊，既是应景的民俗饰物，又是馈赠亲友的佳品。最早描写佩戴香囊风俗的文献为周代的《礼记·内则》，其中写道：“男女未冠笄者，鸡初鸣，咸盥漱……衿缨皆佩容臭。”郑玄注：“容臭，香物也。”[①]唐代，白居易在《江南喜逢萧九彻因话长安旧游戏赠五十韵》中写道：“拂胸轻粉絮，暖手小香囊”；清代《红楼梦》中也有林黛玉与贾宝玉赌气，将原本要做与宝玉的香囊拿剪子铰了的情节。

现在的香囊制作出现了新的变化。嘉兴市节庆办与妇联主办的香囊评比与展示活动自2009年举办以来，渐成体系。以2015年“五彩香囊迎端午”系列活动为例：该活动由市节庆办、市妇联、嘉城集团主办，各县（市、区）妇联、嘉兴经济技术开发区妇工委、嘉兴在线协办。主要活动在6月上旬启动，包括启动仪式、学做香囊活动、香囊展示与评比活动及“最美香囊”进学校、进社区、进机关活动。

当下嘉兴香囊传承主要依靠家庭，制作能手以中年以上的妇女居多。基于此，政府引导之下的嘉兴民间也掀起了一股香囊制作的热潮：

（香囊）过去好长时间不做了。店里是有卖的，一般去买一两

① 武文主编：《中国民俗学古典文献辑论》，北京：民族出版社，2006年，第132页。

个看看就算了。这几年又都推出来了。大家都在做。[①]

在月河小猪廊下的嘉禾绳结工艺品店里，60余岁的郑莺莺、姚明石夫妇开店制作和销售香囊、中国绳结已有十几年的时间了。10余年前，刚刚从单位退休的两口子打算重拾业余爱好，经营一家专门出售传统手工艺品的小店。几年后，嘉兴端午节兴起促使政府工作人员和各类媒体找到了他们。当时，以中国结为小店主要交易作品的夫妇二人已经不太记得嘉兴传统香囊的制作方法了。

当时要做虎头香囊，其实大家已经忘记了，只是靠着记忆再三地复制。我们去找老版本，也找不到；去把人家做的买来看一下，也总是不理想。后来我想，还是我们自己做的好一些。第一次搞一批货，搞到第八个，时间可能过了将近一个礼拜。[②]

巧手的夫妇二人不久便摸清香囊制作要领，并根据多年来对传统工艺品的积累翻新出许多式样。每年端午前夕，市政府工作人员都会向两人定制主题鲜明的大型香囊制品，作为“五彩香囊迎端午”系列活动的作品。这类大型作品由市政府命题，丈夫姚明石构思、妻子郑莺莺制作。比如2014年端午的作品命题为“五水共治”，二人便合计构思制作了一个恢宏漂亮的大型龙舟香囊。

每年端午期间也是嘉禾绳结店最为繁忙的时刻，除迎接络绎不绝的顾客之外，刚完成市政府要求香囊“大作”的夫妻二人常作为各类香囊制作大赛的评委被市政府再次邀请。人手不够时，家中父母、姐姐、儿子、儿媳也加入到香囊制作、销售的队伍中。

---

① 访谈对象：俞理婷奶奶；访谈人：俞理婷、梁珊珊；访谈时间：2015年6月19日；访谈地点：嘉兴市南湖区俞理婷家中。

② 访谈对象：姚明石；访谈人：梁珊珊；访谈时间：2015年2月23日下午；访谈地点：嘉兴市月河街区嘉禾绳结店。

自2009年开始，嘉兴市端午节期间嘉禾绳结店生意红火，2013年至2015年端午期间，浙江电视台、中央电视台以及端午专题片都能看见嘉禾绳结店香囊的报道。

尽管没有掼牛竞技背后的社会关系网络，也没有申请各级的非物质文化遗产，但香囊在传统端午节之中不可或缺的位置使嘉禾绳结店的来客络绎不绝。

图8–9　2015端午前夕的俞理婷一家

图8–10　郑莺莺与其孙子在嘉禾绳结店内

年长的嘉兴人大多含蓄内敛，在端午香囊日益盛行的今日，俞理婷奶奶一辈的香囊制作高手常在家里以教授、制作香囊为闲暇娱乐，但是她们不肯在各类媒体的镜头前露面，也很少参加香囊制作比赛。在笔者提及嘉兴市政府组织的香囊制作竞赛时，俞理婷奶奶明确表示，她不会参加：

> 做成我这样的多了。现在一般50多岁的会去，我们年纪大的不去。[①]

甚至现在频频被媒体“追踪”的郑莺莺，起初对此也是排斥的：

> 嘉兴（电视）台来拍，拍了又拍。我打电话跟他们说，你们不要来了，昨天刚刚拍过。小春跟我说，阿姨你真傻，我们请都请不动，拍你是给你做广告。[②]

尽管如此，对于香囊的钻研与传承，在嘉兴市妇联、各嘉兴粽子企业牵线搭桥之下，最终仍然是由他们来完成。

传统民间文化的力量加之政府的组织和媒体的渲染，使精巧的香囊很快在民间苏醒并自发传承发展。同时，香囊制作具有不受时空限制的优点，其技艺的传授可以随时随地进行。这就促使嘉兴的年轻女孩在火热的端午文化节俗中很快融入传统，成为香囊制作的自觉传承人。

香囊制作技艺需要作者精心的设计与细致的手工。这一特点在阻碍其产业化的同时也使其独具魅力。据2009年《南湖晚报》端午节新闻报道，齐心协力的姚明石、郑莺莺夫妻发现了关于“虎头香囊”的文字记载：清代嘉兴诗人朱彝尊的《鸳鸯湖棹歌》中有一首诗云“织得新罗夺

---

① 访谈对象：俞理婷奶奶；访谈人：俞理婷、梁珊珊；访谈时间：2015年6月19日；访谈地点：嘉兴市南湖区俞理婷家中。

② 访谈对象：姚明石；访谈人：梁珊珊；访谈时间：2015年2月23日下午；访谈地点：嘉兴市月河街区嘉禾绳结店。

锦霞，妾欲为郎悬艾虎”，据此，他们决定将重新“创作”的虎头香囊命名为“锦霞艾虎”。①香囊传达古人与今人彼此对话共融的情谊，也使嘉兴人的生活更加温婉可爱。

端午裹粽比赛、龙舟竞赛、踏白船表演赛、“掼牛”争霸比赛、五彩香囊迎端午系列活动，是近年嘉兴端午民俗文化节中必不可少的几项活动。这些端午节文化符号背后，有着全然不同的发展历程。

裹粽子为嘉兴人家最为传统的技艺，却因历史原因造成一定程度的传承断层。所幸断层的时间不长。粽子企业五芳斋的大力推动形成了今日嘉兴端午裹粽比赛，也推动着裹粽技艺在嘉兴民间的传承。

龙舟竞赛在嘉兴历史上曾多次因官方提倡而兴盛，又因官方投入力量削减而衰落。现今龙舟竞赛由政府、企业两方面力量共同推进，在民众之中已形成较为良好的传承氛围；踏白船活动兴起于嘉兴民间，在一定历史时期内因经济社会的发展而面临淘汰，而端午民俗文化节中政府对踏白船的重新发现，又给了它发展的契机。这两项竞技活动在当下嘉兴均已形成了较好的传承氛围，但资金供给、人员传承、训练场地等方面的局限它们的发展。

“掼牛”发展的推动力量来源于传承方自身。“掼牛”与嘉兴端午民俗文化节结合、与乌镇旅游文化产业合作，也是其寻找新的发展路径的一种较为成功的尝试。

香囊传承者则是数量较多的嘉兴民众，且多数民众也没有将之系统化、产业化的决心，正因如此，香囊的种类也更加多样。

现代嘉兴端午节象征符号的背后，是政府力量、企业力量和民众力量共同作用，对端午节符号认知因不同的缘由、经不同的途径加入到嘉兴端午民俗文化节的系列活动之中，而相同的则是他们与端午民俗文化节体系较好的融合与互动，是嘉兴民众的认可与参与。

① 俞艳婷、谢惠珍著：《全家总动员让儿时的虎头香囊重现》，见《嘉兴晚报》，2009年5月20日。

较之民国时期的传统端午，嘉兴当代端午中人为与表演成分较多。龙舟、踏白船、“掼牛”以不同途径被“引入”端午民俗符号并成为当下嘉兴端午民俗文化节必备的传统“核心符号”。

第四节　端午节传统象征符号的“扬弃”①

端午节传统象征符号是体系性的，也是生活性的，当端午节象征符号进入现代人的生活中时就表现出为以生活需要为核心的选择行动，而对端午节传统象征符号的选择过程就是“扬弃”的过程。比如，嘉兴端午节从2009年开始就尝试将诸种民俗事项纳入端午民俗文化节的机制，但又有不少民俗事项盛行不在。而由官方建构的端午民俗文化节系统，则一直处于不断“扬弃”过程中。

菖蒲

2014年端午节当天，嘉兴市月河街区端午民俗体验馆迎来了完全由企业与民间自发组织的菖蒲展览——嘉兴市首届菖蒲雅集。180盆姿态、长势各异的盆栽菖蒲的主人，通过朋友之间口耳相传的方式得知此次展览，便将经过遴选的它们运来此地。在端午期间最为热闹景区之一的月河端午民俗体验馆内，集聚着来自四面八方的民众。

第一次菖蒲展览的成功举办坚定了主办方决定将菖蒲展每年一办的决心。2015年，第二届菖蒲展的菖蒲经过主办方精细挑选，数量增加到200多盆。

菖蒲最早被民间用作药材或当作端午节趋避“五毒”的挂饰，而后逐渐被文人墨客奉为“雅草”。而今，作为文人案头清供的盆栽菖蒲又一次走进民众的视野。菖蒲作为多年生草本植物，很早就被中国民众认识并运用在民俗生活中，并承载了不少的价值与功能。

为满足民众生存的基本需要，不同种类的菖蒲的不同药用功能最早

① 该节由梁珊珊撰写，林继富修改。

被人们发现与运用。中国民间常称菖蒲为“明目草”，因其具有明目、祛湿、醒脑的药用价值。成书于战国时期的中医著作《黄帝内经》中就记载了菖蒲的药用价值；隋唐时期的医学著作《千金要方》、明代的《本草纲目》中更是少不了菖蒲的记录。从古至今，将菖蒲用作中药的情况十分常见。

民谚中有“清明插柳，端午插艾”的说法，迄今，江南一带端午期间，家家户户门前总会挂上用于防疫驱邪的菖蒲、艾草、大蒜等植物。菖蒲因外形似剑，除可用于防治端午时节渐趋活跃的害虫外，节日中的菖蒲还多了驱疫辟邪的象征含义。在嘉兴海盐一带流传这样一个传说：

> 远古时候，钱塘江中有一瘌头鼋精，常在春秋两季发起洪水，为害百姓。身为八仙之一的吕纯阳以菖蒲为剑与之斗法，终获胜利。此后，钱塘江两岸的百姓在端午期间便会在门上挂菖蒲以避水怪。[①]

端午期间，家家户户将菖蒲挂于门前，除了喜庆与装点之功能外，更多了一层仪式与防御的象征含义。

文人墨客何时养菖蒲，已经无从考证，究其根源，或许是因为菖蒲明目醒脑的药用价值适合于伏案工作者。作为案头的菖蒲，承载更多的是文人的艺术审美。古代士阶层文化中，菖蒲与兰花、水仙、菊花被并称为“花草四雅”，不少文人字画中都可见其身影。尤其是宋室南渡之后，大批文人聚居江南，这些文人闲暇时把玩游乐，诗人陆游是菖蒲爱好者，其诗《堂中以大盆渍白莲花石菖蒲翛然无复暑意睡起戏书》中便有“岂惟冷浸玉芙蕖，青青菖蒲络奇石”的句子。明清以来，江南种植菖蒲之风更是盛极一时，清代黄图珌在《看山阁闲笔》中写道：“菖蒲

---

① 参见百度词条：“挂菖蒲”；讲述人：林天顺；男，1944年生，高中，海盐县沈荡镇人。采录时间：2010年3月3日。

固为佳品，置之案头，久视可以清心明目，书室中所不可少也。”①吴藕汀先生在所著《孤灯夜话》中道：“菖蒲生于水石之间，有水菖蒲和石菖蒲。……蒲叶短细有虎须与金钱两种，为案头清供，当另述也。”②

石菖蒲发现于乡土民间，随着士大夫的生活方式、审美标准与中国乡土社会的疏离，种植石菖蒲逐渐成为一种颇为小众的文人雅事。种植作为案头清供的菖蒲需要大量的时间和精力，使得种植者对菖蒲的长势、菖蒲整体的形态必须有相当的控制。一盆“雅”的菖蒲要求长时间保持小巧、舒散、蓬松。明代王象晋所著《群芳谱》中记载养菖蒲口诀：“春迟出，夏不惜，秋水深，冬藏密”；“添水不换水，见天不见日，宜剪不宜分，浸根不浸叶”。石菖蒲的生长速度缓慢，在栽植过程中稍有不慎就会死掉，或会因为营养、光照过剩等原因长成杂乱“不雅”的样子。因菖蒲难养，菖蒲开花更非年年都有，养花草的文人中流传着菖蒲“不逢知己不开花”的谚语。

菖蒲从植物到文化受到嘉兴人的喜爱，那么，当下嘉兴的菖蒲文化呈现怎样状态?

首先，嘉兴等文化积淀较为深厚的传统江南市镇为菖蒲文化传承提供了较为适合的自然与人文环境。信息时代各类新因素产生与发展，促使嘉兴地域文化发展并重新整合。一方面，改革开放以来嘉兴经济迅速发展，便利的交通和电子通信设施使得嘉兴如同现代化的城市共享发达的物质与信息资源；另一方面，琴棋书画等文人集社在嘉兴市内随处可见。嘉兴人对于传统文化的热衷近年有增无减。在开放的社会环境中，菖蒲，也多了在民间寻找“知音”的机会。

其次，各类现代通信技术发展使有关种植菖蒲的讯息交流更为方便。比如，菖蒲爱好者臧建彪，常喜欢在闲暇的日子里找一个清静雅致的去处，与同道的友人品茶聊天，交流书画和菖蒲种植技巧。这些朋友

---

① 黄图珌、袁啸波著：《看山阁闲笔》，上海：上海古籍出版社，2013年，第194页。

② 吴藕汀著：《孤灯夜话》，北京：中华书局，2013年，第146页。

既有来自嘉兴的故交，又有从绍兴、苏州、上海、沧州甚至日本特地慕名而来的新客。除了传统文人社团信息交流之外，在臧先生的微信与博客里，也少不了对菖蒲种植和传统字画、古玩等信息的分享与交流。

图8–11 菖蒲种植

另外，两次菖蒲展览成功举办背后，也有主办方对于菖蒲文化传播的各种考量。譬如，选取最为恰当的时间、地点作为菖蒲文化传播与交流的场域。传统的文人将盆栽菖蒲的生日定义为农历四月十四，因为农历四月是菖蒲长势最好的时段，而到了端午，逐渐炎热的天气菖蒲的长势趋于缓慢。深谙菖蒲种植文化的主办方选择于端午期间，于人流、客流密集的嘉兴月河古街举行菖蒲展览，加之不收门票，使得前来观赏、交流的民众络绎不绝。主办方选择月河为活动主办地点主要出于这样的考虑："第一，这里是端午民俗体验馆的天井，端午时候搞活动比较合适。第二，我们在这里搞，看的人特别多，大家都说（展览）时间太短了。这里参观端午民俗体验馆是要收门票的，我们不收门票，让大家都来看。[①]"

不同于一些传统文化的濒危状态，菖蒲文化适应当代嘉兴社会发展

① 访谈对象：周福明；访谈人：梁珊珊；访谈时间：2015年3月2日下午；访谈地点：嘉兴市月河街区。

环境，焕发出新的生机。尼尔·波兹曼认为：一种重要的新媒介会改变话语的结构。[①]进而也可以改变我们的思维习惯。[②]菖蒲文化传承的过程中各类媒介的作用功不可没。

在传统环境中，纸质媒介兴起促进了士大夫阶级的形成与兴起，具有一定药用与健康价值的菖蒲逐渐走进文人案头。同时，由于盆栽菖蒲较困难，也使广大从事体力劳动的民众大多没有了种植菖蒲相互较量的功夫与雅趣。随着时代发展，士大夫作为封建王朝的特定阶层地位得以稳固，盆栽菖蒲随之成为象征着士大夫身份与品格的雅草，所谓“不逢知己不开花”，便是士大夫高洁、独立的品格写照。种植菖蒲渐渐成为一种只在拥有一定物质基础、文化素养和道德情结的文人圈中流行的文化。传统中国社会的文化知识覆盖面小，使得士大夫阶级与被他们种植起来的盆栽菖蒲一道与中国的乡土社会保持一定的距离。盆栽菖蒲入诗、入画，但终究与乡土民间绝缘了。

但是，或许由于菖蒲被文人赋予了这些品质，因而在时代变迁中的菖蒲种植传统一直没有中断。改革开放以来，菖蒲种植之风随着新一代知识分子的传承又在嘉兴等地兴起。

现代各类新式传媒的兴起为菖蒲的种植文化增添了新内容。“当人生活在电子的环境中，他的本性改变了，他的私人属性融入了社团整体。他变成了一个‘大众人’。”[③]

时代与媒介改变促使菖蒲符号意义也发生变化。在文人案头和诗画中寓居多年的盆栽菖蒲回到民间，已不再是原先的情状。历史上文人赋予它的品质依然存在，但更多的含义随之添加到其优雅的体态之中。

如果说历史上盆栽菖蒲表现的是文人士大夫的贵族气质的话，那么随着商业文明的发展和文化知识的普及，现在的盆栽菖蒲则更多表现着它当下的主人——具有一定文化素养和物质基础的民众的情怀。相比

① 【美】尼尔·波兹曼著，章艳译：《娱乐至死》，北京：中信出版社，2015年，第30页。
② 【美】尼尔·波兹曼著，章艳译：《童年的消逝》，北京：中信出版社，2015年，第35页。
③ 【美】尼尔·波兹曼，章艳译：《童年的消逝》，北京：中信出版社，2015年，第96页。

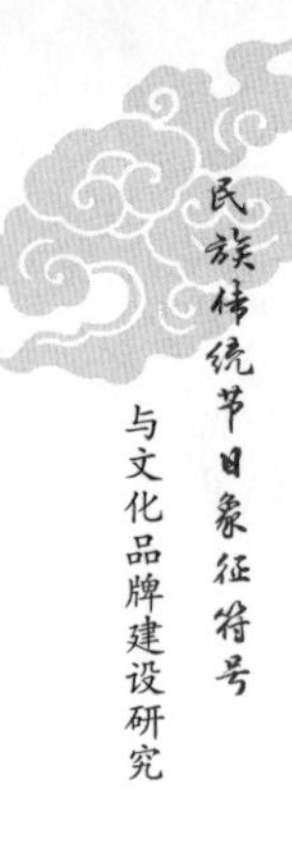

传统的文人士大夫阶级，这部分人的基数更大、也更加乐于分享。当然，盆栽菖蒲原本被赋予的品格也给它在现代传承带来诸多有趣的“麻烦”。臧建彪先生在访谈中提及这样一则故事：

> 有人给我发来一个菖蒲的“新品种”照片，我一看，菖蒲花是人为插在上面的，旁边再放几片树叶挡住。虚荣心作怪，用以炫耀。这种人现在很多见。[①]

菖蒲爱好者经年培养出的长势优美的盆栽菖蒲常被作为馈赠友人的礼物。而在商业投资者那里，精美的菖蒲则成为用以炒作、价格不菲的商品。这种炒作建立的基础，恰恰是盆栽菖蒲承载的独立品格和优雅气质。

可以预见，盆栽菖蒲将逐渐成为现代社会优雅生活的象征而非商业炒作的资本。野生菖蒲，依然作为治病的中草药与趋避的灵草，在时令转换的端午时节发挥着它们不可或缺的作用。几经离合，菖蒲与民众之间的距离，终于越来越近。当一种文化从贵族走向民众，它的传承其实才刚刚起步。

菖蒲在中国历史发展中承载了诸多文化寓意，它是治病的灵药、驱疫的香草、士大夫人格与精神的写照。传统文化还将菖蒲与端午节结合在一起，增添了菖蒲驱疫辟邪的文化寓意。菖蒲与端午文化的密切联系，为成为士大夫精英文化代表的盆栽菖蒲回归民间奠定了基础。

得益于社会物质条件与传媒技术发展，多年来被士大夫抽象成为品格象征而只存在于案头的盆栽菖蒲而今又一次与端午文化结合在一起，这一次，它由贵族走向民间，由商品交换走向日常生活。它不仅是知识分子案头陪伴、独立品格和高贵精神的象征，更成为民众优雅生活的象

---

① 访谈对象：臧建彪；访谈人：梁珊珊；访谈时间：2015年3月2日下午；访谈地点：嘉兴市月河街区。

征，菖蒲和它的主人让菖蒲走近更多的人，正因如此，他们，也必将收获更多的“知音”。

伍相祭

作为嘉兴市境内唯一一座山丘，胥山之于嘉兴，曾是地标之一。历代歌咏胥山的诗词、笔记数不胜数。谁能想到，1969年嘉兴北部修筑水利工程时，曾因为石料不足，使胥山这广袤的平原上唯一一座天然形成的山丘，就此遭受“开发”，被挖成了一个深达十多米的水潭。

嘉兴再无胥山，对于伍子胥的文化认同，也因再没有物质化的依托而愈加淡化。近年，嘉兴市政府为彰显嘉兴端午文化建构了规模盛大的伍相祭祀仪式，但失去了广泛民众基础的祭祀仪式，在几经沉浮后终究也归于沉寂。

《中外地名大辞典》对于“胥山”有以下三种解释：在江苏省吴县西南。《史记·伍子胥传》：伍胥死，吴人怜之，为立祠江上，命曰胥山；浙江杭县之吴山，亦名胥山；在浙江省嘉兴县东二十七里。本名张山，相传吴使子胥伐越经此，因名。右有吴王磨剑石。三地胥山的命名均与伍子胥的传说有关，其中，苏州胥山因伍子胥葬于该地而得名，嘉兴胥山因伍子胥经此驻兵而得名，杭州胥山以春秋时为吴国往南的边界而得名。

历代歌咏三地胥山的诗文也不在少数。就嘉兴而言，作为自然风物的胥山，伫立嘉兴已有千百年之久；而其文化风物景观，则是在春秋吴越争霸之后名气更为响亮。嘉兴“胥山”最早见于明崇祯《嘉兴县志》，各类传说与诗文丰富了“胥山”的内核，进而形成了一个以“胥山”为核心的文化圈。

春秋时期，作为吴越边境的嘉兴多次以主要战场的形式出现在历史舞台上。尤其是周敬王二十四年（前496）的“槜李之战”，使嘉兴一战成名。“槜李”既是当时嘉兴的物产之一，又是当时嘉兴的代称。元代嘉兴诗人张尧同的《嘉禾百咏·槜李城》诗曰：“螳螂方捕楚，黄雀遽乘吴。交怨终亡国，君王到死愚”。另有《嘉禾百咏·胥山》曰：

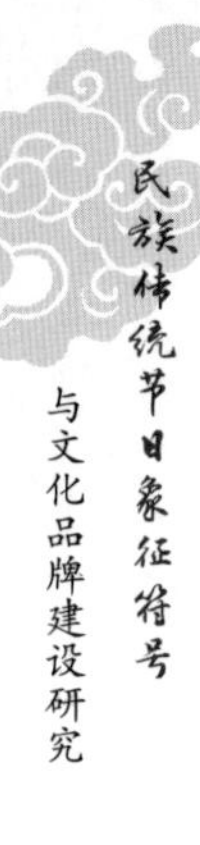

“马革浮尸去，君王太忍人。此山空庙貌，何以劝忠臣”。两首诗中所写便是伍子胥在嘉兴胥山屯兵并出战的历史典故。至今，嘉兴境内的子胥堂、胥山村、望吴门等颇具历史意味的古迹和传说仍述说着这段历史：

> 传说，春秋时吴国大将伍子胥来到嘉兴胥山练兵，准备攻打楚国。由于天气炎热，练兵又非常辛苦，许多人受了湿热之毒，皮肤上长出许多痈、疽，又肿又痛，体弱的甚至发起高烧。伍子胥急得不知应该怎么办才好。正在这时，伍子胥的朋友东皋公正好云游到嘉兴，顺道来看望伍子胥。东皋公是名医扁鹊的弟子。东皋公看到伍子胥的兵士因为身上长痈疽而生病，又看到胥山的山洞里有很多的蝎子，便笑着对伍子胥说：“我有办法。”便抓了几只蝎子，放在瓦块中，用文火慢慢煨烤成焦黄色，然后分给兵士吃。兵士们吃了之后，身上的痈、疽马上就消了肿，“打焦”脱落了。这一天，正好是农历的五月初五端午节。
>
> 兵士们病好后，士气大振，终于打败了楚国。为了纪念伍子胥，嘉兴人把他练过兵的地方叫作胥山。胥山西南山脚，有块中间下凹的石头，石面上隔一段就有点裂痕，据说是当年伍子胥磨剑造成的，人们将其叫作磨剑石。以前还有一个子胥庙。可惜现在胥山已经成了个大水潭，子胥庙也不见了，不过东皋公这个五月初五吃蝎子治痈疽的秘方，却一直流传了下来。[①]

历史风物在民众口头转述千年，免不得增添许多新鲜内容，使胥山来历更为生动。譬如伍子胥与端午节的联系、磨剑石的来历等传说便是历代累积、相沿成俗的结果。以自然风物胥山和伍子胥传说为基点，“胥山”文化圈进一步发展壮大。

---

① 陈曼青搜集整理：《胥山的传说》，见《南湖晚报》，2010年6月13日。

胥山与嘉兴府相去不远，历代嘉兴文人都喜欢到此寻访、赋诗、隐居。几番互动，胥山文化内涵更为丰富。到了后期，竟不知是人以山名，还是山以人名了。沟通南北的京杭运河的开通，使中国的经济与政治中心均出现南移的情况。隋唐以来，嘉兴一带崇文的风气尤重，歌咏胥山的诗文、绘画作品逐渐多了起来。唐代罗隐便有《胥山庙》诗云“市箫声咽迹崎岖，雪耻酬恩此丈夫，霸主两亡时亦异，不知魂魄更归无。”元至正四年，吴镇所绘的《嘉禾八景图·其七》即为《胥山松涛》，并题有同名词作一首：

（在县东南十八里德化乡，山约百亩，余荷锸翁墓，其下子胥古迹也）

百亩胥峰，道是子胥磨剑处，嶙峋白石几番童。时有兔狐踪。山前万个长松树。下有高人琴剑墓。周回苍桧四时青。红日战涛声。[①]

其中对胥山在彼时的形态、传说、风物的描述较为细致，所传的磨剑石等风物在当时也在，可见嘉兴胥山是伍子胥当年磨剑、屯兵之地的相关传说历史悠久。

清代，嘉兴涌现出一批钟爱胥山的文人墨客。比如，嘉兴文人项圣谟，号胥山樵；朱偁，号胥山樵叟；清末海上画派蒲作英，别号胥山野史，踏雪探梅，留下了“瑶天雪影照琼姿，珍重山水看几枝”的佳句。诗人朱彝尊的组诗《鸳鸯湖棹歌》中有一首描写胥山自然风物之美：“伍胥山头花满林，石佛寺下水深深。妾似胥山长在眼，郎如石佛本无心。”诗中所说的石佛寺至今仍是嘉兴风景名胜的一部分存在，而胥山则再难觅其踪，也算得上是“情深不寿”了。

关于嘉兴胥山典故和文化主要表现在以下两方面：一方面表现的是对作为忠勇文化代表的伍子胥的缅怀和追思，借古讽今、针砭时弊；另

① 李德熏编：《吴镇诗词题跋集注》，济南：山东美术出版社，1990年，第115页。

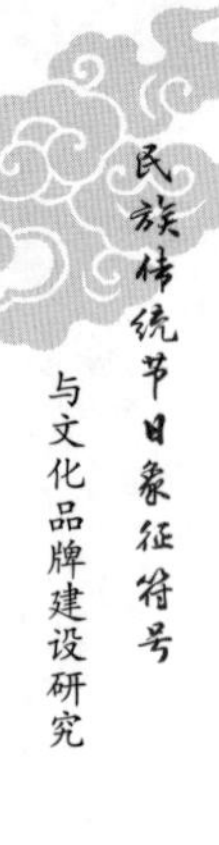

一方面表现的是对胥山自然风光的钟爱，借景抒情，寄托宁静淡泊、怡然自乐等方面的情思。

胥山村一带很早就开始城镇化。1969年胥山石料开采，便是胥山村乃至嘉兴市城镇化进程中的重要步骤。据《嘉兴市文史资料通讯》第43期载：

> 1969年11月9日，地区水利工作会议上一个突出的议题，是如何解决块石护岸的缺石问题。当时有人提出开挖胥山的设想，得到地区的赞同。在人民武装部办好胥山航标和水文撤销手续后。11月13日动工采石。历近两年，采石二万余方。嘉兴北部块石护岸的缺石问题暂时解决了，并满足了附近民间建房用石的需求。当地政府采石积累的资金为大桥公社办起了轧钢厂，在一定程度上推动了乡办企业发展。[①]

1969年，我国处于集体经济时期，对胥山石料的开采，是官方出于嘉兴水利建设的实际需要，也是作为采石主要劳动力的胥山村村民出于果腹的实际需求。开山之前，胥山留给胥山村乃至嘉兴、江浙文化圈的是传说与诗文；开山至今，流传在胥山村村民口头的，则更多是对当年开山情形的追忆了。

> 开（山）的时候没钱。这个村开山上班的人，也只有18块钱一个月，（但一般人）还进不去，没有关系不给你机会进去干活。我们在地里干活一天只有几毛钱，那个时候都比较贫困，国家也贫困。没有什么开支，所以开个山卖卖石头。都是集体的，一天干到晚，都是几毛钱。
>
> 这个山很高的，有三五十米。我们小的时候爬山，它是两个

① 据胥山村人口述，嘉兴胥山采石的时长应多于两年。

（山峰），东边的高一点，连起来叫胥山，当中有一条小路。山上还有一个尼姑庙，可大了，有好几层。我们小时候还上去玩，“文化大革命”开始拆庙，庙拆完了开始挖山。[①]

改革开放以来，胥山村迎来发展新时期。原先松涛郁郁的胥山早已成为一个凹陷的石潭，充沛的降水使之很快成为一个水潭，山上的磨剑石、古墓、尼姑庵今已不复存在，原本加工胥山石料的工厂，也改为一个私营的镀锌厂。

2009—2012年间，嘉兴市开始对端午民俗文化节进行建设使嘉兴市政府、浙江省政府将目光聚焦到对胥山村的开发与重建之中。以旅游开发为目的的胥山重建，旨在使之产生更大的社会与经济效益，但因需将山丘重新填起，再在周围重建各种仿古建筑，实行整村搬迁民，才能使景区与祭祀伍子胥的场所具有足够面积，但这一系列工程需要耗费高额的经费，又使当地政府颇感为难。近年，胥山村上空架起的几架高电压线，更为胥山的重建增添了新的难度。在2015年年初的访谈中，胥山村村支书这样说：

市里造了个预算，如果要把山恢复起来，要3.5亿。上面还有两条50万伏高压线，如果真的要把（胥山）恢复起来的话，上面两条50万伏高压线迁移的费用也是很大的，所以现在看来胥山重建是不大可能了。[②]

重建未成，但对胥山潭的污染却没有停步。嘉兴市政府整治河道水质的措施使胥山村周边一些不很规范的小企业将目光瞄向不在政府管

① 访谈对象：胥山村镀锌厂朱姓员工；访谈人：梁珊珊；访谈时间：2015年6月16日下午；访谈地点：胥山村镀锌厂旧址。

② 访谈对象：胥山村村支书；访谈人：梁珊珊；访谈时间：2015年2月27日下午；访谈地点：胥山村。

辖范围之内的胥山潭。深夜时分，胥山村不时有外来车辆悄悄前来倒废水，使胥山潭污染问题愈加严重。

图8-13　胥山潭的污染

而今的胥山村，村民在不断发展的农业和企事业单位中觅得工作，过上了小康生活，不少家庭盖起小楼、开上价值不菲的私家车。重建的声音渐渐远去，断壁残垣也难觅其踪。只有不知从何处开来的卡车，不时将建筑垃圾倒入其中。村中干部说，希望以此将胥山潭填满，让偷排废水的厂家不再有可乘之机。

改革开放以来，城镇化建设的进程进一步加速。胥山再造的可能性，便是基于其是否能够带来更大的经济和社会效益。由于胥山再造需花费大量人力物力，两相权衡，官方最终放弃了这一项目。传统文化意义上的“胥山”，不仅消失在地平线上，更早已消失于多数民众的思想深处。

与此同时，与中国不少村庄一样，过于激进的城镇化进程进一步破坏了胥山村的生态。胥山的记忆未减，但胥山不再，胥山潭也将不再。在城镇化社会大潮中，传统思想、古朴田园生活，或好或坏，终究无以延续——正如“胥山”的消失属于时代的必然。

2010—2013年端午节期间，嘉兴建构的伍相祭，其祭祀仪式、祭祀人员诸方面，均是从苏州等地“移植”而来。

对于距嘉兴不远的苏州而言，端午祭祀伍子胥确为有据可考。史传伍子胥遭谗被杀，于农历五月初五投尸江中，被奉为潮神。南朝梁代宗懔《荆楚岁时记》记载："邯郸淳《曹娥碑》云'五月五日，时迎伍君。逆涛而上，为水所淹。'斯又东吴之俗，事在子胥，不关屈平也。"[①]当时祭祀伍子胥的范围已经向南延伸至浙江东南今绍兴一带，但历经几代，祭祀伍子胥的习俗也仅在与之关系较为密切的苏州继续存在。

另外，旧时的嘉兴端午并无大型的社会祭祀仪式，传统的家庭聚会、家庭祭祀是主要的过节方式。面对自苏州引进的大型祭祀，嘉兴市政府随即制订了一系列措施保障。

首先，祭祀场地"伍相祠"的建设。伍相祠原型——位于南湖风景区西北部、揽秀园正北的壕姑塔院在嘉兴颇具历史渊源。

> 壕姑塔有两种说法，一种说法是我们边上这条护城河叫壕沟，是护城河的延伸，后来人们在边上造了一个塔，叫壕股塔；另外一种说法是这样一个故事：在古代，有姐妹两人，长得非常相像。她们碰到了一个才子。妹妹跟才子很要好，姐姐很嫉妒，把妹妹烧得面目全非，冒充妹妹去跟才子相会，结成夫妻。后来才子当官了，妹妹被才子发现藏在塔里。才子回来以后，大团圆，把姐姐杀掉，跟妹妹又好了。因为妹妹叫壕姑，姑娘的姑，所以这个地方就叫"壕姑塔"。
>
> 就这样一个故事。按道理，壕姑塔应该供着一个古代的美女，后来弄来弄去供着一个观世音菩萨。嘉城集团改造的过程中也不问问历史渊源，看这里外形像个庙，就到其他地方去请了一个观音菩

① 〔南朝宋〕宗懔著，谭麟译注：《荆楚岁时记译注》，武汉：湖北人民出版社，1985年，第92页。

萨摆在里面。拜观音的人还蛮多的。[①]

而今，壕姑塔院早非原先的模样。由嘉城集团设计的观音庙，2010年改头换面，成为今日的“伍相祠”，其中的僧侣随着迁居他处。在笔者寻访过程中，问起“伍相祠”，除南湖景区的工作人员外几乎无人知道，但问起“壕姑塔”，嘉兴民众几乎都能说出不少故事来。

“伍相祠”遵照塔院原本的格局，再对苏州盘门的伍相庙加以仿造，中国美术学院的师生为庙内新添了不少影雕与彩绘，叙述伍子胥身平。颇为可惜的是因塔院过于簇新，平日里鲜有当地民众与僧侣带来的烟火气；但在暮春时登塔远眺，古城新貌尽收眼底，也不失传统与现代交融的浪漫景象。

图8–14　伍相祠全貌

① 访谈对象：张一江；访谈人：梁珊珊；访谈时间：2015年6月26日下午；访谈地点：嘉兴市委宣传部办公室。

图8-15　从壕姑塔上俯瞰嘉兴的景貌

其次，邀请祭祀人员。据嘉兴市委宣传部张一江介绍：

> 苏州胥口镇有个胥王园，里面造了个胥王庙，还有伍子胥衣冠冢。伍子胥后人对那儿比较认同，每年都会主动去（祭祀）。我们就借助他们——反正要到苏州，我们嘉兴也有伍相祠、也祭祀伍子胥，也请他们过来。所以伍子胥的后人先顺路到嘉兴，之后再到子胥墓去祭拜，他们也很高兴。伍子胥后人在世界范围内有宗亲会，全世界加入这个宗亲会的姓伍的后代有200多万，规模很大。[①]

嘉兴市有不少村镇以“伍”为主要姓氏，根据笔者调查情况，这些伍姓民众既不热衷于大规模的伍相祭，也未参加伍氏宗亲会，甚至端午期间，也未见有祭祀伍子胥的集体活动。由此，嘉兴市政府将目光投向热衷以宗亲联谊、聚会的方式联络感情、加强经贸往来的“中华伍氏宗亲会”；嘉兴市文联还专门成立了伍子胥研究基地，邀请来自各地的研

① 访谈对象：张一江；访谈人：梁珊珊；访谈时间：2015年6月26日下午；访谈地点：嘉兴市委宣传部办公室。

究员探讨伍子胥与嘉兴地方文化的关系。

另外，伍相祭祭祀仪式主要是对嘉兴民间祭祀的效仿。在2012年嘉兴市政府的伍相祭方案中，对活动宗旨有如下陈述：

> 借助民祭的形式，做好嘉兴端午和伍子胥的文章。传承发展优秀的民族文化，突出活动的群众性，进一步打造嘉兴端午民俗文化节的特色品牌。[①]

祭祀过程中的各种道具、程序均与民间祭祀差不多，只是添加了一些表演成分与场景布置。

最近几年伍相祭的举办过后，嘉兴市政府逐渐感觉到了祭祀仪式规模形制的局限性。原先并非用以主办祭祀活动的壕姑塔院规模不大，而民众对于新生的端午伍相祭的观摩热情有增无减。出于安全考虑，每年的端午伍相祭期间，政府只允许有组织的观众，约150人，手持高香，面对祭台观看表演[②]。这种规模当然远不能满足民众的需求。

> 祭祀的地方太小太拥挤，老百姓进不去，也有意见。如果让大家都进去爬到塔上看，又太危险。有很多摄影爱好者特别热心，树上、墙上都要爬上去。为了安全起见，我们组织报名，减少了一下人次，报了100个人，其他人进不去。[③]

为此，嘉兴市政府曾将目光聚焦于再造胥山。但这一计划终于未能如愿。2014年迄今，随着中央政府“八项规定、六项禁令”中“厉行勤俭节约”“未经批准不得举办各类节日庆典活动”的内容贯彻落实，伍

① 《2012中国·嘉兴端午民俗文化节子胥庙会之伍相祭方案》，嘉兴市政府内部资料。
② 《2012中国·嘉兴端午民俗文化节子胥庙会之伍相祭方案》，嘉兴市政府内部资料。
③ 访谈对象：张一江；访谈人：梁珊珊；访谈时间：2015年6月26日下午；访谈地点：嘉兴市委宣传部办公室。

相祭这一曾经规模盛大的外来活动最终归于沉寂。

在嘉兴端午节中，菖蒲盛行与伍相祭的沉寂是节日机制两种被筛选的典型。两个案例也使我们了解到，政府、企业的力量固然重要，民众的传承基础才是民俗事象在端午节中是否被采纳和延续的根本原因。

菖蒲之所以能在沉寂多年后又在端午节中出现，其牢固的民众基础十分重要；而伍相祭从被热捧到不再进行，是因该民俗在嘉兴的基础并不稳固、民俗展演距离民众传统的节俗有一定的距离。伍相祭的祭祀对象、场地、仪式均属外来或借用，对于祭祀的打造又需要政府投入大量的资金和组织精力，一旦政府的政策发生变化，这些支持力量会随之消失。在没有形成民间固有的支持、传承力量的前提下，外来的民俗无以持续，这类原本热闹的民俗便很快被消解乃至消失。

从两个案例中，也使我们看到嘉兴端午节发展过程中的两个方面。作为端午民俗文化节体系，它是动态发展过程。除体系内部民俗事象在发展变化以外，不同民俗事象构成的民俗链条也在不断地更新和扬弃：一方面，传统节日形成的良好氛围带动着民众对于民俗传承的积极性和自觉性，越来越多的民俗事项积极寻找着被纳入端午民俗文化节体系之中的途径；另一方面，嘉兴端午的发展过程中，起初由政府筹划打造的部分民俗，因在嘉兴民间的根基不稳固，甚至原先并没有根基，导致它们在耗费了地方政府不少的资金与精力之后，仍然没有达到理想的效果，最终，还是被嘉兴民众舍弃。

第五节　谁是端午节文化品牌的设计师？[①]

端午节文化品牌建设在我国以端午节为对象的国家级非物质文化遗产保护地区均在不同程度上以不同方式进行着，并且许多地区都形成了属于自己的文化特色和品牌建设道路。端午节文化品牌建构行动围绕民

① 该节由梁珊珊撰写，林继富修改。

众生活的需要而不断展开，许多地方以端午节传统作为文化品牌建设的效果十分明显，不仅取得了不错的经济效益，而且社会效益、文化效益的影响力也得到提升。那么谁是端午节文化品牌的设计师呢？各地尽管不尽一致，下面以嘉兴端午节为例，看看嘉兴端午节文化品牌设计师是谁呢？

嘉兴市政府在很早以前便有建设地方文化节的规划。1997年，嘉兴市政府举办“南湖民俗文化节”，2000年，创办“嘉兴南湖船文化节”，2003年更名为“中国·嘉兴江南文化节”，2009年改为“端午民俗文化节”。自此，一年一度的端午庆典活动不断发展。[①]2011年，嘉兴端午习俗入选第三批“国家级非物质文化遗产名录”代表性项目。经过传承发展，嘉兴端午节业已成为集弘扬传统文化、增添民众欢愉、建设企业品牌、招商引资等内容为一体的品牌节日。

嘉兴现代端午随着社会的发展而常过常新。端午节传统文化符号形式不断更新和变化的背后，是端午节文化的更新和变化。究竟怎样一种力量在进行淘汰与筛选？未来的嘉兴端午节，又将何去何从？

端午节品牌符码的生成

要理清嘉兴现代端午背后的关系，我们首先要对这些年嘉兴端午活动的概况作一次简要的概览：

① 杨秀主编：《人类非物质文化遗产代表作·中国端午节·嘉兴卷》，桂林：广西师范大学出版社，2013年，第4页。

中国·嘉兴端午民俗文化节活动列表

年份	民俗展演	学术交流	经贸洽谈
2009年端午节活动内容	1.2009中国·嘉兴端午民俗文化节开幕式 2.“五芳斋杯”全国青年龙舟赛和中国第三届大学生龙舟锦标赛 3.南湖踏白船比赛 4.端午民俗表演大巡游 5.“端午——我们的节日”教育实践活动 6.“端午宝宝”选秀活动 7.端午农民画创作展示活动 8.端午诗歌朗诵会 9.民俗歌会 10.马家浜文化博物馆开工典礼 11.“红船杯”南湖区社区裹粽大赛 12.社区香囊制作比赛 13.中华端午民俗文化摄影大赛	二十一世纪民俗节庆文化发展及“嘉兴模式”探索国际学术研讨会	
2010年端午节活动内容	1.2010中国·嘉兴端午民俗文化节开节仪式暨文艺晚会 2.端午民俗表演大巡游 3.端午祭（伍相祭、神龙祭） 4.嘉兴全国龙舟邀请赛 5.南湖踏白船表演赛暨民俗文化节闭幕式 6.“我们的节日·端午”宣教实践活动 7.“欢乐端午、健康嘉兴”全民大行动 8.“过端午、到嘉兴”旅游活动 9.社区香囊作品展评活动 10.端午习俗民间故事征集大赛 11.端午民俗文化摄影大赛 12.端午民俗文化诗词创作、吟诵、书法大赛 13.端午农民画创作全国邀请赛 14.“五芳斋杯”市民裹粽大赛 15.端午美食大赛	2010中国端午习俗国际学术研讨会（嘉兴）	
2011年端午节活动内容	1.2011中国·嘉兴端午民俗文化节开节仪式 2.子胥庙会 3.“五芳斋杯”浙江省首届体育社团运动会龙舟赛、嘉兴市第七届运动会龙舟赛	2011端午习俗国际学术研讨会（嘉兴）	

续表

年份	民俗展演	学术交流	经贸洽谈
2011年端午节活动内容	4.2011中国·嘉兴端午民俗文化节闭幕式暨“真真老老杯”踏白船表演赛 5.“我们的节日·端午”宣教实践活动 6.全民爱国卫生运动 7.端午农民画展览活动 8.“真真老老杯”全市香囊制作展示活动 9.摄影名家走进嘉兴端午采风活动 10.端午美食大擂台 11.“过端午、到嘉兴”旅游活动 12.“五芳斋杯”市民裹粽大赛		
2012年端午节活动内容	1.2012中国·嘉兴端午民俗文化节开幕式暨全国端午民俗原生态乐舞展演 2.2012中国·嘉兴端午祭暨子胥庙会 3.“我们的节日·端午”宣教实践活动 4.“真真老老杯”香囊制作展演活动 5.“过端午、到嘉兴”旅游活动 6.第三届世界大学生龙舟锦标赛暨2012嘉兴市龙舟赛 7.2012中国·嘉兴端午民俗文化节闭幕式暨踏白船表演赛 8.“五芳斋杯”裹粽大赛	1.《中国端午节》丛书编撰中期报告会 2.嘉兴市国际友城文化论坛	长三角（嘉兴）文化产品交易博览会暨嘉兴市浙商创业创新文化产业洽谈会
2013年端午节活动内容	1.2013中国·嘉兴端午民俗文化节开幕式暨嘉兴撤地建市30周年纪念晚会 2.梅湾子胥庙会暨端午祭 3.端午民俗文化展示活动 4.“我们的节日·端午”宣教实践活动 5.嘉兴粽子爱心万里行活动 6.“红船旅游节”开幕式 7.“真真老老杯”五彩香囊迎端午系列活动 8.第二届“中国掼牛”争霸赛 9.“五芳斋杯”南湖龙舟竞渡暨第一届市民运动会龙舟比赛 10.“真真老老杯”南湖踏白船表演赛暨第一届市民运动会踏白船比赛 11.“漫画端午”全国漫画创作比赛	《中国端午节》系列丛书首发式	1.2013长三角（嘉兴）投资贸易洽谈会 1.科技人才项目对接暨百名院士专家进嘉兴活动 2.嘉兴市首届工业设计展暨2013长三角（嘉兴）时尚创意产品博览会

续表

年份	民俗展演	学术交流	经贸洽谈
2014年端午节活动内容	1.“五芳斋杯”南湖龙舟竞渡暨嘉兴市第二届市民运动会龙舟比赛 2.“真真老老杯”南湖踏白船表演赛暨第二届市民运动会踏白船比赛 3.第三届中国掼牛争霸赛 4.“五芳斋杯”全国端午裹粽大赛 5.全国粽子（糕点）技艺大赛 6.大学生粽子创意大赛 7.“端午粽香”中外名厨烹饪大赛 8.梅花洲端午民俗展示 9.第十届中国粽子文化节开幕式 10.“真真老老杯”五彩香囊迎端午系列活动		1.中国嘉兴端午食品国际博览会 2.食品安全技术与管理国际交流会
2015年端午节活动内容	1.端午子胥庙会 2.“我们的节日”端午系列文化活动 3.嘉兴粽子爱心万里行活动 4.“五芳斋杯”五彩香囊迎端午系列活动 5.“五芳斋杯”南湖龙舟竞渡暨第三届市民运动会龙舟赛 6.第四届中国掼牛争霸赛 7.“五芳斋杯”南湖踏白船表演赛暨第三届市民运动会踏白船比赛 8.“五芳斋杯”端午裹粽大赛 9.全国端午网络摄影大赛	二十一世纪民俗节庆文化发展及“嘉兴模式”探索国际学术研讨会	

通过以上表格，我们可以明确看到，2012年以前，端午民俗文化节系列活动以政府为主导，活动中企业投资冠名的内容并不多见，端午期间举行的商贸洽谈活动并未出现。嘉兴市政府将投入较多、规模较大的活动列为主体活动，将其余活动列为群众性活动。2012年之后，各类企业冠名活动、商贸洽谈活动则如雨后春笋般出现。嘉兴市政府也适时地取消了主体活动与群众性活动之间的界限，使之以并列的身份出现。

作为政府、企业、民众互动的端午节，展演性质的活动占嘉兴端午民俗文化节的绝大多数，无论我们前文提及的核心活动，还是一些曾被纳入端午系列互动中，即将或新近被纳入端午系列活动中的活动，几乎都可纳入展演活动的范畴之中，那些标定时间、限定范围、排定计划并且具有参与性的事件，例如仪式、节日、奇观、戏剧和音乐会等，经常被称作“文化表演”，在这些事件中，一个社会的象征符号和价值观念被呈现和展演给观众。[①]从这一角度看，作为大型展演活动的嘉兴端午节囊括了一系列表演民俗也是十分得当的。竞技类展演项目占端午节核心符码绝大多数，而官方组织下的美食节，也在嘉兴端午中频频出现，这也是文化表演的重要特征，在文化表演中，“戏剧和竞赛通常会表现构成一个文化表演的最核心、最大、最为公众化的场景。”[②]盛宴通过“把人民聚集在一起来品尝美食、开怀畅饮，因此味觉符码被制造成了事件，来传递关于群体的被选择的信息。”[③]

作为端午节特定语境下进行的娱乐文化表演，各项活动推进，对传统继承与创造同时存在；组织者、表演者和观众缺一不可。这个过程民俗持有者——传承人与表演受众——嘉兴民众之间的交流互动必不可少。

因而，那些传承人持续付出努力，并以恰当方式向政府、企业靠拢，从而获得官方支持的民俗往往成功纳入到端午民俗文化节体系中；那些按照一定规范与程序组建实施、新一代传承人接受过一定时间技艺培训的活动成为端午民俗文化节体系核心活动和品牌符码。很多情况下，民众便是端午节民俗活动的传承人与表演者，如市民裹粽比赛、香囊展演，它们在嘉兴民众中间根基较为深厚，也容易成为端午品牌建设的重要组成部分。

近几年，嘉兴端午民俗文化节越来越向嘉兴民俗靠拢，一些综合建构或者从其他地方“移植”过来且耗资较大的民俗事象：譬如晚会表演、伍相祭，逐渐淡出了民众视野。端午节活动的承载主体正在从政府

---

① 【美】理查德·鲍曼著，杨利慧、安德明译：《作为表演的口头艺术》，桂林：广西师范大学出版社，2008年，第77—78页。

② 【美】理查德·鲍曼著，杨利慧、安德明译：《作为表演的口头艺术》，桂林：广西师范大学出版社，2008年，第94页。

③ 【美】理查德·鲍曼著，杨利慧、安德明译：《作为表演的口头艺术》，桂林：广西师范大学出版社，2008年，第95页。

向企业和民众偏移。

一个社会越是富裕，这个社会里的成员发展其文化个性的机会也越多。[①]嘉兴端午节内容丰富，是以嘉兴良好的经济生活为基础。政府充裕的财政和企业良好的收益使一系列文化活动的开展成为可能。

嘉兴市政府对端午节品牌建设，是对于传统节日保护政策的积极响应，也是出于宣传嘉兴文化、建设地方品牌的诉求，因而在具体工作开展过程中，嘉兴市政府一方面从政府角度着眼，要求端午民俗文化节能够符合传统节日保护的大命题，另一方面从民众角度着眼，希望端午节的活动能够立足和彰显嘉兴的传统民俗文化，扩大地方影响力。基于以上两个出发点，嘉兴市政府以主导力量建构嘉兴端午民俗文化节的活动内容，这既为嘉兴民俗传承起到良好的促进作用，但又因为过多干预带来一些负面影响。

尽管如此，政府仍是对各类活动进行组织、调节和维护的关键性力量：调动企业参与，需要政府与企业交流与洽谈；调动民众参与，需要政府逐层对接和组织，再经居委会筛选；调动食品工业协会、船艇协会等社会公益组织参与，需要政府与之进行交流、达成协议；调动包括公安局、特警、安保人员等在内的全市安保力量保证端午节活动顺利进行，则更非其他社会组织可以做到。

> 从我们的角度讲，肯定是让社会人士参与更好，但他们组织也有一些麻烦的地方，因为他们的一些行为不可控。政府既要把这项活动办好，又要办得安全、有效果，但是完全放给企业做，也不太可能。[②]

政府推动端午节活动的形成与运营，在端午节活动体系逐步成型之

---

① 费孝通著：《论文化与文化自觉》，北京：群言出版社，2007年，第131页。

② 访谈对象：张一江；访谈人：梁珊珊；访谈时间：2015年6月26日下午；访谈地点：嘉兴市委宣传部办公室。

后，又保障活动的具体实施、提供安全保障。不少市政府工作人员告诉笔者，每年的端午，他们总是为各处工作的落实忙得脚不沾地。而有了强有力后盾的支持，以五芳斋为代表的企业想要以端午节为基点进行一些品牌宣传和经贸洽谈之后，也变得轻松了许多。

如果政府是嘉兴现代端午节传承发展重要力量，那么企业，则是将嘉兴端午节变成全民共享不可或缺的力量。粽子与端午节的血缘联系，为以五芳斋集团为代表的粽子企业推行端午节活动提供了良好的平台。

作为官方组织进行展演活动的嘉兴端午民俗文化节在推广粽子企业品牌过程中起到良好作用。几年来，五芳斋集团通过出资冠名各类嘉兴端午民俗文化节的活动、结合政府在端午期间举办展销会等推行自己产品的活动、开展动员全民性的裹粽比赛等，其效益的攀升和市场的广阔使企业也愿意组织承办嘉兴端午节的一系列活动。

近年，政府对于节庆规模的压缩使得企业的投入显得更为重要。除出资冠名等物资支持以外，人力、物力的投入和商贸协作等新栏目的加入也丰富着嘉兴端午的内涵。

企业力量是对举办端午节系列活动的经济支持。2015年前，嘉兴两家粽子企业真真老老、五芳斋均为政府端午节的合作企业，其中五芳斋主要承担龙舟赛、裹粽比赛的出资冠名；真真老老主要承担踏白船表演赛、五彩香囊迎端午活动的出资冠名。每年，两家企业的总投资在百万以上。随着真真老老被煌上煌集团收购，股东的变化使得企业对嘉兴端午的态度也发生了变化。2015年，五芳斋集团承担一系列端午活动的出资冠名，出资金额达100余万元。

企业对端午活动支持表现在对人力、物力的支持。除一年一度的端午裹粽比赛，五芳斋集团还会亲自为参赛的居民送去所需的原料物资，并派出人员教授，近年“嘉兴粽子爱心万里行”活动主要由五芳斋、真真老老两家粽子企业直接供货，给嘉兴周边的孤寡老人、福利院送去。另外，在端午节活动中的美食节，也多由企业组织。如2014年的“端午粽香”中外名厨烹饪大赛，便由五芳斋发起组织，请到来自上海等地的名厨们以五芳斋的粽子为原料做成宴席。在真真老老所在地月河，无论是否被纳入嘉兴端午民俗文化节中，真真老老每年端午都会联合月河各大饮食商家，推出端午长街宴和百粽宴，供过往的游客品尝、消费。

此外，各类端午期间举行的商贸洽谈活动增添端午佳节的热闹氛围，并推动嘉兴企业的进一步发展。

以政府为主导、企业为辅助、民众参与的端午模式在变化中渐趋稳定。但是2014年，这种局面发生了新的变化。

2014年，为响应中共中央“八项规定、六项禁令”中“厉行勤俭节约”“未经批准不得举办各类节日庆典活动”的号召，嘉兴市政府在压缩节庆规模的同时，将长期使用的“中国·嘉兴端午民俗文化节”改名为“2014嘉兴端午群众性民俗文化体育活动”。事实上，随着中央政策的改变，嘉兴市政府对于节庆规模的压缩，自2013年已经开始。据工作人员透露，2013年，政府用于举办端午节的经费较之前几年减少了将近一半，2014年，又在2013年的基础上压缩了一半。

然而，在嘉兴市政府投入经费削减的情况下，2014年嘉兴端午节庆活动依然十分丰富。究其原委，是以五芳斋为主导的企业承担了更多的活动责任。除传统的裹粽比赛、龙舟赛由五芳斋出资冠名外，第十届中国粽子文化节、全国粽子（糕点）技艺大赛、大学生粽子创意大赛、“端午粽香”中外名厨烹饪大赛、中国嘉兴端午食品国际博览会、食品安全技术与管理国际交流会等均为五芳斋主导或主办的项目。这一年，政府与企业的两只手的作用有了暂时转换。

在《2014嘉兴端午群众性民俗文化体育活动方案》中，对于嘉兴市政府的工作职责有这样的表述：

前期工作：

（一）做好策划对接。做好与市级有关部门、各县（市、区）、活动策划单位、活动实施单位的前期对接，确保活动有新意、有亮点、可操作，做到优秀文化传承保护与开发利用相结合，活动与相关产业发展相融合。

（二）强化前期宣传。争取媒体对活动的策划介入，努力争取活动产生国内外影响力。

（三）启动市场化运作。鼓励企业参与活动，力争市场化运作程度进一步提升。

活动要求：

（一）注重节俭，加强整合。贯彻中央“八项规定”和市委有关文件精神，厉行节俭，力求把活动办得简朴隆重、富有实效。活动与第十届中国粽子文化节融合，资源共享，形成合力，扩大影响，推动相关产业发展。

（二）突出实效，贴近群众。各项活动的策划、组织、实施，坚持贴近实际、贴近群众、贴近生活，突出民俗性、参与性、实效性、传承性、趣味性。

（三）落实措施，确保安全。强化用电、用水、交通、治安等保障措施的落实，确保活动安全、有序。

（四）加强领导，落实责任。各项活动的牵头单位（责任单位中的首个单位为牵头单位）要加强领导，强化责任落实，对照任务分工，抓紧制定具体方案，分解细化各项活动任务，确保各项活动圆满完成。①

“注重节俭”“贴近群众”等内容要求，2014年前端午节活动方案是没有的。

2014年适逢由五芳斋、中国食品工业协会牵头发起成立的粽子行业委员会成立10周年，五芳斋集团为此争取到了举办行业协会周年聚会的

① 中共嘉兴市委办公室嘉兴市人民政府办公室关于印发《2014嘉兴端午群众性民俗文化体育活动方案》的通知，嘉委办发〔2014〕30号。

权力，并在与市政府的协调沟通之下，将与之相关的一系列内容置于端午节期间、纳入端午节活动之中。这一年，嘉兴市端午节的活动依然精彩漂亮、热闹非凡，但嘉兴市政府的角色则从活动的主导者转化为活动对接者和服务者。

然而，2015年，政策改变又使政府主导的“中国·嘉兴端午民俗文化节”重回民众生活视野。在这个过程中，政府对节庆活动、企业与社会组织的力量有了重新认识。《2015中国·嘉兴端午民俗文化节总体方案》中有这样一条内容：

> 加强活动社会运作。充分发挥各类协会的作用、调动粽子企业、食品企业、旅游景区、酒店、餐饮企业等积极性，以冠名、赞助、提供活动奖品等形式支持端午，吸引各地游客停留和消费。①

长时间的交流与磨合使嘉兴市政府与五芳斋等企业在面对端午节时互为依托。海华武馆、船艇协会等更多企业与社会组织的加入，也促使着嘉兴市政府的角色进一步的转变。

文化表演通过系列的符码、形式和场景，组织者最终目的在于使该社区“建构文化表演，并为个体创造机会，使他们得以巩固社会认同，遭遇神秘的艺术行为或加强对这种行为的认识”②。基于对这一观念的逐渐深入，嘉兴市政府逐渐将办节推向民众自觉行为，在办节内容方面，“突出实效，贴近群众”等规定越来越多地见诸各级政府的文件中，促使嘉兴端午逐渐朝着“使领导满意”向“使百姓满意”的方向转变。

---

① 中共嘉兴市委办公室嘉兴市人民政府办公室关于印发《2015中国·嘉兴端午民俗文化节总体方案》的通知，嘉委办发〔2015〕38号。

② 【美】理查德·鲍曼著，杨利慧、安德明译：《作为表演的口头艺术》，桂林：广西师范大学出版社，2008年，第95—96页。

第六节　品牌建设的端午节如何实现保护

近年来，我国政府高度重视中华民族传统节日传承与发展。2017年1月25日，中共中央办公厅、国务院办公厅印发《关于实施中华优秀传统文化传承发展工程的意见》中明确指出："深入开展'我们的节日'主题活动，实施中国传统节日振兴工程，丰富春节、元宵、清明、端午、七夕、中秋、重阳等传统节日文化内涵，形成新的节日习俗。加强对传统历法、节气、生肖和饮食、医药等的研究阐释、活态利用，使其有益的文化价值深度嵌入百姓生活。"《意见》重点提到"春节、元宵、清明、端午、七夕、中秋、重阳"等中华民族流传普遍、具有深厚传统精神的节日成为弘扬民族优秀传统的重要途径，也成为民族文化资源被当代民众利用，成为地方经济发展、文化建设的重要内容。中国共产党第十九次全国代表大会报告指出："中国特色社会主义文化，源自于中华民族五千多年文明历史所孕育的中华优秀传统文化，熔铸于党领导人民在革命、建设、改革中创造的革命文化和社会主义先进文化，植根于中国特色社会主义伟大实践。发展中国特色社会主义文化，就是以马克思主义为指导，坚守中华文化立场，立足当代中国现实，结合当今时代条件，发展面向现代化、面向世界、面向未来的，民族的科学的大众的社会主义文化，推动社会主义精神文明和物质文明协调发展。"[①]尽管党的十九大报告没有直接谈到传统节日，但是传统节日作为传统文化的核心之一，与其他类型的传统文化一样构成中华文明的重要部分，发展到今天，传统节日与其他传统文化一道是推进社会主义精神文明与物质文明建设的重要力量。

端午节是我国优秀传统文化之一，2006年，"屈原故里端午习俗"

---

① 习近平：《决胜全面建成小康社会夺取新时代中国特色社会主义伟大胜利》，《人民日报》2017年10月28日。

入选第一批国家级非物质文化遗产代表性项目名录，2009年，“中国端午节”列入人类非物质文化遗产代表名录。端午节起源久远，流传地域广，文化内涵丰富，包含了中华民族的文化品格，形成中华民族端午节富有活力的传承体系。在这个传承体系内，秭归端午节无疑是最为闪亮的部分。

秭归端午节作为民俗类非物质文化遗产，其仪式过程、仪式内容十分重要，多年来，秭归端午节在资料发掘、文化阐释和保护实践等方面取得了突出成就，并且秭归在推进端午节文化品牌建设上做出了许多有贡献的努力，每年端午节期间举办祭祀屈原的活动，重塑端午节现代仪式，推动端午节走向市场发展道路，从秭归人的生活实践空间传承和网络空间传播端午节系列活动，均从不同的方面深化了端午节的品牌化建设，但是，秭归端午节与其他类型的非物质文化遗产一样，面对中国现代化和城镇化进程，在开展系列的文化品牌建设过程中，在传承发展等方面存在一些问题。在这里我想就秭归端午节在文化品牌建设中传承保护问题开展讨论。

一、全面、系统搜集秭归端午节文化

秭归端午节文化历史悠久，文化传承没有中断，秭归文化人以及许多学者对于秭归端午节文化进行了大量的梳理、挖掘和阐释工作，并且取得了非凡的成就。笔者之所以强调这一点，是因为秭归先前端午节文化梳理的、挖掘的只强调端午节，并没有把端午节看成端午节文化，端午节的生活，对于端午节的生活体系和知识体系缺乏系统、全面梳理。笔者以为端午节不仅仅是端午节，而是以端午节为核心构成的知识系统或者以端午节为核心的生活体系，因此，在秭归端午节传承保护过程中，要深刻认识到从端午节的本体到以端午节为核心构成的生活关系和知识谱系的搜集整理。

就拿端午节期间以艾条插于门楣风俗来讲，要梳理历史文献上的记录，诸如《风土记》所载晋朝端午习俗：“采艾悬户上，踏百草、竞渡”；南朝宗懔《荆楚岁时记》载：“五月五日，四民并踏百草，又有斗百草之戏……采艾以为人，悬门户上，以禳毒气。”周密《乾淳岁时记》“五月五日，采艾以为人形悬于户上，以禳毒气。”这里的“艾”是“禳毒气”，是物理性的，也是精神性的，在秭归人看来，端午节的“艾”可以作为特殊药物，其艾的药性与采艾的时间又关系密切，《荆楚岁时记》记载：“宗测字文度，尝以五月五日鸡未鸣时采艾，见似人处，揽而取之，用灸有验。”这些采艾、插艾习俗细节使“艾”以及在各个朝代人们生活中运用和形成的风俗被梳理出来。更为重要的是，对当代秭归人端午节期间采集艾草的所有行为进行搜集，具体到采艾草的时间与地点？是谁以什么样的方式将艾草插在门上？旧艾草与新艾草的关系？旧艾草何时取下来等。除了艾草以外，秭归端午节期间是否还有其他物质与此类似的治病驱邪的习俗。

从历史上来看，秭归端午节与其他地区端午节一样，是采摘治病驱邪的草药时间，唐韩鄂《四时纂要》载：“午日，日未出时，采百草头，唯药苗多尤佳，不限多少。捣取浓汁，又取石灰三五升，以草汁相和，捣，脱作饼子，曝干。治一切金刃疮伤，血即止，兼治小儿恶疮。”唐朝时以端午天还未亮的时候采集到的药草嫩尖为最佳，其可以治疗刀伤、恶疮和小孩恶疾。南宋吴自牧在《梦粱录》中记载：“采百药或修制药品，以为避瘟疫之用。藏之，果有灵验。”南宋·陈元靓《岁时广记》记载了端午众多的采药、制药、用药习俗：“五月五日晴，人曝药，岁无灾，雨则鬼曝药，人多病，此闽中谚语。”端午天晴，则为人暴晒药草，终岁无灾祸；天雨，则人多病。《岁时广记》引《岁时杂记》：“端午午时，聚先所蓄时药，悉当庭焚之，辟疫气，或止烧术。”“端午以艾为虎形，至有如黑豆大者，或剪綵为小虎，粘艾叶以戴之。王沂公《端午贴子》诗：‘钗头艾虎辟群邪，晓驾祥云七宝车’。”将艾剪编成虎形，或者剪彩为虎，粘上艾叶，佩戴于发际或身上，用于辟邪。《风俗通》：“虎者阳物，百兽之长也。能噬食鬼魅，……亦辟恶。”戴艾虎习俗就已有之。清代富察敦崇的《燕京岁时记》中记载：“每至端阳闺阁中之巧者，用绫罗制成小虎及粽子、壶卢、樱桃、桑葚之类，以彩线穿之，悬于钗头，或系于小儿之臂，古诗云：‘玉燕钗头虎艾轻’，即此意也。”艾虎或彩虎，可以戴在头上，可以佩挂在衣服上。由此可见，端午采艾和其他草药的目的是治病，是辟邪。直到今天，秭归人在端午节期间采药的传统仍十分盛行。可以说，以艾草、菖蒲为中心构成了秭归采集中草药的生活传统，信仰习俗，包括与此相关的故事以及各类语言习俗都是艾草与菖蒲的知识谱系的重要内容，自然在秭归端午节保护之中，要加强梳理其历史传统的传续、发展，讨论其与当代秭归人端午节的生活关系。

除此之外，与端午节有关的遗址、风物景观，还有历史人物也应该受到足够的重视。秭归端午节传统核心除了屈原之外，还有在秭归生活的文人对屈原的评价，在秭归与屈原有关的历史人物和历史事件都包含在秭归端午节知识体系里面。这些对于端午节、屈原等的各类评价、阐释就是端午节的知识生产，构成了秭归端午节的延传和发展，因此，秭归端午节保护，要延伸到端午节中的屈原以及与屈原有关的人物、风物和风俗。1080年，宋神宗赵顼封屈原为“清烈公”，归州建有“清烈公祠”，乐平里建有“清烈公庙”以及历代延续下来与这些地方有关的仪式活动；屈原幼年读书玩耍的响鼓岩、读书洞、照面井、玉米田、擂鼓台、滴帘珍珠、伏虎降钟、响鼓岩、回龙锁水等自然风貌应与屈原、端午节的人文历史联系起来，从秭归传承端午节习俗中，保护并建构秭归人生活中的屈原与端午节关系的整体风貌，是端午节保护的重要内容。

秭归端午节传统梳理不能仅局限在秭归，而是将其放在屈原活动范围内，因此，在理解、保护秭归端午节过程中离不开对屈原的生活历史的探究，这也要求我们要关注湖南汨罗端午节，从某种角度来说，屈原是秭归与汨罗端午节以及楚国许多地区端午节的灵魂。

历史上的秭归是巴文化与楚文化接触、交流频繁的地区，秭归端午节传统受到这种文化生态的影响，秭归端午节在其发展过程中与周边生活的土家族和汉族具有许多共同点，比如，秭归端午节有农历五月初五小端阳，五月十五大端阳，五月二十五末端阳。五月份出现的三个端阳节传统习俗不仅在秭归，在周边的土家族和汉族均传承，生活在这里的多民族共同享有和传承这类端午节的传统，相邻地区端午节传统与秭归端午节构成互文关系，因此，梳理、阐释秭归端午节应该将这些地区纳入秭归端午节传统之中。

传承保护秭归端午节，要以秭归端午节为中心延伸到端午节期间民众生活的历时传承和共识传播的知识谱系上来，并且对其历史传统和当代实践进行搜集和梳理。

二、重视端午节作为仪式的生活文化

仪式是端午节的核心，对端午节的保护，要特别注重对端午节作为生活仪式的保护。如果对端午节的保护中把生活仪式去掉了，没有仪式感，那端午节的保护就不成功。

秭归端午节保护过程中的仪式如何呈现？端午节仪式是秭归人生活中的仪式，要将端午节仪式放在秭归人生活中。当然，仪式是特殊性生活，由具体时间和空间决定。秭归端午节仪式表现在农历的五月初五、五月十五和五月二十五，其中最为重要的是五月初五，以屈原祠祭祀和划龙舟招魂仪式为核心，当代秭归人延续了秭归历史上端午节的传统。

秭归端午节是以生活为中心的知识谱系，因为仪式使秭归人的端午节更有生活的意义，更有生活的节奏。在端午节民俗活动中秭归人吃角形的粽子、喝雄黄酒、挂艾蒿和菖蒲、游江招魂、龙舟竞渡、骚坛诗社、接女儿回娘家过端午等，传统生活仪式活动使秭归人的端午节更有传统根脉，更具历史韵味，更有现代情致。但是，这些仪式中有些元素会强一些，有些元素会弱一些，有的元素会被当代同类型的生活所取代，有些元素会在秭归人当代生活中消失。这些是端午节仪式生产和发展的常态，但是如果没有仪式端午节就与其他的时间的生活没有两样。

当然，秭归端午节的仪式在变化，这种变化也显示了着端午节传统生活的活力与魅力。就拿每年五月初五祭祀屈原仪式来讲，秭归人每当五月初五就会在屈原庙或江边，设置祭坛，焚香燃烛，举行仪式祭祀屈原。秭归民众设置祭坛，放贡牲，布祭幛，由地方长官主祭。后来祭祀仪式改设主祭、亚祭各一人，由乡贤和年长者担当。仪式开始，鸣炮奏乐，敬香上供，诵念祭文，众人叩拜等依次进行。这种传统的祭祀仪式发展到当下，使秭归端午节出现了官祭和民祭两种形式，或者说秭归端午节存在政府主办的端午节和民众自发生活中传承的端午节两种形式。对于政府参与下的秭归端午节活动基本遵循传统端午节时间，但是，考虑到我国传统端午节政府放假的规定，秭归县政府有时候举办端午节祭祀活动不一定是五月份初五、十五或二十五。秭归老百姓的端午节的时间则是固定不变的，还是按照传统，一般过大端午，主要是接姑娘回家团聚。

秭归端午节现代生活气息浓厚，是秭归人时代生活的记录，2007年秭归端午节活动包括“传承端午习俗，守护精神家园”万人签名活动，各乡镇巡回演出；龙舟锦标赛；中国秭归“九畹溪•屈原杯”全国诗歌大赛颁奖及2007端午诗会；屈原故里•第四届中国秭归端午文化旅游节文艺晚会；“雪花杯”第二届全国自然水域九畹溪漂流大赛等活动，这些活动包括秭归传统端午节的饮食、龙舟竞渡和端午诗会。2008年秭归端午节将祭祀屈原仪式以公祭形式凸显出来，端午公祭屈原滥觞于唐玄宗，到了明太祖已经定型化了。2010年秭归端午节活动以祭江、姑娘回娘家、挂艾蒿、儿童艾水沐浴、老人艾水泡脚、屈原后裔祭拜屈原、乐平里灵牛耕田、包粽子、做咸蛋、蒸馍馍、制作绣花鞋垫、虎头帽、虎头鞋等内容为主，还举办了“屈原故里端午文化节暨海峡两岸屈原文化论坛”等。从上面列举的内容来看，当代秭归端午节生活是在传续传统、恢复传统、建构传统基础上融入时代生活，秭归端午节的仪式生活和生活仪式没有远去，但是，我们也看到，政府参与端午节更多的是当代秭归人对于社会经济发展和改善民生的活动。

秭归端午节尽管有政府安排，端午节祭祀活动开幕式中包含了更多现代元素，也有无处不在的政府角色，但这些是秭归以端午节开展文化品牌建设所必需的，也是必要的。如开幕式上围绕端午节、围绕端午节中的屈原组织节目，在屈原祠前演出，吟诵祭祀屈原的祭词，吟诵屈原创作的“楚辞”，这一系列活动都十分必要，且显得贴切、自然。因此，秭归端午节搭建充满当代文化的开幕式也好，建构长江上为纪念屈原的划龙舟祭祀也好，秭归人都延传着端午节期间的传统饮食、传统接姑娘回娘家的习俗，这些也都是端午节仪式的核心内容。那么，秭归端午节的当代祭祀内容是否源于生活，是否有生活土壤呢？笔者以为端午节期间秭归民众祭祀活动是当代秭归人的生活记录和传承实践，一方面秭归端午节的传统仪式以当代方式进行，另一方面秭归端午节，尤其是政府参与的端午节活动融入了丰富的当代社会生活元素。但是，无论对端午节怎么当代化和现代性改造，秭归人传统的端午节仪式还在，传统端午节的核心传统还在。秭归民间端午节并没有因为政府的参与出现淡化或者消失，相反，秭归人仍然以祖先留下的方式过属于自己的端午节，其祭祀仪式还在，其传统端午节习俗还在。笔者希望秭归端午节的生活内容、传统精神以及生活化的仪式以适应当代人的生活方式、审美习惯在社区、进学校、入街道，让端午节以多样化的形式融入秭归人丰富的生活之中，使其成为自觉、自愿的生活行为。只有这样，秭归端午节才是秭归人的端午节，才是秭归人的生活实践。

秭归端午节是基于秭归人生活需要基础上对端午节传统的传承和发展。我们在保护过程中应该以秭归端午节传统为中心。秭归端午节传统穿越时代，但是又包含了时代生活内容，因此，秭归端午节的传统会发生变化。也就是说，秭归端午节传统由两个层级构成：一个是被悬置起来的传统，这种端午节传统是结构化的、模式性的，也是被建构的；一种是民众生活中的端午节，此时的端午节就是生活，是生活化的端午节和端午节的生活化。这类端午节具有情感，具有个性，而且与时代生活同步。因此，保护秭归端午节就不是保护被悬置起来的端午节传统，而是保护作为传统生活的端午节，就是生活形态的端午节，这就决定保护端午节是生活态的，而不是凝固不变的端午节了。

三、端午节象征符号是秭归文化品牌建设的核心

秭归端午习俗丰富，千百年来连绵不断。秭归端午节活动有祭屈原、祭江、祭龙头、游江招魂；有龙舟竞渡、农民诗社赛诗、姑娘回娘家；有吃粽子、吃发面粑粑、喝雄黄酒，有佩戴香袋（包）、挂艾蒿菖蒲、洗艾水澡等，这些习俗都是秭归人的生活，是在日常生活基础上诞生的端午节传统，维系和保护着秭归人的生命健康，构成秭归端午节生活符号系统。在这些符号系统中，屈原是关键人物。秭归乐坪里，人人都知道屈原是爱国诗人，郭沫若为乐坪里题了“屈原故里”横额。“秭归”名称也和屈原有关，当地传说，屈原跳江后，屈原的妹妹知道了，赶忙回归州喊人下河帮忙捞人，她不停地喊，“我哥回，我哥回”，至今秭归有一种鸟传说是屈原妹妹变的，它的叫声就是“我哥回”，而“秭归”意即屈子归来。北魏郦道元的《水经注》记载：“屈原有贤姊，闻原放逐，亦归来，喻令自宽。全乡人冀见其从，因名曰秭归。”秭归人将屈原的精神、屈原的人格、屈原的文化作为核心符号在端午节中延续着、建设着和丰富着；每年秭归人自发组织骚坛诗社源于明代秭归乐平里，后来每逢端午时聚集于屈原祠吟诵离骚楚辞，或相互诗词唱和，这些诗社成员的作品散见于各类古籍，如《归州志》载第二任社长向鸿翥（清）的《谒屈祠》：“祠树萧森里，行吟若有声。骚经千古艳，忠悃万年清。欲扫人间浊，甘为水底清。倾囊如见用，秦晋那堪争！”骚坛诗社活动，四百余年传承不息，这个传统作为秭归端午节核心符号被继承，并且成为秭归端午节文化建设品牌中具有影响力、生活张力的传统。

1949年以前，秭归端午划龙船比赛常以村落、姓氏、船帮、码头等为单位。秭归划龙船西至牛口，东至茅坪。秭归龙舟竞渡由临江祭祀、游江招魂、竞渡、抢红夺标等环节组成，其中，临江祭祀屈原和龙舟游

江招屈原魂魄回归故里是秭归龙舟竞渡独有的内容。秭归龙舟竞渡地点一直在归州的屈原沱，秭归县城东迁后，改在茅坪徐家冲港湾。当代秭归龙舟赛延续纪念屈原的主题，保留祭祀屈原、游江招魂内容，同时，又加入了新的时代元素。

时代在发展，秭归端午节象征符号在丰富，在发生变化。秭归端午节象征符号出现一些符合时代的改变，比如，传统秭归的粽子用蓼竹叶将泡好的糯米包成三角形，中间包一颗红枣或几颗花生，把棕树叶撕成细丝做成三角形的粽子。民间流传《粽子歌》："有棱有角，有心有肝。一身洁白，半世熬煎。"然而，今天秭归人在延续传统粽子的形状和口味的同时，又多了一些当代秭归人的生活内容，诸如，在粽子里包豆沙、腊肉等，这些是当代秭归人在适应时代生活过程中国对包粽子传统的丰富和创新，也是当代秭归人饮食生活的表现。

端午节作为秭归关键文化建设离不开政府力量。地方政府主办端午节常常运用行政力量以现代节庆方式呈现，他们以端午节象征符号为根本，以当代秭归人生活为核心建设秭归文化品牌收到了很好的效果。

秭归端午节象征符号作为关键文化开展的系列文化建设并不固守传统象征符号结构、意义和外在表现形式，而是以符合秭归人当代生活需要为宗旨。秭归传统端午节，调节着秭归人的生活时间秩序和生活张弛有度的节律，具有驱疾防疫的民俗制度化的功能。它扎根民间，通过民众行为、语言、心意等方式自觉传承。在秭归人的物质生活条件发生很大改变的前提下，秭归端午节象征符号作为文化建设的内容也要适应生活需求，让各类民俗事象在民众之中自觉传承、自愿传承。对于秭归来说，端午节文化品牌是秭归传统文化的对象化、时代性的呈现，端午节文化品牌源于秭归人千百年来生活的传统文化，它与秭归其他传统文化之间是"源"与"流"的关系，在秭归端午节文化品牌建设和发展过程中常常从秭归人生活的传统文化中汲取营养，实现端午节文化品牌建设需要的营养，从而实现秭归端午节的生活与文化传承的可持续发展。

端午节是秭归人生活实践的时间体系与空间体系的结合，是秭归人的生活仪式和仪式生活，因此，秭归人的生活行为、生活愿望，包括时尚生活均以不同的方式融入端午节之中，虽然，端午节与秭归人生活并没有分离、分裂，但是，当代民众的生活方式，传统端午节传承的土壤以及端午节传承主体生活的变化，会对端午节的当代传承会带来一些问题，因此，如何保护好端午节、传承好端午节是秭归人传承优秀传统文化，建立文化自信需要面对的重要问题。

从秭归端午节保护实践来看，仪式类非物质文化遗产均是有信仰的，有灵魂的，均具有生活的仪式感，包含了民众的生活情感。在当代人生活中，除了传统节日当代性生活实践活动之外，还有传统节日一以贯之，并且具有强大惯性力量的仪式习俗，这些仪式习俗是有结构的，或者说在长期发展过程中形成了模式性的传统内容，离开了这些结构化和模式性传统内容，生活中的节日就会失去传统的根基和传续的土壤，就会变成现代时尚文化了。因此，保护传统节日，或者说保护具有仪式类的非物质文化遗产，其传统仪式的保护和传承是灵魂、是核心。

端午节传统习俗是古老的，现代的，是时代的，地域的，又具有共享的普遍性。端午节传统习俗的包容性和传统性兼具，端午节传统习俗源流包含中国人对文化的选择、生活的选择，包含了中国人的文化创造力、文化自信力。

端午节蕴含了中华文化共同价值理念、生活审美观念以及包含深邃的文化记忆。端午节丰富了地方文化生活和文化传统，成为地方文化建设和文化发展的有机组成部分，并且转化为各地依赖地方资源的传统文化，成为地方文化发展和文化品牌建设的生活传统，同时端午节又具有穿越时空的力量，其文化象征符号要素成为我国各民族共同创造，共同分享的生活实践，以其文化品牌的形式凝聚民心，建设中华民族共同体。

在端午节的文化品牌建设中，多方合力成为重要的推动力。以五芳斋为代表的企业将嘉兴端午节与自身的品牌建设进行结合，借势端午节来宣传企业文化，推广以粽子为代表的商品，从而将以端午节为代表的民俗符号，转化为以“五芳斋”或者说“嘉兴粽子”为代表的商品文化符号，实现了赢得长线的宣传效益、赢得经年积累的良好口碑。

诸多粽子企业的存在为官方建设端午节以及为民俗文化节提供了可能；政府的强大推行力和运营能力，进一步推动了端午节各类民俗展演的发展。近两年，企业与各类企业发起的社会组织的力量越来越重要，而政府逐渐从台前转到幕后，为这个大规模的端午节所需要的人员和物资进行调配，同时提供安全保障。企业、政府在磨合中共同前进，保证了嘉兴端午节的顺利运作。

政府与企业的共同作用，将他们建构模塑成型的端午民俗文化节推到了社会经济发展的前台，并带动了多民族民众共同参与。这种建构，实则是一种传统节日资本化的转化过程。在这个过程中，端午节的内在驱动力发生了一些变化，从原先自在的生活状态，转变成以推动地方社会经济发展作为推动力。

但值得高兴的是，我国各地民众对端午节的传统民俗和新生事物都具有很高的包容性和容纳度。各地端午节融合了传统文化与现代文化、本土文化与外来文化。在这个过程中，端午节内容向民众本土生活偏移，各地民众继而成为现代端午节自觉的传承者和创新者。

民众对于端午民俗文化节推行的内容既享有“接受权”，又享有“否决权”——当政府与企业在端午节中推行端午节生活的革新时，民众对端午节生活的欢迎与否，便决定了它是否能够发展下去，也决定了这些新的端午节期间的民俗是否被更多人共享。

端午节的现代传承与端午节文化品牌建设道路，因为2006年端午节入选第一批国家级非物质文化遗产而点燃了各地将其纳入地方文化品牌建设的道路上来，也开始了对端午节实施保护的实践行动。2008年，国务院出台《国务院关于修改〈全国年节及纪念日放假办法〉的决定》，将端午节列入法定假期；2009年，中国端午节又正式跻身人类“非物质文化遗产”名录。因此，在包括嘉兴、秭归和汨罗的端午节文化品牌建设中，始终没有丢掉对端午节作为非物质文化遗产的保护实践。只有将端午节的文化保护、传承与端午节文化品牌建设放到民众生活、时代发展需求中去，端午节的生活才是鲜活的，多面相的，端午节的保护传承才具有可持续发展的力量。

国家社会科学基金项目结项成果
（项目编号：12BSH043）

民族传统节日象征符号与文化品牌建设研究（下）

林继富　著

四川民族出版社

目 录

CONTENTS

第九章

村内与村外：贞丰布依族“六月六”品牌建设[①]

“六月六”，布依族传统节日，是布依族结束插秧后祭祀与娱乐的日子，长期以来一直是布依族的生活传统和文化传统。随着文化产业的发展，包括贞丰县在内的布依族聚居地区认识到“六月六”的价值，借助“六月六”展示民族传统文化，扩大影响，带动地方文化和经济发展的品牌建设之路应运而生。这里主要讨论贞丰县布依族民众、政府如何将“六月六”象征符号与地方文化品牌建设相结合，依托“六月六”走出地方品牌建设的道路。

布依族人口占贞丰县全县人口的40%，全县分布有多个布依族村寨，如纳孔村、岩鱼村、花江村等，这些布依族村寨历史悠久，寨中90%以上都是布依族人，日常交流用布依语。贞丰县多数布依族聚居地区保持着过传统“六月六”的习俗。

20世纪90年代以后，“六月六”的文化品牌建设在贞丰县就已经开始，规模从布依族村寨不断扩大到全县。2003年贞丰县正式将“六月六”活动命名为“贞丰县布依族风情节”，内容不仅仅局限于传统“六月六”习俗，而更加偏重于布依族风情的展示，以此吸引外资，扩大影

① 该章节由李晓城撰写，林继富修改。

响，力图将布依族“六月六”建设成为在全省乃至全国颇具影响力和竞争力的贞丰文化品牌。

“六月六”发展至今，其内容和形式都发生了或多或少的改变，其中最为巨大的变化莫过于祭田仪式。从以家庭为单位的祭田仪式，发展为以集体为单位的祭田仪式和传统家庭祭田仪式共生共存的形式。其间虽然形式上对传统家庭祭田仪式有些保留，但是祭祀的主体从家庭到村落社群难免发生变化。诸如此类的问题，在官方介入布依族“六月六”，力图建设布依族传统品牌的过程中是不可避免的，也会持续出现。

第一节　“六月六”的传说与历史记忆

“贞丰县地秦朝时期为夜郎属地，汉分属牂牁、同亭两郡，唐属罗甸国。唐贞观二十一年（674），以西赵地置羁縻明州，即今贞丰县地。元代为普安路东部下段地。明代为广西泗城府西隆州安隆长官司地。清雍正五年（1727），划其地即红水河北岸长坝、桑郎、罗斛等十六里及西隆州之罗烦、册亨等四甲半零二十一寨归贵州，设永丰州，治长坝，属南笼府。乾隆七年（1742），改建石城。嘉庆年间发生暴乱[①]，平息暴乱后，于嘉庆二年（1797），嘉庆皇帝赐‘忠贞丰茂’匾额，于是取中间二字，改‘永丰’州为‘贞丰’州。‘民国’三年（1914），改置贞丰县。中华人民共和国成立后，1950年3月成立贞丰县人民政府。1965年11月国务院批准设立贞丰布依族、苗族自治县。”[②]现今贞丰县总人口40余万人，布依族占总人口的40%，遍布全县各地。全县布依族村寨有408个，大体是沿河流两岸分布。在布依族聚居的自然村寨中，人口在400人

① 即南笼起义。

② 贞丰县志史征集编纂委员会编：《贞丰县志》，贵阳：贵州人民出版社，1994年，第135页。

以上的有46个，100至399人之间的269个，99人以下的有93个。城关区[①]的必克村人口最多。[②]

贞丰“六月六”是布依族民众在耕种历史中积淀下来的仪式性节日，流行于大部分布依族居住地区。由于居住地地理环境、民族杂居等因素的影响，各地“六月六”的习俗不尽相同。时间一般在插秧结束后的农历六月初六，以调整休憩、走亲访友、祭祀神灵、祈求丰收、对歌求偶为主要内容。居住在贵州省黔西南布依族苗族自治州贞丰县必克村的布依族，“六月六”习俗主要包括祭田、祭山神、回外家、“浪哨”、食糯制品等，这些习俗内容内化为“六月六”的象征符号，并且显示出特别的生活意义。

“六月六”起源传说是布依族人解释“六月六”节日来源的历史，是布依族基于生活需要的选择性记忆。这些记忆包含了布依族人的过往历史和情感倾向。布依族“六月六”的起源传说，见之于相关文献的记载，也活跃于民众的口头中，两者相互依存，文献中的记录来源于民众的口头讲述，书面的记录又会唤醒或重塑民众的口头记忆。

“六月六”来源于消除稻田灾害的传说，主要讲述由于种种原因布依族人耕种的田地遭受了虫灾、水灾、旱灾等自然灾害，为了消除自然灾害而在“六月六”这天采取某些措施，确保粮食作物的健康生长。

《盘古与海龙王之女的传说》（传说一），讲述了布依族的始祖盘古王发明了水稻的栽培技术，盘古的大儿子新横受到继母的迫害，就要毁坏庄稼以报复继母，继母和弟弟求他，答应每年农历六月初六祭祀新横，才保住了庄稼。从此世代相传，每年“六月六”都要举行这一祭祀活动。

《仙王和树王的传说》（传说二）讲述了雨皇儿子奔科娶了海龙王的女儿，生一子取名为仙王。一日，仙王从河里抓到一条鱼，回家准

---

① 现为珉谷镇。

② 贞丰县史志征集编纂委员会编：《贞丰县志》，贵阳：贵州人民出版社，1994年，第142页。

备煮来吃。母亲见了阻止他，并告诉他那条鱼是他的舅舅，可仙王不听他母亲的话，仍把鱼煮来吃了。母亲一气之下回到海龙王那里去了。此后，奔科又娶了小妾，生一子取名为树王。后母与弟弟设计将仙王推下阴潭，龙王救了仙王，并将他送上天庭。仙王为了报仇，向人间降下害虫、冰雹毁坏树王的庄稼。但放下来的虫子、冰雹不单是损害树王一个人的庄稼，老百姓也跟着遭了殃。在这种情况下，大家都去找树王的麻烦，要他退还仙王的家产，并请仙王下凡来保护庄稼，否则就要将树王打死。在老百姓的威迫之下，树王朝天下跪，祈求仙王下凡，跪了三天三夜，最后老百姓也跪下来祈求，仙王终于答应了老百姓，叫他们给自己的田插上标记，就可免去害虫和冰雹的损害。从此，每年“六月六”布依族百姓都要杀猪、杀鸡、包粽粑祭供仙王，俗语叫“保坝”。

《天王石的传说》（传说三）讲布依族后生六六娶了月亮公主为妻，生了一个儿子，取名为天王。

国王见月亮公主貌美便抢走了她，月亮公主在路上逃回了天上。六六砍柴回到家来，不见妻子，就出门寻妻。天王长大后，很会种庄稼，他种的庄稼长得比哪个的都好。地方土官便霸占了他的田地，想置天王于死地。天王在遭到一系列迫害后，飞升到了天上，这天正是“六月六”，在他升天的地方出现了一块巨石，人们叫它“天王石”。天王上天后把自己的遭遇告诉了他的母亲月亮公主。月亮公主十分气愤，便在每年的六月，不是给人间降下暴雨，就是降旱灾，并放蝗虫下地来，其他害虫也越来越多。人们赶忙凑钱买鸡、买猪，拿到天王石那里去祭祀天王，祈求天王不要再降下灾害，保佑他们风调雨顺、五谷丰登。这样一传十、十传百，许多村寨都在天王升天的农历六月初六这天，到天王石那里进行祭祀活动，以消灾避难。

《天马吃庄稼的传说》（传说四）讲，一个大财主名叫王幺公，他的大老婆人称王大娘，心黑手毒，她生了一个儿子名叫玉连；二老婆面善心慈，她生了个儿子，名叫暮连。王幺公死了，王大娘就赶走了暮连母子，并让暮连当兵打仗。后来暮连当了大将军，他很想念自己的母亲，敲着锣、打着旗子来看他娘。王大娘知道暮连当了大官，而且骑着马、敲着锣、打着旗子来看他娘，她又羞又恨，一头撞死在石墙上。可是她的尸体烧成灰后经风一吹，就变成了黑麻麻的天马（即蝗虫）飞进地里吃庄稼，不几天好好的庄稼就被天马糟蹋得不像样子了，大家却没有办法。暮连想到王大娘生前最害怕自己当官，就叫随从打着旗子到田里去转。这个办法真灵，天马一见到红红绿绿的旗子就都飞跑了。从这以后，民众就把用鸡血、猪血染红的各种小旗子插在田里吓天马，以免它们伤害庄稼。因为王大娘是六月初六这天死的，所以在每年的这一天，人们就把用鸡血、猪血染红的旗子插到田里去，相沿成习，成为“六月六”节。①

以上四则传说的主要情节用图表说明如下：

	传说一	传说二	传说三	传说四
流传地域	紫云、贞丰、镇宁一带	惠水一带	独山、平塘一带	贵定、安顺一带
主人公母亲身份	海龙王之女	海龙王之女	月亮公主	普通人
主人公遇挫后求助对象	求助母亲娘家	求助母亲娘家	求助母亲	未向外求助
造成灾害的原因	主人公报复后母及同父异母的弟弟	主人公报复后母及同父异母的弟弟	主人公报复当权者的欺压	后母因惧怕实力壮大的主人公，自杀后而施的诡计
“六月六”习俗	杀猪宰羊、包粽子来敬供盘古之子	杀猪、杀鸡、包粽粑祭供仙王	到天王石敬祭天王、晒衣	把用鸡血、猪血染红的旗子插到田里去

从传说一与传说二的情节可以看出二者互为异文关系。两则故事都提及主人公母亲的身份是海龙王之女，大鱼是舅舅，母亲因为主人公要吃大鱼而生气回娘家，进而主人公受到继母及其同父异母的弟弟的欺

① 杨昌儒、陈玉平编：《贵州世居民族节日民俗研究》，北京：民族出版社，2009年，第212—220页。

负或暗害，为了报仇而去寻找母亲，在母亲娘家的协助下对稻田降下灾害，报仇成功后与继母达成协议，以每年的祭供来确保稻田的平安。

除了传说一和传说二涉及海龙王之女外，传说三提及主人公母亲为月亮公主，能够掌控六月的雨水，这与布依族的水稻种植习俗密不可分。水稻生产离不开水，其因水形成的水灾对水稻生长不利，因而水在布依族的生活中相当重要。从这三则传说流传地域看，布依族在此处聚居的村寨多位于山坡洼地，耕种所需的水除了天然的水源外，降雨成为主要来源。掌控降水的月亮公主帮助儿子惩凶除恶的大逆转情节，寄托了布依族人对于风调雨顺的美好寄托。

传说四中的主人公的母亲并没有特殊身份，也没有背景深厚的娘家，主人公依靠贵人相助获得地位，使得后母畏惧，达成抗衡。这也许是因为该传说的成形时间晚于前三则。其中的主人公当兵争战并当上大官，敲锣打鼓、衣锦还乡，继母死后变为害虫却惧怕当官的继子及具有其官员身份象征的旗子。据此推测该传说可能流传于战乱的灾荒时期，民众期盼取得战争胜利，迎来和平，免受灾害。

“六月六”来源于纪念人物或事件的传说，多围绕某些英雄人物或有一定影响的人物，将“六月六”的传统习俗归因于为了纪念这些人物或事迹。

相传布依族先祖连年遭受水灾，大禹治水成功，布依族先民种的稻谷既有水灌溉，又避免了洪水灾害，获得丰收，民众度过饥荒，生活有了好转。布依族先民感念大禹治水造福古越人的功德，决定每年农历六月初六祭祀大禹及先人。①

布依族祖先罗元带领布依族人民打猎捕鱼，并同欺压布依族人民的地痞、恶霸做斗争。一天，罗元因有急事要渡河到对岸去，地痞、恶霸将罗元的小船撞翻，淹死了罗元。那一天，正好是农历六月六日。布依

① 贵州省民族事务委员会编：《贵州省民族传统节日进入旅游市场的文化条件分析》，贵阳：贵州教育出版社，2009年，第119页。

族人民为了纪念他们的首领，每年农历六月六日这天就要举行隆重的祭祀活动，民众争相把包好的粽子倒进河里，祭祀罗元，这一天也就成了布依族的盛大节日。后来除了祭祀外，还要进行对歌、划龙舟等活动。

布依族青年董允与七仙女成亲，生下一个男孩，取名叫董仲书，七仙女偷偷将孩子送回人间。董仲书长大后要寻找母亲，照着老先生的指点，在“六月六”那天与母亲相见，母子二人不禁抱头痛哭。为了母子俩能经常相见，七仙女给儿子一包菜籽，让他撒在回去的路上，每年“六月六”儿子就可以顺着菜籽开花的路来会母亲。然而王母娘娘从中破坏，使七仙女母子永远不能相会。为了纪念这一事情，“六月六”就成了布依族最为隆重的佳节。[①]

布依族小伙子抵师娶了玉皇大帝的小女儿，生了一个儿子，玉皇大帝得知此事，就派天神下凡抓女儿回天宫。仙女在离别时送给丈夫一只宝葫芦，并且告诉丈夫每年六月初六，她将在南天门与他遥见一面。从此，布依族民众在宝葫芦的保佑下安居乐业，无灾无难，五谷丰登。布依族民众为歌颂他们坚贞的爱情和表达对仙女赠送宝葫芦的谢意，每年六月初六都要举行隆重的庆祝活动。[②]

上述四则传说分别讲述了“六月六”是为了纪念为民众创造便利灌溉条件的大禹、不畏强暴的祖先罗元、董仲书与母亲之间的情感以及布依族小伙子与玉帝女儿的爱情。这些带有或多或少奇幻色彩的传说体现了布依族人丰富的想象力。故事表现出的锄强扶弱、除暴安良的积极色彩，以及歌颂伟大母爱、追求爱情的人类情感诉求，都积极地传达着正能量。

文本作为“延伸的场景”[③]，使得“六月六”被稳定地记录，它不

① 杨昌儒、陈玉平编：《贵州世居民族节日民俗研究》，北京：民族出版社，2009年，第212—220页。

② 贵州省文管会办公室、文化厅文物处、中央民族学院民族学系、民族研究所编：《贵州节日文化》，北京：《中央民族学院出版社》，1988年，第382—383页。

③ “延伸的场景”理论见于扬·阿斯曼《文化记忆》，载【德】阿斯特莉特·埃尔、冯亚琳主编：《文化记忆理论读本》，北京：北京大学出版社，2012年。

仅包括流传，还包括再次接收。所以，当村寨中多数人不能够记忆起关于节日的初衷时，“延伸的场景”便从“被遗忘的汪洋大海中的岛屿”拿回一些东西，以便保存起来用于再次接收。根据笔者在贞丰县的访谈调查，很多当地布依族人对于“六月六”起源传说大多不能完整叙述。贞丰县过“六月六”，举行祭田仪式是最隆重的仪式习俗，关于“六月六”起源的传说叙述，也大多涉及“六月六”仪式的来源。“有关过去的意象和有关过去的记忆知识，是通过（或多或少是仪式性的）操演来传达和维持的。”①可以说，祭田仪式操演维持了贞丰布依族人对于“六月六”的记忆，最终使得祭田仪式与“六月六”的记忆凝聚成为共同体并保持下去。

布依族在中华人民共和国成立前，没有本民族文字，传承文化更多的是依靠口头和实物。因而，这些起源传说不仅解释了“六月六”中许多民俗事项背后的内涵，也让我们感受到“六月六”表达出的浓厚的人类情感；不仅反映了布依族丰富的民俗文化，更是折射出布依族的历史记忆。

第二节　布依族“六月六”的传统象征符号

布依族民众通过祭祀水田表达对丰收的期许并借此向后代传递水田耕种的智慧；在祭祀祖先的行为中表达对祖宗的敬畏和对家族的认同；在对山寨神的祭祀中呈现出对村寨和谐生活的期盼和对村寨秩序的维持；在男女对唱谈情的“浪哨”中倾诉对自由婚恋的追求和期望家族繁衍昌盛的意愿；在已婚女子回娘家的过程中意涵婚姻维系亲情、链接血脉的家庭关系。这些意义的传达往往通过“六月六”传统的象征符号呈现，布依族“六月六”以系统性的象征符号表现了布依族民众的生活行

① 【美】康纳顿著，纳日碧力戈译：《社会如何记忆》，上海：上海人民出版社，2000年，第40页。

为、生活情感和生活态度，具有穿越时空的历史感和共同生活情感。

农历六月初六，绝大多数的布依族家庭已经结束繁忙的农事劳动。对于依靠稻作生活传统的布依族民众而言，稻田中刚刚播种的秧苗寄托着家庭深深的期盼。他们利用短暂的农闲时间，身着传统服饰，举行祭祀活动，走亲访友，享用美食，表达对于稻作丰收和族群繁衍的美好祝愿。虽然仪式的祝愿相同，但生活在不同地域的布依族民众的“六月六”习俗有所不同，以生活在贞丰县的布依族为例，“六月六”的主要习俗包括祭祀和社交两大部分。

一、传统祭祀

（一）祭山神庙

根据清朝乾隆年间《南龙府志·地理志》记载：“六月六日，栽秧已毕，其宰祭分食如三月然，呼为更六兀，汉语曰过六月六也。”其中，“宰祭分食和三月然”，是指和“三月三”一样，寨子中民众要去“宰牛祭山，各聚分肉，男妇筛酒，食花糯米饭”，祭祀山神，祈求山神保佑村寨平安。

布依族村寨一般位于山区，每个村寨周边都有为祈求山神保佑村寨平安而建的山神庙。山神庙的位置往往居于村寨附近的山坡上。布依族民众在“三月三”要“封寨”，村寨中每户人家派出一位成年男子前往山神庙去祭祀，并在山神庙附近分食酒肉。“六月六”也是要去山神庙祭祀的，但不一定是在六月初六当天，往往是在六月的寅日①，可能是在六月初六之前，也可能是在六月初六之后。

周连继：“六月六”和“三月三”是一样的，“扫寨”嘛，它用的是寅日。

问：这也算是“六月六”里的一部分是吗？

① 布依族用十二地支来记日，从每年的第一天开始记录，每十二天为一个周期。

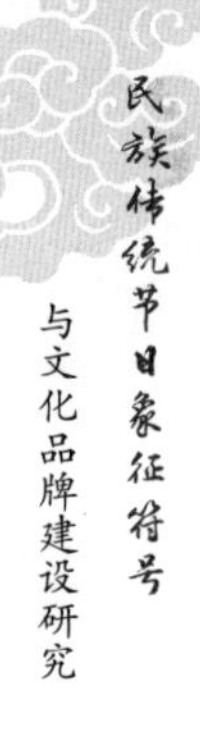

周连继：是的。正规的是“六月六”当天要过的，但是敬山必须要寅日啊，一般都要推后几天，“六月六”那天很少是寅日，很少。[①]

由于祭山神庙的活动是举寨参加，所有花销由大家分摊，这项工作由专门的人负责。一般组织者由几户人家共同担任，负责收钱、购买祭祀用的牺牲和香火等事宜。

家家户户拿去，筷子也是自己的，锅碗也是自己的，样样都是自己的。分有班数，今年“六月六”是谁当班，就让谁把东西分给村民。每个村都要分组，一个组大概是3户，像我们（村寨）有19个组，就是57户左右，再根据总户数来估算需要的物资，然后兑钱、集资。现在一家摊3块就够了。[②]

上山祭祀时每户人家只派一位男性前往山神庙，女性及家中有孕妇或产妇的男性不得前去。其余的家眷除年老病重者，都要携带食物去村外的山坡上“躲虫”，村口处有人把守，外人不得进入山寨。如果有人误入了山寨被人发现，必须对其进行惩罚。

女的都不去，只能男的去。男的一家去一个，在那里煮饭啊。反正就是女的不能去。我们去拜神的时候，男的就推选老一点的去，我们都不进去。我们在外面，那个平台那里，想唱山歌就唱山歌，想吹木叶就吹木叶。我们还要带香上去，叫“寨老”去烧。[③]

---

① 访谈对象：周连继；访谈人：李晓城；访谈时间：2013年7月11日；访谈地点：贞丰县必克村周连继家。

② 访谈对象：周连继；访谈人：李晓城；访谈时间：2013年7月11日；访谈地点：贞丰县必克村周连继家。

③ 访谈对象：韦万全；访谈人：李晓城、黎维丽；访谈时间：2012年7月25日；访谈地点：贞丰县必克村韦万全家。

在山神庙主持祭祀活动的是村寨中的“寨老”，每个寨子的“寨老”一般二至三人，视村寨大小和人数多少而定。“寨老”并非通过选举产生，而是因其在村民中的崇高社会威望而被村民认可。

“寨老”，是在本寨比较有威望，说话也好，办事也好，被群众公认的这种人。反正有三至五人的，五至七人的，七至九人的，反正说话比较有威信的人就会被选为“寨老”。①

“寨老”在祭祀时，其余青壮年不得进入庙中。祭祀时，“寨老”要烧香化纸、磕头祈福，将供奉的牺牲处理干净，进行祭供。祭祀完毕，大家要在庙前集合，听“寨老”“议郎规”，即，“寨老”借此机会制定村规民约，或修改寨规，批评或惩罚违犯寨规及不道德者。北盘江畔的布依族村寨留有旧时“议郎规”的公告：

第一条：各族姓氏人家，听从“寨老”，如有匪贼挠（扰）寨，如有外寨侵入本寨掳掠谁家妻女或者到外寨抢婚，以海螺牛角声为号，各持刀棒，勇猛上前，主动者受奖，怠慢者惩之。

第二条：各家人户，大人收拾好房前房后，注意环境卫生，管好儿女，禁止玩火。如有谁家孩儿玩火，发生火灾，要把孩儿仍（扔）到火里，大人犯了更不例外。

第三条：各户人家，管好子女，遵守礼貌。如谁家子女，nangh saul（即“浪哨”）时越轨，生有私儿，要用刀砍死私儿，并把犯者赶出山寨，不得回归，其他人有此犯，也是同论。

第四条：各家各户，所有村民，不能乱砍滥伐公共林木，不能

① 访谈对象：罗玉文；访谈人：李晓城；访谈时间：2013年7月17日；访谈地点：贞丰县岩鱼村罗玉文家。

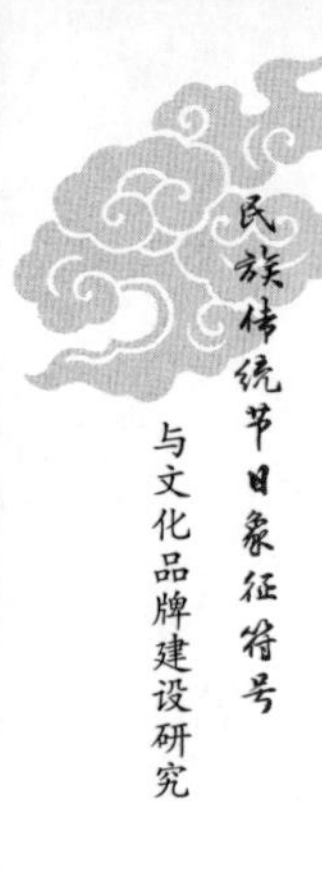

> 放火烧山。如有犯者，要罚一头猪一只大公鸡，向所有村民赎罪。①

这些乡规民约一代代传承下来，直到后来布依族人习得汉语后，才将其撰写并刻在村寨中的石碑上。每次祭祀山神后的“议郎规”，“寨老”就要当众重申。除此外，“寨老”还要讲述本寨过去一年诸事；宣告当朝时下政令，提出当年寨子里要做的事；落实官府推派的各项粮款；也借此机会交流生产，闲谈家事儿。

山神庙是神圣的地方，选择在此商讨全寨公共事宜，更能使听者信服。所议之事大多是利于村寨和平，保护自然环境，提高生产水平的事情。如此可以维护村寨和村民的利益，利于村寨长治久安和村民们之间的团结友爱。

祭祀后的食物要在庙门前的开阔场所吃，有专门做饭的人负责烹饪。吃过后下午三四点，便派人传话或者放炮通知“躲虫”的人可以回寨子了，这样祭祀的过程也就结束了。

（二）祭田

祭田，是布依族“六月六”具有祭祀性质的仪式活动，传统的祭田仪式是以家庭为单位的。祭祀的对象是田神，目的是为了保护稻田免受灾害侵扰，风调雨顺，五谷丰登，然而对于田神的说法各地不一。贞丰县的布依族民众认为田神为自家过世的五代或三代以上的祖先，这与布依族对血缘祖先的崇拜信仰密切相关。

> 这个老祖宗过世了以后，像我们供这个老祖宗，敬祠的时候，从我们这一代推到第四代，第五代以上就到田边地脚了，第五代以上就可以称田神了，他会到田里面去保护自家的庄稼。我们布依语

① 王兴赋、王荣胜、韦国英等著：《北盘江畔布依人》（内部发行），1985年，第114—115页。

叫作“当那”（音译），就是管田的神。①

布依族祭祖的时候，包括杯子、盘、碗、筷子都是有固定的数量，不准增加也不准减少。所以家里有一位老人过世时，就要把原来的列祖列宗移位，新的要取代最老的，最老的那位就要去守护自家的稻田，到田庄里面去。所以田神实际上也就是老祖宗，是没有牌位的，祭祀田神也就是祭祀老祖宗。②

一个家庭中，五代或三代以下的祖先被供奉在家中的神龛上，五代或三代以上的祖先就被认为他们去自家的田里守护稻田了。所以田神在某种程度上相当于家神，每户人家都有自己的田神。“六月六”去田间祭祀，最重要的是去祭祀自己家中已经去世的五代或三代以上的祖宗。这些过世的祖宗在自家田里成了“田神”，其主要“职能”是协调风雨，保佑庄稼免受病虫害，确保稻谷的收成。未“守田”的祖宗在“六月六”也是祭祀的对象，但只需在家中祭祀就可以了。

祭田仪式从“六月六”早晨开始，各家各户的主妇要早起准备一天活动需要的器物，包括染色糯米饭、粑粑、公鸡，以及祭祀用的酒水、器皿、香、纸、公鸡、芭茅草、纸马等等。“六月六”上午，“把糯米煮好了以后，和粑粑装在一起，放在大厅供一下老祖公。然后拿一个小提篮，把糯米装在里面，圆的粑粑放在上面，再拿三个碗、三对筷子和三根香，再带一些纸钱和肥肉片。让小孩抱一只鸡和大人一起到自家的田坎边。在那里杀了鸡之后，用一种专门的树枝③，插几根在上面，用纸剪成马的形状挂在上面，拿几根鸡毛蘸了鸡血挂在枝头、插在田中间”④，“拿三个碗装一点糯米，装一个粑粑，放在那里（水田），过一

① 访谈对象：毛天松；访谈人：林继富、李晓城；访谈时间：2012年7月18日；访谈地点：贞丰县县城左德敬家。

② 访谈对象：韦正律；访谈人：林继富、李晓城、黎维丽；访谈时间：2012年7月18日；访谈地点：贞丰县民族宗教事务局。

③ 即芭茅秆。

④ 也有说是将鸡血洒在挂在芭茅秆的纸马上。

会儿就把那些东西拿回来”[①]。而带有鸡血的芭茅秆则被分插到自家其他的水田里。

祭田时杀的鸡，回家后要煮熟，鸡腿要留给孩子吃，鸡骨头用来占卜。

> 我们这个是传统，我们杀鸡要看鸡骨头。我们家顺利不顺利，是要看这个鸡骨头，这个鸡骨头上是有卦象的……煮熟了，把鸡肉刮下来就看见了。主要看它上面有几个眼，有四个眼就是四季发财，比如这只就是主吉利的，右边的这只就是不吉利的。这边的这个正面的卦要多一点，就是吉利的。如果这边（不吉利）的大一点就是说今年要不顺一点，要注意盗贼，注意出门可能有不吉利的东西等等。[②]

现今流行于贵州省西南部的南、北盘江一带的《社洛介》中记载了130多幅“鸡卦图”，每幅图都配有卦辞说明，内容涉及天文、地理、农事、疾病、丧葬、交友、战争，等等。这是从远古时期，布依族祖先对于自然力的信仰和崇拜中衍生出来的。用“鸡骨卦”进行占卜预测事物发展的前景和可能性，展示了布依族民众基于生活的抽象思维能力。

家庭祭祀祖先时，盛放供饭的碗碟数目和摆放的位置也有规定，不同的姓氏规定不同，但一致的是供单数不供双数。例如，林用堂村的陈姓家庭，在“六月六”这天要在家中堂屋的不同位置摆放12碗饭和5碗菜，每碗饭要配酒水一杯，此外要在家门口供奉2碗饭和1碗菜，这是给“外家”的，即女方娘家的祖宗。当地的岑姓家庭，在“六月六”这天要在家庭的不同方位的桌子上供奉9碗饭和2碗菜，仅在门口供奉2碗饭。

祭祀也有一些相关禁忌，比如祭祀的食物一定要等到供奉完老祖宗

---

① 访谈对象：梁应芳；访谈人：林继富、李晓城、黎维丽，翻译：周慧；访谈时间：2012年7月22日；访谈地点：贞丰县必克村梁应芳家。

② 访谈对象：王崴；访谈人：李晓城；访谈时间：2013年7月11日；访谈地点：贞丰县林用堂村王崴家。

后，其他家庭成员才可以食用。即便是在制作过程中的品尝也不能够超过一定数量，否则祖先会托梦责罚。芭茅秆在贞丰布依语中叫作“么”（音译），在芭茅秆上挂纸马，是希望纸马能够把稻田里成熟的粮食驮回家。所以，“六月六”期间，人在家中的时候，不能坐在门的正中间，也不能将其他可能会阻碍进出的东西放在此处，以免堵住驮运粮食的纸马的路。

杀鸡祭田的时候，家长往往要孩子抱着公鸡去田间，除了祭祀以外，也借此增加孩子们关于田间管理的知识，提高他们对农业的兴趣，同时给他们灌输水稻栽培的生产常识。这不仅仅是对于“六月六”祭祀的传承，更是对于物质生产技术的传统教育。

二、传统社会交往

（一）“回外家”

布依族过“六月六”要在当天或第二天去“拜年”，不同于春节的拜年，“六月六”的拜年主要是指出嫁女儿带着孩子去看望自己的娘家亲人，又称回外家。拜年的时候要送糯米制品（主要是粽粑、粑粑等）、面条、红糖、鸡等，具体视情况而定。女儿在娘家吃饭、玩耍，如果距离较远，也可在娘家过夜，与自己的娘家人叙旧，交流感情，也可趁此佳节给未婚男女定亲或定下结婚日期，送礼金等。关于“六月六”要“回外家”的习俗，贞丰县流传这样一个故事：

“六月六”的这一天，有一对夫妇，丈夫去算命，算命的说：“你的老婆和她外公，你非要杀一个人不可，否则你就事事不好，不吉利。”后来他又去算，他说：“我是杀老婆好呢，还是杀外公好呢？”他又自己回答：“哎呀，还是杀外公好一点，老婆还要帮我干活，还是杀外公。”于是丈夫就准备在“六月六”这一天要去杀老婆的外公。“六月六”前一天，老婆跑回外公家报信：“明天我老公要来杀你。”第二天，那个姑爷来了，外公就请了村里比

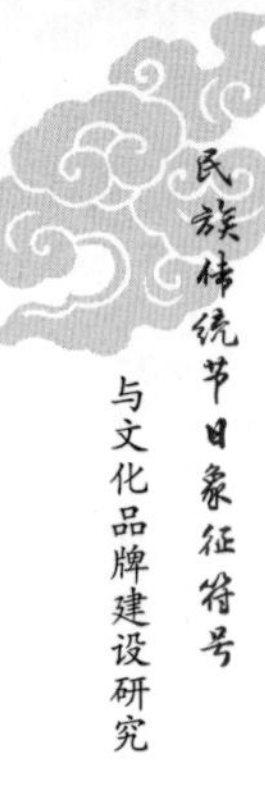

较有名望的人，摆了一桌酒席专门给姑爷吃。客人们都说要让外公坐上席，外公说："不行，今天姑爷来拜年，以姑爷为贵，要让姑爷坐上席。"大家便都请姑爷坐上席，姑爷十分羞愧，就跪下了，说："我错了，外公。"从此以后，"六月六"出嫁的姑娘就必须到外公家拜年，因为她可能会来报信。这个外公用了一种巧妙的计策，让想害自己的姑爷晓得了自己的错。所以说"六月六"姑娘要到外家"拜年"就是源于这个故事。①

"六月六"的起源传说大多涉及主人公的母亲或母亲显赫的娘家，当主人公遇到挫折时，往往求助于母亲或母亲的娘家，最终完成心愿。这与布依族的传统姻亲关系密切相关。布依族有谚语："不开亲是两家，开了亲是一家。"原本可能毫无关系的两家因婚姻而关系紧密起来。布依族虽然重男轻女的现象比较严重，但对出嫁姑娘的命运却一直关注。布依族认为，姑娘在夫家受到的待遇如何不仅是姑娘个人的事儿，还关系到外家乃至整个外家的宗族尊严。如果只是家庭纠纷打打闹闹，外家一般不予干预，但若姑娘在夫家受到虐待、迫害、残害，外家必须追究。因此，外家的地位相当重要，流传于荔波一带关于求子的傩戏中唱道：

敬第一杯茶，管它浓或淡，
外婆来到家，敬给外婆饮。
敬第二杯茶，跪在外婆前，
舅舅坐上席，敬茶谢舅恩。
敬第三杯茶，外家人人饮，
拜仲定拜祖，后继定有人。

① 访谈对象：罗玉文；访谈人：李晓城；访谈时间：2013年7月17日；访谈地点：贞丰县岩鱼村罗玉文家。

敬茶又敬酒，一层又一层，

托外家的福，不忘外家恩。[①]

“六月六”走访娘家送去的礼物，娘家收到后要回礼，一般是将原物品的三分之一或二分之一返还给对方，比如，送去的鸡，要将鸡腿留给孩子。

很久以前，有一家的母亲拿一个猪腿给小孩，他不要，非要鸡腿不可，母亲说：“猪腿不是更大吗？那鸡腿那么小，干吗要鸡腿啊？”没多久，那个小孩就无缘无故地死了，就好像被什么诅咒了，莫名其妙就死了。这是发生在我们村里的事情，很久以前就流传下来的，我小的时候就听说了。从那时候开始“六月六”就要杀鸡，去田坎边杀鸡就是为了祈求小孩健康长大，无病无灾。拿鸡去别人家拜年的时候，别人也都会还一只鸡腿回来。[②]

另有一种说法，外婆要在“六月六”这天给来“拜年”的外孙回一只小鸡仔。“外家要回赠外孙一只小鸡仔。这只小鸡仔要拿回来喂，有繁衍这一类的意思在里面。”[③]

贞丰县必克村布依族老人岑吉荣回忆：“（过去）虽然穷，但是，过节那些习俗（需要的物资）还是要有。如果没有（过节物资）的话，过节的时候先把家里有的拿来用，过完了再说。一到‘六月六’，这里

① 贵州省民族事务委员会编：《布依族文化大观》，贵阳：贵州民族出版社，2012年，第369页。

② 访谈对象：周登代；访谈人：李晓城、黎维丽；翻译：周慧；访谈时间：2012年7月23日傍晚；访谈地点：周登代家。

③ 访谈对象：毛天松；访谈人：林继富、李晓城；访谈时间：2012年7月18日中午；访谈地点：左德敬家。

田坎边的路上都是提着提篮回娘家的人。”[①]由于村民经济条件比过去有所改善，去外婆家送的东西种类也比较多了，有时候直接送现金，而还礼的习俗依然保持。出嫁的女儿外出打工不在家中的越来越多，如果有孩子在家的话，孩子的爷爷奶奶有时也会将孙子送到外婆家里去，但坚持“回外家”习俗的越来越少了。

（二）“浪哨”

“浪哨”，是布依族青年在异性之间进行的重要社交形式。一般在正月（春节）、“三月三”、“六月六”、“七月半”等传统节日里进行，此外，每逢赶集天或婚丧嫁娶的日子，也都是“浪哨”的好时机。其中，以“六月六”规模最盛。惠水县“六月六”男女青年聚集在董浪桥，多达成千上万人，青年男女借此机会对歌、玩耍、聊天，结识朋友，培养情感。因而，有些地方也将“六月六”称为“歌节”。

“浪哨”不仅未婚青年可以参加，结婚后双方未正式在一起生活的青年也可以参加。布依族有“不落夫家”的传统婚姻习俗，青年结婚时，结婚当晚，新郎新娘不同房。有的地区是当天，有的地区是在次日或过后二三日，新娘即同送亲人回娘家。[②]新娘回娘家后要待怀孕临产或三五年后才到夫家与丈夫共同生活。已婚青年若对包办婚姻不满，也有通过这种活动找到情投意合的伴侣，以此表示对封建包办婚姻的反抗。若是两情相悦的婚姻，婚后参加“浪哨”则更多是娱乐性质。布依族青年参加这个活动的主要目的不是找对象，如果说他们在“浪哨”中与某人建立感情，以至于最终结成伉俪，那也是双方在不断交往中，相互钦慕，情投意合后逐步培养起来的。他们参加“浪哨”活动的目的，大多主要是想锻炼自己的口才、胆量及交际能力，展示自我等等，因此他们的浪哨对象不止一个，而是若干个。在某种意义上，把“浪哨”看作是

---

① 访谈对象：岑吉荣；访谈人：李晓城；翻译：危昌梅、危昌锐；访谈时间：2013年7月16日；访谈地点：贞丰县必克村岑吉荣家。

② 《布依族简史》编写组编：《布依族简史》，北京：民族出版社，2008年，第223页。

一种娱乐活动更恰当。[①]

> 以前我们布依族有一种（习俗）很多人不理解，结婚以后还可以“浪哨”，就是谈恋爱的意思。以前都是实行的媒妁之言的包办婚姻，很多男女举行了结婚仪式，但是年龄还很小，就可以到外面“浪哨”。“浪哨”其实就是说说话，唱布依族的古歌，那种古歌有一种“浪哨”的调子。[②]

这种社交活动，为未婚男女青年追求异性、谈情说爱和自由择偶提供了最佳场所和时机；对已婚青年则提供了展示自己聪明才智的舞台。男女双方在互不熟识的情况下交往难免产生尴尬，因而这种社交活动中的青年常以对歌的形式来交流思想和倾诉感情。“六月六”时的“浪哨”对歌之所以尤为盛大，据说源于一个传说：

> “六月六”水稻正要打苞，水田里到处都是虫，人们就捉了虫丢掉，甩在河边。还有一个妇女，那天就哭天喊天，用唱歌的方式向老天哭诉，请老天开开眼。后来，惊动了天上的玉帝，玉帝派了打虫的鸟把虫都吃掉了。所以，从那一年开始，“六月六”这一天就要敬山神，唱歌。[③]

后来，“六月六”“浪哨”延续了唱歌的习俗，但所演唱的歌曲主要以表达爱情的情歌为主。

---

① 李平凡，颜勇主编：《贵州“六山六水”民族调查资料选编·布依族卷》，贵阳：贵州民族出版，2008年，第352页。

② 访谈对象：毛天松；访谈人：林继富、李晓城、黎维丽；访谈时间：2012年7月18日；访谈地点：贞丰县城左德敬家。

③ 访谈对象：罗玉文；访谈人：李晓城；访谈时间：2013年7月17日；访谈地点：贞丰县岩鱼村罗玉文家。

> 以前还在娘家还没有嫁过来的时候，大家都在家里面，那时候都没出去打工，“六月六”晚上就坐在那座桥上对山歌。在村里面大家聚在一起就可以唱，那时候很热闹，连饭都不想吃，一干完活回来就想去玩，饭都不吃就去唱山歌。①

对歌一般使用布依语，也有用布依语的方言对唱的。其曲调固定，方便记忆。这些歌的曲调和内容多是祖辈们传下来的，据84岁的危元春老人回忆：“那时候不识字，没有歌本。村里有几个老年人，晚上没事做的时候，我们就去找他们教，教会后就背三遍。”②也有熟谙民歌的村民重新创编新的歌曲，也颇受大家的欢迎。其中，“浪哨”对歌大致可分为“白天野外对唱”和“夜晚家里对唱”两大类。前者参与歌唱和围观的人数较多，因而歌调较为高亢激越，不适宜演唱缠绵悱恻的情爱内容，歌曲内容多为试探性质，对歌双方由此相识，为以后的进一步交往奠定了基础。后者对唱时间较长，唱歌内容较系统、深入。一般邀请人在与客人寒暄后开始邀请唱歌，邀请者先唱十来首，算是“交代歌”，意味对歌即将开始，如“今晚的月亮明，今晚的月亮好。月亮照在窗台，我们的心里焦”③。邀请者唱毕，客人并不立即对唱，先要谦虚一番，在邀请者的不断催促下才开始歌唱，如“我好久不唱歌，今晚遇哥心里乐。只要阿哥有心意，愿意从早唱到月亮落”④。对唱开始双方会互相夸赞对方的歌技，这不仅是主客间谦让的礼节，也是为其后演唱情歌做过渡和铺垫。随着对唱的深入，演唱者会从称赞对方的歌技转而赞美对方的外貌和人品，这种赞美起到试探对方的作用。随着对唱的继续，内容不断深入到“相爱歌”“热恋歌”“相思歌”“盟誓歌”等。例

---

① 访谈对象：余登华；访谈人：李晓城、黎维丽；翻译：周慧；访谈时间：2012年7月23日；访谈地点：贞丰县必克村余登华家。

② 访谈对象：危元春；访谈人：李晓城、黎维丽；翻译：周慧；访谈时间：2012年7月21日；访谈地点：贞丰县必克村曾淑芳家。

③ 一丁编：《布依族民间音乐研究文集》，贵阳：贵州民族出版社，1991年，第12页。

④ 一丁编：《布依族民间音乐研究文集》，贵阳：贵州民族出版社，1991年，第15页。

如，在“试探歌”中唱道：

(男) 唱首山歌试妹心，看妹骂人不骂人。多骂别人少骂我，这条花路走得成。

(女) 郎一声来妹一声，好比花线配花针。哥是花针朝前走，妹是花线随后跟。

又如“相爱歌”中唱道：

(男) 千林竹子选一根，万处村寨选妹们。不选人才选妹好，选个情妹配哥们。

(女) 郎爬坡来妹爬坡，郎吹木叶妹唱歌。山歌配起木叶叫，木叶正好配山歌。

再如“相思歌”中唱道：

(男) 想妹想得病在身，灵丹妙药哥得吞。灵丹妙药吃不好，见妹一眼病脱身。

(女) 隔江隔河又隔山，想要会哥实在难。哪时搬来一家住，免得一心挂两边。

然而，歌中的恋情并不代表二人的实际关系，即便对唱双方确有好感，也须在歌唱结束后经过长时间的接触和了解才有可能建立恋爱关系，而“浪哨”只是一种社交的娱乐方式。

“浪哨”时除了对歌也会做一些游戏，如丢糠包、吹木叶等。正如青年所唱：

六月里来布依年，问你人心闲不闲。若是得闲赶快走，花包场中找花园。

据说丢糠包的习俗来源于一对布依族青年，男的叫光岜沙，女的叫阿姆，他们都不满意父母包办的婚姻。一次，他们在一场宴请中相会，一见钟情，于是背着父母和客人，到院坝里谈心。为了掩人耳目，阿姆用自己的手帕包上石头，扔给光岜沙，光岜沙又扔回给她，两人像做游戏一样，你丢过去，我丢过来，边丢边谈。两人情投意合，成为一段佳话。[①]这一谈情说爱的方式流传下来，包着石头的手帕变成了包有谷糠的糠包。就这样，丢糠包就成为布依族男女青年社交中的游戏习俗。"浪哨"对歌时，女方可以将糠包投给自选的意中人，若对方也有意，则佯装接不住，故意输给女方，输者要接受惩罚，赠予对方信物。而吹木叶则是就地取材，选一片叶子含于上下嘴唇间，用气流吹奏出优美悦耳之音。"谈情说爱的时候，只要一吹木叶，对方就知道是谁吹的，你吹什么调子，对方就知道这个人是要我过去，就会赶快过去。"[②]

虽然"浪哨"体现了布依族自由恋爱，但是"浪哨"活动遵循一套严格的道德规范和行为准则。比如：必须在人们视线所能及的地方进行；双方相隔一定距离；晚上只能在家里集体对歌，不能一男一女单独在户外；户外相会必须在太阳落山之前结束；严禁发生性关系；说话要文明。因此，"浪哨"自由决不代表两性性关系的自由。"越轨"行为为社会所不容，传统习惯法对此管理极为严格。

两个人在交谈当中，一般都是相隔一米以外，不能在一起，只要说话能听清楚就行。……我们布依族对贞操看得很重，现在是开

---

① 贵州省民族事务委员会编：《贵州省民族传统节日进入旅游市场的文化条件分析》，贵阳：贵州教育出版社，2009年，第135页。

② 访谈对象：王崴；访谈人：李晓城；访谈时间：2013年7月11日；访谈地点：贞丰县林用堂村王崴家。

放了，以前如果出现未婚越轨这一类的事，当事人会被世人唾弃。[①]

由于现在婚姻自由，加之青年男女外出务工者也逐渐增多，“浪哨”的意义逐渐淡化，而学习演唱“浪哨”歌曲、制作糠包和吹奏木叶的人也越来越少。如今，“六月六”期间的“浪哨”参与者反倒是中年人居多，“浪哨”也成为娱乐性质的社交活动。

三、传统饮食

布依族民众喜爱吃糯食，普通布依族家庭每年都会种植糯谷，糯谷加工成糯米，可以制作成糯米饭、糯米酒、粑粑、枕头粽、三角粽、汤粑等各种糯食。由于味美，营养丰富，黏性强，做成熟食方便携带，加之因产量较黏米低而被珍视等特点，成为布依族家庭待客的上品，也是布依族重要日子里不可或缺的食品。

粑粑，又称圆糖粑，是用糯米加上部分黏米，用石磨磨成粉末状，制作成糯米粉，用箩筛筛好，放在盆中，加水鞣制，捏成圆形，其中往往包有红糖、芝麻等馅，最后蒸制而成。在“六月六”期间用其祭祀、送礼和自己食用。

贞丰县的染色糯米饭主要有黄色、黑色和白色三种颜色，也有地方做五色糯米饭。三色糯米饭中黑色的染色材料多是选择枫树叶或是当地人称作“紫米饭叶”的一种植物，黄色的染色材料则是来自贞丰名为“糯米饭花”的植物。其制作，是将染色材料和糯米分开浸泡在水中，过夜后，将糯米从水中取出，浸入被染料浸过而带有颜色的水中，待糯米充分染色后，放入蒸甑中，用火蒸熟即可。也有讲究的家庭将其制成糕粑，样子如同蛋糕，呈圆柱形，颜色分层清晰。这种染色糯米饭不仅外形美观、带有植物的香气，而且具有一定的药理作用，利于身体

① 访谈对象：毛天松；访谈人：林继富、李晓城；访谈时间：2012年7月18日；访谈地点：贞丰县城左德敬家。

健康。

除了粑粑和糯米饭，“六月六”也有家庭要制作和食用粽粑，粽粑是当地年节等重要节日里的主要食品，但是现在随着生活条件的改善吃粽粑已经不拘于时间。贞丰县的粽粑分为三角粽和枕头粽两类。枕头粽因形似枕头而得名，每年过年和“六月六”，家家户户都要制作枕头粽以供奉祖先和走亲戚所用。由于制作出来的粽粑呈银灰色，所以当地人也称作“银灰粽”。有布依族傩戏唱道：“粽子成三角，尖尖朝天伸，用糯米包成，拿稻草来捆，金叶或银叶，拿米包成粽。”粽粑制作很有特色，利用当年剩下的糯谷秧，洗净后晾晒在自家房檐下，到包粽粑的时候拿这些晒干了的秧子烧成灰，和上泡好的糯米，加上猪油等调料，翻炒至糯米沾成灰黑色，把其捞出，筛掉多余的灰，加上花椒、瘦肉或腊肉等其他作料，用粽粑叶或竹叶包成牛角粽或是枕头粽的样式，用稻草捆紧，煮制而成。由于粽粑里包有草木灰，食用起来带有烧焦的味道，贞丰人认为这样吃起来比较香。做好后的粽粑就挂在家中的客厅中，有贵客前来时，取下即可使用。现在市面上也有销售，但是传统的家庭还是在节日前自己制作。由于其独特的口感及精良的制作，现在已成为贵州知名的土特产。

此外，布依族民众喜欢用糯米酿酒，糯米酒是布依族节日餐桌上常见的饮料之一，也是宴请宾朋时的必备品。布依族酒歌中就有唱：“这是前年的糯米陈酒，这是招待朋友的好酒。我们不敢喝这种醇酒，我们不敢饮这种好酒。吃不完这许多的美酒，喝不了这么多的好酒。”[①]糯米酒的制作方法简单，不受气温、房屋和时间等条件的限制，随时可以发酵蒸烧，且出酒率高。一般先将糯米蒸成糯米饭，等待糯米饭温度降低到10℃以后，就将甜酒曲撒在糯米饭上，搅拌均匀，盛装于干净的锅内，注意保温，3日即可发酵成糯米甜酒。将制作好的糯米酒装进坛子，

---

① 赵焜、吴启禄、陈亮明编译：《布依族酒歌》，贵阳：贵州民族出版社，1988年，第61页。

封存起来，随时可以饮用。糯米酒的酒精度数大约30° 上下，度低味醇，带有糯米的清香，为布依族男女老少所喜爱。现在虽然可以方便地购买到市场上出售的各种品牌的酒，但是很多家庭还保存着传统的糯米酒酿制习俗，村中也有专门制作糯米酒的作坊，供村民们日常所用。

除糯米制品外，布依族还喜欢吃狗肉。每逢“六月六”河谷地区的布依族人家都要杀狗吃，家中如果有女儿回家拜年，都要杀狗招待。如今在贵州有关岭县的花江场、贞丰县的者相场、毛安场等多个规模较大的狗肉产地。布依族民众善于烹饪狗肉，布依族居住的地方多潮湿，狗肉能够滋补气血，除湿暖身，所以为布依族民众喜爱，有俗话为证：“肥鹅抵不得瘦母狗。”

“六月六”的前一天，村寨中的布依族民众就开始准备过节食物，如今许多食物都可以购买到，也不再拘于“六月六”时食用。但是，每到“六月六”，大家还是会做一些传统的饮食来食用，以此传递出传统仪式的意思。

四、传统服饰

“六月六”是布依族传统风俗的集中体现，也是布依族各种类型和样式服饰的展示平台，呈现出丰富多彩的布依族服饰文化。

布依族纺织生产历史悠久，这直接导致了服饰生产的兴盛。据考古发现，布依族祖先早在新石器时期就掌握了手工编织技术。就贞丰县来看，其纺织生产由来已久。布依族《摩经》中记录了布依族纺织生产的历史，如《招魂》中记载：

怎会没报酬？怎会没备齐？报酬未带到此，工价还在家，到家儿捧给，到家媳拿递。有两三个儿子的家，用鹅做报酬。有四五个媳妇的家，织绸布做工价，两斤麻做工价，一斤生麻做工价，十一把旱谷做工价，十二把水稻做工价，一两二洗纺车银做工价。

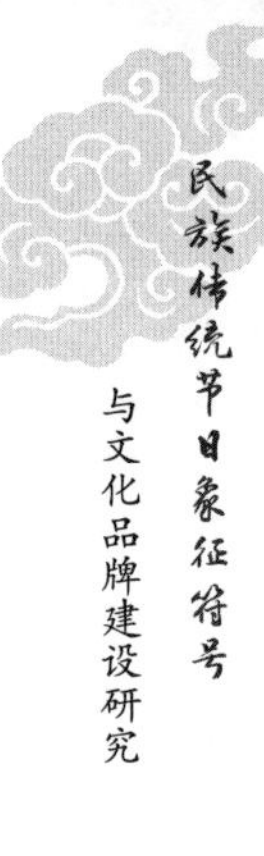

又如《温·逃婚》中记载：

> 带你逃婚到顶江，手拿秤杆做生意。整日守在粮仓边，得见主人得见官。带你逃婚到岩鱼，手握秤杆坐街边，买来上等好棉花，纺了上等棉纱线。①

这里唱咏的内容使我们看到从纺织生产衍生出来习俗和文化，离今天现实更近了，男女分工已经很明确，媳妇会织布，男子会耕作和做生意；土布已经有了经济价值，可以作为布摩进行招魂仪式的报酬，与粮食生产一样重要。纺织生产的发达，为布依族服饰文化的发展提供了物质基础，提供了产品原料。

布依族服饰色调以朴素著称，这与布依族崇尚自然的思想紧密相关。即便是在“六月六”，布依族服饰也依旧简洁大方，观者自能体会服饰传达的含蓄之美，加之蜡染、挑花和刺绣的综合运用，更丰富了服饰的艺术感染力。

其中，靛染和蜡染工艺至今仍然是布依族服饰中重要的特色，经过靛染和蜡染的服装价格远高于没有经过这工艺处理的服装。以蜡染为例，在《宋史》《岭外代答》《溪蛮丛笑》等文献中对其都有记载。《岭外代答》曰：“以木板二片、镂成细花，用以挟布，而溶蜡灌于镂中，而后乃释板取布，投诸蓝中，布既受蓝，则煮布以去掉蜡，故能受成极细斑花，炳然可观。”②如今在安顺等旅游接待能力较好的地方，蜡染工艺品及服装成为重要的布依族特产商品。蜡染布面上绘制着蓝白相间的图案，有美观的自然冰裂痕，具有较高的审美价值。

布依族女性在“六月六”穿着的服饰艳丽华贵。布依族妇女精通织布技艺，歌谣唱道：“布依姑娘方二八，勤摇纺车勤纺纱。心又灵来手

---

① 文中所引摩经片段均引自韦兴儒等编：《布依族摩经文学》，贵阳：贵州人民出版社，1997年。

② 张智主编：《中国风土志丛刊61·岭外代答》，扬州：广陵书社，2003年，第196页。

又巧，会编布匹会绣花。”[①]布依族妇女是否心灵手巧，能够从其穿着上看出来。但由于地域局限，生活在不同地方的布依族服装差异较大。贞丰县布依族妇女所穿服装的衣料多系自织自染的各色土布，自裁自缝，做工不能算得上精细，但也剪裁得体。其全身装束的基本结构为：发辫绕头，包绉锅圈头帕；上身穿盘肩、右侧开扣、窄领，胸前镶着“栏杆”花边的短衣，戴绣花围腰；下穿青色或蓝色宽裤；脚穿绣花船形鞋或布鞋；佩戴金银玉器首饰，不拘形式。

布依族男子服饰和女子服饰差别较大，样式比女子服饰简单得多，制作较简单，朴素大方。这与从中华民国以后布依族男子入学者增多，汉化程度较高有关。以贞丰县布依族男子为例，不同季节衣着颜色有所变化，“六月六”在夏季，年长者多穿有领、布扣的靛蓝或靛青色长衫，衣袖稍小，用花帕、青帕或白帕包头；中青年人改穿对襟便服，除头包帕外，衣裤与贞丰汉族大体相同。但是在节日祭祀活动中，按照传统，男子多穿着蓝色及青色的服饰，青色和蓝色是布依族崇尚的两种颜色，这种服饰制作工艺复杂，成本很高，民众一般平时不穿，只有在节日祭祀这样重大的活动中才舍得穿着。而主持重要祭祀活动的“寨老”必须穿长衫，以示区分。

儿童着装的特色在童帽。一般童帽选用色泽艳丽的“栏杆”式镶边，用艳色丝线刺绣。制作一个精美的童帽，工艺复杂，耗时长。帽子形状有仿照动物头面的，如猫头鹰、兔子、狮子等样式，有仿照头盔的包耳帽，也有仿照古代文官乌纱帽样子的等。帽子前面钉有银质罗汉或刻有“长命百岁”等字样的吉祥如意扣；帽子背后垂着色彩明艳的织带，下缀银质铃铛。如此细致精良的缝制工艺不仅考验母亲的制作手艺，也寄托着家人对于孩童的美好期望。

布依族是重视礼仪的民族，节日社交时必须要穿戴整齐，以显示尊重，而穿戴也能够展示出家中的女主人是否贤惠，家境是否殷实。因

① 王兴赋、王荣胜、韦国英等著：《北盘江畔布依人》（内部发行），1985年，第57页。

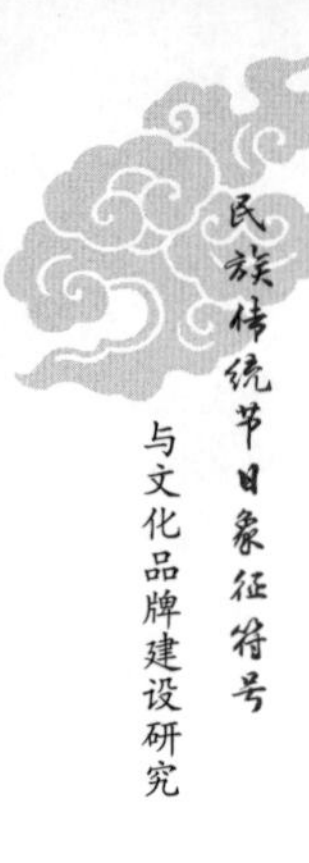

此，在“六月六”之前，妇女们要将家人的服饰洗烫干净，待节日时穿戴。此外，由于各地布依族的服饰有所区别，当民众在节日期间参加社交活动，走街串寨时，也使服饰有了展示的机会，成为节日的亮点。

“六月六”是布依族民众在插秧结束后，祈求稻作昌盛，预祝丰收的节日。岁月流转，布依族人在“六月六”不仅通过祭山神、祭祖先、祭田神，祈祷稻谷丰收，村寨平安，还通过“议郎规”约束村寨民众的行为，以此协调人与自然、与神灵的关系，注重人与人之间的和谐，强调人们之间情感的建立与维护。祭祀与社交等民俗活动相互融合与互构，共同构成了布依族“六月六”的生活传统。

贞丰布依族“六月六”习俗活动包含了丰富的象征符号，这些活动就是符号的生活化、情感化和关系化。因此，“六月六”的象征符号是生活的记忆，也是生活的表达，这些象征符号对于布依族来讲具有严密的生活逻辑和文化逻辑，符号与符号之间构成体系化的结构关系，由此形成了“六月六”的意义表达系统和生活关系系统。

贞丰布依族“六月六”是一个家庭的节日、一个村寨的节日，当然更是民族的节日、国家的节日。民众只有在集体性的“六月六”仪式与活动中才能有身体与心灵的特殊体验，同时实现传承民众集体生活的记忆。

第三节　布依族“六月六”文化品牌建设

民族传统节日是复杂的社会文化现象，是民众传统生活的表达方式。由于生产力的进步、民族之间的交流与融合等诸多因素的影响，一些民族传统节日正日趋衰落或发生着巨大的变化。近年来，为了保护地方性民族传统节日，包括贵州省贞丰县在内的很多少数民族地区纷纷尝试将民族传统节日纳入到民族文化品牌建设中，将民族传统节日与民族生活文化相结合，建设具有代表性的地方传统节日文化品牌，以节日文化促进经济发展和实现民族融合，从而大大提升地方民族文化的核心竞争力和知名度，带动区域民族文化市场的繁荣发展。

人类文化是适应自然、社会以及人与人关系的产物，尽管稳定是许多文化的特征，但是文化的变迁是不可阻挡的历史潮流。“文化变迁通常是指一个民族的生活方式所发生的任何变更，不论这种变更是因为内部的发展所引起，还是由于不同的生活方式的民族之间的相互交往而产生。归因于内部发展的变迁往往追溯到发明或发现，而归因于外部发展或交往的变迁则常常追溯到借取或传播。”[①]节日传统是众多传统文化中最核心的部分，既代表传统，又预示未来。民族传统节日是民众参与程度高的集体性传统活动，也是集体性生活行为，因此，在民族地方文化品牌建设中，传统节日成为重要的选择对象。

然而，传统节日变迁归根到底都是生活其中的人，在感知这些变化的过程中做出的适应。随着文化的发展，民众越来越认识到传统民族文化可以产生经济价值。在布依族聚居地区对于“六月六”节庆开发非常普遍，其中贞丰县政府建设的“六月六”布依族风情节就是典型的文化品牌。

一、贞丰县“六月六”文化品牌建设道路

“六月六”传统习俗，随着时间推移有诸多变化，但是其间反映的布依人对稻作丰收、民族繁衍的精神诉求不曾有丝毫动摇。由于生产技术进步、认知程度提高，交通发展等，村寨中大部分青壮年走出了大山，踏上外出求学或务工的道路，也就不过“六月六”了。留在村寨中的村民普遍表示生活好了，过去只有“六月六”等节日才吃得到的鸡肉和粑粑，现在什么时候都可以食用。至于稻田的管理也有了更为科学和先进的方式，祭祀田神显得有些不合时宜。虽然有年长者还在坚持，但家庭青壮年劳动力缺失，“六月六”的活动后继乏力。面对这种困境，

---

① 【美】克莱德·伍兹著，施惟达、胡华生译：《文化变迁》，昆明：云南教育出版社，1989年，第1页。

各地政府对于“六月六”传统的挖掘和建设给予前所未有的重视。贵州省黔西南布依族苗族自治州（后简称“黔西南州”）和黔南布依族苗族自治州（后简称“黔南州”）是布依族聚居人口最多的两个地区。两州对于“六月六”的开发相当积极，但是侧重点略有不同，目前影响力较大主要的有：黔西南州贞丰县的“六月六”布依族风情节和黔南州惠水县的“六月六”布依族歌节。两县都是改革开放以后，由政府组织举办布依族“六月六”大型活动。黔西南州甚至在2005年将“六月六”风情节列为计划举办的六大旅游节之一[①]，该州成立了以州委常委、常务副州长张定书为组长的节日筹备领导小组，足见州委、州政府的重视程度。其中贞丰县的“六月六”布依族风情节起步时间早，发展较为成熟，为州里重点建设的对象。

贞丰县政府对于“六月六”品牌归入贞丰形象工程进行建设，政府组织下的布依族“六月六”活动主要由贞丰县人民政府主办，县布依族学会、县民族宗教局、县文联、县旅游局、县文体广电局、县节日办、相关企业等承办。根据贞丰县布依族学会成员，原贞丰县文体广电局局长王文信叙述，贞丰县“六月六”有规模地办起来是在1977年。

> 1977年“六月六”在贞丰县城关区岩鱼公社举办，公社所在地就在岩鱼，1976年就开始办了。因为布依族有个习惯，就是祭田预祝丰收。“六月六”早晨各家各户都要带上小娃儿，还要带一只鸡、五色糯米饭，还有插着纸马的芭茅秆，到田间去祭祀。把小娃儿带去的意思，是让自己小娃儿知道自己家的田在什么地方，田水漏不漏啊，岔道多不多啊等，最主要是祭田预祝丰收。这个不是国家规定的，是群众自发的，目的就是祛除害虫、保证丰收。1976年以后首先是岩鱼公社组织全县代表集中在那个地方，对歌的对歌，

---

① 其余五个分别是：兴义马岭河峡谷漂流节、安龙荷花节、兴仁“八月八苗族风情节”、兴义顶效桃花节和兴义“查白歌节”。

玩狮子灯的玩狮子灯，玩龙灯的玩龙灯。从那以后年年都办，不光岩鱼在办，挽澜、牛场也在办，规模越来越大。[①]

1979年，党的十一届三中全会以后，每年农历六月初六贞丰县政府大都在岩鱼举办布依族歌节，且规模越办越大、内容越来越丰富。1986年以后，贞丰县布依族“六月六”歌节从岩鱼移至三岔河，成为贞丰县每年一庆的盛大活动。

我在民宗局的时候，我们要邀请各个代表队的（人）上台比赛唱民歌，比赛后发奖，都搞过这个活动。后来歌星来了，我们就不搞这个原始的了，就搞加工后的布依风情演唱，比如“八音坐唱”，请艺术家唱改编过后（的）歌曲，就是味道变了的民歌嘛。“官办”以后档次逐渐提高了，但是也有些边远的布依族村寨自己举办。原来我们在必克也搞过布依族歌唱比赛，我们单位举办，找州局要钱自己办，支持当地的文化。他们搞一些武术表演啦，比较接近于原始那种。现在他们叫作布依族风情节风俗展示。那天就看各个村寨的方队在街上游行。为了扩大影响搞这种展示也是好的，把这种风俗展示出来让别人知道。原来是各个村寨自己搞，现在集中起来展示布依族文化，邀请其他地方的人来参加。[②]

到2003年县里面就组织大办了，就是为了传承布依族的民俗文化。把布依族“六月六”歌节改成“六月六”风情节，“风情”的意思就是包含的内容更丰富、更多，不光是玩龙灯、对歌这些了，还有招商引资，龙舟比赛，涵盖的内容更多了。历年来县委县政府对这个布依族“六月六”风情节都很重视，每年都在办。通过这样

① 访谈对象：王文信；访谈人：林继富、李晓城、黎维丽；访谈时间：2012年7月18日；访谈地点：贞丰县民族与宗教事务局办公室。

② 访谈对象：韦国英；访谈人：林继富、李晓城、黎维丽；访谈时间：2012年7月18日；访谈地点：贞丰县县城韦国英家。

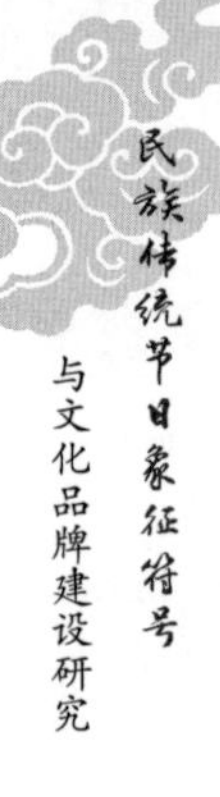

> 的节庆活动凝聚大家，把大家集中在一起。内容很丰富，有山歌比赛、古歌比赛，有龙灯、狮灯、长矛，都是全县性的活动。“六月六”对民族团结，集中共商大事推进精神文明建设都有很大的作用，而且大家乐意去办。①

2003年，贞丰县将“‘六月六’布依族歌节”更名为“‘六月六’布依族风情节”，从“歌节”变为“风情节”，使“六月六”的内容更加丰富，不仅仅是以对歌为主要的活动内容；竞技项目更加多样，除歌唱比赛外又增添了龙舟赛等活动；还有布依族风俗展示，会邀请其他地区的布依族同胞来县里，在县城的主干道按照方队游行，从而展示布依族的服饰等民族特色文化。贞丰县政府在三岔河风景区专门建设了水上舞台用于举办“六月六”布依族风情节晚会，先后邀请过韩红、孙悦、沙宝亮等当时有影响力的歌手在六月初六这天前来献歌，但是更多的还是贞丰传统的民俗表演，如八音坐唱、布依族山歌、古歌和传统技艺的表演。

> 现在政府办就在宾馆了，规模很大，不是农村自己搞的那种，但是你到农村去照样能吃到他们的糯米饭或者鸡肉、粑粑。来表演的农民都是各个地方专门组队来的。把这个田祭了，饭也吃了，我们去要看，就自己去。原来在三岔河办的时候，人山人海，那几年办得还是比较红火的，好多全国有名的歌星都去了，热闹得很。②

传统节日也是贞丰人进行商品交换的重要日子，过去每到“六月六”，就会有来自各地的商贩在县城摆摊兜售各色商品，还有理发、擦

---

① 访谈对象：韦正律；访谈人：林继富、李晓城、黎维丽；访谈时间：2012年7月18日；访谈地点：贞丰县民族与宗教事务局办公室。

② 访谈对象：贞丰县原民族宗教局工作人员韦国英；访谈人：林继富、李晓城、黎维丽；访谈时间：2012年7月18日上午；访谈地点：韦国英家。

鞋等服务性质的商业活动，也有带有赌博性质的游戏。但是，在政府组织节日后，除了上述惯常见到的商品集会，增添了企业赞助商的产品和与当地政府签约了生产合作协议的企业的产品，如2005年贞丰县“布依族风情节”共签约33个项目，协议资金49.16亿元，项目涉及黄金、煤炭、水电、建材和基础设施等。①

贞丰县布依族“六月六”风情节已经建设成为在政府主导下，以发掘地方民族文化、突出地方民族特色、开发旅游、招商引资为主要目的的传统节日品牌。这种新的形式是传统“六月六”为适应其生存环境而发生的变迁，它有选择性地保存了一部分传统的“六月六”内容，但也有些传统习惯失去了生存土壤而慢慢消失了。

二、“六月六”品牌建设中的政府行为

自20世纪90年代以来文化产业的蓬勃发展，因其独有的特点，常常被人誉为“朝阳产业”“绿色产业”“无烟产业”“知识工业”②，我们每天都面对从成千上万的文化产品中选择自己需要或有好感的产品进行消费，文化品牌日益成为消费者选择评判的重要考量对象。就目前国内建设的民族传统节日文化品牌来看，有着明显的地域和民族的差别，发展状态良莠不齐。如何在众多传统节日文化品牌中突显自己的特色？如何运作才能在品牌建设道路上找准定位？笔者认为民族传统节日文化品牌建设的突破口依然要放到市场，寻找规模化和可复制化的可能，在品牌建设过程中，保住传统节日的特质、形成差异化的文化品牌个性。

民族传统节日文化在各地政府的资助和引导下，其内容不再拘泥于传统形式，而成为更加具有张力的民族展示平台，起到了宣传地方文化和凝聚民族情感的作用。这期间政府的角色也在不断适应中调适。20世纪70年代到90年代，贞丰县“六月六”布依族风情节活动偏向于基层

---

① 杨昌儒、陈玉平编：《贵州世居民族节日民俗研究》，北京：民族出版社，2009年，第235—236页.

② 王钧、刘琴编著：《文化品牌传播》，北京：北京大学出版社，2010年，第1页。

文化建设，经济因素虽然考虑在内，但是收效并不显著，主办单位也多为地方公社，或者县级单位，举办活动的目的也是为活跃地方文化的建设。进入21世纪，由于受到州政府的鼓励和支持，贞丰县大张旗鼓地把“六月六”活动提升到宣传并带动地方经济的高度，文化创造价值的理念占据了主导的地位。2013年“六月六”活动主题“弘扬布依文化，打造美丽乡村”，就是将“六月六”活动融入新农村建设。活动举办地为贞丰县珉古镇必克村，为了活动的举办，当地建设了能够承接大型活动的文化广场；为了接待游客，统一规划了具有接待、餐饮、住宿等服务能力的“农家乐”；临时搭建了饮食文化一条街，无偿让村民使用摊位，售卖地方特色的饮食等等。这些设施虽为举办“六月六”活动而规划和建设，但是在“六月六”举办过后依然发挥着作用，作为新农村建设的一部分而成为带动地方经济发展的惠民工程。

> 我想把我们搞的那个文化中心改成旅游中心，吸引更多客人。我们想些办法，把“六月六”过了以后，动员各家各户，搞十家农家乐。现在县委县政府三个单位对口扶贫一家人，有事就可以到他们的农家乐开会、吃饭。我跟你说，农家乐，就是吃吃野菜啊、土鸡啊这些。来旅游的也有，（游客）从双乳峰过来以后，可以住民宿，可以吃农家菜，我们都能安排。[①]

由于政府参与，贞丰县布依族“六月六”逐渐从民众自发庆祝的形式过渡到如今“六月六”布依族风情节的全民参与，使民族传统节日焕发了新的生机。然而，政府的介入也引发出新的问题：“六月六”文化品牌活动的开展在经济收入上虽然可观但并未达到预想的目标；“六月六”活动集中在一个地区举办，导致“六月六”举办地人流量增大，对

① 访谈对象：周连继；访谈人：李晓城；访谈时间：2013年7月11日；访谈地点：贞丰县必克村周连继家。

自然环境、生活环境有所破坏；布依族传统文化集中在为“六月六”搭建的舞台上展演，这种高于生活的舞台化表演，削弱了“六月六”原有的生活意义和文化价值；借鉴其他地区对民族节日的建设方式，引进通俗化的旅游产品，减少了贞丰布依族的个性等。

就贞丰县以及乡镇政府所发挥的职能来看，通过制定针对“六月六”活动计划，引导“六月六”传统文化的传承，将“六月六”活动融入社会经济发展之中，引导“六月六”文化品牌建设往弘扬优秀传统、改善布依族民众生活质量的道路上发展，使“六月六”品牌建设的具体实施者认识到“六月六”文化价值，激发贞丰布依族民众对于“六月六”传统文化的自豪感，形成贞丰布依族以及其他民族共同传承发展“六月六”传统文化的热情。

三、“六月六”品牌建设中普通民众的适应

无论是民族传统的节日还是如今建设中的节日品牌，其主体都是节日中的普通人。传统节日是普通民众表达信仰、宣泄感情的特殊日子。“六月六”对于布依族民众来说，就是通过祭祀水田的仪式表达对丰收的期许并借此向后代传递水田耕种的生产智慧；在祭祀祖先的行为中表达对祖宗的敬畏和家族的认同；在男女对唱谈情的“浪哨”中表达对自由婚恋的追求和家族繁衍昌盛的意愿；在母亲带着孩子回娘家的过程中表达婚姻维系亲情、连接血脉的家庭关系。这些朴素的民众情感凝聚在“六月六”，历经千百年流传至今。如今的“六月六”布依族风情节把布依族歌舞、器乐、服饰、饮食等一一搬上舞台，借助新媒体方式传播，扩大了影响。虽然面临生产环境的变化，后继乏力的困境，但是传统的“六月六”依然还在。我们走访了一些家庭，有些民众表示，自己还会在“六月六”去自家水田祭祀，在家中供奉祖先等，这些活动结束后，他们就携家带口前往县城，观看县城举办的“六月六”风情节晚会。至于“浪哨”、对歌这些过去存在于年轻人中间的活动已经逐渐消失了。

“六月六”活动的筹划者也注意到了这些问题，一味地展示是空洞而缺少群众生活传统的且是没有出路的，只有根植于布依族民众的生活土壤中，“六月六”的传统才能焕发生机。适时地调整“六月六”品牌建设的步伐，势必会影响传统文化的形态，产生新的“六月六”的生活行为，例如“六月六”的集体祭田等。这些对于“六月六”品牌建设的尝试，深刻地影响到“六月六”中最为普通的参与者，他们在逐渐远离的“六月六”传统的同时，又在适应着“六月六”新的变化。

我们走访了很多布依族人家，他们纷纷表示，中年一代大多外出务工，村中主要是老年人和儿童，而如今政府组织举办的丰富多彩的“六月六”活动让他们平时寂静的村子也能有喧嚣热闹的时刻。他们很自豪自己民族的传统“六月六”习俗被更多人了解。如今的布依族的“六月六”从“后台”走向了表演的“前台”，通过现代媒体的传播而被更多的人熟悉。虽然其形式内容和功能意义都不同往昔，但是这并不妨碍布依族民众对于“六月六”的热情。

四、传统民族节日开发的适用路径

传统节日的活动开展离不开与传统节日活动息息相关的民族文化和地方文化。对于民族传统节日的保护，自然也应当照顾到民族传统节日的生存环境，如民族民间流传的音乐、舞蹈、绘画、刺绣、印染、服饰、器具、建筑、标识以及特定的文化区域或场所，同时也要保护好民族传统节日文化生存的历史环境、人文环境，以及传统节日包含的文化心理、宗教信仰、价值观念以及各种文化习俗等，最终达到“合理利用”“有效保护”的目的。目前地方对于民族传统节日品牌建设很大程度上都跳出单纯过节的局限，而将目光放在更为广阔的展示地方民族文化传统的大平台上。因此，传统节日文化的品牌开发应该根植于对民族的文化底蕴和内涵的历史性挖掘。对传统节日符号的运用，不能脱离作为文化主体的民族自身的文化模式和实际生活，对传统节日文化的开发，只有根植于民族传统文化的土壤，才会使传统节日文化魅力永存。

文化品牌的建设要讲求可持续发展适度原则，开发与保护并存，才能使根植于民族和地方文化土壤的传统节日品牌生机勃发。

民族传统节日产业化的根本目的是建设地方文化品牌服务，为当地经济发展、改善人民生活服务，为优秀民俗传统的继承、发展服务。但在传统节日开发的另一面又存在着不加珍惜、不妥善保护，甚至进行破坏性、掠夺性开发等现象。比如贞丰县“六月六”布依族风情节在开展旅游活动后，其举办活动的自然景区往往成为客流高峰的最大经济受益者和最大的生态受害区。由于景区旅游环境承载力有限，每次“六月六”期间的客流高峰都会造成对景区自然生态环境一定程度的破坏。根据实地调查，生态破坏主要来自以下方面：首先，大量交通运输设备的进入，使到处弥漫着浓浓的汽油味和刺耳的喇叭声，加上兴奋的人群不时发出的欢呼与尖叫，给景区带来严重的空气污染和噪音污染。其次，各种旅游垃圾和污水对景区内的土地、水流、森林和其他资源造成了损害。这也与贞丰县对活动举办地的布置不当有密切的关系。

民族传统节日的保护就是对传统节日的民俗生活进行抢救，激活传统节日文化基因，使其更好地融入生活实践、融入时代发展。保护性开发原则有两重含义：其一，是指对民族传统节日的民俗内容的保护；其二，是指对民族传统节日的民俗生存空间的保护。民族传统节日由于自身独特的民族特色而受到旅游者的青睐，但是受到现代文明的冲击和其他民族的影响，民族传统节日的形态发生了或多或少的变异。就贞丰县对布依族“六月六”的建设而言，为了吸引游客，邀请一些著名歌星和表演团队；布依族传统刺绣越来越少见，取而代之的是较为大众的十字绣，这些都不是布依族传统文化。参与者前来本是为了感受布依族传统的“六月六”，虽然“六月六”活动展现以布依族文化为主，但是这些非布依族文化的出现，使布依族的“六月六”传统个性大打折扣。民族传统节日是民族感情、民族心理和民族行为的集中表现，是民族文化的重要载体。通过参与民族传统节日活动能够全面了解民族的生产、生活、信仰、习俗等。民族传统节日旅游资源开发不要只局限于唱歌跳舞等形式上，可以利用戏剧、小品、游戏等形式展现传统节日的起源与发展，可以以各种竞赛的形式让游客参与传统节日活动。就“六月六”而言，可以将“浪哨”中美丽的爱情故事通过戏剧或小品来表现，游客在观赏表演后可以参与到对歌或丢糠包的游戏中。此外，可以邀请游客自发参与祭田活动，了解布依族水稻种植历史，以及由水稻种植衍生出的布依族其他传统节日，如这些传统节日都是在水稻种植的什么阶段举行，为什么这个时候举行？“六月六”的意义何在等，使游客了解“六月六”的习俗禁忌，关键就是让游客参与“六月六”活动，学习相关知识，参与相关活动提高以“六月六”为内容的旅游品味。

保护与开发相结合要树立可持续发展的长远目光，使保护性开发成为开发者自觉行为；发挥规划的作用，合理规划，使破坏尽可能减少。民族地区发展旅游的优势在于民族文化与生态旅游，既然是生态旅游，就不能按大众旅游模式发展，必须遵守生态旅游的基本原则，即保护传统节日活动所在地的自然生态系统，把传统节日旅游活动的短期轰动效应与区域旅游可持续发展有机结合起来。

商品经济条件下，民族传统节日的资源开发表现是经济活动，而经济活动的目的就是追求利益最大化。如果没有实现经济效益，那么开发者也就无法维护文化产品的再生产，从传统节日资源向传统节日品牌转化也难以实现。而如果盲目追求利益，忽视对文化资源及其根植土壤的保护，则会导致文化资源的浪费和枯竭。因此，在对传统节日资源的开发过程中，秉承保护性开发的原则，寻求保护与利益的平衡点，找到实现“共赢”的运作方式至关重要。

“六月六”是布依族的传统节日，因节日时间一般是在农历六月初六而得名。农民插秧结束意味着依赖稻作生存的农民得以拥有短暂的清闲时光，休整身心。在生产力不发达的过去，耕种后的作物能否获得丰收依赖于自然，于是对于稻作昌盛的期盼，以及人畜平安的夙愿是构成此时民众心理的最为强烈的因素。“六月六”布依族民众要穿盛装；吃糯食、喝糯米酒、烹饪狗肉；以家庭为单位祭祀田神、供奉祖先；以山寨为单位祭祀山寨神、打扫村寨；已婚女性带孩子回娘家；青年男女聚在一起“浪哨”等等。这些传统习俗以及生成的象征符号，随着时间的推移有诸多变化，但是反映的布依人的传统生活精神并未发生根本改变。

经过四十多年的发展，贞丰县“六月六”布依族风情节逐步发展成为政府主导下以发掘布依族文化、突出贞丰特色、开发旅游、招商引资为主要目的的新型节日形式。这种新型的形式是“六月六”为适应生存环境而产生的“创新”，它有选择性地保存了一部分传统“六月六”的内容，但是有些传统的“六月六”习俗也因不适应时代发展而逐渐消失，或者为适应当下贞丰布依族民众生活进行了选择与调适。贞丰县布依族“六月六”风情节品牌建设注重对“六月六”象征符号的运用，并且取得了突出效果。贞丰县政府在摸索中尝试“六月六”品牌建设方式，在“六月六”品牌发展过程中因地制宜地利用贞丰县条件优势和布依族文化特色，而且根据不同形势进行调整、完善，以使经济效益、社会效益和文化效益高度融合，从而得到共同发展。

第十章

天河与地景融合的文化体系：郧西汉族七夕文化品牌建设[1]

郧西县位于湖北省西北部，鄂陕交界处，隶属十堰市管辖，其南面临汉江，北面依偎秦岭，西南地区深入大巴山脉，东北部属鹘岭余脉，可谓“依山带江”。历史上，郧西所辖之地三面环秦，一面接楚，素有“秦头楚尾”“秦楚咽喉”之称。现今的郧西县正东及东南部与湖北省十堰市郧阳区毗邻，正北及东北部与陕西省商洛市的山阳县、商南县交界，西北部、西南部与陕西省商洛市的镇安县、旬阳县相邻，正南与陕西省安康市的白河县接壤，省际边界线长达409千米，因位于郧阳之西而得名“郧西”。郧西县下辖城关、土门、香口、上津、店子、关防、景阳、夹河、羊尾、涧池、观音、马安、六郎、河夹、安家、湖北口回族乡和三官洞林区、槐树林特场等18个乡镇场区，总人口51.16万人，其中农业人口43.5万人，是以农耕为主要生计方式的地区。

郧西传统文化资源丰富，秦楚文化彼此融合，属于武当山道教文化圈，文化特色鲜明，这里的七夕文化深受民众喜爱，以“七月七”为核心构成的七夕文化体系充分展现了郧西文化的丰富性和生命力。在郧西推进社会经济转型升级的过程中，郧西人将“郧西七夕”作为国家级非

① 参与该章内容调查和撰写的人员：林继富、钟建华、王丹、周灵颖、李晓城、陈国玲、张晓等。

物质文化遗产代表性项目进行保护，以七夕文化为核心在郧西实施品牌建设，探索出区域社会传统文化资源的品牌建设道路。

第一节　郧西七夕文化的特质

2009年11月16日，中共郧西县委十二届三次会议决定开发七夕文化，实施“旅游立县”战略。经过11年的努力，郧西七夕文化已经享誉全国，国家级品牌地位已经确立，郧西也由文化资源大县向文化品牌强县迈出坚实的一步。郧西七夕文化成为郧西转型发展的重要内动力，成为郧西跨越发展的重要软实力。10多年来，郧西人在发掘、整理和传承七夕文化中不断地积累和总结，郧西七夕文化的理论体系逐步形成。

郧西七夕文化是地域性的民间传统文化现象，作为自古至今在郧西区域绵绵不断口口相传的民间生活习惯，以其独具特色的地域性和承载中国七夕文化的具象性，得到了专家学者和各级政府的高度重视。2014年“郧西七夕”获批进入第四批国家级非物质文化遗产代表性名录，中国民间文艺家协会授予郧西“中国天河七夕文化之乡”的美誉。郧西七夕文化也从偏于一隅的民间传统生活文化现象，转化为区域的主流文化品牌，成为郧西软实力建设最为基础和根本的文化传统。

一、郧西七夕文化的内涵

广义的郧西七夕文化，是指汉族的七夕文化在郧西的具体表现与广泛传承。狭义的郧西七夕文化，是指以流传在郧西并与天河流域自然风貌相印证的牛郎织女神话传说为基础，以七夕为节令，以相关的风俗习惯和文学艺术为载体，以祈福、乞巧为目的的社会生活现象。

从郧西七夕文化内涵来看，主要包括三个方面的内容。第一，产生郧西七夕文化的基础，是流传在郧西地域内的牛郎织女神话、传说和故事，这些与天河流域自然风貌相对应的神话传说和故事，提升了牛郎和织女的神格力量，铸就了郧西七夕文化的灵魂，成为郧西七夕习俗释源的基础。第二，郧西七夕文化表现形式多种多样，既包括每年农历七月初七的传统节日习惯，也包括一系列民间习俗和仪式性活动，还包括各类文学艺术活动等。第三，郧西七夕文化以祈福和乞巧为目的，这种文化活动直接或间接地教化和引导人们崇尚自然人本、坚守忠贞爱情、追求美好生活、构建和谐家园。

二、郧西七夕文化的精神内核

七夕文化产生于西汉时期，两千多年来，七夕文化能够生生不息地传承至今，是因为它不仅契合了爱情和美好的话题，而且也因不同的时代赋予了它不同的精神内核，衍生出新的社会价值。比如对权力的挑战，对农耕文明的赞美，对个性尤其是女性解放的渴求和对婚姻自由的追求等等，这些都是不同时代赋予七夕文化的不同精神内核。郧西七夕文化之所以传承至今而且在现阶段再次被高度重视，就是因为它具有“追求美好生活，构建和谐家园”的现实意义。因此，追求“和美”就是郧西七夕文化在当今时代的精神内核。

郧西天河是一条“和美”的河流。郧西天河，承载着牛郎织女浪漫而美丽的神话，延续着年年七夕鹊桥相会的传说，使天上与人间、传说与现实遥相呼应，构成生活期待美丽的和弦。

牛郎织女传说是“和美”的故事。牛郎织女的神话传说和故事一方面表现了天界与人间、仙女与农夫、自然与人神等各个方面在冲突中实现最终融合；另一方面，牛郎织女的故事以天河相会为终点，而这又是他们以后年年相会的起点，开启了年年鹊桥相会的永恒不止的爱情佳话并由之形成民间节令现象。

农历七月初七是“和美”的日子。七月是天象中牛郎织女星相会和现实中男耕女织最为适宜的时节。七月初七日在郧西的民间传说中是女娲造人之日，选择这个日子作为鹊桥相会的时间，既对应了中国传统节日单数重叠的节令设置习惯，又使天上的景象和传说与地上的农事和爱情很好地结合在一起；还通过“夕”“喜”谐音的暗合，体现出“七夕

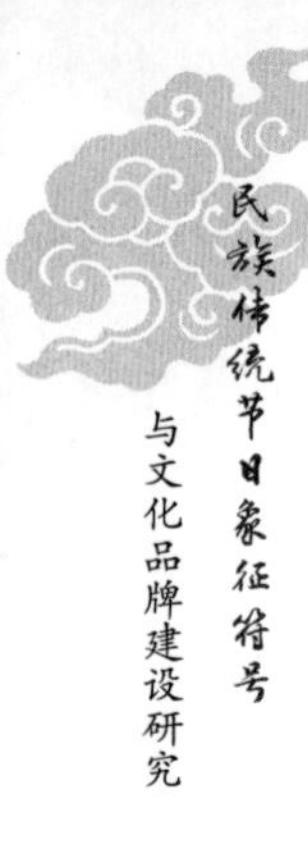

节”的喜庆与浪漫。

七夕习俗是一种“和美”的祈愿，是七夕文化的社会表现形式。在郧西天河流域至今流传的七夕习俗中，有表达对自然、时间和数字的崇拜，有表达对美好爱情和婚姻的祈愿，也有表达对个人技能技巧提升的追求，还有表达对幸福和谐生活的憧憬和态度。

三、郧西七夕文化的呈现方式

郧西七夕文化的呈现方式非常丰富，既包括自然生态的呈现方式，也包括人文活动的呈现方式。

在自然生态上，由北向南穿越郧西县城69千米的天河，东岸有杨家河、石人河、归仙河等支流，西岸有直峪河（谐音织女河）、麦峪河（谐音美女河）、石婆沟、仙河等支流，会同天河流域内的玉皇顶、仙女（姑）洞、娘娘山、牛儿山等，不仅与牛郎织女神话传说和故事中的重要元素彼此印证，而且也与星象图上的银河、牛郎星、织女星遥相呼应。尤其是在天河流经郧西县城的区域，有“石公公”“石婆婆”两座山石隔天河而守望，在隔开它们的天河水中央还伫立着一尊状若金簪的石柱“金钗石”，它们被祖祖辈辈的郧西人认定是牛郎、织女和王母娘娘怒划天河的金簪的化身，是牛郎织女爱情神话传说故事的地理景观遗存。

在风俗习惯上，清同治乙丑年（1865）和中华民国25年（1936）的《郧西县志》记载了郧西自古就有“七月闺阁以瓜果祀牛女为乞巧”过七夕节的习俗。至今传承有盛七水、染指甲、贺牛生日、竞巧能、放河灯、观星辰、葡萄树下听夜话等民俗活动。在郧西上津、槐树、香口和天河流域，保留着独具特色的“请七姐”习俗，这项习俗分别在农历正月初七和七月初七举行，正月初七“请七姐”的主要目的是向七姐问年景、求财运，七月初七“请七姐”主要是为姑娘和小媳妇们乞巧或占卜爱情婚姻。“七成八不成”的信仰在郧西民间也普遍存在，通过在男方上门提亲时女方家上七个菜表示认可、上八个菜表达婉拒的风俗习惯，把“七”与“吉”结合起来。

在文学艺术上，郧西民间流传着不同版本的牛郎织女传说，它们与中国其他地区流传的牛郎织女传说有许多相似性，也有很大的差异性，许多牛郎织女传说与郧西地理风貌和民俗风情有着密切的联系。在郧西现存的诸多古老木刻、手抄本上和口口相传的民间说唱表演中，有大量以牛郎织女传说和七夕文化为内涵的文艺作品，如《织女想四季》《七阳》等等，这其中既有完整叙述牛郎织女神话传说和故事的民歌唱词，也有抒情达意的诗词歌赋，雅俗兼有，以俗居多，虚实兼容，以实为重，民间性明显，娱乐性更强。如“七夕巧把银河渡，此时牛女正欢情”“笑看牛女渡银河，七夕相逢乐趣多”“银河七夕双星渡，鸾凤和鸣百世随”“叠翠联珠，天下佳期逢七夕”等。

在宗教信仰上，郧西辖内道佛两教盛行。县城地区天河两边“石公公”旁的悬鼓观，“石婆婆”边的天池庵（仅存遗址），涧池境内娘娘山（即《水经注》里称之为锡义山上的娘娘庙），香口境内的仙女洞，上津境内的仙姑庙、王母殿，槐树境内的仙姑洞等道教和佛教场所，都包含了郧西丰富的七夕文化。

在生产生活上，在郧西，男子依然传承着套牛耕地、固田务农的本分，坚守着牛郎般的诚信敦厚与坚忍顽强的品质；女子依然延续着种桑养蚕、编织刺绣的巧能，展现着织女般秀外慧中与心灵手巧的形象。懂得生活成了郧西人的追求和时尚，乞巧也融入郧西人的日常饮食文化之中。织女凉粉（神仙凉粉、神仙豆腐）、牛郎浆巴、秦巴牛尾、天河白鱼、板桥豆干、青菜豆腐等等，这些农家美食不仅天然、纯粹、味美，而且还蕴含有与七夕文化相关联的美丽传说和故事。

四、郧西七夕文化的历史渊源

在汉江和天河流域诞生了农耕文明。处在中国南北分界线上、位于华北自然区域和华中自然区域之间的郧西，是南北气候过渡地带，属于副热带北界大陆性季风气候，四季分明，雨量适中，日照充足，气候温和，无霜期长，严冬时间短，气候条件优良；这里有着纵横的山地，密布的河流，茂密的植被，生态环境优越。郧西是适合人类生活和动植物生长栖居的理想之地，这里曾是恐龙的故乡，猿人的乐土，4至10万年前郧西就有更新世晚期智人的存在。在郧西及其周边天河、汉江流域考古发掘出的新石器时代的打磨石器、骨器以及陶（石）纺轮、陶蚕罐等生产生活器具，证明郧西很早就进入了人类社会，率先步入了农耕文明，并且伴随农业发展，逐渐出现了男耕女织的社会分工和生产方式。

浪漫的情怀和理想创造了浪漫的牛郎织女传说。张衡在《灵宪》中曰："众星列布，列居错峙，各有所属，在野象物，在朝象官，在人象事。"古人认为地下之形与天上对应，悬于天际的日月星辰与附着于地表的自然万物存在呼应与相通的关系，因此星座的命名多与自然界万物以及人间官府制度相匹配。牛宿的十一个星官名称大多都与农业生产生活直接相关，以人们在农业劳动中必备的物质生产条件命名，是地上农耕文明的投影。古人把银河称为"天汉、云汉、河汉"，与地上的汉江、汉水和天河形成对应关系，地上男耕女织的分工对应牵牛星、织女星。出生和曾经生活在郧西之邻的房县人尹吉普把流传于汉江地区的民歌带进了《诗经》之中，《诗经·小雅·大东》《诗经·周南·汉广》中的"维天有汉""织女""牵牛"以及"游女"等就是牛郎织女神话传说的最早雏形和文字记录。汉江和天河既是一条母亲之河、英雄之河、商贸之河，更是一条浪漫之河。自先秦以来，汉水和天河留下了许多缠绵悱恻的爱情神话，牛郎织女的爱情传说也正是在这样的环境和土壤中生根发芽、开花结果的。随着岁月的流逝，由牛郎星和织女星演绎出的牛郎织女传说，也成为汉江流域七夕节的释源故事。

共同的心理和追求形成共有的七夕民间风俗习惯。沟壑纵横的秦巴山地，水流湍急的汉水天河，既适宜人类生存，又影响着人们的生活。对于靠天吃饭的古人而言，依靠自然，避灾趋利，繁衍生息是他们最主要的追求。因此，关注天象变化，祈愿神灵护佑，追求神功巧能就成了民间自然习惯。郧西的七夕习俗也是在这样的背景下，以牛郎织女传说为渊源逐步形成的。郧西的七夕习俗，反映在《荆楚岁时记》中，记录在《湖北通志》《郧阳府志》《郧西县志》等文献之中，至今，尚有十余种七夕习俗还在郧西的民间流传。与此同时，郧西人进一步推进了牛郎织女神格化，将牛郎织女与宗教文化相融合，建立了很多道观佛地，形成了独特的祭祀仙姑、娘娘的信仰。郧西天河与汉江相通，自古就构成了商贸和文化水域通道，郧西七夕文化也因此得到传播，抑或吸收外来文化而被进一步丰富，成为汉民族民俗文化中的一块瑰宝。

五、郧西七夕文化的传承与保护

郧西七夕文化源远流长，早在三国时期就有文献记载列仙居住娘娘山的传说，虽然对天河的文字记载只能追溯到明清时期，但从现有的史料和传承谱系来看，郧西七夕习俗早在唐宋时期就已经盛行了。随着社会快速发展，郧西七夕生活背后的文化观念和实践方式变得遥远，郧西七夕也因此在历史的长河中且行且缓且浓且淡，濒临失传和消失。

21世纪以来，经济的全球化，文化同质化现象越来越突出，中国人越来越认识到文化软实力的重要性，越来越认识到传统文化传承价值观的重要影响，越来越认识到文化遗产的重要价值。重新发掘、保护和传承中华传统文化成为当下各地有志之士的中心工作。郧西从2009年开始，高度重视发掘、保护和传承的传统文化。通过田野普查、交流考察，在科学分析和综合研判的基础上，确定了将郧西七夕文化作为当下县域重点发掘与传承的传统文化。

郧西按照“一县一品”发展战略，全力发掘、保护和传承郧西七夕文化。第一，建立组织管理体系。成立以组织协调为职能的郧西县天河七夕文化建设领导小组和办公室，以宣传和传播七夕文化为主要任务的七夕文化艺术传承中心，鼓励民间组建社团组织“天河七夕文化研究会”，形成政府引导，部门参与，社会力量推进的工作体制和机制。第二，进行文化整理和研究。在全县广泛开展七夕文化田野普查，搜集一大批七夕文化史料和遗存，尤其是发现了诸如“请七姐”等具有地域特色的七夕民俗现象。同时，通过建立专题性天河民俗博物馆，举办七夕文化研讨会，整理出版天河民俗集、天河论文集等系列书籍，拓展郧西七夕文化展示平台，提炼郧西七夕的文化内涵，并逐步建立起郧西七夕文化的理论体系。第三，开展文化品牌创建。立足于弘扬与保护，梳理和命名了一批七夕习俗的传承人，制订了天河七夕文化近中远期保护规划，通过开展省级、国家级非物质文化遗产项目的申报和七夕文化之乡的创建活动，提高全民对传统文化的保护意识，提升地域文化品牌的影响力。第四，实施七夕文化的基础建设工程。郧西县将2010年以来建设的路桥街道广场等，全部以七夕文化为内涵进行设计、建造和命名，专门建设了展示郧西七夕文化的七夕广场、时空隧道、艺术雕塑、星月夜景等，还重点规划了天河风景区、中国爱谷、世界婚博园等七夕文化景区，七夕文化地理景观建设取得了初步成效。第五，扩大七夕文化的宣传与交流。自2010年开始持续隆重举办七夕节，不断开展以七夕文化为主题的文艺创作活动，以散文《天河》、歌曲《永远的天河》、电视片《天河情话》等为代表的一大批文艺精品相继产生，并在人民日报、中央电视台等主流媒体上刊播。郧西开展了与日本七夕文化届人士的学术交流活动，郧西七夕文化东渡日本，走出国门，在海外传播。

“七夕在中国，天河在郧西。”郧西用了较短的时间，聚力挖掘出郧西七夕文化资源，并使之得到有效保护和发扬光大。2012年中央电视台开展的“七夕节您最想和他（她）去哪个地方？”的网络调查，郧西以28.64%的支持率位居全国8个参投地方中的第2位。“郧西七夕”相继被省政府和国务院确定为省级、国家级非物质文化遗产，郧西也先后被命名为“湖北省天河七夕文化之乡”“中国天河七夕文化之乡”“中国喜鹊之乡”。郧西七夕文化已经成为郧西自有的文化品牌，其影响力和带动力深远而不可估量。

第二节　郧西七夕文化象征符号体系

作为“七夕文化之乡”，郧西境内以七夕为核心的文化事象异彩纷呈，由多个象征符号构成的“七夕”文化具有深厚的历史底蕴和当代意义。这些不仅与这里得天独厚的自然地理环境、持续进步的社会经济紧密相关，而且与郧西特殊的历史文化根基和传承创新的精神力量有着密切联系。

适宜的环境有利于文化生产和传承，郧西为节日文化提供了生长和发展的温床。夏夜星空中的天河映照着郧西大地上蜿蜒的天河，千百年来潺潺地流淌在郧西人的想象空间中。闪烁的牛郎星和织女星牵引着无数勤劳的郧西人不懈地追求美丽的爱情与甜蜜的幸福，并且以象征的形式构成体系性的符号传递郧西人的精神秉赋和生活追求。

一、七夕文化的象征符号

郧西七夕文化的核心是牛郎织女的爱情传说，也是郧西七夕文化象征符号的基本元素。无论是七夕节日里的活动，还是平日里传唱的歌谣小调，牛郎和织女的身影或明明朗朗，或影影绰绰都存在其中。谈到牛郎织女传说在当地的流传，必然要论及郧西与这则传说的历史渊源。

关于牛郎织女传说成形的时间，大致推断为西周到东汉晚期。在此之前，该传说多是以神话的形态出现，即关于织女星和牵牛星的神话。自汉以降，“神”从天上来到人间，“牵牛”由星变成了人，生活气息日益浓郁。西汉开始，牛郎星和织女星便要在七月初七相聚了，七夕节也在大约南朝时应运而生。南北朝时的《荆楚岁时记》里就有“楚怀王始置七夕”的记载。可以肯定地说，早在楚怀王之前，中国就有关于七夕的习俗与传说。结合资料分析，七夕节起源于楚国时期的汉江流域，因汉代帝王的推崇，七夕节俗和牛郎织女传说广为流传。郧西所属的荆楚之地位于“两湖及汉中、汝南一带，也即长江中游，特别是以江汉平原为中心的湖北湖南地区”[1]，因此，今有人推测七夕节源起并流行于包括现今郧西县在内的汉江流域。

楚国立国800余年，农耕文明相当成熟，纺织手工业极为发达。自古楚地就盛产良种黄牛，牛郎织女传说背景就是农耕时代的楚地生活。汉江流域保留了大量与牛郎织女传说有关的遗迹，而今，郧西县内亦有天河、天河口等地名，据传就是“汉水连天河”的天河口。天河临汉水，即天汉之意，郧西是世界上唯一的汉水连天河之地。1300多年前的日本古书《万叶集》中记载的“天河”均为“天汉”，即天河、汉水相连的地方，故而不排除郧西是中国七夕文化发源地的可能。在牛郎织女传说中，天河被反复提及。古往今来，无数的文人雅士作文赋诗，描写天河七夕文化，如《转精奇石》：“转精生在急流中，却与山间石不同；昼夜昂昂承雨露，春秋默默历霜风；梳妆仙子飞身去，抛却金钗照眼濛；从古地灵人自杰，郧西行见出三公。”清代诗人王树德的《天河》也写道：“群山万壑助讴吟，牵牛天河情更深，细看衣裳飞洒处，站立虹桥忽归林。”

在郧西，千百年来对牛郎织女美丽爱情和美好品质的赞颂形成了诸多七夕文化民俗，这些民俗深入到社会生产、生活的多个领域，不仅具有传承性、实用性和娱乐性的特点，而且具有广泛性、区域性、稳定性的特质，成为传承七夕文化的重要载体。清代同治时期的《郧西县志》记载：“七月，七夕，闺阁以瓜果祀牛女，谓乞巧。”每年农历七月初七，郧西人就要“请七姐”、做巧食、吃巧果、穿针乞巧、喜蛛应巧、种生求子、晒书晒衣、贺牛生日、拜织女、拜魁星、染指甲、放河灯、七夕夜话等，这些符号无不显现和透露出对“美”“巧”“慧”的热切期盼和无限追求的象征意义。

---

① 萧放著：《〈荆楚岁时记〉——兼论传统中国民众生活中的时间观念》，北京：北京师范大学出版社，2000年，第17页。

二、“请七姐”

“请七姐”，又叫“请七姑”“请七姑娘”，是郧西县七夕习俗中最富地方特色的传统民间习俗之一，在郧西城关、香口、上津、槐树、观音一带广为流传。相传织女是王母娘娘的第七个外孙女，被称作“七姐”“七姑”或“七姑娘”。“七姐”被王母娘娘召回天宫后，同她的六个姐姐共同掌管着人间的吉凶、年成、婚姻和人们的手工艺技能等。“请七姐”就是把以织女为代表的女神请下凡间，向她问事求巧的一种民间仪式性民俗活动。传统“请七姐”的仪式是以家庭为单位举行的带有占卜性质的活动，一般是在正月初一至十五的晚上举行，也有地区在大年三十的晚上举行，但传说以正月初七晚上最为灵验，而现在则多在七夕时举行。“请七姐”仪式活动分为“请”“问”“送”三步，“请”，即请七姐下凡；“问”，即向七姐垂询内心疑惑或占卜未知事物，并从七姐处得到回答；“送”，即送走七姐。

“请七姐”仪式开始前，要将仪式举办地点，即厅堂或客厅打扫干净，在厅中间放置干净的桌子，桌前摆放跪拜用的草垫。桌子上可以铺上干净的红布，红布上摆放洗干净的筲箕筐，筲箕筐下撒上面粉或麦麸，而筲箕筐上也用布覆盖。上津等地选择使用传统妇女的黑色纱布覆盖，以象征七姑的头发，其他地区更多的是覆盖红布。在上津，“请七姐”时用的红布还要到位于伍家沟的刘仙姑庙开光。“往年是黑色的，包头的黑纱。现在是红的，红布要到庙里开光。”[①]筲箕筐前端用红绳绑着一根红色的筷子，筷子顶部绑着象征七姑形象的纸（布）人。桌子前方摆放供奉七姐的贡品，一般是水果、干果或花馍之类，数量不等，有的家庭摆放三份，有的家庭摆放七份，也有的家庭除摆放食品外，还要准备相应数量的酒杯和硬币。

① 访谈对象：郭登秀；访谈人：林继富、陈国玲、张晓、李晓城；访谈时间：2013年9月26日；访谈地点：郭登秀家。

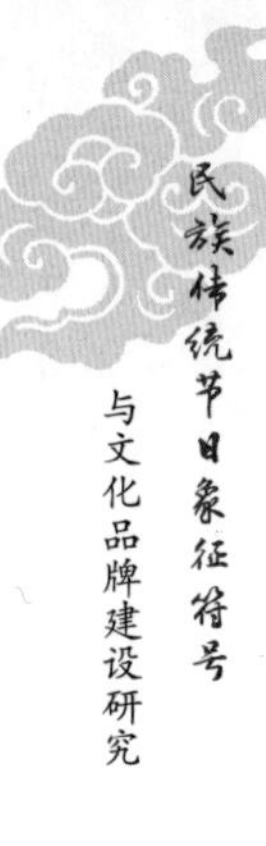

> 手脸一洗，客厅里摆个大桌子，大桌子铺一张，你晓得的，缎子的被褥面儿，然后就是农村用的筲箕筐……洗得干干净净的，面上也搭一个红绸子。然后筲箕筐前头用红筷子插在那儿，用绳子一绑一个花。就按照他那样做，先按到桌子上，先静到那儿。摆七个干果盘儿，七个酒杯，七个一毛钱。①

此外，要准备香、纸（表）、香炉等供祭拜之用，还要焚烧干艾草，以驱邪除污。仪式的主持者必须是女性，一般以家庭主妇或成年的未婚女性为主，还要另从家中挑选2位年龄在12岁上下的姑娘，分别站在筲箕筐两侧，用手将绑着筷子的筲箕筐抬起。

> 筲箕筐一边一个人掂着，大桌子这边站一个，那边站一个（比画），一边各掂一个……小娃子，12岁最好，让她们掂住。②

这3位女性是仪式的主要参与者，她们除心诚外，还必须要在仪式期间保持自己身体的洁净。“都要干净，神仙下凡就是说要干净……年轻姑娘，你要例行（例假）干净。”③准备工作结束后，就开始正式“请七姐”。根据家住上津镇古城西门外57岁的陈贤美记述，她在正月初七主持“请七姐”的过程是这样的：

> （首先）把艾点着，一绕，艾烟子杀菌辟邪。把艾烟子点完后把手洗干净。桌子下老早就摆着瓦盆，有草垫。跪着把香一点，一表纸一烧，然后站在桌子柜旁边“请七姑”，以前就是念：“正

① 访谈对象：孟慎彩；访谈人：林继富、陈国玲、张晓、李晓城；访谈时间：2013年9月28日；访谈地点：孟慎彩家。

② 访谈对象：张坛；访谈人：林继富、陈国玲、张晓、李晓城；访谈时间：2013年9月26日；访谈地点：郭登秀家。

③ 访谈对象：陈世来（刘惠清丈夫）；访谈人：林继富、陈国玲、张晓、李晓城；访谈时间：2103年9月26日下午；访谈地点：陈世来家。

月正，篾草青，青草阳气往上升。我请七姐下凡问年成，七姐要来早些来，莫等深更半夜来。深更半夜露水大，打湿七姐绣花鞋。小小鞋儿不打紧，千针万线绣起来。前门有狗不能进，后门能进不能开，要来就从屋檐来。”①

“请七姐”使用的口诀并非只有这一种，依据仪式举行的时间也有所变化，如若在七夕时“请七姐”，则使用另外一个口诀。

“七月七，月牙明，喜鹊来，搭桥墩。请七姑，下凡尘，问婚姻，指前程。七姑要来早些来，莫等深更半夜来。深更半夜露水大，打湿七姑绣花鞋。小小鞋儿不打紧，千针万线绣起来。前门有狗不能进，后门能进不能开，要来就从屋檐来。”“七月七”的月亮还是月牙，月亮牙牙的意思。②

这一口诀的主要变化在前半部分，由于“七月七”“请七姐”主要是询问婚姻和家庭，所以在口诀中特意提及“问婚姻，指前程”。此外，根据家庭情况的不同，流传下来的口诀也不尽相同。

除了口诀内容不尽相同外，念口诀的遍数，烧香的方位和多少，主持仪式的人面朝的方向也不相同。有家庭表示只需要念上一遍七姐就会显灵，有的则认为需要念上七遍。例如，上津镇郭登秀家和刘惠清家在“请七姐”时，再三强调“念一遍不行，要念七遍，念七遍以后问：‘七姑娘你来了没，来了你就磕一个头。’”③也有的家庭表示要一直不停地念，直至七姐显灵。其他方面也各有不同，有的烧一炷香，有的烧七

① 访谈对象：陈贤美；访谈人：林继富、陈国玲、张晓、李晓城；访谈时间：2013年9月27日；访谈地点：陈贤美家。

② 访谈对象：陈贤美；访谈人：林继富、陈国玲、张晓、李晓城；访谈时间：2013年9月27日；访谈地点：陈贤美家。

③ 访谈对象：陈世来；访谈人：林继富、陈国玲、张晓、李晓城；访谈时间：2013年9月26日；访谈地点：陈世来家。

根；有的屋内和屋外都需要供香，有的则只需在屋内供香；有的主持仪式时面朝供桌，有的则面朝东方。香口、六斗等地“请七姐”一般要到室外去请，主持人点燃七炷香后从正门走出，在院子里面向东方叩拜，燃烧香表，祈念口诀，请到七姐后，从侧门或后门返回正屋供桌前。

> 上七根香，把头一磕，又上门外，插七根香到道场边儿去，作七个揖，磕七个头……对着东方……然后就念那几句话，我记得还在那儿（老家房子），就是她（祖母）教下来的，我是亲身做过的，她都是说，对着东方就是“天成成，地成成，想请七姐下凡尘”，要念七遍“七姐要来早些来，不等深更半夜来，深更半夜来，打湿你的绣花鞋。前门不能进，前门有狗，要从后门来”。前门要掩着，后门打开。请进来以后，就在客厅里，作七个揖，磕七个头。前头要站一个，要给七姐斟酒，要斟七遍。①

这些不同是从长辈传下来时就存在的，形式上的差异并不会影响结果。

> 念过口诀后，就烧纸上香等着她来，她来了，筲箕筐就重些。这时候就说：“七姑娘，你来了就点三个头。”她就点三个头。如果没来，你这样掂着，她就不点头。②

① 访谈对象：孟慎彩；访谈人：林继富、陈国玲、张晓、李晓城；访谈时间：2013年9月28日；访谈地点：孟慎彩家。

② 访谈对象：章晋莲；访谈人：林继富、陈国玲、张晓、李晓城；访谈时间：2013年9月26日；访谈地点：章晋莲家。

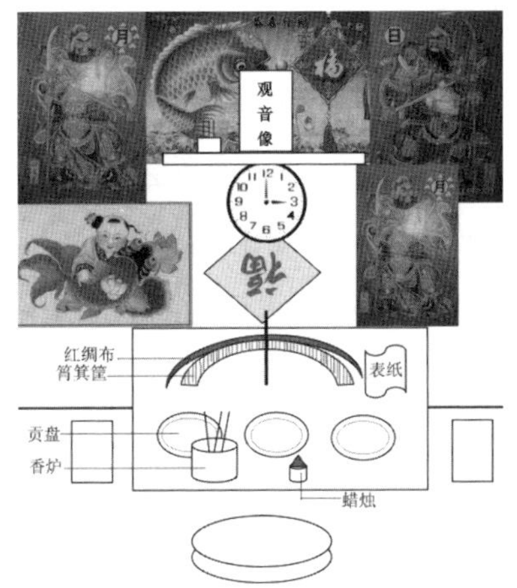

图10-1　“请七姐”的布局摆设（陈国玲绘）

图10-2　“请七姐”的布局摆设（陈国玲绘）

图10-3　上津刘惠清家的“请七姐”仪式（林继富摄）

“问七姐”是在“七姐”显灵后，有所求愿的人就可以先后上前敬香、烧纸、磕头或敬酒，然后询问，一般都是“问年成啦，麦子啦，庄稼啦，收成啦，往年都是问收成，今年麦子收割啥样啊，水稻啦等等，

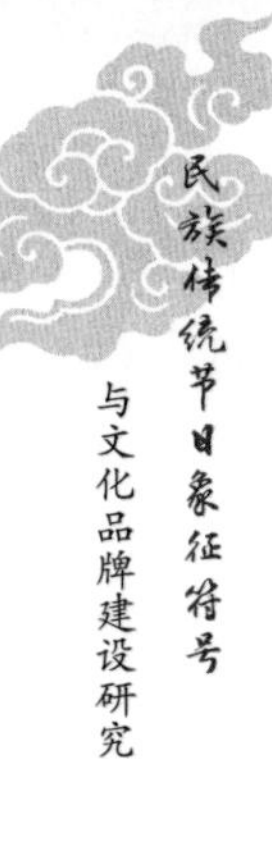

你晓得，农村就是没吃的噻，她就问这些杂七杂八的事儿……问成不成啊，这个事儿咋样，她就嘣叱嘣叱地敲桌子”[①]。询问的人不拘于性别，只要有问题都可以询问，有时仪式活动还会邀请自己的邻居或知己好友共同参加，其他人如果有疑问需要七姐解答但自己家庭又不会“请七姐”的，也可以请求参与到举行仪式活动的家庭里来。

询问家里的收成一般是在正月里“请七姐”时占卜，七夕时一般不询问收成。

> 林继富：现在还问年成吗?
>
> 陈贤美：正月里还是问得多。
>
> 林继富：“七月七”呢?
>
> 陈贤美：正月那是年头，问前一年的。你这都到八月了，都过了一半了，这一年上半年都过完了……七姑起个报信的作用，一问你心里能有个底儿。[②]

郧西“请七姐”的习俗主要是在两个时间：一是正月初一至十五，其中正月初七较多；一是七月初七。正月初七和七月初七具有某些关联性，那就是古人的星辰崇拜，并且正月初七为人日，这些星辰与人的生命有关系，尤其是北斗七星。晋朝干宝的《搜神记》卷三云：“南斗注生，北斗注死。凡人受胎，皆从南斗过北斗。所有祈求，皆向北斗。”道教《太上玄灵北斗本命延生妙经》曰：“北斗司生司杀，养物济人之都会也。凡诸有情之人，即秉天地之气，阴阳之令，为男为女，可寿可夭，皆出北斗之政命也。”七月初七请七姑娘的时候，问婚姻、求孩子等，均是生命意义的展现，与正月初七人日的意义何其一致。因此，郧

---

① 访谈对象：徐成云；访谈人：林继富、陈国玲、张晓、李晓城；访谈时间：2013年9月26日；访谈地点：刘仙姑庙。

② 访谈对象：陈贤美；访谈人：林继富；访谈时间：2013年9月27日；访谈地点：陈贤美家。

西“请七姐”在正月和七月，与星辰崇拜的关系极其紧密。

除了占卜年成外，也可以询问家庭外出成员是否平安、何时婚配、何时生子、怎样发财等问题。如果所问的问题为是非问题，例如是否会生儿子，是否安全，是否会发财等，七姐往往以绑在筲箕筐上的筷子是否敲击桌面来予以回答；如果问题的答案与数字有关，例如几岁结婚，几岁有子等，七姐往往以绑在筲箕筐上的筷子敲击桌面的次数进行回答；其他问题，七姐则用绑在筲箕筐上的筷子在面粉或麦麸上画画或写字来回答。

“送七姐”，即等七姐把民众提出的所有问题解答完毕，仪式的主持者需要将七姐送走。一般“送七姐”时要烧香、放炮，并且许诺七姐，如若所答问题灵验，则到下次“请七姐”时奉上价值若干的香纸或贡品，最后念念有词：“七姑娘，七姑娘，我明年请你，你明年再来啊。”①

送走七姐后，要将仪式上使用的筲箕筐、红布、纸人等物件“下掉，保护干净，用布包起来，放起来，来年要请了，再扎上”②。贡品则分给家庭成员和参与者共同食用，民众认为这些经七姐享用过的食品具有化灾逢吉、保佑平安的功效。

“请七姐”根植于农耕社会，是生活在这秦岭山区中普通的庄稼人，出于对未来不确定的恐惧和猜测，在仙道思想的影响下，渴求通过某种占卜得到一个回答而产生的。“请七姐”本是发生在年初，主要用来询问家庭年成或出门在外的亲人的情况。农耕社会的瓦解也必然对它产生了一定的影响。如今大多数郧西人已没必要再担心基本的粮食作物的收成问题，对于出门在外的亲人，也有了更为便捷的联系方式，所以，普通人家将“请七姐”这一活动更多地放在七夕举行，年过一半，

① 访谈对象：章晋莲；访谈人：林继富、陈国玲、张晓、李晓城；访谈时间：2013年9月26日；访谈地点：章晋莲家。

② 访谈对象：陈贤美；访谈人：林继富、陈国玲、张晓、李晓城；访谈时间：2013年9月27日；访谈地点：陈贤美家。

询问收成已经意义不大，于是更多的是询问关于婚姻子嗣的问题。

> 我最有亲身体会。我们屋里有一个人想要儿子，头里都是女儿，她说："我这咋搞啊？我想要个儿子，你请七姑娘帮忙要个儿子噻。"我说："行呐。"我们等到"七月七"晚上九点左右就开始。这是真的，亲身经历的。我就按照老辈传下来的那样做，就那样念，不知是真是假，反正她要个儿子后来是要到了。
>
> 那个人想要儿子，（"问七姐"时）她第一个上，她说："是，我想问七姐要个儿子。"她也作七个揖，磕七个头。……我就说："七姐七姐，你看她想要个儿子，你要是能保佑她生个儿子，你就磕三个头，要是不行呢，你就不磕头。"我最清楚了，嘣嘣嘣，磕了三个头。三个头以后，我就说，我给七姐五十块钱，那时候五十块钱可是不少啊……（生儿子以后的）"七月七"请七姑娘的时候让她来还愿嘛，她买了价值五十元的香表纸来，就还愿了。
>
> 有一个人有个儿子，她想要个儿媳妇，年年来求七姐。每年请七姑娘的时候，她就说："我想要个儿媳妇，我儿子想要个媳妇啊，你要保佑我们啊……"但是七姑娘就是不磕头。①

此外，"请七姐"的主要参与者是女性，这与农耕社会中男主外、女主内的思想息息相关。妇女由于受到身份的影响，家庭地位并不高，通过"请七姐"活动，女性从中寻找到身份的认同。从12岁抬筲箕筐开始，女性就意识到自己身份的特殊，或者不同于家庭中的男性成员。也正是因为"请七姐"是女性主导的仪式活动，那么供奉的神灵自然以女性为佳。"七姐"作为一位女性神灵，在该仪式活动中被奉为唯一的一

---

① 访谈对象：孟慎彩；访谈人：林继富、陈国玲、张晓、李晓城；访谈时间：2013年9月28日；访谈地点：孟慎彩家。

位寄托对象也并非偶然。我们大胆地揣测，正因为以牛郎织女为代表的七夕文化广泛而深远的影响，使得郧西人将织女看作纯洁、忠贞的化身，奉为至高无上的女性神灵。郧西人自始至终都认为牛郎织女的传说始于郧西，那么，牛郎和织女也必然曾经生活在郧西，自然能够体谅郧西人的疾苦，所以，即便织女上天为神，也必然心向郧西，造福郧西黎民百姓。

“请七姐”活动在郧西县发展至今，大体保留了传统仪式形态，但亦有所变化。比如，现在上津的一些家庭不再举行这一仪式，因为距离上津城不远的伍家沟兴建了一座刘仙姑庙。“现在盖得有庙啦，她（七姐）就说还请她弄啥子嘛，她就不给你说啦。”①所以，更多的人前往刘仙姑庙进香占卜。这位刘仙姑是伍家沟的一位村民，12岁时因被大水冲走而丧生，传说她死后因为曾经托梦显灵，救助了一位四川的病人，该病人病愈后，携家属前来感恩。刘仙姑因此得名，伍家沟人在她的坟前为她修建了这座仙姑庙。刘仙姑庙所处位置靠近道教名山武当山，当地人深受真武信仰的影响，所以伍家沟建有仙姑庙并不足为奇。

许地山在《扶箕迷信底研究》中将通过“卜者观察箕底动静来断定所问事情的行止与吉凶”的古占法称为“扶箕术”②，他通过考证，得出降箕者自宋代以来常有“‘山人’‘道人’‘居士’‘仙子’之类，乃至历代名人都可以由箕招致”③。然而，在郧西无论是请七姑娘，还是祭拜与七姑娘有千丝万缕关系的仙姑，都能够从中看出七夕文化对于地方信仰的深刻影响。即便历经时代的风云变幻，“请七姐”习俗已不同往昔，但是无论其形态如何变化，蕴含其中的对温饱、对平安、对健康、对人类繁衍不息的诉求至今依旧如故。

---

① 访谈对象：徐成云；访谈人：林继富、陈国玲、张晓、李晓城；访谈时间：2013年9月26日；访谈地点：刘仙姑庙。

② 许地山著：《扶箕迷信底研究》，湖南：岳麓书社，2011年，第6页。

③ 许地山著：《扶箕迷信底研究》，湖南：岳麓书社，2011年，第17页。

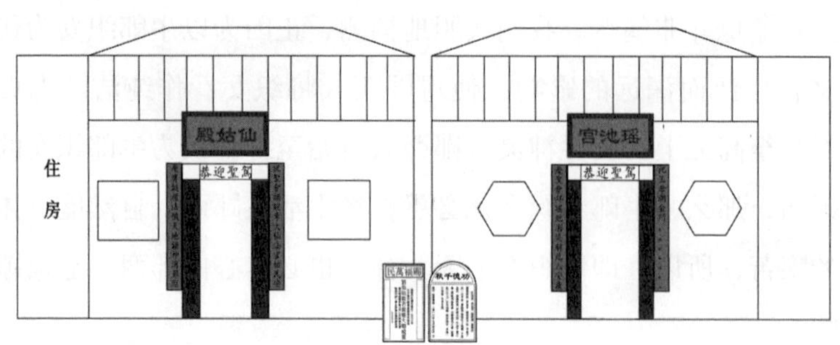

图10-4 仙姑庙的布局（陈国玲绘）

三、穿针乞巧

郧西七夕有“穿针引线”的“乞巧”习俗。这种乞巧习俗溯其渊源，与先民对织女星的崇拜有关。古人最早通过观察日月星辰的位置来判断时间和节气。那时，人们每到七月的黄昏，仰首观望，但见银河西畔，正当天顶的位置，有一颗明星高悬，熠熠生辉，在漫天的繁星中格外的引人注目。人们便用这一天象作为七月的标志，并将这种现象郑重地记载于《夏小正》之中：“七月，初昏，织女正东向。”后来女子们对着织女星陈设银针彩缕，向天而拜，祈求织女赋予自己玲珑的心思和灵巧的手艺。晋人葛洪所撰的《西京杂记》最早记载了七夕乞巧的风俗：“汉彩女常以七月七日穿七孔针于开襟楼，俱以习之。”梁人宗懔在《荆楚岁时记》中也记载：“七月七日为牵牛织女聚会之夜。是夕，人家妇女结彩穿缕，穿七孔针，或以金银鍮石为针，陈瓜果于庭中，以乞巧，有喜子网于瓜上，则以为有符应。”可见，七夕“穿针引线”乞巧的风俗在荆楚之地由来已久。

针是妇女缝纫工作不可或缺的主要工具，自然是和织女“司织”有关系。“有喜子网于瓜上，则以为有符应。”喜子是小蜘蛛，蜘蛛在瓜果上结网不正是织女“织成云锦”的象征吗？“陈瓜果于庭中”，祭祀织女以乞巧的仪式，是因古人以织女又是“主司瓜果”的女神的信仰而来的，《春秋纬·元命苞》中就有记载：“织女，神女也……并司瓜果。”这种以织女兼司瓜果的信仰在定型以前就已经存在。远古农耕社会中，民众把桑树视为神圣的树木，作为信仰的对象，桑除了养蚕以外，还有结生桑葚的实际效能，桑葚被视为仙果，由此司桑帝女兼司人间瓜果也就不是什么不可思议的事了。根据《晋书·天文志》：“织女天女也，主司果瓜丝帛珍宝……”推断，乞巧时“或以金银鍮石为针”，则当是与织女司丝帛珍宝的民间信仰有关。上述织女桑神的原始信仰后来结合了牛郎织女的传说故事，在民间形成了七夕“穿针引线”的乞巧习俗。织女在人们的心中是美丽多情善织的少女，是人间劳动妇女的女性典范，是令人尊敬和同情的女红巧手，又是在天上主司大地瓜果布帛的女神。因此生活在民间的无数劳苦妇女在这一天晚上一面庆祝织女和牛郎的相会，一面以瓜果陈于庭院中向天上的女神乞巧，希望织女能够把自己高明的技术传授给自己。

在今天的郧西，穿针引线乞巧活动从初六晚就已开始，一连两晚都要进行。各家姑娘穿上新衣服，戴上新首饰，聚在一起，摆香案，焚香点烛，对着星空跪拜，自三更至五更，要连拜七次，称为“迎仙”。拜仙之后，姑娘们围在一起，摆上五彩线和针，然后一手执彩线，一手拿针，对着灯影或月光开始进行穿针引线比赛。线必须穿过针孔，如果一口气能穿过七枚针孔者就叫“得巧”或“巧手”了，如果穿不到七个针孔的就叫“输巧”。

除了“穿针乞巧”的方式外，郧西还有与此类似的七夕节乞巧方式叫作“投针验巧”。“投针验巧”是大约从明清两代开始盛行的习俗，明代刘侗、于奕正的《帝京景物略》说：“七月七日之午丢巧针。妇女曝盎水日中，顷之，水膜生面，绣针投之则浮，看水底针影。有成云物花头鸟兽影者，有成鞋及剪刀水茄影者，谓乞得巧；其影粗如锤、细如丝、直如轴蜡，此拙征矣。”清代的潘荣陛、富察敦崇的《燕京岁时记·丢针》中写道：“京师闺阁，于七月七日以碗水置日下，各投小针，浮之水面，徐视水底日影，或散如花，动如云，细如线，因以卜女之巧拙，俗谓之丢针儿。”《直隶志书》也说，良乡县（今北京西南）“七月七日，妇女乞巧，投针于水，借日影以验工拙，至夜仍乞巧于织女”。清代于敏中的《日下旧闻考》引《宛署杂记》说：“燕都女子七月七日以碗水暴日下，各自投小针浮之水面，徐视水底日影。或散如花，动如云，细如线，粗租如锥，因以卜女之巧。”这一七夕乞巧的习俗在清同治版《郧县县志》中亦可得到印证。县志《风俗篇》记载：“七月七夕为牛女会银河之期，前期人家有女用豌豆浸水中，令芽长数寸，以红篓束之，名曰巧芽，至是夕，妇女幼穉焚香于庭，獻瓜果，祈天孙以乞巧，用瓷碗盛水，取芽投之，復於月光下照之，影如彩针花瓣或似鱼龙游戏，谓之得巧。”因而，从各类典籍中可知，这种“丢巧针”的活动和“请七姐”一样都是女性活动，且带有占卜的性质。

在郧西观音镇天河口一带，乞巧习俗至今依然存在，只不过用来乞巧的不是妇女做针线活的针而是“巧芽”。据郧西观音镇垭子湾村一组一名79岁的余姓老人讲，七夕乞巧活动一般是在女性中进行。在七夕前几天，将绿豆、豌豆等浸于瓷碗中，等它长出寸许的芽，再以红、蓝丝绳扎成一束，称为“泡巧”，也称为“种生”，这种方式长出的豆芽被称为“巧芽”。乞“巧芽”的第一步是斋戒沐浴，即参加的女性在七夕这天必须斋戒一天，沐浴后才能参加夜里的活动。第二步为“乞巧”，即在七夕之夜，女性或以血缘关系结成一群，或以地域关系结成一群，在堂屋或庭院中摆设八仙桌，桌子上置茶、水果、花生、瓜子等祭品，前置一个小香炉，焚香后，朝着织女星方向礼拜，许下自己的心愿，祈求织女赐予自己聪敏的心智和灵巧的双手，以便日后能织善绣，养家糊口。第三步是“卜巧”，即拜织女后，拿一个瓷碗盛满水放在月光下，将准备好的“巧芽”拿出来，每人依次将“巧芽”抛在水面，看水底影子，如果有如针、剪刀、花瓣、鱼、龙等形状者就得巧。随着时间的变化，这一活动由带有占卜意味的巫术活动，逐渐演变为今日的娱乐活动，大家往往会反复“卜巧”，直至尽兴。

可以看出，即便现在女性大多已从繁重的家庭劳务里解脱出来，有了更为宽广和自由的社会交往空间，但是她们对于心灵手巧的追求依然不曾改变。

如今，在郧西流传的故事、歌谣、戏曲中也有许多是与针凿女工相关的，多是夸赞织女的手工好，技巧高，实则在于寄托人们希望自己如同织女一般美丽、善良、手巧的美好愿望。比如《织女绣五更》唱道：

一更月上柳树尖，织女绣花在灯前。
绣个满月水中圆，一阵大风影儿散。
每逢月初望十五，月下盼郎影儿单。
月复一月又一月，何时郎回月才圆？

二更里来月中天，织女绣房把线穿。
绣对鸳鸯水中游，相亲相爱到永远。
忽然一阵无情捧，打得鸳鸯分两岸。
只要两颗心相连，管它一年又一年！

三更里来夜更半，天河人家早已眠。
绣房只身难入睡，欲绣凤凰戏牡丹。
手拿针儿心思乱，一堆乱麻理也难。
凤凰开屏盼七夕，相携鹊桥彩云间。

四更鸡叫已三遍，手拿针儿难走线。
天地相配前世缘，男耕女织乐家园。
只恨王母情太短，天河茫茫两隔断。
相思化作天河水，弯弯曲曲向东南。

五更天明又一天，织女绣房泪不干。
双双紫燕窗前过，夫唱妇随天河边。
年年七夕七夕到，旧愁又把新愁添。
牛郎织女传千古，忠贞不渝在人间。

更令人称绝的是，在郧西天河上游原茅坪乡薛家河村一组，有座一千余米高似刀切般的岩壁上镶嵌着一根丈余长的巨型石条。石条一头粗一头细，远看酷似一根缝衣针。最奇特的是，石条粗的一头还有一个长孔，形似针鼻儿。其周围的绝壁上布满了许多花纹和线条，恰似“飞针走线”。据薛家河村民间传说，这便是织女当年的绣花针遗留在天河岸边而形成的景观。在绣花针石的右下方有一织女洞，据说早在唐宋时期洞内就建有织女庙，常年香客不断。特别是每逢七月初七，天河沿岸的老百姓都要赶庙会，其中大多是姑娘、媳妇，且最为显眼，她们许下心愿，祈求织女赐予自己美满幸福的婚姻家庭和擅长纺织刺绣的灵巧之手。

四、做“巧食”

做巧食，主要分布在郧西县上津、店子、关防、湖北口、六郎等地。巧食，有两层含义，一层是食物本身含有讨巧的寓意，一层则是展示食物制作者在食物制作过程中展现出的想象力和创造力。七夕这天，已婚妇女、姑娘们喜欢用面粉做出造型各异的面点，并以食用色素点饰，最后蒸制而成，有的会在饺子里面包上钱币或巧克力，吃到的人被认为会有好运，有的会制作其他能够展现自己手艺的，既健康，又美味的食物。巧食，已成为普通家庭在重要的日子里的特殊食品。家庭中的女性在为亲朋家人奉献美食之余，也展示了自己的心灵手巧。

在巧食中较为有郧西特色的是名为“神仙凉粉”的食物，又名“织女凉粉”“神仙豆腐”。受到神仙凉粉原料生长周期的限制，这道美食多在夏季食用，七夕时节更是家家必备。过去神仙凉粉大多是女性为家庭成员在特殊时间制作的一种食物，而如今为了迎合更多人的日常需要，批量的制作和出售已不再拘于时间和制作者的性别。

郧西县的神仙凉粉作坊遍布各处，其主要制作原料是一种名为神仙树（学名叫二翅六道木）的植物的叶片，这种植物在夏季生长最为旺盛，入秋后叶片就凋落了。所以，神仙凉粉一般也只在春夏季节食用，农历七月半后在市场上就鲜有见到。而神仙凉粉作坊为了在第二年叶子长成前就可以出售凉粉，一般会在夏末时从神仙树叶的采摘者处以每斤四五元的价格收购大批的新鲜树叶，然后在自家仓库里自然阴干。

> 树叶不是暴晒干的，而是阴干的，要不然它就没有这么绿……如果是暴晒的，树叶会发黄，做出来的凉粉颜色泛白，这样阴干的树叶做出来的凉粉是咖啡色的，和用新鲜叶子做的一样。这样做是为了好“接早”，春季的叶子没出来的时候，我们的凉粉就上市了。[①]

干树叶在制作凉粉时工序比用新鲜树叶制作多出一个步骤，即需要在器皿里经过不少于1个小时的浸泡，以让干树叶吸收水分。然后将器皿里多余的水分沥出，倒入刚烧开的沸水，用盖子盖严，使叶子充分受热。十分钟以后，把开水沥出。按照传统做法，此时就揉搓叶子，直至把叶子中的水分尽数揉出。在挤压的过程中还需要再添置几次开水，稀释汁液的浓度，最后达到树叶与开水的比例为1∶5。除加入开水，还需要添加一次食用油，如此，挤压出来的液体会带有泡沫。最后，流出的汁液还要经过网兜的反复过滤和揉挤，只保留最后无杂质的呈现出咖啡色的液体。

过滤出了液体，还需要在容器里静置，直至液体恢复常温，凝结成凝胶状的固体。将其切块后装入碗中，加入特配的含有辣椒、蒜泥、香醋等调味品的调料后即可食用。其口感清凉润滑，带有植物的芳香，入口即化。因为神仙树叶具有清热解表的功效，所以神仙凉粉也是夏季祛暑降火的良方，更是包括七夕在内的夏季节日里餐桌上必备的菜品。

菜豆腐是将隔夜浸泡过的黄豆一点点地推进磨盘，研磨成豆汁，再

---

① 访谈对象：黄明；访谈人：林继富、李晓城、陈国玲、张晓；访谈时间：2013年9月28日；访谈地点：黄明家。

将豆汁用纱布过滤掉质地较为粗糙的豆渣，然后将豆汁放入铁锅中，同时加入青菜，搅拌均匀后，缓缓加入卤水，期间不停搅拌，直至二者充分融合，随后以大火将其煮沸。准备一个适宜的器皿，器皿中间悬置用于过滤的漏盆，用瓢将锅中煮沸过的菜豆汁舀入漏盆里以滤掉多余的水分。用锅铲将滤除水分后的物质按压紧实，用瓢托起漏盆放置在器皿中间，静置等待冷却。冷却过后，菜豆腐就做成了，切成块状或片状后可煮汤、蒸制、凉拌、煎炸等，有多种烹饪方式。做出的菜肴味道既有豆制品的清香，又有蔬菜纤维的韧度，健康可口，是郧西有名的巧食。

图10–5　往菜豆汁里加入卤水（左）；置于锅中漏盆里等待冷却的菜豆腐（右）

花馍是将面粉用加了碱和发酵粉的水和好，碱的作用使面点的口感更好，且吃过了可避免口中发酸，而发酵粉的作用则是使面膨胀、松软。水与面的比例也要恰到好处，水多则面太软，水少则面太硬。然后，将面团反复在案板上揉制，揉的力道和时间直接关系面点的口感，力道强，则面点劲道，时间如果太长，面粉中的水分蒸发，又会影响面点的外观。所以，有经验的妇女能够较好地拿捏揉制的分寸。最后将揉制好的面团装于器皿中并盖好，放置在案板上，等待面团中的发酵粉起作用。

图10-6　揉面（左）；将发酵好的大面团分成若干小面团备用（右）

大约一个小时后，面团便发酵好了，可以看到面团比未发酵时膨胀了一半，且面团上呈现蜂窝状的小孔。若此时再将面团在案板上反复按揉三四遍，直至面团发光发亮，口感会更好。然后就可以将大面团分成若干小面团，以便制作造型。“我们还讲究过秤，一个馍用了一斤半面粉，所以蒸出来就那么大（用手比画）。”[①]花馍造型多样，一般以莲花、盘子、桃子、蝴蝶、石榴、蛇和金鱼居多，七夕时也会制作牛郎或织女形状的花馍。完成花馍造型所需要的工具主要是刀、剪刀、梳子和筷子等。此外，根据塑造形象的需要，也会用红豆、绿豆、花椒、辣椒等作为配件和装饰，生动贴切。

当造型各异的花馍做好后，就开始往蒸笼里放置，蒸笼与花馍之间被剪裁得当的“馍叶子树”的树叶隔开。郧西人称为馍叶子树的植物，又叫作乌桑树，开紫色的花，叶子呈圆形，没有黏性，不会使馍染色。一般叶落之前将叶子采回来，晒干后储存，如此到来年树木返青前都可以使用。而使用过后的树叶，洗净晾干后还可反复使用。花馍在蒸笼上的摆放不能过于紧凑，蒸制的过程会使花馍膨胀变大，为了避免花馍之间相互粘连，在摆放的时候要留有空隙。至于蒸笼，其层数一般只有单数，三、五、七是一般常见的蒸笼层数，主妇可根据需要选择层数，即便是现在的蒸笼依然沿袭了这样的规制。蒸制的时长是依据花馍的大小

---

① 访谈对象：马桂芳；访谈人：林继富、李晓城、陈国玲、张晓；访谈时间：2013年9月29日；访谈地点：杨恩斌家厨房。

来确定的，平均一斤重的一个馍，过去需要大火蒸制一炷香的时间，也就是三四十分钟，而且必须“火要大，锅盖要‘气’圆，‘气’不圆，哈气就把它哈坏了，久了就发不起来”[①]。

图10-7　用剪子造型（左）；往蒸笼上摆放花馍（右）

蒸好的花馍将要出锅的时候，主妇用沾了红、蓝两色的八角在花馍上印上花纹。如今，市场上均能购买到可食用的红蓝色素。染色是为了外形的美观，讨孩子们喜欢，并非必须染色。这最后一道染色工序完成后，花馍也就可以出锅了。

图10-8　用沾了食用色素的八角在花馍上印花纹（左）；花馍成品（右）

花馍除了在七夕节制作外，其他节日也可制作食用，尤其是女儿出嫁的时候，花馍是必备的。节日庆典和有客人来访时做的花馍不拘于形状、

① 访谈对象：马平珍；访谈人：林继富、李晓城、陈国玲、张晓；访谈时间：2013年9月29日；访谈地点：杨恩斌家厨房。

大小和多少，但是，女儿出嫁时，花馍的数量和造型，是有一定规矩的。

> 它是有这样一个讲究，两个莲花、两个鱼，这就是四个嘛；两个桃子、两个石榴、两个圆馍、两个盘子，这就是八个，婆家把花馍送到娘家去以后，娘家就回给婆家四个馍，从这十二个里面拿出一个莲花、一个鱼、一个圆馍，一个盘子。这是为什么呢？前两个是鱼戏莲，年年有余，两家人一起分享；圆馍代表着圆东西，盘子呢，表示这件事情从今天起就算圆盘（圆满）了……还有两个馍给介绍人，我们这里介绍人有两个，一个正媒，一个傍媒。这件事情从今天起就算圆盘了。①

作为嫁妆的花馍，除了在形象上带有美好的寓意，更是为了展现女子在面点制作上的手艺。做巧工和巧食，都是考验女子是否手巧的方式，而心灵手巧一直都是生活在秦巴山区的女子的美好追求。因此，在嫁女、过节以及有贵客到访等这些非平常的时刻来制作花馍，不仅仅是展示自己灵巧的手艺，更是对多姿多彩生活的向往。

五、七夕夜话

郧西流传的牛郎织女传说中牛郎和织女被天河分隔两地，唯有七夕这天喜鹊搭桥，方得以相聚。七夕之夜，牛郎织女相聚后互诉衷肠。民众怀着丰富的想象，好奇地猜想他们都说了些什么。郧西地区流传七夕之夜只要在葡萄架下便能听见牛郎织女的悄悄话，在葡萄架下听夜话就成了郧西重要的七夕节俗。是夜，大家聚在葡萄架下，想偷听牛郎织女的情话，与他们一道品尝美丽的爱情故事。

相传七夕夜话源自七夕夜观星吟诗、七夕禳星祈愿的传统习俗。

---

① 访谈对象：杨恩斌；访谈人：林继富、李晓城、陈国玲、张晓；访谈时间：2013年9月29日；访谈地点：杨恩斌家厨房。

这一习俗最早见于晋代文献，晋代王鉴有《七夕观织女》、苏彦有《七月七日咏织女》等，晋代周处的《风土记》亦记载："七月七日，其夜洒扫庭中，露施几筵，设酒脯时菓，撒香粉于筵上，以祀河鼓（即牵牛也）织女，言此二星神当会。守夜者咸怀私愿，或云见天汉中有奕白气或光耀五色，以为征应，便拜得福。"于是，七夕之夜守夜吟诗祈福，是民众咏诵内心情感，寄托美好祝愿的方式。

此外，七月正值瓜果成熟期，相传棚子上长着的一串串葡萄，最早就是牛郎织女分离后，他们的一滴滴眼泪变成的。每年葡萄成熟之前，牛郎织女因长期分离，流出的泪珠既酸且涩，葡萄的味道也正是如此；七夕之日，两人相会，泪水也变得甜蜜，因而，葡萄也就成了甜的。在郧西，每年七月初七的晚上，月牙下山之前，许多小姑娘便相约在门前或庭院的葡萄架下，悄无声息地偷听牛郎织女相会时的情话，传说如果听到情话，这待嫁的少女日后便也能拥有如牛郎织女般千年不渝的爱情。也有一些少男少女此时幽会在僻静之所，绵绵私语，相互表达爱情。"七夕夜话"习俗，既能交流感情又能在夏日里感受清凉和惬意，因而过去在我国流行范围较广。

六、染指甲

女子给指甲上色的习俗，自古有之。元代浙江诸暨诗人杨维桢有首诗就写了女子用凤仙花染指甲的场景："金盘和露捣仙葩，解使纤纤玉有暇。一点愁疑鹦鹉喙，十分春上牡丹芽。娇弹粉泪抛红豆，戏掐花枝缕绛霞。女伴相逢频借问，几番错认守宫砂。"他还写道："弹筝乱落桃花瓣"，形容染红指甲的女子弹筝时，手指上下翻动，好似桃花瓣纷纷飘落。历史上，民众认为女子染指甲是美丽的，尤其是在没有化学制剂的自然染色时代，能够在指甲上绘出艳丽的色彩，不仅表现了女性的心灵手巧，更是传达着她们的审美情趣。

作为女性神灵，民众想象七姐也和众多普通女性一样爱美。在郧西，七月正是指甲花盛开的时节，七夕采集指甲花染指甲，意在效仿七姐，追求美丽。

> 我们从小就包指甲，爱美，觉得包指甲好看，想和七姐一样漂亮。我们小时候每次都是等到七月指甲花开的时候染指甲。现在咧，一般也都是七月，指甲花开得旺的时候，把指甲花摘来以后，搁点明矾，然后把它揉碎，揉得黏糊了以后，就你给我包，我给你包。用树叶子一包，用红绳绳一缠，过十二个小时再拆开，就感觉指甲好看。①

姑娘们凑在一起，比赛谁染的颜色最漂亮，谁染的最有新意，其实也是一种赛“巧”的活动。郧西姑娘们为了“得巧”，到了“七月七”这天晚上捣碎指甲花，加上明矾，放在指甲盖上，外面包上树叶，再用花线缠住，第二天将其取下，指甲就变红了，且色泽红艳，不易褪色。郧西有传说，如果谁的指甲染得漂亮，颜色鲜艳，就证明谁心灵手巧，可以得到像七姐一样的美貌并拥有如同七姐一样坚贞的爱情。因此，染指甲除了爱美情怀以外，还蕴含着女子对美好爱情的向往。

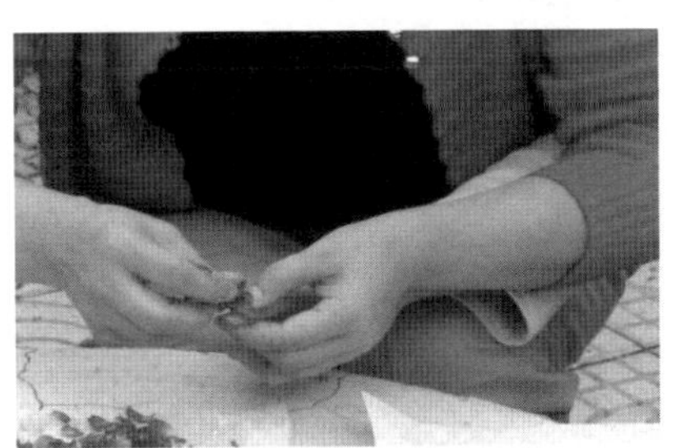

图10-9　做指甲花糊糊

---

① 访谈对象：李晓；访谈人：林继富、李晓城、陈国玲、张晓；访谈时间：2013年9月27日；访谈地点：郧西县上津镇。

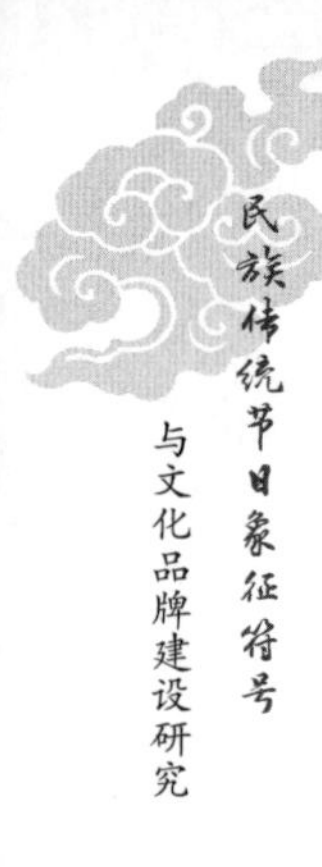

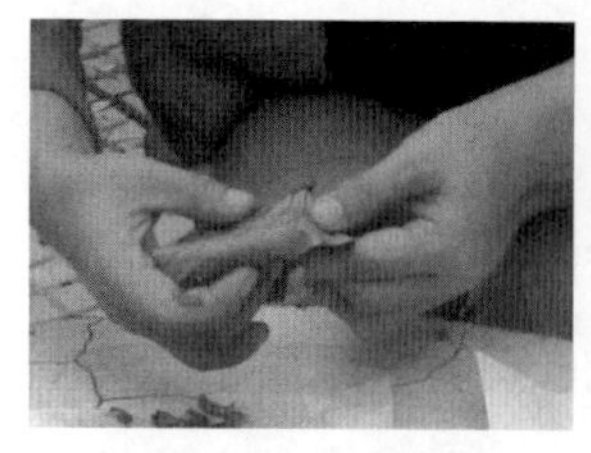
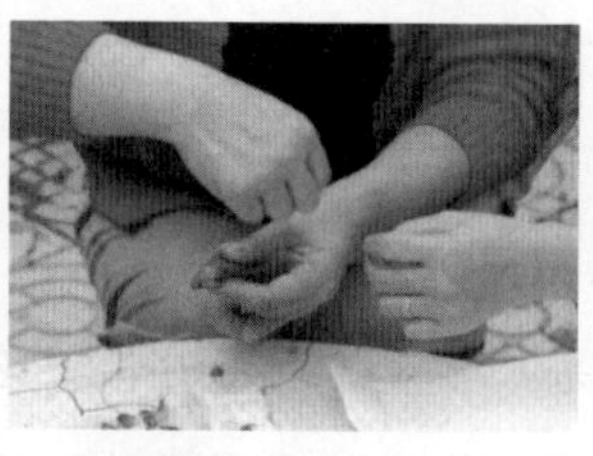
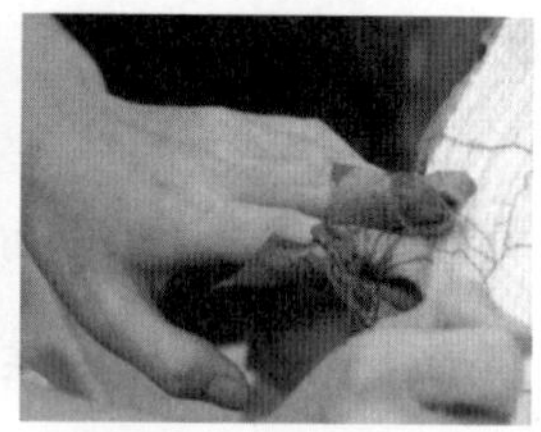

图10–10　包指甲

染指甲用到的工具和材料有指甲花瓣、明矾或盐、指甲花叶、红薯叶、红线、剪刀等。指甲花，又叫染指甲花、凤仙花、小桃红等，因为它的花头、花翅的形状如同展翅的凤凰，所以又被称为金凤花。指甲花属凤仙花科，是一年生的本草植物，花期7至10月。指甲花常见的颜色有白色、大红色、玫红色、紫色、白黄、洒金等，因其颜色艳丽，且易于上色，所以常被用来染指甲。在指甲花瓣中放入明矾或者盐是为了将指甲花瓣的汁液浸出来。使用时包少量花糊糊即可，多则染出的指甲颜色太深而黯淡。包裹的时间也影响到染出的颜色，时间太短，指甲上染的颜色不够深，就不鲜艳，五个小时以上为佳，如此颜色才上得足，也更持久；染的时间太长，则需防止手指因捆绑变麻木，此外，还要尽量避免染到指甲边缘的皮肤上，影响美观。在郧西民间，女孩子一般是晚上睡前把指甲花包到手上，到天亮时拆开，指甲就染好了。

图10–11　指甲花

在没有现代化妆原料和技术之前，郧西女子都是采用自然的化妆材料装饰容颜，染指甲就是如此。凤仙花因这个习俗被称为指甲花。因指甲花花期在农历六月到十月，尤以七月为最盛，七月期间也就形成了采指甲花染指甲，巧手赛美的习俗。

染指甲的民俗在郧西源远流长，或多或少受到了七夕文化的影响。郧西的牛郎织女传说中就有“七月初七染指甲，姑娘的长相会越来越美，手也会越来越巧，就像织女一样”的说法。姑娘们汇聚起来比美比巧，扮美了节日的主角，增添了节日的欢愉，体现了传统节日的娱乐性功能。除此之外，染指甲习俗也展现出郧西女性的社会交往能力和关系状况。七月初七，姐妹们、姑嫂们、妯娌们聚在一起染指甲，话家常，讲悄悄话，成为她们沟通感情的绝佳机会，是女性间亲属关系和人际关系的连接平台。因而，染指甲不单是民俗娱乐活动，更是人际关系建构的联谊方式。

七、放河灯

在郧西七夕有“放天灯，以祀牛女”的传统。相传七月初七是牛郎织女鹊桥相会的日子，这天大家要结伴前往天河河畔“放河灯”，传说河灯能够照亮牛郎织女的“鹊桥路”。

放河灯的起源与农耕文化有关。最初人们采用作物秸秆和茎叶做河灯，并用榨取的植物油点亮，在河中投放，以此祭祀农神和河神，祈求来年风调雨顺，农业丰收。人们在“七月七”晚上放河灯、观天象，通过观测天河（银河）的疏密与清晰程度来预测来年的雨水，预测来年的年景和收成，认为天河星疏，则来年雨水少；天河星密，则来年雨水多。

郧西七夕放河灯习俗从每年农历七月上旬开始，七月初七最盛。每年七夕期间，妇女儿童就会聚在一起制作各种形状和色彩的河灯。河灯底座类似船型，将红蜡烛置于其上，再用荷花形状的灯罩笼着，有时亦会在船身上写上各种祝福话语。等到七夕夜幕降临时，天河上就漂满了各式各样的河灯。放河灯一般选择在水流和缓的河道附近。亲朋好友三五成群，有时会暗自比较谁的河灯做得好，漂得远，漂得久。放河灯的同时，人们会念诵“天灯亮，天灯明，牛郎织女喜盈盈”“天灯明，天灯亮，早送牛郎上天堂”等歌谣，寄托盼望牛郎织女早相逢，以解相思之苦的美好祝愿。

郧西人又称河灯为荷灯、羊灯、孔明灯、许愿灯。荷灯是指做成荷花形状的灯，放荷灯是为了祈求夏荷丰收。郧西农历七月是荷花盛开的季节，在这个季节放河灯，赏河景，祈求水中的莲藕蓬勃生长，得以丰产。羊灯，以灯中燃烧的羊油蜡而得名。燃灯的燃料以桐油为贵，普通人家则多用羊油。北朝周庾信在《七夕赋》中写道："兔月先上，羊灯次安。睹牛星之曜景，视织女之阑干。于是秦娥丽妾，赵艳佳人。窈窕名燕，逶迤姓秦。嫌朝床之半故，怜晚饰之全新。此时并舍房栊，共往庭中。缕条紧而贯矩，针鼻细而穿空。"清代蒋麟昌在《咏七夕》中写道："一报人间箫鼓喧，羊灯无焰秋空碧。"可见，河灯被称呼为"羊灯"的历史已久。郧西人认为，马头羊是吉祥瑞兽，常把它刻画在建筑物和器皿上，以求三阳开泰，吉祥如意。河灯也常做成羊的形状，羊灯有"飞马送吉祥"的意思。除了河水里流淌的火烛，天空中亦有。临天河而居的郧西人用河水中漂流的河灯寄托祝愿，远水而居的百姓则是用放孔明灯的方式向天空中的天河表达祝愿。根据《三国演义》记载，诸葛亮造木牛流马以骗取魏军粮草，制造天灯吓走魏军，天灯因而又有了"孔明灯"之称。到了宋代，孔明灯已经不仅仅用于军事作战，而且还融入民间的风俗中，成了一种节日庆祝的工具。当遇到一些重大节庆或宋皇大寿之时，文武百官和各地百姓也以放天灯的形式来庆祝，并表达祝福，从而增添节日的喜庆气氛。[①]

无论哪种形式的灯，都载满普通民众对甜蜜爱情的美好祝福，对幸福生活的不懈追求。眼前的天河向前奔腾不息，最终汇入汉江，而天边的天河又将奔腾至何处？河流流向的远方是不是另有一处幸福的彼岸？怀着这样的遐想，将美好的愿望寄托在远方，漂流的河灯将这心愿传达。"在郧西天河中上游，每逢正月十五和七月初七，除了到附近牛郎织女庙焚香化纸祭拜以外，年轻小伙子和姑娘们，到了晚上还将用彩色蜡纸制作的小花灯点燃后放在天河水中漂游，祈祷织女赐予自己美满婚姻

---

① 白欣、李莉娜著：《孔明灯文化的历史演变》，载《装饰》，2012年第1期。

和聪明智慧。到这天晚上，只见天河河面上繁星点点，五颜六色，甚是壮观，别有韵味。”[①]放许愿灯是民众祈求美好生活的民俗活动，郧西的年轻姑娘对这个习俗特别钟爱，在节日期间或者特别的日子里，总会邀请三五个朋友，制作许愿灯，并在上面写上美好祝福，投放到天河里。

图10–12　马头羊的彩灯

郧西县放河灯活动开始是庄重的祭祀活动，后逐步变为带有祈福性质的娱乐活动。郧西县内多条河流经过，天河和金钱江等顺地势南流，水深多礁，水量因为季节而变化。历史上因打鱼和戏水，多有人员伤亡。天河流域的居民，尤其是天河口附近的人，在每年七月半前后，会在天河里放河灯。在锣鼓声中，道士念“打阳待尸”的经文，民众把点燃的河灯放于水中，祭祀亡者，或超度死于水中的亡灵，并用纸做成“放瘟船”，放于水中，任其漂流。一般人们放河灯多祈求生活美好，婚姻幸福，家人平安，升官发财等美好心愿。“天河流域的人，特别是天河口的人，每年七月半前后，还用纸张制成灯具，叫作放河灯，也叫花灯……然后把灯具和纸船放入河内，顺流而下，河上顿时灯火通明，摇曳摆动，如同天上点点繁星。两岸的百姓，纷纷拥到河堤观灯……这个风俗也逐渐淡化了。不过放天灯许愿的习俗一直保存下来。”[②]

---

① 闻孝书编著：《天河行》，武汉：崇文书局，2011年。

② 赵毅著：《漫谈郧西的祭祀文化》，载天河七夕文化研究会编：《天河民俗》，2010年，第339—340页。

以前，郧西河灯是自制的，因繁简不同，河灯的做法有多种。伴随着生活方式的改变，河灯的材质也在变化。最早的河灯多是用农产品的余料做成的。先用玉米或高粱的秸秆捆绑成一个小排子，上边固定一个白菜根结做成的灯，然后在四周用彩纸做成小旗子装饰。这种白菜根结做成的灯即在白菜根中间掏洞，倒入菜籽油，用棉花揉捻成灯芯插在里边。为七夕制作的河灯还要更讲究些，民众会用彩色的纸将小排子包裹起来，装饰成各种形状，或做成彩船的形状，或做成生肖动物的形状，或做成乌篷船的形状，或做成各路神仙的形状，力求在放河灯时一展风采。在七夕夜，天河边挤满了放河灯和看河灯的民众，大家相互评论着谁的河灯做得巧，漂得远。放河灯除了为牛郎与织女相会照亮外，也寄托着人们对逝去亲人的哀思，承载着人们对家庭、亲人的祝福。

由于生产活动的进步和生活方式的改变，木板开始取代玉米秸秆成为河灯的底座。同时河灯的装饰性变得更强，民众开始用五彩纸做成莲花花边并固定在木板底座上，中间装饰上数量不等的蜡烛，就做成了一盏彩色的莲花灯。近年来，因为重量小，漂浮性好，泡沫板又取代了木板成为底座。

图10–13　泡沫板做成的简易河灯[①]

① 截图于郧龙根艺的《七月半汉江河里放河灯》，秦楚论坛，帖子《2013年秦楚论坛摄影版一周优秀图片共分享（8月19日—8月24日）》。

伴随着放河灯人群范围的扩大，许多年轻人和小学生成为放河灯民俗的新的热衷人群。河灯的制作方式变得更简单，用废旧的彩纸、烟盒等就可以做成。

图10-14 纸河灯

纸制的河灯不只在节日期间投放，年轻人在生日聚会、纪念日时都会去天河里放河灯，有的在灯上写上祝福语，有的画一些图案来表达自己的祈愿。放河灯的习俗已经不仅限于七月初七，而是逐渐成为一种日常的祝福习俗。放河灯已经由特殊时间的活动逐渐变成民众寄托情感的日常活动。

图10-15 放河灯

运用现代工艺，河灯做得越来越精致。如今的七夕河灯造型别致，寓意美好，大到祖国建设，小到个人祝愿的象征均寄寓其中。活动的组织也由群众自发，逐渐转变为政府引导、社会力量主办与群众自发参与相结合。例如，郧西县政府连续五年组织有关企业在七夕之夜举办主题鲜明、设计精巧、规模宏大的祈福灯会，打造出了“七彩郧西，璀璨天河”的盛景。这样一来，活动主题更加明确，活动内容更加丰富，安全性、可操作性和经济性都有显著提高。

图10–16　大型河灯

郧西七夕放河灯的习俗与牛郎织女传说有千丝万缕的联系。牛郎织女传说生活气息浓郁，包含着反抗封建礼教，向往婚姻自由的思想与追求。七夕之夜放河灯，为牛郎织女照亮相会之路，也为自己和亲友祈福，由此它已由最原始的祭祀习俗演变成为具有娱乐性的以祝福为主的民俗活动。

第三节　郧西七夕文化传承发展

传统节日的起源，大多伴随着传统节日的传说故事，凝结着民众的集体记忆，传达着民众的情感体验，历经岁月的淘洗，沉淀出我们今日所见的模样。当我们行走在郧西的街角巷里，无论是普通百姓的家常闲话，还是政府倡导的文化活动，乃至普通商户的招牌店面、路灯和绿化带等，无不在向我们展示着七夕文化在郧西的过去与当下，传统与现代。

一、七夕文化的信仰支撑

在郧西，牛郎织女的文化元素渗透到了民众的集体记忆中，从一个侧面勾勒出了一段写意的郧西地域历史和郧西地方文化生活。除了牛郎织女传说和“在天成象，在地成形”的空间展示以外，郧西的地域信仰在七夕文化中体现得尤为明显，它以信仰观念和仪式行为将牛郎织女传说与地方文化紧密相连。在信仰的实践层面，郧西百姓以各种仪式活动进行着关于牛郎织女信仰的行为叙事，这是郧西七夕文化得以生长并传承至今的肥沃土壤。

（一）自然崇拜

自然崇拜是人类社会发展史上最普遍的共同信仰形式，它是产生最早，延续时间最长，与人类的生产生活关系至关密切的崇拜形式。[①]中国民众自远古开始就对神秘的自然及与之息息相关的生态系统表现出了崇拜。拜物是人与自然对话必不可少的文化因子。当人类刚刚从自然界中发展起来的时候，主体意识还未确立，往往使他们把自己视为自然的附属物。然而，因为人有了拜物的意念，迷信和神灵才有了酝酿和发生的土壤。迷信和神灵的突出表现是关心自然超过对自身的关心，由此而萌生的情感则使人在自然面前表现出期盼的情状和渺小的自我意识。

郧西以山地地形为主，多石，石质风化后形态各异，民众触景生情，因物托意，施展奇妙的想象进行文艺的遐思。比如，石公公、石婆婆、金石牛、天灯塘、织女洞、梳妆石、金钗石、天河蛤蟆等自然物象，基于信仰与崇拜，民众赋予它们以生气和灵性，创作了优美的故事和动听的歌谣，并使之与郧西七夕文化相契合。

（二）仙道信仰

武当山素有“亘古无双胜境，天下第一仙山”的美誉，这与底蕴深厚、内涵丰富的武当道教文化之间存在密切的互动。郧西县与武当山同

---

① 乌丙安著：《中国民间信仰》，上海：上海人民出版社，1995年，第15页。

属一个行政区划，区域文化传统接近，特别表现在仙道信仰上。除了为数众多的道教观宇外，郧西地方人物的传说故事中亦能发现仙道思想的影响。王聪儿是郧西家喻户晓的农民起义领袖，关于她在槐树乡茅仙庙的阎王碥与清军殊死奋战而壮烈牺牲的传说流传广泛。

传说王聪儿在襄阳率兵起义，她是襄阳城南大街人，她的丈夫姓齐名林，在家排行老二，后来齐林在战场上阵亡，所以茅仙庙这一带的传说中都称她为齐二寡妇。王聪儿非常聪明，善于作战，被选为起义军的总首领。相传，在清朝末年，大小官员对老百姓无恶不作，许多老百姓被逼流浪在外，王聪儿在流浪的百姓中组织并率领起义，一天一夜就组织了三千人马、三天三夜就有万余人，队伍迅速扩大。贫苦农民为了生存，为了得到土地粮食纷纷加入。聪儿准备率军自襄阳奔往四川，到郧西后就节节败退，退到上津后，得知漫川、六郎关、大坝口等地都被清军把守，唯一通向大小坝口、大小新川的路线就是从泗峪河走。王聪儿率军过金钱河，问船夫，上面是什么地方，船夫回答说叫“泗峪河”，大概是口音混淆，她误听为“死女河”，心里便掠过一丝阴影，但此时已别无他路，只好硬着头皮往上走。行至槐树却花坡杨沁庙，王聪儿来拜庙，祈求神的保佑，行到有一里多路的二郎庙，王聪儿来烧香、磕头，谁知，头上的沙帕（巾）落地（传说是人头落地的先兆）。听老辈说，这里所说的“却花坡”，“却花”就是“谢花”，花朵谢了的意思。王聪儿感到兆头不好，但又无可奈何，只得向前进军。当行至三岔河，山越来越狭，坡越来越陡，路也越来越窄，当时就有清军扮成当地百姓为王聪儿带路，一步步地将他们带进清军的包围圈。王聪儿率军直上茅仙庙，走到小木沟口上面一里多路的地方，有座庙（就是现在说的“岳王庙”），一位白发苍苍的老奶奶正在庙门口打草鞋。传说那草鞋有一丈二尺长，王聪儿问：“你打这长草鞋干啥？”老奶奶回答说：“我儿子是个武士，个子大，有那么大的脚，就要穿那么大的草鞋。”走到“鸡上架”（现仍有较完整的三个巨石架在空中），路很窄，不知是多少年以前的石匠师傅在那左边山崖上的石缝里凿了几十个小小的石窝，再撬上木棍，放上树枝，修成险峻的栈道，两边都是刀切石岩，树木茂密，只有丈余宽的峡谷，我们当地人形容这个地方是“白天听到鹰子叫，晚上听到豹子吼”。王聪儿问带路的这叫什么地方，带路的说，叫“鸡上架”，王聪儿又是一怔。此时，王聪儿已深感危急，也深知必须通过这唯一的通道，但要通过阎王碥，真比上火焰山还难。自古就有人唱道：“阎王碥，真怕人，兔子敢过，山羊不敢行，阎王到此也怕三分。”当行至阎王碥时，两边岩头上的清军用刀把绳子割断，顿时，两边大大小小的石头向起义军袭来，起义军几乎全军覆没。阎王碥下有个起义军牺牲最多、埋葬最多的地方叫万人坑，就是由此而得名。王聪儿见再无生还的希望，就将手中的子母青铜宝剑扔向对面山岩，自己跳崖身亡。王聪儿跳崖后，首级被清军割下，送到郧阳府领赏。农民们将王聪儿、姚之富等义军首领的尸体安埋在阎王碥下十几里路远的一个坐北朝南，名叫大坪垭的山岗上，筑了坟墓，摞了拜台，并栽了一棵皂角树和一些松柏树苗，以志怀念。

每当阳春三月，春暖花开，传统的清明祭祀节到来时，远远近近总有许多人带着祭奠的供品，来到王聪儿坟前，默默地烧上几张纸钱，献上一把野花，并借这一机会，把起义军可歌可泣的事迹和相关的动人传说一代一代地传了下来。其中有个“道士仙”利用做道的机会，专唱王聪儿的事迹，当地群众最熟悉的一段是：

“齐王氏，真胆大，刀枪矛子都不怕。
一心要过大小坝，清军见了也害怕。
一仗打下郧西城，要在城里扎大营。
杀条血路通四川，联合兄弟杀进京。

阎王碥上打一仗，杀得鬼神心也惊。”①

上述故事中，白莲教起义领袖王聪儿在出征前及征途中多次前往茅仙庙、岳王庙等地祈祷和占卜，故事讲述也基本按照占卜的结果向前推进。王聪儿就义后，其传说故事的传唱者是一位“道士仙”，由此可以推断，仙道文化在郧西上津附近早有渗透，是与道士等仙道信仰者和传播者具有一定文化素养并经常开展传道活动分不开的。郧西民众的生活受到仙道思想的浸染不言而喻。

郧西牛郎织女传说中，织女被认为是王母娘娘的第七女，王母娘娘是道家文化的女性神之一。在“请七姐”仪式中，郧西人又说“七姐”就是王母娘娘的第七个外孙女。可以说，“请七姐”以及牛郎织女的传说无不散发着仙灵之气，溢满了仙道思想。

郧西县上津镇现有仙姑庙一座，如今是七夕期间“请七姐”时所用器物“开光”的活动场所，并且成为郧西人日常生活的信仰地之一。仙姑庙供奉的是一位女性神，俗名姓刘，又称刘仙姑。传说她在12岁那年因山洪而亡，而后得道升天，救死扶伤。仙姑庙主要由两个主殿构成，一个名为仙姑殿，另一个名为瑶池宫。瑶池，相传是王母娘娘的道场，又传说七姐是王母娘娘的第七个女儿，供奉刘仙姑的仙姑殿与瑶池宫紧邻，其间自有寓意。此外，刘仙姑在世12年，“请七姐”仪式中，抬筲箕筐的女子一般也为12岁。“请七姐”时询问的有关年成、婚姻、财运等问题，在仙姑庙同样也可以祈求占问。这些似乎预示着刘仙姑与七姐之间有着某种特殊的关系，而这种联系绝不是一种偶然的现象。在仙道信仰的背景下，这种联系也变得更加合情合理。

（三）巫术崇拜

岁时民俗活动中的内容往往带有祭祀与巫术的性质。随着社会经济的发展和变迁，文化的需求和生活的面貌也必然发生变化，这亦体现在

① 讲述人：金良乾；采录人：柯尊勇。

岁时民俗方面，即表现为旧的祭祀仪式与巫术行为在形式上更为通俗，被赋予新的意义，增添了众多世俗生活情趣。郧西的七夕节俗也受到岁时民俗世俗化的影响，但是由于巴楚文化影响深厚，郧西七夕节俗仍带有楚文化的特点。

自古以来，荆楚巫风很盛，郧西位于秦巴大山深处，崇鬼尚巫的风气一直保留下来。据同治《郧阳县志》卷一“地舆志·风俗”所载：“俗信巫畏鬼，最重神祀。春和之月，架木为台，奏梨曲名曰‘春会’，商贾毕集，士女如云。有病即问巫，曰某神某鬼作祟，轻则酒浆送之，重则延巫驱厭。”郧西的节令习俗中更是存有各种祀神活动。除了与全国一致的新年、清明、中元节、冬至日祭祀祖先及“社日”祭祀外，各种神明的祭祀在陨西也非常盛行，如二月二日，“福德神诞日”。由此可知，清朝时期郧西节令之际祀神置于重要位置，且巫风盛行。

郧西人重视岁时节令习俗中的占卜活动，常常通过占卜来预测一年的丰歉。与郧西县相距不远的湖北省来凤县所藏岁时民俗资料中保存了不少这方面的材料。比如，正月“观云色以占年谷丰耗，西北有红云气则稔”。“立春日”宜晴，有歌曰：“立春晴一日，农夫不用力。”三月寒食宜雨，并有谚云：“雨打墓头钱，今岁好丰年。”谷雨亦雨，曰：“光清明，暗谷雨。”四月，宜雨，有谚曰：“立夏不下，犁耙高挂。”七月，“立秋日”占风，谚云：“秋前北风秋后雨，秋后北风干透底。”又有“虹见为天收，虽大稔亦减分数”及“白露”雨，皆荒歉之应。七月，“七夕”看云色，谓之“看巧云”，以天河去来久占秋收丰歉，谚云：“天河搭屋脊，家家有饭吃。”八月，占月明，谚云：“中秋月不明，雨打上元灯。”十月，立冬有谚云：“立冬晴，一冬晴。”自朔至望皆宜霜，俗谓“一斤霜”，卜来年木棉旺。十一月，以初一、十一、二十一占次年物价、谷价。谚云：“冬月三一晴，米谷一般平。”长阳、宣恩亦有此说法，长阳还补充为：“冬月三一阴，谷米贵如金。”十二月，腊月宜雪，以卜丰年，谚云：“若要麦，见三白。”[①]郧县“迎春日，城乡民人察看土牛头、身、腹、角、耳、尾、膝、蹄系何颜色，及芒神系腰、行缠、左右鞋裤全否，牛在前后左右立，以觇岁事而卜丰啬”[②]。鄂西地区百姓普遍相信在岁时节令进行占卜更为灵验，可以预测一年丰歉与否。郧西县俗因“事义之不通，事之不习而巫规妖妄之说遂得而中之”的说法也能从明代文献记载中得以考证。

直至清代，鄂西岁时民俗表现出中华民族民俗的共同性与区域性结合、尚巫色彩浓重的特点。这种特点的形成与地理环境、经济状况和社会文化有密切关系。一定程度上，鄂西连山叠岭、险峡急流、地僻民贫、易守难攻等情况存在，使得这一地区民风民俗的演变要比平原地区舒缓得多，因而许多古老的传统文化元素在此得以保存完好，这就不难解释郧西七夕“请七姐”习俗中带有请神、占卜等巫术性质的仪式行为的深层原因了。

除了自然崇拜、仙道信仰、巫术崇拜等民间信仰的影响外，还有灵魂崇拜、精怪信仰等其他信仰因素在郧西七夕文化的传承发展中发挥着作用。

二、七夕文化的传承路径

郧西七夕文化传承总体上来说，主要包括行为传承、口头传承和书面传承。

民众自发行为传承主要表现在生活中，与生活习惯紧密相连，诸如“请七姐”、做巧食、染指甲、七月初七晚上听牛郎和织女说话等，这些七夕民俗活动包含着郧西人复杂的民俗心理和审美期待。

任何文化的传承都将凝结成语言，传递在口耳之间。郧西七夕文化

---

① 〔清〕《来凤县志》，引自《中国地方志民俗资料汇编》（中南卷上），北京：书目文献出版社，1995 年，第 446—447 页。

② 〔清〕《郧县志》，引自《中国地方志民俗资料汇编》（中南卷上），北京：书目文献出版社，1995 年，第 450 页。

的口头传承主要体现在与牛郎织女相关的文学艺术形式和作品上，包括传说故事、民歌谣谚等。居住在郧西县城关镇上北隅的庞国珍保存有100多首牛郎织女的民间歌谣和100多个七夕传说故事。郧西有关牛郎织女的传说和故事有“错传圣旨、牵牛游园、织女绣十针、花园相会、贬下凡间、牛郎遭难、兄弟分家、织女想四季、私下凡间、牛郎闹五更、老牛做媒、牛郎织女看花灯、织女怀胎、秋季尝新节、捉拿织女、鹊桥相会”等。郧西县城位于天河的中游，天河绕过县城的西部和南部，从其西南角南下注入汉江。在县城西南角石门湾处天河东岸的白马山脊上，有一根高5米、直径2米的石柱，远看酷似一位老年女性伫立着，自古以来郧西人都把它称作“老人石峰”或“石婆婆”。奇巧的是，在相向而对的华盖山上也有一块山石，被人们形象地称为“石公公”。老人说，这一对石人是隔着天河的牛郎和织女的化身。[①]位于天河中游的郧西县土门镇王家坪村的天河河中心矗立着一根高8余米，直径8余米的天然石柱，石柱迎水面非常陡峭，像刀砍斧削的一样；背面则呈70度斜角，表面相当光滑平整，远看形似女人头上插的金钗一般，直指苍天。传说当年王母娘娘为阻止牛郎追妻，情急之下，便取下头上的金钗，在牛郎与织女之间一划，就形成了现在的天河，随后气愤地扔下金钗回到天宫，金钗就落在天河，化作现在的金钗石。[②]郧西人自古就有传唱歌谣的传统。自唐代以来，由于战乱和自然灾害，秦岭汉水流域汇聚了来自各地的流民，加之郧西交通枢纽的位置，各种文化在这里碰撞与交融。外来文化和郧西文化相互影响、相互作用，有力促进了郧西民歌的发展，其中包括大量与七夕相关的歌谣，如《织女十绣荷包》《织女十二月》《织女教子篇》《牛郎织女对子歌》《天河四季花名歌》等，这些成为七夕文化的核心内容。在漫长的岁月里，郧西传统七夕相关的歌谣的

---

① 讲述者：贺新霞，性别：女，75岁，初小文化程度，居住在郧西县城关镇吴家营村；赵天禄、黄忠国整理。

② 讲述者：汤韵琰，男，54岁，高中文化程度，居住在郧西县城关镇四堰坪村；汤韵琰，黎霞搜集，天路整理。

传承与创新、新民歌的孕育与创作使得郧西歌谣呈现出多元发展的格局。民歌是人民群众生活经历的真实记录，也是郧西人情感心声的直接表露。

牛郎织女的传说吸纳进郧西的地方小戏，比如，郧西花鼓戏的唱段多以牛郎织女故事为素材。郧西三弦亦有咏唱牛郎织女故事的曲段：

> 天上有银河，地上有天河，天上的银河是星星，地上的天河是爱河。天河就在俺郧西，郧西演绎了牛郎织女的传说……侄女哟跟了呀牛郎哥也，喂咿呀呀子哟喂，哟咿呀呀呀子哟喂哟喂，勤俭哟持家呀过生活也，喂咿呀呀子哟喂，哟咿呀呀呀子哟喂哟喂。你栽哟菜来呀我浇水也，喂咿呀呀子哟喂，哟咿呀呀呀子哟喂哟喂，你织哟锦来呀我放牧也，喂咿呀呀子哟喂，哟咿呀呀呀子哟喂哟喂。抚养哟子女呀孝敬二老也，喂咿呀呀子哟喂，哟咿呀呀呀子哟喂哟喂，全家哟老少呀乐呵呵也，喂咿呀呀子哟喂，哟咿呀呀呀子哟喂哟喂。山也乐来呀水也乐，天下情人相约会天河。

以民间音乐的形式演绎牛郎织女的传说，深受郧西人喜爱。相传每逢重大节日或大型庆典、祭祀活动，秦楚两地戏班均要来郧西演出，北唱秦腔，南演楚戏，相互竞技，甚是热闹。这些民间文艺形式及其表演不仅在艺术上，而且在内容上丰富了郧西七夕文化，而郧西七夕文化自身也在这个过程中兴盛和强大起来。

天河对郧西七夕文化的形成和传承起到举足轻重的作用，我们可以从牛郎织女传说的生成发展史，以及以天河口为中心的汉江沿岸的政治、经济、文化等方面进行分析和考证。

商周至春秋战国时期，以天河口为中心的汉江两岸有众多方国分布，他们发达的经济是牛郎织女传说及七夕习俗形成最坚实的物质基础。据史料记载和文物考古发现，在商周至春秋中期，沿汉水及其支流，分布着许多大大小小的方国，这里是周代封国最为集中的地区，仅中上游就有巴、庸、麇、绞、楚等发展较好，实力较强的方国。那时，郧西属麇国，天河口是天河注入汉江的地方，该地的五峰及肖家河一带地势开阔平坦，土地肥沃，适合人类生存。此处曾是西周和春秋时期古麇国的故都，古称锡穴。郧西境内现已发现包括天河口庹家湾遗址在内的自旧石器时期以来的多处文化遗存，可见，以天河口为中心的汉江沿岸上下区域及天河流域自古就是人类的重要聚居地。这里历史悠久，曾是古代政治、经济、文化高度发达的地区，为牛郎织女传说及七夕习俗的形成提供了土壤和客观条件。早在西周时期，较大的都邑中已经出现了市场，麇国的国都锡穴也一样，市场上交易的商品有兵器、牛马、丝帛等各种物资，民众已经掌握了服牛乘马的技术。“氓之蚩蚩，抱布贸丝”的诗句，反映了自由民众以家庭手工业产品进行交换的情景。大约在西周后期，丝织业发展较快，它是手工业生产的一项重要内容。春秋以前古老的文献《夏小正》中记载着“三月援桑始蚕”，丝织品逐渐成为财富的象征和交换的媒介。因此，牛郎织女传说所反映的男耕女织在古麇国故都广泛存在。

总览郧西七夕文化，它在吸纳传统七夕口头文化传统的基本元素的基础上，形成了系统完整的体系，具有中华民族文化的公共性，同时，郧西七夕文化聚集了郧西地方的山水灵气。郧西七夕文化内涵丰富而深刻，概括起来，主要有以下五个方面：

第一，勤劳善良的人性光辉。牛郎被哥嫂逐出家门，自立门户后，陪伴他的只有一头老牛。面对亲情的破裂和未卜的前途，面对生活的不幸与境况的困窘，他没有怨天尤人，没有自暴自弃，而是勇敢地通过自己的双手，在荒芜的土地上披荆斩棘，拓荒种地，建造房屋，创造美好生活。

第二，忠贞不渝的爱情追求。牛郎织女在金牛星的化身——老牛的牵线搭桥下，收获了自己的爱情。身为天宫仙女的织女，没有因为牛郎出身卑微、家境贫寒而拒绝牛郎的求婚，而是毅然与牛郎组成家庭。当他们的爱情遭到王母的反对，王母派遣天兵天将把织女捉回天上时，牛郎挑起一双儿女，紧追不舍，令人动容，就连王母也被感动，应允他们每年七月初七渡河一见。在这个故事里，爱情超越了世俗的力量。

第三，和谐稳定的家庭观念。牛郎织女组成家庭后，男耕女织，生儿育女，过着平静的家庭生活。织女被捉回天宫，牛郎与一双儿女追随而去。这种中国式家庭观念的家文化，既是中国历史长河中普通家庭生活的真实缩影，也是五千年中华文明薪火相传的重要原因。

第四，祈福乞巧的生活理想。每年七月初七，是牛郎织女鹊桥相会之时。在这个浪漫的夜晚，女孩子们摆上瓜果，朝天祭拜，乞求心灵手巧的织女赐予自己巧手艺。青年男女对天祈祷，希望勤劳善良的牛郎和聪慧美丽的织女赐予自己美满的姻缘，让自己一生幸福。这种充满仪式感的习俗，寄寓了民众对生产技艺、智慧的追求和美好幸福生活的向往。

第五，天人合一的哲学思想。牛郎织女传说中，牛郎是人间凡人，织女是天上仙女，但二人竟然能够跨越仙凡两界，结为夫妇。织女被捉回天庭，牛郎依然能携儿带女，升空团聚。这一传说包含了人们冲破天地樊篱、追求幸福自由的内心诉求，以及天人合一、宇宙一体的哲学思想。

郧西七夕文化的传承与郧西独特的自然地貌和人文遗存结合得十分紧密，如天河两岸石公公、石婆婆、牛郎山、织女山、金钗石等大量的地貌物证，还有牛郎庙、织女庙、娘娘庙、天池庵等文化遗址，尽管这更多的是郧西人的一种附会，但确是源于郧西人的七夕文化情结。穿针乞巧、喜蛛应巧、投针验巧、种生求子、请七姐、拜魁星、贺牛生日、吃巧果等，这些具体实在、融入生活的七夕习俗并非当代人的创造，而是具有久远的源脉，这就是郧西人的七夕——一种真实的生活实践与情感传递。

与口头传承相互补充的书面传承，因其具有相对稳定性的传承特征而成为如今我们考察地方文化的重要依据。郧西七夕文化的书面传承主要指郧西文化人将民众口头传承的七夕习俗记录下来，当然也包括文化人根据民间流传的七夕习俗进行的创作，然而有时个人的创作历经时间和空间的洗礼，又会再次反馈到民间流传的七夕文化事项中去，从而成为民众集体智慧的结晶。郧西人向来崇尚智慧和文化，在民间形成了流动的文化之河，其中地方文化人将所见所闻撰写成文字，以木刻本和手抄本的形式传承下来，这些民间文书中就包含了大量的七夕文化。如宋、元、明、清时期的民间歌本，包括《毛洪记》《陈本慧》《吴义德记》《王阳济度》《吴川楼先生亲字》《正一青苗祭纂金书》《中元地官赦罪法谶》《幽事移文》《正一清幽早朝钦圣》《三槐堂记》《幽三时启师元科》《香口乡刘承手抄本》等，有几十册之多，我们可以从中寻觅和探求牛郎织女传说及七夕节日习俗在郧西的流播。

郧西七夕文化除了上述三种传承方式以外，随着当代社会的发展，以及广播、电视和新媒体的出现，其传承也有了新的表述形式。比如网络、电视成为一种传播媒介被广泛运用，最典型的就是利用传统的七夕文化资源，多渠道、多视角地创新和发展七夕文化，举办七夕文化节，以期在恢复、传承和重建七夕文化中发挥作用。尽管今天多种现代传播媒介在塑造郧西七夕文化品牌上发挥了重要作用，但以行为传承、口头传承和书面传承为核心的传承方式始终是郧西七夕文化品牌建设的基本路径。

三、七夕文化传承个人与传承群体

文化的传承离不开文化的创造者和享有者。对于七夕文化在郧西的传承，虽然我们可以借助历史文献进行梳理和考究，但是亦不能忽视民众世代传习的谱系脉络。每一代郧西人或有意识，或下意识地将七夕文化继承并传播，这才有今日的郧西七夕文化。然而，每个时代都有每个时代的要求，每个家庭都有每个家庭的情感，所以，传承过程的表达自由而多样。通过对传承谱系的考察，不仅能够彰显某一种文化的历史厚重感，更能够表露文化体验中的情感凝聚。郧西七夕文化从无意识地自发传递，到有识之士有意识地发掘和传承，再到如今“全民传承人”的倡导，这是文化适应时代发展做出的调适和完善。

据清代同治版《郧西县志》的记载以及研究人员在田野工作中的普查，郧西县所辖的所有乡镇场区均有七夕的民俗文化活动。已收录备案的传承谱系情况如下[①]：

孟慎彩传承谱系：

第一代	孟运红	女	1876年	郧西香口	祖传
第二代	孟方珠	女	1904年	郧西香口	祖传
第三代	孟进惠	女	1931年	郧西香口	祖传
第四代	孟慎彩	女	1957年	郧西香口	祖传
第五代	李　兰	女	1982年	郧西城关	祖传

安付云传承谱系：

第一代	明安凤	女	1898年	郧西上津	师传
第二代	安付云	女	1935年	郧西上津	师传
第三代	刘惠清	女	1946年	郧西上津	师传
第四代	陈贤美	女	1957年	郧西上津	师传
第五代	王婷婷	女	1973年	郧西城关	师传

马平珍传承谱系（巧食、巧工）：

第一代	王明香	女	1892年	陕西旬阳	祖传
第二代	魏德平	女	1930年	陕西旬阳	祖传
第三代	马平珍	女	1949年	郧西城关	祖传
第四代	杨红涛	男	1972年	郧西城关	祖传
第五代	杨雪琪	女	2001年	郧西城关	祖传

① 参见《郧西七夕国家级非物质文化遗产代表性项目申报书》，2013年，郧西县文化局提供。

主要传承人（群体）：

安付云，女，1935年出生，住上津镇津城村，“请七姐”传承人

陈贤美，女，1957年出生，住上津镇津城村，“请七姐”传承人

马平珍，女，1949年出生，住郧西城关镇，做巧食、巧工传承人

刘惠清，女，1946年出生，住上津镇吴家沟村，“请七姐”、做巧食传承人

孟慎彩，女，1957年出生，住香口乡孟川村，“请七姐”传承人

王婷婷，女，1973年出生，住郧西县城关镇，放河灯、“请七姐”传承人

袁英，女，1970年出生，住郧西县城关镇，放河灯、“请七姐”传承人

李晓，女，1973年出生，住上津镇津城村，染指甲、“请七姐”传承人

庞国珍，男，1944年出生，住郧西县城关镇，郧西民歌传承人

从郧西县文化馆目前普查到的郧西七夕习俗传承人谱系可以明显看出，自明代开始，已有地方文化人有意识地承担起文化传承者的角色。这一角色的觉醒最早是从上津地区开始的，这与上津在历史文化方面发挥的作用密不可分。白汉唐之际，从关中运货到江南的商队，大多从长安出发，走陆路经郧西上津，然后改为舟行，再经金钱河进入汉江，到达九省通衢的武汉，再把货物运往全国。历史上的上津是中原地区向朝廷赋贡的必经之地，至今还有“天子渡口”的称号。上津是《汉书》中“南阳西通郧关”的馆驿重镇，西据汉江天险，“三角进逼，商贾重镇，胜地之胜”。《华阳国志》也载：“商地为楚盐商行所至之地。”

这使得郧西比较早便成为一个开放程度较高的地方。古时文人在诸多典籍中对郧西天河繁盛的景象做过真实的描写。唐朝诗人魏兼恕记：“深山古驿分骆骑，绮皓清风千古在。”据《郧台记》记：“唐肃宗末年，史朝义分兵出梁州。淮运阻绝，租庸盐溯汉江而上，江淮粟帛由襄汉越商于以输京师。”上津的特殊地理位置造就了盛极一时的“天子渡口”，也成就了郧西昔日的繁华。南来北往、西去东回的人群带来了各地不同的文化习俗和信仰，有的在此落地生根，有的被历史的车轮碾过，经过岁月的大浪淘沙，凝结成为郧西文化传统，为今天七夕文化的延传与创新提供了广阔的空间和充足的养料。

然而，不同于其他诸多文化事象，传统节日习俗的传承往往更具有共享性和包容性。在传承的谱系中很难见到严苛的家族传承或者地域片区传承，更多呈现出的是民众自发地、自然地从前辈那里耳濡目染传习下来的文化习俗。

> “请七姐”的时候我才上十岁，我抬筲箕，她们做，我就学着……我只晓得抬，她们念的、问的，我只晓得听着。那时候要准备干净的筲箕筐、干净的大红布、红线绑着的一根红筷子，还要烧香啊、烧纸啊，等七姑娘来嘛。我抬过，我晓得，（七姐）来了筲箕筐重些。她给你画画、写字，我们这里都是在桌子上撒麦麸子，我们都看得到。她的筷子转，你的手会跟着转。[①]
>
> 小的时候，别人家订婚的时候，妈妈她们要去帮忙，要擀面吃，要蒸这个馍。她们做，我就跟着她们学一学，正儿八经地做是二十多岁以后。……出嫁以前嘛，就是小孩，跟她们一样（指着旁边的几个女孩子）玩嘛。结婚以后别人做也跟着一起做。比方说，人家娃子的妈妈这样做，娃子结媳妇的时候又做，有时候一家要做

① 访谈对象：章晋莲；访谈人：林继富、李晓城、陈国玲、张晓；访谈时间：2013年9月29日；访谈地点：杨恩斌家。

三辈。（我）做了三十多年咯。[①]

郧西七夕习俗传承人在叙述某一传承文化事象的传承由来时，都会自然联想到儿时长辈的行为和语言。这其中的传承过程大多没有传承的仪式，亦没有严格的传承制度约束，这使得传承人在地域分布和家庭分布上呈现出自由的、多样的形态。可以说，任何人都能够在家庭的亲情和邻里的友爱中体悟到七夕文化的内容，在耳濡目染中潜移默化地学习和传递七夕文化的习俗。

此外，从传承谱系中可以看到，传承人从第一代的一个人发展至第二十一代，已经有三十余人，队伍的逐渐壮大和时代对文化发展的要求密不可分，也和地方民众以及我国非物质文化遗产相关组织制度对于文化遗产挖掘与保护的重视息息相关。然而，最主要的是民众的情感得以寄托和传递，从这个角度来说，“传承人”固然重要，“传承的人”才是使文化积极向前的动力，“传承人”也是郧西七夕文化品牌建设的基础和核心力量。

第四节　郧西七夕文化品牌建设

郧西拥有深厚的七夕文化土壤，拥有与七夕文化相关的丰富历史文化类型。在过去的岁月里，以郧西七夕为代表的民间文化成为郧西人日常生活和文化传统的有机部分，展现出无穷的魅力。郧西县委、县政府在高度重视县域多样性传统文化的传承保护和开发利用的基础上，自2009年开始，从众多的文化遗存中，选择“郧西七夕”民俗文化，作为“一县一品”特色文化，重点进行发掘整理和保护，加强了对这一最为鲜明突出的地域文化在政策、资金和人力、物力方面的支持和保护力

① 访谈对象：马桂芳；访谈人：林继富、李晓城、陈国玲、张晓；访谈时间：2013年9月26日；访谈地点：章晋莲家。

度，为这一代表性文化走向公众舞台提供了最有力的支撑。然而，随着新媒体的不断普及、新型城镇化和乡村振兴的不断推进，郧西七夕文化的传承和发展也面临着诸多问题。为此，郧西人以社会主义核心价值观为指导，在总结历史上七夕文化发展规律的基础上，科学规划以七夕文化为中心的郧西传统文化的传承、发展和创新，以多种方式实现七夕文化及其相关联的传统文化的资本化，力图实现“文化惠民”的战略目标。

一、七夕文化品牌建设措施

七夕文化是中华优秀传统文化，是重要的非物质文化遗产，目前甘肃的西河、山东的沂源、山西的和顺、广东的珠村、西安的斗门镇和湖北的郧西等地均有国家级非物质文化遗产代表性项目，各地以不同方式对七夕文化进行保护和发展。相比其他地区来说，郧西七夕文化尽管十分丰富，但是文化品牌的建设起步较晚，对七夕文化及与此相关的民间传统文化的发掘和利用明显不足。为快速推进郧西七夕文化建设，积极保护和传承郧西特色文化，建设以七夕文化为核心的地方知名品牌，提升郧西文化资本的核心竞争力，郧西进行了规划，采取了一系列行之有效的七夕文化建设措施。

在指导思想上，郧西坚持以社会主义核心价值观为引领，以传承中华优秀的七夕文化为根本任务，通过实施文化研究、习俗保护、基础建设、产业开发、宣传造势和人才培养等六大工程，努力把郧西建设成为中国七夕文化品牌名县、产业大县，促进文化为县域经济建设服务，为郧西和谐社会建设服务。

在发展目标上，郧西确定要不断争创国家级文化品牌，不断巩固中国天河七夕文化之乡的创建成果，以“郧西七夕”国家级非物质文化遗产为中心，将郧西建成中国七夕文化研究基地，使民众的七夕文化意识普遍提高，七夕习俗广泛传承，以七夕文化为内涵的城市建设、景区建设和产业建设持续推进，七夕文化经济、旅游经济在国民经济总产值中所占份额不断提高，全面实现七夕文化资源大县向七夕文化强县的跨越。

在基本原则上，首先是要坚持科学推进的原则，遵循七夕文化等传统文化的传承、创新规律，坚持用科学的方法和手段推进郧西七夕文化建设工作；其次是要坚持与时俱进的原则，既要继承七夕文化传统，也要推陈出新，利用牛郎织女传说的核心价值观促进社会和谐，开发七夕文化的创意消费产品发展文化经济；再次是要坚持合力共进的原则，坚持政府引导、部门指导与社会主导相结合，坚持突出工作重点与兼顾整体推进相结合。

为了实现这些目标，郧西确定了一系列七夕文化品牌建设的工作措施。

第一，完善机制体制。进一步加强七夕文化发掘、整理、保护和利用的行政组织管理、社会公益服务（郧西县七夕文化传承中心等）和社团组织（天河七夕文化研究会等）建设，保障更多的公共资源和人力资源投入到七夕文化的建设工作之中。制定和完善天河七夕文化建设的中远期规划和配套政策、措施，建立和完善七夕文化建设的激励机制，确保七夕文化建设的体制机制遵循发展规律，适应发展要求。

第二，深入调查研究。在全县（重点是天河流域乡镇）持续进行以七夕民俗、传说故事为重点的田野普查活动，广泛搜集各种原始素材和与七夕文化有关的记载、碑刻、建筑等风物遗存。与大专院校建立协作关系，聘请专家学者，组织地方力量，对郧西的七夕文化遗存和自然风貌进行科学考察，系统研究，形成科研成果，建立郧西天河七夕文化信息资源库和理论数据库，为深入推进天河七夕文化建设提供理论支撑。

第三，加强传承保护。争取各级政府和相关部门加大对郧西七夕非物质文化遗产保护的投入和支持力度；对重要传承人进行分类和命名保护，鼓励和支持他们在文化传承上发挥主力军作用；在香口、上津、槐树以及沿天河流域遗存有传统郧西七夕习俗的地方建立民俗保护基地，保护村民们在延续民间传统习俗上的自觉性和自信心。建立天河七夕文化民俗博物馆、艺术陈列馆等七夕文化展示平台，广泛传播七夕文化；推进七夕文化进机关、进企业、进社区、进农村和进校园，普及七夕文化知识，提升保护和传承七夕文化的社会意识，逐步使全民把传承七夕习俗作为自觉的文化行动。持续举办七夕文化节，弘扬传统节日文化；组织开展和谐家庭、形象大使、技能巧工、巧食美食等竞赛活动，以天河七夕文化引领社会风尚，构建和谐家园。

第四，开展文艺创作。采取多种措施，鼓励和支持开展以七夕文化为主要内容的文艺创作活动。邀请国内外文学艺术界的知名大家深入郧西体验生活，采风创作，鼓励本土文艺人士关注七夕文化，创作出富有地方特色的文艺作品，通过营造良好的创作氛围，促进七夕文化艺术精品的创作，形成一大批有影响的，能在全省、全国乃至世界范围内流传的艺术作品。

第五，夯实基础建设。加强七夕文化景观保护，重点对天河沿岸的石公公、石婆婆、金钗石、牛郎庙、织女洞、娘娘庙、渡春桥等七夕文化自然和人文景观实施文化发掘、真迹维护、形象包装和交通建设等工程。加大七夕文化元素的融合，以七夕文化为设计理念，实施路桥、广场、环境等市政基础建设和绿化、亮化、净化等城市美化工程；提炼七夕文化精神内核，融合社会主义核心价值观，制作固定型公益性广告，发掘教化功能；设定七夕文化基础底色和主题格调，对城市空间内相对固定的人流、车流、物流等进行包装。加快七夕文化城市景观的建设，在沿天河城区范围内，建设七夕文化主题公园、广场，建造牛郎织女和七夕文化系列雕塑等创意艺术景观。

第六，推进产业开发。推进七夕文化与旅游经济的融合，大力发展七夕文化旅游产业。以七夕文化为内涵，以自然风光为载体，整合资源，提升品质。对已经建成的五龙河、龙潭河等景区和在建的天河风景区进行七夕文化的渗透与包装，对天河进行全流域的七夕文化旅游策划，推进七夕文化主题旅游项目的建设。推进传统七夕文化与现代服务经济的融合，大力发展七夕文化创意产业。立足文化市场消费需求，创新开发现代文化产品，建设天河七夕文化舞台大戏、影视剧、动漫、游戏等文化创意产品，开发七夕乞巧工艺产品和饮食文化产品，不断拓展七夕文化产业链条。制定发展文化产业的政策，支持七夕文化市场主体的发展，鼓励和引导企业以郧西七夕文化命名和注册商标等。推进七夕文化与相关产业的融合，建设和培植七夕文化产业园区，充分发挥七夕文化的资源优势、企业聚集效应和人才、金融的孵化功能，不断推进七夕文化产业的壮大与发展，并努力使之成为郧西经济的支柱性产业。

第七，大力宣传造势。在宣传战略上，既要坚持以郧西七夕文化为重点的地域性特色化宣传，立足于中国传统七夕文化的大传播，联合正在发掘、传承七夕文化的国内有关地区和世界有关国家，开展协作性和多元化的宣传。在宣传战术上，既要充分利用主流媒体覆盖面广、影响力大的优势，更要坚持传统媒体与新型媒体相结合，重点运用数字化和互联网技术，提高传播的时效性和穿透力，形成对七夕文化全景式、立体式的传播。

第八，抓好人才培养。重视对传承人的保护和利用，充分发挥他们的示范带动作用，培养更多的郧西七夕习俗的继承人；重视发现和培养七夕文化的研究人才，为持续加强七夕文化的研究和开发提供智力支撑；重视引进和培养七夕文化产业开发和管理人才，为推动七夕文化经济大发展提供人才保障。制订和完善文化旅游人才工作规划（计划），设立七夕文化旅游人才扶持专项基金，专门为七夕文化人才引进、培养与科研项目的实施提供资金支持。

二、七夕文化品牌建设现状

在中国尚有多个地方都在对牛郎织女传说和七夕文化进行重点传承、保护和开发，这是一种积极的社会生活文化建设现象，对于中国传统七夕文化的传承和弘扬是一大利好。牛郎织女传说以及由此衍生的七夕习俗并非某个人的创造，也并非专属于某一个地方民众的生活文化。依托在牛郎织女传说中的景观和风俗是流传地域民众的生活，是流传地域特有的文化传统和文化资源。从这个意义上讲，郧西人的七夕文化是郧西人的生活，是郧西人的传统，这就决定了郧西在保护和传承七夕文化过程中具有自己的特点和路径。

郧西的牛郎织女传说、天河的传说、金钗石的传说和由之衍生的七夕习俗自古有之，但是受到地理区位、移民迁徙和地域文化多样性等多重影响，郧西人长期以来并没有将郧西七夕放在特殊的位置加以重视。郧西七夕文化也只有深藏在遗存中、古籍里，也只能断断续续地口口相传在乡野、民间。

20世纪90年代初，日本七夕文化热心人士和学者十分关注汉水天河，委托老河口作家汤礼春到郧西天河口考察，汤春礼撰写的《天河纪行》在日本发表，郧西天河口由此成为日本七夕文化界关注的地方。1993年，时任郧阳师专党委宣传部长的杨洪林在《武当学刊》上发表《汉水、天汉考——兼论牛郎织女神话故事的源流》，提出牛郎织女神话故事生成于汉水流域的论断。2004年10月，荆楚理工学院教授杜汉华在《襄樊职业技术学院学报》上发表《牛郎织女七夕节源考》，指出郧西有天河和天河口，是七夕文化的重要发源地。2005年七夕，郧西宣传文化部门组织了小规模天河拜巧活动，这也是郧西政府最早开始关注郧西七夕活动。2008年底，郧西县委宣传部把开展天河七夕文化的研讨活动列入了2009年全县宣传思想文化工作计划要点，发掘传承郧西七夕文化正式被提上了郧西官方的议事日程。2009年6月，新到任的郧西县主要领导开展了对郧西发展路径的调研活动，提出发展文化旅游的设想。县委宣传部迅速组织文化、广电和旅游部门主要负责人前往对开发七夕文化做出显著成绩的山东沂源、河北邢台和河南南阳等地进行考察，形成《七夕在中国·天河在郧西——郧西开发七夕文化的可行性分析报告》。报告认为，七夕文化是中国的传统文化，全国各地都能够也应该发掘和传承，而天河牛郎织女神话传说故事和七夕文化的核心元素就在郧西，郧西理应担当起发掘和传承七夕文化的重任。2009年8月25日，郧西举办了“首届中国（郧西）·天河七夕文化研讨会”，对郧西发掘、保护和传承郧西七夕文化的可行性及战略举措等进行了全方位研讨。2009年11月16日，中共郧西县委十二届三次全会正式通过了开发天河七夕文化，实施文化旅游立县战略。至此，郧西七夕文化的发掘、传承与保护被正式列入了县委、县政府的重要议事日程，纳入了全县经济社会发展的大局之中。长期以来散存在民间的郧西七夕文化才得以被高度重视和有效地传承保护。

要使传统文化在短时期内焕发出它教化社会的影响力和促进发展的带动力，必须要有特殊的手段和措施。面对发展需要与自身硬实力缺乏的矛盾，郧西结合湖北省“一县一品”文化发展战略，确定突出重点、集中发力的举措，决定把郧西七夕文化做大做强，并由此带动其他各类传统文化的传承与保护，形成全社会的自觉自动，促进地域文化的自然良性发展。正是基于这种文化发展战略需要，在郧西七夕文化保护工作上，郧西确定了“政府主导，部门主抓，社会主动”的工作机制和格局，政府发挥引导、引领和服务职能，宣传文化等职能部门承担规划、组织、协调和督办落实职能，社会各界积极主动地参与其中，自觉自发地承担起郧西七夕文化的建设任务，并逐步发挥出主力军作用。

郧西县委、县政府先后制定了《郧西县民间文化保护工程实施方案》《郧西县天河七夕文化建设方案》《关于加快推进天河七夕文化建设的决定》《关于推动文化大发展大繁荣的若干决定》等纲领性文件，确定了郧西七夕文化保护与开发建设工作的指导思想、任务目标，明确了郧西七夕文化的保护内容、保护方式、保障措施以及各级各部门保护传承与开发利用郧西七夕文化的工作责任。譬如自2012年起县财政每年安排不少于1000万元的文化旅游发展专项基金用于郧西七夕文化建设和旅游产业开发，对郧西七夕文化的保护与传承工作起到了保障性的促进作用。

2009年11月，郧西县委、县政府成立了以县委、县政府主要领导为组长，郧西县“四大家”分管领导为副组长，相关部门一把手为成员的天河七夕文化建设领导小组及其办公室，与县委宣传部合署办公，专门负责天河七夕文化建设工作的组织领导和统筹协调。2012年7月成立的郧西县七夕文化传承中心和2013年12月成立的郧西县非物质文化遗产保护中心，隶属于县文化体育新闻出版局，负责郧西七夕文化资源的搜集整理、项目保护和文化传播工作。2009年11月成立的天河七夕文化研究会，聘请专家学者，吸纳民间和社会七夕文化人才，开展郧西天河七夕文化的发掘、整理和研究工作。郧西建立的行政管理性、公益事业性和民间社团性的七夕文化工作机构（组织）网络，为郧西七夕文化保护和开发的常态化奠定了坚实基础。

自2009年起，郧西就采取组建工作专班与乡镇文化站力量相结合的方式，在全县范围内对七夕文化古籍、器物等遗存和郧西七夕等民俗活动进行全面普查、登记、立档，并将与牛郎织女传说有关的地貌风物进行梳理，标记分布位置，还邀请中央民族大学师生深入郧西乡镇村落农户家中开展郧西七夕习俗基础性调查活动，着重调查记录了郧西“请七姐”、放河灯、做巧食、做巧工、葡萄架下听夜话等传统习俗及其主要传承人，绘制郧西七夕文化分布图，形成郧西七夕文化的调查报告。郧西先后邀请了刘魁立、萧放、林继富、傅广典、杨洪林等60位著名专家学者亲临郧西开展学术研究、工作指导和专题讲座活动。2009年、2010年郧西先后举办了两届中国（郧西）·天河七夕文化研讨会，来自国内和日本的民俗及七夕文化研究专家学者22人汇聚天河，对郧西七夕文化遗存、七夕民俗现象以及郧西发掘传承七夕文化的战略举措等展开了专题性的研讨，形成了一大批重要的研讨成果。郧西还组织开展了郧西七夕文化论文征集活动，征集论文百余篇，精选了其中的24篇论文于2012年底由县政协文史委员会结集出版；有数十篇论文在省级以上刊物上发表。

自然遗存和口耳传承、身体传承的七夕习俗，是郧西七夕文化的根脉，保护和传承好七夕文化，是郧西七夕文化赖以存在和发展的种源与基石。郧西采取措施加强了对石公公、石婆婆、金钗石以及天河、织女河（直峪河）、美女河（麦峪河）、娘娘山等自然遗存和山水生态环境的规划保护和综合治理，复修了牛郎庙，把悬鼓观、天池庵、渡春桥、娘娘庙、仙姑洞等人文遗迹纳入文物单位进行保护，确保承载着七夕文化的自然和人文等物质文化遗产不再被破坏和损毁。郧西运用多种举措支持、鼓励和动员民众开展“请七姐”、放河灯、做巧食等七夕习俗传承活动，把建设郧西七夕民俗村和培植郧西七夕民俗传承队伍纳入对天河流域相关乡镇的目标考核内容；郧西命名了13名县级七夕习俗传承人，有1人被命名为省级郧西七夕习俗传承人，拨付专项经费对他们开展传承活动进行补助，确保源远流长的郧西七夕民俗非物质文化遗产的记忆不被淡忘且历久弥新。

自2010年起，郧西县每年都会举办大规模的中国（郧西）天河七夕文化旅游节，至2014年已经连续举办了五届，分别以“天河作证·牵手郧西”“天河之爱”“祥龙七夕·爱在天河”“七夕有约·浪漫天河”“喜鹊搭桥·天河盛会”为主题。在节会活动中，既有对传统节日活动的继承和扩展项目，如大型文艺演出、祈福灯会、艺术作品展览、集体婚礼、绣娘大赛、织女形象大使评选、恒爱夫妻评选等，也有旅游观光和拉动县域经济发展的创新性项目，如旅游推介会、招商博览会等。郧西连续举办的七夕节会活动，既较好地传承和弘扬了郧西七夕民俗文化及其精神，也在美誉郧西、聚集人气、打造品牌、带动发展方面发挥了巨大作用，取得了显著的社会效益和经济效益。

郧西采取了一系列措施鼓励和支持开展郧西七夕文化艺术创作活动，先后两次邀请中国作家协会的作家、多次邀请国家级艺术大师们来郧西采风创作。近年来文学艺术家们创作的《天河》《郧西笔记》等散文，《清清仙河水》等小说，《天河作证》《永远的天河》《爱在天河》《七夕歌谣》等歌曲，《织女回乡》《七巧坊》等三弦小戏，以及一大批美术、书法、摄影、工艺作品等享誉省内外，成为彰显七夕文化的文艺精品。郧西自2010年以来，每年在七夕节期间都举行了七夕文化艺术作品展，还不定期集结出版了天河七夕文化系列丛书。郧西七夕文化电视专题片《七夕，天河有约》《云耕雾织》《天河情话》分别于

2010年8月和2012年10月在中央电视台旅游频道和科教频道的“文明中华行”和“探索与发现”栏目中播出。

郧西从传承七夕文化伊始就十分注重把七夕文化内化于心，外化于形，力求使抽象的牛郎织女传说具象化。郧西立足于当下和谐社会的需要，从七夕文化中提炼出了“追求美好生活，建设和谐家园”的精神内核，并将之与社会主义核心价值观的“和谐”“自由”“诚信”“友善”密切结合起来，通过文化宣讲、典型示范、公益广告和“五进”活动（进机关、进企业、进农村、进社区、进学校）等，弘扬传统文化，为培育“勤劳、善良、朴实、自强”的郧西人品质发挥了积极的助推作用。2010年在县文体中心二楼新建了一个720㎡的天河七夕文化民俗博物馆，汇集各类文物和风物，从远古文明、神话传说和民风民俗三个方面展示了郧西七夕文化的演变和遗存；还在该中心一楼新建了一个520㎡的七夕文化艺术作品展厅，汇集展出了具有地方特色的郧西七夕文化艺术创作作品；在县图书馆设立七夕文化图书专柜，汇集古往今来世界各地的七夕文化图书、光碟等各种载体信息；三大公益性设施为人们品鉴七夕文化提供了良好的平台。建设七夕文化主题景观，在大尖山上建起了能跟自然同步盈亏的人工月亮（直径20m，由2950根LED全彩数码管组成）和十二星座；新建的七夕广场上，世界最高的汉白玉织女雕像（13.7m）、世界最大的铜牛雕像（长19m、宽5.9m、高2.7m，重量12吨），以及由钢架光雕组成的时空隧道（长377m，孔径7—21m）、石雕铜雕（圆雕6座、浮雕120幅）组成的七夕故事园等共同构成了中国七夕文化的大观园。尤其是时空隧道，通过七轮纺车纺线穿针的运动性、梦幻性造型，蕴含了日月穿梭、阴阳调和、男欢女爱、和谐美满的寓意，成为郧西最引人注目的写意性七夕文化主题景观。建成七夕文化主题广场7个，新修以七夕文化命名的大道14条，建成富含七夕文化元素的鹊桥、祈福桥、双飞桥、金簪桥、金梭桥（爱桥）等各种桥梁29座，对城区天河、二道河、安家河、织女河（直峪河）等实施水体景观建设，并在全部河堤栏杆上（全长28429.25m）雕刻了蕴含七夕文化元素的图案和诗词歌赋；公共街面、机关庭院的绿化、亮化和美化等工程也都融合了七夕文化的元素。

作为集老、少、边、穷于一身的山区县，发展文化产业不吝是一条可持续传承传统文化和脱贫致富发展经济的阳光路径。近几年来，郧西逐步从注重文化资源的传承保护向文化资源传承保护与开发利用并重转化。一方面，大力发展七夕文化创意产业，注册了一大批七夕文化商标，建立了诸如天合文化旅游发展有限公司等一大批关联七夕文化的市场主体，乞巧汉锦坊（手工棉针织）、天河金街（文化产业基地）、天河古榨（传统食用油加工）、武当红酒业以及众多文化创意企业正在逐步壮大，发展态势良好；三弦七夕旅游剧《天河传奇》也正在创作推进中。另一方面，大力发展七夕文化旅游产业，对已经建成的五龙河、龙潭河等景区和在建的天河风景区进行七夕文化的提炼、渗透与包装，对天河进行全流域的七夕文化旅游策划。

文化离不开传播和推介。郧西在传承保护和开发利用七夕文化过程中，十分注重宣传氛围的营造。阵地宣传上，郧西在城区主要道路和显要位置，在县境高速路沿线乃至十堰、武汉和西安等市区都制作了固定性七夕文化广告宣传牌位，对车站、公交车、出租车进行了七夕文化创意包装。传统媒体宣传上，郧西充分利用主流媒体，尤其是注重在国家级媒体上进行宣传，2010年以来在《人民日报》、中央电视台多次刊登和播出郧西七夕文化专题和专题片。连续五届七夕节中央电视台都播出了与郧西七夕联动的节目；2011年七夕，中央电视台“天下有情人”大型晚会邀请郧西本土节目和三弦传承艺人参加了直播演出；2013年的七夕节，中央电视台《天下有情人》栏目组主创人员和主持人专程到郧西拍摄外景，作为七夕节晚会的开场引子并在晚会的四个板块中展示了郧西七夕的内容。郧西充分利用地方传统媒体进行宣传，2010年7月开通了“天河之声”广播电台，2012年8月将纯文学期刊《郧西文学》改版为《天河》季刊；十堰市、湖北省级报社和电视台更是对郧西七夕文化的宣传给予了非常大的支持和帮助。新媒体宣传上，郧西从2011年开始连

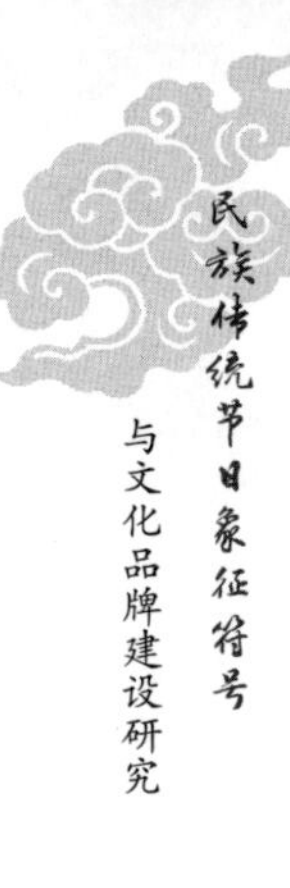

续依托七夕节，与新华网、腾讯网、秦楚网等网站建立链接，开通微博互动，进行网络直播，及时传播郧西七夕文化的各类信息。

“郧西七夕”分别在2010年3月、2010年11月、2011年6月和2014年12月被郧西县人民政府、十堰市人民政府、湖北省人民政府和国务院公布为县级、市级、省级和国家级非物质文化遗产代表性项目；郧西也分别在2012年、2013年和2014年被省级、国家级有关行业协会命名为“湖北省天河七夕文化之乡”“中国喜鹊之乡”和“中国天河七夕文化之乡”。郧西人经过五年多集中力量的传承、保护与开发，七夕文化品牌已经确立，在全国已享有较高声誉。郧西七夕文化也已延伸覆盖到了县内经济社会生活的各个领域，促使郧西的城乡面貌、旅游发展、投资环境和居民素质等都有了显著改观。

总体而言，郧西七夕文化品牌建设取得了显著成就，围绕七夕文化品牌建设的一系列举措是有效的，也是有益的，不仅扩大了郧西的影响力、知名度，而且传承保护了郧西的七夕文化，为提高郧西人的幸福感、获得感和自豪感发挥了重要作用。当然，在郧西七夕文化品牌建设的过程中也存在很多问题，这是难免的，也是以传统文化为中心推进品牌建设时面临的共同问题。

三、七夕文化品牌建设中的问题

郧西历史悠久，文化类型多样，地域特色鲜明，然而，面对现代社会信息化、商品化和多元化的生活趋势，郧西人打造和创新以七夕文化为中心的民间传统文化在当下，乃至未来的发展中仍需注意一些问题。

（一）以七夕文化为核心的民间传统文化传承

现代信息技术飞速发展和广泛运用，使得以七夕文化为核心的民间传统文化仅依靠身体模仿、口耳相传的民间传统传承方式是不行和不够的。自20世纪80年代起，电话和手机逐渐普及，郧西人的往来和信息传播越来越快捷了，尤其是电脑和网络的普及，新媒体和自媒体的发展，在相当程度上削弱了郧西传统文化过去的传播方式。现代娱乐方式的多样化，减弱了郧西人对民间传统文化的依赖，并且使郧西民间传统文化生活的流动出现了横向扩布和纵向传递的危机。

现代生产方式的变化，尤其是农村人口的流动和外出务工的常态化，导致郧西民间文化传承的断裂。更多的郧西人从农村走向城市和乡镇，从事农耕生产的人越来越少，耕地面积人为地减少，与农耕有关的生产、生活实物越来越少见，文物流失、损毁严重，征集实物的资金缺口也非常大。

与此同时，郧西农村现代化步伐不断加快，新农村建设和新型城镇化建设快速推进。新农村也好，新型城镇化也好，其“新”是根本，而这个“新”不仅表现在村落和城镇建设的外观上，而且更多地体现在文化传承和精神内涵上。新农村建设和新型城镇化均有统一的设计规划，这种“统一”动摇了民间传统文化多样性的追求和多元化的需求，传统的“熟人社会”被解构，新的社会关系重新被建构，阻隔了民间传统文化的传承和创新。

经历数次社会变革，郧西社会面貌发生了较大变化，郧西人的思想观念也随之转变。尤其是当今年轻一代，在新时代的环境下成长起来，对传统文化体验不足、认识不充分，将传统礼俗视为思想陈旧和土气低俗，不珍视、不热爱、不传承祖先创造和传递下来的生活方式和文化遗产，反而一味追寻“西式”“洋味”和“现代化”，这在相当程度上制约了民间传统文化的继承与创新。

所有这些导致郧西以七夕文化为核心的民间传统文化的传承和发展面临诸多困难。比如，七夕节期间，“请七姐”习俗呈现萎缩局面，以家庭为单位开展的节俗活动逐年减少，七夕文化氛围不浓厚。家庭文化环境改变、电视网络文化植入和社会文化生态现代化，令以牛郎织女传说为基础的七夕民俗的传习失去了广泛的群众基础，牛郎织女传说的讲述也失去了生活的依托。

在郧西七夕文化保护过程中，尽管政府出台了多项政策措施，但从整体上看，郧西人对于七夕文化及其他民间传统文化的保护意识还有待增强。他们还没有意识到以七夕文化为核心的民间传统文化与祖先生活的关系、与自己生活的关系，以及这些民间传统文化的地方特色和唯一性。

“郧西七夕”进入国家级非物质文化遗产代表性名录，有了扎实推进的保护举措和财力方面的补助支持，不过，与七夕文化相关的其他传统文化的保护也应该予以重视，因为七夕文化的存在和延续是体系性和整体性的。另外，传承人是民间传统文化能否得以承继的关键，关系到郧西传统文化可持续发展的问题，然而，目前郧西七夕文化传承人及其他民间传统文化传承人不仅人数少，而且年龄大，培育和养成一代代的文化接班人任重而道远。

“郧西七夕”保护与利用，涉及面广、内容丰富而复杂，特别是在保护与利用工作实践中遇到的一些重大问题和新课题，缺乏相应的理论指引和政策支撑。一些“郧西七夕”基础性的工作，诸如摄录、照相、记谱、文字撰写、音像资料制作人员匮乏，许多资料征集后不能有效开发、保护和利用，这些问题均影响了“郧西七夕”的传承与发展。

（二）以七夕文化为核心的民间传统文化开发

以七夕文化为核心的文化产业化主要包括以七夕文化为核心的文化产品的设计、旅游景点的规划和旅游产业链的创建等三个方面，这三个方面关系到七夕文化保护和开发的整体性和系统性。比如，郧西在七夕节会的创意建设上成绩突出，已经产生了很好的品牌效应，但是，节会只是一个节点、一个时间段，在这个时间段内与这个时间段外，以七夕文化为核心的民间传统文化的传习如何实现有效对接和持续，即便是节会期间，游艺、娱乐、饮食、住宿怎样做到让人贴心、舒心和开心，都需要更加深入和细致的研究和改进。

在郧西七夕文化建设中，将“郧西七夕”与旅游结合是一条可行的有益道路。比如，张家界对非物质文化遗产的旅游开发主要通过艺术表演的形式，在不同的旅游场所呈现了不同的非物质文化遗产：湘西大剧院表演《魅力湘西》，展示武陵源；宝峰湖表演《梯玛神歌》；天门山脚下表演《新刘海砍樵》；土家风情园、秀华山馆、老院子以及大庸府城进行的有组织的节目表演，主要内容是桑植民歌、摆手舞、哭嫁、茅古斯舞等，让游客在欣赏自然景观、人文景观的同时，感受当地的特色文化。再比如，广西桂林的“印象·刘三姐”对民间传统文化实施了创新性发展。凭借“印象·刘三姐”景区强大的人气，阳朔县的房地产、酒店业、旅游业、农业、渔业等相关产业得到迅速发展。“印象·刘三姐”景区利用科技手段，采用多种灯光系统、音响系统、烟雾造景系统等，将漓江设计成为山水实景剧场，将刘三姐的传说、经典山歌、民族风情、漓江渔火、壮族民俗等元素创新组合，诠释了人与自然的和谐关系，让游客在白天饱览阳朔风光，感受乡土民情后，晚上可以观赏山水舞台上的生活画卷，体验独具韵味的民俗文化。“印象·刘三姐”拥有春夏秋冬四季以及雨天、晴天等不同演出版本，针对漓江水流、水位的变化，也采取了相应的调整措施，成为规模最大、反响不错的非物质文化遗产旅游精品。

在旅游观光与非物质文化遗产结合过程中，将实景舞台和流动的生活文化紧密联系成为当下国内旅游文化开发的重要思路。比如，1998年在丽江古城上演的民族歌舞剧“东巴公”、2004年3月20日在桂林阳朔上演的山水实景演出剧“印象·刘三姐”、2005年9月15日在恩施腾龙洞风景区上演的洞穴原生态情景剧“夷水丽川”、2005年9月在西陵峡快乐谷风景区上演的大型山水实景剧“梦·三峡”、2007年4月1日在杭州西湖岳湖景区上演的山水实景演出剧“印象·西湖”等，诸如此类的风景展示、文化展示与生活展示，成为当前中国旅游产业与非物质文化遗产联袂的最有效方式，既能扩大地方影响，建构文化品牌，传承非物质文化遗产，又能带来巨大的经济效益。这种民间传统文化保护与开发相结合的产业化发展路径，值得郧西在建设七夕文化品牌时学习和借鉴，并走出一条属于郧西人自己的创新发展道路。

富有特色旅游纪念品是郧西七夕文化旅游节上的软肋。在旅游文化建设中，研制、生产与节日文化、地方文化相配套、相契合的旅游纪

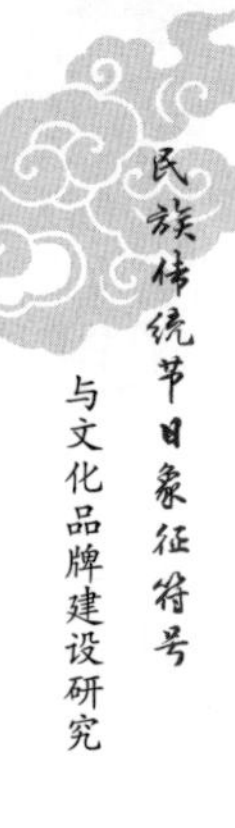

念品是文化保护和开发中不可或缺的环节。游客在对旅游地有了直接接触、感受和体验后，往往会购买当地的旅游纪念品，作为旅行的留念和文化的记忆；也会将之赠送给亲朋好友，旅游纪念品就成了将感受和体验与他人分享的载体，因此，从这个意义上说，旅游纪念品是扩大地方影响力的途径，是吸引游客的广告。在旅游纪念品的开发和研制上，“地方的腔调”最为重要，也就是地方性的民间传统文化，它是一个地方的标志。那么，郧西在旅游纪念品的开发设计上如何提炼和体现以七夕文化为核心的文化符号，是当前需要正视和解决的重要问题。

四、七夕文化品牌建设的前景

“郧西七夕”是郧西人民经过漫长的历史积淀，在社会实践中创造和传承的文化产物。在建设七夕文化品牌过程中，郧西人将七夕文化作为特定的载体，操演七夕文化的人作为特殊的人群，实践和传承七夕文化的场所作为特殊的空间，对有关七夕文化的实物及表现形式，以及与此相关的知识体系进行了较为全面和系统的挖掘、采集、保护和研究。在现代化和新型城镇化的历史背景下，郧西人把握传统，展望未来，付诸新的文化建设实践，产生新的实践成果。

（一）七夕文化传承方式多样化

七夕文化生成的自然生态环境是优美的，七夕文化生成的人文生态环境是悠久和多元的。在未来的发展和规划中，应该将郧西社会历史发展和文化进步与七夕文化联系起来，讨论七夕文化与社会历史关联性的条件，讨论七夕文化在郧西世代传承中的创新性，从文化的本质上，回答七夕文化与郧西人之间联系的特殊性，由此展现郧西七夕文化的历史感和现实感。如郧西七夕文化的体系性不仅体现在风情风物上，而且表现在口头传统中，还与民众的生活密不可分。

郧西七夕文化的传承、保护、发展、创新需要整合力量。郧西七夕文化要走出去，要扩大影响力，就必须面向社会、面向世界。围绕“牛郎织女”形成的七夕文化在汉江流域流传广泛，因此，应该把郧西七夕文化放在汉江文化范围内来考察，突出二者的关联性，也彰显郧西七夕文化的特色。同时，郧西七夕文化要与汉江流域其他地区流传的七夕文化联系起来，实现共享共赢。

七夕文化是郧西的历史传统，也是郧西人的生活文化。它从历史走来，历经沧海桑田，依然保持着旺盛的生命活力，这说明它具备深厚的根基，说明郧西人认同和支持七夕文化。郧西以七夕文化为核心的民间传统文化的保护和建设要与现代文化发展相适应，从而促进郧西文化的多样性发展，激发郧西人的创造力，激活中国七夕文化传统的活力。在走向未来的过程中，七夕文化仍然是郧西人的生活文化之一，因而以七夕文化为中心的文化品牌建设和文化消费规划要有长远的考量。比如，天河流域的景点设计要与郧西县的旅游规划整合为一体，要与鄂西生态旅游文化圈的大规划整合为一体。

不论过去、现在，还是未来，七夕文化的传承均离不开传统的口传、身体、物质、生活习俗等方式和载体，但一定要与现代郧西人的生活理念相融合，既要利用打造七夕文化品牌的新理念、新思路和创造性的实践，推进鄂西生态文化旅游圈发展战略的实施，又要将七夕文化视作文化传统和非物质文化遗产来对待，这就要求郧西人着力在传承、创新方面动脑筋、下功夫。

“郧西七夕”作为国家级非物质文化遗产具有不可再生性、不可复制性，因此，对于它的保护应该尊重传统面貌，然而，“郧西七夕”毕竟是郧西人的生活文化，也就是说七夕文化是人的文化，它要活在当下，就必定要随人生活的变迁发生变化。所以，面对新的时代和人群，七夕文化必须做出相对应的调整和变化，做出符合现代人生活的创新与发展。更为重要的是，“郧西七夕”作为郧西传统文化的代表，作为旅游文化的对象被开发、被利用，这就使得进入产业化轨道的“郧西七夕”须具有审美性和观赏性，从这个角度来看，“郧西七夕”的现代利用就要充分考虑现代性的“限度”了。

“郧西七夕”是文化创新的珍贵资源，风行全国的“印象系列”就是将非物质文化遗产和地方民众生活艺术化、景观化，从而实现文化传承与文化消费的有机结合。这些均为郧西七夕文化的当代传承与创新提供了有价值的经验借鉴。

（二）朝向七夕文化的产业经济

七夕文化是传统文化资源，是郧西现代发展的重要资本。天河流域生活着郧西县40%以上的人口，郧西需要借助以七夕文化为核心的民间传统文化的开发和利用，发挥区位优势，推动旅游发展。

郧西位于西安—武当山—神农架—长江三峡黄金旅游线上，由郧西县城经福银（福州—银川）高速出上津孙家湾出口可达上津古城，这里与陕西省山阳县漫川古镇毗邻，由此可北上西安。郧西县的城市建设、景观布置及旅游产业开发以七夕文化为内涵，融入七夕文化元素，能够提升旅游业发展品位和竞争力。对69千米的天河干流在郧西境内的62.7千米进行全流域旅游规划，按上中下游分别规划“爱湖”（库区水上游）、“爱流”（河道漂流游）和“爱谷”（河岸自助游），并分别以“天之爱”“地之爱”“人之爱”为主题设计文化旅游景点，打造七夕文化5A级生态文化旅游区，已被纳入郧西旅游规划。结合已经形成的上津古镇、龙潭河、五龙河景区，郧西将全面融入鄂西生态文化旅游圈建设，且依托武当山和丹江口库区的山水文化资源，以及十堰汽车城的名片，这将是郧西发展旅游得天独厚的条件。

尽管七夕文化在全国很多地方都存在，但每个地方都有自己的特点，郧西对“天河文化”品牌的建设也是独具匠心的，因而必须全力塑造以天河为中心的旅游空间，讲好牛郎织女传说，传承七夕文化民俗。在郧西文化产业化发展当中，天河文化不仅包括七夕文化，还包括发生和流传在天河流域的所有文化，如对天河两岸山峰的命名，在尊重历史的基础上，可与天上的星座名称有某种关联性，如狮子山、织女山、羊尾山等。与七夕文化相关的民间故事、民间歌谣、民间习俗、民间工艺等均可纳入旅游文化来建设。郧西七夕文化的产业化需要加强与郧西其他文化资源的整合，从而在整体上凸显郧西文化在旅游发展中的优势，比如古人类文化、封神文化、龙文化等，使之成为提升郧西竞争力的有效资源，成为拉动郧西经济社会发展的现实生产力。

郧西七夕文化的旅游开发，应采取错位竞争的原则，避免市场定位与同一类型的强势景点形成重叠，避免选择的开发项目与同一市场的景点雷同。例如，广西境内以刘三姐文化资源进行开发的景点和景区数量众多，有桂林刘三姐景观园、阳朔刘三姐水上公园、阳朔大榕树、柳州鱼峰山公园、宜州下枧河景区等。“印象·刘三姐”正是在做了综合分析和判断之后，运用创新手法，将桂林山水和刘三姐的形象巧妙嫁接和有机融合，让自然风光与人文景观交相辉映，从而获得了极佳的文化品牌效应。在全国范围内，以牛郎织女传说和七夕文化为内容的非物质文化遗产代表性项目已经有8个地方列入了国家级，这就要求郧西善于从与其他地区七夕文化的比较中得到启示，凸显郧西七夕文化的核心与优势，将天河七夕文化的唯一性、地方性元素进行提炼和整合，进行形成创新型的郧西天河七夕文化旅游品牌。

（三）七夕文化与郧西城乡建设

七夕文化是郧西的文化灵魂之一，那么，在城乡建设中就应当融入七夕文化及其人文精神和核心价值，实现以七夕文化为核心的建城、兴城愿景。这种思想付诸实施，已经在郧西的发展史上初见成效。郧西县坚持“外有形、内有魂”的理念，把七夕元素渗透进各项市政建设中，赋予城市浓厚的文化气息。建成七夕广场、天河广场、七夕文化故事园等文化广场和游园共计15万平方米，在七夕广场设计建造时空隧道、世界第一铜牛、人造月亮、音乐喷泉等景观，形成“七夕文化大观园”；架起元春桥、望春桥、迎春桥等12座具有七夕文化特色的“春桥”；修建天河水体景观区，命名七夕大道、天河大道等，让建筑与文化辉映、历史与现实交融，逐渐形成设施配套化、环境景观化、景观人文化。

郧西七夕文化建设不是孤立的，而是以七夕文化为引领，建设美丽和谐郧西。郧西是一个灾难频发的地区，城乡建设也在不断更新和推进。比如，1997年“7·18”特大暴雨洪灾，让郧西县城成为一片泽国。

2010年，郧西县委、县政府提出扩大城区面积，提高城市品位，打通城区主干道，实施天河水体景观工程的规划，并建设滨河东路、洪台河堤、滨河南路、七夕广场、七夕大道、天河大道、环城西路、城区停车场、污水处理厂、垃圾处理场、小河市场、蔬菜批发和综合交易市场、天河坪大桥等基础设施，拓宽改造佘家湾大桥，新建城区防洪堤，增加城区绿化带等，均突出“七夕在中国·天河在郧西”和“爱在天河·美在郧西”的文化定位。

以七夕文化为抓手，通过七夕文化传承和保护推动郧西城乡建设已取得明显成效。郧西县委、县政府在规划的实施上，采取“文化搭台、旅游唱戏、城建主演”的方式，巧妙布局，使防洪工程与城市景观相结合、水文化与七夕文化相结合、水利建设与城市建设相结合，将七夕民俗文化、天河地域文化的符号和标识渗透到路、桥、园、场、山、水的设计和展示中，精心打造了一批“亲水型、生态型、环保型、景观型、旅游型、防洪型”工程，使曾经的水患之城变成了水利之城、文化之城。借助七夕文化的无穷魅力，郧西城市面貌发生了巨大变化，文化氛围变“浓”，县城道路变“样”，城市功能变“全”，县城夜晚变“亮”，城区秃地变“绿”，人居环境变“美”，水体工程变“景”，城区街道变“净”，城市建设变“快”，城市管理变“全”。

如此以文化保护的方式促进郧西民生工程的改善，以七夕文化品牌建设引领社会经济发展，必然极大地推进郧西生态文明建设、物质文明建设和精神文明建设，实现互动共赢。

（四）七夕文化与涵养郧西人精神

郧西发展建设要以文化为中心，要将过去、现在和未来连在一起，融会贯通，将古老的文化及其精髓提炼出来，并使之在当下重获生机，焕发异彩，融入生活，为郧西人的未来发展铺平道路，因此，文化的内核与精神至关重要。

七夕文化渗透到郧西人生活的诸多方面，其内涵主要表现在对人性复归的呼唤、对男女纯真爱情的珍惜、对普通人尊严的维护、对美好幸福生活的追求等方面。从本质上看，郧西七夕文化属于家庭文化，它倡导诚恳勤劳的生活态度、忠贞不渝的爱情观，有利于家庭稳固与社会和谐，具有鲜明的时代意义和现实价值。织女下嫁牛郎，打破世俗门第观念，体现了对爱情的奉献精神。牛郎织女男耕女织、勤俭持家，激励人们为改变现实而奋发向上、积极进取。七夕乞巧习俗，表达个人追求，祈求生活美满，教人心向善好。这些文化内涵与社会主义核心价值观一脉相承、高度吻合，是当代社会建设与发展的传统根基和强大动力。

经济的发展直接带来生活的利益，物质生活的富足让人们产生了更多的精神需求。在郧西文化建设中，需要更为集中和深入地挖掘七夕文化的内在精神，以其蕴涵的追求美好爱情、守护家庭婚姻、勤劳善良品质等优秀文化元素助推郧西社会主流文化的建设和发展，进一步彰显和谐主题，在自然和谐、社会和谐以及人与自然和谐的环境中，让郧西人的生活更加和美、精神更加充实。

五、郧西七夕文化品牌的建设方向

郧西在传承七夕文化，建设七夕文化品牌的时候，应该对牛郎织女传说和七夕习俗的主旨内容进行分析研究，对以七夕文化为核心的郧西民间传统文化进行梳理调研，将七夕文化承载的人文精神作为七夕文化品牌建设的重中之重。郧西七夕文化包括牛郎（牵牛星）、织女（王母娘娘孙女）、老牛（金牛星）、王母娘娘、天帝（玉皇大帝）、牛郎哥嫂、牛郎儿女以及仙女、天神天将等人物形象，包括天河、天庭、村庄、山脉、碧莲池等空间形象，包括用于农耕生产的工具、纺纱织布的织机、梭子和桑园、蚕丝、金簪、箩筐等工具形象。这些元素可在七夕文化创意产业中被利用和开发，它们不仅是郧西人文化消费的对象，也是七夕文化传承的核心要素，能够使郧西七夕文化品牌建设具有文化含量和生活气息，既可以触摸、感知，又能激发人们的想象。

天河是郧西七夕文化中有实体性质的元素，郧西境内的天河在中国是绝无仅有的一条河流，这种实体性和唯一性成为郧西七夕文化开发的优势。又如，郧西的牛郎庙、仙女洞、天池庵、石公公、石婆婆、金钗石、美女河（麦峪河）、织女河（直峪河）、仙河、归仙河、石人河、石婆沟、一天门、二天门、三天门、十八盘、娘娘山、牛儿山、神雾岭等，这些与七夕相关的景观也是具体的，有特定的空间和物象，有故事性，有历史感和地方感，这样就为旅游景观的建造提供了直接的基础。而且，景观不仅仅是景观本身，还含蕴了七夕文化的内涵，从而使得景观具有了更多的历史纵深感和民众生活的现实情怀。这些景观与流传在郧西民间的七夕传说、诗词文赋手抄本、农耕机具、缫丝织布机械以及其他民俗样式有着或显或隐的关联性，可以实现景观的七夕化和七夕的景观化。

随着时代的发展和建设的推进，郧西传统的七夕节已经逐渐向七夕旅游文化节转变，这种转变使七夕文化从民间传统的传承方式逐步过渡到现代多样化的传承方式，从文化生活转变到文化消费，从日常生活习俗转变到文化品牌建设上来。五届七夕文化旅游节的举办，不但传承了七夕文化，也是新时代赋予七夕文化的新的传播方式，由此带来了可观的经济效益。仅2014年，郧西县接待各类游客371多万人（次），旅游收入18.5亿元。2014年8月第五届天河七夕文化旅游节又有15个项目签约，项目总协议金额达20.7亿元。这些都助推着以七夕文化为支撑的“浪漫经济”的发展。

利用七夕文化品牌擦亮郧西经济名片。郧西商家抢注“牛郎牌”“织女牌”“天河牌”等相关文化商标；建蚕桑基地5万多亩，推出“织女牌”蚕丝被；依托山野葡萄资源，开发“织女红”野葡萄干红等，众多商贸品牌的设立和建设，均依托郧西七夕文化。从这个角度上来看，七夕文化已然成为提升郧西人民生活幸福指数的重要资源。

在保护生态和重视文化思想指引下，郧西积极探索经济社会的转型发展和可持续发展，紧密结合自身特点和优势，以现代思维和生活方式传承七夕文化，改善城乡环境，增加人民福祉。在传承中弘扬和创新七夕文化，提升地方影响力，不仅是推进郧西旅游发展的战略，而且切实改善了民生，推动了郧西社会经济繁荣，实现经济建设、政治建设、文化建设、社会建设和生态文明建设协调发展。

郧西七夕文化是传统的，也是现代的。作为郧西优秀的民间传统文化，应该得到很好的保护；作为现代生活意义上的七夕文化，就应该为适应现代人的生活需要做出调适，为顺应时代文化的发展方向做出改变。

七夕文化品牌建设在保护以“郧西七夕”为核心的非物质文化遗产的发展道路上，要树立起正确的非物质文化遗产观念和传承发展理念，充分认识到以民间文化为内核的非物质文化遗产对郧西经济社会协调发展的重要性，正确处理好非物质文化遗产的保护、利用与传承之间的关系，以传承实现保护，以保护带动利用，以利用促进保护。

郧西七夕文化品牌在保护、传承、开发过程中，创新是关键。利用现代新技术，可以将非物质文化遗产广泛转化为旅游产品；利用科技创新，能够在旅游环境保护、文化继承与保护、旅游设施等方面全面提高传统旅游资源和旅游产品的科技含量，增强旅游目的地的吸引力和核心竞争力。

在乡村振兴中，七夕文化的资源性和资本性是郧西人要合理利用的重点，不仅在产业化方面，而且在精神文化建设上，应该以新常态的思想和行为，对待七夕文化，实现七夕文化从传统型向现代型的转型，实现七夕文化品牌建设的新思路、新发展，以此扩大郧西的影响力，全面提升郧西人的生活质量，实现高质量发展。

第十一章

时间双轨的生活逻辑：黄岗侗族喊天节品牌建设[1]

黄岗村属于贵州省黔东南苗族侗族自治州黎平县双江镇，据历史文献记载，黄岗始建于宋朝，至今已有800多年的历史。黄岗村坐落在狭长山间谷地带，一条小溪穿村而过。村中居民80%以上姓吴，他们同宗共祖，有共同的文化传统。从黄岗建寨开始，村寨里的侗族人就凝聚成紧密共同体，在生活实践上，他们共同耕耘着祖辈留下的土地；在文化实践上，他们共同遵循并传习着祖先留下的规矩、信仰、节庆和歌谣、故事。他们对祖辈创造的历史以各种方式延续着，他们对未来充满了幻想，渴望改善生活。黄岗侗族铭记着祖先的历史，传承着祖先留下来的喊天节，却又与时俱进，发展传统，创新传统，将喊天节融入当代社会发展之中，从不同的方面推进以喊天节为核心的黄岗侗寨文化品牌建设。

第一节　黄岗的建寨记忆

黄岗侗族的历史与贵州黎平、从江等一带生活的侗族的历史一脉相承。侗族口头传唱的《祖公上河歌》《祭祖歌》《天府侗迁徙歌》等早期族

① 该章节由栗文清撰写，林继富修改。

源歌谣唱到侗族的祖先原来住在江西、广西一带，后来侗族祖先是从下游不断往上游逆江而上，到从江县登岸，然后再在黎平、从江等侗寨聚居。

“住在梧州那里，人丁实在兴旺；人口连年发展。父亲这一辈，人满院坝闹嚷嚷；儿子一辈，人口增添满村庄。姑娘挤满了坪子，后生挤满了里巷，树丫吃完了，树根也嚼光了，大家相约出去，找那可以居住的地方。”[①] “我们祖宗原是木究发，那里就是我们的老家，地少人多难养活，为寻生路离家乡。”[②] “想到那个地方，田在高处，水在低处。引水不进田，十年九不收。”[③] “田在高山上，水在低处流，种棉长不出，种谷无收成；女无饭饱肚，男无衣遮身。”[④]侗族是稻作民族，他们的生产生活依赖于土地，耕地面积的多少决定了他们粮食产量的多少，当生产与人口增长产生矛盾时必将面临新的选择。

侗族地区流传着“苗侗不分家”的说法。在《祖公上河歌》中详细叙述了侗族祖先与苗族祖先结伴同行，相携并进，相互交换交通工具，一同战胜艰难险阻以及后来又如何分路而行的故事：

苗家侗家相约沿河走，为了寻生路离家乡。有的造了枫木舟，有的造了楠木船。我们祖先想简便，懒得去远山，就在对门岭，砍倒楠木造成船。船儿造成了，侗家祖先对那苗家祖先讲，结伴同行寻找新住地，只有沿河逆江上，要找那坡有树有田有水，能够养活儿孙的地方。……两家祖先把船换。两家祖先约定好，前后相继莫中断，若是拐弯入河口，插个草标入河滩。……侗族祖先前面行，后面出件事情真稀罕；一群野猪河边正洗澡，拖到草标漂过河对

① 杨国仁、吴定国整理：《侗族祖先哪里来》，贵阳：贵州人民出版社，1981年，第89页。

② 杨国仁、吴定国整理：《侗族祖先哪里来》，贵阳：贵州人民出版社，1981年，第58页。

③ 杨国仁、吴定国整理：《侗族祖先哪里来》，贵阳：贵州人民出版社，1981年，第52页。

④ 杨国仁、吴定国整理：《侗族祖先哪里来》，贵阳：贵州人民出版社，1981年，第156页。

岸。[①]

黄岗侗族流传的古歌唱道：

我们的祖先在梧州，叫吴堵，有一个儿子叫堵能，两个女儿一个叫烁北，一个北列。吴堵逃难到了皮林，说这个地方好，要留在这儿。第二天起来，看见太阳从寨尾出来，说这个地方住不下，劳而无获，留下来会发生很多事情。又来到了洛香，遇见了一个苗家人，那苗人也是逃难的，那苗人一直要跟着他。他心想怎么和苗人混在一起，唉，真的不喜欢，就沿着河畔走，走着走着遇见了一只兔子，苗家人喜欢兔子，吴堵就说："你去挖兔子吧，你的船是杉树木，我的船是竹子，你的船快，肯定能追上我，我就顺着这条路走，要是到河里了我就划船，划过哪里我便打标，你肯定能找到我。"那喜欢兔子的苗人就挖兔子去了，吴堵那样说却没有那样做，他划过溺勺（河名），却打标在溺榕（河名），现在整个溺榕两边都是苗族，吴堵就沿溺勺而上，溺勺这边大都是侗族。他来到了四寨，说这个地方可以住下来，三宝在榕江，一宝在四寨，这个地方可以住下来，于是就在四寨住了下来。[②]

古歌中讲述了侗族祖先来自梧州，与四寨、寨高的说法有些差异。黄岗侗族民众讲述了侗族与苗族在迁徙过程中的关系，由此解释侗族与苗族的定居和分布状况。见下表：

① 杨国仁、吴定国整理：《侗族祖先哪里来》，贵阳：贵州人民出版社，1981年，第156页。

② 访谈对象：吴佩云；访谈人：栗文清；翻译：吴文君；访谈时间：2012年8月6日；访谈地点：吴佩云家。

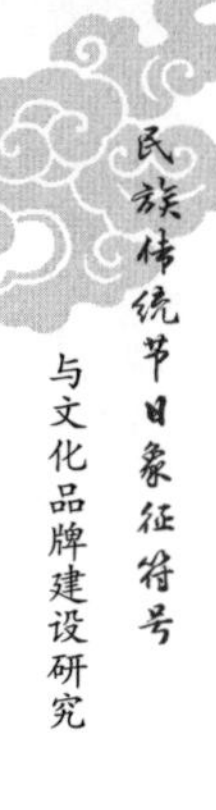

古歌	祖公	迁徙出发地	落寨	迁徙原因
四寨古歌	吴堵	江西	四寨	
寨高古歌	姓吴	江西	四寨	灭族
黄岗古歌	吴堵	梧州	四寨	逃难

流传在三个寨子的古歌各不相同，黄岗和四寨的祖公都是吴堵，寨高古歌里并没有提及祖公的名字。寨高和四寨的古歌里叙述的迁徙地是江西，黄岗描述的是从梧州上河而来。四寨古歌并没有提到迁徙的原因，黄岗古歌中说是逃难，寨高古歌中说是灭族，但都没有详叙原因。民众的记忆在传承过程中并非刻板，并非一成不变，但是记忆对象的核心和主体不会变，不管祖先迁徙如何艰辛，如何痛苦，对于能安身立足的地方这一记忆的核心，他们不会忘记，所以祖公无论是从江西吉安而来，还是从梧州而来，他们落脚之地都是“四寨”，这种共同记忆是不会变的。从今天地理位置来看，四寨优越于寨高和黄岗，正如古歌里唱道：“有山有水有田塘。甩出的手杖落这里，正是我们侗家居住的好地方，落寨在这里建寨子，子孙定兴旺。”[①]四寨位于四寨河和四寨河支流归谜溪的交汇处，地势平坦，周围都是田塘，寨高位于四寨的东北边，四寨河的上游，相对而言，平地面积较狭窄，人口较少。黄岗距离四寨有15千米，比寨高、四寨的海拔高三四百米，黄岗群山环抱，无河流、无溪水。四寨、寨高和黄岗是兄弟村寨，它们分布在不同的地区，但又相距不远，彼此可以相互照应。今天，四寨、寨高和黄岗的村民很多仍然有亲戚关系，相互往来频繁。

历史上，很多民族都有兄弟分家的故事，由于族群内部的发展，人口的增长，一个区域的环境和生活资源难以满足人口增长的需要，必须把一部分人分出去重新选择新的地方。大儿子为什么选择寨高，另外一个儿子为什么选择黄岗呢？笔者搜集的田野调查资料显示，各地方都不

① 杨国仁、吴定国著：《我们的祖先哪里来　我们的祖先是怎样在这里落寨的》，贵阳：贵州人民出版社，1984年，第141页。

一致。资料记载：祖公公力到四寨立足定居，后生三个儿子：大儿子叫公高，二儿子叫公闹，三儿子叫公暖，因生产生活需要，三兄弟各据一方创业，公高居寨高，公闹居四寨，公暖居黄岗。[①]流传在民间的传说则各有不同。

流传在四寨的“祖公落寨”的传说：

我们祖公从上河来，来到四寨，有三个儿子，大儿子上寨高、二儿子留在四寨，三儿子上黄岗。二儿子比较狡猾，说黄岗不用下秧，黄岗有韭菜，说韭菜割了明年又会自然生长，把小儿子哄上黄岗去了。所以老三去黄岗，老二留下来了。[②]

流传在黄岗的“祖公落寨”传说：

吴堵在四寨住下了，后来生下来公闹、公论两个儿子。公闹、公论长大了，有一天去打猎，打到了黄岗这个地方。以前的黄岗是一片森林，他们看见了一片茂盛的韭菜长在溪边，兄弟俩觉得这东西好，便尝了尝，觉得味道不错，这个地方也不错，于是决定让一个人在黄岗住。两兄弟抢着要去黄岗，哥哥说哪个去住必须要下得了秧，才有饭吃，哥哥偷偷地把弟弟的谷种给煮了，导致弟弟种的谷子长不出秧。后来哥哥公闹就在黄岗住下来了。[③]

流传在寨高的“祖公落寨”的传说：

以前我们的祖先从上河来，先落在四寨的高丢，生下了几个

---

① 2014年4月26日，双江政府文化站所提供的材料。

② 访谈对象：韦海光；访谈人：吴文君；访谈时间：2014年4月28日；访谈地点：四寨村。

③ 访谈对象：吴佩云；访谈人：栗文清；翻译：吴文君；访谈时间：2012年8月6日；访谈地点：吴佩云家。

> 孩子。我们以前先在四寨住的，后来才到的寨高。以前我们住的地方是一片荒山地，长着一片叫“森告”的植物，家里的鸡鸭鹅都跑到这个地方下蛋，牛羊都跑到这个地方生仔，都说这个地方好，家禽家畜都跑到这个地方来，这个地方肯定是好。祖公说要一个仔去这个地方，那谁上去呢？祖公对老大说：“你是老大你带头，你上去。”老大说：“寨高那么远，还有三里路呢，什么大活动都在下面，午饭我能赶得上吗？”祖公说：“无论以后什么活动都是你先上堂，再轮到四寨，再轮到后面，谁违反谁受罚。”于是，老大上了寨高，砍掉“森告”，给这个地方取名叫“告”（寨高的侗名叫“告”）。[①]

一些书面资料说明三兄弟为了生活需要迁徙到不同地方创业发展，而流传在三个地方的传说并没有提到三兄弟是为了生活需要而分开。不同村寨的传说都认为自己的村寨好，并且对迁往自己村寨的祖先兄弟充满了赞赏，这种记忆包含了村落情感的色彩。

就以前或者古代来说，寨高田多地多，大部分的田地都分布在海拔较高的山上，极少数在坝子上。黄岗的寨子直接建在山上，土地面积宽广，能够耕种的土地分布广，对于侗族来说，田地便是家庭的财产，耕地面积的多少决定财富的多少。侗族是以农为本的民族，主要种植水稻。“鱼羹饭稻”里的“饭稻”指的是糯稻，古代侗族种植的作物以糯稻为主，以糯食为贵，如今的侗族在人生礼仪中没有哪一个环节会缺少糯食，糯食是侗族人生活中不可以缺少的食物。寨高和黄岗所拥有的大量海拔较高的“软田”适合种植糯稻，这样的土地条件对比在平坝水田处的四寨就显得优越多了。四寨田地在低处，距离近，大都聚集在河边，便于灌溉，并且四寨的交通便利，发展较快，今天的四寨人一直赞赏祖先选择四寨作为居住之地的智慧。

---

① 访谈对象：公心莲；访谈人：吴文君；访谈时间：2012年7月20日；访谈地点：寨高村。

在民族形成过程中，每个民族对自己的祖先以及发源地都寄予了深厚的感情，留下了许多动人的传说。这些传说是民众在生活事实的基础上进行的想象，并寄予了美好的愿望。传说中侗族同祖三兄弟分到不同的地方后，一直和睦相处，他们共同的“祖公”及其传说中的“兄弟关系”成为侗族民众的共同信仰记忆和情感记忆，成为侗族村落团结的纽带。

定居黄岗的侗族人与寨高、四寨一样，仍然以吴姓为祖先，至今吴姓仍是黄岗的主体姓氏。后来吴姓宗族的成员陆续分化为五个房族，每个房族都有自己的鼓楼。五个房族的鼓楼从南向北依次排列是禾晾鼓楼、寨门鼓楼、老寨鼓楼、溪边鼓楼和寨尾鼓楼。住在溪边鼓楼的人户最多，有80多户，是该村人丁最兴旺的房族。黄岗村有两座“萨岁”祭坛，主祭坛设在老寨鼓楼旁边，分祭坛位于溪边鼓楼附近。每个鼓楼都有一位房族寨老主事，黄岗村共有五位寨老组成议事会，负责村里重大事务的决策，寨老们的决议大多委托村委会执行，这是侗族“老树护寨，老人管寨”[①]的传统。黄岗人常说谚语：“无山就无树，无树就无水，无水不成田，无田不养人。”这种山、树、水、田、人构成的循环生态观念，影响了黄岗村寨的基本格局和黄岗人的基本生活状态。黄岗侗族村落传统文化保存完好，侗族民俗传统在村民中广泛传承，其中的喊天节就是黄岗最为古老、特殊的传统节日，包含了侗族人在建立寨子过程中的历史记忆。

喊天节也称“祭天节”或“求雨节”，侗语称“谢萨向”，意思是“祭雷婆”。黄岗侗族村民讲，雷婆原本生活在地上，有一次，村民不小心把她弄脏了，她一气之下跑上天庭，并要求村民每年都要祭祀她，否则就阻止降雨，让田地干裂，粮食绝收。相传在明朝的时候，有一年，黄岗人忘了祭祀雷婆，黄岗就遇上了持续两年的大旱，草木焦枯，河水断流，庄稼颗粒无收，村民十分恐慌。黄岗的寨老吴万想就行

① 潘永荣著：《浅谈侗族传统生态观与生态建设》，《贵州民族研究》，2004年第5期。

走千里，寻找当时极有名气的天师吴为民前来为黄岗民众求雨。吴为民被吴万想的爱民行为深深感动，就答应在农历的六月十五这天举行祭天礼仪，为黄岗人求雨。求雨的那天凌晨，黄岗寨里人山人海，把“祭天坛”围得水泄不通。吴为民叫寨老和青壮年男子杀了一只大肥猪，他自己杀了一只大公鸡，烧了香纸，一切准备就绪后，只见他抱起大圆鼓，飞身踏上高脚凳，猛击三下鼓，抬头朝天大吼几声，接着就随鼓点大念祭天辞：“天呀！地呀！今日大吉大利，宰猪求雨益，待雷公哟又待神，平时干旱无收成，泉水不冒河断流，人民群众十个愁。拜天拜地求好雨，劳动人民个个喜。唤雨求露为人民，农民无雨心不平。给好雾，下好雨，禾苗土地得适宜。”刚念完毕，天上就阴云密布，接着就噼噼啪啪地落起大雨来。从那以后，黄岗年年风调雨顺，五谷丰登，人们的日子越过越红火。后来，黄岗侗族人为了感谢上天保佑和纪念吴为民，都会在每年的农历六月十五日大摆宴席，祭拜苍天，纪念吴为民。

喊天节期间除了祭萨、祭天，还有踩歌堂、鼓楼对歌等活动。喊天节是黄岗特有的传统节日，这个传统节日源于黄岗侗族人的生活，并且在黄岗侗族传统节日体系中具有重要作用，也成为黄岗人历史生活的记忆。

第二节　喊天节与侗族传统节日谱系

侗族传统节日多，节日内容的地域差异大，同一时间的传统节日在不同地方有不同的过法。侗族传统节日与农事安排密切相关，二月和三月的传统节日，其较早的原型多为播种节，七月和八月的传统节日，较早的原型多为吃新节，只是不同地区的节日庆祝形式有所差异，这种差异一方面源自自然环境的差别，另一方面源自南侗、北侗文化在风俗上的不同。为了便于讨论，笔者制作了较为完整的侗族传统节日时间表。

侗族传统节日时间安排总表

序号	节日时间（农历）	节日名称	亚型	分布地域	主要活动
1	正月初一至十五	过年	萨玛节	全部侗族地区	祭祖、祭萨、鼓楼对歌、抬管人、唱侗戏、宴饮等综合性民俗活动
			春节		
			正年		
2	正月十五	元宵节	千三节	北侗部分地区	用长竿扫禾苗、祭祖、祭萨
			扫阳春		
			半月		
3	正月第一个戊日后一两日	活路节	老人节	全部侗族地区（亚型为个别地区）	“活路头”带头下田、村寨老人互访并野餐
4	二月初二	二月二	接龙节	全部侗族地区（亚型为个别地区）	修田埂、鼓楼祭祖、祭萨、修桥补路、敬贡桥梁、青年男女吃粑粑、吃油茶、抬故事
			燕子节		
			艾粑节		
			敬桥节		
5	立春后第五个戊日	春社	闹春牛	北侗部分地区	敬社神、吃社饭
6	二月亥日	斗牛节		南侗部分地区	村寨间相约斗牛比赛
7	三月初三前后	播种节	开秧节	全部侗族地区（亚型各地不同）	薅少量秧苗栽一小丘、敬"秧神"、开始插秧； 赛歌、赛芦笙舞、宴请亲友庆祝农活开始、抢花炮、祭祖、玩山等
			青节		
			花炮节		
			禁火节		
			玩山节		
			祭侗王		
			风光岩歌会		
			报京三月三		

续表

序号	节日时间（农历）	节日名称	亚型	分布地域	主要活动
8	三月戊日	大雾梁歌会		北侗特定地区	青年男女云集大雾梁对歌
9	三月（择日）	挂青	清明节	全部侗族地区	扫墓祭祖、吃家族宴
10	三月十五	摔跤节		特定侗族地区	以村寨为单位的摔跤赛
11	谷雨前后	谷雨节	土王节 油茶节	北侗部分地区	吃油茶、男女青年在土王坡吃油苞、对歌
12	四月初八	祭牛节	乌饭节 牛生日 牛王节 赶坳玩山 采桑节 姑娘节 种棉节	大部分侗族地区（亚型各地不同）	用糯米饭喂牛、敬牛神、吃黑糯米、祭祖、男女聚会、斗鸟、男女交友活动、青年男女共种棉花、野餐和对歌
13	立夏	洗澡节		部分侗族地区	洗药水澡、祭祖、吃节日宴
14	四月至八月	共耕节			男女青年共同劳动
15	五月初五	端午节	杀龙节	北侗部分地区	杀黄鳝过节、逐龙降雨、包粽子、饮雄黄酒
16	五月二十	晒衣节		特定侗族地区	晒棉衣、被子等
17	六月辰日	林王节		北侗特定地区	在枫树下用粽粑、酒肉祭奠英雄林宽

续表

序号	节日时间（农历）	节日名称	亚型	分布地域	主要活动
18	六月初六	六月六	洗牛节 粽粑节 尝新节 祈雨节 小儿节 祭峒王 晒衣节 摆古节	大部分侗族地区（亚型各地不同）	摘禾穗尝新、洗牛谢牛、小儿送粽粑、祭天祈雨、赶社、摆古讲故事
19	小暑后第一个卯日	六月节		个别地区	祭祖
20	六月十五	喊天节		南侗特定地区	祭天祈雨、踩堂祭萨
21	七月初四	杀龙节		特定侗族地区	杀黄鳝过节、逐龙降雨
22	立秋后第五个戊日	秋社		北侗部分地区	赶社、敬社神、吃社饭
23	七月至八月	吃新节	打半 信苏节 黄节 茶歌节 扁米节 小黄大歌节 圣德山歌场 高坝歌会 莲花坪歌场	全部侗族地区（亚型各地不同）	吃新米、唱大歌、赛歌、踩歌堂、祭萨、祭祖
24	七月十五	中元节	亡人节 鬼节	北侗部分地区	祭祖、救济野鬼、祈求鬼神保佑

续表

序号	节日时间（农历）	节日名称	亚型	分布地域	主要活动
25	八月初八	八月八		特定侗族地区	各寨杀牛招待亲友，男女青年行歌坐夜
26	八月十五	中秋节	芦笙节	部分侗族地区	对歌、赛芦笙、打泥巴仗、打南瓜仗、喝油茶、偷月亮菜
			泥人节		
27	八月亥日	斗牛节		南侗部分地区	
28	九月初九	重阳节	送粑节	北侗部分地区	堵蛇洞、放牛栏
			鞍瓦节		
29	九月第一个子日		子日节		打粑粑祭祖
30	十月底至十二月初（择日）	侗年		大部分侗族地区	杀猪、打粑粑、祭祖、月也、唱歌
31	婚庆节	各地不同		全部侗族地区	青年男女结婚吉日
32	冬季（各姓不同）	姓氏节	杨节	部分侗族地区	杀猪、打粑粑、祭祖
			甲戌节		
			末节		
33	十一月	合鼎罐		特定侗族地区	分居的子孙带上信物到祖居地认祖归宗
34	十二月二十九	小年	姑婆年	北侗部分地区	侗族出嫁的姑娘回娘家和姊妹团聚、供奉姑婆
			祖宗年		
35	十二月三十	大年		北侗部分地区	宰猪杀鸡鸭祭祀祖先君、祭萨
36	5年、10年或15年举行一次	牯脏节		部分侗族地区	杀牛、祭祖
合计		36	60		

上表除了文献中记录的侗族传统节日外，还包括笔者在黄岗及其周边村寨田野调查中记录下来的传统节日。表中内容显示出侗族传统节日大都和岁时相关，除春节外，以二月二、三月三、四月八、六月六、七月至八月“吃新”期间的节日名目最多，并且在岁时节日“主型”的基础上，形成了很多具有地方特色的传统节日变体。

根据上表，也可以看出侗族地区的传统节日的基本特点。首先，南部侗族中心地带（如黄岗、小黄、四寨、寨高等）都不计闰月，多出的月份就是十三月，为大年，否则就是小年。对于侗历和汉历的不同，黄岗老人是这样解释的：

> 排节气我们都是按我们的侗历，传说这是很久很久以前，天上的贯公主定下来的，后来传给我们。传说有一年不知是哪个皇帝，在地下自己定了每个月是三十天，一年十二个月，月大月小他不管了，那年六月就下大雪，老百姓就不知怎么种禾了，也没有什么季节了，就告到天上去了，所以天上就派贯公主下来把这个定了，她定月大月小，大月三十天，小月二十九天，年也有大小，大年十三个月，小年十二个月，这样就适合我们种禾。每一年就分成四季，春夏秋冬，四季里面又分为二十四节气。我们与汉族又有区别，像清明我们是三月初五，公历是初六，那我们不按照初六，我们就按照初五，我们每个鼓楼都有（节气）牌牌，一看就知道。[①]

侗家人坚持自己的历法，是因为他们认为这个规矩是天定的，更适侗家人进行水稻种植和农耕生产，这反映了侗家对大自然的尊重。不过侗族的知识分子都懂得借鉴汉历，现在黄岗每个鼓楼管事的老人，到了新年都会买一本汉历，然后根据祖先传下来的方法，重新计算好各项重大活动的日子，挂牌到鼓楼明示。

① 访谈对象：吴正国；访谈时间：2012年8月6日；访谈地点：吴正国家。

其次，侗族“过年”的核心的内容是“祭萨”，“踩堂多耶”是必不可少的活动，如黄岗是以正月初一和二月初七的两次“设祭坛”活动为节日的起点和终点，期间所有的祭礼、禁忌和欢庆活动都是围绕着对萨岁的崇敬与赞美而展开的。南侗地区“过年”没有“春节”的叫法，有的地方称之为“陪年”“达年”，还有称“记年卡”“过汉年”。而与之相对的，就是侗家自己的“侗年”，侗年的时间，不同地区不一致，但一定是在冬季，大约为每年的十月底至十二月初，各村寨或各姓氏过节的时间彼此错开，内容是缅怀祖先、祭祀农耕。相传侗族祖先从远方而来，原以打猎、捕鱼为生，后来学会开荒种田，从事农耕而获丰收，所以民众在秋后举行欢庆活动，从此世代相传为侗年。各地区侗年的过法不尽相同，多数地方杀猪、打粑粑、唱大歌，也有的地方要吃冻鱼，侗年可以说是侗族人民自己的特色传统节日。

侗族的传统节日名目繁多，形式多样，且数量庞大，村村寨寨都有着各自的特点。但是，每个村寨的侗族传统节日都有两个基本特点：第一，以稻作生产为主要生计方式的侗族，其传统节日时间几乎都和农事、农时相关，南侗地区的节日尤其如此，北侗地区由于长期和汉文化互动，出现了为捍卫本民族利益而和中央集权顽强斗争的民族英雄，由此而产生了一些纪念性的民族节日，如林王节、侗王节，后来这些节日也逐渐和农事性节日融为一体，如农历三月三祭祀飞山令公杨再思，称作祭侗王，将纪念活动和播种节的欢庆结合起来。因此传统节日和农事、农时的关系是节日谱系建构的前提，而不应将“生产性”或“农事性”作为单独的类型分列出来。第二，侗族传统节日注重交往性，人们通过交往明确了互为宾主的秩序，只是不同节日交往范围和交往形式有所不同。

侗族众多的传统节日中，有些是全体侗族都过的节日，如播种节、吃新节、六月六，它们可能都源自古老的农耕祭祀，随着时间的演进在不同的地域演变为不同的形式，有了不同的名称；有些传统节日只在侗族某个地区过，如林王节、歌节等只在北侗地区盛行，它们是历史上在人为的干预下，由原来的岁时祭祀糅合进纪念活动，演变而产生的节日；还有些节日仅在某个村寨过，但周边几十里村寨的人都会前来做客，娱乐性很强，交往范围甚广，如喊天节。

综上，将农时作为前提，确立侗族传统节日谱系建构的三个维度，每个纬度按照利克特量化形式[①]予以分级处理，最后在谱系图中进行关联。

第一，按传统节日展演模式，可以将传统节日分级为简单型、弱综合型、强综合型。简单型指传统节日活动简单，仅包含1～2项民俗活动，如挂青、六月六；弱综合型节日指节日展演形式比较丰富，包含3～5项民俗活动，如芦笙节、社节；强综合型节日指节日活动丰富多彩，至少包含5个以上民俗活动，如过年、斗牛节、喊天节等。

第二，按传统节日交往形式，可将传统节日分级为寨内型、近邻型、远邻型。寨内型是指传统节日交往活动仅限于寨内，没有和其他村寨发生交往，如下秧、挂青；近邻型指传统节日主办村寨和附近关系较好的村寨之间有交往活动，如芦笙节和一部分歌节；远邻型指传统节日期间，以传统节日主办村寨为中心，整个一大片地区的侗族村寨群之间都会借节日机会做客和交往，如四寨摔跤节，虽然节日是以四寨为主，但周围方圆百里的村寨都会前来参与。

第三，按照传统节日的地域特点，可将传统节日分级为民族型、区域型、特色型。民族型是指全部侗族都过的传统节日，如过年、吃新节；区域型指在某一片侗族地区的集体性传统节日，如侗年、花炮节、摔跤节；特色型是指某个村寨特有的节日，如喊天节。笔者以侗族传统节日展演模式为横轴，交往级别为纵轴，绘制出侗族传统节日谱系图，

① 利克特量表（Likert scale）是属评分加总式量表最常用的一种。它是由美国社会心理学家利克特于1932年在原有的总加量表基础上改进而成的。该量表由一组陈述组成，每一陈述有类似“非常同意”“同意”“不一定”“不同意”“非常不同意”五种回答，分别记为5、4、3、2、1，每个被调查者的态度总分就是他对各道题的回答所的分数的加总，这一总分可说明他的态度强弱或他在这一量表上的不同状态。

其中传统节日的地域特点用符号标出，“○”表示民族型、“◎”表示区域型、“★”表示特色型。

侗族传统节日谱系图

展演模式 / 交往形式 / 区域特点	简单型	弱综合型	强综合性
寨内型	○活路节、开秧节（播种）、二月二、清明节（挂青）、粽粑节、六月六、吃新节 ◎祭牛节、中元节、中秋节、端午节、重阳节、谷雨节、婚庆节 ★燕子节、采桑节、姑娘节、子日节、	◎侗年 ★土王节	○过年 ★萨玛节
近邻型	姓氏节、祭侗王、姑婆年、扁米节	◎社节、芦笙节	○月也、共耕节、◎千三欢聚节、歌节
远邻型		◎牯脏节 ★合鼎罐	★大戊梁歌会 ★莲花坪歌场 ★报京三月三 ★四寨摔跤节 ★三江花炮节 ★小黄大歌节 ★黄岗喊天节

（注：“○”为民族型传统节日，“◎”为区域型传统节日，“★”为特色型传统节日）

目前笔者所搜集到的侗族传统节日都能够在这个谱系图中找到精确的位置。为了便于阅读，上表仅列出侗族传统节中较有代表性的节日，由于采用了量化指标，避免了歧义的发生，不仅如此，谱系图还展示出侗族传统节日的显在特征和变化趋势。

首先，任何一个传统节日，谱系图能够清晰地展示出它的地域情况、展演模式和交往方式。如粽粑节，位于谱系图的左上，说明传统节日活动简单，没有寨际间的交往，过节时每家每户包粽粑，小孩子前往祭拜被当作自己“养父母”的神树、神石，不走村串寨。三月播种以及七八月秋收期间，村寨之间常常举行盛大的赛事活动，活动形式不一，形成了很多地方性的特色传统节日，交往范围涉及周围一大片村寨，这些传统节日多位于谱系图右下方，包含报京三月三、三江花炮节、四寨摔跤节、小黄大歌节等，这些传统节日大都在侗族地区比较有名气，是从原初播种节、吃新节等岁时节日演变而来的。

其次，如果将谱系图比作一个元素周期表，那么构成传统节日的要素在组合方式上有着明显的取向，无须使用统计学分析软件就可以看出。传统节日主要分布在从左上至右下的这条斜线上，简单型和寨内型节日有着强烈的相关性，同样，近邻型和弱综合型、远邻型和强综合型传统节日之间都有着强相关性。由此可以得出这样一个结论：侗族传统节日展演形式越简单，其交往范围就越小，反之亦然。此外，特色传统节日多分布在右下方，说明这类传统节日活动丰富且交往性很强，交往范围很广。

如果将田野资料、现有侗族传统节日研究成果和上面的谱系图结合起来，可以获得更多关于传统节日的隐藏信息。左上至右下的这条斜线，其实也暗含着侗族传统节日的发展历史。现有的研究成果证明，侗族的传统节日源于农耕祭祀，最早以娱神的祭祀仪式为主，谱系图中显示侗族现今还保留着大量简单型的寨内传统节日，并且这些传统节日多为民族型节日，可以作为侗族传统节日来源的有力证据。至于端午、中秋、重阳等传统节日只有北部侗族地区才过，可推测是源自汉文化的影响，说明侗族人民对传统节日文化的吸收能力较强。随着时间的推移，一些村寨逐渐在周围村寨群中确立了自己的地位，发展成人口较多的大寨，在春种之时、秋收之际的节庆时机，有实力举行盛大的赛事活动，如抢花炮、斗牛、摔跤等，传统节日的娱人成分逐步增加，借助这些活动，身为“东家”的节日主办村寨强化了自身的影响力，成为这一地区村寨群的领导者。谱系图上显示交往范围甚广的特色传统节日均在右下方，田野资料也证明大型特色节日的主办村寨在历史上多为侗族社会款组织的“款首”，黄岗、占里就曾经是“七百生山苗寨”的首领，可见侗族传统节日“和”的表象之后，也暗含着村寨的时间之争、地位之争。

对于例外情况，也必须加以重视。位于谱系右上角的过年，是每个村寨最为盛大的民族性传统节日，期间包含祭萨、哆耶踩堂、祭祖、鼓楼对歌、拦路、宴饮、抬官人、赛芦笙、唱侗戏等几乎所有的侗族民俗活动，但这些活动仅限于寨内，很少有寨际间的交往。寨内交往并不能说明节日的交往性弱，春节期间的寨内活动丰富多样，各项活动是在寨内不同鼓楼之间展开的，正是房族之间和青年男女之间联系的大好时机，重交往始终是侗族传统节日的基本特点。

萨玛节，是由祭萨活动演变而来的新型侗族节日。在地方民众和政府的共同努力下，在旅游经济大潮的推动下，传统节日发生了变异，原来节日中的一项祭祀活动演变成了包含侗族各种民俗活动的强综合性节日，并有了新的名称——萨玛节。这个节日位于谱系图的右上角，没有按照传统规律演变，反映了现代侗族节日急剧变化的特点。

月也，多发生在农历正月、二月间，其他农闲时间也有，是村寨之间的大规模走动做客行为，是对传统节日活动的重要补充，因为在时间上不符合周期性的特点，未将其列入侗族节日时间表当中，但在分析侗族传统节日时它的重要性是不容忽视的。据说侗家祖公落寨定居以后，为了加强族群内部的联系和团结，创立了“月也”的习俗，告诫子孙要增进友谊，彼此团结。每个村寨都有着比较要好、乐意交往的村寨，发生月也关系的村寨不一定是近邻，但相距不会太远。

我们无法穿越时空，亲历侗族先民们风餐露宿，逆都柳江而上的大迁徙过程，也无法看到他们怎样在艰苦的山地环境中，与原住民的纷争与和解，最终顽强地建立了自己的家园。但是，侗族传统节日以其特有的方式向人们展示着这一幕幕历史画卷，一部传统节日史就是一个民族文化的发展史。

在黄岗所在地区，喊天节是仅在黄岗侗寨举行的一个综合性、交往性极强的聚会，也是侗族地区并不多见的以“祈雨”为主题的传统节日。农历六月，正值伏日，在中原地区，伏日是秦汉时期形成的夏日节日，是与腊日并称的大节，所谓“岁时伏腊”。从秦德公开始的伏祭，《史记》集解引孟康语曰：“六月伏日初也。周时无，至此乃有之。”此后定为三伏，即三次驱暑之祭礼。[①]伏日的出现，与自然气候有一定的关系，更与人们的阴阳五行观念相关联。伏日的祭祀活动，多为解除暑热毒气的巫术仪式。由于各地气候不同，民情不一，汉代曾以法律的形式允许西南地区少数民族自行选择伏日祭祀的时间。[②]对于从事稻作生产的侗族而言，虽然是在生产活动的间隙，但对于不富裕的村寨，粮食储备已经快要耗尽，并不是举行盛大传统节日的最佳时间，多数村寨会在这个时间在本寨之内过一个简单的小型节日，如粽粑节、牛生日。那些颇有名气的侗族大型传统节日，如大戊梁歌会、莲花坪歌场、圣德山歌场、高坝歌会、风光岩歌会、报京三月三、四寨摔跤节、三江花炮节、小黄大歌节等都集中在三月和八月，其主办方都为大寨，说明春秋两季才是举办盛大节日的首选时间，而只有大寨才有经济实力成为举办这类传统节日的“主人”。彼此相邻的侗族村寨之间，在居住地基本定型之后，村寨领袖对于传统节日时间的掌控，必定存在一个相互协商乃至争夺的过程。黄岗是从北面的四寨迁徙而来的，两寨之间互为兄弟关系，黄岗的建寨时间要晚于四寨，四寨是三月十五摔跤节的主办方，黄岗怎么能和自家兄弟争夺传统节日的举办时间呢？小黄是黄岗南面的侗族大寨，无论过去还是现在其村寨规模都要大于黄岗，由于海拔较低，其建寨时间可能早于黄岗，八月十五是小黄大歌节的时间，这个传统节日原型应为“吃新”，黄岗如果也在秋季时间过节，两寨的节日时间相距太近，必定会发生冲突，因此黄岗的祖公们选择在六月过节，避开南北大寨的锋芒，也不失为明智之举。

正月的过年，对于所有的侗族村寨而言都是最重要的农事间歇，较大的侗族村寨在此之外，都会选择另一个时间当一次“主人”，过一

① 萧放著：《岁时——传统中国民众的时间生活》，北京：中华书局，2008年，第77页。

② 萧放著：《岁时——传统中国民众的时间生活》，北京：中华书局，2008年，第78页。

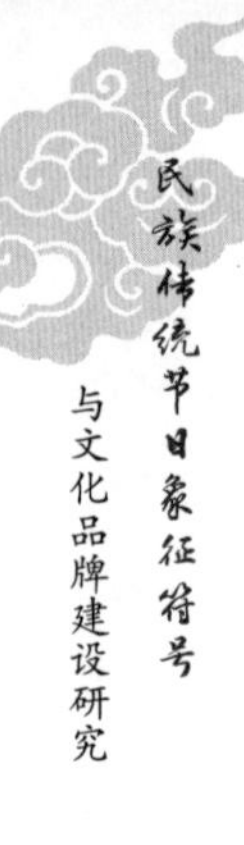

个隆重的传统节日，从而昭示村寨的实力和地位。黄岗虽然建寨时间晚于南北大寨，但其先民经过努力占领了广阔的土地，开垦了大面积的农田，使黄岗逐渐发展成了颇具规模的大寨，富裕程度超过了周边村寨，这时只有占领一个重要传统节日时间，黄岗才足以明确自己在周边诸寨中的位置。六月十五虽然不是春种秋收的最佳时间，但黄岗每年此时都有足够的粮食储备，足够招待八方宾朋，在这个时间过节，不正好可以显示村寨的富有吗？

对于侗族而言，每月“十五”是祭祀女神萨岁的重要日子，四寨和小黄，以及北面的坑洞是和黄岗来往较多的大寨，都选择了这个日子过大节，可见这一地区很看重“十五”这个日子。黄岗虽然没能占据一个最佳的月份，却占领了一个重要的日子，证明黄岗还是具有相当的竞争实力的。喊天节当天，先祭女神萨岁，而后举行“喊天”仪式。猪是仪式中的主要祭品，不同于萨坛中的贡品鱼和茶叶。鱼和茶是采集狩猎时期的食品，要先于稻谷和家猪出现，这也说明喊天节是后来才形成的。喊天节的主题为祈雨，侗族地区普遍雨水较为充足，这样的节日并不多，这个节日是否与黄岗独特的气候有关？这个时间既不是播种的时候，也不是收获的季节，另择主题也是必然的途径。

在黄岗人的传说中，现在的侗历是上天定下后，派贯公主下来传给侗族人民的，月分大小，年分四季，这样就更适合侗家种禾。对于节气的变化，从事稻作生产的侗家人非常重视，一定要由鬼师提前计算好，在鼓楼里面挂牌通知大家。侗族有一个非常重要的属于自己的“侗年”，在农历的十月底到十二月初举行，主要活动是祭祖、打粑粑和唱大歌。考虑到侗家没有闰月，这个节日的时间应在汉历的十月初到十一月间。十月正是黍、稻收获的季节，在古代处于新旧之交，十月初一不仅被视作冬季的首日，还在相当一段时间内被作为历年之首。纵观侗族社会的时间安排，“十三月”的大小年体系和侗年的设置，可以说是侗历影响下的侗族传统节日体系建立的基础。

第三节 喊天节的村寨记忆

72岁的吴正国老人曾经是黄岗的四位寨老之一，2010年那次换届他和其他三位寨老一起从岗位上退了下来，换届的原因一是因为上一届村委会任期已满，二是他们四位寨老年事已高，管理村寨力不从心，主动提出让位给比较年轻的人。虽然身体不太好，但对村寨的公共事务，他仍然非常关心。几位老寨老卸任之后，新任寨老们怕一时难以担当重任，每逢重大事情，仍会邀请他们一起开会商议，这样持续了两年时间，直到2012年四位老寨老才算是正式退出了村寨事务的管理。但是喊天节的事情吴正国却不能不管，因为他是目前黄岗喊天节祭词的唯一传人，对于村寨起源、节日的来源、寨上的每所主要建筑、每个鱼塘，乃至每片土地的来龙去脉，旁人可以不去过问，作为寨老是不能不知道的，因为在他们眼里，节日就是村寨历史的一部分，而这些有关村寨历史的故事是要由他们来负责代代相传的。如果寨上的年轻人或外来的客人问起喊天节的事情，无论是问到他，或是其他寨老，他们大都会从“祖公落寨”开始讲起。

我们是从广西梧州出来的，在那里过生活过不下去，到了江苏，又过不下去，又到了贵州黎平唐吉。后来，有个叫吴堵的，搬到双江的四寨，他有两个仔，吴公闹、吴公论，兄弟两个游山打猎，到了这个地方，用脚踩到一种菜，就是现在我们吃的非菜，这种菜不用油炒，直接用白水煮，一吃，又香又甜，兄弟俩就说：“嘿，这个地方有这种好吃的东西，真是个好地方。”于是，兄弟两个都想上这儿来住，两个人争论不休，弟弟吴公闹说：“我们也不用争了，我们用谷种比赛，谁的谷种先出秧，谁就在这儿住，谁的后出秧，谁就在四寨住。” 哥哥吴公论点头同意了。弟弟吴公闹偷偷地把哥哥的谷种煮熟了，结果，哥哥的谷种没有出秧，弟弟的谷种出秧了。就这样，弟弟吴公闹就在这儿住了。[①]

这些故事当年都是上一辈的老人讲给他听的，不仅如此，在他还年轻的时候，老人们还告诉他和他的伙伴们许多关于祖先的事情：祖公落寨最早就落在村寨的小河西边，在那里建造了第一个祭坛，安放好萨祖母，又建造了村寨的第一座鼓楼——“包起”鼓楼，之后围绕着萨坛和鼓楼修建房屋和鱼塘，开山辟田，繁衍生息，一直到了今天。那时人们生活也并不容易，很久以前的某一段时间，曾经有苗族来到黄岗的高坡之地，在那里建造屋舍，开辟农田，后来因为发展不好而离开。侗族在这里却繁衍得越来越壮大，渐次分出五个较大的房族支系，黄岗原本只有吴姓的人，现在的芳姓、陈姓、梁姓、石姓都是后来迁过来的，其中芳姓家族也是从广西梧州迁来的，是侗家人，其他姓氏实为汉人。

祖先吴公闹的墓地就在紧邻村寨东边名叫“般母”的山头上，每年挂青时节全村成年男性都要去祭拜他。说到祖公，老人充满着感激之情，正因为祖先的勤劳智慧，黄岗才拥有今天这样广阔而富饶的土地，家家户户年年都能粮食满仓，一度成为这一地区较为富裕的村寨，所以即使到了农历六月这个最穷的月份，黄岗仍然办得起节日，请得起四邻八乡的朋友。至于喊天节的由来，那是在祖公过世后发生的事情。

在过去，寨子里有两个人，一个叫吴万祥，一个叫吴为民，吴万祥是搞神的（鬼师），吴为民是搞朋友的（以交朋友为重）。在那年，大家都把秧苗插进田里了，从三月、四月、五月到六月，四个月接连是旱灾，一点也不下雨。吴为民就说：“你不是会搞神吗？你是不是有办法叫天下雨呢？现在我们田里的秧苗、棉花都快

① 访谈对象：吴正国；访谈人：栗文清、吴文君；访谈时间：2012年1月28日；访谈地点：吴正国家。

枯死了，要是你有法子呢就叫天下雨来，那我才承认你是真正的鬼师。”吴万祥就讲：“我有办法，但是你必须发动全寨的群众都同意我搞，我要一百二十斤的一头大猪，在场子里面杀了，要那猪血。”吴为民答应了，他们两个就定在六月十五这一天，吴万祥就把词语（祭词）教给吴为民，说：“到时候你念一句，我就喊一声，喊了以后，或者三个时辰之内，或者三天之内，一定下雨，要是不下呢，就算我说空话。”到了六月十五这一天，他先敲三下鼓，就喊：“天啊！地啊！公落寨了……天生十二子，十二子落地上。众人都说今天好，吉时已到，祖先已归来，祭献的肥猪已经备好。今天我祈你（萨岁）下雨，让田河涨水，来一场好雨吧。”念了以后不到三个时辰，天上马上就下雨了。[①]

从那以后，黄岗每年的六月十五都过喊天节，唱侗族大歌，一辈一辈一直传到今天。节日过后，通常都会迎来一场好雨，为稻田提供充足的水分，保证庄稼丰收。故事里面喊天节是由吴万祥和吴为民两位先人发起的，现在过这个节日还是有两个人唱主角，其中一位就是吴正国。他还记得当年是一位名叫吴东促的老人把喊天祭词传给他的，那年老人72岁，卧病在床，喊他过去将祭词教给他。祭词的传人并不见得就是故事里面吴万祥或吴为民的后人，这个位置不是世袭的，每当原先祭词的传人逐渐变老，感觉身体不适的时候，就会请求寨上派几位聪明伶俐的后生来学习，哪些后生最后能一字不落地将祭词记在心里，就成为新一代的传人。从前祭词的传人也不止一位，而是每个鼓楼都有一位，一共五位。“文化大革命”时期黄岗的民俗活动曾经一度被迫停止，1981年恢复喊天节时其他几位传人都过世了，也没有将祭词传给下一代，只有吴正国还牢记着祭词，因此他就义不容辞地成为喊天节的主角之一。

① 访谈对象：吴正国；访谈人：粟文清、吴文君；访谈时间：2012年1月28日；访谈地点：吴正国家。

从前喊天节的过法也和现在大不一样，现在节日是在村寨中心的大坝（广场）上举行，为的是便于给外来的客人展示，同时拍照摄像也比较方便。六月十五那天，“喊天”仪式开始得也比较晚，有时要到上午十点以后才开始举行，喊天祭词也只是喊整篇祭词中的一小段，喊完之后全寨青年男女唱侗族大歌，喊天节的仪式活动持续一般不超过两个小时。过去可不是这样，那时候天还没亮人们就起来了，先在村寨最早的鼓楼——“包起”鼓楼前集合，吹芦笙，举行隆重的“喊天”仪式，再集合到村寨中间的平坝上喊，晚上各鼓楼还要在鼓楼坪上喊，然后各鼓楼宴请宾客，唱侗族大歌，热闹的场面要持续三天以上呢。对于这些变化，吴正国虽然感到惋惜，但也觉得时代变了，事情总是要发展变化，并没有特别愤愤不平。他小时候上过私塾，后来有了学校又上到初中，当时他是全寨唯一的初中生，聪明好学，在同辈人当中是比较有学识的人，年轻时当过生产大队长、村主任，后来又当了寨老，目睹村寨的风风雨雨，他认为现在不管怎样变，只要大家的生活越来越好就是好事情。在他看来，寨子里面的各种事情离开老人可不行，各项民俗活动不管年轻人怎样玩闹得开心，都要事先到祭坛请萨岁保佑，由老人制定好各项规矩才能确保平安无事。他现在最担心的一件事就是感觉到自己身体越来越不好，却没有年轻人来学习喊天节祭词，主持喊天节的仪式，虽然他已经和村寨领导班子提过此事，但始终没有结果。

喊天节的另一位主角名叫吴广新。喊天仪式举行时，由吴正国和吴广新两个人站在台上喊，吴正国坐在小板凳上，负责念祭词，吴广新站着，负责击鼓喊天，吴正国念一句，吴广新就喊一句。吴广新是黄岗最有名气的鬼师，喊天节的历史和他家族的家史是分不开的。在村寨现有的人们的记忆当中，“喊天”的任务一直由他的家族成员负责执行，并且坚信只有他家族的人来喊，才能灵验，所以他的鬼师身份是世袭的，并且他的家族很可能就是故事里面那位名叫吴万祥的鬼师的后裔。20世纪60年代以前，每逢六月十五是由他爷爷“喊天”，后来这个活动停止了大约17年，他的父亲1968年去世，没能看到这个传统节日恢复，1981

年政府开始恢复民间风俗习惯，头一年的喊天节并没有请他喊，后来吴正国等几位寨老认为还是要按祖上的规矩，请鬼师出来“喊天”才能灵验，才能避免发生不好的事情。那时吴广新已经31岁，就自然而然地担当起这个重任了。

对于家族这份荣誉，吴广新深感自豪。侗寨的鬼师以男性为主，很受人们尊重。普通男孩若想成为鬼师，要经过复杂的程序，首先，这个男孩要从少年起就跟随年长的鬼师学习关于村寨历史、地理环境以及阴阳五行的知识，侗家没有文字，所有的知识都要牢记在心里。年龄稍微大一些后他要跟随师傅为村寨的重大事件选日子、看风水、定方位，参与祭祀活动，等到师傅去世后，如果他的能力得到了认可，寨上一些人家有红白喜事的时候，就会有人请他过去看，但是只有当他有了孙子，成为祖父之后，才能真正确立自己鬼师的身份。吴广新却不需要经过上述程序，因为他是鬼师家族的后裔，无须等到年长就可成为鬼师，并且他的能力得到全寨人的一致公认。

在荣誉背后，吴广新背负着沉重的责任。他一直很小心地将祖先传下来的祭祀物品、手抄本等珍藏在家中的一间隐蔽的小屋里，一有时间就认真学习，有些抄本年久损坏了，他还要重新抄写，除了祭祀、占卜、择日、定方位等事情，他还承担着治病救人的任务。侗寨的鬼师大都精通医理和草药知识，能够给人医病，吴广新给人看病所使用的草药都取自黄岗周围的山岗上，他的医术不仅深受黄岗人的信赖，还名声远扬，从江、双江、黎平都有人请他前去看病。2004年他被聘为从江县民间草药协会副主席，政府赋予他“草药医师”的称号，吴广新更加觉得自己责任重大，因此他总是非常勤奋地学习和钻研祖先传下来的知识。在平日里，侗寨的寨老、鬼师都没有任何特权，他们和所有的村民一样参加生产劳动。吴广新的儿女目前都在外面打工，留下一堆小孩子给“公”（爷爷的意思）和“萨”（奶奶的意思）照看，田里面的农活也需要他亲自打理。他给人看病一般不收取报酬，只接受少量的米、肉等谢礼，因此对于62岁的他来说，生活也并不容易。

对于喊天节的各项事宜，吴广新不需要参与讨论其中的细节，这个日子祖先已经定下了，不需要再重新选择，但不论喊天节的形式怎样变化，他都是核心人物，在关键时刻必定要出场。对于自己身上的这种能力，他坚信不疑，就像他认为自己之所以能够给别人治好病，不仅得益于草药的效力，还在于他有能力请“阴先生”前来助阵。寨里许多被他医过病的人们也都相信这一点，同样的病症，用同样的草药，别人治不好的病，他却能治好。“喊天”的时候吴广新就是全场的中心，当他用鼓槌重重地敲击鼓面，仰天呐喊的时候，他感觉到四面山上的云气向黄岗一带聚拢，天色变得阴沉下来，他和全体村民都坚信，三天之内黄岗必定会迎来一场好雨。

2012年8月1日这一天的清晨，吴广新听见喊寨的声音，他必须为第二天的喊天节做好准备，首先要将田里的农活和家里面的家务整理好，其次要推掉第二天给人看病的事务。第二天一早，他穿上侗家亮布制作的传统服装，将自己打扮起来，准备好纸钱、青草、帽子、符咒等道具，来到指定的地点集合，准备率队出场。

这个时候村寨北头一户人家的男主人已经早早起来了。他叫吴生米，今年47岁，黄岗几乎每一个传统节日，都和他的家族有关系，因为祭祀女神萨岁是盛大节日的首要环节，而他的家族正是寨上供奉着萨岁的祭坛——萨坛的守卫者，唤作“登萨”，承担着萨坛平日的祭扫和年节时村寨的集体祭祀活动。这项任务是祖先赋予他家族的神圣使命，一直由他所在家族的男性长者承担，从古时延续到了今天。守卫者每月的初一、十五天还未亮时就要早早起床，携带着头天晚上备好的腌鱼、茶水、酒和香前往祭祀，不可倦怠。吴生米的父亲名叫吴老董，原也是黄岗的四位寨老之一，2010年底和吴正国等寨老们一起退下来了。从前祭扫萨坛的任务一直由吴老董负责，无奈这两年老人身体逐渐不适，耳朵渐渐听不到了，吴生米作为长子，就接过了这个重担。黄岗一共有三个萨坛，据老人们讲，小河西边的“包起”鼓楼是祖公落寨的地方，那边的萨坛是最古老的，后来人口增多，有些人家移居小河的东边，又逐渐建造了两个萨坛，他的家族就负责小河东面的两个萨坛之一。萨岁是侗家人的大祖母，侗寨的保护神，黄岗三个供奉萨岁的萨坛都隐藏在村寨的幽僻之处，造型很简单，只是一个圆形的土丘，上面以青石板覆盖。吴生米所负责的萨坛周围有一个简易的木制小屋保护着，是目前黄岗保护得较好的一个祭坛，木屋后有一棵大榕树，木屋里面的石坛中种了三株小黄杨树，侗话叫作“温蒂”，是一种长不大的小叶黄杨，黄岗人习惯称其为“千年矮”或“万年长”，据说每到闰年还会缩小一寸。大年初一的时候，每个萨坛都会有二十四户人家的男性长者前来祭拜，届时鬼师要在此处举行占卜仪式，非常隆重，平时这里就只有吴生米一人负责打理。每月初一、十五清晨他起床穿戴整齐，用篮子提着祭品来到萨坛，先除去坛中及周围的杂草，然后极为庄重地开始祭祀，祭祀时要将腌鱼和酒水摆放好，然后恭敬地念起祭词。整个仪式他必须认真执行，任何步骤都不能省略。

自从父亲将这个任务交给他之后，吴生米就养成了早起的习惯，不祭萨的时候他也会早早起来去坡上干活，勤劳是一个优秀黄岗人理应遵守的做人之道。他心里清楚自己从长辈那里接过来的不是一项普通的任务，还关系到村寨的安全和家族的荣誉，无论是生产活动还是节日娱乐，没有萨祖母的保护怎么能行呢？父亲吴老董已经将萨坛的一切事宜传授给他，包括萨坛的由来，萨岁的故事，祭萨的词语、歌曲、芦笙曲以及一系列的祭祀仪轨，他必须用心牢记。原本像他这个年纪的男子，还未加入到村寨的领导阶层，同龄的伙伴们高兴时就聚在一起饮酒唱歌，吹吹芦笙，倒也逍遥自在。他和伙伴年轻时唱侗族大歌可比现在寨里的年轻汉子们唱得好多了，远近村寨的姑娘都乐意和他们对歌。1994年黔东南组织侗族歌手到北京演出，黄岗被挑选去参加的就是他们这伙人，那年在天安门前的合影现在还贴在他家里的墙上呢。可惜黎平县后来没有很好地重视黄岗的侗族大歌，现在南面的小黄成了从江县远近闻名的旅游景点，被称作“侗歌之乡”和“音乐天堂”，到那里去旅游、听歌的人特别多，黄岗人多少有些不平。小黄人的侗歌很多都是从黄岗学过去的，从前两个村寨对歌，小黄也经常不敌黄岗，无奈现在外人却只知有小黄，不知有黄岗。

吴生米记得从前村寨传统节日比较多的时候，祭萨的仪式举行得较为频繁，村寨的大小娱乐活动，都要事先祭萨。比如每年八月秋收之后，黄岗都要和南面的小黄搞斗牛比赛，每次活动之前都要由父亲先到萨坛请萨祖母。那时黄岗和四周的其他村寨之间的鼓楼对歌、赛芦笙、月也等活动非常频繁，这些活动举行之前都要先行祭祀，所以父亲老董总是很忙。祭祀是为了得到萨岁的保佑，以使黄岗的队伍能够平安出行，并在和邻村的比赛中旗开得胜。现在这些娱乐活很少搞了，萨坛平时除了他便无人涉足，祭坛的周围早已长满了茂密的植物，显得更加寂静。虽然平时的祭祀只是吴生米一个人的表演，但这丝毫不影响他举行仪式时的虔诚肃穆之情。每次献上贡品，口诵祭语之时，他便感觉到萨祖母就在身边，平静而慈祥，使他充满力量。祭祀结束后，他要把贡品装回提篮，这样在走出萨坛的时候，他便已经满载着萨祖母的保护之力，村寨会因此而得到平安。

喊天节在农历六月十五，这一天也是祭萨的日子，吴生米会比平日起得更早一些。如果不过节的话，祭祀归来，他就独自享用贡品，但喊天节这天就不同了，他要把贡品交给父亲吴老董，父亲会提着篮子，和其他几位老人一起带领节日游行的队伍走到村寨中心的大坝，在那里焚香化纸，和其他老人分食贡品，之后才开始正式的“喊天”仪式。如果父亲身体有所不适，他也会承担这项任务，不过他觉得只要老人家还走得动，还是应该尽量出场，侗家人无论做什么事情，都是老人打头。节日期间当人们奏起芦笙、唱起侗族大歌，尽情欢乐的时候，他的家族已经尽职尽责地把萨岁的保佑带到了黄岗每一片土地，传递给每一位村民。

第四节 黄岗人生活中的喊天节

1985年农历六月十五这一天清晨，天还未亮，在黄岗侗寨，年仅10岁左右的小男孩吴茂光被一泡尿憋醒了，迷迷糊糊地起来小便，他原本打算方便之后再回去接着睡个回笼觉，但被早上的凉风一吹，顿时睡意全消，这时他听到寨子中心大坝上传来的芦笙音乐，便循声跑了过去，这是他平生第一次看到了自己村寨的喊天节仪式。他当时正在村里面的小学校读书，在众多的伙伴中是比较聪明好学的一个，这个年龄也正是贪玩的时候，农历六月十五期间学校正放暑假，夜里他经常和小伙伴们玩到很晚，第二天日晒三竿才起床，好在父母正值壮年，田里面的活不需要他帮忙，家里面又有姐姐干家务，他除了做功课，其他时间都可以尽情玩耍。寨里过喊天节的事情他是知道的，他还知道人人都很重视这个节日，每年这个时候，附近村寨都有很多朋友来黄岗做客，家家户户宾客满堂，夜晚就连家里二楼的平台上都睡满了客人。宴请的时候饭桌不够用，就直接在地上铺一块大木板当餐桌，大人们酒足饭饱之后，就在一起谈古论今，弹琴唱歌，热闹的场面要持续好几天。但这些仿佛都是大人们的事情，没有人要求他必须参加，也没有人给他布置任务，因此以前每年农历六月十五这一天，等他从睡梦中醒来的时候，喊天节的仪式已经举行完毕，他始终未能看上一眼。

这一天，当他跑到村寨中心的平坝时，那里已经是人山人海，他好不容易挤过层层叠叠的人群来到场地近前。喊天节仪式正在进行当中，仪式的主要参加者有村里的四位寨老、三位负责管理萨坛的登萨，还有鬼师吴广新，此外是芦笙队，芦笙队共由十位中年男子组成，吴茂光认得出其中一位是他的舅舅。此时，寨老、鬼师和登萨已经将茶杯和酒杯依次摆放在场地中央的长凳上，芦笙吹毕，几位身强力壮的男子用竹竿将一头大肥猪抬进了场地中央，老人们在长凳前焚香化纸，鬼师口中念念有词，待纸钱燃烧完毕，他们便将长凳上的酒水一饮而尽。接下来鬼师吴广新左手持一碗清水，右手拿三根青草，绕场一周，边走边用青草蘸着碗中的水向地面洒，口中念着咒语，所有的人都安静地看着他把这个过程进行完。随后芦笙再次奏起来，伴随着音乐，开始了杀猪的程序，几位男子将大肥猪按在长凳上，一位男子手持尖刀，另一位摆好脸盆，手持尖刀者看好位置，迅速将刀插入猪的颈部，猪血顺着刀身流入脸盆当中，猪的身体早已用绳索捆绑结实，嘴巴也被牢牢捆住，只挣扎着传出一阵闷声尖叫就停止了动弹，整个过程进行得干净利索。这时，寨老吴正国、鬼师吴广新站到长凳上面，吴正国蹲在一旁。吴广新站在凳子中央，杀猪的男子将一面鼓和涂着新鲜猪血的鼓槌递给吴广新，吴广新举起鼓槌重重击了三下鼓，开始“喊天”。念“喊天”词的过程持续了很久，吴正国在一旁小声说一句，吴广新大声喊一句，祭词很多是古侗语，晦涩难懂，共分好几个段落，吴茂光只能听懂一部分，大约是说祖公落寨，人们在此种植水稻、棉花，生活越来越好，如今天旱了，人们杀了一头一百二十斤的大猪，请求萨岁下雨。吴广新念一段词，停顿一下，击几下鼓，然后再接着念，重点部分还要重复念，大人们都安静地听着，有些小孩子听得不耐烦偷偷溜走了。大约两个小时后，祭词念完了，芦笙再次奏起来，仪式结束了，人群各自散去。村寨里各家各户开始杀猪、杀牛，准备糯米饭和米酒招待客人。晚上各个鼓楼唱起侗族大歌，有的是本寨的罗汉（男青年）邀请本寨或外寨的姑娘对歌，也有外面的客人挑战本寨男女，人们尽情地歌唱欢乐，场面无比热闹。吴茂光和小伙伴们在村寨的几个鼓楼间穿梭玩耍，听那些“呔”（哥哥姐姐的意思）们唱歌，歌声时而婉转动人心弦，时而嘹亮直冲云霄，孩子们不觉就被深深吸引了。哪位姑娘或者罗汉的歌唱得好，别人就会投去羡慕的眼光。吴茂光那时还没有正式拜师学歌，但他暗想自己以后也该好好学唱侗族大歌才是。两天后，黄岗下了一场不错的雨，三天后，附近村寨的客人渐渐离去，黄岗人按照老规矩，用禾秆草编成小包裹，包上糯米饭团，作为客人路上的午餐，随后送别客人，节日的氛围慢慢散去，村寨又恢复了宁静。

后来，吴茂光长大一些，他开始和伙伴们一起到歌师那里学习唱歌，成为一名不错的歌手，在学校他的功课在小伙伴中一直名列前茅，学习之余，他也和父母一起去稻田里干些农活，渐渐参与到村寨的各种传统节日活动中，慢慢明白了包括喊天节在内的传统节日是黄岗人生活中不可缺少的一部分。传统节日的分工针对不同年龄的人们各有不同，幼小的孩童可以自顾自地玩耍，当男孩、女孩长大成为罗汉、姑娘之后，就应该参与演唱侗族大歌了，成家立业以后就要负责接待四方村寨前来做客的朋友，老年人则要忙着策划安排传统节日的每个步骤。就像老人们说的那样，搞娱乐不重视劳动就搞不好，过节的时候全村乃至附近村寨的人们聚在一起尽情热闹，交友歌唱，男女青年借此机会彼此交往，找寻自己的意中人，传统节日对平日繁忙劳动的人们来说是一个很好的调剂，目的是让大家能够安排好生活，更积极地投入生产活动和村寨的建设。每次节日的气氛还没有完全消散之际，老人们已经聚在鼓楼里面商议下秧、放牛、砍柴、犁田、耙田等农活的日程安排了，这些安排会很快通过鼓楼的全体会议，通知到每家每户，节日之后又是新一轮忙碌的生产。

每年农历六月喊天节之前的一段时间，是黄岗农活比较轻松的时候，男人的主要工作是薅秧，女人除了薅秧，还要到地里面薅红薯和辣椒。像附近其他侗族村寨一样，黄岗是以糯稻种植提供主食来源，但稻田中一律要放养鱼和鸭。侗家稻田里的农活主要由男人负责，女人辅助，而旱地作物则基本上全部由女人打理。黄岗的稻田九成以上都种植着糯稻，这个季节稻田面临的最大问题就是干旱和虫害。吴茂光记得有好几年夏天这个时候，接连一个多月都不怎么下雨，田里的水都快干完了，全家人每天的主要任务就是去坡上抗旱保苗。黄岗的溪流水量较小，无法提供有力的灌溉水源，农田主要依靠井泉灌溉，好在先辈们通过一代代的努力，在每片农田附近的井泉出水处都营建了水塘、过水沟或过水田，为了实现自流灌溉，同一海拔高度的稻田之间，还修筑了人工涧槽。但是即便如此，遇到长时间的干旱，稻田里的水量也只能保护禾苗的存活，无法很好地放养鱼鸭，原因是水太浅了，鸭子游不起来，而鲤鱼因为无处藏身，也会被水蛇吃掉。人们不得不将还没有长成的鲤鱼捞出来在田边烧烤着吃，吃不完的就带回家制作腌鱼和酸汤鱼，虽然很可惜，但总比损失掉要好。此时，稻田里的小虫子也开始泛滥，如果水量正常的话，鸭子在水中游动时撞击禾杆，这些小虫就会掉到水中，大部分会被鸭子和鲤鱼吃掉，不会造成太大的危害，但是水浅的时候鸭和鱼都发挥不了作用，虫子占据上风，它们大部分会吞噬糯谷的叶子，有一些极厉害的则直接钻进谷心，对糯谷造成致命的伤害。不到万不得已，黄岗人是舍不得往稻田里面洒农药和杀虫剂的，因为那样做虽然能杀死害虫，但很长时间都不能在稻田里面放养鱼鸭了。于是，村民更常用手工除害虫的办法，将巴茅草制成的草帘从稻秧上刮过，落入田里的害虫一部分会被鱼儿吞食，剩下的可以收集起来作为鸡鸭的饲料，还有就是用网和竹竿配合着驱赶、捕捉害虫，捕捉后当作鸡鸭的饲料，这些灭虫措施对虫害的控制并不彻底，只能起到降低虫害的作用。

这时大家都期望能有一场好雨降临，所谓好雨，就是雨量足够大，但又不至于形成暴雨。稻田里面的小虫子很聪明，一旦有风吹草动，就会吐出极细的丝线垂在叶子下面躲起来，如果雨量太小，不足以将虫子冲刷到水里，潮湿的环境反而更利于它们生长，反之，如果形成暴雨，会使秧苗倒伏，介于二者之间的就是好雨。这样的好雨如果能持续下上一两天，不仅稻田里能补充上充足的水，还能把叶子上的害虫统统冲到水里喂鱼、喂鸭子，就等于老天爷帮助人们把活干了，村民就不必像现在这般忙碌了，又可以欢天喜地地去唱侗族大歌了。

因此这个时候大家确实希望喊天节能够发挥效力，带来一场好雨。每年农历六月十五，全村人都齐心协力地要把这个节过好。吴茂光后来到黎平县上了师范专科学校，毕业后又回到黄岗的小学当老师，由于他的父母只有他一个儿子，按照侗族幼子从父母居的习惯，他和媳妇一直和父母住在一起。每年的喊天节他都积极参加，主要任务是唱侗族大歌，盛大的节日怎么能离得开他们这些年轻的罗汉呢？吴茂光感觉这些年喊天节已经发生了不少变化，原来天还不亮就举行的“喊天”仪式已经推迟到上午十点左右，要等到寨子里面大多数的人都起来了，外面的客人也到来之后才开始；而本来寨上规定要在“喊天”仪式上杀完那头一百多斤的大猪之后，各家各户方才可以杀猪，现在也不按这个规矩执行了，喊天仪式那么晚才举行，如果各家早上不杀猪、杀牛，那中午客人岂不是没有肉吃了？另外由于黄岗及附近村寨外出务工的年轻人增多，每年过节到黄岗做客的邻村客人少了许多，能唱侗族大歌的年轻人就更少了，原来喊天节期间各鼓楼的侗歌演唱要持续好几个晚上，现在一般只是在六月十五当晚唱一下。还有就是喊天节期间有了外来游客，还有很多外国客人和上级领导前来，这部分客人大多是在喊天节前一天晚上或者节日当天才来黄岗，看完上午的“喊天”仪式就驱车离去了。为了能让外人看到更多黄岗侗家的风采，村寨领导班子对喊天节的仪式进行了比较大的调整，在上午的“喊天”仪式前后增加了侗族大歌集体演唱，使原本比较单调的仪式更加丰富了。

这两年，承担着喊天节表演活动的年轻人外出打工的越来越多，留在寨上能唱歌的青年日益减少，喊天节的演出活动成了一个大难题，村寨的领导班子经过商量，觉得小学里的孩子们可以利用起来，就把喊天节演出的策划和排演任务交给了吴茂光。小学校里的孩子虽然年龄较小，但拉出来表演总还是可以壮大门面，吴茂光和学校的其他几位老师花了很多心思培养这些孩子，既然侗族大歌已经不能唱出前些年那样的规模了，他们就只有想办法排演新的节目。这两年他们参照其他侗族村寨的传统节日活动，在喊天节的表演中，增加了踩高跷、放塘抢鱼和歌伴舞等节目，一些老年歌师也应邀开始登台演出，活动办得还算有声有色，吴茂光自己也感觉辛苦和努力有了回报。随着年龄的增长，他从一个自由散漫的小男孩成长为节日的参加者，再到现在的组织者，亲身经历了二十多年来黄岗 喊天节的变化，在他看来现在喊天节和他小时候看到的那个节已经大不一样了。那个时候节日虽然没有现在这么花哨，但是人们的心情是很真实的，参加仪式的人们天还没亮就早早起来了，吴正国和吴广新站在长凳上“喊天”的时候，是非常虔诚地念着每一句祭词，观看的人们也都十分认真，由于山路难行，四邻八乡的侗族朋友们有的提前几天就从家里赶来黄岗过节，人们特别看重彼此的友情。现在喊天节演出的样式虽然搞得复杂了，但喊天的祭词念得非常简单，就是走走形式，节日期间村寨之间来往走动的人也少了。

作为黄岗中青年一代中比较有学识的人，吴茂光也开始关心村寨的发展。他看到周边一些村寨搞旅游开发，人们渐渐富裕起来，也开始设想黄岗的未来。通过与外来游客、学者的攀谈，他认识到黄岗目前所拥有的民俗文化，如特色传统节日、侗族大歌、鼓楼花桥、鱼塘以及祖先传下来的故事、歌曲和技艺等等都是非常宝贵的文化遗产和旅游资源，要注意学习和保护。于是，从2011年开始，他拜鬼师吴广新为师，认真学习那些祖先传下来的有关村寨起源和阴阳五行的知识，期盼着未来能为黄岗的发展多尽一分力量。

第五节　品牌建设催生喊天节时间双轨制

喊天节是黄岗的传统节日，是黄岗人的生活，每年农历六月十五日，黄岗人都会过喊天节，传统的时间、传统的仪式、传统的关系在喊天节中循环，并且承载着人们对新一年的美好期望。但是，当地政府出于旅游、宣传的需要，建议黄岗人修改传统的喊天节时间。在传统风俗礼制与现代生活需求面前，黄岗人没有放弃传统喊天节的时间，却又不愿意拒绝政府的建议，不愿意放弃扩大喊天节影响力的机会，于是，一年过两个喊天节的现象在黄岗出现了。

2012年8月1日的清晨，几声鸡叫打破了村寨的宁静，勤快的人们早早就起来忙碌了。渐渐地许多人家的吊脚楼上升起了袅袅炊烟，远远望去和周围山间的薄雾融合在一起，给古老的村寨增添了一抹神秘。

尽管昨夜睡得很晚，村主任吴仕贵还是早早就起床了，因为明天就是农历六月十五，是黄岗过喊天节的日子，他今天还有一大堆的事情要处理。对于黄岗来说，六月十五是一个特别重要日子，除了过年，这一日的喊天节就是村寨最为隆重的日子了，至于节日时间为什么会选在六月十五，那是祖先定下的，多数人也并不过问。对全体村民来说，要做的事情就是要把传统节日切实地过好，而对于村寨的领导班子来说，过节更是一件大事，和村寨的重大生产活动有着同等重要的地位，关于喊天节的各项细节都要经过反复商量最终敲定后再通知下去，必须做到家喻户晓、人人皆知。

黄岗侗寨[①]领导班子由村委会、寨老和十个生产小组组长组成。村委会负责执行政府委派的职责，如村寨和县、乡政府之间事务的上传下达，村寨的档案管理、公共财务管理等。村委会由村支书、村主任和会计三人组成，年龄都在三十多岁，虽然比较年轻，但却是这一年龄段男子中的佼佼者很有责任心，在群众中有着较好的口碑。每当寨子遇到重大的事情，特别是像过节这种比较重要的民俗活动，村委会不敢擅自做主，一定要和村寨的寨老们商议后才能做出决策。寨老和各个生产小组的组长都是较为年长的老人，以他们为主要成员组成的老人议会是村寨中许多重大事务的实际领导者，甚至可以说是侗族村寨民主自治的真正首脑，这些老人在民众中具有极高的威信，“年长”和“处事公允”是成为这类领导者的基本条件。

吴仕贵是2010年底由民主选举产生的新一任村主任，那一年黄岗的领导班子进行了一次比较大的调整，村委会全部更换了人选，原来四位寨老因为年老多病，提出了退休请求，由四位较年轻的长者接替他们的位置，部分生产小组的组长也进行了更替。新领导产生的办法是由老领导班子和村民共同推荐产生候选人，再由全体村民投票产生。

被选为村主任之后，吴仕贵感觉身上的担子一下子变得很重，因

---

① 黄岗行政村隶属黎平县双江乡，有侗、苗两个民族分寨而居，侗族聚居在黄岗自然村，苗族聚居在岑秋寨。本书所讨论的重点及文中所涉及地图和图示绘制的对象为黄岗侗族自然村，不包括芩秋寨。

为黄岗如今正面临着许多变化，比如过节这件事情。从前交通不便的时候，过节虽然是一件重要事情，但寨老、鬼师这些老人家会主动定好日子和节日的各项规矩，操持好节日的各项事务，寨里每个人都知道自己该干什么，参加节日的客人大都来自邻近的友好侗寨，年年都是一样，基本没有什么变化。但是现在不同了，由于这些年政府对黄岗周边地区加大了旅游开发力度，黄岗喊天节渐渐有了名气，每年这个时候都有一些国内外的游客、记者或学者来村寨观光或调查民风民俗，又由于有这些游客的光顾，上级政府对喊天节重视起来，每年过节都会派有关领导前来视察，如何安排好这些客人的食宿，协调好不同人群的关系就成为一项重任。要知道侗家人是以好客而闻名的，无论有什么困难，在客人面前也一定要表达出黄岗人的热情和诚意。再有就是节日形式，这几年也年年都在变，从前喊天节的主要活动之一是由鬼师祭天祈雨，二是全寨年轻人唱侗族大歌，近几年由于寨上的年轻人外出务工的越来越多，侗族大歌已经不像从前唱得那么有规模了，加上外面的游客也提出了很多意见，村委会必须想办法调动村里所有的能人，在现有条件下尽可能将节日活动搞得有声有色。

> 搞娱乐不重视劳动就搞不成。现在有打米机，以前没有，那时都是用碓子舂米来吃。（农历）十二月二十七不准开仓库，必须在之前把米糠都准备好，直到二月初七，砍柴也不许，也不许缝衣裳，不许纺纱织布，十二月割牛草，猪菜都准备好。过年“抬官人”“请姑娘”之后再由老人们商义哪天砍柴、哪天放牛，选好日子，过年过节的规矩也是在鼓楼商议、宣布的。选日子要由广新那几个（鬼师）、寨老、群众代表统一开个会。[①]

① 访谈对象：吴正国；访谈人：栗文清、吴文君；访谈时间：2012年8月1日；访谈地点：吴正国家。

对于黄岗人来说，过节搞娱乐和生产活动一样重要，喊天节当中每一天怎样过、能做什么、不能做什么、喊天节之后该怎样开始生产等等，各项细节都要由村寨中的老人商定。有的传统节日有着固定的日子，比如每年过年都是从农历正月初一开始，到二月初七结束，此外还有六月六的“粽粑节”和六月十五的喊天节；另外一些传统节日的日子不固定，每年都要由鬼师重新选定，比如二月（或三月）的挂清节、三月的下秧节、七月的吃新节等。从前，正月、二月期间黄岗还经常和其他村寨展开不定期的 “月也”活动，农历二、八月间，每逢亥日，黄岗和南边的小黄侗寨还要搞大规模的斗牛活动，附近寨子过大节，黄岗人也要去参加，可以说是每个月都有节日和娱乐，现在年轻人外出务工，这些都不怎么搞了，传统节日的活动比原来少多了。

喊天节名声越来越大，黄岗人对于喊天节怎么过、什么时间过等都按照祖先留下的规矩习惯性地遵循着，然而，随着黄岗喊天节受到政府重视，受到外来人追捧，政府为了进一步扩大黄岗喊天节的影响，就会参与到黄岗喊天节活动中来，而喊天节的时间选择就成为喊天节文化品牌建设的内容，也成为近年来黄岗人举办喊天节时面临的棘手的问题。

2012年黄岗的喊天节面临的第一件事就是日子的选定。节日时间不是每年农历的六月十五吗？为什么还有一个选日子的问题的呢？原来侗族的历法和目前中国普遍使用的农历在闰月的规定上是不一样的，每当遇到有闰月的年份，侗家人都是把闰月放在一年的末尾，叫作“十三月”，而不是将闰月分插在不同年份的各个月。问题就产生在这里，从前黄岗过喊天节，那是侗族人民自己的事情，都是从农历第一个月往后数，数到第六个月的六月十五，就是过节的日子，从未引起过争论。但近几年情况就不同了，如果中国通用的农历在六月之前有闰月，那么按照这个日历来计算，黄岗过喊天节的日子就是五月十五，等到汉族地区过六月十五的时候，黄岗已经到了七月十五了。2009年就出现过这样的问题，那一年是闰五月，黄岗按照老规矩，在第二个五月过了喊天节，但不久后上级政府有通知下来，说六月十五要派人来黄岗视察喊天节，另外也有游客提前联系说要来这里参观节日，这下可忙坏了村寨的领导班子，所有的事情都要从头再准备一次。生活在这样一个偏远的村寨的人们，那时还没有多少经济头脑，不知道如何靠传统节日资源盈利，只想着如何搞好节日活动，招待好客人，客人来了后有的直接住到村民家里，有的住在村委会的简易招待所里，村里人对外来客人基本不收食宿费，都是让对方看着给。每过一次节，寨里都要杀掉很多牲畜和家禽用于集体宴请和招待宾客，以及犒劳寨里为节日做出贡献的人，无论是村委会还是各家各户都要花费很多。

2012年是闰四月，黄岗再次面临这样的问题，若按照村寨老规矩，应该在公历7月3日，也就是农历的五月十五过节，但是因为有了上一次教训，加上县里面的意见也希望黄岗和中国其他地方一样，使传统文化传承和经济发展的步调一致，建议在农历六月十五，也就是公历的8月2日过节，村寨领导班子很早开始开会商议这件事情了。6月中旬，接连好几个晚上，村寨十几位领导成员几乎都没有睡觉，整夜围坐在大会堂商谈，四位寨老、十位生产小组组长以及支书、村主任悉数到场。侗家人无论做什么事情都要讲道理，通常商议事情都是大家轮流发言，你一句我一句，听哪个说得有道理就采纳他的意见。但这次讨论却困难重重，因为老人始终坚持要按照老规矩办，吴仕贵磨破了嘴皮，还是有几位老人家坚决不同意8月2日过节。侗家老人有着绝对权威，如果不是村主任，像吴仕贵这种年纪的人没有多少发言权，但这次他还是下决心想尽量说服这些老人。在村主任这个位置上待了两年，他明白了一些事情，黄岗周边一些村寨由于旅游开发搞得好，现在已经富裕起来了，比如南面仅隔6千米的小黄，已经被列入从江县的主要旅游景点之一，北面四寨的摔跤节规模也越搞越大，每年吸引大量游客，这些村寨因此而得到很多实惠。黄岗无论是传统节日还是侗族大歌，都不比小黄、四寨差，现在关键是知名度不够，所以喊天节放到农历六月十五，有利于与时俱进，从而吸引更多的外来游客，另外也可以避免像2009年那样又过两次节，耗费人力物力。最后吴仕贵的努力还是取得了一点成效，老人们决定今年还是过两次喊天节，7月3日和8月2日都过，虽然可能花费多一些，但毕竟过节对喜爱娱乐的侗家人来说是一件非常开心的事情。

7月3日，黄岗喊天节如期举行，这次喊天节不算热闹，因为与此同时黄岗还在经历一件非常重要的事情——修路，这是全寨的人们都期盼了很久的事情。黄岗地处黔东南黎平县和从江县交界处，和南北紧邻的村寨相比，黄岗的海拔要高出200—300米，地势陡然增高和山路崎岖给道路修建带来了困难，因此这些年，他们只能眼看着周边村寨建好了通往外界的柏油路，而自家通往南北的主要道路仍然是泥巴路，进出都很不方便。也正因为这个情况，来黄岗参观喊天节的外界客人很少，但却每年都有人来，并且年年都有外国朋友来，吴仕贵也搞不懂这些外国朋友为何对侗家的喊天节如此兴趣浓厚，即使如此偏远，他们也要不辞辛苦地赶过来。这几年黄岗人既要热心地招待这些外来客人，又不足以靠旅游业盈利，每次过节都是入不敷出，为了修建道路，村委会多次向上级政府申请，得到的答复都是正面的，但却因各种原因迟迟没有动工，今年终于如愿以偿了，这次道路修建的经费来自黔东南侗族苗族自治州。修路虽是好事，但却暂时使通行更加不便了，不仅游客稀少，就连四邻八乡的侗族朋友也来得很少，这次的喊天节可以说是最冷清的一次。

8月1日，过第二个喊天节的头一天，寨子里面仍然没有多少过节的气氛，寨子北面正在修建的道路前几天因下雨塌方，无法行走，导致黎平县的乡邻都无法过来。这个月黄岗附近地区接连下了几场大雨，稻田里的水量充足，丰收在望，村民都认为是上个月的喊天节发挥了效力，所以对过第二个喊天节的积极性也不高，寨老们本来就不是特别支持过两次喊天节，所以对各项事务的操持也不是特别主动，这使得本来就因为修路而忙得焦头烂额的村主任吴仕贵更加不堪重负。由于担心喊天节演出活动搞不好，所以他无论多忙，每天晚上都要跑到大会堂去把音响打开，召集村寨里喜爱歌唱的男女青年前来排练节目。现在寨里喜欢唱歌的年轻人越来越少了，如果村委会不主动召集他们，只怕喊天节当天就没有能出彩的节目了，为了提高大家的积极性，村干部还尽量陪着他们一起排练。在这样的压力下，头天吴仕贵感觉身体不适，忙跑到寨里的卫生所输了两瓶液，忽然县里面又来了电话，说有十位美国客人要来黄岗参观喊天节，县领导也要来，另外黔东南自治州旅游局也来电话说有四十几位不同国家的游客要来黄岗，看来这次喊天节不仅要办，而且要办好。

好在作为村主任的吴仕贵还有自己的权力范围，他还身兼黄岗民兵大队的队长，有着自己的手下。寨上从18岁到40岁之间的男人，侗语管他们叫“罗汉”，都隶属于民兵组织，民兵大队下面有民兵连、民兵排，还有通信员，和平时期民兵组织的主要任务是维护村寨治安。吴仕贵事实上就是罗汉们的首领，虽不及寨老们威望高，但也是有一定威信的人物。吴仕贵决定调集自己能够调集的力量，过好这个喊天节，他现在要做的第一件事就是“喊寨”，就是一大早派人去到各家吊脚楼下面喊，将过节的事通知到每家每户，提醒大家做好节前准备，虽然这件事昨天已经安排好了，现在他还是要亲自叮嘱一下才能放心。按照侗寨的规矩，凡遇到重要的事情，比如村寨安全受到威胁，或有财产被偷盗，应当立即在鼓楼击鼓召集大家，由于现在人们长期生活在和平年代，鼓楼里面的鼓仅用于重要的民俗活动，一般只有正月初一设祭坛和请姑娘唱大歌的时候才会敲，敲鼓必须征得寨老的同意，此外，“喊寨”也是下达通知的主要方法。

于是，8月1日清晨，寨子里不管是已经起来的人还是在睡懒觉的人都听到了楼下的喊声，大概意思是：“明天就要过节了，客人就要进寨了，各家各户都要注意了，房屋收拾好，卫生要搞好，准备工作要做好。”尽管大家都提前知道要过节，但这个提醒还是让人们真正地紧张起来了：时间到了，黄岗又该过喊天节了。

黄岗人一年过两次喊天节是当代社会影响下的无奈之举，但是又是当代传统节日走向品牌建设的道路上较为普遍的现象，这种现象是黄岗人对举办喊天节的妥协。尽管这一办法在决定喊天节时间上表现出了黄岗人的智慧，但毕竟不是长久之策，也不是作为喊天节主体的黄岗人愿意的，因此，在喊天节文化品牌建设的时间选择上，应该尊重传统喊天节的时间制度，遵循黄岗人传统“喊天”的仪式实践和生活习俗。

第六节　喊天节的当代走向

吴玉梅是黄岗有名的漂亮姑娘，她不仅有着美丽的容颜和窈窕的身姿，侗歌也唱得很好。玉梅的爷爷吴佩云（实际上是她亲爷爷吴佩兴的大哥）是黄岗最有名的歌师，也是的原来的寨老之一，和吴正国他们是一起的，现在因为年纪大了，眼睛也不太好，2010年底换届时退下来了，不过爷爷非常热爱歌唱，每到农闲时节，家里面总是聚集了很多年轻人来向他学习唱歌。玉梅父母的侗歌也唱得很好，或许是因为在这样的环境熏陶下，玉梅从小就热爱艺术，寨里各种节日期间的表演活动，她都积极参加，在众多姑娘中是比较惹人注目的一位，寨里的不少小伙子都很喜欢她，从她十几岁开始就不断有人提亲，不过玉梅并不甘心就这样嫁人度过一生，年轻的她心里面还是很向往外面的大世界。十六岁的时候，黎平县的艺术学校招生，玉梅抱着试试看的心理，一下子就考上了，但因为学费太高，家里面没有同意她去上学，她虽然心有不甘，但也没有办法。随着年龄的增长，同龄的姐妹都陆续嫁为人妻，玉梅也只好遵从父母之命结了婚，2012年春节期间，玉梅喜得贵子，成了一名年轻的母亲。

过喊天节的时候和玉梅一般大的姑娘的主要任务就是把自己打扮得漂漂亮亮，参加各种娱乐演唱活动，这可是她们最开心和最愿意做的事情。黄岗的女孩要比男孩成熟得早，几岁大的时候，母亲就开始培养她们唱歌和做家务了，玉梅还记得小时候坐在母亲膝上学习唱歌和纺纱，或跟在大人身后挑水干活的情景。同一个鼓楼年龄相仿的女孩子们不到十岁就组成一个歌班向歌师学习唱歌了，玉梅所在歌班的姑娘们都很喜欢唱歌，大家一有空就聚在歌师家里面学习，到了年节，这些姑娘们就成为寨里各种节庆活动上最大的亮点，各种文娱活动没有她们这些姑娘怎么能行呢？唱歌一直是黄岗姑娘的强项，在黄岗与周边占里等地区的“走姑娘”活动，就是以歌的形式建立男女关系、社会关系。唱歌对黄岗侗族来说是一件光荣的事情，正如《侗族款词・耶歌・酒歌》中所唱：“养女坐夜搓麻，养男走寨弹琵琶。我儿游到你的村寨，老人睡在床上莫说话。你儿游到我的村寨，我也一样闭嘴巴。火塘边排座，月光下戏打，蹲在屋角，走过檐廊，头插鸡尾，耳吊银花。”[①]无论是列队游行、鼓楼对歌、迎宾敬酒，还是文艺晚会，身着侗装、佩戴着闪闪发亮银饰的侗家姑娘总是格外令人瞩目，年轻的罗汉们会想尽办法邀请自己喜欢的姑娘们到鼓楼唱歌，所以侗家人把鼓楼对歌这种活动也叫作“请姑娘”。外面的游客也总是将摄影镜头对准姑娘们，争相和她们合影留念，很多摄影师或者游客会把照片寄回黄岗，这些年玉梅的家里积攒了不少节日期间拍摄的照片。

十几年来玉梅亲身感受到村寨节日活动的巨大变化，和春节相比，喊天节的变化要更大一些，玉梅觉得这些变化是源自黄岗人生活中的诸多改变。她们这班姑娘小的时候寨上还没有流行手机，有电视的人家也很少，姑娘们学唱歌都很专心，大家聚在一起唱起来也特别开心，不像现在，十几岁的小孩子都忙着看电视、玩手机，喜欢唱歌的人越来越少了。那时候广场上的仪式只是盛大节日的一小部分，夜晚请姑娘唱歌、行歌坐月、饮酒聚会才是节日的重头戏，现在因为客人少了，后面这些活动都搞不起来了，喊天节的主要精力都放在六月十五在广场举行的仪式上面了。最初寨老吴正国和鬼师吴广新是站在长凳上面念“喊天”的祭词，大约到1998年前后，村委会专门为喊天节搭建了一个木制的高台，让吴正国和吴广新站在高台上面喊，确实比从前站在长凳上要好看许多。这几年上级政府对民族地区的节日也重视起来，2010年，政府拨

① 《侗族款词・耶歌・酒歌》，载三江侗族自治县三套集成办公室编：《中国歌谣集成广西分卷三江侗族自治县资料集》（二），1987年，第53页。

款下来，重新铺设了村寨中心广场的地面，2011年在广场旁边又建了一个戏台，喊天节举行的场地比从前要气派了许多，但活动内容和活动持续的时间都不如从前了。原来喊天节期间的主要活动是晚上各鼓楼的侗族大歌，现在年轻人少了，唱不起来，只是上午举行仪式的时候在广场上合唱一下。不过这两年寨里借鉴周边侗寨的经验，为了吸引游客，扩大喊天节的影响，也开始注重喊天节期间的演出活动，若有贵客前来，玉梅她们这些姑娘就会提前集中到寨门唱拦路歌迎接客人，仪式结束后，姑娘们和罗汉们还要到宴席上去唱敬酒歌。喊天节当天晚上，一般都要搞一场晚会，表演具有侗家特色的文艺节目，玉梅既要参加演出，还要报幕，忙得不亦乐乎。

和玉梅同龄的年轻人这几年大都跑到外面去打工了，玉梅婚后也曾到广西玉林打了一年多的工，工作内容是在旅游景点演唱侗歌。去城里虽能够挣到钱，但却十分辛苦，在青山碧水间长大的黄岗青年大都很难适应喧嚣的都市生活，特别是吃不到可口的糯米饭和酸汤鱼，让他们更加思念家乡。为了挣钱，有些青年不得不坚持下来，也有一部分人选择返乡，玉梅就是其中的一个。虽然外出的时间并不长，玉梅也大大开拓了眼界，她认识了不少朋友，学会了上网，开设了自己的QQ空间，把自己搜集到的黄岗传统节日的一些照片放到上面和大家分享。按照侗家的惯例，女子结婚有小孩之后就很少参加鼓楼对歌等活动了，但是现在都不讲究这些了，寨上的年轻人越来越少，喜爱唱歌的就更少了，像玉梅这样还仍然坚持歌唱的年轻人自然就成了喊天节表演的主力，他们自发组成了黄岗侗寨的民间艺术团，平时有空就到大会堂排练节目，村委会对他们也特别支持。每到过节前，村主任吴仕贵每晚都会在大会堂播放音乐，召集他们前去排练，有时村里还会象征性地发给他们一点点费用，以资鼓励。这些男女青年大都介于18岁到30岁之间，有的尚未成婚，有的已经为人父母，大都有外出打工的经历，他们返乡的原因各不相同，有的是奉父母之命，有的是因眷恋家乡，有的则是为履行婚约。这些热爱艺术的年轻人很自然地把在外面世界看到的文艺演出的形式和侗族原有的歌唱艺术融合在一起，排演了许多新式的节目。黄岗的侗族大歌原本只重视歌词内容和演唱的声音，人们都是站着或坐着唱，很少有舞蹈的动作，外面的客人听不懂歌词，就会觉得没有意思。艺术团新编排的节目，将歌唱和舞蹈表演结合起来，还吸收现代因素，添加了一些幽默的情节，使得黄岗的节日演出更加好看了。

在玉梅看来，现在黄岗节日的最大变化就是演出的样式越来越多了。她觉得原来黄岗过节可以让四邻八乡的朋友相互走动，增进友情，姑娘和罗汉借歌唱彼此交往，寻找自己的意中人，她小的时候，母亲特别重视培养她的歌唱能力，因为长辈们都认为唱好侗歌是特别自豪的事情，那时候“请姑娘”的活动比较频繁，谁的歌唱得好，谁在搞活动时就能脱颖而出，成为人们羡慕和尊重的对象，也容易吸引异性的注意，成就一桩好的姻缘。现在都不讲究这些了，很多小孩子都不怎么学唱侗歌了，喊天节上的表演更多是为了给外面的客人看，不像原先那样是侗家人自娱自乐。不过不管情况怎样变，也不管人家怎样想，反正玉梅这伙年轻人是发自内心地喜欢唱歌。玉梅现在虽然已经做了母亲，但只要一有时间，她就会和伙伴们到大会堂练习唱歌，只要唱起歌来，白天所有的辛苦都会烟消云散了。节日为艺术团的年轻人展现自我提供了一个大好时机，这几年寨里过节的演出主要依靠艺术团和小学校排演的新节目，不少节目在喊天节上颇受欢迎，其中有“踩高跷”“十二月歌”和“放塘抢鱼”等。“踩高跷”由小男孩表演，侗家人住在水边，为了不弄湿衣裤，人们经常踩着高跷到河里面赶鸭子，小孩子们上学路上常常要跨过河流，也时常踩着高跷过河，这个节目应该说是源自侗族人民的真实生活。此外比较吸引人的还有“放塘抢鱼”这个节目，这是艺术团从肇兴侗寨那边学过来的，2011年这个节目第一次在喊天节当天的下午演出，大受好评。节目的演出地点在广场西侧戏台下面的消防池，这是黄岗村寨的公有财产，节目内容是模仿侗家人在丰收季节将水塘中的水放干后下到塘里面抓鱼的情景。节目开始时，演出队伍集合在距离消防池不远的一处空地，芦笙率先奏起，队伍开始向水池进发。芦笙队打头，紧接着是罗汉，姑娘在后，罗汉们一律光着膀子，古铜色的皮肤在正午的太阳下熠熠发光，他们身背腰篓，打着赤脚，几位罗汉还合伙拎着两个大箩筐，准备一会儿装鱼；姑娘们穿着侗装和短裙，也光着腿，打着赤脚，身背腰篓，手拿捞鱼网。队伍来到水池边，芦笙队一字排开，再次吹奏，罗汉们先将两个大箩筐扔进水里，然后沿着事先架好的木梯下到池水中，姑娘们紧随其后。此时池水已经接近放干的状态，水中的鱼儿无处藏身，罗汉们一边抢鱼一边在烂泥中打仗，浑身上下滚得漆黑，姑娘们害怕被污泥弄脏，不敢往池水中间走，只是躲在一边，偶尔看见近处有鱼就下网捞一把。水池四周早已挤满了观众，不住地呐喊助威，几个罗汉在池中扭打得不可开交，村支书急忙下去维持秩序，也被罗汉们涂了一身黑泥，引来全场哄笑，有的罗汉还抽空逗一下躲在一旁的姑娘，姑娘怕把衣服弄脏，吓得赶紧跑开了。最后大家将抓到的鱼集中到大箩筐里面，芦笙队又奏响了音乐，男女双方面对面站好，开始对歌。姑娘们站在原地规规矩矩地唱，罗汉们却不老实，他们勾肩搭背，一边唱歌，一边用脚踢打着水中的淤泥，还一步步向姑娘逼近，姑娘们则节节后退，最后被逼到了角落，狼狈不堪，这时芦笙再次响起，罗汉们先沿着木梯上岸，姑娘们随后，演出在欢笑中结束。

这几年在喊天节当天晚上都会安排一场晚会，鼓励男女老幼只要有能力的都可以参加，有时邻近村寨的艺术团也会前来献上几个节目，节目的样式一年比一年多，有唱流行歌曲的，也有跳现代舞的，黄岗艺术团排演的节目如果反响较好就保留下来。目前艺术团有一个比较经典的节目叫作《月堂情歌》，就是把侗家男女行歌坐月[①]的情形搬上了舞台：月光下，姑娘们聚在一起，唱起情歌小调，罗汉们听见了，就拿起琵琶琴或牛腿琴前来搭讪，双方在对歌过程中你来我往，暗生情愫，渐渐找到自己的意中人，唯有一位罗汉落了单，心里很着急，想尽办法要将别

① 行歌坐月，侗话叫作“鸟翁”，是侗族青年男女恋爱交往的主要形式，姑娘们聚在某家纺织，和前来玩耍的男子聊天约会，谈情嬉戏。

人拆散，却始终没能得逞，落得满堂大笑。这个剧目在侗歌的基础之上加上了很多表演动作，生动有趣。侗寨的人们在生育子女时，很注意保持男女平衡，大多数家庭都是一儿一女，但是现在人们出去打工，就有姑娘嫁到外面，还有些女孩在学习上也比男孩优秀，考上大学就不再回来，所以青年数量上男子略多，剩下个别罗汉的情形也就比较常见了。

玉梅有一个姐姐和一个弟弟，现在都在外面打工，寨里很多年轻女子生完小孩之后还会再出去打工，对于自己将来是否还会出去，玉梅也不确定，她觉得黄岗和外面相比，各有各的好处，也都有不好的地方。黄岗土地肥沃，只要肯付出劳动，就会衣食无忧，姐妹们在一起劳动、唱歌，生活也很快乐，但有时也会感觉干活很辛苦，加上将来要供自己的孩子出门上学，经济压力比较大；外面的花花世界有很多新鲜事物，又能挣到钱，但很辛苦，又没有熟人，难以割舍思乡之情。所以玉梅认为最好的办法还是黄岗能够真正有所改变，使得大家不出村寨就能挣到钱。现在全村上下都在努力把喊天节建设成一个旅游项目，玉梅觉得自己能够尽一份力也是很令她欣慰的事情。

黄岗喊天节的传统形态还在，黄岗人每年仍然遵循着传统喊天节的基本规程、仪式，村寨里的侗族人以及村寨侗族人的亲戚、朋友仍然年复一年地在喊天节期间相聚，祭拜祖先、祭拜天神，念诵祭词，吟唱大歌，祈求生活幸福、农业丰收。但是，黄岗人也在适应时代，在文化环境的变革中，在生活需求下，喊天节在自觉、不自觉间发生着变化，黄岗人逐渐将传统的喊天节的村寨模式演化成现代生活模式，将以喊天节为核心的村落生活扩大为以村落为核心的县域，乃至民族域的社会生活模式，将村落传统喊天节的文化资源扩大为以“村落文化资源”为核心的文化资本，在这个过程中，以喊天节为核心的文化消费在所难免，以喊天节为核心的黄岗侗族文化品牌正在以多种方式推进。于是，黄岗人在传统喊天节的风俗惯制、礼仪规程等内容上，强化传统喊天节的鼓楼行歌坐夜，对唱大歌，敬酒歌，融入黄岗春节期间的“抬官人”以及平时节庆活动中的“踩歌堂”，新增加“放塘抢鱼”等活动内容，使今天喊天节的内容更为丰富、更为多彩。喊天节从传统仪式活动走向仪式、娱乐相结合的道路，就是黄岗人建设喊天节品牌的道路，这也是黄岗人今天喊天节的基本形态。

第十二章

月亮意象与生活情怀：中秋节传统象征符号品牌建设路径

中秋节又称“秋节”“团圆节”“女儿节”等。

农历八月十五，是中国人心中富有诗情画意的日子，“一年逢好夜，万里见明时”。每到中秋的夜晚，一轮圆圆的月亮高悬碧空，家家户户赏月、吃月饼，亲情无限，其乐融融。

中秋节是专属中国人的节日，黄遵宪在《八月十五日夜太平洋舟中望月作歌》中曰：“大千世界共此月，世人不共中秋节。泰西纪历贰千年，只作寻常数圆缺。”

中秋节这个让中国人魂牵梦绕的节日，在当代社会中，许多地方均在以属于自己的方式对中秋节进行传承建构和创新发展。

第一节　中秋节象征符号起源及其发展

太阳、月亮的运行变化与人类生活密切相关，民众通过太阳和月亮的运行规律安排生活，制定历法。于是，不同民族中就出现了太阳历和太阴历。

如果从中秋节最早的民俗要素“祭月”算起，发展到今天，中秋节中祭祀月亮的习俗已经有几千年的历史了，但是，在历史发展过程中，中秋节祭祀月亮的习俗一直在发生变化。为了更好地解释中秋民俗，从谱系的视角对中秋节包含的每个传统元素的形成与发展进行讨论，分析中秋节意义的生成显得特别重要。目前对于中秋节起源的讨论，学界有以下五种观点：

第一种，认为源于唐玄宗的诞节千秋节（唐代故事：玄宗八月十五游月宫）；第二种，认为中秋节来源与嫦娥奔月的神话有关；第三种，认为中秋节最早源于月亮崇拜，是在秋分祭月礼俗基础上诞生的；第四种，认为先秦时的“中秋迎寒”习俗与中秋节起源有关；第五种，认为中秋节受到印度婆罗门望月习俗影响。这些观点各有道理，对于解释中秋节来历具有重要价值，但是，许多学者在讨论中秋节起源的时候，只侧重于讨论某个习俗的起源，这就无法确证中秋节作为系统性的生活实践和谱系性知识的生产起源了。

中秋节是民众的生活整体和文化整体，具有鲜活的生活属性、清晰的传统层次和象征符号体系。以前人们解释中秋节的时候，着力观照作为整体意义上的中秋节，着力关注中秋节某个传统习俗的来龙去脉等方面，这是揭示中秋节传统意义必须遵循的重要方法。但是，中秋节的形成经历了长期而复杂的过程，它由许多传统元素构成，每个元素之间的联系及其来源均是真实的、具体的，这些成为中秋节传承发展的关键要素。因此，从谱系的视角理解中秋节的传统架构，有助于深化对中秋节意义的认识。

从太阳和月亮的角度来讲，太阳的阳刚、月亮的阴柔从原始时代就已经被人们所认识。大量神话中太阳的阳性和月亮的阴行特征体现得十分突出，而且在祭祀的时候形成了特定的对象化，中国就有“男不拜月，女不祭灶”的说法。

祭月是中秋节传统起源的根基。早在先秦时代，祭月习俗已经流行于王公贵族之中。春天祭日、秋天祭月是当时帝王的重要活动。《礼记正义》卷四十六云：“埋少牢于泰昭，祭时也。相近于坎坛，祭寒暑也。王宫，祭日也。夜明，祭月也。幽宗，祭星也。雩宗，祭水旱也。

四坎坛，祭四方也。山林川谷丘陵能出云，为风雨，见怪物，皆曰神。有天下者祭百神。”《国语·周语》中有“古者，先王既有天下，又崇立于上帝，明神而敬事之，于是乎有朝日、夕月以教民事君”的记载，韦昭注曰：“春分朝日，秋分夕月”。[①]“夕月”是帝王祭祀月亮的仪式。这些均是祭祀月亮的习俗，并且与农耕社会的土地信仰有关。

祭月时有特制的神像，明清时期月神形象由以嫦娥为主的月宫图景演变为月光菩萨与捣药玉兔等。民众在中秋夜对月焚香行礼。今天湖北咸宁每逢八月十五日有“守月华”活动，即每当月亮升起，每个家庭就会在自家堂前或者天井里摆上一盆水，让月亮的影子倒映在水盆中，一家人围坐在水盆边观赏月亮，守候光华，共同庆贺团圆；湖北的大冶市在中秋祭月、拜月的方式又有所不同。中华人民共和国成立前湖北大冶农村也有中秋祭月的习俗，是用竹篾扎一座“拜月楼”，楼前摆上供品，中秋夜，月亮出来后，大姑娘、小媳妇进行拜月活动，口中念念有词，默默说出自己的心愿，祈求月神保佑、赐福。鄂伦春族八月十五祭月亮，在露天空地放上一盆清水，摆上祭品，然后跪在盆前，向月叩拜。青海土族用盆盛清水，将月亮的倒影映到清水盆中，然后，民众不停地用小石子打盆中的月亮，俗称“八月十五打月亮”。广西西部壮族的“祭月请神”活动更典型，每年夏历八月中旬，有的就在中秋夜，人们在村头村尾露天处，设一供桌，摆放祭品和香炉，桌子右边竖一高约一尺的树枝或竹枝，象征社树，亦当作月神下凡与上天的梯子，这一习俗保存了古老的月亮神话因素。从这里我们可以看到，祭祀月亮神其实包含了两个层次：以家庭为单位的“守月华”活动，这应该是较早的祭祀月亮的仪式形态；以家族、民族或国家为单位的祭祀月亮神的活动，这个时候的祭祀已经有了明确的、系统的祭祀程序和祭祀礼制了。

我国很多地方流行“男不拜月，女不祭灶”习俗。因为，民间认为月亮是女性神，男人不宜祭拜；灶神是男性神，女人不能祭拜。然而，

① 左丘明撰，韦昭注：《国语》卷一，上海：上海古籍出版社，1978年，第37页。

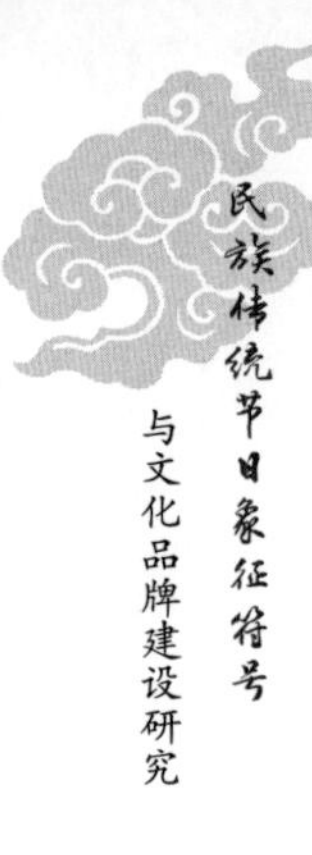

湖北咸安大屋雷村的中秋祭月则是清一色男子参拜，女子不得靠近。咸宁、通山、咸安一带传说月亮与太阳是两兄妹，太阳妹妹长得漂亮，怕人看她，月亮哥哥就给她一包绣花针，说谁看她就刺谁的眼睛，于是太阳把绣花针插在头上，发出了万道光芒，从此就再没有人敢看她了。这类月亮神话及对其信仰习俗的来源的解释在我国许多民族中多有流传。

中秋节祭祀月亮常常与祈愿丰收有关，中秋是感恩丰收的日子，与我国的秋祭习俗相关。我国传统社会有“春祈秋报”的传统，以此感恩神灵赐予农业丰收。在《周礼・春官・籥章》中记载了中秋八月祭祀田祖的情景：“中春，昼击土鼓，吹豳诗，以逆暑。中秋，夜迎寒，亦如之。凡国祈年于田祖，吹豳雅，击土鼓，以乐田。”[①] 这里的“中秋”祭祀月亮显然与“迎寒”有关，并且与“秋分”有一定联系，具有时间性的特质。《周礼》注疏卷二十四中，贾公彦疏曰：“祈年，祈丰年也。田祖，谓神农也，此祈年于田祖并上迎暑迎寒，并不言有祀事，既告神，当有祀事可知，但以告祭非常，故不言之耳。”尽管是祭祀月神，祈丰年，但是“中秋”包含了时令生产生活的性质。

中国人八月十五祭祀月亮应该说是中秋节产生的信仰基础，这种信仰与农历八月十五是一年中月亮最圆的时间节点有关。月亮在一年中最圆，不仅是一个现象，更多作用于人的生活，如表现为庆祝农业生产丰收；与人的生命有关，如表现为祈婚姻、求子嗣等。围绕月亮祭祀的习俗在我国许多民族中均体现出特殊的个性，并且这个习俗至今在许多地方仍在传承。

嫦娥奔月传说流传在我国许多地区的民众生活中，它给中秋节笼罩上了一层迷人的色彩，增添了浓郁的生活诗意，也强有力地推动了中秋节的发展。《山海经・大荒西经》云：“有女子方浴月，帝俊妻常羲，生月十有二，此始浴之。”袁珂先生认为常羲就是嫦娥的原型：“《世本・帝系》篇云：‘帝喾下妃娵訾氏之女，曰常仪，生挚。’羲、仪声

---

① 杨天宇译注：《周礼译注》，上海：上海古籍出版社，2016 年，第 461 页。

近，常羲即常仪也，帝俊亦即帝喾也，《吕氏春秋·勿躬篇》云：‘尚仪作占月。’毕沅注云：‘尚仪即常仪，古读仪为何，后世遂有嫦娥之鄙言。’鄙言与否姑无论矣，然其说则诚不可磨也。是生月十二之月神常羲神话，乃又逐渐演变而为奔月之嫦娥神话。常羲本为天帝帝俊之妻，又一变而为其属神羿之妻。神话传说之演变无定，多如是也。”①

西汉时期刘向在《淮南子》中阐释“根本”大道时曰：“譬若羿请不死之药于西王母，姮娥窃以奔月，怅然有丧，无以续之。”②这里的“姮娥”，即指“嫦娥”。到了东汉时期，张衡的《灵宪》中记载：“后羿请不死之药于西王母，姮娥窃以奔月，将往，枚筮之于有黄，奋黄占之曰吉，翩翩归妹，独将西行，逢天晦芒，毋惊毋恐，后且大昌。姮娥遂托身于月，是为蟾蜍。”③嫦娥奔月的传说进入中秋节，显然与西汉时期道教兴盛有紧密关系，这种关系成为中秋节的重要发展方向和价值取向。

中秋节这一名称在唐太宗贞观年间有明确记载，《旧唐书·玄宗上》载：“八月十五中秋节。”④并且唐代的中秋节内容十分丰富，许多文人以中秋节为题，尤其是以中秋时的“月亮”为题吟诵生活，表达情怀。李商隐的《嫦娥》：“云母屏风烛影深，长河渐落晓星沉。嫦娥应悔偷灵药，碧海青天夜夜心。”就表达了他对生活在月宫中的嫦娥的深深同情。唐代流传着月亮中有玉兔、有吴刚伐桂的传说，且常讲常新，赋予了中秋节美好的意象，中秋节的夜晚民众仰望月亮时也会不断建构自己心目中的吴刚和玉兔。《酉阳杂俎》云：“旧言月中有桂，有蟾蜍，故异书言：月桂高五百丈，下有一人常斫之，树创随合。人姓吴

① 袁珂校注：《山海经校注》，上海：上海古籍出版社，1980年，第405页。

② 〔西汉〕刘安：《淮南子·览冥训》（卷七）诸子集成（七册），上海：上海书店，1986年。

③ 〔清〕严可均辑：《全上古三代秦汉三国六朝文》（第一册），北京：中华书局，1965年，第777页。

④ 〔后晋〕刘昫等编纂：《旧唐书·玄宗上》卷八，长春：吉林人民出版社，1995年，第120页。

名刚，西河人，学仙有过，谪令伐树。”唐代人认为：“日者，阳精之宗，积而成鸟，像鸟而有三趾，阳之类，其数奇。月者，阴精之宗，积而成兽，像兔蛤焉，阴之类，其数偶。”[①]这是记载“月中玉兔”较早的由来。

唐代中秋节出现民众玩月的习俗，并且史料中记录唐玄宗游月宫的奇妙故事。《唐逸史》载：“公远奏曰：‘陛下莫要至月中看否？’乃取拄杖，向空掷之，化为大桥，其色如银，请玄宗同登，约行数十里，精光夺目，寒色袭人，遂至大城阙。公远曰：‘此月宫也。’见仙女数百，皆素练宽衣，舞于广庭，明皇问曰：‘此何曲也？’曰：‘霓裳羽衣也。’明皇密记其声调，遂回，却顾其桥随步而灭，且召伶官，依其声调作《霓裳羽衣曲》。”这些记载是真是假不得而知，但是唐代从朝廷到文人对于月亮的情感和欣赏成为风气，这些与唐代玩月、赏月习俗有关。这种习俗在北宋仍然十分流行，孟元老在《东京梦华录》中记载了汴京中秋的情景：“中秋夜，贵家结饰台榭，民间争占酒楼玩月，丝篁鼎沸。近内庭居民，夜深遥闻笙竽之声，宛若云外。闾里儿童，连宵嬉戏，夜市骈阗，至于通晓。”无论是权贵，还是百姓，均在中秋之夜赏月、玩月。南宋吴自牧的《梦粱录》载：“八月十五中秋节，此日三秋恰半，故谓之中秋。此夜月色倍明于常时，又谓之月夕。此际金风荐爽，玉露生凉，丹桂飘香，银蟾光满。王孙公子，富家巨室，莫不登危楼，临轩玩月，或开广榭，玳筵罗列，琴瑟铿锵，酌酒高歌，以卜竟夕之欢。至如铺席之家，亦登小小月台，安排家宴，团圆子女，以酬佳节。虽陋巷贫窭之人，解衣市酒，勉强迎欢，不肯虚度。此夜天街卖买，直至五鼓，玩月游人，婆娑于市，至晓不绝。盖金吾不禁故也。”这些记载反映了南宋时期民众中秋夜赏月的生活习俗，家家户户“临轩玩月”，“安排家宴，团圆子女”，外面的“玩月游人，婆娑于市”。

---

① 〔唐〕段成式著：《酉阳杂俎·天咫》（卷一）。

《太宗纪》载："八月十五日为中秋节，三公以下献镜及承露盘。"《燕京岁时记》中的《中秋》记载了清代中秋节的盛况："京师之曰八月节者，即中秋也。每届中秋，府第朱门皆以月饼果品相馈赠。至十五月圆时，陈瓜果于庭以供月，并祀以毛豆、鸡冠花。是时也，皓魄当空，彩云初散，传杯洗盏，儿女喧哗，真所谓佳节也。"这里记录了"燕京"地区中秋节赏月、祭月的生活习俗。从这些祭月、赏月习俗来看，主要是以家庭为单位，尤其是赏月主要发生在权贵阶层。

明清时期的祭月、拜月期间的月神像叫作月光马儿，主要传承在以"燕京"为核心的北方地区，《燕京岁时记》中载："京师谓神像为神马儿，不敢斥言神也。月光马者，以纸为之，上绘太阴星君，如菩萨像，下绘月宫捣药之玉兔，人立而执杵。藻彩精致，金碧辉煌，市肆间多卖之者。长者七八尺，短者二三尺，顶有二旗，作红绿色，或黄色，向月而供之。"此时祭祀月神出现了月饼为主的祭品，并且自成体系。《北京岁华记》中载："中秋，人家各置月饼符像，陈供瓜果于庭……符上兔如人立。饼面咸绘月中蟾兔。"此时的月饼也称作"团月饼"，将中秋节团圆的象征意涵进行了完整表达，《燕京岁时记》中载："至供月，月饼到处皆有，大者尺余，上绘月宫蟾兔之形。有祭毕而食者，有留至除夕而食者，谓之团圆饼。"

中秋节期间的月饼作为馈赠亲朋的礼品、节令食品，成为具有深刻文化内涵的节日符号。相传月饼源自西域的胡饼，传说，唐高宗时有一年中秋节，来唐朝经商的吐鲁番人向皇帝献上很好吃的饼，表示祝贺。唐高祖看这漂亮的圆饼与空中明月相似，就说："应将胡饼邀蟾蜍。"并且把这饼赏赐群臣，群臣都觉得好吃，从此以后，胡饼就在京城流传开了。每到八月十五，民众边吃胡饼边赏月，后来，民众就将这胡饼改名为月饼。

在中秋节传统发展过程中，对于何时出现"月饼"没有统一说法，但是大多数学者认为中秋月饼出现于宋代，苏轼的《留别廉守》写道："编萑以苴猪，瑾涂以涂之。小饼如嚼月，中有酥与饴。悬知合浦人，

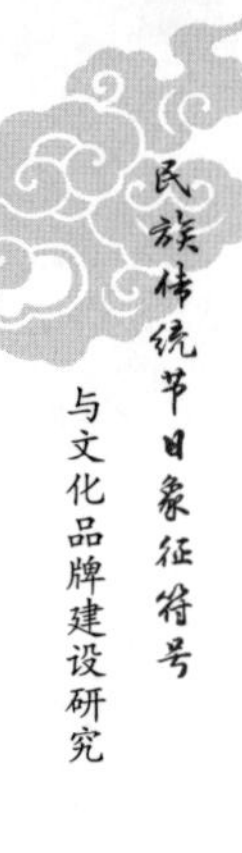

长诵东坡诗。好在真一酒，为我醉宗资。”《武林旧事》和《梦粱录》都提到了“月饼”，但是指一种小吃食品，还不是中秋节的节令食品。明代沈榜写的《宛署杂记·民风》中有“八月馈月饼”的记载：“士庶家俱以是月造面饼相遗，大小不等，呼为月饼。市肆至以果为馅，巧名异状，有一饼值数百钱者。”[①]明确了月饼是八月中秋节各家送人的礼品。《潍县志》载：“月饼而外，并以面蒸作月形之食物，直呼之曰‘月’……面上四周镂各种花果及动物之类……作馈遗亲串之用。”

月饼作为食物最初也是用来祭祀的，主要是中秋节晚上作为拜月的供品。此时，农历八月中旬是瓜果上市，庄稼收获的时候，这些食物均可作为酬神的祭品，中秋节明显的标志和来源就是天上的“圆月”，于是，祭祀用品也都是圆形的。

近代以后，随着中秋月亮信仰的淡化，传统祭月拜月活动消失，品尝月饼、欣赏中秋明月、亲友往来贺节成为多数人的节俗习惯。

从上面的分析中可以看出，中秋节传统的形成是我国不同地域、不同民族的民众生活长期积累的结果，其中每个传统元素都是当时民众的生活呈现，包括情感上的和文化上的。民众将这些元素围绕月亮进行创作、整合，其传统知识构成的谱系是生活性的，也是情感性的。中秋节中的每个传统元素都具有意义，更为重要的是它们之间怎样相互关联并与时代生活结合，形成完整意义上的中秋节。

第二节　中秋节传统生活的多样性

中秋节生活传统呈现累层的结构形态，这是基于中秋节传统生活的历史发展和生活传承，并且围绕中秋节传统核心不断被建构、丰富，逐渐构成了中秋节传统丰茂的生命树。中秋节就像生命树一样根植于土壤肥沃、阳光充足的大地上，在不同时代、不同地域的发展中不断获取养

① 〔明〕沈榜著：《宛署杂记》，北京：北京古籍出版社，1980年，第192页。

料，这些养料既来自民众的历史生活，也来自不同民族现在的生活，由此形成了基于不同地域和民族的多样性的中秋节传统生活。

江西、浙江一带的中秋节有舞火龙习俗。每当八月来临，江西南岭卢氏家族就会扎制火龙，农历八月初九，村里开始唱社戏，农历八月十五日，南岭各村寨的火龙队齐聚卢氏家族祠堂舞火龙。南岭竹篙火龙分七班，每班七根，共七七四十九根，每根竹篙约两丈，扎若干层支架（一般扎九层以上，每层支架左右各扎一支热油浸过的“纸捻”），呈龙状。晚八时许，卢氏宗祠广场锣鼓唢呐响起，竹篙火龙一起点亮，七七四十九根燃烧的竹篙火龙同时矗立，在三名壮年男子的支撑下绕着祠堂前的广场缓慢移动。霎时间，华灯璀璨，人声鼎沸，一根根竹篙宛如在空中立起的飞龙，进行着人与天、人与神的对话。集中展演后每根竹篙火龙有序离开，各自走向分祠或家里。快到家时，家人站在门口燃放鞭炮迎接，向竹篙火龙敬拜祈福，祈愿禳灾避祸。同时，在安徽，江西还盛行舞草龙，舞香龙。届时人们在长长的草龙上面插满线香，夜晚点燃香火，持草龙在旷野舞动，舞龙完毕，这条火龙将被送入河中，据说是送火龙升天。

浙江绍兴一带中秋供月的供品里总会出现“老南瓜”，并且绍兴人在中秋夜晚有“摸秋”的风俗，即一些人家在中秋夜去地里偷摘南瓜，塞到新嫁娘，或未生育的媳妇的被窝里。绍兴人认为这样做能够为没有孩子的人家带去男孩。以“偷瓜”“送瓜”招来“男孩”的习俗在我国许多地方均有传承，并且成为当地人中秋夜晚重要的生活愿望。清嘉庆二十一年刻本《华阳县志》载：“八月十五日‘中秋’，制月饼相馈遗。夜分，妇女陈瓜果，祀月于中庭。好事者潜摘园瓜，以鼓乐奉遗亲友，谓之‘送瓜’，为诞子兆。”这种习俗在华阳县始终传承。“民国”23年刻本《华阳县志》载：“八月十五日为‘中秋节’。夜于庭中陈月饼及梨、石榴诸果品以拜月，或约友朋吟饮，谓之‘赏月’。好事者潜摘园瓜，鼓乐馈遗艰于子嗣者，曰‘送瓜’，为宜男之兆。”

湖南衡阳一带也有“中秋晚送瓜”习俗。衡阳许多婚后数年不生育的夫妻的亲友会为他们举行送瓜活动。活动前先从菜园中偷摘冬瓜，不能让园主知道，然后将偷来的瓜用彩色颜料画成人的形状，并且给冬瓜裹上人的衣服，让那些年长命运好的人抱着，敲锣打鼓地送过去。年长的人把冬瓜放到夫妻的床上，用被子盖起来，口中念道："种瓜得瓜，种豆得豆。"收到冬瓜的人家要摆上丰盛的宴席招待亲友，媳妇得到瓜要切开吃掉。①

我国侗族、苗族、壮族、傣族、黎族、满族、朝鲜族、高山族等20多个民族都有属于自己的中秋节的生活传统，并且表现出中秋节普遍的共同性和鲜明的民族性。

广西德禄县壮族每年农历八月十五欢度中秋节，以"闹哥孩"活动最具特色。最初这项活动叫"请囊海"，"囊海"是壮语，意为请月亮里的仙大哥下凡与民同乐，然后会进行"闹哥孩"活动。届时，在闹台上摆一碗米，上插数根燃香，两边各摆一碗月饼。闹台的两边各竖立一根柴担，一根的顶部插一个柚果，果上有若干香条和蜡烛；另一根顶部挂一双鞋、一双袜子和一块面巾，妇女们围闹台而坐，开始唱歌请月亮上的仙大哥下来与民同乐。歌唱近一个小时后，数位女子站起来东跑西穿，人们即知这是仙大哥下来了，那些女子便是仙大哥的化身。她们跑一阵后就在闹台前坐下，身子左右摇摆，口里说着含混不清的话。这时，其他妇女一起上前向她们问自己将来的祸福，仙人托身的女子也一一作答，从此以后她们便是公认的巫婆。接下来的"闹哥孩"则是以对歌的形式考验对方，内容多与生活、社会、文化等有关，对歌双方在吟唱对答中尽情嬉闹。②广西西部壮族中秋节有祭月请神的习俗，每年中秋夜，人们在村头村设一供桌，供放祭品和香炉，桌子上立起树枝或竹枝，象征社树，也当作月神下凡与上天的梯子。请月神下凡，由一名或两名妇女作为月神的代言人，然后进行神人对歌、请月神卜卦算命等

---

① 张书菊编著：《中华传统节日》，长春：东北师范大学出版社，2011年，第136页。

② 胡元斌主编：《中秋节与赏月文化读本》，伊犁：伊犁人民出版社，2015年，第122页。

活动，最后歌手唱送神咒歌，送月神回到天上，这是一套完整的请月、祭月、送月的程序。壮族中秋节也要赏月、吃月饼。孩子们用柚子皮自制成各种“鬼脑壳”，装扮成高公、矮婆，到村里富裕人家桌上取食月饼。青年男女结伴到田地里，象征性地偷回一些瓜果蔬菜，俗称“偷青”。当地人认为吃了这些偷来的瓜果蔬菜可以明目。广西西林等地的壮族有“骂中秋”的习俗。传说，古代有位性格耿直的姑娘，不爱虚伪地说好听话，却欣赏尖刻的骂人艺术。有一个男青年在中秋之夜，当众痛骂偷姑娘所种的甘蔗的人，骂得痛快淋漓，姑娘被感动，因而嫁给了青年。从此，形成一种青年人以恶作剧引发骂人的风俗。但是，骂人者不能使用污言秽语，只能以刻薄的语言显示其骂人的才能。当地风俗认为中秋之夜被骂得越多，就越长寿。①

湖南侗族姑娘在中秋夜流传“偷月亮菜”的风俗。相传月宫仙女中秋降临，洒甘露于人间，民众可共享洒有甘露的瓜果蔬菜。是夜，姑娘们打伞遮住自己，可到任何人家的园圃里摘瓜果蔬菜，不会被看作“偷盗”。姑娘们摘瓜菜时多选那些喜欢自己的男生家的园圃，若摘到并蒂瓜果，则视为喜兆；嫂子们偷月亮菜时，多摘个头最大的瓜或一把新鲜青翠的毛豆，象征小孩肥壮、康健；小伙子也会偷月亮菜，表示希望仙女赐给自己爱情和幸福，采摘的瓜菜只能在野地里煮来吃，不能带回家中。②广西三江程阳一带侗族的中秋节有“打南瓜仗”的习俗。节前，各寨男、女孩组成若干个“南瓜队”和“油茶队”。女孩交一筒饭豆、一筒糯米参加“油茶队”，男孩交几角钱参加“南瓜队”。男孩下河捞虾，准备煮油茶的佐料，选定煮茶屋等。中秋前日，选数个大而圆的南瓜叠起，用竹竿串在一起，缀以纸花、彩旗，称作“花轿”，随后“南瓜队”护送“花轿”至煮茶屋。中秋夜，“南瓜队”与“油茶队”的男孩女孩们边煮油茶边在灯下唱儿歌、猜谜，并将煮熟的南瓜相互甩打，

---

① 胡元斌主编：《中秋节与赏月文化读本》，伊犁：伊犁人民出版社，2015年，第124页

② 郑传寅、张健主编：《中国民俗辞典》，武汉：湖北辞书出版社，1987年，第272—273页。

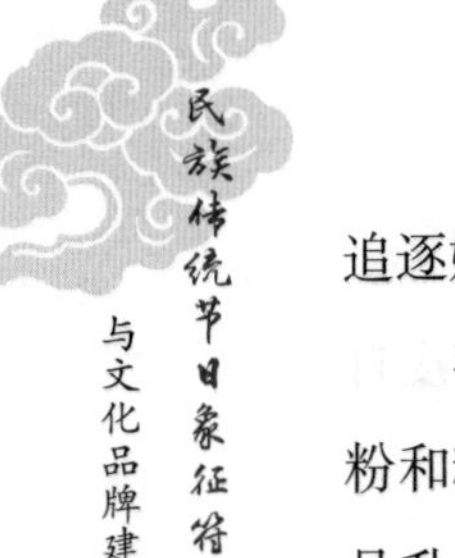

追逐嬉闹，直至天亮。①

毛南族中秋节称为“射月亮”。届时，每家都用新糯米加工成米粉和糍粑，加上当地菜和牛肉炒成菜肴，恭恭敬敬地祭祖先。夜晚，圆月升空，各家在门前摆上桌子，上放酒、菜、果品等食物，全家围坐桌旁，边赏月边吃晚饭。同时，在桌旁绑一根竹竿，约一二丈长，上插一个柚子，柚子上再插上三根点燃的香，以祭月亮，称为“射月亮”。大家欢欢喜喜，赏月之余，青年男女到山坡上月光下对歌，孩子们在月色中追逐游戏，直至深夜。②

拉祜族的中秋节又叫“月亮节”。拉祜族认为，月亮神主宰着每年的时令节气，人们要按时节举行祭祀月亮神仪式，敬献谷子瓜果，同时庆贺丰收。届时，一轮明月升起，人们带着收获的菠萝、芭蕉、黄瓜、南瓜、白薯、谷穗等食物，怀着收获的喜悦，来到寨子后面的祭地祭祀月亮神。人们把祭品放上竹篾祭桌，男子靠祭桌而立，女子站在后边，由族内一位德高望重的老者虔诚地向月亮神祈祷，感谢月亮神赐予人们收获与幸福。祭毕，人们回到寨子中的广场上，燃起熊熊篝火，围着火堆吹起芦笙，载歌载舞，庆祝米粮满仓，青年男女则借机谈情说爱，互诉心曲。③

土族中秋节称为“八月十五打月亮”，流行于青海同仁、互助、民和、乐都等地的土族村寨。农历八月十五日晚，人们在庭院里摆放桌凳，备好馍、鲜果、月饼，碗里斟满奶茶，品茶赏月，谈论丰收。有的人家不赏月，也不品茶，而在院里放一盆清水，让月亮倒影显现在清水盆中，然后不停地用小石子打盆中月影，这就是“打月亮”。有的家庭会做一个直径尺许的蒸饼，谓之“大月饼”，内放红曲粉、绿香豆粉、姜黄粉等有色香料。做好后将其和瓜果等摆于桌上，点上油灯，煨桑磕

① 郑传寅、张健主编：《中国民俗辞典》，武汉：湖北辞书出版社，1987年，第272—273页。

② 李耀宗编著：《中华节日名典》，西安：陕西师范大学出版社，2018年，第346页。

③ 李耀宗编著：《中华节日名典》，西安：陕西师范大学出版社，2018年，第345页。

头，迎接明月。明月升起，全家男女老少围坐一起，吃大月饼、瓜果等食物，吃得越多，预示越吉祥平安。[①]

八月十五是特殊的日子，尤其对于农耕民族来说，民众常常在中秋节的晚上进行一些占卜预兆的活动，其中的主要角色为女性，连雅堂曾在《台湾通史》（卷二十三“风俗志·岁时”）中记载：“八月十五日，谓之中秋。祭社公，张灯演戏，与二月初二日同，春祈而秋报也。儿童建塔点灯，陈列古玩。士子递为谦饮，制月饼，朱书元字，掷四红夺之，以取秋闱夺元之兆。夜深时，妇女听香，以卜休咎。”[②]

> 台湾中秋之夕，有从听到什么声音，来占卜是歹是好的俗行……中秋夜，家里的人如果要对某一件事卜个休咎，多由妇女们在神前点香祷告，请求指示是好是歹，再向神要求指点，出门应向那个方向走去，然后拈香出门，凡在一路上听到的声音谈话、歌唱、相骂……都可以就此卜测所问的事，就地用杯菱问神是与不是，如果不是，就再向原方向行去，再听声音，直到可以决断为止。
>
> 因为是拈着香行进听声占卜，所以叫“听香”。台湾过去有听香的例子：有兄弟二人将去应考，他们的两位妇人在中秋之夕，门行听香，占卜她们的丈夫能不能考上。先问好了出门应走方向，刚刚走出闺房，就听见她们的婆婆在骂小孩们，因为这些小孩在抢月饼，婆婆说：“抢头前的没有，在后面的才有。”那时嫂嫂正走出前头，弟妇跟在后面，结果考试结果揭晓了，哥哥没有考上，弟弟却一举考中了。[③]

《台南市志》载：“‘中秋’，又为‘团圆节’。是夕也，皓月当

---

① 李耀宗编著：《中华节日名典》，西安：陕西师范大学出版社，2018年，第346页。

② 连横著：《台湾通史》（下），北京：商务印书馆，2017年，第457页。

③ 娄子匡著：《岁时丛话》，台北：东方文化书局，1973年，第215—216页。

空，美景如画，家家会饮赏月，以糖面制饼（谓月饼），取团圆之意。未婚男女为求佳偶，已婚男女求生贵子，夜深时，作听香之戏，以卜休咎。”[①] 对于这个中秋夜妇女听香的传说，娄子匡认为：“这个听香之俗所传达的占卜是否考得上的故事，可能是从清人蒲松龄所撰的《聊斋志异》而来的。台湾叫‘听香’，蒲氏说是‘听镜’，其实两者没有不同，大家都是在‘听口彩’。”[②]

台湾人的中秋节保留了较为传统的习俗。尽管当地听香的妇女没有以前那么普遍，但是，民众仍然将农历八月十五的夜晚视作最重要、（占卜）最灵验，也最欢乐的晚上。

朝鲜族在农历八月十五用木杆和松枝搭起高高的“望月架”，当晚先请老人上望月架探月，然后将望月架点燃，人们围着火堆跳起庆贺丰收的《农乐舞》。

黎族称中秋节为“八月会”，或“调声节”。中秋时节黎族民众举行歌舞聚会，以村落为单位。入夜人们都聚集在火堆旁饮酒对歌。

每到中秋之夜，苗族民众在全家团聚后，要到山林中的空地上载歌载舞，举行“跳月”活动。男女青年在“跳月”的时候寻找心上人。

鄂伦春族在农历八月十五祭月。在露天的空地放上放一盆清水，摆上祭品祭祀月亮，祈愿生活美满，婚姻幸福。

瑶族在中秋举行“舞火狗节”，“舞火狗”意在驱邪避邪。节日当天，姑娘要祭拜祖先，青年男女要在一起对歌起舞。

从上面我国不同地域、不同民族农历八月十五的生活传统看来，具有中秋节传统习俗的共同性，也表现了每个民族、地域的中秋节生活传统的差异性。虽然各民族中秋节的形式各不相同，但都寄托着民众对未来生活的无限热爱和美好向往。

我国农历“八月十五”是特殊的，中秋节是有意义、有韵味的。其

---

① 丁世里良、赵放主编：《中国地方志民俗资料汇编》华东卷下，北京：书目文献出版社，1995 年，第 1802 页。

② 娄子匡著：《岁时丛话》，台北：东方文化书局，1973年，第216页。

呈现出不同地域、不同民族的中秋文化的特色，充分表现了在不同地域环境作用下，不同民族社会历史和传统文化作用下，中秋节生活的多样性和丰富性。

第三节　中秋节象征符号传统意义的当代建构

围绕农历八月十五祭祀月亮的传统出现了中秋赏月、玩月、食月饼等习俗，并且在此基础上诞生了嫦娥奔月、玉兔捣药、吴刚伐桂等优美的传说。中国不同地区和不同民族的中秋节习俗丰富多彩，形成了中秋节以“月亮”为核心传统的符号体系，构成了中华民族以生活共同体为基础的知识谱系，形成了“各美其美，美美与共”的中华民族中秋节的多元文化特色。

一、团圆和谐生活传统，构建共有精神家园

中秋节在表现中国人团圆、和睦生活追求方面达到极致，这种团圆的象征意涵沉淀在中国人的精神世界里。中秋节的“团圆”不仅在于家庭的团圆，还包括了中华民族大家庭的“团圆”，生活在同一个社区、村落的不同民族共享中秋带来的欢乐，在同一轮圆月下分享劳动的果实，感受生活的和美。《礼记·祭义》云：“郊之祭……祭日于坛，祭月于坎，以别幽明，以制上下。祭日于东，祭月于西，以别外内，以端其位。日出于东，月生于西，阴阳长短，终始相巡，以致天下之和。”祭祀日月以保佑人民健康幸福，日月与阴阳和谐平衡就是社会和谐、民众生活和谐，“以致天下之和”。

中秋月饼又称“团圆饼”，是明月和团圆的象征。田汝成的《西湖游览志余》卷二十“熙朝乐事”云：“八月十五谓之中秋，民间以月饼相遗，取团圆之义。是夕，人家有赏月之宴，或携榼湖船，沿游彻晓，

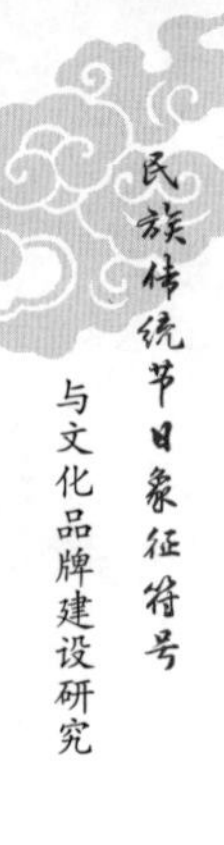

苏堤之上，联袂踏歌，无异白日。”[①]明代在中秋盛行朋友亲戚之间相互馈送月饼，以示祝福团圆和谐。具有团圆象征意义的“团圆饼”被用于联络亲友感情。《万全县志》载：“八月十五，将一特制大号月饼按人口切成等份分食，称‘吃团圆饼’，所以‘玩月’也称‘团圆’。”[②]全家人按人口数量等份分食月饼，庆贺全家人团聚。

中秋节是“团圆节”，象征了家人、社会的团圆，中秋节有许多生活习俗包含了团圆的要素，明代刘侗、于奕正在《帝京景物略》中记录：

> 八月十五日祭月，其祭果饼必圆；分瓜必牙错，瓣刻之如莲华。纸肆市月光纸，缋满月像，趺坐莲花者，月光遍照菩萨也。华下月轮桂殿，有兔杵而人立，捣药臼中。纸小者三寸，大者丈，致工者金碧缤纷。家设月光位，于月所出方，向月供而拜，则焚月光纸，撤所供，散家之人必遍。月饼月果，戚属馈相报，饼有径二尺者。女归宁，是日必返其夫家，曰团圆节也。[③]

中秋节祭祀的月亮是圆月，民间讲究供品要是圆形的，即“其祭果饼必圆”。因此要把饼食做成圆形的，这类圆形的饼摆在供桌上，可以象征圆月，也意味家族、社会的团圆。中秋团圆的象征意涵是我国历代诗人、词人吟诵的重要内容，他们创作出十分丰富的精品佳作，表现出人间圆满的幸福和不圆满的缺憾。他们常常面对中秋圆月伤情感怀，白居易在《中秋夜禁中独直对月忆元九》中吟道：“三五夜中新月色，二千里外故人思。”苏东坡的《水调歌头·明月几时有》更是将圆月与人间至情至爱联系起来：“人有悲欢离合，月有阴晴圆缺，此

---

① 〔明〕田汝成著：《西湖游览志余》卷二十，上海：上海古籍出版社，1980年，第361页。

② 万全县志编纂委员会编：《万全县志》，北京：新华出版社，1992年，第930页。

③ 〔明〕刘侗、于奕正著：《帝京景物略》，北京：北京古籍出版社，1983年，第69页。

事古难全。但愿人长久，千里共婵娟。”王建的《十五夜望月寄杜郎中》云：“今夜月明人尽望，不知秋思在谁家。”殷文圭的《八月十五夜》云：“万里无云镜九州，最团圆夜是中秋。”诸如此类的诗词还有很多。

中秋节传统符号的象征意义是和谐、团圆，其在历史传承发展中从未中断，也从未改变，它深深根植于中国民间社会生活的传统土壤之中，并且得到丰富的滋养，日益繁盛。

> 在中国传统民俗文化中，“圆满”不仅是和谐的一种境界，而且是成功的一种境界。“圆满”被视作团聚、幸福、美好、吉祥如意的代名词而深深地烙印在中国人的意识里，在中国民俗文化中，“圆”是一个极重要的含义丰富的象征符号。岁时节令食品中的月饼、汤圆、元宵、团圆饭，都与“圆”相联系，象征着吉祥、美好、幸福。器具中的圆桌、外交场合的“圆桌会议”、语词中的“团圆”“圆通”“圆润”“圆融”“天圆地方”等，无不与“圆”字相联系。“圆”字的意义经过历代人们的不断引申沿用、拓展，而具有象征意义，从而成为全民族的一种共识。①

团圆是中国人的传统理想，天上月圆，人间团圆是家庭、国家追求的美好人伦境界。家国团圆是中国人家国情怀的深层心理结构，是民族凝聚力的深层心理依据，是中华民族重要的精神资源。中秋节生活习俗及其传说反映了民众的爱国意识和对团圆美满生活的期盼，杜甫的《月夜忆舍弟》写道：“戍鼓断人行，边秋一雁声。露从今夜白，月是故乡明。有弟皆分散，无家问死生。寄书长不达，况乃未休兵。”诗中表现了对战争造成家人不能团圆，国家不能安宁的惆怅、担忧，表现了诗人浓厚的“月是故乡明”的愁绪，以及对家国团圆、社会和谐的

① 郭明志著：《中秋节民俗的诗意阐释》，《学术交流》，2003年第10期。

渴望和追寻。

对于家庭来讲，阖家团圆、幸福美满是民众共同的心愿；对于国家来讲，举国上下齐心协力、团结奋进，社会欣欣向荣成为中秋节符号具有的团圆象征意义的重要表达。在中秋节习俗象征符号的演进中，其不断建构起来的以“国”“家”为核心的团圆意识在不断丰富，也不断被赋予不同时代的生活情感。

人与社会、人与自然、人与人之间的和谐相处中传递的亲情、友情、爱情无不表现在中华民族群体的生活实践中。祭月、拜月、赏月、咏月、以月饼为代表的食物、对于月亮的想象均是中华民族集体性的生活实践和情感传递。而在中秋节的系列活动中实现人际、族际关系沟通，也是实现人与社会和谐、推进中华民族共同体建设的途径。

二、尊重生命，珍惜生活，传递永生不息的信念

围绕中秋节产生了许多优美的传说，比如，中秋节的月亮就有蟾蜍、嫦娥、玉兔、吴刚伐桂等传说，这些传说具有长生不死、生殖繁衍的象征意义，并且产生于不同时代。屈原在《天问》中说：“夜光何德，死则又育？厥利维何，而顾菟在腹？”[①]“顾菟”，根据闻一多《天问释天》的说法，即为蟾蜍。蟾蜍生命力强，繁殖力强，古人奉其为不死之神。《淮南子·览冥训》记载：“羿请不死之药于西王母，姮娥窃以奔月。”[②]唐代徐坚在《初学记》中引古本《淮南子》：“（姮娥）托身于月，是为蟾蜍，而为月精。”[③]吴刚伐桂的故事最早见于唐代段成式《酉阳杂俎·天咫》：“旧言月中有桂，有蟾蜍，故异书言，月桂高五百丈，下有一人，常斫之，树创随合。人姓吴名刚，西河人，学仙有过，谪令伐树。”这棵桂花树是怎么也砍不断，“树创随合”，就是指生命的力量，长续永久，不曾中断。

---

① 黄寿祺、梅桐生译注：《楚辞全译》，贵阳：贵州人民出版社，1984 年，第 56 页。

② 何宁撰：《淮南子集释》，北京：中华书局，1998年，第501页。

③ 〔唐〕徐坚撰：《初学记》，北京：中华书局，1962年，第 4 页。

中秋节包含的生命精神、尊重生命的象征在许多习俗中表现得充分、充沛而又鲜明突出，《吴县志》记载：“农历八月十五为中秋节，……用红菱、嫩藕、柿子、石榴、栗子、白果、素月饼、糖芋艿等供品，斋月宫移。家家团聚分食月饼以示团圆。富户供香斗、香升。妇女三五成群出游赏月，称盘走月亮移。”[①]“民国”十九年《嘉定县续志》载：“‘中秋’……妇女踏月摸丁冬。摸丁冬者，夜至孔庙门上扪其圆木，谓可宜男。” 清乾隆二十八年刻本《东湖县志》载：“‘中秋’，亲友各备用瓜饼相馈。是夜，家人群聚，具酒设肴，陈瓜果，饴饼以庆月。乞子者更深潜入瓜园摘瓜抱还，谓之‘摸秋’。”[②]中秋节夜晚是民众祈子的好时节，有的地方妇女要在中秋月夜沐浴月光以祈求获得生育力，或静坐于月光下，或在月光下走动，这是一种期望通过月光获得生命之力，得以延续血脉，传递生命的观念。

清朝同治九年补刻本《长乐县志》载：“‘中秋’，士人赏月赋诗，无异他处，惟辄夜不寐，谓为‘守月花’。且有戏摘人园中瓜，窥乡邻之望子者，将此瓜绿红包裹，箫鼓衣冠，送至其家，以为宜男之兆。如来年果举子，则必具盛馔申谢。田泰斗《竹枝词》：‘金轮捧出碧山头，坐看月花果现不，豆架瓜棚频眺望，须防有客夜摸秋’。”[③]中秋夜“守月花”以及“摸秋”求子的习俗在今天的土家人生活中仍在传承。

中秋节是丰收的节日，是快乐的节日，民众在中秋节期间，以多种形式载歌载舞，表达生活幸福的喜悦，生产丰收的喜悦。宋人吴自牧的《梦粱录》记载了宋人中秋时均快乐充实而“不肯虚度”：“八月十五中秋节……王孙公子、富家巨室，莫不登危楼，临轩玩月。…… 虽陋巷贫篓之人，解衣市酒，勉强迎欢，不肯虚度。”[④]“民国”时期胡朴安在

① 吴县地方志编纂委员会编：《吴县志》，上海：上海古籍出版社，1994 年，第 1088 页。
② 〔清〕王柏心纂：《东湖县志》，台北：成文出版社，1976 年，第 134 页。
③ 《湖北省地方志集成·同治长乐县志》，南京：江苏古籍出版社，2001 年，第 262 页。
④ 〔宋〕吴自牧著：《梦粱录》卷四“中秋”，西安：三秦出版社，2004年，第48页。

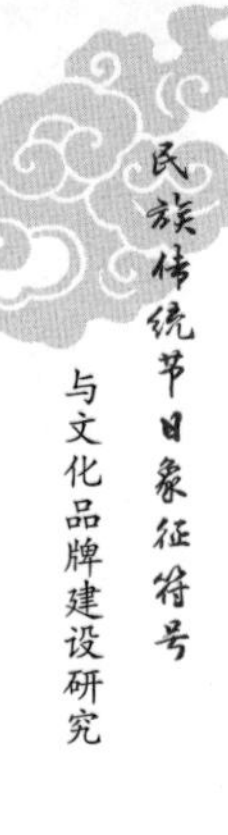

《中华全国风俗志》中记载，湖南宁远县，“（八月）十五日，中秋。是夜，妇女月下拈香，或围聚唱歌，谓之赏月。节前数日，备月饼糖果之类馈送亲友，谓之送节。秋社，妇女往往为女孩穿耳”[①]。

中秋时节民众尊重生命，珍惜生活中的快乐，体现了中秋节围绕月亮建构的传说及生活习俗中的生命精神。这种尊重生命延续、珍惜美好生活的精神内核在当下中秋节文化品牌建设中应充分表达出来。

三、尊重自然，感恩自然，建立人与自然相依共情的生态关系

作为与农耕有密切关系的中秋节，祈愿农业丰收，感恩神灵保佑农耕生产的习俗在中秋节中有丰富的实践表达。《管子·轻重己》曰：“秋至而禾熟，天子祀於大惢，西出其国百三十八里而坛，服白而絻白，搢玉总，带锡监，吹损篪之风凿，动金石之音。朝诸侯卿大夫列士，循于百姓，号曰祭月。”[②]天子在秋天“禾熟”时祭祀月亮，感恩月亮护佑民众种下的庄稼丰收。

《龙溪县志》曰：“中秋，祀上神，视二月十五其费尤广，盖古人祭祀之遗意，春祈而秋报也。人家儿女于月下设果饼，环服之类群望星月而拜，致词，谓之‘请月姑’。”[③]《台湾府志》记载：“中秋，祀当境土神，俗尚与二月同，盖春祁秋报之意。是夜，士子递为宴饮赏月，制大面饼一块，中以红朱涂一元字，用骰子掷以夺之，有秋闱夺元之想。”[④]台湾民众在中秋节期间祭祀“土神”，并且认为这是“春祈秋报”，即在中秋感恩神灵、感恩自然、感恩土地，表现了人与土地之间须臾不能分离的关系。

中秋节起源于民众对时间、自然的观察，特别是对秋收和月圆的

---

① 胡朴安著：《中华全国风俗志》，石家庄：河北人民出版社，1986年，第334页。

② 〔唐〕房玄龄注，刘绩补注：《管子》，上海：上海古籍出版社，2015 年，第 476 页。

③ 〔明〕嘉靖刻本《龙溪县志》，上海：中华书局上海编辑所，1965 年景印宁波天一阁藏本，第 73 页。

④ 蒋毓英著：《台湾府志》，厦门：厦门大学出版社，1985年，第875页。

生活体验。武威地区的民众“发现每当月亮周围有一圈黑影时，第二天老天就会下雨滋润万物，从而产出更多的果实，而且‘桫椤椤’树常年果实累累，再加上传统认为月亮属阴，因此就有了‘偷孙猴猴盘’的习俗。偷人丁兴旺人家的孙猴猴盘给不能生育的妇女吃了，妇女也就能像月亮上的‘桫椤椤’树一样结果生子”。[1]富察敦崇的《燕京岁时记》云：“每届中秋，市人之巧者用黄土抟成蟾兔之像以出售，谓之兔儿爷。有衣冠而张盖者，有甲胄而带纛旗者，有骑虎者，有默坐者。大者三尺，小者尺余。其余匠艺工人无美不备，盖亦谑而虐矣。”清人阙名《燕京杂记》曰：“中秋，人家贺月宫，图中绘兔人立，男女陈瓜果拜兔爷。”北京中秋节的“兔儿爷”既是中秋节祭祀月神的祭品，又成为儿童的玩具。月亮以及月亮中的“玉兔”已经世俗化了，也表现了人与月亮、动物之间的关系从神圣走向世俗，民众对于自然的认知也逐渐脱离神秘主义，进入科学的、理性尊重自然的时代。

清人顾禄撰《清嘉录》卷八载：“中秋俗呼八月半，是夕，人家各有宴会，以酬佳节。人又以此夜之晴雨，占此年元宵阴晴。谚云：‘八月十五云遮月，来岁元宵雨打灯。’又云：‘雨打上元灯，云罩中秋月。’蔡云《吴歈》云：‘闷闷中秋云罩月，哓哓元夜雨淋灯。谁知篱豆花开日，养稻正需水满塍。’案：《常昭合志》：‘邑人以中秋夜晴雨，占次年元宵晴雨，良验。’然此语已见《周公肃公集》：‘但愿中秋不见月，博得元宵雨打灯。’”像这类以中秋节月亮的变化占验、预知未来生活的行为，是民众在长期生活实践中认识自然、理解自然的表现，构成了以中秋节为核心的人与自然和谐共生的发展观、生活观。

① 徐佰川、贺卫光著：《武威中秋节祭月亮仪式及其象征意义探析》，《西北民族大学学报》，2015年第6期。

四、从文化交流互鉴到铸牢中华民族共同体意识

中秋节已经成为不同民族共享的文化传统，对保护文化多样性和促进文化交流互鉴具有重要作用。在共度中秋佳节的过程中，各民族人民平等团结，彼此互助，和谐共处、共生，像石榴籽一样紧紧拥抱在一起。中秋节在长期生活浸润中，在交往交流中使人心相通，民心相融，不断推动中华民族形成包容性更强、凝聚力更大的文化命运共同体。中秋节特有的、标志性的“圆月”和“月饼”作为团圆的象征已深入人心，中秋节也已经成为建构中华民族认同感的重要节日。南宋周密在《武林旧事》中记载那时月饼已作为食品出现。[①]后来月饼成为中秋节亲朋好友间互相赠送以表达祝福的礼品。关于“月饼”的来历有学者认为与“胡饼”有关，东汉《释名・释饮食》记载：“胡饼，作之大漫冱也，亦言以胡麻著上也。蒸饼、汤饼、蝎饼、髓饼、金饼、索饼之属，皆随形而名之也。”[②]胡麻就是芝麻，是西汉时期从西域引进的。据《续汉书》记载：“灵帝好胡饼，京师皆食胡饼。”[③]也就是说，月饼包含了中原与西域之间的交流交往，成为多民族在中秋节期间共同生活、共享情感的载体。

太阳、月亮的运行变化与人类生活密切相关，民众通过太阳和月亮的运行规律安排生活，制定历法，于是不同民族中就出现了太阳历和太阴历。太阳的阳刚、月亮的阴柔从原始时代就已经被民众所认识，大量的神话中太阳的阳性和月亮的阴行特征体现得十分突出，而且在祭祀的时候形成了特定的对象化，中国就有“男不拜月，女不祭灶”的说法。中国人农历八月十五祭祀月亮应该说是由中秋节产生的信仰基础，这种

---

① 〔宋〕四水潜夫：《武林旧事》卷六“蒸作从食”，杭州，西湖书社，1980年，第101页。

② 〔东汉〕刘熙著，〔清〕毕沅疏证，王先谦补：《释名疏证补》，北京：中华书局，2008年，第135页。

③ 〔宋〕李昉等编纂，夏剑钦、王巽斋校点：《太平御览》，石家庄：河北教育出版社，1994年，第930页。

信仰与农历八月十五是一年中月亮最圆的时间点有关。月亮在一年中最圆，不仅是一个现象，更多作用于人们的生活，与农业生产有关，与人们对生命延续的渴望有关。祭祀月亮的习俗在我国许多民族中均体现出特殊的个性，并且这些个性化的祭祀月亮的习俗至今在许多地方仍在传承。

中秋节表现了中国人对团圆、和睦生活的追求，这种团圆的象征意涵沉淀在中国人的意识里。中秋节的“团圆”不仅在于家庭的团圆，包括了中华民族作为大家庭的“团圆”，各族人民在同一轮圆月下分享劳动果实和生活中的和美，从这个角度来说，中秋节成为铸牢中华民族共同体意识的重要节日，在强化家庭和睦、增加社会认同感、加强民族凝聚力等方面有着不可替代的作用。

中秋节在中国的现代化过程中不断变化，并且需要变化，这种变化是中秋节的生命力所在。比如“月饼”符号是中秋节的核心符号之一，当代人很好地传承了”月饼“符号，并且将月饼做成规模化的产业，从而满足人们不同口味的需求，这对于消费者，对于商家，对于拉动地方经济来说均是好事，对于传承中秋节传统来说在历史上任何时代都没有达到过这种高峰，但是，中秋月饼一度在民众生活中被异化了，这种现象其实并非现在才有，早在明代就已经出现了。明万历《杭州府志》记载：“中秋月饼，以酥果为剂，至有一饼值银数钱者。昔惟中贵以馈官府，而迩来民间豪侈者亦习为之。糜财可叹，其视寻常用斤面所作不啻十百倍矣。”就是说，早在明代时期的杭州城就出现了制作贵重豪华的月饼“以馈官府”的奢侈风气，可以说这种风气在一段时间愈演愈烈，尽管有深刻的的社会原因，然而，对于中秋节来讲，过度豪华奢侈的月饼，超过常人生活水平的月饼作为馈赠礼物显然不合适，也不是中秋月饼传统的应有之义，对于这类现象，我们在弘扬中秋节的优秀传统文化时应该警惕。我们在实施中华民族优秀传统文化创造性转化和创新性发展的时候，应该以符合民众生活需要，尊重民众生活的普遍价值原则，尊重优秀传统文化的核心基因不变样为前提。

当代中秋节文化品牌建设将传统生活中的庆丰收仪式丰富化、赏月游园习俗生活化，将当代民族多姿多彩的生活融入中秋节，实现中秋节品牌塑造与民族社会经济发展深度融合。同时我们还应该不断推进中秋节在中华民族共有精神家园建设，深化中秋节在铸牢中华民族共同体意识方面的实践，这才是中秋节在当代应有的样态。

第十三章

生活传统与文化旨归：重阳节的品牌建设

对于每个华夏子民来说，重阳节在他们的记忆里永远那么让人魂牵梦绕，在实践中总是那么韵味无穷。历代文人均以重阳为题创作了不朽的名篇佳句：孟浩然的“待到重阳日，还来就菊花”；王维的“遥知兄弟登高处，遍插茱萸少一人”；李清照的“佳节又重阳，玉枕纱橱，半夜凉初透”；毛泽东的“人生易老天难老，岁岁重阳，今又重阳，战地黄花分外香”。这些重阳诗句记录了作者创作时的生活境遇和社会现实。尽管这些是个人创作的作品，却包含了作为集体生活、民族传统共有的重阳节的生活习俗。

重阳节起源于何时？没有确切定论，大多是民众的传说和学者的推测，有的学者提出重阳节起源于先秦或战国时代，但是却没有充分的证据，也就不足为凭。从笔者见到的文献看，重阳节在东汉时期已经被文人提及，魏晋以后各种野史笔记对重阳节的记载相当丰富，说明重阳节在此时已经十分盛行。重阳节风俗，因时代变化而不断发生改变，一些节俗消解在生活传统中，一些新的习俗又在不断丰富重阳节传统。至于重阳节在历史发展过程中的每个时段曾经包含多少习俗，显然难以弄清楚，也难以搞明白重阳节习俗的具体起源时间，但是，维系重阳节向前发展的核心传统是可以把握的，这些核心传统不仅成为重阳节意义彰显的要素，而且维系着重阳节独立的文化品格、道德情感和生活惯制。目前，我国许多地方非常重视重阳节，并且以重阳节蕴含的中华文化基因、普遍价值、地方禀赋实施文化品牌建设，探索出有益的传承实践经验和可持续发展的行动路径。

第一节　传统累层：重阳节起源的基本面相

重阳节的形成并非一蹴而就，而是在民众不同时代生活中逐渐累积、完善，并且凝聚成稳定的要素而构成为生活传统，具体来讲，重阳节生活传统包括登高、赏菊、饮菊花酒、佩戴茱萸、食重阳糕等内容。重阳节生活传统蕴含民众辟邪除灾、祝寿敬老、思乡忆友等文化意义，其中尊老、敬老和孝老等道德传统成为重阳节传承、弘扬的主旋律，在此基础上建构了重阳节具有朝代气息的严密文化逻辑、地方语法的知识谱系和生活实践体系。

战国时期诗人屈原在《楚辞·远游》中说“集重阳入帝宫兮，造旬始而观清都”[①]，这是我国最早出现“重阳”的记载，但是，屈原所说的“重阳”并非我们所说的重阳节，而是“九重天”，与先秦时期人们“天有九重，地有九州”的宇宙观念有关，是具有巫术功能的奇妙数字，赋予了“重阳”特殊的意义。尽管《楚辞》中“重阳”与重阳节没有直接关系，但是，关于“重阳”与“九”的关系则是一脉相承的。

魏晋时期曹丕的《九日与钟繇书》曰：“岁往月来，忽复九月九日。九为阳数，而日月并应。俗嘉其名，以为宜于长久，故以享宴高会。是月律中无射，言群木庶草，无有射地而生。至于芳菊，纷然独荣。非夫含乾坤之纯和，体芬芳之淑气，孰能如此？故屈平悲冉冉之将老，思飧秋菊之落英。辅体延年，莫斯之贵。谨奉一束，以助彭祖之

① 〔战国〕屈原等著：《楚辞》，长春：时代文艺出版社，2001年，第132页。

术。”[①]曹丕因看到九月草木凋枯的景象而产生了人生苍凉的感慨，也传递了自己当时生活的境遇。文中讲到九月九日宴饮的生活习俗，讲到九月的秋菊独荣，诗人自己也渴望得到“彭祖之术”而延年益寿，这些与重阳节的生活文化有紧密联系。

唐朝欧阳修等人编修的《艺文类聚》卷四引周处《风土记》，“九月九日，律中无射而数九，俗尚此月，折茱萸房以插头，言辟除恶气而御初寒”。周处是西晋初期人，西晋建于265年，这就可以判断，早在公元265年人们就有九月初九头插茱萸的习惯，并且赋予其“除恶气”的功能。

东晋葛洪在《西京杂记》卷三记载的“九月九”的风俗更为详细、完整，成为后世重阳节传统的定型文本：“戚夫人侍儿贾佩兰，后出为段儒妻，说在宫内时，见戚夫人侍高帝，尝以赵王如意为言，而高祖思之，几半日不言，叹息凄怆，而未知其术，辄使夫人击筑，高祖歌《大风》诗以和之。又说在宫内时，尝以弦管歌舞相欢娱，竞为妖服，以趣良时。……九月九日，佩茱萸，食蓬饵，饮菊华酒，云令人长寿。菊华舒时，并采茎叶，杂黍米酿之，至来年九月九日始熟，就饮焉，故谓之菊华酒。”[②]同时代的干宝在《搜神记》中也记载了“戚夫人侍儿贾佩兰”的事情：“戚夫人侍儿贾佩兰，后出为扶风人段儒妻。说在宫内时，尝以弦管歌舞相欢娱，竞为妖服，以趋良时。十月十五日，共入灵女庙，以豚黍乐神，吹笛击筑，歌《上灵之曲》，既而相与连臂，踏地为节，歌《赤凤凰来》，乃巫俗也。至七月七日，临百子池，作于阗乐。乐毕，以五色缕相羁，谓之相连绶。八月四日，出雕房北户，竹下围棋，胜者终年有福，负者终年疾病；取丝缕，就北辰星求长命，乃免。九月，佩茱萸，食蓬饵，饮菊华酒，令人长命。菊华舒时，并采茎叶，杂黍米馕之，至来年九月九日始熟，就饮焉，故谓之菊华酒。正月

---

① 〔宋〕陈元靓撰：《岁时广记》，北京：商务印书馆，1936年，第375页。

② 〔晋〕葛洪撰，周天游校注：《西京杂记》，西安：三秦出版，2006年，第146页。

上辰，出池边盥濯，食蓬饵，以祓妖邪。三月上巳，张乐于流水。如此终岁焉。”[①]干宝是河南上蔡人，上蔡被誉为重阳节的起源地，至今流传着丰富的重阳节传说，并且与当地一些地方历史、地名景观联系紧密，上蔡人传承着重阳节传统的生活习惯。干宝这篇文字记录了“戚夫人侍儿贾佩兰”在一年中不同时间的活动和生活，其在“九月，佩茱萸，食蓬饵，饮菊华酒，令人长命”，显然包含了九月九日的民俗意义在于“长命”“长寿”。文中还详细记录了菊花酒的酿制细节，即将菊花茎叶与“杂黍米酿之”，到来年“九月九日始熟”，传说这种酿造菊花酒的方法能够发挥菊花“令人长命”的特殊功效，后来逐渐演化成酿酒人遵循的行业习俗传统，并且演化出“九月九”举行祭拜酒神杜康的仪式。葛洪与干宝为同时代人，两人记载的流传在“九月九”的传说、生活习惯之间互有借鉴，也互有影响。这则解释“九月九”的风俗起源的传说不足以确认其历史起源的始点，只能说在西汉时期“九月九”的生活实践已构成稳定的传统知识谱系，其具有“长命”的习俗功能被民众普遍接受。

东晋末期至南朝宋初期的文学家陶渊明在《九日闲居》序中说：“余闲居，爱重九之名。秋菊盈园，而持醪靡由，空服九华，寄怀于言。”这里提到秋菊和酒，与陶渊明同时代人记录的“重九”饮酒和赏菊生活习俗一脉相承。《陶渊明传》记载：“尝九月九日出宅边菊丛中坐，久之，满手把菊，忽值弘送酒至，即便就酌，醉而归。”[②]南朝梁宗懔的《荆楚岁时记》也记载了“九月九日，四民并籍野饮宴”[③]，也就是说，在魏晋南北朝时期，农历九月九日赏菊、饮宴等生活习俗已经得到广大民众的普遍遵循。

从三国到魏晋的文献记录来看，关于“九月九”作为特殊时间被赋予重要意义的记录应该比曹丕的诗文还要早。这种推测，我们在吴均

---

① 〔晋〕干宝著：《搜神记》，长沙：岳麓书社，2015年，第17—18页。

② 逯钦立校注：《陶渊明集》，北京：中华书局，1979年，第8页。

③ 〔南北朝〕宗懔编撰：《荆楚岁时记》，太原：山西人民出版社，1987，第60页。

的《续齐谐记》中得到了佐证："汝南桓景随费长房游学累年。长房谓之曰：九月九日，汝家当有时厄，宜急去，令家人各作绛囊盛茱萸从系臂，登高饮菊花酒，此祸可消。景如言，举家登山，夕还家，见鸡狗牛羊一时暴死。长房闻之曰：代之矣。今世人九日登高饮酒，妇人带茱萸囊，盖始于此。"①吴均为南朝梁人，费长房与桓景是东汉末期人，他们又同为汝南人，因此，"九月九"风俗来历与"桓景"联系起来，似乎包含了"乡党"的感情因素。但是，抛除这种因素，这段记录意味着汉代有"九月九日"的习俗，文中谈到九月九"登高饮酒""妇人带茱萸囊""盖始于此"有一定道理，北宋高承认为"九日登高，始于桓景"②，也就是说"九月九"习俗在汉代以前已有流传，但是，细究起来，"九月九"作为特殊时间的传统可以追溯得更远。

甲骨卜辞记载："戊，贞其告秋□于高祖夒。"③《礼记·月令》曰："（孟秋之月），是月也，农乃登谷。天子尝新，先荐寝庙。"④甲骨卜辞与《礼记》同时记载了"秋""孟秋"时节"天子尝新，先荐寝庙"，也即是，人们到了秋天丰收季节是要祭祀先祖的。《诗经·周颂·丰年》云："丰年多黍多稌，亦有高廪，万亿及秭。为酒为醴，烝畀祖妣，以洽百礼，降福孔皆"。孔颖达疏解云："《丰年》诗者，秋冬报之乐歌也。谓周公、成王之时，致太平而大丰熟，秋冬尝、烝，报祭宗庙。"⑤这段记录就是"秋祭"习俗，即秋天丰收之后要祭祀先祖神灵。唐朝德宗李适曾在《重阳日赐宴曲江亭赋六韵诗用清字并序》中曰："早衣对庭燎，躬化勤意诚。时此万机暇，适与佳节并。曲池洁寒流，芳菊舒金英。乾坤爽气满，台殿秋光清。朝野庆丰年，高会多欢

---

① 〔南朝〕吴均撰：《续齐谐记》，北京：中华书局，1934年，第4页。

② 〔宋〕高承编撰：《事物纪原》，北京：中华书局，1989年，第438页。

③ 吴浩坤、潘悠著：《中国甲骨学史》，上海：上海人民出版社，2006年，第121页。

④ 〔西汉〕戴圣：《礼记》，见《黄侃手批白文十三经》，上海：上海古籍出版社，1983年，第58页。

⑤ 〔唐〕孔颖达疏：《毛诗正义》，北京：北京大学出版社，1999年，第1325页。

声，永怀无荒戒，良士同斯情。”[①]即是说，唐代“九月九”重阳节的生活习俗与秋天庆祝丰收联系在一起，并且明确地认为重阳节期间呈现出“朝野庆丰年”的景象。重阳节作为“秋祭”传统在今天许多地方仍然保留下来了，比如，深圳《宝安县志》记载：“农历九月初九为头阳，九月十九为二阳，九月二十九为三阳。重阳在宝安为秋祭日，主要是全族公祭祖先，费用由族中公偿田产所得支出。族长及辈分高的老人可乘轿，其余的人步行跟随至墓地。祭品丰盛，祭仪隆重，规矩讲究。祭仪由族长或辈分高的老者主持，众人肃立于墓地，拜祭时三献三跪九叩首。拜祭完后将祭品带回祠堂拜祭祖宗灵位，然后分‘丁肉’，男人每人可分得猪肉一份。”[②]从这些记载来看，“秋祭”算得上是“九月九”重阳节的重要来源，该传统流传至今而不衰。

重阳节与“秋祭”有关，其佩戴茱萸、登高等习俗是“九月九”的生活实践在发展过程中不断累加、丰富的结果。《旧唐书》记载：“汉崇上巳，晋纪重阳。”[③]即汉代人重视三月三（上巳），晋代人重视九月九（重阳）。此时的“九月九日”增加了“登高、宴会、祝寿”等内容，如《晋书》记载：“汉仪，季春上巳，官及百姓皆禊于东流水上，洗濯祓除去宿垢。而自魏以后，但用三日，不以上巳也……九月九日，马射。或说云‘秋金之节，讲武习射，像汉立秋之礼也’。”[④]《南齐书》卷九“礼尚”载：“九月九日马射，或说云：秋金之节，讲武习射，像汉立秋之礼。史臣曰：‘案晋中朝元会，设卧骑、倒骑、颠骑，自东华门驰往神虎门，此亦角抵杂戏之流也。宋武为宋公，在彭城，九日出项羽戏马台，至今相承，以为旧准。’”[⑤]这段关于“九月九日”的记载增加了“骑射”传统，真实再现了当时盛行“乡射”礼俗生活的情

① 萧枫主编：《唐诗宋词全集》第1卷，北京：中国文史出版社，2001年，第27—28页。

② 宝安县地方志编纂委员会编：《宝安县志》，广州：广东人民出版社，1997年，第769页。

③ 〔晋〕刘昫撰：《旧唐书》，北京：中华书局，1999 年，第249页。

④ 〔唐〕房玄龄等撰：《晋书 》，中华书局，1996年，第679页。

⑤ 〔南朝〕萧子显撰：《南齐书》，北京：中华书局，1972年，第150页。

景。重阳节骑射传统在唐代盛行，尤其在朝廷，皇上亲自参与，成为文人雅士在重阳节喜爱的项目，意涵唐朝的包容性和开放性，也使重阳节在唐朝变得更加丰富。据载，唐太宗曾赐文武五品以上官员在玄武门骑射："贞观十六年九月九日，赐文武五品以上射于玄武门。"[①]《启颜录》记载九月九日唐太宗赐射，宋公萧瑀射出多支箭均没射中，欧阳询就此即兴作诗取笑："急风吹缓箭，弱手驭强弓。欲高翻复下，应西还更东。十回俱着地，两手并擎空。借问谁为此，乃应是宋公。"[②]大家并不介意是否射中，重要的是在重阳节期间活跃气氛，快乐生活。重阳节的骑射传统在宋代朝廷得到延续，宋仁宗庆历四年，"以重阳曲宴近臣、宗室于太清楼，遂射苑中"[③]。

敬老、尊老的重阳节传统，在东晋宁康三年（375）农历九月九日孝武帝的活动中有所表现："孝武帝尝讲《孝经》，仆射谢安侍坐，尚书陆纳侍讲，侍中卞眈执读，黄门侍郎谢石、吏部郎袁宏执经，胤与丹阳尹王混摘句，时论荣之。"[④]这段记载与《西京杂记》中记载的九月九日"敬老""孝老"是一致的，说明汉代农历九月九日就已经出现了孝老、敬老的生活习俗。

通过上面的梳理，笔者以为吴均在《续齐谐记》中记录的汉代桓景时期九月九习俗包含了今天重阳节的核心传统，尽管他记录的是传说故事，多有听闻趣事的味道，但是，笔者还是更愿意相信吴均记录的"九月九"生活习俗在晋朝已经成熟了，并且形成重阳节传统的基本结构模式，此时的"九月九日"形成的生活传统已经成为重阳节传统体系化的实践传承。

重阳节起源与秋祭有关，与秋天的气候变化有关，与民众的生产生

---

① 〔北宋〕王溥编：《唐会要》卷26，文渊阁四库全书本。

② 周振甫主编：《唐诗宋词元曲全集·全唐诗》第16册，安徽黄山书社，1999年，第6412页。

③ 〔清〕秦蕙田著：《五礼通考》卷143，文渊阁四库全书本。

④ 〔唐〕房玄龄著：《晋书》3，卷78-100，北京：大众文艺出版社，1999年，第1027页。

活有关，与自然万物的变化有关。同时，每个地域和民族的重阳节在起源问题上也会出现不一样的面相：有的可能是传播的，其起源有时是以汉人社会为主，但是，也有的地区或者民族的重阳节起源的地区性和民族性强一些，有的则表现为多民族生活习俗的交流、交融、共创结果。据《金史·礼志》记载："金因辽旧俗，以重五、中元、重九日行拜天之礼。"也就是说，金代的重阳节在一定程序上承袭了辽代时期的契丹人，在"重九日行拜天之礼"。当契丹人入主中原，"重九日"祭天习俗逐渐融入中原重阳节习俗，构成此时契丹人的重阳生活传统："九月九日，国主打团斗射虎，少者输重九一筵席。射罢，于高地处卓帐，与番汉臣登高，饮菊花酒。出兔肝切生，以鹿舌酱拌食之。北呼此节为'必里迟离'，汉人译云'九月九日也'，又以茱萸研酒，洒门户间辟恶。亦有人盐少许而饮之者。又云男摘二九粒，女一九粒，以酒咽者，大能辟恶。"[①]显然，通过不同方式进入中原地区的契丹人，其重阳节习俗已经有登高、饮菊花酒、用茱萸避邪等内容了。同时，他们进入中原地区生活后还保留了契丹人原有的"重九日"骑射和以酒咽盐粒避恶的生活传统。中原人在重阳节将茱萸佩戴在身上，或系在手臂上，或插在头上辟邪，契丹人则将茱萸研制的酒洒在门户间辟邪驱灾，这些足以显见我国重阳节在多民族融合中的传承发展，其起源也表现出多种文化适应、接受和融合的现象。贵州省仁怀县茅台镇，每年农历九月九日，众人登高的时候，酒房就开始投放制作酒的原料，这是茅台镇制作酒的传统，相传"九月九"重阳的时候阳气最为旺盛，此时酿酒是能够酿出好酒的。以前，每当酿出头道酒的时候，酒肆老板就要在酒房设置"杜康先师之神位"，摆上祭品，焚香点烛，祭品有一只公鸡、一块猪肉，以祈祷这一年酿酒顺利。[②]九月九酿酒的传统在茅台镇至今犹存。另外，在陕北地区，"九月九为重阳节，俗谓'九月九，家家有'，是日，家家

---

① 〔宋〕叶隆礼撰：《契丹国志》卷27，文渊阁四库全书本。

② 黄雷，雷学华著：《长江流域的岁时节庆》，武汉：长江出版社，2015年，，第79页。

吃荞麦圪凸，或荞面烙饼，也有以煎饼、蒸馍过节者”[①]。

我国重阳节的地方性和民族性鲜明，其起源存在多样化特点，但是，无论呈现怎样的差异，重阳节的核心传统却在多民族、多地域中保留下来，围绕重阳节核心传统构成的重阳节文化谱系具有开放性、包容性和多样性的生命活力，也体现了以重阳节为中心的多民族交往、交流、交融的文化生活。

第二节　意义指向：重阳节的核心要素

重阳节文化谱系在共同性基础上呈现出多元性物质，重阳节谱系是在长期的历史发展过程中不断积累得以形成的，也是基于不同地域、不同民族的生活需要建立起来的生活传统。因此，重阳节构成了严整的、充满活力的文化谱系，包含了丰富的意义和深邃的价值指向。在这个过程中，重阳节的核心传统要素显得特别重要。

“九月九”是重阳节的时间传统，这个时间具有文化意义。西周初年，人们认为“九”为“阳”数，《周易》即以阳爻为九。同时，“九月九日”是“二九”相重，因此，人们称为“重阳”。南宋吴自牧在《梦粱录》里说：“日月梭飞，转瞬重九。盖九为阳数，其日与月并应，故号曰‘重阳’”。九是个位数中最大的数字，也是最高的数字，将“九月九日”作为重阳节的时间，包含民众祈愿生命健康、消灾避祸的民俗心理，也传递出对极致、精致生活的祈愿。

“登高”是重阳节富有具体生命实践和浓厚人文情怀的内容，有人将重阳节称为“登高节”。以重阳节登高为题的诗文有许多名篇，杜甫的《登高》：“风急天高猿啸哀，渚清沙白鸟飞回。无边落木萧萧下，不尽长江滚滚来。万里悲秋常作客，百年多病独登台。艰难苦恨繁霜

① 《子长县志》编纂委员会编：《子长县志》，西安：陕西人民出版社，1993年，第732页。

鬓，潦倒新停浊酒杯。”这首诗是杜甫大历二年（767）重阳节登高时的创作，诗歌描写自然秋色，融入诗人感时伤世以及寄寓异乡的悲苦。登高习俗在吴均的《续齐谐记》中就有记载，九月“九日登高饮酒”，将“登高”和“饮酒”联系起来，自然就赋予两者在这一特殊时间的意义了。“登高”避祸是重阳节的核心要义。晋朝周处的《风土记》就将重阳节誉为登高会：“以重阳相会，登山饮菊花酒，谓之登高会，又云茱萸会。”南朝刘宋的孙诜在《临海记》中曰：“郡北四十步有湖山，山甚平正，可数百人坐，民俗极重，每九日菊酒之辰，宴会于此山者，常至三四百人。”[①]《南齐书》卷九“礼志上”载，“宋武为宋公，在彭城，九日出项羽戏马台，至今相承，以为旧准”，南宋陆游以此为题写下诗篇《重九会饮万景楼》。[②]明代北京人会在重阳节期间登香山、法藏寺高塔、报国寺高阁等。这些文献记载告诉我们，重阳节人们登高除了登山之外，还会登塔、登台、登岗以及登寺等。

农历九月九日，重阳时节，天朗气清，是登高望远，饱览秋色的好时光，各地均有登高的固定场域，此时，人们纷纷外出登临这些高地。宋代孟元老在《东京梦华录》中记载：“都人多出郊外登高，如仓王庙、四里桥、愁台、梁王城、砚台、毛驼冈、独乐冈等处宴聚。”[③]河南上蔡的人们在重阳节登高时会去县城西南芦岗的蔡侯玩河楼，该楼高踞蔡国古城之上。登上楼台远眺，西面嵖岈翠峰插云，东面洪河蜿蜒若带，周围数十里的村落、田亩、丘陵、林木、道路、沟渠均历历在目。[④]

① 台州地区地方志编纂委员会编：《台州地区志》，杭州：浙江人民出版社，1995年，第1058页。

② 陆游于乾道九年九月在嘉州作诗《重九会饮万景楼》：“粲粲黄花手自持，登高聊答此佳时。纤云不作看山祟，斗酒聊宽去国思。落日楼台频徙倚，西风鼓笛倍凄悲。彭城戏马平生意，强为巴歌一解颐。”见钱忠联校注：《剑南诗稿校注》，杭州：浙江教育出版社，2011年，第262页。

③ 〔宋〕孟元老撰：《东京梦华录》，北京：中国画报出版社，2016年，第221页。

④ 尚伟著：《重阳节的起源地—上蔡》，载《中州古今》2002年第2期。

明清以来，经常有人到此登高赋诗，清人李士英就有[①]《重阳偕友登玩河楼》流传后世："拟准重阳结队游，携樽同陟玩河楼。千林落叶随风走，万里长江贴地流。林圃雨余鸭噪晚，关山霜冷雁鸣秋，茱囊菊瓮年年有，催得诗人尽白头。"

重阳节放风筝传统盛行于我国一些地方。河南《清丰县志》载："重阳士大夫仿古遗事，率登高饮菊花酒，儿童放纸鸢为戏。"陕西《城固县志》载："九月儿童登高，竟放风筝，曰迎寒。"[②]广东《平远县志》载："北地清明放风筝，南方重阳风力始遒上，以此日放纸鹞。多者样式，高者侵云。"民众将各种造型的风筝放上天空，寓意在风中将污秽放掉，祈愿民众健康、生活平安。

重阳节期间，民众通过多种方式祈福避祸，也包括避免牲畜的灾祸。在我国一些地方，九月九日重阳节要将牲畜散放于野外，安徽《怀宁县志》载："九月九日乡俗多以糖饴巨胜杂黏米为糍饷食，且以饲牛而放牧之。谚云：'九月重阳，散放牛羊。'自后弛牲畜之禁，听逐水草焉。"广西《隆安县志》载："九月九日，牛羊放纵。"吉林《桦甸县志》载："初九日，乡间多于是日祀胡、黄二仙。家畜牛马各牲，此后可以任便放野，俗谓'撒群'。"牲畜放野习俗的来源与《续齐谐记》有直接关系，传说民众将牲畜放于野外，能使其免于灾祸。

重阳糕是重阳节的传统食品，其在不同历史时期有不同名称和制作方法，汉朝叫"蓬饵"，《玉烛宝典》曰："九日食饵，饮菊花酒者，其时黍、秫并收，因以黏米嘉味触类尝新，遂成积习。"《太平御览》引《齐人月令》曰："重阳之日，必以糕酒登高眺迥，为时宴之游赏，以畅秋志。酒必采茱萸、甘菊以泛之，既醉而还。"[③]这里的"糕"就

---

① 上蔡县地方史志办公室：《重修上蔡县志·附：文征》卷7，省镇县地方史志办公室，2005年。

② 胡朴安编著：《中华全国风俗志》（上），长沙：岳麓书社，2013年，第198页。

③ 〔宋〕李昉编纂，夏剑钦，王巽斋校点：《太平御览》第1卷，石家庄：河北教育出版社，1994年，第281页。

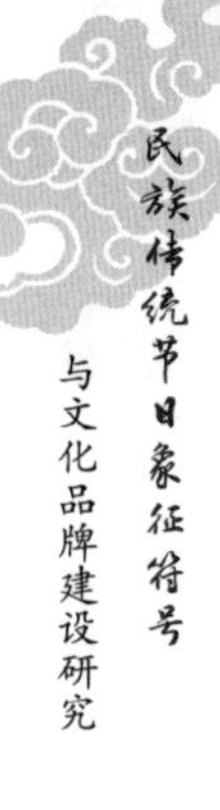

是指重阳糕。《唐六典》和《食谱》记载了唐朝的人们重阳节食麻葛糕和米锦糕。明清时期人们重阳节吃花糕，清代潘荣陛在《帝京岁时纪胜》里说："京师重阳节花糕极胜。有油糖果炉做者，有发面垒果蒸成者，有江米黄米捣成者，皆剪五色旗以为标帜。市人争买，供家堂，馈亲友。小儿辈又以酸枣捣糕，火炙脆枣，糖拌干果，线穿山楂，绕街卖之。有女儿之家，馈酒礼，归宁父母，又为女儿节云。"[①]重阳糕是重阳节的主要食品，重阳节时出嫁的女儿也要回娘家食用重阳糕。重阳糕的花样无论有多少种，但是总少不了一个"糕"字，这个字很重要，它在这里已经具有了巫术的象征意义了。按民众说法，重阳糕与重阳节登高习俗有关系，人们用"糕"与"高"的谐音表达他们以"高"去邪逐疫的心理诉求。诚如明代高濂的《遵生八笺》卷五引《吕公记》云："九日天明时，以片糕搭儿女头额，更祝曰：'愿儿百事俱高。'此古人九日作糕之意，作三声。"谢肇的《五杂俎》中对于重阳有同样的记载，只不过将"更祝曰：'愿儿百事俱高。'"[②]后面的"作三声"改为"此古人九日做糕之意"，从而将九月九日"做糕"的意义说得更为明白，也更为重要了。

重阳节"登高"不仅是生活实践活动，而且包含了节令的预兆功能。据《宋史·河渠志》记载："说者以黄河随时涨落，故举物候为水势之名：自立春之后，东风解冻，河边入候水，初至凡一寸，则夏秋当至一尺，颇为信验，故谓之'信水'。……九月以重阳纪节，谓之'登高水'。"北宋时期称黄河九月的水势为"登高水"[③]，"重阳"登高与"纪节"相连，拓展了"登高"的意义，也表现了重阳节"登高"的生活影响力。

---

① 〔清〕潘荣陛，富察敦崇著：《帝京岁时纪胜·燕京岁时记》，北京：北京出版社，1961年，第28页。

② 〔明〕高濂著：《遵生八笺》（上），浙江古籍出版社，2019年，第237页。

③ 〔元〕脱脱等撰：《宋史》卷五七——卷一〇八，长春：吉林人民出版社，1995年，第1446页。

赏菊、饮菊花酒是重阳节的重要活动，并且与民众祈愿长寿有内在联系。据南朝梁宗懔在《荆楚岁时记》中记载：“九月九日佩茱萸，食蓬饵，饮菊花酒，令人长寿。”茱萸味辛苦，可以除风散寒，防止疼痛；菊花有浓厚的香气，能够除风、明目、解毒，用其泡酒，可活血理气，对人体健康是有益的。民众相信菊花能“辟邪”，使人“长寿”。《本草纲目》载：“菊，春生夏茂，秋花冬实，备受四气，饱经霜露，叶枯不落，花槁不零，味兼甘苦，性秉平和。”[①]人们在菊花的药理特性、保健功效上赋予菊花神奇的想象，比如《神仙传》记载：“康风子服甘菊花、柏实散，乃得仙。”唐代的重阳节，菊花十分重要，有“无菊不重阳”的风习。九月九重阳节人们赏菊、头上插菊、香包藏菊、泡菊花水喝、做菊花糕、酿菊花酒等，“九月九”的菊花成为寓意“长寿”“成仙”的吉祥物，满足人们驱邪迎吉的心理需求。唐代诗人王维在《奉和圣制重阳节宰臣及群官上寿应制》中写道：“四海方无事，三秋大有年。百生无此日，万寿愿齐天。芍药和金鼎，茱萸插玳筵。玉堂开右个，天乐动宫悬。御柳疏秋景，城鸦拂曙烟。无穷菊花节，长奉柏梁篇。”“九月九”又称为“菊花节”，这正是唐代人们在重阳节重视“菊花”的写照。《东京梦华录》卷八记载：“九月重阳，都下赏菊有数种，其黄白色蕊若莲房曰万龄菊；粉红色曰桃花菊；白而檀心曰木香菊，黄色而圆者曰金铃菊，纯白而大者曰喜容菊，无处无之。酒家皆以菊花缚成洞户。都人多出郊外登高，如仓王庙、四里桥、愁台、梁王城、砚台、毛驼冈、独乐冈等宴聚。前一二日，各以粉面蒸糕遗送，上插剪彩小旗，掺饤果实，如石榴子、栗黄、银杏、松子肉之类。又以粉作狮子、蛮王之状置于糕上，谓之‘狮蛮’。诸禅寺各有斋会，惟开宝寺、仁王寺有狮子会。诸僧皆坐狮子上，作法事讲说，游人最盛。”[②]这段文字记录了北宋时期重阳节时民众的生活，如北宋汴京（今开封）

① 〔明〕李时珍著：《本草纲目》，湖北：崇文书局，2017年，第69页。

② 〔宋〕孟元老撰：《东京梦华录》，北京：中国画报出版社，2016年，第221页。

人赏菊花、登高以及进行各类文艺活动，其中菊花种类繁多，遍地都是，“无处无之”。明代《陶庵梦忆》记载：“兖州绍绅家风气袭王府。赏菊之日，其桌、其炕、其灯、其炉、其盘、其盒、其盆盎、其看器、其杯盘大觥、其壶、其帏、其褥、其酒、其面食、其衣服花样，无不菊者，夜烧烛照之，蒸蒸烘染，较日色更浮出数层。席散，撤苇帘以受繁露。”明代兖州重阳节赏菊之日，菊花似锦，绚丽多姿。清代的人们在重阳节也热衷于赏菊，如富察敦崇的《燕京岁时记》记载：“九花者，菊花也。每届重阳，富贵之家，以九花数百盆，架庋广厦中，前轩后轾，望之若山，曰九花山子。四面堆积者曰九花塔。”①从这些记载来看，“菊花”从未缺席重阳节生活传统，并且传达了重阳节的主要意义。

赏菊颐养性情，饮菊花酒以及登高均饱含人们对健康长寿，消除灾祸的祈愿，因此，在我国许多地方，重阳节又叫“祝寿节”。壮族民间视九月九为吉日，家家给老人准备寿米。凡当年满六十岁者，其子孙均在此节日为之安排一个放粮的“寿米缸”。缸高两尺，口小腰圆，缸盖下压着红纸或红布，平时里面总有几斤米，不能断，表延年益寿。此后每年此日，皆给缸添新粮，装满为止。寿米缸放在老人睡的床的床腿边或神龛里。节日的时候，晚辈们都要来看望老人，并且选最好的白米倒入缸中。已出嫁的女儿要带一些新米回娘家，添入缸中，称作“添寿”，又叫“养缸”。此“缸”平时不能动，仅在给老人做寿时才能掏出一些，煮成饭敬老人。重阳节期间，家家杀鸡宰鸭，儿女给老人敬酒，祝愿健康长寿。老人亦从缸里拿些米出来，连同糯米，做成粽子和糍粑，飨子孙和亲友们，以示与众共享福寿。②

重阳节骑射传统出现在魏晋南北朝时期。北周是我国民族大融合时代，重阳节被北周吸收，并且增加了新内容。《北周诗》卷一中王褒的

---

① 〔清〕富察敦崇著，王碧滢，张勃标点：《燕京岁时记·外六种》，北京：北京出版社，2018年，第102页。

② 李耀宗编纂：《中华节日名典》，西安：陕西师范大学出版社，2018年，第364页。

《九日从驾诗》写道："黄山猎地广，青门官路长。律改三秋节……气应九重霜。射马垂双带，丰貂佩两璜。苑寒梨树紫，山秋菊叶黄。华露菲菲冷，轻飙飒飒凉。终惭属车对，空假侍中郎。"[①]这里所说的黄山围猎发生在"山秋菊叶黄"之时，这原本是北方民族的生活传统。《全唐诗》卷一百零三载赵彦昭于唐中宗景龙三年（709）撰写的《奉和九日幸临渭亭登高应制》曰："秋豫凝仙览，宸游转翠华。呼鹰下鸟路，戏马出龙沙。紫菊宜新寿，丹萸辟旧邪。须陪长久宴，岁岁奉吹花。"唐中宗与群臣在重阳节期间登高饮菊花酒，佩戴茱萸，也进行狩猎活动。《太平御览》卷三十二引《豫章记》："龙沙在郡北带江，沙甚洁白，高峻而陂，有龙形，俗为九日登高处。"[②]重阳节去"龙沙"就是重阳节传统的"登高处"。也就是说，重阳节的发展就是多民族接受它，并将它融入生活传统的过程，由此形成以重阳节为核心的多民族共享生活传统。

《梦粱录》记录重阳时日，"世人以菊花、茱萸，浮于酒饮之，盖茱萸名'辟邪翁'，菊花名'延寿翁'，故假此两物服之，以消阳九之厄"。[③]重阳节消除"九阳之厄"与东汉时期的"桓景之厄"有关，这种消除灾难、规避厄运的传统在重阳节中广泛流传，如流传在青海省祁连县的重阳节传说讲道："东汉时期，汝河有个瘟魔，只要它一出现，家家就有人生病，天天有人丧命，这一带老百姓均受尽了瘟魔的蹂躏。一场瘟疫不仅夺走了恒景父母的生命，而且他自己也差点儿丧了命。恒景病愈后，辞别了妻子和乡亲，决心访仙学艺，为民除掉瘟魔。恒景访遍名山高士，终于打听到东方一座最古老的山上有一个法力无边的仙长。在仙鹤的指引下，恒景找到仙长，仙长收留了恒景。仙长除了教他降妖剑术外，又赠他一把降妖剑。恒景废寝忘食地苦练功夫，终于

① 〔宋〕蒲积中编：《古今岁时杂咏》，西安：三秦出版社，2009年，第362页

② 〔宋〕李昉编纂，夏剑钦，王巽斋校点：《太平御览》第1卷，石家庄：河北教育出版社，1994年，第280页。

③ 〔宋〕吴自牧著：《梦粱录》，杭州：浙江古籍出版社，1984年，第56页。

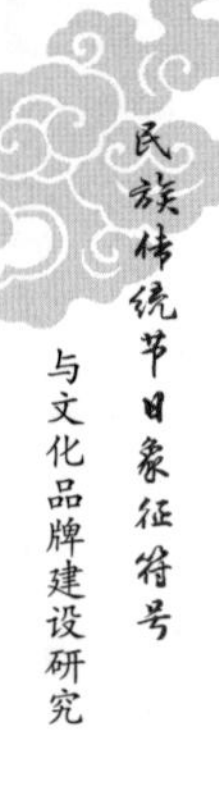

练成了一身武艺。有一天，仙长把恒景叫到跟前说：‘明天九月初九，瘟魔又要出来作恶。你本领已经学成，该回去为民除害了。’仙长送给恒景一片茱萸叶，一盅菊花酒，并且密授其避邪用法，让恒景骑着仙鹤赶回了家。九月初九早晨，他按仙长的叮嘱，把乡亲们领到了附近的一座山上，然后发给每人一片茱萸叶，一盅菊花酒。中午时分，随着几声怪叫，瘟魔冲出汝河，刚刚扑到山下，突然吹来一阵阵茱萸奇香和菊花酒气。瘟魔停下脚步，脸色突变，恒景手持降妖剑追下山来，几个回合就把瘟魔刺死了。从此，九月初九登高避疫的风俗便年复一年地传下来。”[①]这个流传在我国青海省的重阳节传说实质上是东汉桓景与重阳节的关系的当代版本，故事将“桓景”说成“恒景”，像这类重阳节传说在我国内蒙古也有流传[②]。民间口头讲述与历史文献记录中的一些人名、地名因为字形或者读音相近而发生变异，这是民间口头传说的特点。这类重阳节来历的解释构成了多民族对于重阳节来历的认知。

重阳节核心传统不是虚空的，也并非完全虚构的，而是饱含各民族情感的生活实践。其尊老、敬老的传统，驱邪祛厄的习俗，祈愿健康的生命精神是中华民族普遍遵守、信奉的理念。其跨越时间、空间的巨大力量，包含了中华民族共有的、普遍的价值理念，也蕴含了丰富的中华民族共同体思想意识。

重阳节核心传统因为在多民族生活中的实践而呈现出交流、交往、交融关系，相互借鉴、互动频繁。重阳节传统在各民族的交往过程中表现为国家的“礼”与民间的“俗”之间的互动，不同民族、地域之间的互鉴，由此形成重阳节多元化、多层次的文化特色，并且建立了重阳节核心传统的谱系性的知识结构。

---

① 马丽雯主编：《海北州民间故事全集・祁连卷》，西宁：青海民族出版社，2015年，第58页。

② 铁木尔布和主编：《准格尔旗民间故事》，呼和浩特：内蒙古教育出版社，2013年，第28页。

第三节　品牌建设行动：重阳节传统的当代实践

重阳节传统习俗很多，这些习俗构成了重阳节的生活意义和生命价值，然而，在重阳节品牌建设过程中，许多重阳节关键性象征符号不能够进入其中。作为文化品牌建设来讲，主要彰显聚焦核心，包含普遍价值的符号体系，因此，重阳节品牌建设就是适应当下生活符号价值的选择，其中重阳节与尊老、敬老、孝老传统成为重要的意义旨归，也是重阳节品牌建设的重要内容。

重阳节尊老、敬老传统尽管在不同时代有许多变化，但是，其作为重阳节核心传统的地位从未发生动摇。南北朝时期“九月九日”讲《孝经》，唐代盛行“祝寿宴”。南朝宗懔《荆楚岁时记》[①]隋杜公瞻注中言及：“九月九日宴会，未知起于何代，然自汉至宋未改。今北人亦重此节，佩茱萸，食（蓬）饵，饮菊花酒，云令人长寿。近代皆设宴于台榭。”[②]此时重阳节核心传统意义就是祈愿“长寿”。重阳节尊老敬老、祈愿长寿的传统作为核心要义没有改变，宋代将重阳节的菊花称为“迎寿客”，清代皇室每年重阳节要举办“千寿宴”。今天我国许多民族将重阳节作为敬老节传承建设，围绕敬老祈寿举办系列活动，如广西省环江县的毛南族农历九月初九会给老人过节补寿。毛南人善种南瓜，他们选用个大粒满的南瓜子作为种子，第二年结的南瓜就个儿大。农历九月九时值南瓜收获结束，人们特地进行赛南瓜活动：每家把自己收获的南瓜摆满住房的两层栏杆，年轻人组织起来，进行评比，哪个瓜最好，就选为“南瓜王”。评定后，大家汇集“南瓜王”家中，由一年轻人举刀劈瓜。劈开后，瓜肉拿去和小米一起煨煮，瓜子则掏出来分给大家，作为明年的种子。南瓜饭煮熟后，主人先舀一碗供在屋前，敬祭南瓜神，

---

① 〔南北朝〕宗懔撰：《荆楚岁时记》，北京：中华书局，2018年，第66页。

② 〔南北朝〕宗懔撰：《荆楚岁时记》，北京：中华书局，2018年，第66页。

旋请参加评比的年轻人会餐，共同预祝明年南瓜大丰收。[1]广西生活的壮族、汉族、瑶族、侗族、仫佬族、仡佬族、京族、水族亦在重阳节盛行 “补粮敬老”习俗。壮族将“补粮”亦称为“添粮”“盘粮”“天粮”，也就是“补寿”。补粮从49 岁（虚岁）开始，每隔12年，即49岁、61岁、73岁各举行一次。由外嫁女儿各带回一小袋米，在家中依次“运粮”入“魂米筐”，为老人添“魂粮”；每年农历九月初九，当地的外嫁女儿会各带一个“寿粮包”回来，给 61 岁以上的老人房内的“寿米缸”添粮，为老人祈福祝寿。[2]

重阳节敬老、尊老作为中华民族优秀传统道德在今天也得到了很好的弘扬。比如，陕西各地在每年重阳节都会举办丰富多彩的孝敬老人、帮助老人、关爱老人的活动，并且以多种方式祈愿老人健康长寿。2006年重阳节被列入第一批国家级非物质文化遗产名录，深化我们对重阳节的认识。2012年12月28日，中华人民共和国第十一届全国人民代表大会常务委员会第三十次会议修订通过《中华人民共和国老年人权益保障法》，其中规定“每年农历九月初九为老年节”，从法律上要求全民尊老敬老，为农历九月九日重阳节弘扬尊老、爱老的传统融入社会力量，也为开展品牌营造提供了法律保障

重阳节活动丰富多彩，饱含深厚的历史文化底蕴，并且与当代民众生活紧密相关，比如以登高活动为主的身体运动，祈愿生命健康，提升生活质量，受到各族人民的广泛欢迎和喜爱。因此，重阳节品牌营建应该让民众有充足时间、经历投入到关爱老人、促进身体健康的活动中来，这就需要政府实行重阳节放假制度。历史上重阳节放假是有先例的，唐朝皇帝会在重阳节期间举办宴饮活动。唐高宗李治多病，对于祈愿长寿的“九月九日”表现得特别偏爱，他在《九月九日》诗中说“凤阙澄秋色，龙闱引夕凉”，并且在每年的九月九要举行以“祝寿”为主题

① 李耀宗编纂：《中华节日名典》，西安：陕西师范大学出版社，2018年，第366页。
② 许晓明著：《壮族补粮敬老习俗》，《民族艺术》，2020年第6期。

的活动。武则天的生日是农历九月九日，她称帝登基日也是九月九，她使用“长寿”作为年号，她对具有“长寿”象征意义的“九月九”有深厚情感和深刻的迷恋。鉴于“九月九”的特殊意义，李泌率领群臣奏请唐朝德宗皇帝将“九月九日”设置为重阳节，德宗欣然同意：“此者卿士内外，朝夕公务，今方隅无事，蒸民小康，其正月晦日、三月三日、九月九日三节日，宜任文武百僚择胜地追赏。每节宰相、常参官共赐钱五百贯文，翰林学士一百贯文，左右神威、神策等十军各赐五百贯，金吾、英武、威远及诸卫将军共赐二百贯，客省奏事共赐一百贯，委度支每节前五日支付，永为常制。”①至此，重阳节作为唐朝的法定节日被固定下来，并且在重阳节的时候，不同等级的官员会得到与之相匹配的封赏。今天，我国春节、清明、端午、中秋均为国家法定假日，而重阳的文化价值并不亚于其他传统节日，为了更好地传承、保护重阳节的生活传统，尊重我国老年人和民众的生活健康，让更多与孝心、爱心相关的活动在重阳节实施，政府应考虑在重阳节期间实行放假制度，这样做不仅符合历史传统，而且能够满足我国各族民众在重阳节的情感需求。

重阳“登高”活动是祈愿，也是锻炼。我国重阳节登高之处根据不同地区民族生活的具体环境表现出很大的差异，主要包括山、岗、丘、岭、亭、阁、楼、祠、庙、观、墩、岩、城墙、高台、古寺、古塔等。浙江沿海渔民九月九盛行“爬船杆”比赛，“重阳，石塘渔民则以攀爬桅杆为娱乐”。②重阳节“登高”习俗无论在民众心理上，还是在民俗实践上均具有生命的活力，包含了民众对生命精神的不懈追求，以及消祸去晦，祛邪避灾的意义。《燕京岁时记》记载：“京师谓重阳为九月九。每届九月九日，则都人士提壶携榼，出郭登高。南则在天宁寺、陶然亭、龙爪槐等处，北则蓟门烟树、清净化城等处，远则西山八刹等处。赋诗饮酒，烤肉分糕，洵一时之快事也。”③随着时代发展，重阳

① 〔晋〕刘昫撰：《旧唐书》，北京：中华书局，1999年，第249页。
② 温岭县志编纂委员会编：《温岭县志》，杭州：浙江人民出版社，1992年，第821页。
③ 〔清〕富察敦崇著：《燕京岁时记》，北京：北京古籍出版社，1981年，第34页。

节“登高”的习俗内涵发生了一定的变化，今天民众选取“登高”的实践、实用的意义，即强身健体，郊游散心，调节生活的节奏，至于登高的传统民俗意义在不同受众那里或强或弱地彰显出来，但是，它已经不再那么重要了。因此，重阳节品牌建设应将“登高”具有的民俗意义和实践功用结合起来，使重阳节“登高”包含的强身健体与驱厄求吉的意义得到重视，并且通过一定的具体活动进行实施。

赏菊、品菊、饮菊花酒等作为重阳节核心传统，成为品牌建设中不可或缺的对象。历史上重阳节与菊花有关的生活传统丰富多彩，《水浒传》第七十一回有写：“重阳节近，宋江便叫宋清安排大筵席，会众兄弟同赏菊花，唤做菊花之会。”梁山好汉在重阳节举办“菊花之会”招呼山上、山下的兄弟一起喝菊花酒，赏菊花。[①]《梦粱录》卷五《九月重九附》记载：“盖九为阳数，其日与月并应，故号曰‘重阳’。”“今世人以菊花、茱萸浮于酒饮之，盖茱萸为‘辟邪翁’，菊花为‘延寿客’，故假此两物服之，以消阳九之厄。年例，禁中与贵家该此日赏菊，士庶之家，亦市一二株玩赏。其菊有七八十种，且香而耐久，择其优者言之。”[②]这些不同种类的菊花在重阳节供民众观赏，并且成为重阳节的消费品。《清嘉录》里记载苏州赏菊活动时说：“畦菊乍放，虎阜花农，已千盎百盂担入城市。居人买为瓶洗供赏者，或五器、七器为一台，梗中置熟铁线，偃仰能如人意。或于广庭大厦，堆垒千百盆为玩者，绉纸为山，号为‘菊花山’，而茶肆尤盛。”[③]宋代把重阳节称为菊花节，历史上的重阳节，菊花在民众生活中是最重要，最有内涵的民俗植物。今天的重阳节将赏菊花、品菊花酒、以菊花作为消费品的传统进行了很好的传承，许多地方在九月九还举办菊花诗会或者菊花展就是体现。遍布在城市乡镇的公共空间的菊花展览，不仅美化城市，而且供游

---

① 〔明〕施耐庵、罗贯中著：《水浒传》（下），太原：山西人民出版社，2018年，第821页。

② 〔宋〕吴自牧著：《梦粱录》20卷，杭州：浙江人民出版社，1980年，第30页。

③ 〔清〕顾禄撰：《清嘉录》，上海：上海古籍出版社，1986年，第144页。

人观赏，作为文化消费，成为拉动地方经济发展的资源力量，也成为地方文化品牌建设的重要内容。

重阳节品牌建设是地方社会经济发展的举措，也是建构以敬老尊老为中心的生活秩序的实践。重阳节包含规范社会秩序、生活秩序的功能，不仅在民间社会，而且在官方也得到了很好的利用。据《宋史·嘉礼四》“上巳、重阳赐宴仪”条载：

> 其日，预宴官以下并赴宴所就次，诸司排设备，预宴官以下诣庭中望阙位立。次中使诣班首之左，稍前立，中使宣曰“有敕”，在位官皆再拜讫。中使宣曰“赐卿等御筵”，在位官皆再拜，执笏舞蹈，又再拜。中使退，预宴官分东西升阶就坐。酒行，乐作；食讫、食毕，乐止。酒五行，预宴官并兴就次，赐花有差。少顷，戴花毕，与宴官诣望阙位立，谢花再拜讫，复升就坐。酒行，乐作；饮讫、食毕乐止。酒四行而退。[①]

皇帝在皇宫举办重阳宴会，以品阶排列座次，大臣依礼享受重阳宴，席间有音乐。这是皇宫的规矩，是官员遵守的秩序。重阳节融入当代文化和品牌建设应该充分利用其传统社会秩序建构、社会道德文明建设的丰富资源，在经济建设中，重阳节核心文化符号资本价值不仅要被充分利用，而且以尊老敬老为核心的生活道德资源要与当下民众生活紧密结合，推进乡风文明建设，实现社会生活井然有序地和谐发展。

重阳节传统的形成并非一蹴而就，而是民众在历史发展中不断创造和实践的智慧结晶，具有生活的传承性和文化的层累特性。这种层累基于以线性为核心的多元共生、共享的生活体现，其表现为多地域、多民族的共同创造，成为铸牢中华民族共同体意识的重要资源。

新时代的重阳节表现为符合当代人的审美价值、生活观念、生计方

---

① 〔元〕脱脱撰：《宋史》卷86—149，长春：吉林人民出版社，第1713页。

式变化以及文化主体性价值的选择，其中以重阳节核心传统为中心的品牌塑造成为当代人记忆传统、生活实践的呈现形态，实现了重阳节品牌建设的个性化，制定了以重阳节核心价值为主的品牌建设系统。重阳节品牌建设的组织者成为不断对重阳节进行重构的推动者、实施者，他们建设的重阳节品牌潜藏丰富的无形资产，拥有潜在的内生价值和资源属性。当代社会各地利用重阳节品牌增强区域凝聚力和影响力，也成为推动区域社会发展的强大文化力量。

品牌建设是重阳节现代传承的重要方式，尽管品牌建设更多地考量社会经济行为和地方营销行动，但是，其品牌建设中包含重阳节核心传统的包装、建构意涵了当代人的生活方式。因此，将重阳节品牌建设融入重阳节传承发展之中，是我们从品牌建设视角理解当代人重阳节生活的方式，也是重阳节进行品牌建设推动知识生产的方式。

第十四章[1]

核心传统与生活谱系：尖扎藏族“五彩神箭”品牌建设

在当代，我国民族地区大力发展文化产业，培育、发展和建设民族文化品牌是发展民族文化产业的必然选择。青海省黄南藏族自治州尖扎县境内至今保留了传统的藏族“神箭”文化，即以弓箭为核心形成一系列生活传统和民俗文化。在文化产业化席卷全国各地的背景下，尖扎县政府主导下的“五彩神箭”品牌选择并吸收部分“神箭”文化的象征意义，以“发展、和谐”为基本理念，建设区域性文化品牌。

尖扎县“五彩神箭”品牌建设依托于藏族的达顿节。在尖扎，射箭既是勇气和力量的象征，又是福禄和生命的象征。尖扎射箭从最初的狩猎生活演变成带有仪式性的活动，发展成为集历史、宗教、民俗、体育、艺术于一体的“五彩神箭”文化。尖扎的射箭习俗由祭祀诸神、练箭和箭技比赛以及最终的达顿宴会等组成，其中核心是射箭技术比赛和达顿宴会。

“达顿”是藏语，意为“贺箭”，是在双方箭手箭技比赛结束后，为庆祝友谊和和睦而举行的宴会。举行“达顿”时，要求双方相互尊重、相互团结。“达顿”一般由“喜哇仓”（接待方）的姑娘们对“夏

① 该章由王淑琴撰写，林继富修改。

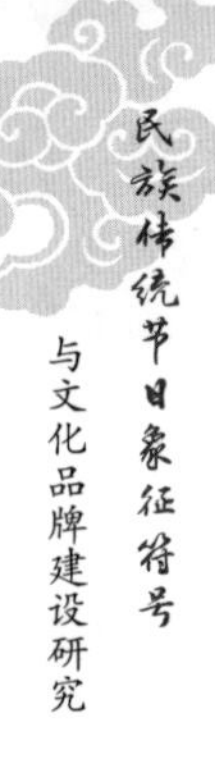

尼仓”（对方）提出演唱“门歌”要求；“喜哇仓”（接待方）向“夏尼仓”（对方）问候；“夏尼仓”（对方）演唱开场歌，紧接着“喜哇仓”（接待方）的姑娘们和“夏尼仓”（对方）之间开始对唱；此后双方表演泽柔，并进行集体“说箭”等活动。

“五彩神箭”品牌是尖扎县政府将尖扎藏族“神箭”文化融入尖扎人现代生活实践表现的文化生产、经济行动的多元关系的体现。

第一节　尖扎箭文化与村落传统

尖扎，藏语读作“尖擦”。历史上包括黄河两岸的尖扎县和化隆县的一部分，民间称为“尖扎阴阳之地”。具体来说，尖扎的藏族民众把黄河东北的化隆县昂斯多地区称为“尖擦宁达”，意为阳山之尖扎；把黄河以南的尖扎县一带地区称为“尖擦什达”，意为阴山之尖扎。在化隆县的昂斯多地区有一座嘛呢康叫“尖扎嘛呢康”，至今仍是两地藏族经常聚集在一起诵经祈福的经堂。在日常生活中，尖扎和化隆两地藏族在饮食、服饰及语言等方面也有很多相同之处。关于“尖擦”一词的具体含义，有多种解释：“有的说是吐蕃赞普赤热巴巾派驻了税官‘拉尖巴’，名叫噶·意喜达杰，于尖扎舍仁（今化隆县群科镇舍仁村）统治‘擦域’（即有盐碱之地），故名；有的说这里属于藏族史称的十八大‘擦’地之一，因地处松巴峡和公伯峡之间的盐碱地而得名；有的说六百年前藏族人前来驻牧，今尖扎滩一带水草丰美，但低凹处多为盐碱之地，藏语称盐碱为‘尖擦’，故而得名，后逐步扩大为这一区域的通称；而《尖扎县志》中则说是因此地地处河谷，森林茂密、野兽成群，故有此名。”[①]目前，对于上述各种说法，尖扎文化人较为认同《尖扎县志》中对“尖扎”的解释。尖扎虽地处青藏高原，但因临近黄河，森林

① 完玛冷智、达洛主编：《五彩神箭之旅——尖扎县导游词》，北京：人民日报出版社，第2页。

和水资源丰富，景色宜人，被人们誉为“青海小江南”。

但不论何种解释，对于世居在尖扎的藏族民众来说，他们心中的尖扎是充满福禄的神圣之地，正如尖扎人传颂的歌谣《尖扎赞》中所唱：

> 在这八福轮式的天空下，在这八瓣莲花般的大地上，
> 南瞻部洲①的人们哟，听我唱来听我说。
> 在碧绿的青海东南角，在汹涌的黄河右岸边，
> 有一块宝地叫尖扎，它富饶美丽又神奇。②

进一步讲，藏族民众之所以对尖扎有如此的情怀，还有一个重要原因是信仰藏传佛教。据一些佛教史料和民间口传，在吐蕃末期，赞普朗达玛继位后，在西藏境内发起了信本灭佛运动，当时的佛教在西藏进入了“黑暗时期”。然而，当这一消息传到在曲卧日（今西藏曲水县）的山上修行的三位高僧（藏·饶赛、肴·格迥、玛·释迦牟尼）那里时，他们便立刻用骡子驮着戒律、论书，向西逃往阿里，后来又北逃至回鹘，几经辗转，最后到达安多地区今尖扎县阿琼南宗、洛多杰扎和今化隆县的丹斗寺一带，燃佛教星星之火于多麦地区，在这里潜心修佛。后来，他们收了一名叫穆苏萨巴的徒弟，为其取法名为贡巴饶赛（全名拉钦·贡巴饶赛，被后人誉为“藏传佛教后弘期的始祖”），从此，这一带地区的佛教寺院不断兴起，尖扎也随之成为藏传佛教后弘期的主要发源地。

---

① 南瞻部洲：又译作南赡部洲、琰浮洲、南阎浮提、南阎浮洲、阎浮提鞞波等，为佛教传说中四大部洲（另包括东胜神洲，西牛贺洲和北俱芦洲）之一。它位于须弥山之南方咸海中，由四大天王之一的增长天王守卫。

② 赵顺禄著：《射箭·达顿·拉伊——尖扎射箭随笔》，《尖扎文史资料》（第一辑），2015年，第187页。

图14-1　阿琼南宗寺院照片

“据史籍记载，元代已出现阿琼南宗寺、古哇寺、桑主寺等宁玛派和萨迦派寺院。明清以来，格鲁派广泛传播，别派寺院相继改宗，格鲁派寺院次第兴起，能科乡的拉莫德钦寺便是其中之一。”[①]据1955年尖扎县委统战部的统计中显示，当时全县有藏传佛教寺院25座，其中格鲁派寺院15座，宁玛派寺院10座。主要寺院有：古雷寺、德钦寺、阿琼南宗

① 尖扎县地方志编纂委员会编：《尖扎县志》，兰州：甘肃人民出版社，2003年，第607页。

寺、古哇寺及智合寺、南宗尼姑寺等。此外，尖扎藏族普遍流传一则民间传说，大概内容为：当年朗达玛在西藏境内展开灭佛运动时，有一位名叫拉隆·贝吉多杰的僧人听闻此事后，寻找机会准备刺杀朗达玛，最终在大昭寺前手持弓箭杀害了朗达玛，之后一路逃到了尖扎的智合寺附近，把杀害朗达玛的弓箭藏在那里，当听闻三贤者也在此处时，便与他们会合潜心修佛，度过余生。从传说内容和历史文献记载来看，尖扎境内藏传佛教活动的历史从未中断。

弓箭作为人类历史上伟大的发明，也是人类进入新阶段的重要标志。在藏族文化中，箭被称为“神箭”，赋予弓箭以神性。具体来说，弓箭最初起源于原始社会的狩猎活动，随着生产力的发展和私有制的萌发，青藏高原各部落之间出现频繁的部落战争，当时，弓箭等生产工具被运用到战争中，成为重要的战争武器。久而久之，弓箭慢慢融入藏族民众日常生活，出现很多与弓箭或射箭活动有关的神话、民间传说、民间故事和民间歌谣等，对藏族民众的生产、生活、审美产生深刻影响。加之与弓箭有关的仪式活动（祭祀山神）受到藏族民间宗教、本教及藏传佛教的洗礼而变得越来越神圣，最终使得弓箭具备了诸多宗教文化象征意义，成为今天藏族民众心中的“神箭”。

在尖扎，“神箭”是藏族民众心中的吉祥之物、福禄之物，也是每个藏族村落的重要文化象征物。在这里，笔者将“神箭”放置于尖扎藏族村落的神圣空间与世俗空间中，分析它在这两个空间中分别代表的意义及发挥的功能。

一、“箭”与神圣空间的建构

在尖扎，箭在神圣空间中主要依附于藏族民众古老的“央达”观念和神山崇拜信仰体系。“央达”系藏语音译，“央”意为福气、福禄、吉利，它是一种看不见、摸不着的，依附于一种物体上的灵气；“达”意为箭，“央达”则意为福禄箭、吉利箭等，它是藏族民众信奉的“央”观念和“箭崇拜”习俗的结合。按照藏族传统观念，一切对已有利的物体都有"央"，对于藏族家庭或村落来说，有了"央"就有了福，就会人畜兴旺，家业兴盛；没了"央"，人就会诸事不顺。才项多杰认为，藏族把箭视为"央"观念的载体或附着物，并把它作为招财纳福的灵器，这种思想理念源于藏族先民的箭崇拜观念。"箭崇拜是藏族一种独具民族特色且富有文化内涵的古老信仰习俗，它是远古先民在青藏高原独特的生存环境中，为适应长期的游猎生活而创造和发展起来的游牧文化形式之一。不管是藏族民间信仰还是制度化的雍仲本教乃至藏传佛教，箭崇拜观念始终活跃其中，并以此为思想基础。"①

尖扎藏族民众的"央达"观念外化为一系列物质生活和行为仪式，在普通人家的经堂中，除了放置佛像外，总会在醒目位置放置一把弓箭，他们认为箭能为家庭带来福禄。传统藏族家庭的经堂和粮库中也插有"央达"，表示禳灾除祸，五谷丰登，人畜兴旺；在藏族传统婚礼上，民众通过"央达"向新婚夫妇赐予祝福，表示婚姻美满、事业有成、白头偕老。总之，"央达"是尖扎藏族民众生产、生活中不可或缺的"神物"，有些人会在"神箭"上涂上五种颜色，也有些人会在"神箭"上系上五彩（白、蓝、红、绿、黄五种颜色）布条、铜镜以及天珠等宝石，"神箭"被广泛用于藏族民众宗教活动之中。

山神崇拜是藏族信仰的重要组成部分。藏族民众与古代其他民族一样，对任何与自身生产生活密切相关的自然物和自然力赋予了灵性，他们认为这种灵性能够超越人类自身的能力主宰世间万物。对于生活在青藏高原上的藏族民众来说，山是最常见的自然物，其高峻巍峨的身姿背后充满无限的神秘，故"在藏族原始信仰中，任何一座山峰都被认为有神灵居于其上。在藏族神灵世界中他们属于世间护法的神系"。②按照藏族传统宗教观念，山神属于"念神"系统的神灵。据说，"念神是一种在山岭峡谷中游荡，在山岩石缝和森林中安家的神灵。有些本教徒称山

---

① 才项多杰著：《藏族"央达"文化解析》，《青藏高原论坛》，2013年第1期。

② ［奥］勒内·德·内贝斯基·沃杰科维茨著，谢继胜译：《西藏的神灵和鬼怪》（汉译本），拉萨：西藏人民出版社，1993年，第233页。

神就是‘念神’，‘念’就是山神的古老称谓”。[①]佛教的传入，使藏族原始信仰的很多内容都融入佛教体系中，但是神山信仰却被保留了下来，并一直传承至今，这与藏族民众认为山神与福乐灾祸息息相关的原始观念有关。古往今来，为了求得山神的护佑和赐福，民众凭借原始思维和想象力，创造了各种讨山神欢心的祈祷方式和娱神活动及其相关的神话故事。

在山神崇拜信仰中，“神箭”是不可或缺的礼仪器具。在安多地区的藏族村落，几乎都有自己的神山，民众会在神山前修建拉则，并定期举行祭祀拉则的仪式（插箭仪式）向山神祈祷。在藏族民众看来，弓箭是山神最好的武器之一，这种观念在下面一段安多地区最著名的对山神阿尼玛沁山的祈愿颂词中可以看出：

> 您，伟大的神，教法之卫士。
> 请您和您的伴神一起来吧，分享供品！
> 您骑的是一匹如同白云般疾驰的魔马，举着缚旗的长矛，
> 搭箭带弓，并持有绳套。
> 山神，您有丰茂的贵体，
> 光芒照人，一身洁白。
> 您是英雄的象征。
> 请把这里作为您的居地来完成百业。[②]

从这段颂词中可以看出，藏族民众心中的阿尼玛沁山神是一位骑着马，手举长矛，搭箭带弓的英雄，这也是藏族民众普遍认为的山神形象。

---

① 马成俊主编：《神秘的热贡文化》，北京：文化艺术出版社，2003年，第67页。

② ［奥］勒内·德·内贝斯基·沃杰科维茨著，谢继胜译：《西藏的神灵和鬼怪》（汉译本），拉萨：西藏人民出版社，1993年，第243页。

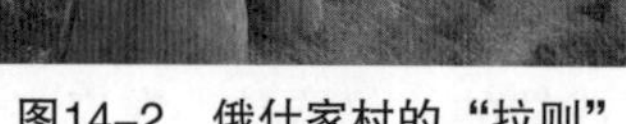

图14-2　俄什家村的“拉则”

图14-3　尖扎县俄什家村的神山

在尖扎，每个藏族村落都有自己的神山，并在神山前修建拉则祭祀台，并将其视为村落保护神。每到特殊时间，村民都会自发上山去祭祀拉则，在拉则台上插满箭杆，以期获得山神的喜爱。在民间，人们认为箭是山神的武器，因此在日常生活中形成了很多与箭有关的禁忌，以此来时刻强化人们对山神的敬畏之情。具体禁忌有：不能将箭随便放置在某一地方，家中有经堂就放置在经堂中，没有经堂就放置在房间的最高处（有的会悬挂在房梁上）；女人不能触碰弓箭，也不能制作箭杆；男子在制作供奉给山神的箭杆时要严格按照一定的宗教程序进行等等。这一系列禁忌都说明，在尖扎，民众以“神箭”为中心构筑了民众信仰生活中的神圣空间。

二、“箭”在世俗空间中的意义及功能

在尖扎地区，箭同样是民众娱乐生活中不可或缺的“神器”，可以说，尖扎地区的藏族民众“无箭不欢”，射箭活动自古以来就是尖扎藏族民众的生活传统。根据尖扎传说，吐蕃扩张时期，尖扎黄河两岸曾经是吐蕃军队开展军事行动的战略要地，尖扎等地的藏族祖先是当时吐蕃派至大唐边境的驻守部队。当时边防将士最得力的武器是弓箭，在防御之余，他们常常练习射箭，进行比赛。后来，随着唐蕃边境战事平息，设靶练兵的军营惯例逐步演变为以对抗和娱乐为主的活动，最终形成了安多东北部藏族特有的射箭比赛；也有专家认为，当年拉隆·贝吉多杰刺杀朗达玛之后，逃到尖扎智合寺附近，并将刺杀时所用弓箭藏在该地，后来民众掘出这套铁质弓箭，并举行纪念活动，射箭活动自此盛行于尖扎、化隆和卓仓等地。目前，由于缺乏文字记载，很难断定尖扎藏族射箭活动的具体由来，但唯一能够肯定的是，射箭活动在尖扎具有较为久远的历史。至今，尖扎地区仍完整保留了传统的射箭规则、习俗和射箭的游戏。

图14-4　三智加老人和他的箭

尖扎的每一位藏族男子都酷爱射箭，他们从小就接触射箭活动，在笔者调查的村子里的老人，提起与射箭有关的话题时总是激动不已，他们热情讲述自己年轻时的射箭经历，至今他们也还会去参加射箭比赛。以下是笔者在尖扎俄什家村采访三智加老人时，他的讲述：

> 我从小开始跟着村里的射箭手观看射箭比赛，从十四岁开始练射箭，十七岁时我成为本村最小的射箭手。我一直射箭到四十五六岁。我家中热爱射箭的人很多，我有四个兄弟，我们都爱射箭，个个都是箭手。我有六个儿子，一个女儿，我的儿子们虽不像以前的箭手那样视箭如命，但还是很爱射箭。我的一个儿子跟村主任是朋友，他们还曾一起到安徽参加过射箭比赛，得过奖。过几天我儿子和村主任以及本村箭手共十二人还要去海南参加射箭比赛。[①]

① 访谈对象：三智加；访谈人：王淑琴；访谈时间：2014年7月16日；访谈地点：俄什家村三智加家。

在藏语中，射箭活动称为“达则”，是融合体育竞技、文艺表演、民俗生活、宗教仪式为一体的综合性民间活动，一般在冬季农闲时节或春节前后举行，以村与村为单位进行比赛。在射箭比赛开始前，先由一个村选出专人向另一村提议进行射箭比赛，如对方答应，便与之商量比赛的时间、地点和相关事宜；有时也会不宣而战，直接到对方村里进行射箭活动，当对方迎战后，再具体协商射箭比赛的相关事宜。然而，在“达则”活动中，弓箭虽是游戏工具，但在尖扎藏族民众看来它依然是“神箭”。在村与村之间的射箭比赛正式开始前，村落各自举行相关的赛前仪式活动，希望取悦神灵，取得胜利。仪式活动要注意四个方面：第一，民众会事先做好巨型箭杆，选择吉日，上山将制作好的箭杆插在村落神山前的“拉则”祭祀台上，并围绕“拉则”诵念咒语，以求能在射箭比赛中取得胜利，为村子带来福佑；进行“煨桑”祭祀仪式时，煨桑的形式一般是焚烧柏树枝、杜鹃花及丁香等六良药的素祭，藏语叫“嘎尔桑”。第二，进行供奉山羊等荤祭，藏语叫“玛尔桑”；第三，人们通过法师占卜的形式，选出射箭比赛中的“箭首”和“箭尾”，藏族称“代本”和“代秀”，意为第一个射箭的人和最后一个射箭的人，这两个人在射箭比赛中有重要作用；第四，所有参加比赛的箭手会在比赛前自发组织队友认真练习射箭技能，藏语称“台狄”。在藏族民众看来，射箭比赛不仅考验个人箭技的发挥，更关系到村落的荣誉与福运。

进入正式比赛阶段，先是客队射箭队到主队所在村落进行比赛，之后主客队轮流到对方村子参加比赛。两村首次会合时，会依次各派一个箭手出场，以对抗形式，每人射两支箭，共同射前方靶子。之后，客队依次派射手出场，主队则派出相应对手，称为“戈雅”。在比赛期间，一般不换“戈雅”。射箭比赛所用的箭靶是传统的藏式箭靶，靶台通常是土垒成的，多为金字塔形，顶端叠放三块精选出的土块。人字形的三边用麦秆或类似的草根围圈，作为中箭有效区域的标记。正面上方，用白纸制作一个巴掌大小的靶心，称为“嘎布”。顶部则插一根削尖的小木棍，称为“甲码”，意为天秤，是衡量命中之矢高低的标尺。

比赛以射中箭靶高低评分，即射中有效区内的箭，高出对方的有效箭方可得一分，先计五分的获胜，为一局。其中，首局叫“妈”，第二局叫“吾”，藏语中的“妈”和“吾”，在字面上有具有“母”和“子”的意思，射箭比赛时作为计算赛局的专用词汇。射手面向一靶子连续射箭，当高出对方最高的箭位时，同伴们都会举起双手原地转圈跺脚并大声欢呼，有的还会围着箭靶做这一动作，这也是青海地区特有的“跳箭”习俗。射中记作满分的一箭叫“伦达”，在规定的回合内，每局满分箭“伦达”后的有效箭叫“达勒”，意思是剩余的有效箭，不过虽然每局以五箭计分，但如果在同一个靶面获得9次有效箭及以上，或者在满分箭“伦达”基础上继续在一个靶面射中4次以上的有效箭，则叫作 “妈吾喀宝”，等于记十分，这就相当于取得大胜。此外，根据惯例，如果一箭命中“甲码”，则一箭抵十箭，可计算为一个满局，即称作“妈吾喀宝”。[①]

在比赛过程中，每个箭手都会在心中默念咒语，尤以“六字真言”为多，希望自己可以射中，同时面对对手故意制造干扰声，他们要保持镇定。在藏族看来，一个好的神箭手绝对是沉着冷静的，不会被周围因素干扰，故射箭手对对方的一系列干扰行为不会感到生气。同时，在比赛中依旧可以看到人们对弓箭的敬仰之情，每当自己的队友射了关乎整个队成败的重要一箭时，民众就会给这支射中的箭系上一条哈达，并围着箭靶跳舞，狂欢，在他们看来这是因为神灵相助才射中。此外，按照藏族传统，女性不能参加射箭比赛，也不能到射箭场近距离观看赛事，同时，箭手忌讳在比赛前与妻子同房，甚至在比赛前和比赛期间箭手都要集体搬到村子的嘛呢康去住；忌讳对手触摸自己的弓箭；忌讳与他人随意交换弓箭使用。这些习俗和禁忌可表明，尽管射箭在当下演变为一种游戏，弓箭也成为民众的娱乐工具，但人们相信弓箭有神性的观念却始终未变。

射箭比赛期间，两村还要协商举行“达顿宴”，也称为“达顿

① 完玛冷智著：《尖扎的射箭民俗与达顿节——尖扎射箭文化生态的若干视角》，尖扎文史资料，2015年。

节”。首先，客队箭手被宴请到各自主队的“戈雅”（对手）家里做客，之后，众人全部欢聚在主队村落活动中心——嘛呢康，举行通宵达旦的达顿宴。宴会内容包括：敬酒献歌、赞辞演说、则柔表演、深夜“拉伊”等内容。作为主队会向中间主座的宾客致敬问候，端茶敬酒，用即兴演唱的方式赞颂在场的所有宾客及客队箭手们的箭技；客队会派出一名代表演说神箭祝词，讲述弓箭来历，赞扬对方在射箭场上的作风、箭技和迎箭姿态等。之后，射箭手互相敬酒问候，期间也会享用藏族妇女提前准备好的藏族传统美食，如土烧饼、油条、手抓肉、包子、饺子等。期间，有的会欣赏藏族妇女提前彩排好的则柔安昭舞蹈与藏族歌曲、男女之间对唱的“拉伊”及一些其他节目；有的会讨论比赛中射箭技术好的人，称赞他为“神箭手”；也有的会和客队箭手交流箭技，因此成为朋友。“达顿节”期间，所有活动内容都深刻体现了藏族民众“友谊第一，比赛第二”的精神。

尖扎独特的自然环境和深厚的历史传统孕育了尖扎藏族特有的民俗生活，进而也滋养了传统的“神箭”文化。因此，传承至今的“神箭”文化既是藏族信仰的表达，也是尖扎独具特色的文化瑰宝。

刘铁梁曾提出“标志性文化”具备三个主要特征：“第一，能够反映这个地方特殊的历史进程，反映这里的民众对自己民族、国家乃至人类文化所做出的特殊贡献；第二，能够体现一个地方民众的集体性格、共同气质，具有薪尽火传的内在生命力；第三，这一文化事象的内涵比较丰富，深刻地联系着一个地方社会中广大民众的生活方式，所以对于它的理解往往也需要联系当地其他诸多的文化现象。”[①]笔者以为，“神箭”文化具备上述三个特征，成为代表尖扎所有藏族村落基本特征的标志性文化。具体来讲，首先，“神箭”文化深刻反映了藏族宗教信仰中对自然物的崇拜及由此形成的生态观，在他们看来，青藏高原上山水草

① 刘铁梁著：《“标志性文化统领式”——民俗志的理论与实践》，《北京师范大学学报》，2005年第6期。

木皆是有灵性的物质，都是有生命意识的存在物，他们以虔诚的心态保护雪域高原上的山山水水；其次，“神箭”文化无时无刻不在体现藏族勇敢智慧的民族性格，民众上山给山神供奉“神箭”，是因为民众相信山神的威力；民众崇拜山神，是因为他们认为山神是勇敢的英雄，因此在射箭比赛中，民众期望自己能够成为“神箭手”，像勇敢的山神一样护佑村子，带给村民们幸福，故“神箭”凝结了藏族英勇善战、强悍无比的民族性格；最后，“神箭”文化是各种文化结合下产生的，尤其是它联系着藏族“央达”观念及神山崇拜信仰。“神箭”文化是系统的文化，而并非独立的个体。在尖扎以藏族为主体民族的地区，它既是典型的地域文化，更是意义深远的民族和区域社会的象征符号。

第二节　神箭与尖扎人的生活

“神箭”为什么对尖扎地区的藏族民众产生如此深远的影响？为什么他们对于弓箭的热爱超越了其他很多生活物象？笔者认为，深入分析这一问题，能够揭示“神箭”作为象征符号代表的深刻内涵。英国学者维克多·特纳在《象征之林——恩登布人的仪式教论》中说道：“我发现，如果不在与其他‘时间’相关的时间序列中来研究象征符号，对仪式象征符号的分析就无法进行，因为象征符号本质上是社会过程的一部分。”[①]笔者从历史角度出发，分析“神箭”与尖扎藏族民众生产生活之间的联系，从而诠释“神箭”符号的深刻意义及它在藏族社会生活中的文化功能。

一、“生命之符”的发端

象征符号是人类在进行社会实践过程中创造出的文化产物，并被使

① 维克多·特纳著，赵玉燕、欧阳敏、徐洪峰译：《象征之林——恩登布人的仪式散论》，北京：商务印书馆，2012年，第24页。

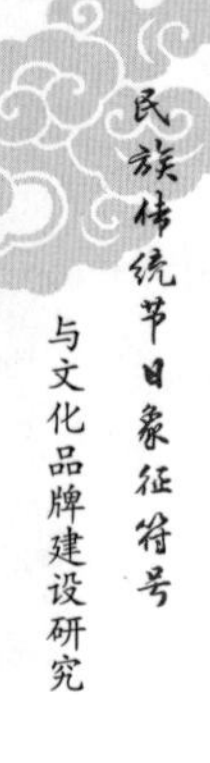

用它的人群赋予某种象征意义。因此，探讨象征符号的意义，要靠拢赋予符号意义的人群。笔者在尖扎县俄什家村采访扎西措老人时，她说：

我小时候听过自古就有三件事最有名：一是印度的佛教；二是汉代的法律；三是藏族的神箭。其中，藏族的神箭可以除魔辟邪，可以招财进宝。因为神箭被上天施过咒语，它有神灵附体，能量无限，谁都无法抵挡它驱魔的力量。[①]

在尖扎，此类的神话传说有很多，可以说，藏族民众目前已对“神箭”形成了群体性认知，即“神箭”被神赋予一种能量，它能驱邪消灾，能为人们带来福佑。然而，关于“神箭”的起源，藏族民众更多的是用祖辈流传下来的神话传说来解释：

据说箭从汉地传来。汉地的商人说，很久很久以前，天地合在一起，地球就像鸡蛋那样，蛋黄里出现了神的祖先，神的祖先磨合金箭，日日磨箭度过一月，月月磨箭度过一年，金箭搭在弓弦上，丈量天地距离，火星满地成星星，天上出现日月星。[②]

也有说箭从印度传来。据印度的智者说，当初野兽满世界，人和野兽都想称霸世界，罗摩衍那显人间，罗摩衍那持银箭，银箭搭在弓弦上，射在喜马拉雅山，一箭射死千万鬼，血染大地成血河。[③]

还传说很久以前，在有个叫卓格尔唐的地方，人很少，神也很少，但妖魔却有很多，妖魔猖狂，为非作歹。便有一个人上天去取箭，因为神箭在天上，在天王手里，得箭者可驱除妖魔鬼怪。那个人历经千辛万苦到了天上，道明缘由，发起誓言，如不给箭，便不回人

① 访谈对象：扎西；访谈人：王淑琴；访谈时间：2014年7月16日；访谈地点：俄什家村扎西措家。

② 尖扎县文化广电旅游局提供的内部资料。

③ 尖扎县文化广电旅游局提供的内部资料。

间，誓死待在那儿直到天王给箭为止。天王最终就把箭给了他，他便拿起这把神箭，用它驱除妖魔，最终保护了那块地方。所以，就有箭从天上传来的说法。①

神话是关于真实存在的想象叙事，它是人类认识外界与自身唯一途径，于是构成了社会群体的共同性认知，他们对神话内容信以为真。尖扎老一辈藏族对祖辈们流传下来的神话传说信以为真，同时还在重要的仪式场合中反复演说，并将其内容传递给下一辈。这种演说在无形之中加深了“神箭”的神秘性，同时也加强了族内群体的认同。因此，在尖扎，类似的民间传说还有很多，基本上都是民众主观赋予“神箭”以浓厚的神话色彩。无论是汉地传来说、印度传来说或天上传来说，基本阐述的是神或者人拿着弓箭拯救人类。纵观人类历史发展进程，弓箭是伟大发明之一，也是人类为了改变自身命运，开始主动与大自然抗争以求得生存与发展的伟大成就，恩格斯将其认定为人类野蛮阶段的标志。虽然是简易弓箭，但它极大提高了射杀动物的成功率，同时也减少了人类被野兽攻击时的危险。这对于当时的民众而言具有划时代的意义。所以，在人类历史上，弓箭和火一样，成为社会进步的标志。

对于生活在青藏高原上的藏族而言，弓箭的发明为他们的生产生活带来巨大变化。藏族祖先最早以游牧狩猎为主要生计方式，弓箭是当时的狩猎必需品，所以，弓箭诞生之初就紧紧与藏族祖先生活联系在一起。“在西藏香塘以南的摩崖石刻上，刻有牧人们手持弓箭进行狩猎活动的岩画。”②据史料记载，藏族生活区域最早的弓箭原材料多是民众就地取材的树枝，制成的弓箭一般是树枝弓和树枝箭，但在当时的人看来，仍是“神奇之物”，对民众而言，用“弓箭”可以远距离射杀动

① 访谈对象：扎西；访谈人：王淑琴；访谈时间：2014年7月16日；访谈地点：俄什家村扎西措家。

② 角巴东主著，马宏武译：《论藏族传统射箭文化的起源和发展》，《西藏艺术研究》，2011年第3期。

物，同时也可以防御野兽的伤害。所以，在原始思维和原始观念的主导下，弓箭成为提高人们生产效率、生命安全系数和生活质量的最大功臣，从而也使民众对其产生了一种敬畏心理，加之每次捕杀动物时，有时收获很多，有时却很少，民众自然而然地认为弓箭是有灵性的，能左右人的活动。慢慢地，藏族为了狩猎顺利，拥有更多的生活资料，潜意识里逐渐对箭产生了崇拜心理。

“神箭”常出现在藏族的神话传说中，才项多杰在《也谈藏族箭崇拜习俗和文化内涵》中说“神箭”首次出现于本教有关的创世神话与婚姻神话当中。其中一则本教关于婚姻起源及其礼仪的神话传说《兄妹分财与祈神》中就有如下记载：

> 据说很久以前，在天上的一条峡谷里，有一位叫恰冈江扎的法师和一位叫作什贝东桑玛的女子。他们结合在一起，生了三个神奇的卵。从金卵裂口处蹦出一支带有绿色羽翼的金箭，这就是箭的来源，也是新郎的生命箭。从青绿色卵的裂口处蹦出一支带有金色羽翼的青绿色箭，这是新娘金光闪闪的箭。从半圆形的白卵的裂口处蹦出一支纺锤。从天空的光和雾海中出现了本教的白色羊毛，风把它拉了出来，纺织成线，它被缠绕在一棵树上，这根线被命名为“穆”绳和吉祥结。于是，人们把白色“穆”绳系在新郎的前额，其手持生命箭；把蓝色吉祥结系在新娘的前额，其手持玉叶纺锤。[①]

这则神话有两个重要信息：第一，藏族先祖认为箭最早来源于法师恰冈江扎和名叫什贝东桑玛的女子所生的神奇的卵中，并作为新郎的生命箭出现；第二，藏族先祖创造了手持生命箭的新郎和手持纺锤的新娘的人物形象。进一步讲，这两个信息向我们提供了藏族先祖在当时已经将“神箭”与男性联系在一起的线索。藏学家卡梅尔·桑木旦曾指出：

① 才项多杰著：《也谈藏族箭崇拜习俗及其文化内涵》，《青藏高原论坛》，2015年第1期。

“在本教的结婚仪式上会用到三种箭：其一是带白色羽翼的箭，五位主神附于其上，这是婚使所携带的聘礼的一部分；其二是属于新郎的镶有宝石的生命箭，作为男子的象征；其三是金光闪闪的箭，是新娘父亲送给她的分别礼物。”[①]进而得出“箭是男子的象征，纺锤是女子的象征”的结论；在安多地区的传统习俗中，箭与纺锤轮常常与生育习俗有关。据传安多藏族如果家里生男孩，家人就会送一支箭；如果生下女孩，家人就送一个纺锤轮，这种具有象征内涵的文化呈现了男孩与女孩在藏族社会上的认同关系，也表达了家人对于新生婴儿的祝福和希望。此外，赵国华在《生殖崇拜文化略论》中谈道：“在这里，我还想提到箭，希腊罗马神话中爱神手中的箭，印度神话中爱神手中的箭，中国上古天子祀高禖神所携之箭，近代北京人结婚时，新郎手持之箭，也都是男根的象征物。”[②]因此，“神箭”在藏族原始社会，尤其是以游猎生产为核心的区域，作为男性的象征被不断延续传承，直到现在。

笔者以为，“神箭”成为男性的象征最直接原因是藏族原始先民对于人类生命的重视。因为，在原始社会，低出生率，低增长率，高死亡率的现实情况，使得藏族先民极为重视生命的繁衍；而弓箭作为重要的狩猎工具，解决了当时民众的食物问题，同时也为民众的人身安全提供了帮助，进而从本质上来讲，弓箭的出现更好地保证了藏族先民生命的延续。所以，在当时的情况下，民众自然而然地将弓箭与他们的生命放置在一起，加之受到“万物有灵”的思维影响，民众对箭逐渐产生了敬畏和崇拜之情。这同样也是弓箭为什么会出现在藏族婚礼上的重要原因，因为婚姻从本质上来讲就是人类即将繁衍生命的仪式，而将弓箭作为男性或者男根的象征，也反映了民众珍视生命的原始观念。此外，据本教典籍《穆叶扎普恰》中记载：“有一位叫拉沃拉斯的尊者，他从‘恰’地方迎娶一位叫叶斯恰杰穆的女子作其妻子。他们结合在一起，

① 图齐著，向红茄译：《喜马拉雅的人与神》，北京：中国藏学出版社，2005年，第157页。

② 赵国华著：《生殖崇拜文化略论》，《中国社会科学》，1988年第1期。

生了九个神奇的卵。从金卵裂口处生出一个金色男人，起名为‘雍仲恰叶杰布’，他手持一支金箭，掌管世间所有‘人口之福’，还有其他八个人也分别手拿不同法器掌管人类的各种事情。”[①]将箭作为掌管“人口之福”的神的法器，同样也反映了民众将“神箭”与人类生命繁衍联系在一起的思维。因此，藏族“神箭”在象征男性、男根的同时，更是生命不绝的象征。

二、“神箭”符号与英雄记忆

象征符号不仅有传达意义的功能，同时也能储存人类集体记忆。集体记忆通过媒介，如神话传说、典籍文献、行为仪式与具象物体等，使得某一群体内部得以凝聚和延续。莫里斯·哈布瓦赫认为：“集体记忆是从群体内部进行观察的，其时间跨度不会超过人类寿命的平均值，甚至很多时候还会更短。它向群体展示的是他们自己的全貌，而且无疑是过去的全貌，因为它涉及的便是他们的过去。”[②]因此，笔者以为，围绕“神箭”符号保留的集体记忆进行研究，能够更加准确地揭示“神箭”作为符号的深层内涵。

（一）拉隆·贝吉多杰与“神箭”

在尖扎，民众对“神箭”符号有很多集体记忆，并用民间传说、民间故事及仪式等方式巩固这些记忆。其中，在有关“神箭”的集体记忆里，民众非常重视一位历史人物的传说，其内容是：吐蕃时期，赞普朗达玛发起了信本灭佛运动，烧毁了许多佛经佛寺，伤害了佛教僧人和信徒的感情。当时佛教信徒对朗达玛恨之入骨，却无能为力。有一天，朗达玛逼迫佛教僧侣脱下袈裟上山打猎，被一位在山中修炼佛法的名叫拉隆·贝吉多杰的僧人看见，他携带弓箭下山伺机刺杀朗达玛。有一天他终于等到机会，用弓箭射杀了正在大昭寺前看碑文的朗达玛。刺杀成功

---

① 才项多杰著：《也谈藏族箭崇拜习俗及其文化内涵》，《青藏高原论坛》，2015年第1期。

② ［德］阿斯特莉特·埃尔、冯亚琳主编：《文化记忆理论读本》，北京：北京大学出版社，2012年，第92页。

后，拉隆·贝吉多杰夜以继日地逃离吐蕃，到达安多地区，并将行刺时所用的弓箭藏于尖扎的智合寺附近。

故事中出现的朗达玛和拉隆·贝吉多杰是两个著名的历史人物，这在很多藏族史料中都有记载。如巴代·祖拉陈瓦的《贤者喜宴》、娘·尼玛韦色的《娘氏宗教源流》、芭·丹杰桑布的《苯教源流宏扬明灯》及班钦·索郎扎巴的《新红史》等。其中，《贤者喜宴》中的记载较为详细：

> 拉隆·贝吉多杰随即穿起里白外黑之喇嘛咒士衣及僧帽，并将铁箭铁弩放于袖内，骑着涂有木炭的白马而去。其时，所有信佛大臣属民聚集哭嚎，颇为愁苦，彼等说道："大王不可如此对待佛教，应去观看一下全部先祖的文书、宝库中的箱筐以及全部石碑碑文。"大臣属民同声呼喊。其时达磨赞普正在西部拉哇园下围棋，因闻众属民呼喊之声而心中不安，便去诵读碑文。这时，出现了一个黑依估神样之人至此下马。赞普正停留在石碑的龟蚨处，彼黑依估者向赞普作敬礼状，第一次敬礼时此人在袖内张开射箭的扳指，第二次敬礼时装好箭，第三次敬礼时则将箭射出，箭正射中赞普两眉之间，箭头直穿至后颈。其时赞普说道："或者三年之前，或者三年之后。"说着便双手握箭而亡。[①]

追溯这一传奇事件的起因，先要从西藏的历史说起。公元7世纪以来，佛教逐渐从印度传入，在西藏王室和部分贵族的大力扶持下，其影响和势力不断扩大，与此同时作为本土信仰的本教遭到挤压，佛本矛盾日益突出。公元9世纪中叶，佛本矛盾激化，唐开成三年（838年），反佛大臣刀杰热等人利用本教徒的不满情绪，密谋暗杀了极度崇佛的第四十一代藏王热巴坚，拥立了崇信本教的朗达玛继位。朗达玛继任赞普

① 巴卧·祖拉陈哇著，黄囊译：《贤者喜宴（十四）》，《西藏民族学院学报》，1984年第2期。

之位后，便开展了灭佛运动，严厉打击西藏境内的佛教势力，焚毁大量佛寺佛经，驱赶甚至杀害佛教僧人及信徒，历史上将此称为“朗达玛灭佛”。朗达玛原名为“达玛”，因他灭佛之事，佛教徒视其为牛魔王在世，故称其为“朗达玛”，“朗”意为牛。拉隆·贝吉多杰生平事迹在藏族史料中记载较少，更多的是当地人对他的口头传讲。民间普遍认为他是印度高僧，是莲花生大师二十五位高徒之一，不但精通佛学经典，而且善于骑射。也有学者对其生平进行考证，认为：“拉隆·贝吉多杰，拉萨达孜县人，约生活于公元8世纪末（或9世纪中叶）至10世纪，在聂·古玛惹等学者译师座前学习佛法传承和译经技能，曾担任过吐蕃桑耶寺或大昭寺的讲经师，也曾远赴敦煌参与过佛经抄写和校对的事业。晚年，其创建叶尔巴圣山的修习道场，试图隐居。”[①]这一论证中无论是拉隆·贝吉多杰生活的年代还是从事的职业都与民间传说基本吻合，只是没有确切说明拉隆·贝吉多杰刺杀朗达玛的事件。

然而，在尖扎民众看来，拉隆·贝吉多杰刺杀朗达玛是不容置疑的事实。他们称拉隆·贝吉多杰为拉隆华多，认为拉隆华多在杀害朗达玛之后，逃到尖扎一带与三贤者汇合，之后又在多麦地区传播佛教，《中国民间文学集成青海省黄南藏族自治州故事卷》的《南宗和三尊者的传说》中讲道：

> 当时，有三位佛教高僧，即藏饶赛、约格琼、玛释迦牟尼，为了拯救佛教，把佛经驮在马上，日夜逃跑。先逃到今新疆，后又折向东逃到青海。先后到循化、化隆、尖扎和平安、西宁等地避难。他们先在化隆东部的一个地方住下来，就把他们头次住的地方叫旦豆（即暂住）。后怕发现，又换了个地方住下来，就把这个地方叫作阳豆（意为又住）。

① 扎西当知著：《吐蕃末期名僧拉隆·贝吉多杰生平拾零》，《西藏大学学报》，2010年第3期。

尽管他们把住的地方一换再换，但总觉得不安全，又从化隆南渡黄河，来到李家峡以西的南宗群峰之中，这里森林茂密，地势险要，是个天然的避难所。他们就选定在南宗峰一石窟中定居下来，才觉得安全。他们住下以后，广收徒弟，培养门徒，开始了传播佛教的活动。这才使濒于灭绝的佛教得以保存下来，使这里成为佛教后弘期的根据地。

图14-5 南宗峰上的“拉则”

那时，西藏有个叫拉隆华多的人（在其他文本中，也有称拉隆·贝吉多杰的），看到藏王朗达玛到处禁佛，把大批佛教徒杀的杀，关的关，逼得四处逃命，到处是白色恐怖，社会动荡不安，日月无光，天昏地暗。他顺应信佛群众的意愿，决心刺杀朗达玛，挽救佛教。他利用每年各大寺院在拉萨演宗教舞蹈欠木的机会，将弓箭藏在宽大的衣袖内，从拉隆来到拉萨，正遇上朗达玛在大昭寺看碑文，他趁其不防，从袖中取出弓箭向朗达玛射了一箭，使其当场身亡。

拉隆华多逃出西藏以后，边逃边打听三尊者的去向，经过千辛万苦到处寻访，终于在南宗这个地方找到了三尊者。三尊者听说灭佛的朗达玛被杀死，激动地高呼：“且贝美绕坎马散！”（意为：佛教的星火在安多坎布拉下面复兴了。南宗正在安多的坎布拉下面的沟里）。

三位尊者为了纪念这个极有意义的日子，各自在他们坐过的地方栽了一棵松树，希望佛法像松树一样万古长青。后来这三棵松树都长成参天大树，树叶茂密，树干直径达1米多。可惜这三棵树在1958年被砍，现在只有三棵树茬子留在那里，据一位看见过它们的学者说，其树轮有1380轮，说明它生长了1380年。

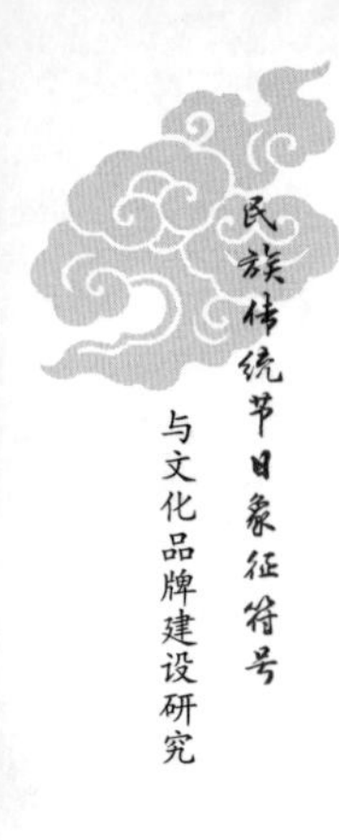

在南宗峰以东约半公里处，有一座高峰，与南宗峰相对而立，峰北有一洞府，据说这就是当年拉隆华多居住过的地方，他在这里住了很久，一边修行，一边培养徒弟，和三尊者一道为佛教的东山再起做准备。一说后来他和三尊者一起返回西藏，一说他在此洞度过了余生。[①]

故事所说的南宗峰位于尖扎县坎布拉镇，其中所说的三贤者修行洞在南宗峰的南宗寺附近，传说中拉隆华多的修行洞穴，位于南宗峰东边对面的十八宗之一的“俄宗”山顶。当地民众认为，拉隆当时在修行的同时，也自动承担了保护三贤者不受侵扰的守卫任务，像守门人一样坚守在俄宗。同时尖扎藏族相信，拉隆一生虔心护法，修行洞获得天上的加持力，如果是有佛法善缘的人就能看见在南宗峰和俄峰之间有白光相连。尖扎还有一个嘛呢堆叫作拉隆嘛呢堆。传说，拉隆与三贤者会面时，因为考虑自己有弑君罪孽，身上带有血气不干净，就选择离三贤者较远的地方坐下，然后向他们汇报当时西藏的佛教情况，后来弟子们就在拉隆坐的位置堆起了白色小石块，作为“堆本”，即十万石子堆，以示纪念。之后，尖扎人为了纪念他又在石子堆上增添了许多刻有六字真言的石块，形成了现在的拉隆嘛呢堆。另外，在距离尖扎县马克堂镇4千米处，有一处集佛教寺院、佛塔、石窟为一体的宗教人文景观，叫洛多杰扎，汉语称“智合寺”。

尖扎人认为，当时拉隆刺杀朗达玛之后曾逃到该寺静修过一段时间，并将行刺时所用的那把弓箭藏在智合寺左边的本康下面，他们在本康周围的嘛呢堆上搭满了哈达，以示对这一英雄的纪念。尖扎的学者普遍认为，智合寺的历史可追溯到公元9世纪，并和朗达玛灭佛有密切联系。史料中对智合寺的历史记载较少，但《安多政教史》中谈到藏传佛

---

① 黄南州民间文学集成办公室编：《中国民间文学集成 青海省黄南藏族自治州故事卷》，1990年，第124页。

教在多麦地区的发展情况时，其中有提到一句洛多杰扎寺的信息，即“有拉隆贝多尔的静修圣地多吉扎岩”[①]。多吉扎岩的藏语拼音正是洛多杰扎岩洞，拉隆贝多尔也是拉隆·贝吉多杰的另一种翻译。因此，当年拉隆·贝吉多杰从西藏逃出之后，曾在智合寺避难并短暂修行的说法很有可能成立。

传说不一定是历史，但它却总是游走于历史的框架中，成为民众诉说真情实感的载体。对于藏族民众来说，拉隆·贝吉多杰刺杀朗达玛的历史事件虽然已成为过去，但它不仅是深藏在人们内心深处的记忆，也是尖扎藏族民众重新振作起来的起点。拉隆曾经生活在这片土地上，民众用一则则传说故事传颂拉隆·贝吉多杰，用一座座嘛呢堆来纪念他，更用祖祖辈辈传承下来的“神箭”精神缅怀他。这也正如保罗·康纳顿在《社会如何记忆》中所说：“对许多人尤其是欧洲人来说，有关20世纪的叙述中，如果少了对‘大战’的记忆是不可思议的。从英吉利海峡到瑞士边界的战壕，其景象铭刻在现代记忆中。”[②]对于今天的尖扎藏族民众来说，拉隆刺杀朗达玛的历史记忆也始终铭刻在他们的记忆中。

图14-6　尖扎县智合寺洞窟

图14-7　三贤者居住过的房舍

（二）格萨尔与“神箭”

尖扎藏族民众心目中的“神箭手”，也是藏族民众心目中的英

① 智观巴·贡却乎巴饶吉著，吴均、毛继祖、马世林译：《安多政教史》，兰州：甘肃民族出版社，1989年，第30页。

② ［美］保罗·康纳顿著，纳日碧力戈译：《社会如何记忆》，上海：上海人民出版社，2000年，第17页。

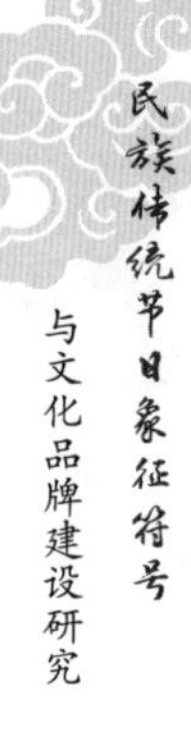

雄——格萨尔王。在尖扎藏族集体记忆中，格萨尔王手中的箭就是“神箭”。

传说以前格萨尔王手中有六支神箭，他把这六支神箭给了一位名为萨象的大臣，从此，大臣萨象手里便有了神箭。这六支神箭有六位神灵附体，传说箭可通意，它可以飞去拉萨替主人朝拜完再回主人身边。[①]

扎西措老人认为格萨尔王的“神箭”被神灵附体后具备一些奇特的功能，能够帮主人完成任务。史诗中说格萨尔的神箭飞到珠牡王妃那里，王妃给神箭敬酒并唱了曲子，从曲子里问了有关格萨尔王的一些事情。当王妃唱完后，神箭便说道：

“呀，珠牡王妃！我神箭未敢违背大王的命令，从魔国一昼夜飞到花花岭国，已将降敌大王的通牒，像金牛轭一样架在白帐王和他的臣僚们的脖子上，我现在还要飞回去向大王报信，然后回来护佑岭国属民。至于对岭国的大业和你的行止，大王没有向我吩咐，实在无可奉告。不过，命运注定三年之后，我还得来惊动霍尔，在此期间你要见机而为，善自珍重！”说毕，发出一阵隆隆巨响，伴着五彩缤纷的虹光，飞了回去。[②]

格萨尔王的“神箭”不仅会说话，会喝酒，还能在完成任务之后自行飞回到主人身边。

此外，尖扎藏族民众在射箭比赛中也会以一些格萨尔王传中的大将

---

① 访谈对象：扎西措；访谈人：王淑琴；访谈时间：2014年7月16日；访谈地点：俄什家村扎西措家。

② 王歌行、左可国、刘宏亮整理：《岭·格萨尔王（霍岭战争〈中〉）》，北京：中国民间文艺出版社，1986年，第297页。

等人或物为比喻，给自己的队友呐喊助威，因为他们认为格萨尔王国里的英雄人物都是“神箭手”，他们希望自己的队友能够像那些英雄一样射中靶子。如岭国七大勇士之一的丹玛，是格萨尔赴加地的随员之一，他就是一名“神箭手”，他曾唱道：

> 在这天空大地两者间，流行着先人传下的古语：男子汉分为上、中、下三等，看其射箭就能分辨出等级。上等男子射一箭，好比把纽子扣到纽门里；中等男子射一箭，好比在下巴上面抹胡须；下等男子射一箭，好比把油脂涂在眼窝里……我的箭好比天铁霹雳箭，射向哪里犹如遭雷击。[①]

精湛的射箭技艺是部落社会衡量男子优秀与否的标准，部落社会射箭成为男子的象征，也是英雄的象征。格萨尔史诗将藏族民众的英雄崇拜观念表现到极致，史诗演唱了格萨尔王带兵打仗，拯救岭国百姓的英雄事迹。箭是人们传唱的重要对象，比如箭有着敬神、敬人、祈福、占卜、婚聘、开启伏藏等功能，但更多的还是作为战争时使用的武器被人们传唱。民众认为，很多时候，格萨尔王常常依靠弓箭的力量化险为夷，弓箭也成为格萨尔王的护身符，每次格萨尔出征前，人们都要送他一支“神箭”，以保佑他完成大业顺利归来。

如果说在藏族早期社会，弓箭是作为狩猎工具来处理人与自然的关系的话，那么在部落社会至近代社会，弓箭则已演变为人与人之间抗衡时所用的武器，而这一功能演变随之为“神箭”附加了另一种意义。在人类历史上，有战争的地方就有英雄人物，英雄可以让处于绝境的民众看到希望，找到自信，建设家园。现代社会，民众依旧需要英雄人物，英雄人物的精神能够凝聚民族向心力，进而加强族内成员对自己民

① 阿图、许国琼、解世毅翻译整理：《格萨尔·加岭传奇之部》，北京：中国民间文艺出版社，1984年，第141页。

族内所有有形和无形的文化的认同。所以，尖扎人在对“神箭”的集体记忆里，始终保留了拉隆·贝吉多杰和格萨尔两位英雄人物，并通过一定的方式来强化对他们的记忆。这种集体记忆的行为背后其实是群体的诉求。具体来说，为了让族内成员记住两位曾在民族历史发展过程中立下汗马功劳的英雄人物，民众会通过记忆英雄时刻来提醒族内的每一个成员，让他们既学习英雄勇敢无畏的抗争精神，同时又珍惜当下来之不易的和平环境。所以，在尖扎，“神箭”符号与英雄记忆相辅相成，即“神箭”符号只要存在于民间，“英雄记忆”必定会相伴相随。因为“英雄记忆”既包含了神箭的象征意义，也延传了神箭的重要功能。

（三）“神箭”情感与“村落团结”维系

维克多特纳在分析恩登布人的仪式象征符号时，提出“感觉极”和“理念极”（又叫作“欲望极”和“规范极”）两个术语。“感觉极聚集了那些被期望激起的人的欲念和情感；理念极则能使人发现规范和价值，它们引导和控制人作为社会团体和社会范畴成员的行为。”[①]具体来说，特纳在讨论恩登布人仪式中的奶树象征符号时曾说道：

> 事实上，用两级的术语来进一步概念化支配性象征符号的解释意义是可能的。一套与人类普遍的情感经验有联系的、极具有生理学特征所指对象丛聚在一极，一套控制社会结构的道德规范和原则的所指对象则丛集在另一极。如果我们把这些语义极分别叫作“欲望极”和“规范极”，用这种模式来考虑恩登布的仪式象征符号，我们就会发现，奶树同时既代表和它的情感模式相关联的喂乳这个生理动作，也代表母系继嗣原则规定的规范秩序。[②]

① 【英】维克多·特纳著，赵玉燕、欧阳敏、徐洪峰译：《象征之林——恩登布人的仪式散论》，北京：商务印书馆，2012年，第24页。

② 【英】维克多·特纳、赵玉燕、欧阳敏、徐洪峰译：《象征之林——恩登布人的仪式散论》，北京：商务印书馆，2012年，第70页。

根据特纳的理解，笔者认为，弓箭是生命、男性及英雄的象征，是藏族民众基于本能和情感为其赋予的意义，正如奶树是母乳或者喂乳这一生理动作的象征一样，它其实是一种“感觉极”的象征意义。目前，在尖扎藏族民众对“神箭”符号的实际操演中，传统射箭比赛既是娱乐游戏，也是尖扎藏族民众将“神箭”实践化的象征仪式，分析这一仪式场域中的“神箭”符号，我们便可以发现隐藏在其背后的“理念极”的象征意义。

1. 村落与村落之间

尖扎藏族村落多分布在高山峡谷之间，村落与村落相隔较远。传统的半农半牧生产方式使得尖扎藏族民众无须太多的对外交往活动便能满足生产、生活的需要，进而导致民众的社交圈主要局限于村落之内。但是，婚姻互通、亲缘关系建立及大型宗教仪式活动，使村落之间有时也会打破边界状态，产生或冲突、或友好的村落邻里交往关系。在此关系中，民众围绕“神箭”展开村与村之间的传统射箭游戏是重要内容。俄什家村的扎西老人说：

> 村里有威望的老人及射箭手们会聚在一起商议向哪个村发起挑战。当商议结果已定时，村里就会举行大型的煨桑仪式，并利用几天时间在寺庙里念经、祷告，祈求神灵保佑他们取得这场比赛的胜利。出发当天，村里最有威望、以前最能射箭的一位老人会收集起十三位年轻射箭手的箭，抽签决定箭首及箭尾。在未向被挑战村通知的前提下悄悄走向那个村，走时箭手们会向自己的村喊三声，之后便不出声地走向挑战村，到挑战村的村口时箭手们便大喊起来，那时被挑战的村才知道挑战者来了，他们便会准备进行比赛。[①]

① 访谈对象：扎西；访谈人：王淑琴；访谈时间：2014年7月16日；访谈地点：俄什家村扎西家。

举行射箭比赛前，有意愿的村子先在自己村内协商，决定向哪一村发起挑战，协商参与人员主要是村子里有威望的老人（也可以称其为“村落精英”）以及从本村所有射箭手中挑选出的一位具备较高组织能力的“达宏”，汉语称其为“箭官”。协商决定之后，便由射箭经验非常丰富的老人带领村落射箭队伍直接向对方村子展开一场“不宣而战”的射箭比赛。通常对方的村子不会感到十分惊讶或者不知所措，而是从容淡定地迎接对手到来，并且很快就能召集起村子的射箭队开始比赛。因为，这是尖扎藏族的传统。此外，还有另一种方式，是由村中老人和“达宏”协商好要挑战的村子之后，“达宏”亲自前往该村，与该村射箭组织的主要负责人商谈比赛的事宜，如对方答应，就开始准备接下来的比赛。射箭比赛的时间一般维持在几天、十几天甚至一个月，在两村轮流进行，这也很大程度上带动了村与村之间的交流。比赛开始前，根据预先商定的程序，主场会委派村内一些能歌善舞的射手，在固定地点端酒高唱迎宾酒歌，慰劳和欢迎客队。客队到来后，由客队“代本”为首接过主队的迎宾酒，并回唱友谊之歌，之后，客队的人便会使劲跺脚，意为发出恐吓般的怒吼，勇敢地展示将士们的威武身姿和雄心斗志，以此拉开对抗比赛的序幕。

比赛期间，两村射箭队员不仅在射箭场上有正面交锋，在私底下也会建立友谊关系。尖扎有句俗语说“好戈雅亲如兄弟”，在射箭比赛中，一般村与村之间不会换戈雅[①]，因此，箭手与自己的“戈雅”在比赛中会越来越熟悉对方，当天的比赛结束后，箭手与自己的“戈雅”会互相邀请对方到家中做客，因双方忌讳探讨比赛胜负等话题，其活动内容多是拉家常、谈生活、叙友情、唱民歌，在彼此熟悉的活动和话题中逐渐成为关系很好的朋友。此外，射箭比赛期间，不仅有射箭队员，而且有很多村民前来为自己村子加油助威，一些临近村子的人也会前来观

---

① “戈雅”指两村进行比赛时，会依次派一个箭手出场，以对抗形式射箭，每人射两支箭。之后，客队依次派射手出场，主队则派出相应对手，这个相应的对手就被称为“戈雅”。在比赛期间，一般不换“戈雅”，也可理解为对手是相对固定的。

看，赛场上坐满了老人、小孩和妇女，他们时不时地为自己村子的射箭队员欢呼，也时不时低头交流，无形之中拉近了彼此的距离，同时也加强了两村之间的进一步交流。

射箭比赛期间，两村会商量举行达顿宴会的事情。这一事宜由村里较有威望的长者出面协商，如果协商成功，便在村子的嘛尼康或者集体活动中心举行这一盛大仪式。据俄什家村的扎西老人讲：

> 挑战村与被挑战村商议是否举行达顿宴，如果被挑战村同意，便将举行，不同意也不会勉强。如果同意举行，两村有威望的老人便会商定日子。在达顿宴那天，两村人员会唱歌跳舞，欢庆宴会。一开始两方对唱民歌，唱了一段时间的民歌后，按照习俗便会有妇女站出来说话，让妇女们唱歌，妇女们唱了五六首后便有老者声明，开始对唱藏族情歌（拉伊）。他们的对唱很讲究，有“虽箭输，但歌赢”的说法。人们会持着虽射箭不如对方，但对唱必赢的心态，与对方对唱，对唱会一直持续到第二天黎明时分。宴会结束时，两方握手，祝愿明年两村还能举行友好比赛。①

另外，达顿节是否举行也跟村子的经济情况有直接关系。以往，如果村内的每家都能承受一席宴会，而两村进行射箭对抗比赛时又比较和谐、友好，就会举办达顿宴。活动一般持续四至五天，其中第一天由两村各自准备；第二天甲村前往乙村射箭，晚上住在乙村并举行“达顿宴”，通宵对歌；第三天上午射箭；第四天乙村回访甲村，下午比赛射箭，晚上举行宴会和歌舞活动；第五天上午射箭后，“达顿节”全部结束。“达顿节”主要是以箭为媒、以箭会友，一般先将比赛对手请至家中，以本土特色餐饮盛情款待，再到嘛尼康集体宴请。宴会开始时，主

① 访谈对象：扎西；访谈人：王淑琴；访谈时间：2014年7月16日；访谈地点：俄什家村扎西家。

场的男女们会先聚集在嘛尼康恭候迎接客队的到来。等客队的将士们跟随“代本”集体进场时，主队妇女们会堵在门口，客队的弓箭手只有高唱“进门歌”，随后妇女们才会让他们进入宴会现场，期间主队妇女也会给客队的男子敬酒、献哈达等。宴会上，不仅有两村射箭队员，而且还坐满了两村的老人、妇女及儿童，人们集体分享食物，观看宴会节目，也会互相交流，彼此之间互称“夏尼（亲人之意）”。老人们会谈谈各自村落的发展或总结一下各自村落这一年的射箭成绩；男子会交流射箭的技巧或者心得，同时讨论射箭比赛中射箭技艺高超的人；妇女们则唠唠家长里短，诉说生活中的琐事；两村的年轻男女们还会进行“拉伊”演唱，借此机会互相认识了解，整体呈现出一种和谐景象。以下是一段达顿宴会上的“箭说”：

呀，今天是一个美好的日子。
九天的星象美，大地的阳光美，天空的日月美。
既是吉祥的日子，又是圆满的日子，万事如意的日子。
这是一块水草丰茂的宝地，檀香树叶常绿的地方，
夏季杜鹃悦鸣的地方，秋季五谷丰登的地方，
满野牛羊成群的地方，从前勇士出世的地方，
恶人重法严刑的地方，富人举行宴会的地方。
上天显现八福佛轮，犹如人间保护之神。
大地绽开八瓣莲花，恰似人间铺长虹毯。
人心灵魂美如雪山，白雪山上如照阳光。
这个家就像天神家，天神家好比彩虹帐，
会集八瑞相般贵客，奶茶美酒宛如海洋，
金眼鱼也难以游动，珍馐美食堆如泰山，禽王大鹏难以飞越。
全村欢庆人寿年丰，小伙子穿戴多么魁梧，
小姑娘打扮多么美丽，小孩子唱跳多么热闹。
呀，今早太阳东升最早，人间幸运良缘最早。

按藏人家的习俗，祖宗前辈的规矩，

这院亲家的要求，安置三十排席位：

上席坐有诸村老，有雪狮般的威严；

中席坐有成年人，有猛虎般的气势；

下席坐有众妯娌，比孔雀翎眼更美；

孩童们围绕席边，如海洋满是宝贝。

呀，在主席上首宝座上，坐有箭官倍亲诺布，是伏四方四敌的象征。

白头盔者覆盖日月光，这是护法神保佑的象征。

身披白甲者满空间，这是豪气上九天的象征。

登轻鞋者满大地，这是勇士守护本地的象征。

他是千名射手的箭官，权势浩如海洋的吉兆。

他有射万箭的本领，这是统一天下的象征。

他具有万夫不挡的勇气，又有才能出众的智慧，

这位文武双全的箭官，是百万骑士的总管，

是权势贵族的后人，我向箭官赞美几句。

右席席位的首座上，奉有六翎的金箭，这是措周岭的命箭。箭口为祥瑞的日月，绕有宽宏大量的神老；四面翎箭如风速的翅膀，绕有快速的风灵神；有朱色红箭的袈裟，绕有红马头金刚神；有紫桦树皮饰边，绕有紫色董族的豪气。

制敌的扁平的箭镞，绕有四大力士之神，

是由我大神楚天传下，黑头藏人的传家宝。

我把这支铜宝箭，保存在家仓的柱子上，

到了明年的今日，我家定生神箭手。

愿射手家族后继有人！祝赛箭仪式更加兴隆！贺诸箭手吉祥如意！

呀，左席席位的首座上，供有八角白色的宝弓，是我吐蕃藏人的祖传宝。上弓绡以白鹿角造，是我长寿佛所赐；

弓靶子由佛腹竹制，是由我中界赞赐；

下弓绡以野牛紫角作，是由我下界龙宫赐。

有上万天神的拇指角，有万福难当的勇士，

胆敢大如大圆石，弓弦装有铜硬线。

这是射万箭的导火线，是由我柔丹智合波佛赐，用于制服野蛮人。

角作子来察用料，角料制造的白宝弓。

上午闲在箭官手，下午忙于射箭手，忙中带来成就果，为成就愿天地吉祥！

呀，我手中的这支箭，料为茂盛的白松木，

箭杆端正有弹性，是百发百中的象征，

四面装有四翎箭，是制伏四方四敌的前兆。

箭镞终于有响声，是穿透敌心的象征。

箭心红而又端正，是品尝敌血的预兆。

上箭腰绘红作装饰，是英雄壮志气的吉兆。

下箭身包有桦树皮，是制伏怒敌的象征。

箭身留有三个第，是统领三千世界的瑞相。

我把箭置于弓弦上，是红霹雳落顶的恶兆。

射手拇指硬起来，是毁灭敌军的象征。

具备九相的这支箭，我今天敬献给箭官手。[①]

这段“箭说”反映了达顿宴会上人们的心情和“神箭”的地位。其中描述的宴会座位排列方式，即“按藏族人家的习俗，上席坐有诸村老，中席坐有成年人，下席坐有众妯娌，孩童们围绕席边，在主席上首宝座上，坐有箭官倍亲诺布”。达顿宴虽然众人参与，是一场气氛和谐欢乐的宴会，但其座次等级也有区别，其中长辈高于晚辈，男人高于女

① 李加才让主编：《黄南射箭》，2013年，第26页。

人，箭官高于众人。这也进一步说明，射箭比赛仪式，民众都是在遵从一定秩序的前提下进行的，进行宴会活动也当有长幼秩序，而这种秩序是大家公认的村落秩序，是共同创造、接受和分享的秩序，也是民族传统生活的秩序。比赛全部结束时也是达顿节结束的时间，这一天，主场队友会给客队射箭手们送上祝福，客队的射手们会在主队妇女们吉祥的歌声中依依离开。

村落之间举行射箭比赛，期间各种象征性仪式活动更多的是为加强村落与村落之间的联系，也满足了彼此“和睦共处”的共同愿望。在比赛期间，负责比赛事宜的“达宏”、村主任及村中有威望的老人会时刻与对方村子保持联络，加强沟通，积极协调比赛中出现的问题，同时带领村民做好与对方村落的各种交流工作。从本质上来讲，射箭游戏的举行就是村与村之间的集体互动，在这场互动中，有长远目光的“村落文化精英”（达宏、村主任及有威望的老人）群体，希望趁此机会与对方村落建立良好的关系；而村民则利用两村人聚在一起的时机，加强自己与村落以及村落以外的人群之间的联系，希望在特定时间段中，个人家族关系、姻亲关系和其他社会关系都能够通过宴饮、欢迎等仪式得以巩固和加强。于是，形成了村落与村落之间既相互竞争又相互合作的村落传统秩序。

2. 村落与村民之间

射箭比赛不仅带动村与村之间的联系，从一个村落内部来说，这一比赛也加强了村落与村民之间的联系，进一步带动村民与村民之间互帮互助。俄什家村是隶属尖扎县措周乡的行政村，也是保留传统射箭习俗最完整的村落之一，谈起该村的历史时，当地老人扎西措说：

> 俄什家村共有古德仓、陀仓、郭仓仓、葸保仓、西夏仓、冉加仓、俊仓、垛仓、阿德仓、珲仓十个部落。这十个部落中最早占地的是珲仓，它来源于甘南那边一个叫卡加村的地方。古德仓、陀仓、郭仓仓这三个部落来源于热贡古德那边。葸保仓、西夏仓、冉

加仓这三个部落来源于拉萨那边，他们最开始来的时候以射箭选取定居的位置，三个部落的头领各射一箭，箭射向哪方，他们便去哪方定居。[①]

或许是“以箭定居”的方式让该村人与箭结下良缘，该村男子不仅喜欢射箭，更对“神箭”有虔诚信仰。该村村民主要在农历六月十五日供奉祭祀的拉麦神山，这一神山位于俄什家村6千米处，山高2823.6米，山因是红土山，所以被命名为“拉麦”，藏语意思为“很红”。祭祀主要供奉酥油糌粑，不供肉食。据当地人说，这座神山能够使本村风调雨顺，庄稼丰收，人无疾病，畜无损失，小孩长大，老人长寿。村民为了村落一年的福运，也为了射箭比赛能够取得胜利，常常上山祭祀山神。他们认为山神是村落的保护神，如果高兴了，就会使人们在射箭比赛中取得胜利。据尖扎的老人讲，在供奉山神时，还会向其供奉弓箭，因此村里每年会规定几户人家制作箭杆，等到祭祀的时候用来做供奉品。此外，也有一些人自发地制作弓箭并携带自己制作的箭杆上山祭祀山神。这种祭祀山神以期为村落带来福佑，以及在射箭比赛中取胜的方式普遍存在于尖扎每个藏族村落中。

在村落内部，进入射箭比赛阶段，会有一套完整的组织体系，进而带动全村人统一有序地行动。在村民看来，一场射箭比赛最终成绩不仅关乎村落的荣誉，也决定了村落接下来一年里的福运。所以，比赛还未开始前，村子内部就已经开始准备了：

一般射箭比赛是从十月份开始，在十月、十一月、一月、二月四个月内举办，举办比赛前人们共利用七天时间聚集在寺庙里，念度母经祈求神灵显灵保佑他们夺冠。比赛如果本村赢了，那这一年

① 访谈对象：扎西措；访谈人：王淑琴；访谈时间：2014年7月16日；访谈地点：俄什家村扎西家。

整个村子的人将不会被病魔缠绕，会健康长寿，村里也将免受一切灾害，牛羊成群，丰收多多。如果输了，本村人员会认为没能保住本村的名誉及尊严，而老人们则会聚集人员在本村寺庙里念经，驱除这一年的灾害。

图14-8 清晨为自己村落射箭队煨桑祈福的老人

图14-9 两位“视箭如命”的老人

射箭比赛的输赢决定了村落集体命运，因此，每一个生活在该村落的人都重视赛前对射箭比赛祈福的相关仪式。村中的老人会去寺庙念经祈福，希望神灵保佑自己村子在比赛中取胜；所有的箭手会在“达宏”的带领下，上山祭拜山神，举行煨桑仪式，从而取悦神灵，以期获得成功；箭手个人也会为射中靶子而举行祭拜仪式。具体的方式是：用糌粑制成小颗粒用作煨桑。在出发去比赛的路上，箭手们跟在当选的“代本”身后，除三次回头看望自己村子的方向召唤神灵外，其余时间不得喧哗、吵闹和嬉笑，要严肃而急切地一步步逼近对方。在比赛中，靶子有两个，每村一个。按当地的习俗，由客队决定当天的射程、靶台大小和中箭有效区域设置等，并重新整修两座靶台。两村的射箭队会分别选择朝向本村方向的土靶作为“母靶”，并围成一圈呼唤和祝福，象征性地给“母靶”赐予希望、力量和信心。比赛期间，村落箭手遵从“达宏”命令，严格按照规定顺序出场。比赛期间，村落射箭队每天会早早起床，在“达宏”带领下到山头进行煨桑仪式，或为昨天的许诺还愿，或为当日的决战求神。此外，民众在平日里也会祭祀神山，其目的之一就是让村落在有射箭比赛时能够取得胜利。

当确定举办“达顿节”后，村落内部没有参加射箭比赛的村民们会立即成为有组织的集体，在村主任及有威望的老人带领下，每家每户奉献煨桑敬神所用的糌粑，尤其妇女们，会停下身边所有事情准备达顿宴会上的食物，包括烧土饼、炸油条、煮手抓肉、捏包子、包饺子等。村民会根据村里统一安排和分工，把自家的桌子、盘子和柴火等集体联欢所需物品，纷纷搬进“嘛呢康”内，并摆好食物，排练歌舞。在招待宾客过程中，主队射手和女主人有明确社会分工。一般敬酒端茶和堂内服务，全部由射箭场上的男子完成。女主人在家端茶敬酒、款待贵宾，在联欢宴会上则只跟客队的弓箭手比歌对唱，演唱“鲁”，表演“则柔”“安昭”等舞蹈，甚至通宵跟宾客对唱情歌。

在举办射箭比赛的过程中，村落内部生活秩序得到巩固，村民敬重村中老人。如俄什家村的三智加老人、扎西老人，作为“村落精英”能言善辩、善于交际，带领全村与其他村建立良好关系，他们能写会算、办事果敢、利索精干，以安排村落中日常大小事宜和重要节会活动。尤其在射箭比赛期间，全村人员会自愿服从他们的安排。事实上，这些年长的“村落文化精英”在日常生活中是村民公认的秩序化的村落关系的忠实维护者，是村落伦理道德规范的最佳执行者，也是村落民众生活纠纷的主要处理人和裁决者。因此，在射箭比赛中，他们与村民之间形成了一种组织者与被组织者或者说是负责者与被负责者的等级秩序，但是这种秩序是以“温和”的状态存在的，它是村民公认的、祖祖辈辈传承下来的生活秩序，正如黄应贵所说：“老人是‘久远的话语和习俗’的传递者，经由他们的经验，‘历史’也蕴含着‘传承’与‘改变’并存的性质，换言之，他们所认为的历史是具有政治的权威与权力的过去事物，而愈是久远的历史则愈具有权威和权力，但这种权威和权力的基础，则来自于文化上对于祖先、起源、老人等概念所赋予的价值。”①

综上所述，在射箭比赛仪式场域中，不仅可以看出“神箭”符号已内化为尖扎藏族共同的“神箭”情感，而且在村落与村落之间的集体互动，村落内部的个体关系保持中，它象征了村落传统秩序，也维系着“村落团结”，这种团结包括村落与村落的团结和村落内部的团结。正如俄什家村三智加老人所说，村与村之间举行传统射箭比赛的意义“一是为村落的团结，凝聚力量。二是为村落的发展，共同繁荣。三是为村落的吉祥，诚挚祝愿”。②

“神箭”在尖扎藏族民众生活中是“勇敢正义”的英雄象征，也是“以和为贵”的村落秩序和村落团结的象征，它们成为尖扎藏族保持文化认同的重要条件。格尔茨曾说：“文化是从历史沿袭下来的体现于象征符号中的意义模式，是由象征符号体现表达的概念体现，人们以此进行沟通，延存和发展他们对生活的知识和态度”。③在尖扎，沿袭千年的“神箭”文化是藏族民众生活的知识积累和真实态度，也是他们表达自身文化的核心载体。虽然在时代变迁中，“弓箭”功能经历了一次次变革，但作为深入藏族民众生活中的象征符号，它所传达的意义和内涵却

① 黄应贵主编：《时间、历史与记忆》，台北：“中央”研究院民族学研究所，1999年，第14页。

② 访谈对象：三智加；访谈人：王淑琴；访谈时间：2014年7月16日；访谈地点：俄什家村三智加家。

③ 【美】克利福德·格尔茨著，纳日碧力戈等译：《文化的解释》，上海：上海人民出版社，1999年，第103页。

是永存的。

当然，“神箭”象征符号的意义是动态化过程，它会因尖扎地区民众内外环境的变化而做出适应性的调整，也在一定程度上反作用于尖扎地区民众生活的内外部环境。

第三节 “五彩神箭”文化品牌的建设道路

在全球化与经济一体化背景下，地方文化品牌价值逐渐凸显出来，增强地区的核心竞争力成为人们的共识。尖扎县工业条件先天不足，农业基础较为薄弱，但是文化与自然资源丰富。因此，通过建立文化品牌建设推动旅游发展成为尖扎县寻求经济又好又快发展的突破口。近几年，尖扎附近的县建立了自己的旅游文化品牌，如贵德县以“天下黄河贵德清”闻名于全国，每年定期举办“梨花节”吸引大批省内外游客；循化县以“撒拉族”自2005年起举办的“国际黄河抢渡赛”扩大地区影响力；同仁县建设了驰名中外的“热贡艺术”品牌，而且境内土、藏等民族举行的“热贡六月会”，每年都会吸引成千上万的海内外游客。在促进社会经济发展，扩大尖扎地方影响力的需求下，尖扎县建立属于自己的文化品牌迫在眉睫。

自2006年起，尖扎县政府开始举办“五彩神箭杯”传统射箭邀请赛，并逐渐推出“五彩神箭”文化品牌建设。“五彩神箭”文化品牌以“神箭”文化为原型，主要抽取了其中的传统射箭文化。笔者以为，这主要是出于三方面的考虑：首先，“神箭”文化是尖扎县的标志性文化，至今已深入到每一个藏族村落中，成为尖扎藏民族神圣与世俗空间中不可分割的一部分，加之尖扎县67%的人口都是藏族，藏族村落数量最多，分布也最广，这就意味着“五彩神箭”品牌从一开始就有广泛的群众基础；其次，“神箭”有“珍视生命、勇敢正义、以和为贵”的象征意义，这符合当代人类社会倡导和平、和谐、平等的发展理念；最后，尖扎传统射箭文化是民族体育文化，是多民族共享的体育项目。目前，“五彩神箭”品牌已成为独具地方特色，传统与现代、原生与衍生交织，文化多元融合的文化共生系统。

一、“五彩神箭”文化品牌的价值定位

品牌价值是品牌的灵魂，它让消费者清晰地识别并记住品牌的利益点与个性，是驱动消费者认同、喜欢乃至爱上品牌的主要力量。“五彩神箭”品牌是尖扎人生活意义、文化意义载体，具有民族性、价值延伸性、多义性和增值性，凝聚了民族文化力量，是尖扎县文化丛中的典型代表。因此，在对“五彩神箭”品牌价值定位时，地方政府结合地方经济发展水平、民族文化发展现状以及“五彩神箭”品牌的特殊性，最终得出了有利于尖扎县整体发展的核心主题。

（一）“五彩神箭”文化品牌的核心价值

品牌建设初期，尖扎县政府就“五彩神箭”的名称由来和历史渊源做了详细解释，并呈现了《“五彩神箭”名称由来及历史渊源简述》：

1. 源自尖扎县民族传统射箭活动的兴旺发达。射箭是尖扎县各民族共同喜好的一项民间体育活动，是全县80个村社各民族群众文化生活中不可缺少的重要部分。体育部门每年在重大节日期间都会组织不同规模的尖扎民族民间传统射箭运动，这使得尖扎县射箭规模不断扩大，群众基础日益增强，涌现了一大批技艺高超的民间射手，带动了这一运动在沿黄（河）地区的兴起。2006年4月省体育局将尖扎县列为“青海省民族传统射箭运动之乡”。2007年国家体育总局射击射箭运动管理中心将尖扎县命名为“中国民族射箭运动之乡”。

2. 源自尖扎县藏传佛教后宏期历史记载。史载：坎布拉地区是藏传佛教后宏期的发源地。9世纪中叶，吐蕃王朗达玛在西藏开展灭佛运动，拉隆·贝吉多杰在行刺朗达玛后，跑到青海平安驿，在白马寺居住。因白马寺处于唐蕃古道路旁，缺少隐匿之利，他便翻过

青纱山，至尖扎县智合寺原址将刺杀朗达玛之弓箭藏匿于此，后人在此处建寺，寺名智合寺。拉隆·贝吉多杰后寻至坎布拉阿琼南宗与三贤哲会合，同住20多年，同时与喇钦·贡巴饶赛一起在此点燃了佛教后宏期的星星之火。

3. 源自藏民族历史传说、风俗习惯。史上藏族系游牧民族，射箭、骑马，必不可少。藏族长篇史诗《格萨尔王传》中骁勇善战的格萨尔及其统帅将士均是精通骑射的勇者。如今藏族群众每年祭奠山神时都要在俄堡上插上彩箭祈福，在粮食丰收时要在高耸的粮食堆上插上彩箭欢庆，在重大节日期间要组织射箭活动竞赛。

4. 与西海民族音像出版社合作录制拍摄的电视纪录片《五彩神箭》名称相呼应。[①]

根据上述解释，尖扎县政府充分利用藏族传统射箭活动，为“五彩神箭”文化品牌注入深厚的文化内涵，使其一开始就与传统连接在一起。然而，该报告中并没有解释“五彩”这一关键词，而是说其与电视纪录片《五彩神箭》的命名相呼应。2007年由尖扎县政府与西海民族影像出版社合作拍摄，讲述尖扎藏族村落传统射箭比赛。该片的命名与“五彩神箭”文化品牌命名有直接联系，当时参与命名的尖扎县文化工作者说：

“五彩神箭”，刚开始起名字的时候，是要拍一个有关射箭的纪录片，而当时的现场指导就是我。我们拍出来了以后，这个片名是我们好几个人在一起商量想出来的。我们的想法是：彩虹是吉祥的象征，而按照藏族的说法是彩虹有五种颜色，而藏族常用的也是五种颜色。于是，我们就将这个想法告诉了相关领导，领导同意了，之后举办赛事，报到国家体育局时我们就用了“五彩神箭”这

① 尖扎县文体广电旅游局：《“五彩神箭”名称由来及历史渊源简述》，2006年。

一名称。[①]

另一位文化工作者的解释较为详细：

“五彩神箭”为啥是五色的？因为藏族常用的颜色只有五种，藏歌只有五种音调，没有国际的那种七种音调。而“五”这个数字有一个相关的传说，射箭的人可能都知道，传说有个专门的神叫作“五花箭神”，他的箭羽是五种颜色。为什么叫他“五花箭神”，就是说他一弓可以拉完五支箭，五支箭可以射向不同的地方，这个也跟《格萨尔王传》有关。在《格萨尔王传》里面最有名的《霍岭大战》中，岭国和霍尔国交战，尖扎地区从地理位置上说就是当时的霍尔国，霍尔国的意思就是多民族聚集的地方，而岭国的岭就是汉人的意思。在藏传佛教的概念里就是指这个世界的人是正常的，人神共存的，人就是神，神也是人。而像霍尔国，就是魔鬼和人共存的地方，人就是魔，魔就是人，其实说简单一点就是指顽固、不开化的野蛮人。当时霍尔国的弓箭是比较厉害的，冷兵器时代的主要武器就是弓箭，“五花箭神”在当时只不过是一个普通的士兵，但是在那场战争中他发挥了自己的才能，一弓五箭，五箭射出去可以射中五个人，于是在这场战争胜利以后，人们便把他尊为神，称作“五花箭神”。“五彩神箭”中神箭的设计，虽然不是说以他的箭为蓝图，但是有这个概念在里面。藏族的数字好多是以单数为主的，像三、七、九是最吉利的数字。当时在定“五彩神箭”这个名称的时候，我也参与其中，我也大概知道组织者的一点意图。当时第一次说的是“九彩神箭”，但是因为一般没有九种色彩，只有“赤橙黄绿青蓝紫”七种色彩，但是这个文化又不全然是藏族的，

① 访谈对象：尼玛太；访谈人：王淑琴；访谈时间：2014年12月10日；访谈地点：尖扎县文体广电旅游局。

藏族传统信仰中经常出现五种颜色，所以最后就取名为“五彩神箭”。当时报到国家体育总局的时候，他们那边还说怎么不叫“六彩神箭”，但是文化的差异性就体现在这个地方。[①]

由此可见，“五彩神箭”包含了藏族传统的色彩观念，“五彩神箭”品牌符号中的彩虹象征着吉祥。

确立品牌名称后，在尖扎县政府组织下设计了代表“五彩神箭”品牌的标志，并给出了全方位的解释：

标志底色为白色，代表养育5万尖扎儿女的申宝山，白色是圣洁、吉利、祥和的象征。申宝山位于县境西部贯加乡境内，主峰海拔4614米，为境内第一高峰，山名为藏语，汉语意思是魔王山；标志中弓弩顶端渐进分层如图所示，代表神箭吉祥缀物和弓弩之动感。弓柄处“多杰”图案既显示民族文化，又是弓势的象征。弓弩中部箭道图示，代表县城铁岭大道和箭行方向，象征尖扎县经济和社会等各项事业蓬勃发展。弓箭由绿、蓝、黄、黑、红五色组成。绿色代表江河水，象征怀抱尖扎96千米的母亲河——黄河带给人们的机遇和希望；蓝色代表蓝天，象征尖扎人民广阔、博大、坦荡、无私和深情的胸怀；黄色代表大地，象征“马克唐”（汉语意为“酥油之滩”）的丰美和富饶；黑色代表大力金刚神，象征全县各族群众团结凝聚之力

图14–10 “五彩神箭”标识

① 访谈对象：第三届“五彩神箭杯”开幕式现场工作人员；访谈人：王淑琴；访谈时间：2014年9月10日；访谈地点：尖扎县五彩神箭体育场。

量；红色代表空间护法神，象征坎布拉神奇的丹霞地貌和各族群众崇尚正义、谋求发展、加快发展的意愿。“五彩”向世人传递着受申宝雪山滋润、黄河母亲哺育的尖扎儿女团结一心、共谋发展、建设社会主义和谐社会的信念与决心。香香得宝是如来身边的神鸟，会说话、会唱歌，身披五彩羽毛，是藏传佛教后弘期发祥地的代表灵物之一。标识中以此鸟五彩的羽毛托起神箭，寓示“五彩神箭”飞向世界。“五彩神箭”标识始终贯穿着团结、友善、开放、发展、和谐的主题。①

“五彩神箭”文化品牌的整体造型是一把弓箭的符号化，这就使品牌视觉形象稳定地显现在民众的认知中。“五彩神箭”文化品牌始终强调尖扎各民族之间的团结互助和地方社会发展，即“和谐、发展”是政府对“五彩神箭”文化品牌寄予的希望，这也是政府工作追求的目标。因此，按照品牌核心价值是品牌的终极追求定律，“和谐、发展”是“五彩神箭”品牌的核心价值。同时，这一核心价值在政府举办“五彩神箭杯”射箭比赛中也有所体现，如其始终强调了“以箭为媒，以箭为友”“弘扬民族文化，发展特色旅游”“弘扬民族文化，展示灵秀尖扎”等。

（二）“五彩神箭”品牌核心价值的现实意义

在“五彩神箭”品牌建设过程中，尖扎县政府始终紧紧围绕“团结、友善、开放、发展、和谐”的主题。其中“团结、友善、开放”反映了尖扎人自古以来的优良传统和民族观念，而“和谐、发展”的核心价值理念更是凸显了尖扎县的发展需求，从而使“五彩神箭”文化品牌更具有差异化价值。具体来说，“五彩神箭”文化品牌核心价值的现实意义具有以下四点：第一，它遵循传统，发扬传统，继承了“神箭”文化“以和为贵”的象征含义，一方面使得传统文化在现代社会以新的方

① 尖扎县文体广电旅游局：《“五彩神箭”标识释义》。

式传承，另一方面也使得“五彩神箭”文化品牌核心价值具有历史感和传统性。第二，它符合当代社会发展的主流趋势，即在国际上提倡“和平共处”，国内提倡“和谐中国”的环境下，“和谐、发展”主题能够赢得人心，获得各民族的广泛认同。第三，它紧扣尖扎县县情，作为西部偏远地区的少数民族县域，如何帮助各民族人民群众走向共同富裕的生活，让他们早日实现稳定富裕的小康生活，是尖扎县政府工作中的重中之重。所以“和谐、发展”是尖扎县目前积极进行的事业，也是政府追求的目标。第四，“五彩神箭”文化品牌内涵中虽有很多藏族传统文化，但是在品牌追求“和谐、发展”的核心价值方面又包含了尖扎各族儿女和谐共处，共同发展的愿望，使得品牌在各族群众间更具有号召力，从而又凝聚了尖扎各族群众的共同力量，向共同发展、共同繁荣的道路前进。

（三）以比赛和文化节为品牌建设发展的舞台

在“五彩神箭”文化品牌建设过程中，尖扎县根据自身实际发展情况制定了品牌发展战略。

尖扎县政府将“五彩神箭”文化品牌纳入尖扎人的生活实践中，政府主要是以定期举办传统射箭比赛和现代性节庆来扩大品牌影响力，以期带动整个县域内旅游业的全面发展。

尖扎县从2006年开始举办“五彩神箭杯”传统射箭邀请赛，该项比赛是省级体育比赛，2009年，政府将该项比赛的规模从省级扩大到了国家级，2010年，其已成为国际性赛事。此外，政府加入了“达顿文化节”，将其作为赛事的一部分，整个比赛的完整名称为“‘五彩神箭杯’国际民族传统射箭邀请赛暨达顿文化节”。目前，这一国际性的赛事每2年举办一次，时间一般选在9月中旬，因为这一季节多是农闲时节，青海地区的农牧民们会有充裕的时间练习射箭并前来参加比赛。

（四）“五彩神箭”国际民族传统射箭邀请赛暨达顿文化节”

2014年9月10日，尖扎县举办了“第三届‘五彩神箭’国际民族传统射箭邀请赛暨达顿文化节”。参赛的射箭队中国外的有8支，分别是法国、德国、匈牙利、荷兰、马来西亚、波兰、土耳其、美国代表队；省外的有台北代表队、内蒙古自治区代表队、河南省代表队、湖北省代表队、江苏省代表队、浙江省代表队等、四川省凉山彝族自治州代表队等；省内的代表队有几十支，包括西宁市代表队、海东市代表队、果洛藏族自治州代表队、海南藏族自治州代表队、黄南藏族自治州代表队；而尖扎县各个村落也派出了代表队，如李家村代表队、俄什家村代表队，昂拉代表队等。赛事共设传统弓20人组、反曲弓20人组、复合弓20人组、传统弓5人组、反曲弓5人组，共5个项目。按项目每队参赛人员确定为20人（含领队、教练、联络员）和6人（含领队、教练、联络员）2种。举办赛事期间，尖扎县设立了赛事执行小组，执行领导下设一个领导小组办公室，其余分成8个小组，包括协调指挥组、安全保卫组、宣传组、射箭组、文艺活动组、后勤接待组、环卫组、推介招商组，在比赛期间8个小组既分工又合作，对赛事顺利进行起到了重要作用。赛事共举办8天，主要的赛事流程如下表：

表3-1　第三届“五彩神箭”国际民族传统射箭邀请赛暨达顿文化节活动指南

<table>
<tr><th colspan="2">时间</th><th>活动内容</th><th>活动地点</th></tr>
<tr><td>9月6日</td><td>全天</td><td>20人组复合弓报到</td><td>县人大一楼</td></tr>
<tr><td rowspan="2">9月7日</td><td>8：00—12：00</td><td rowspan="2">1. 传统角弓20人组报到
2.20人组复合弓比赛</td><td rowspan="2">滨河新区射箭场
五彩神箭射箭场</td></tr>
<tr><td>14：30—18：00</td></tr>
<tr><td rowspan="2">9月8日</td><td>8：00—12：00</td><td rowspan="2">1. 传统角弓20人组比赛
2.20人组复合弓比赛</td><td rowspan="2">滨河新区射箭场
五彩神箭射箭场</td></tr>
<tr><td>14：30—18：00</td></tr>
<tr><td rowspan="2">9月9日</td><td>8：00—12：00</td><td rowspan="2">1. 国外、省外、省内传统弓、反曲弓队报到
2. 传统角弓20人组，20人组复合弓比赛
3. 传统角弓20人组决赛</td><td rowspan="2">滨河新区射箭场
五彩神箭射箭场</td></tr>
<tr><td>14：30—18：00</td></tr>
</table>

续表3–1

时间		活动内容	活动地点
9月10日	10：00—12：30	开幕式	五彩神箭体育场
	12：30—14：00	达顿午宴	县城文化步行街
	14：00—18：00	1. 传统弓5人组，20人组反曲弓比赛 2. 20人组复合弓比赛	滨河新区射箭场 五彩神箭射箭场
	15：00—17：00	申宝心连心民间艺术团专场演出	县城文化步行街
	20：00—22：00	电影《五彩神箭》尖扎首映暨青海五彩神箭影视基地揭牌仪式	五彩神箭体育场
9月11日	8：00—12：00	1. 传统弓5人组，20人组反曲弓比赛 2. 20人组复合弓决赛 3. 20人组反曲弓决赛	滨河新区射箭场 五彩神箭射箭场
	14：30—18：00		
	15：00—17：00	民歌暨拉伊比赛	五彩神箭体育场
	20：00—22：00	《五彩神箭》电影放映	五彩神箭体育场
9月12日	8：00—12：00	1. 传统弓5人组决赛 2. 反曲弓5人组比赛	滨河新区射箭场 五彩神箭射箭场
	14：30—18：00		
	15：00—17：00	民歌暨拉伊比赛	五彩神箭体育场
	20：00—22：00	《五彩神箭》电影放映	五彩神箭体育场
9月13日	8：00—12：00	1. 反曲弓5人组绝赛 2. 传统角弓20人组决赛	滨河新区射箭场 五彩神箭射箭场
	15：00—17：00	闭幕式和颁奖仪式	五彩神箭体育场

从上述表中可以看到，因为参赛队员比较多，加之基本上按照藏族传统射箭规则进行，因而比赛周期较长。比赛中箭靶均采用尖扎民间传统土堆靶，运动员使用的弓有三种，分别是传统弓、复合弓和反曲弓。在代表队中，青海地区的藏族群众包括尖扎各个村落代表队，是传统弓的使用者，其他国家及地方的代表队则多使用现代体育中常见的复合弓和反曲弓。比赛中使用的弓不同，则对应的比赛规则就不同。

尖扎藏族民众使用的传统弓多为牛角强弓，弓的制作技艺承袭了双曲反弯复合弓的传统，一般主体内胎为竹，外贴牛角尤其以野牦牛角为贵，内贴牛筋，两端安装拇指弓稍。传统弓使用的箭主要是竹箭或木箭，民间有俗语："尖扎的箭，卓仓的弓"，说明了尖扎境内保留了相对成熟的造箭技艺，至今还有为数不多的民间艺人仍在制作，其步骤主要是调杆、打皮、刮杆、安装箭头和尾羽等。

尖扎县政府对外宣传时，活动时间是9月10日至12日三天，因为9月6日至9日和9月13日主要是参加比赛的射箭队员报名、参加选拔赛和最后闭幕式及颁奖仪式等，对于更多民众和游客来说，真正能够参与的活动主要在10日至12日这三天进行，所以，这三天也是活动期间最热闹的三天。其中，最受欢迎的活动有比赛开幕式、达顿午宴、拉伊比赛和《五彩神箭》电影放映。

开幕式当天到场的人员有参加赛事的各代表团、裁判员、运动员、工作人员500人左右，嘉宾、新闻媒体200人左右。开幕式主要包括所有参赛队员走方阵、领导和嘉宾讲话、裁判员和运动员宣誓及文艺演出。其中，参赛代表队走方阵和文艺演出是最热闹的环节，很多来自国内外的运动员都会身穿自己国家或民族的服饰，有的还带着自己家乡传统的乐器在主席台前表演一小段，十分吸引观众，尤其是对于生活在藏区的群众来说，平常只能在电视上看到的"国际化"的一幕，如今就在自己眼前，这令他们非常激动。开幕式文艺演出主要围绕"五彩神箭"主题专门编排，包括藏族歌曲、舞蹈等。据笔者调查，前两届赛事开幕式的文艺演出中请的都是国内著名的演员或主持人，而2014年这一届却发生了变化，据在场工作人员介绍：

（2014年）这一次所有比赛的费用较往年来比有大幅度的减少。2014年，组委会没有邀请省内外的明星来助阵演唱，只是邀请了黄南州民族文工团根据"五彩神箭"的文化背景特地编排了一场开幕式，受到了观众和相关嘉宾的一致好评！这次赛事把"五彩神箭"文化通过电影、舞台、比赛的形式展现了出来，并由媒体进行全方位宣传，使"五彩神箭"品牌的影响力扩展到大江南北，冲出国门，在国际上也成为一个射箭爱好者向往的比赛，这也达到了将赛事活动与“五彩神箭”文化结合的目的！[①]

同时，笔者也了解到比赛费用减少、演出规模缩小与国家出台的“八项规定”有直接联系。“八项规定”出台以后，尖扎县的很多文化活动都实施“从简”原则。

图14-11　2014年“五彩神箭”开幕式现场

图14-12　2014年“达顿文化节”现场

图14-13　千人达顿宴

图14-14　“达顿文化节”上与外国友人合影的藏族青年

开幕式结束之后会举行“达顿午宴”，现场所有领导、嘉宾、运动员和持票人员都可以参加，场地在尖扎县文化步行街。午宴形式是模

① 访谈对象：王征；访谈人：王淑琴；访谈时间：2014年9月10日；访谈地点：尖扎县五彩神箭体育场。

仿民间的“达顿宴”，民众也将其称为“千人达顿宴”。达顿文化节当天，宴会上共设有100顶凉棚，509张桌子，来宾人数达2000多人，众人进餐的场面十分壮观。其中领导和嘉宾席前专门设了一个小舞台，邀请了民间会说会唱的艺人、舞蹈团队表演原汁原味的民间达顿宴会上的节目，如“箭说”“拉伊”和“则柔”等。此外，达顿宴上的食物也颇有讲究，全是传统的藏餐，菜肴有：熬加（奶茶）、糕什加（土烧馍）、锅毛西（锟锅馍馍）、夏夏（藏式鸡蛋饼）、兴（蕨麻酥油糕）、特勒（藏式甜点）、蕨者（蕨麻米饭）、依牛乎（酥油搅团）、依（肉肠）、齐合（血肠）、雪吉（面肠）、次吉（羊肚油包肝）、娄哈（手抓羊肉）、干哈（牛肉）、洋牛尔（土豆泥）、草玛（包子）、粑累（藏式烤肉饼）、乔（烩菜）、班食（藏饺）、蕨茨合（蕨麻青稞粥）、者当（粥）、雪（酸奶）等，政府还专门为信仰伊斯兰教的人设置了清真达顿宴。

“拉伊”暨民歌比赛是当地民众最喜爱的活动之一。比起射箭，演唱“拉伊”的环境让人们的心情更加放松，很多白天参加比赛的射箭手都会相聚在现场参加“拉伊”比赛，放松心情。据当地民众说，每次举办射箭比赛时，“拉伊”比赛现场往往比射箭比赛场还要热闹。在尖扎地区，以往的“拉伊”演唱活动是在历史悠久的“尖扎嘛呢会”（又名“昂斯多嘛尼会”）期间举行。“尖扎嘛呢会”原是黄南藏族自治州乃至青海海东地区的一个大型庙会，每年农历五月初五起举行，历时五天。届时，尖扎、化隆、同仁、循化、贵德等地的佛教信徒尤其是藏族民众都聚集在化隆县昂斯多乡境内的“尖扎水转嘛尼康”附近，举行盛大的转经法会。法会期间，还会举行一年一度的“拉伊比赛大会”，周围地区的藏族青年男女都会纷纷赶来参加。这个活动至20世纪80年代一直在举行，后来因法会期间遭遇了一场洪水，民众慢慢就不去了。目前，尖扎的藏族民众一般会在春节、正月十五及达顿文化节等节庆期间举行“拉伊”活动，在这些时节中举行的“拉伊”活动基本上是村落与村落之间，而尖扎县政府举办的射箭暨达顿文化节期间，有来自青海各涉藏地区的射箭队员和年轻人，他们也都是“拉伊”的爱好者，所以演唱场面更加宏大、丰富和有趣。

《五彩神箭》电影是由尖扎县政府投资拍摄的一部民俗电影，以展示尖扎射箭民俗为主要内容，电影所有的取景地都选在尖扎县境内，且除了几名主演之外，群众演员均是尖扎藏族民众。电影导演是万玛才旦。当时电影是在五彩神箭体育场放映的，笔者也前去观看，发现现场来了很多人，大家都坐在草坪上，包括白天参加比赛的射箭队员，当看到自己家乡的射箭民俗被搬上大银幕时，每个人都异常兴奋，目不转睛地盯着银幕，直到电影全部放映完，人们才依依不舍地离去。在调查中，文化馆的工作人员也告诉我说：

> 2014年9月，咱们尖扎放了三个晚上的《五彩神箭》，那三个晚上，每天来看的人都特别多，第一天晚上可能达到上万人，而且有天晚上青海省电影管理处的人也来了，他们感到非常惊讶，说他们放了一辈子电影，从没见过这么多人在一个广场上看电影，包括院线的经理都很惊讶。我认为现场有这么多人主要有两方面原因：一方面是，尖扎人本就爱看电影；另一方面就是老百姓自己的生活被搬上银幕让他们觉得非常兴奋，这就足以成为老百姓非常喜欢的这个电影的原因，而且对尖扎县来说，把自己的地方文化搬到银幕上，这也是非常成功的一个项目。[①]

虽然有很多外地的游客，但是他们大多主要是观看开幕式表演和参加达顿午宴，接着就是走马观花式地逛逛，并没有完全参与三天的全部活动。节日最忠实的参与者是尖扎的群众，尤其是藏族民众，对于他们来说，参加这样一场大型活动是非常难得的，这是关于自己民族文化的活动，而且又是在自己家门口。

---

① 访谈对象：尼玛太；访谈人：王淑琴；访谈时间：2015年8月19日；访谈地点：尖扎县文体广电旅游局。

至今，尖扎县政府已成功举办三届国际性的射箭邀请赛暨达顿文化节。在每一届赛事的策划中，政府都是以“政府承办，全民参与”为原则，积极挖掘原生态的“神箭”文化资源，以最大限度地传播“五彩神箭”品牌。以下是2010年至2014年尖扎县举办国际射箭邀请赛的策划内容：

表3-2　2010年至2014年尖扎县举办“五彩神箭”国际射箭邀请赛的策划内容

年份	总体目标	活动主要内容
2010年	1. 弘扬民族文化，倡导绿色环保，发展特色旅游，推动全民健身。 2. 弘扬“更快、更高、更强”的体育精神。 3. 充分展示尖扎经济社会发展所取得的辉煌成就，宣传尖扎、提升尖扎的知名度和影响力。 4. 依托坎布拉国家公园资源优势，融入国家级热贡文化生态保护实验区，推进黄河民族文化风情区建设步伐，把“大美青海、灵秀尖扎”推向世界。	1. “五彩神箭”高峰论坛 2. 祭箭仪式 3. 开幕式，参赛队员参加走队列仪式，藏族歌舞表演 4. 达顿文化节 5. 射箭比赛 6. 闭幕式和颁奖仪式
2012年	1.弘扬世界民族文化，倡导全球生态环保，走进高原大美青海，展示达顿故里尖扎。 2.把现代射箭、传统射箭和达顿文化融为一体，力争将赛事打造成青海省四大国际体育赛事之一。 3.展示青海、宣传黄南、提高尖扎知名度。 4.使赛事成为推动文化旅游发展、带动地方经济发展的新动力。	1. 开幕式，参赛队员参加走队列仪式，藏族歌舞表演 2. 达顿文化节 3. 射箭比赛 4. “五彩神箭杯”中国第一届大学生俱乐部传统弓比赛 5. 第八届全省藏族民歌暨拉伊（情歌）大赛 6. 首届青海藏族服饰大赛 7. 闭幕式和颁奖仪式
2014年	1. 弘扬射箭文化，倡导生态保护，走进大美青海，展示灵秀尖扎。 2. 以热烈、节俭、安全、和谐为原则。 3. 力争把邀请赛办成有文化内涵、特色浓郁的国际民族射箭盛会，办成集体育、文化、旅游、商贸为一体的绿色人文体育盛会，成为继环青海湖国际公路自行车赛、国际抢渡黄河极限挑战赛之后的青海省第三大国际体育赛事。 4. 充分展示大美青海、灵秀尖扎，加强对外开放，促进合作交流。 5. 全力推进青海跨越发展、绿色发展、和谐发展、统筹发展。	1. 开幕式，参赛队员走队列，藏族歌舞表演 2. 达顿文化节 3. 射箭比赛 4. 申宝心连心民间艺术团专场演出 5. 电影《五彩神箭》尖扎首映暨青海五彩神箭影视基地揭牌仪式 6. 拉伊歌唱比赛 7. 《五彩神箭》电影放映 8. 招商引资活动 9. 闭幕式及颁奖仪式

从表中可以看出，政府举办三届国际射箭邀请赛暨达顿文化节，其总体目标基本一致，即弘扬民族文化，展示尖扎射箭民俗，并以此扩大尖扎知名度，推动尖扎境内文化旅游发展，同时，这也是“五彩神箭”品牌建设的目的。从活动内容可以看出，三届比赛以来，开幕式、达顿文化节、射箭比赛、闭幕式及颁奖仪式是每次都会进行的四项活动，这说明射箭比赛和达顿文化节是整个活动的核心内容。其余的活动每年都有变化，如青海藏族服饰大赛、拉伊歌唱比赛、“五彩神箭”高峰论坛、大学生俱乐部传统弓比赛及《五彩神箭》电影放映等活动。有学者认为：“品牌创新不是一个简单的管理过程，它必须考虑到许多不同的变数，一个品牌创新的成功与否和其所处的环境是密不可分的，所以，在对品牌进行创新时，必须首先考虑其所处的内外环境，并才能确定品牌创新的方法和思路。”[①]同时，这种活动内容的创新也保证了品牌无穷的生命力和永不枯竭的内在动力。尖扎县对射箭赛暨达顿文化节的内容创新充分考虑到其地域性和民族性，加之射箭在青海地区多是藏族民众喜爱的民间游戏，因此，每一届“五彩神箭”文化节的参与者多是藏族群众。

“五彩神箭”文化品牌不仅是旅游文化品牌，也是体育文化品牌。尖扎县政府积极响应“体育强国，体育强省”的方针政策，认识到体育是人人都支持、人人都能参与的公益事业，传达着积极向上的价值观，同时，少数民族体育文化品牌的定位，可以使其获得更多人的支持。

在品牌不断传播和发展过程中，尖扎县政府积极开发旅游配套设施，以期进一步带动地方旅游业。近年来，尖扎县提出了贯穿县域旅游资源的旅游线路，名为“五彩神箭之旅”，主要包括四个部分：第一部分是坎布拉风景区，游客可欣赏坎布拉景区内的丹霞地貌，南宗峰上的佛教寺庙群，包括阿琼南宗寺、南宗扎寺、南宗尼姑寺等著名寺院，感

---

① 陈淑媛、黄新丰著：《妈祖文化品牌在产业界的延伸与创新》，《湖南科技学院学报》，2010年第11期。

受自然景观与文化景观的奇妙结合。2015年7月至8月间，为加强全县旅游业宣传力度，提升景区内旅游服务质量，尖扎县委、县政府组织开展了“文艺进景区——坎布拉景区民俗风情演出活动”，地点是在坎布拉核心景区德洪游客服务中心。这一民俗风情演出活动，主要通过政府扶持、景区支持方式，由县政府筹资50万元，委托专业演艺公司——青海纵横文化艺术发展有限公司开展。节目以民俗风情表演为主，穿插与游客互动的表演，每天演出2场，每场40分钟，历时2个月。这一演艺活动填补了景区内互动娱乐性活动和民俗风情文化展示方面的空白，进一步提升了景区文化品位，对推动坎布拉景区文化旅游业融合发展起到积极促进作用。第二部分是昂拉乡，昂拉乡境内有保存完好的昂拉庄园，它是藏族千户制的历史见证，也是最吸引游客的文化景点，除此之外还有赛康寺、阿哇寺等历史遗产和昂拉烧馍等非物质文化遗产，是尖扎地区文化旅游发展的重要乡镇。第三部分是宗教寺院，尖扎有很多历史悠久的藏传佛教寺院，其中有些在佛教史上占有重要地位，如智合寺、德钦寺、古哇寺等都集中反映了藏传佛教在青海境内的发展，有极高的历史价值和宗教价值。第四部分，感受尖扎民俗生活。目前，在尖扎县旅游景点分布图上，核心区域是以坎布拉风景区为主的李家峡地区、以千户府为主的昂拉乡和沿黄河一带个别村落，而县城并没有完善的旅游设施供游客玩赏，因此很难吸引游客在县城内逗留观光。为此政府进行了一系列县城内的项目建设，主要包括政府投资1500万元的尖扎民族射箭馆、博物馆项目；藏羌彝文化产业走廊尖扎文化创意产业园商业中心项目；尖扎县喜马拉雅民俗文化村项目，其中政府对民俗文化村的投资力度最大，根据政府文件的描述，其建成之后将会凭借独有的藏族文化、宗教和历史内涵，成为享誉省内外的著名旅游景点。文化村总占地面积192.9亩，总建筑面积为76800平方米，是以满足游客的“吃、住、行、游、购、娱”为基础的旅游服务综合体，汇集了民族特点、文化特点，集民俗风情、传统仪式、歌舞表演于一体，集中展现了涉藏工作重点州县各地的民居建筑、名胜古迹，其中标志性建筑是布达拉宫项目。当地

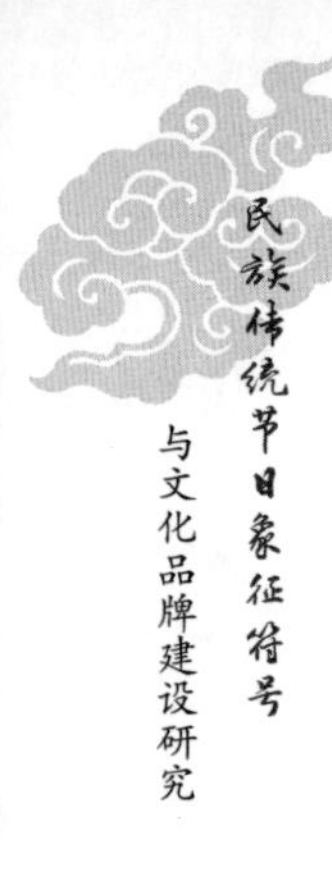

政府期望该项目的建成将成为尖扎文化旅游产业融合发展的典范和传承民族文化的示范基地。这些与旅游有关的项目建设不仅为全县民众提供了就业岗位、提高了劳动就业率，也对促进群众脱贫致富、推进县域旅游业和全县社会经济的发展起到了积极促进作用。

二、“五彩神箭”品牌传播

“五彩神箭”作为尖扎县民族文化品牌，如何实现更大范围内的传播是品牌建设中至关重要的一步。尖扎县地处相对封闭的西部地区，加之周围县域已经有小有名气的文化品牌，如何实现品牌“走出去”战略对尖扎县来说是棘手的问题。但是，尖扎县政府和人民并没有被困难吓倒，而是从尖扎历史文化和传统生活方面着力，提炼“五彩神箭”品牌，并且以多种形式推进“五彩神箭”品牌传播工作。

（一）英雄故事与品牌传播

在品牌传播期间，尖扎县政府往往突出民间有关“拉隆·贝吉多杰”的故事。无论是在制作宣传片，还是向新闻媒体介绍尖扎“五彩神箭”文化品牌时，都会强调拉隆·贝吉多杰在西藏刺杀朗达玛逃到了安多地区，最终将其弓箭藏在智合寺的藏弓殿底下的事件，同时强调尖扎藏族民众的射箭活动是为纪念这一英雄人物而逐渐兴盛起来的，并形成今天特有的藏族传统“达则”。然而，这只是一个民间传说，其真假很难辨别，但作尖扎县为什么在品牌传播中还要采纳这个传说呢？这其实是品牌传播战略。“品牌为什么都热衷于讲故事？因为讲故事是最容易被记忆、传播并互相影响的一种方式；讲故事最容易贴近人性，并使冷冰冰的商品更有情感，消费者更舍得花钱购买，并提高消费者对品牌的忠诚度；品牌故事是在商品同质化的年代，最能使商品差异化的一种工具，其有助于树立品牌的个性，迎合消费者的价值观。”[①]由此可见，无论是对藏族民众还是其他民族的民众来说，拉隆·贝吉多杰的故事都是英雄的故事，而英

① 李光斗著：《全员品牌管理》，北京：清华大学出版社，2009年，第7页。

雄在任何时代都是能够鼓舞人心，给民众带来生活希望、情感寄托的人物。加之尖扎县较好地保存了有关这位英雄人物的历史遗迹，如阿琼南宗寺、智合寺等，这更好地向外界证明尖扎与这位英雄人物的密切关系。因此，在品牌传播过程中，尖扎县始终“捆绑”着拉隆·贝吉多杰以及与他有关的民间故事，从而使品牌更具人性化，并且在传播过程中让民众印象深刻。

（二）注重新媒体传播

在举办有关“五彩神箭”活动时，尖扎县政府积极通过各大媒体来向全国宣传“五彩神箭”品牌。作为相对封闭的民族地区的文化品牌，政府考虑到互联网可以实现更大范围的传播，使品牌走出中国、走向世界。在首届和第二届“五彩神箭杯”射箭邀请赛举办之际，尖扎县政府在北京召开了新闻发布会，在2014年举办第三届赛事时，在西宁召开了新闻发布会，并在发布会进行之前，现场播放“五彩神箭之乡”宣传片。2012年第二届“五彩神箭”国际民族传统射箭比赛期间，人民日报、中央电视台、中央人民广播电台、中国体育报、中国青年报、青海电视台、青海人民广播电台、青海日报、新浪、腾讯、搜狐、网易、中国网、新华网、人民网、中国新闻网、光明网、央视网、中国政府网、青海新闻网等多家媒体对赛事进行了相关报道。

> 为提高本次赛事的知名度，扩大“中国民族射箭运动之乡”的影响力，我们分不同阶段，采取多种方式，加强宣传推介工作。一是赛前在北京国务院新闻发布厅召开了2010首届“五彩神箭杯”国际民族传统射箭邀请赛暨达顿文化节新闻发布会，邀请了人民网、新华网、搜狐、人民日报、北京晚报等全国50多家强势媒体，对新闻发布会进行广泛宣传。二是提前1个月在西宁市新宁广场大屏幕、青海电视台、黄南电视台、尖扎电视台播放赛事广告。三是在县城主要街道通过悬挂横幅、刀旗，制作宣传彩页、画报，设电视宣传专栏等形式强势宣传，为此次活动营造了良好的氛围。四是来自省

内外的23家知名媒体以不同形式，从不同角度报道了赛事盛况。比赛期间，全国60多家新闻媒体对赛事进行了报道。其中，中央电视台新闻频道《朝闻天下》栏目、中央电视台体育频道等14家中央媒体、新浪网等10家门户网站、青海卫视等32家地方媒体报道和转载了赛事相关消息。优酷网全程录播并报道了开幕式和文艺演出，百度网、土豆网等门户视频网站也对其进行了视频转播。①

图14–15　2014年第三届“五彩神箭”国际民族传统射箭邀请赛暨达顿文化节新闻发布会

政府充分抓住当下新媒体传播力量，积极与各大网站及新媒体单位合作。此外，连续三届的国际性射箭比赛，政府都专门邀请了著名运动员孔亚萍担任“五彩神箭”形象宣传大使，还在尖扎县新闻网的政府网页上，专门以“五彩神箭”命名了专栏，里面都是关于“五彩神箭”文化品牌的相关新闻和消息。新闻网的首页上方滚动展示“五彩神箭故乡”“灵秀尖扎欢迎您”等消息。这些都说明了政府积极通过数字媒体来宣传品牌。

① 尖扎县政府：《2010首届“五彩神箭杯”国际民族传统射箭邀请赛暨达顿文化节工作总结报告》。

（三）电影《五彩神箭》

影视是当今世界最有力、最有效的传播媒介和传播手段之一。2014年，尖扎县在“五彩神箭”品牌传播工作中投资最多，做的最重要的一件事就是拍摄了电影《五彩神箭》。该电影由藏族导演万玛才旦执导，拍摄期间特别邀请尖扎县文体广电局的尼玛太做影片的民俗顾问，旨在充分尊重传统的基础上向世人展示尖扎藏族古老而又传统的射箭文化。自2014年该电影拍摄完成至2015年，已获第17届上海国际电影节最佳摄影金爵奖，第32届米兰国际体育电影电视节全球总决赛“金花环奖”等优秀成绩。

在品牌传播方面，《五彩神箭》电影以外显的方式直接推动了品牌的进一步宣传。如电影以“五彩神箭”命名，很好宣传了“五彩神箭”文化品牌；电影所有取景都选在尖扎境内，包括藏族民众的家和其他活动中心，群众演员都是尖扎藏族民众，使电影接近真实生活。电影中的一些场景都暗含了“神箭”文化与品牌宣传，如：演员的谈话，如扎东父亲在谈到箭杆的制作时说的“尖扎的箭，卓仓的弓”的民间俗语和小孩子射箭时提议地点要选在拉隆·贝吉多杰藏弓之处等；电影中射手在射箭前都会默念六字真言，在比赛前整个射箭队上山祭祀神灵，村子里举办法会，跳羌姆舞蹈，并专门解说了该舞蹈的起源；两村之间举行达顿宴会，甚至两个男主人公最后参加比赛时电影中特别强调了是尖扎县政府举办的射箭比赛等，这些细节直接宣传了尖扎的“神箭”文化，也进一步丰富了“五彩神箭”品牌的文化内涵。

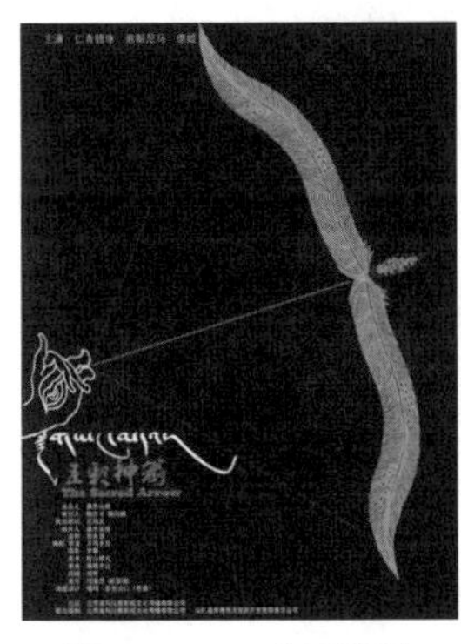

图14–16 《五彩神箭》电影宣传海报

图14–17 《五彩神箭》电影在中央民族大学放映

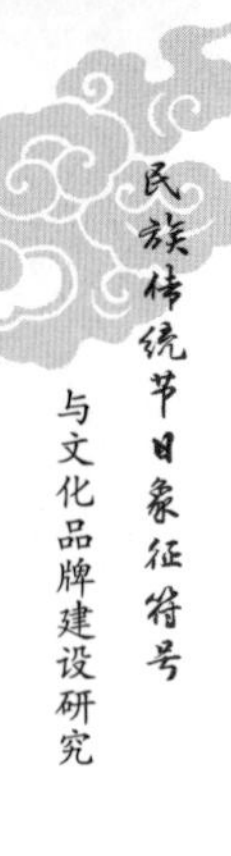

《五彩神箭》电影虽然是宣传民俗文化的电影，但它突破了以往的地方民俗影片的范式，加入了尖扎历史生活的故事情节，这使得品牌的宣传更加深入人心。影片以男主人公扎东的“寻根情结”和“认同心理”为主线，演绎了传统文化与现代文明之间的较量，穿插了藏族社会的村落关系维持、家族内部矛盾与和谐、青年男女的友谊和爱情等。

电影主要讲述了这样一个故事：自古就以箭为媒的拉隆村和达莫村世代友好，但这一次射箭比赛，拉隆村输给了达莫村。射箭场上，胜利的达莫村队员们在欢呼，跳跃，围着箭靶转圈，而失败的拉隆村的队员们则一个个垂头丧气，心中愤愤不平。对于藏族来说这并不是一场简单的输赢，它关系着村子的荣誉、家族的名声和男人的尊严。尤其是男主人公扎东，他出生于拉隆村的射箭世家，父亲年轻时是有名的神箭手，这次失败对他而言打击更大，于是他将愤懑的情绪发泄给了达莫村的神箭手尼玛，一直对尼玛怀恨在心。射箭比赛结束之后的一段时间，失落的扎东处于无心再练习箭术但又不想失去来年夺得神箭手的机会的矛盾状态中。后来，扎东听从了同村箭手的建议，暗自购买现代弓，并组织队友偷偷练习。第二年两村开始比赛时，拉隆村的射箭队员在扎东带领下，信心满满地参加比赛，当众人看到扎东一行人拿出现代弓箭时都极为惊讶，但达莫村队员仍相信凭借神的相助，使用传统弓能够取得胜利。最后扎东所在的村赢得了比赛。在一场传统弓与现代弓的较量中，现代弓打败了传统弓。然而，这时候导演仍然以扎东为主线，记录获得胜利之后扎东个人的心理变化。期间，如扎东父亲一样的村中有威望的老人们最终并没有认可这场比赛，没有他们的认可，比赛成绩在村落中当然无效。扎东本人的心情极为复杂，他并没有因当时的胜利而开心起来。在和父亲的一次促膝长谈中，扎东明白了父亲心中的“神箭”，它一直贯穿于庄严神圣的仪式中、古老的壁画中、豪放的跳箭中、神秘而威武的羌姆舞里，流动在日常生活的传说、宗教仪轨和生存细节中。后来，扎东试着去追随父亲对“神箭”的记忆，他去观看岩洞中的壁画，努力练习羌姆舞，用一颗虔诚之心去练习射箭。慢慢地，扎东理解了父亲所说的那些话，他对“神箭”有了新的认识，并以前所未有的认同心理去看待射箭比赛，在参加县里举办的射箭比赛的选拔赛中，他再一次拿起传统弓，赢得了真正的胜利。

故事情节给观众呈现了传统与现代之间的冲突与融合。在笔者看来，小人物扎东的徘徊与迷茫最终又认同传说的心理变化顺应了现代社会的“寻根”“乡愁”潮流。当然，这些都应归功于深谙“神箭”文化的编剧兼导演万马才旦，他是贵德人，童年多是在尖扎度过的，因此，在很多有关《五彩神箭》电影的新闻发布上，导演都强调这是一部讲述他自己家乡的事情。

笔者认为，在少数民族文化传播过程中，像万马才旦导演这样的民族文化精英发挥了重要作用。正是他们对自己传统文化的深刻理解和体会，才能给更多的人呈现传统的民俗生活。他们很多是接受过现代教育的知识分子，在文艺创作中，民族文化意识明确，在创作中注重少数民族文化的历史价值和审美价值，进而创造出许多担负起精神引导和文化建构功能的作品。

当然，除上述传播方式之外，尖扎县政府也做了很多其他传播工作，如在青海省省会西宁附近设立大型文化旅游宣传广告牌；举办相关的文化活动；召开旅游宣传推介会等，这些都在一定程度上推动了“五彩神箭”向更广大地区传播。

“神箭”文化在藏族信仰生活空间中占有重要位置，但从政府建设“五彩神箭”品牌来看，“神箭”的神圣性有所弱化，更多注重的是射箭文化的娱乐功能和消费功能。这是因为，尖扎县政府举办射箭比赛和文化节的初衷是为吸引更多的外地游客，为了考虑外地游客的接受程度，如果完全照搬民间模式，外地游客很难理解和参与。同时传统节日“以其公共的时间性、空间性以及独特的行为方式构成了一种特殊的文化空间，其意义在于建立集体的文化认同和加固文化记忆”[①]。从而给

① 王霄冰著：《节日：一种特殊的公共文化空间》，载中国民俗学会、北京民俗博物馆编：《传统节日与文化空间》，北京：学苑出版社，2007年，第14页。

传统文化的传承与发展带来积极意义。当然，从品牌核心价值和系列品牌活动中可以看出，政府并没有背离“神箭”文化在尖扎藏族民众生活中的象征意义，而是用更现代化的方式深刻反映出“以和为贵”的民族精神。

但是，目前有关“五彩神箭”文化品牌的衍生品开发很少。笔者以为，这归根结底跟政府的品牌经营方式有关。从品牌系列的建设过程中可以看出，政府基本上作为“包办者”形象出现，即从制定文化品牌发展战略到具体的实践操作，从文化基础设施建设到文化品牌传播推广，政府采取“大包大揽”的形式。虽然，地方文化品牌建设要求政府采取积极行为，发挥有效作用，但在市场经济体制下，用单纯行政运行取代市场机制，会造成文化品牌运行体制和机制上的失灵。如政府制定的文化品牌发展政策会因决策者的非理性因素，造成实际操作上存在不全面性和滞后性等问题；或政府在文化品牌建设中出现行为与能力缺陷等问题。这些很有可能会挫伤文化企业、非营利文化组织及其他社会成员参与文化品牌建设的积极性，进而在一定程度上阻碍文化品牌建设进程。因此，在“五彩神箭”品牌建设过程中，尖扎县政府应及时协调好经济与文化发展间的辩证关系，把品牌建设着力点逐步转移到加强引导和监督上，把注意力放在提供公共服务、建立完善现代文化市场体系上。同时，政府应逐渐退让一些权力给文化企业或社会组织，联合社会各界人士的力量共同为“五彩神箭”品牌建设努力。只有这样品牌才能实现经济与社会效益双赢，才能保证品牌可持续发展。

第四节　传统与现代互动推进“五彩神箭”文化品牌发展

“品牌事业本身是一项经济性活动，同时也是一项文化性活动。社会在创立品牌的过程中，产生出一系列的文化心态、文化习惯、文化观念和文化现象，这些都是品牌活动的衍生物。因此，我们不能孤立地看待品牌，也不能把品牌事业仅仅作为一项经济活动来研究。实际上，品牌在文化层面上的影响更深入，也更广泛，一方面品牌以文化来增强其商品的附加值，另一方面在吸收借鉴文化时，本身也在创造一种文化。”[①]对于民族文化品牌而言，将品牌活动视作文化生产尤为重要。在现代语境下，民族文化品牌的经济价值与社会价值并存，社会价值是经济价值得以实现的基础。因此，“五彩神箭”文化品牌的发展交织了尖扎人的现代生活与传统文化之间的复杂关系。

一、“大传统”对“小传统”的保护与引导

美国人类学家罗伯特·内德菲尔德在《农民社会与文化》中指出：“在某一种文明里，总会存在两个传统，其一是由为数很少的一些善于思考的人们创造出的一种大传统，其二是一个由为数很大的，但基本上不会思考的人们创造出的一种小传统。”[②]他认为两种传统相互依赖、相互影响。按照这种二元分析方法，我们将“五彩神箭”品牌视为政府有意识地创造出的“大传统”，将民间原本就存在的由民众自己创造的“神箭”文化视为“小传统”。地方政府积极推进“大传统”的同时，对“小传统”应该既保护又引导。

（一）坚守传统射箭文化底线

射箭文化作为“五彩神箭”品牌的主体，是支撑品牌发展的基础。品牌诞生至今，尖扎县政府对射箭文化的保护非常重视。2010年的射箭邀请赛暨达顿文化节之后，民众对民间达顿节尤为关注，这也促使政府重新审视达顿节的现代价值，并开始对达顿节的保护和“申遗”行动。目前，达顿节已是青海省非物质文化遗产。此外，射箭邀请赛暨达顿文化节是民众了解“五彩神箭”文化的重要渠道，因此政府又决定让“五彩神箭”这一品牌对传统“神箭”文化进行创造性转化。在谈到射箭比赛的设置理念时，工作人员告诉我们：

① 余明阳、戴世富著：《品牌文化》，武汉：武汉大学出版社，2008年，第11页。

② 【美】罗伯特·芮德菲尔德著，王莹译：《农民社会与文化——人类学对文明的一种诠释》，北京：中国社会科学出版社，2013年，第95页。

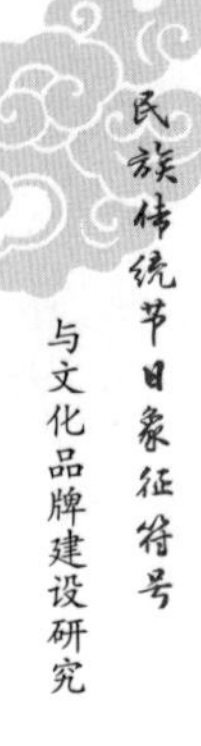

我们县上，这一次这个传统弓的奖金要比现代弓的奖金高出1万，比如说现代弓20人组的奖金为5万，那么传统弓20人组的奖金就为6万，目的就是为了让传统射箭得到进一步的加强和延续。我们为什么要在比赛中加入现代弓的比赛呢？因为我们不管是青海也好或者其他地区也好，光利用传统弓来进行比赛的话，赛事规模不能得到很大的提高，所以我们决定将传统弓和现代弓结合起来，但同时仍然重点对待传统弓的比赛。在平时对“五彩神箭”的宣传中，我们着重宣传传统的牛角弓，县上也有很多的文化企业主要制作传统的牛角弓，我们计划让这个牛角弓在以后的比赛中逐步取代现代弓，因为现代弓与我们的传统民族文化是不相符的，所以说我们以后不光是要在奖金上设置差别，而且在组建射箭队的过程中也会考虑优先组建传统弓队，以保证传统弓的继续传承。还有就是传统弓从价格上来说也比较昂贵，所以国际上并不考虑传统弓比赛，但考虑到民族文化，我们宁愿用传统的弓箭，而且在比赛时我们也不用现代的十环箭靶，而是使用传统的箭靶，最上面为十环，依次逐步往下递减，就是十环在最顶部，你射中三角区的最顶部算十环。至今，我们在比赛中都坚持不管选手用现代弓、传统牛角弓还是反曲弓，都必须要使用尖扎民间的传统箭靶，这样的话在一定程度上会让射箭队员学会用传统的方式进行射箭比赛。[①]

尖扎县政府尽最大努力争取对传统文化的保护和传承，尤其是对传统弓箭和传统箭靶的保留，使得传统射箭中最重要的两个物质形态得以留存，这也使得尖扎成为青海省境内唯一全部使用传统箭靶进行比赛的县域。在田野调查期间，文化馆的尼玛太告诉笔者：

① 访谈对象：王征；访谈人：王淑琴；访谈时间：2015年9月15日；访谈地点：尖扎县五彩神箭体育场。

现在很多地方都搞文化产业化，文化产业化了以后，就会面临一些现代文化的冲击。还有些地方说是在保护传统的文化，但是在搞文化产业、文化企业的同时，把自己传统的东西做得面目全非，我认为这样的事情是绝对不能做的。所以我们尖扎在培养文化消费企业的时候，会严格按照传统走。我认为作为文化企业，第一就是要重视传统的文化，第二就是要做对本地有用的文化。如果一个文化企业能做到这两个要求并能让传统文化获得经济效益的话，我们才会扶持。像现在在尖扎，有文化企业在做牛角弓，那么只要你牛角弓做得好，文化产业上有什么好的政策，有什么好的待遇我们都会让你优先享受。如果你的这个牛角弓制作得确实好，老百姓都特别满意的话，政府也会向你购买。比如去年，政府就买了本地企业的牛角弓免费送给老百姓，这对老百姓来说也是一件好事啊，而且可以保护咱们地区的文化。所以，扶持这样的文化企业对企业、政府、民众都有利啊。[①]

作为地方文化精英，他们认识到传统文化对品牌建设的重要性，如要实现品牌可持续发展就必须保证传统文化不消失。文化精英们的这种意识说明民族文化发展离不开他们出谋划策，同时，他们也是政府与民众进行良好沟通的重要桥梁。尼玛太是尖扎人，从小深受藏族文化的熏陶，深谙尖扎藏族文化传统，在很多文化项目的发起和执行中，他既能考虑到对传统文化的保护与传承，又能结合政府的现实诉求，提出很多具有建设性的建议。因此，在民族地区的文化建设中，民族文化精英是不可多得的人才，他们对当地文化建设与发展起到重要作用。

此外，以往尖扎藏族村落举行射箭比赛多是选在农田附近，没有专门的射箭场，尖扎县政府在全面推进城镇化和新农村建设过程中，制订

① 访谈对象：尼玛太；访谈人：王淑琴；访谈时间：2015年8月19日；访谈地点：尖扎县文体广电旅游局。

了为每个村子修建射箭场的计划。从2010年开始，政府每三年会评选两个“射箭之村”：

> 2010年是俄什家村和李家村，我们专门下去给他们挂牌，然后给这两个村子分别奖励了一把弓，都是非常好的弓，价值在一万块钱左右。现在我们每三年会评两个村子。三年之后我们会把之前的牌子收回来，奖给新选出的两个村子。如果在这三年当中，有村子出现了什么违纪行为的话，那我们就会收回牌子。这样的评选方式令村民们高兴，同时也表达了我们想保护传统文化的心情。[①]

图14–18　“五彩神箭”国际射箭赛上的传统箭靶

这种评选方式可以很好地调动村民参加政府组织的射箭比赛的积极性。同时，我们也可以看出政府不仅在特殊的节日空间体系中保护了传统文化，在日常时间里也十分重视地方文化企业和村落内部对文化的传承。虽然，传统文化的传承主要是靠文化主体的自觉，但是作为引导主流文化的“大传统”角色，政府的做法能够在很大程度上带动村民的价值取向，从而使其更加珍视自己的文化。

① 访谈对象：尼玛太；访谈人：王淑琴；访谈时间：2015年8月19日；访谈地点：尖扎县文体广电旅游局。

（二）“小传统”的规制和引导

在实施“五彩神箭”品牌建设的时候，政府一方面保护“小传统”，另一方面也对“五彩神箭”有些内容加以规制和引导，使其更好地为“五彩神箭”品牌服务。比如在《五彩神箭国际民族传统射箭赛竞赛规则》第十四条中就有以下规定：

> 射开弓箭时允许各参赛队按照习俗向箭靶四周洒酒，但不允许向靶面倒酒，不允许比赛双方运动员向对方运动员身上洒酒，比赛过程中禁止倒酒或洒酒，违反上述规定而产生的一切后果由违规方承担。为增加现场紧张气氛，双方射箭时，按照民间习俗可用呐喊助威、打口哨等方式向对手施加心理压力，但不能污蔑、谩骂对手，更不准以肢体接触对手，干扰其正常射箭。为了表达队员中靶或胜利后的喜悦心情和欢乐气氛，队员可以在场内激情歌舞，激发本队队员士气，欢庆胜利。[①]

规则的颁布意味着民众要遵循，久而久之也会成为“传统”。制定这样特殊规则，是因为在民间，藏族有射箭时向箭靶四周、箭靶上还有箭手的身上洒酒的习俗，同时也有故意用很大的声音扰乱对手，让对手受到干扰而射不中箭的情况。这种情况在当地是很常见的现象，对手也不会生气，相反生气的人会被人们瞧不起，会觉得他不是好的射箭手。但是，作为包容更多精神的神箭赛事，这些习俗会影响到来自不同民族、地区选手的比赛成绩，所以在当地政府举办的射箭比赛中取消了这种民间习俗。规则中允许用呐喊助威、打口号的方式向对手施加压力，获得胜利方可以在场内激情歌舞，这些说明了政府也做出了一定的让步和妥协，进而引导民间射箭文化更好地融入“大传统”中。

藏族射箭队在射中箭后会集体做出“跳箭”动作，即围着箭靶或在

① 尖扎县“五彩神箭”赛事组委会：《五彩神箭国际民族传统射箭赛竞赛规则》。

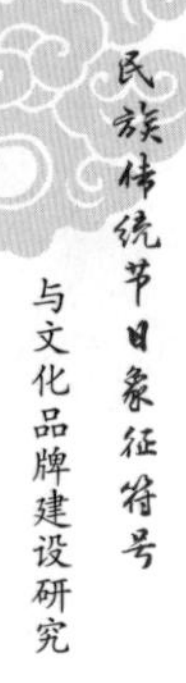

箭靶周围使劲跺脚、欢呼和转圈，以表达胜利时的喜悦之情，而观看比赛的外地观众也将这一动作视为新奇的表演，纷纷拿起手机或相机拍照留念。很多来自国内外的射箭队在受到影响之后，也会模仿藏族这一动作，表达自己的心情。尤其是作为青海省境内唯一的一支回族射箭队，队员们更是因此受到影响，也慢慢在自己的圈内形成了这种“跳箭”习惯：

问：我那天去观看了你们射箭，我看到你们也追随藏族的习俗，他们在跳箭的时候你们也跟着跳，你们是从什么时候开始跳箭的呢？

答：那是2006年，我第一次带着我们这支队到海南参加比赛，那个时候我们看他们在转着跳，我们那边回族的风俗是如果射中箭了就随便跑着跳一下，后来我们就跟着他们跳。在我们那边，五六月份，村与村之间、县与县之间射箭比赛的时候，会带上几个“花儿会”到赛场上去，以示“友谊第一，比赛第二”。来到这儿，我们又跟着他们的习俗走，因为这儿的每个队不唱花儿了，我们也就不唱了。[①]

在多元文化碰撞与交流中，很多民族之间互相影响、互相学习。藏族与回族在信仰上有区别，但是在生活与娱乐上却有很多相同之处。如在日常生活中，青海很多地区的回族也很爱吃糌粑、酥油和烧馍，喜欢射箭和演唱花儿，甚至有的地区回族群体内部还会用藏语交流。

总之，“五彩神箭”品牌建设中“大传统”的知识源于“小传统”，但是当“五彩神箭”大传统日趋成熟，尖扎藏族传统的“神箭”文化小传统自然会受到影响，并且二者始终在互动中建构和生产。“一个大传统所

① 访谈对象：平安县真元射箭协会会长马福全；访谈人：王淑琴；访谈时间：2014年9月13日；访谈地点：尖扎县五彩神箭体育场。

包含的全部知识性的内容实际上都是脱胎于小传统的。一个大传统一旦发展成熟之后倒变成一个典范了，于是这个典范便被拿出来推广，让所有跟随小传统走的人们都来向这个典范学习。其实大传统和小传统是彼此互为表里的，各自是对方的一个侧面。”[①]在看似推行“五彩神箭”的“大传统”活动中，无论是尖扎县政府，还是品牌受众都离不开藏族民间神箭文化“小传统”的影响。这也进一步说明了“大传统”对“小传统”的保护与引导过程，实际上就是大小传统交融互动过程。

二、文化主体的“双认同”

尖扎民众是“五彩神箭”文化品牌的主要参与者和传承者，尤其是藏族民众，他们更多的是把“五彩神箭”当作民族文化来看待，而没有将其视为品牌，没有过分去关注它所带来的经济价值或其他效益。

目前在尖扎藏族民众生活中形成了以“神箭”文化为主的“神箭”与“五彩神箭”并存的文化系统。藏族民众在村落生活中依旧按照传统方式在每年春节前后举行射箭比赛，期间严格遵循与“神箭”文化有关的系列行为方式。与此同时，民众也会积极参加政府每两年举办的“五彩神箭杯”射箭比赛。在这一国际性比赛中，村落为了能够获得胜利，还是会在重要决赛前祭祀山神，为自己的射箭队祈福。

> 我们这次参加的是传统弓五人组比赛，获得了第二名。以往两届我们也都参加了，分别取得了传统弓二十人组第一名，传统弓五人组第一名的好成绩，这次我们也参加了传统弓二十人组比赛，但是没有获奖。三月份我们去安徽参加了五人组比赛，当时拿了第三名，去海南参加比赛的时候又拿了第三名。海南的那个比赛我们五人组里以个人名义参加的队员，有获得第三名和第七名的。比赛中

① 【美】罗伯特·芮德菲尔德著，王莹译：《农民社会与文化——人类学对文明的一种诠释》，北京：中国社会科学出版社，2013年，第116页。

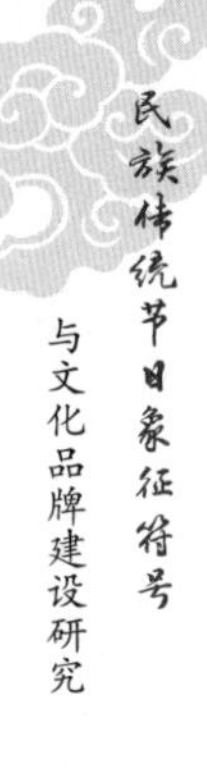

获得的奖金会分给每家每户，大家平分，我们俄什家村共有四十七户人家，这些钱都每家每户地分，分多少就拿多少。参加完闭幕式之后回到村子里，乡镇领导会跟我们聚餐，大家一起开心庆祝。政府的鼓励让我们更有在下一届比赛中拿第一名的想法！对于政府举办这样的比赛我们感到很开心，也非常认可。[①]

有学者指出，“现代的民间是指国家给普通民众留下的一种空间，人们在这种空间中享有一定的自主性”并且“民间仪式进入国家的场合，不可能采取闯入的方式，而大都受到某种征召”。[②]在“五彩神箭”品牌建设过程中，政府为了体现民族团结理念，充分调动各乡镇、各民间团体的积极性，主要对藏族传统射箭文化进行征用，而事实上，处于被征用的藏族文化主体也期待被征召，因为这通常意味着某种非正式的承认。为了在射箭比赛暨文化节这个平台上展示自己，表达来自民间的诉求，在射箭比赛、民歌比赛及其他一些活动中取得好成绩，乡民们会认真对待赛前的各种筹备工作，对节日也表现出极大的参与热情。此外，团体比赛成绩代表了村落的荣誉，同时乡镇的领导也会介入，这对于村民而言，是给本村带来荣誉和福气，而对于官方而言，这是政府给予村子的奖励。进而，对于村落和村民来说，这种获奖和村与村之间举行的传统射箭比赛不一样，传统射箭比赛是在村落自治情况下进行，获得胜利与否是村民自己的事情，外界无法知晓。而在这一国际性的赛事上获取的胜利，可以成为外界知道该村射箭实力的窗口，可以提高村落的知名度，增加村民射箭的信心。

站在民众角度，为什么他们如此认同政府举办的“五彩神箭”比赛呢？在藏族民众的生活里，“神箭”自古就有，“五彩神箭”是新的词

① 访谈对象：拉日本；访谈人：王淑琴；访谈时间：2014年9月13日；访谈地点：尖扎县五彩神箭体育场。

② 高丙中著：《民间的仪式与国家的在场》，载郭于华主编：《仪式与社会变迁》，北京：北京社科文献出版社，2000年，第326—327页。

语，无论是藏族普通民众，还是藏族文化精英以前都没有听说过“五彩神箭”一词。尖扎县文化馆馆长尼玛太是尖扎人，他说自己从小就只有听过“神箭”，完全没有听过“五彩神箭”。然而，今天的尖扎人更多的是先从“五彩神箭”讲起，之后再说到藏族的“神箭”文化。将“神箭”与“五彩”结合，是政府行为，但它能在民间得以留存，其中有深层次的原因。

图14-19　围着箭靶欢呼的藏族射箭队

图14-20　获得胜利的回族射箭队

图14-21　获得名次的俄什家村射箭队

图14-22　获得名次的蒙古族射箭队

藏族常说的“五色”指的是白、绿、蓝、红、黄五种颜色，藏族学者周拉在《五彩神箭文化释义》中就对藏族“五彩”观念进行了详细解释：

> 藏族普通百姓常常通过经幡与五彩哈达来认知“五彩”的文化内涵及象征意义。藏族人经常在房顶上、神山上、桥头树立经幡，祈求平安、吉祥、富贵。藏族人制作经幡时，会用印有各种陀

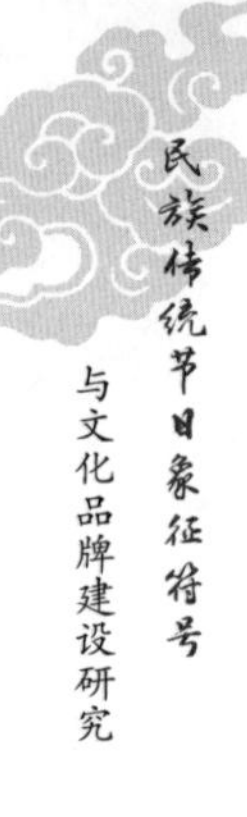

> 罗尼等经文的白、蓝、红、绿、黄五种颜色的布块，这些经幡被一条绳子连起来，系在高高的树上或悬挂于高空，随风飘扬……以白、蓝、红、绿、黄五种颜色相配而制成的哈达则被称为“五彩哈达”，“五彩哈达”中的白色代表白云，蓝色代表天空，红色代表护法神，绿色代表江河，黄色代表大地。藏族人在喜庆活动或逢年过节时经常使用“五彩哈达”来表达吉祥、喜庆等。在神圣的宗教活动中，“五彩哈达”被用于献给佛、高僧，表示庄重、高贵、威严、醒目、吉祥、神圣等寓意。[①]

“五彩神箭”文化品牌的标识中弓箭部分还有黑色，但黑色在藏族看来是不祥之色。如在《格萨尔王传》中“白帐王”代表着“善”的一面，而“黑帐王”则象征着“恶”。但在“五彩神箭”标识的解释中巧妙地将黑色赋予了其他象征意义，将其誉为“大力金刚神”，代表全县各族民众的凝聚之力。

“五彩”观念与藏族宗教和世俗生活息息相关，它代表了藏族民众独特的价值观和世界观。钟敬文先生在谈到色彩与民俗关系时说：“在物理学家眼中，色彩不过是一种光的存在和反映形式，而在民俗学家看来，色彩是一种民俗文化、心理、审美的重要表现，它与声音、形态、线条、仪式、行为等一道，共同构成了民俗象征的具体形式。无论是有形文化，还是无形文化，无论是人生礼仪、年中行事，还是精神信仰、口头文艺，民俗中的哪个领域能离开色彩而存在？色彩不仅丰富了民俗的表现力，而且还强化了民俗的感染力与多功能释放。”[②]由此可以得出以下结论：色彩自古就是民众精神与世俗生活必不可少的一部分，对于藏族民众来说，“五彩”与吉祥福运紧紧地联系在一起。政府将民间“神箭”与

① 周拉著：《五彩神箭文化释义》，载政协尖扎县委员会编：《尖扎文史资料（第一辑）》，2015年。

② 钟敬文著：《色彩与纳西族民俗·序》，载白庚胜著：《色彩与纳西族民俗》，北京：社会科学文献出版社，2001年，第4页。

“五彩”联系在一起，也就是将民间集各种美好象征于一体的两者重合起来，虽然藏族历史上并没有这样的组合，但是现在的尖扎藏族已经完全默认了这一“新的传统”，并将其纳入到“神箭”文化体系中。

对于民族文化主体来说，“五彩神箭”使得民间原本的传统文化又一次得到复兴，从而更加稳固了“神箭”文化在藏族民众中间的地位。在这之前，由于现代社会的发展，“神箭”文化传承受到一定影响，加之藏族年轻群体广泛接受现代教育，对于射箭的热爱程度远不及以前的民众那样高。所以，与“五彩神箭”文化品牌相关的活动丰富了藏族民众的娱乐生活，引导民众重新审视自己的“神箭”文化，从而凝聚了族群内部的力量。尤其是在“国际射箭比赛和文化节”上，射箭活动打破了各自文化的壁垒，融入多元生活的世界中，消解了现实中官方与民间的博弈，精英与大众彼此之间的距离。当然，在文化共享氛围中，尖扎的藏族文化主体践行传统与现代、本土文化与异文化的对话交流，并在交流中不断强化民族意识、增强文化自信，在交流中激发自身文化的内在动力机制和创造机制。

三、尖扎文化传统的重建

地方文化传统重建就是对地方传统文化接续进而产生“新型传统”。在“五彩神箭”文化品牌的发展过程中，尖扎重新建立了地方文化传统，从而推动地方社会整体发展。

“五彩神箭”文化品牌诞生以前，尖扎县就有“藏传佛教后弘期发祥地”的历史文化名片，但这一文化空间仅限于藏族民众，对于县域境内生活的回族、汉族来说，是融入不进去的空间，进而也不能构成全县人人共享的文化传统。2006年，尖扎县举办首届“五彩神箭杯”青海民族射箭邀请赛获得一定成功，之后尖扎县就积极申请“射箭之乡”的称号。2007年，国家体育总局射击射箭运动管理中心将尖扎县命名为“中国民族射箭运动之乡”。随着“‘五彩神箭’国际射箭邀请赛暨达顿文化节”的影响力逐步扩大，尖扎县又拍摄并制作了宣传片，

2014年尖扎县被成功评选为“五彩神箭文化艺术之乡”。“中国民族射箭运动之乡”这一称号充分肯定了尖扎境内的射箭文化，进而肯定了传统的“神箭”文化，这对尖扎县的藏族民众来说，进一步加强了对传统文化的文化自觉与自信。而“五彩神箭文化艺术之乡”的评定，则充分肯定了政府建设的“五彩神箭”文化品牌，增强了政府继续建设品牌的信心。

目前，很多网络媒体和新闻媒体在对尖扎县的报道中都使用了“中国民族射箭运动之乡”称号。此外，2015年10月，国家体育总局射击射箭运动管理中心还批准尖扎县民族中学为“全国射箭重点学校”。其实，早在2005年，尖扎县民族中学就被评为“国家级青少年体育俱乐部”，学校成立了中学生射箭协会，多次开展民族传统射箭体育活动，大力加强校园文化建设及特色品牌建设。不仅如此，尖扎县民族中学鼓励广大教职工和学生积极参与射箭比赛，并利用寒暑假经常与当地的群众开展比赛、进行交流，取得了不错的成绩，培养了一批对射箭运动特别感兴趣的学生。在此基础上，2014年学校选拔出20名热爱射箭运动、技术较好、有天赋的学生成立了射箭队，利用课余时间训练并参加了一些省内外的射箭比赛。现在，尖扎流传着一句人人皆知的口头语：“射箭要从娃娃抓起。”

“五彩神箭”文化空间的建设使尖扎确立了新的地方文化传统，也使境内藏族、回族和汉族等共享了“五彩神箭”文化带给民众的精神上和物质上的享受和收获。同时，重建的地方文化传统是既保留了传统文化的因素，又具有现代元素的新型传统，而且这种新型传统在地方民族文化与人类整体文化，区域文化与整体文化的内在联系中相互作用，共同融合发展。

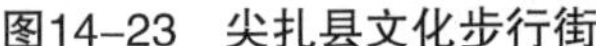

图14-23　尖扎县文化步行街　　图14-24　尖扎县“弓形”县政府大门

“五彩神箭”品牌作为现代产物，实质上是对传统“神箭”文化的继承和创新，其发展过程实际上是与传统文化的互动过程。具体来说，“五彩神箭”品牌作为现代产物，具备很多现代属性，无论是品牌“和谐、发展”的核心价值、以射箭活动和文化节为主体的发展战略、以推动境内文化旅游业发展的品牌诉求，还是在品牌传播过程中使用的文化和人力资源等，这一系列因素都为极力满足现代人的需求而存在。如果品牌不能够满足现代人的需求，那么它也就没有存在的价值。与此同时，将“五彩神箭”品牌作为文化现象来看待，它是在传统与现代的张力中不断演进，在多民族民间文化、官方文化、精英文化的交互作用下得以产生和发展。因此，它的发展不能离开传统而独自行动，地方政府也必须始终坚信传统文化是品牌发展与创新过程中的动力源，只有保护好传统文化，品牌才有新鲜的血液可以注入，才有差异化价值可言。

对于传统文化而言，一味“故步自封”和“循规蹈矩”只会使自己失去生命力。在全球化和现代化的冲击下，传统文化传承空间较之从前也发生了很大变化，这使传统必须进行一定的创新才能够在现代社会更好地传承下去。“五彩神箭”品牌是“神箭”文化在一定程度上的创新和发展，它使得原本只活跃在藏族村落中的文化走向了更多地区，被更多人共享，使传统文化在现代社会中发挥了更大的价值，同时，也在一定程度上加强了各民族对中华文化的认同感和凝聚力。

传统文化的现代运作并不会造成传统与现代的断裂，只要在尊重传统的基础上进行保护性开发，反而会使传统文化再一次重生，以适应现代社会的姿态迎合受众。这也正如郑杭生所言："就社会整体来说，它是一个从传统因素占主导地位的社会转变为现代因素占主导地位的社会的过程。但是在这个总过程中，既有从传统向现代的转变，又有现代向传统的转变，既有传统向传统的转变，又有现代向现代的转变。这些复杂、交叉的进程成为当前中国社会快速转型的显著特点之一。"[①]同时，文化持有者努力的基本方向应该是找到传统与现代互动的最佳平衡点，并在具体实践中探寻使内在与外在各种文化力量融合的契机。只有达到了传统与现代的相对平衡，地方社会才能够在有序与平稳的环境中发展传统文化，建设地方文化品牌才是应有之义和应有之功！

① 郑杭生著：《现代性过程中的传统和现代》，《学术研究》，2007年第11期。

第十五章

寺院、林卡与广场：拉萨藏族雪顿节品牌建设

雪顿节是藏族传统节日，源于藏传佛教修行仪礼，早期的参与者主要以寺院喇嘛为主，后来逐渐从寺院发展到民间。藏族雪顿节主要盛行于拉萨地区，雪顿节的活动内容有哲蚌寺的“展佛”、罗布林卡的“藏戏表演”和以家庭、朋友为主要参与者的“过林卡”等。雪顿节从诞生之日起，就受到藏族民众的欢迎，尽管因受到某些外来力量的影响，雪顿节发展过程中曾出现一些起伏，但是，雪顿节作为藏族最有代表性的传统节日始终没有离开过拉萨人民的生活。尤其是从1986年开始，雪顿节开始出现新时代气象。2006年5月，雪顿节经国务院批准被列入第一批国家级非物质文化遗产代表性名录。当代雪顿节最突出的变化是拉萨市将其作为文化品牌进行建设，并且取得了明显的成效和突出成就。

第一节　藏族雪顿节的传统

雪顿节中的“雪顿”，原本是指藏族宗教仪式或特殊事件中的饮食活动，意为“吃酸奶”。“雪”翻译成汉语是“酸奶”的意思，“顿”的汉语含义为“宴”“吃”，雪顿节合起来就是“吃酸奶”的节日。

藏族民众吃的酸奶以牦牛奶为原料。牦牛是青藏高原特有的动物，

藏族民众的生活离不开牦牛，牦牛身上的毛可以做毡子，牦牛身上的肉可以吃，牦牛产出的奶是藏族民众的日常生活饮品。

藏族将食用的牦牛酸奶分为两种：一种是奶酪，藏语叫“达雪”，这是用提炼过酥油的牦牛奶制作的；另一种是用没提过酥油的牦牛奶制作的，藏语称“俄雪”。

雪顿节最初是与宗教相关的节日。藏族信仰的佛教由印度、汉地传来，并且与藏族民众的生活相结合，形成了藏传佛教。藏传佛教有严格的修行制度，其中就有“夏令安居修习”习惯，即在藏历四月至六月，喇嘛要闭门修行。藏历六月三十日之后，闭门修行的喇嘛走出寺院，生活在附近的俗众或者喇嘛的亲人会来寺院敬奉牦牛酸奶，喇嘛和家人团聚，寺院里的其他喇嘛也要一起吃酸奶，从这个意义上说，雪顿节最早是宗教生活的节日。

雪顿节的来历传说很多，这些传说中包含了雪顿节起源的某些事实。

传说古时候在拉萨哲蚌寺背面山洼里居住着一个恶魔。此恶魔一年中除藏历六月三十日之外，其他时间都在昏睡。藏历六月三十日恶魔醒过来时，正好是寺院喇嘛“夏令安居修习”结束的日子，恶魔会趁机吃掉生灵。为了使众生免遭此劫，哲蚌寺喇嘛要在这天的酸奶中掺血并设宴。恶魔看见信奉佛教的喇嘛开戒吃荤，认为离佛教灭亡的日子不远了，便又放心地睡去，从而使许多无辜的生灵幸免于难。

另一传说是：阿底峡大师加持 “雪顿”，原意讲的是在夏天转为秋天时节的宗教活动中举行奶酪宴会。在“夏令安居修习”期间，喇嘛关门闭室静静修炼。这时牧草茂盛，牛羊长膘，俗众将牦牛奶制成奶酪，供奉给那些长期静修的僧人。

公元11世纪中期，藏传佛教阿底峡大师从印度到西藏传播佛法，晚年定居在拉萨西南的聂当平原。他爱吃奶酪，每年“夏令安居修习”期间，住在附近老百姓都会给他送来奶酪，阿底峡大师为他们做加持：凡献奶酪的人家牲畜不会得传染病，也不会被野兽吃掉。阿底峡大师加持一事在群众中传开，于是献奶酪的人越来越多。

五世达赖喇嘛倡导藏历六月底七月初深居寺院的喇嘛开禁，出寺下山，世俗群众会给他们施舍奶酪。这时正是牛羊膘肥体壮，出产酥油和奶酪最盛的季节，寺庙会招待喇嘛们吃“雄则”，即奶酪白糖米饭，举行野宴，众人游乐，称为“亚乃嘎意”。

五世达赖喇嘛驻锡地哲蚌寺噶丹颇章成了当时西藏政治宗教文化中心。每年藏历六月三十日，信徒涌进寺院，给五世达赖和哲蚌寺喇嘛献奶酪，请求为自己摸顶赐福，祈求长寿、丰收；附近的藏戏班子和牦牛舞演出队会来哲蚌寺演出，从此，便形成了固定的雪顿节。

七世达赖喇嘛时期，西藏建立了噶厦政权。从此，每年的雪顿节在新建立的罗布林卡里举行，西藏各地藏戏班子汇聚拉萨，演出五六天藏戏。

八世达赖喇嘛时期，罗布林卡进行了较大规模的扩建，在罗布林卡的东大门上建起一个两层的观看藏戏的楼阁，专供雪顿节期间达赖喇嘛观看藏戏演出。

十三世达赖喇嘛时期，每年雪顿节期间，活跃在西藏不同地区的藏戏班子会来参加雪顿节，演出各种剧种流派、各种风格的藏戏。

雪顿节的诞生与藏传佛教有紧密关系。14世纪时候，格鲁派大师宗喀巴为了整顿佛教纪律，对其教派律轨进行调整，规定僧尼严守戒律，尤其在夏季时必须集中在室内研习佛法，至藏历六月底七月初夏令安居结束才可以走出寺院活动。其时寺院则供给喇嘛酸奶、白糖和米饭，并允许喇嘛与俗众在林卡中聚会、歌舞玩乐。

雪顿节的诞生、发展与藏族传统节日发展有密切关系，据不完全统计，仅西藏拉萨地区每年的宗教节日和带有浓厚宗教色彩的传统节日就有三十多个，如藏历新年期间的传统大召法会、藏历二月的小召法会、四月萨嘎达娃节、七月雪顿节、八月洽秀节和望果节、十月燃灯节等。其他地区的宗教节日有江孜达玛节、扎什伦布寺什莫钦波节、定日雪嘎庙会等。在宗教传统节日期间，附近的藏戏班都要去演出，特别是那些以流浪卖艺为生的戏班会到各地演出，演出前获得当地头人或高僧的

“恩准”。藏戏艺人在庙会上演出能获得较丰厚的赏赐和捐赠。传统节日期间，藏戏演出不仅活跃了气氛，更丰富了民众生活。

藏戏演出集中在每年藏历七八月份，并形成极富特色的藏戏和节日传统习俗。关于藏戏的产生有两种说法：一是说为了修建桑耶寺，莲花生大师将西藏民间舞蹈与佛教哲学相结合而创立；二是说唐东杰布为修桥募捐，组织七位女青年演出并创立了藏戏。藏戏的产生是否如传说中所讲，已不得而知，但是藏戏是在吸收藏族民间文化基础上得以诞生，为了适应藏族民众的生活需要和娱乐需求，将民间说唱和民间舞蹈结合起来，由此形成亦歌亦舞的艺术种类。

藏戏与雪顿节有密不可分的关系。藏戏进入雪顿节后得到较大发展，而雪顿节因为藏戏的融入变得丰富多彩。展佛是藏传佛教寺院的重要活动，在藏传佛教著名寺院，每年都会将佛像抬出供信众膜拜，并且太阳照射可以起到保护佛像的作用。哲蚌寺展佛为格鲁派宗教活动，也是寺院活动，因此，雪顿节期间哲蚌寺展佛与藏传佛教寺院展佛仪式有紧密关系。吃酸奶是藏族常见的饮食习惯，长期的游牧生活使藏族养成了适应于游牧生活的各种习惯，吃酸奶就是其中的一种，不仅藏族民众喜欢吃，寺院喇嘛也喜欢吃，至于藏族何时形成吃酸奶的习惯不得而知了。

雪顿节的产生和发展，藏传佛教大师起了重要推动作用，尤其是那些热爱藏戏艺术的达赖喇嘛和班禅额尔德尼，比如，清代五世达赖喇嘛曾率领三千多人的代表团到北京参见顺治皇帝，他在北京住了两个多月，又在内蒙古停留三个多月，多次观摩内地戏曲、歌舞和杂技表演。回到拉萨后，五世达赖喇嘛大力扶持藏戏艺术，使藏戏获得很大发展。六世班禅额尔德尼·洛桑华丹益西率西藏代表团到北京祝贺乾隆皇帝七十寿辰，在承德避暑山庄居住的一个多月里，他经常与随从观看火戏、杂技、赛马等，曾连续十天在清音阁大戏楼看戏。后来六世班禅额尔德尼·洛桑华丹益西在北京黄寺圆寂，他的随从回到西藏后仍对汉族地区的戏曲演出技巧喜爱、偏好，进行了有意识的吸收，无意之间影响了藏戏的不断革新创造。

雪顿节经历了诞生、发展和繁荣的过程。从早期来看，雪顿节是小规模局部性喇嘛吃酸奶活动，主要发生在藏传佛教寺庙和寺庙周边的俗众生活之间。每年藏历六月三十日，哲蚌寺都会举行晒佛仪式，由哲蚌寺的阿巴扎仓、德央扎仓（僧院）为请佛仪式诵经、吹法号，举行盛大的佛事活动。因此，早期的雪顿节有浓厚的宗教色彩。

雪顿节作为宗教活动沿袭至五世达赖喇嘛时期，民间藏戏班子在雪顿节期间被请进拉萨哲蚌寺为喇嘛演出。随着吃酸奶、演藏戏活动影响的扩大，逐渐形成了“哲蚌雪顿”。

从公元18世纪中叶开始，每年雪顿节，噶厦（西藏地方政府）都会邀请西藏各地藏戏班子到新建的罗布林卡演出。雪顿节藏戏演出场地也由哲蚌寺搬到了罗布林卡。但是，雪顿节的第一场藏戏仍然在哲蚌寺演出。

早期雪顿节藏戏演出主要在西藏上层社会。18世纪中后期，雪顿节允许拉萨市民参与，“雪顿”才变成藏族民众的节日。

西藏民主改革之后，除了喇嘛、西藏民众广泛参与雪顿节，形成了以哲蚌寺展佛、罗布林卡演藏戏为主的雪顿节活动内容，兼及大规模的群众性综合节庆活动和物资交流。

雪顿节作为喇嘛与信徒共享的节日，开始由寺院负责，后来又加入西藏地方政府。雪顿节诞生之初，属于寺院内部的生活习惯，是僧人们在严格寺院生活中的放假制度，并且雪顿节在早期由寺院实施组织化管理。从笔者目前了解的有关雪顿节发展情况来看，雪顿节的发展主要分为以下阶段：

第一阶段：雪顿节诞生之初，以哲蚌寺为中心的格鲁派寺院在“夏令安居修习”后，寺院让喇嘛放假外出休息。雪顿节围绕藏传佛教寺院进行。

第二个阶段：藏戏引入寺院，这个时期应该是从五世达赖喇嘛进驻哲蚌寺开始的。此时雪顿节还局限在寺院。这个阶段有专门的人员负责雪顿节期间的所有事务。

第三个阶段：随着达赖喇嘛的行宫从哲蚌寺迁到布达拉宫，每年雪顿节，达赖喇嘛就会到罗布林卡看藏戏，这个时候参加雪顿节的藏戏团比哲蚌寺要多一些，参加的人员除了达赖喇嘛及其僧人以外，还有很多官员。

第四个阶段：西藏民主改革以后，雪顿节仍然在罗布林卡内举行，但此阶段民众可以进入罗布林卡看藏戏。

第五个阶段：1986年，雪顿节规模空前。雪顿节期间的演出除了藏戏，还有其他文艺节目和商业活动。

第六个阶段：20世纪90年代至今。雪顿节由拉萨市政府主办，并依托雪顿节影响力，开始招商引资。雪顿节出现两个开幕式：哲蚌寺的传统雪顿节开幕式；拉萨市由政府操持的雪顿节开幕式，一般是在布达拉宫广场举行。

雪顿节内容在不同时期也有所不同：

五世达赖喇嘛阿旺罗桑嘉措时期，雪顿节作为哲蚌寺正式的寺庙活动固定下来，雪顿节期间，哲蚌寺邀请各地民间藏戏团到寺庙演出。

从七世达赖喇嘛开始，雪顿节移到罗布林卡内。达赖喇嘛邀请西藏各地藏戏来拉萨表演，藏戏班子比原来多，时间变成了五六天。

为了规范雪顿节期间的活动，协调各类关系，西藏地方政府专门设置管理雪顿节的官员，即负责布达拉宫内务的孜恰勒空，专门管理这一年一度的雪顿节。

十三世达赖喇嘛时期，雪顿节藏戏演出形成了一定规模，藏戏演出班子基本固定，这些藏戏班子分别为：四大蓝面具藏戏团体：拉萨觉木隆，仁布江嘎尔，昂仁迥巴，南木林香巴；六个白面具藏戏团体：雅砻扎西雪巴，穷结宾顿巴，若捏嘎，尼木塔荣，伦珠岗，堆龙朗则娃。还有两个带有戏剧性质的民间艺术团体在雪顿节期间进行表演，他们分别是希荣仲孜，即曲水希荣地方牦牛舞团体；工布卓巴，即工布地方的单人鼓舞。

十二支表演团队来自西藏不同地区，不同风格的藏戏演出队在雪顿节竞相表演，有利于藏戏艺术的交流和发展。藏戏演出队能在雪顿节期间来拉萨演出有一种特别的荣耀；同时，藏戏演出又是他们对达赖喇嘛应尽的义务，是他们每年雪顿节期间履行的戏差。

雪顿节基本内容是通过传统仪式实现的，纵览雪顿节仪式过程，主要由以下阶段组成：

选择戏班：选择参加雪顿节的藏戏班子一般在藏历五月底六月初开始，选择时注重两个方面：

一是选择由西藏地方政府指定的藏戏班子。这些藏戏班子由当地贵族或寺院高僧扶持，雪顿节前期政府会通知这些藏戏团做好雪顿节期间的节目排练和服装、面具、道具等“行头”的修补制作工作；二是根据情况选择一些新的藏戏班子或民间艺术班子参与雪顿节的演出。这类班子一般根据当年达赖喇嘛和西藏地方政府的需要，再根据西藏民间艺术表演团的基本情况选定。

藏戏团报到：选定的藏戏班子在当地排演好节目，于藏历六月十五日前后前往拉萨参加雪顿节。

朝拜圣迹：藏戏班子到拉萨以后，在藏历六月二十九日至七月一日举行“谐泼”，朝拜布达拉宫、罗布林卡和哲蚌寺，向达赖喇嘛致意，接受达赖喇嘛的接见。

开场仪式：藏戏班子到布达拉宫演出“谐泼”，这是雪顿节藏戏表演的传统开场仪式。开场仪式第一个演出的藏戏班子是宾顿巴。相传宾顿巴是汤东杰布创建的第一个戏班，该戏班是五世达赖喇嘛家乡琼结的藏戏班子。最后一个演出的是蓝面具觉木隆，相传该剧团原本在第二个出场，但因为其藏戏演得好，达赖喇嘛喜欢，观众喜欢，于是，将该剧团调整为压轴演出。

哲蚌雪顿：哲蚌雪顿在藏历六月三十日举行，这是雪顿节传统，也是雪顿节核心内容。主要仪式是当大佛在更乌培孜山上展出时，在佛像前演出藏戏。

十二支藏戏队依次在佛像前演出一段藏戏，然后到哲蚌寺噶丹颇章院子里，举行“哲蚌雪顿”演出，演出时间为一天。每个藏戏队的演出剧目基本固定，六个白面具藏戏团演《诺桑法王》；觉木隆常常轮流演出《卓娃桑姆》《苏吉尼玛》《白玛文巴》；江嘎尔演《诺桑法王》；香巴藏戏队则轮流演出《文成公主》和《智美更登》。由于这些藏戏如果完整地演出，时间会很长，因此，在展出佛像前和哲蚌寺演出的均为部分片段。

招待藏戏队：藏历六月三十日中午休息时，哲蚌寺会招待藏戏演员们吃酸奶和白糖米饭。当天晚上，各藏戏队住在哲蚌寺下面的康村里，康村里的喇嘛也要招待藏戏队。

开幕仪式：藏历七月一日，各藏戏队到罗布林卡规定的地方朝拜，演出“谐泼”仪式。

藏戏演出：藏历七月二日到七月六日会举行雪顿节的中心活动，这时也是藏戏演出的集中时段。七月二日主要由四大蓝面具流派的戏班轮流献演。从七月三日至七月六日，主要由迥巴、江嘎尔、香巴、觉木隆这些后期新派蓝面具藏戏团轮流演出各自擅长的、也是被规定的传统剧目的整本戏，其中迥巴演《顿月顿珠》，江嘎尔演《诺桑法王》，香巴演《文成公主》或《智美更登》，觉木隆演《卓娃桑姆》《苏吉尼玛》或《白玛文巴》。演出结束后，达赖喇嘛和西藏地方政府当场给藏戏团赏赐。

结束仪式：雪顿节期间藏戏演出的结束仪式在藏历七月七日，主要是扎西雪巴在罗布林卡露戏台上举行一天的演出活动，演一段《诺桑法王》片断，再表演白面具开场仪式“甲鲁温巴”，最后以“扎西”结束仪式。

罗布林卡藏戏演出结束以后，从藏历七月八日至十五日，各藏戏团纷纷去拉萨城区演出，叫“拉萨雪顿”。拉萨市的演出，一般都是各机构、寺庙、官员和贵族请自己喜欢的藏戏团演出。

各地藏戏团回到家乡后，会为家乡人献演藏戏，这个时间大概从七月十六日以后才开始。觉木隆藏戏队可以去拉萨城区以外的地方演出，只要有人来邀请。江嘎尔、迥巴、香巴三个藏戏团则先回日喀则，参加扎什伦布寺的“色莫钦波”活动，给班禅大师和堪厅僧俗官员献演藏戏，然后回到各自的家乡进行汇报演出。扎西雪巴还要到拉萨西郊功德林寺演出一天，然后回山南给扎西曲德寺以及家乡的僧俗群众演戏。

雪顿节历史长，凝聚了藏族传统文化精神，包含了藏族民众喜爱的文化活动。无论是雪顿节的时间、空间，还是雪顿节多样化的传统活动，都表现出雪顿节具有包容性、开放性特点，这些蕴藏着雪顿节品牌建设的动力源泉。

第二节　2009年雪顿节品牌符号建设

雪顿节，这个充满诗意的名字，这个实践宗教经纶义理的聚会，这个汇纳藏族传统民间文艺的节日，这个释放生活情怀、弘扬生命精神的庆典，这个展现古城拉萨文化品格的盛会，从诞生之日起，就与藏族历史、宗教和社会生活结合得紧密无比。在雪顿节时，无数藏族民众不辞辛劳地赶来，在展佛仪式上寻找信仰力量，在藏戏艺术里建构精神家园，在林卡时光中享受自在快乐的生活真谛。

2009年的雪顿节于8月20日至26日在拉萨举行。初秋的拉萨，白天高悬天空的太阳光芒四射；晚上淅淅沥沥的秋雨浇灌着日光城的万物，也滋润着拉萨人的心田。2009年的雪顿节就在这个浪漫的季节里举行了。

这七天，拉萨人同来自国内外的宾朋一道，沉浸在歌舞的海洋里，徜徉于绿树和鲜花的怀抱中，收获着来自四面八方的深情厚谊，创造和把握着文化创新与时代发展的机遇，传承和播撒着传统文化的种子，幸福和喜悦写在拉萨人的脸上，沉甸甸的收获装在拉萨人的行囊里。2009年8月26日下午4点，中国拉萨雪顿节落下帷幕，这一年一度的雪顿节又一次诠释了拉萨人对文化的理解，又一次记录了拉萨人披载着文化星光前行的脚步。

年年雪顿曾相识，岁岁雪顿又不同。2009年的中国拉萨雪顿节恰逢西藏民主改革五十年和中华人民共和国成立六十年的特殊时日，这也决定了2009年的雪顿节非同寻常。为了办好2009年的雪顿节，拉萨市雪顿节办公室在此之前的几个月就进行了关于如何办好雪顿节的问卷调查，以此把脉民众对雪顿节的认知和希望。在民众的积极参与和政府的精心组织下，2009年雪顿节的规模大、内容丰富、影响深远，诚如2009年拉萨雪顿节办公室主任扎西平所说：“今年雪顿节活动多达20多项。传统活动中的藏戏展演增加了日喀则、山南等地区的藏戏队参与；体育竞技除了马术表演、赛牦牛外，还增加了抱石头和藏式拔河等内容；今年的雪顿节开幕式文艺演出，我们还首次邀请了多位明星参加，已经举办的节歌征集暨雪顿之星歌手大赛深受年轻人的喜爱，音乐焰火晚会也为大家呈现了丰盛的视觉盛宴。此外，世博会西藏宣传周系列活动、第四届拉萨国际半程马拉松挑战赛也为雪顿节增色不少。”[①]那么，2009年拉萨雪顿节究竟呈现了怎样的面貌呢？2009年雪顿节品牌建设是如何推进的呢？

一、展佛：雪顿节的文化基因

“展佛”拉开了传统雪顿节的序幕，是雪顿节生存的文化基因。展佛期间，巨大的卷轴式释迦牟尼唐卡迎着朝霞和桑烟缓缓展开，沸腾的信众抛起洁白的哈达，蓝天白云间飘洒着五彩风马，这一刻，天、地、人和谐一体，汇聚在清晨的灿烂阳光下徐徐展开的佛像画卷前。2009年拉萨雪顿节展佛主要在拉萨西郊的哲蚌寺和拉萨北郊的色拉寺举行。展佛是雪顿节的主要活动，具有很强的独立性，保留了雪顿节传统最完整、最系统的仪式。

哲蚌寺，位于拉萨市以西约10千米根培乌孜山南坡的山坳里。“哲蚌”，意为“米堆”“积米”，全称“吉祥米聚十方尊胜洲”。哲蚌寺与甘丹寺、色拉寺合称“拉萨三大寺”。

哲蚌寺在藏传佛教寺院中比较特殊，在西藏政治演变和社会历史进程中也有着重要的地位，哲蚌寺与雪顿节结缘自在情理之中。展佛仪式是藏传佛教的重要活动，不仅哲蚌寺会展佛，几乎所有藏传佛教著名寺院都会展佛，只不过时间不同而已。时间的确定与寺院特殊的历史和文化传统有密切关系，是寺院根据自身所处的环境和历史及其喇嘛、俗众的生活来决定，因此，寺院展佛时间的确定绝非随意而为。

---

① 汤小均著：《拉萨：将雪顿节打造成世界知名节庆》，http：//info.tibet.cn/zt2009/09lsxdjtj/zxzx/xdkb/200908/t20090820_495680.htm.

哲蚌寺展佛是藏传佛教寺院中最为宏大，也最具影响力的佛事活动，每年都会吸引成千上万的信徒朝拜。但是，哲蚌寺展佛产生于何时？哲蚌寺展佛是何时与雪顿节结合在一起的？至今还不得而知。

雪顿节展佛并非在哲蚌寺内部，而是在哲蚌寺靠西面的根培乌孜山，也就是增善峰上。这座山是西藏著名的神山之一，与哲蚌寺只有一条山沟之隔。每逢春夏，这里潺潺的溪流细水自上而下绵绵不断，溪流两旁绿草茵茵，各类叫不上名字的野花散发出沁人心脾的香味，五彩经幡悬挂在溪流上空随风摇曳。哲蚌寺的后山和根培乌孜山的山坡上有很多花岗岩石，嶙峋怪异。有的石头上画有佛像，有的石头上刻着经文，这些原本普普通通的石头，在神山上、在哲蚌寺旁被赋予了神圣和神奇。溪流的泉水被认为是神水，而神山的转经路上留有历代达赖喇嘛转山休息的遗迹。山顶有嘛呢石刻和经幡。这座神山上到处都有神圣传奇和故事，吸引着无数佛教信徒和拉萨市民。每逢转山的日子，男女老少排成长龙，井然有序地朝拜心中的胜迹，许下心中的愿景。雪顿节展佛的日子是佛教信徒和拉萨市民到根培乌孜山转经拜佛的最佳时刻，他们不会错过，每年雪顿节都是如此。

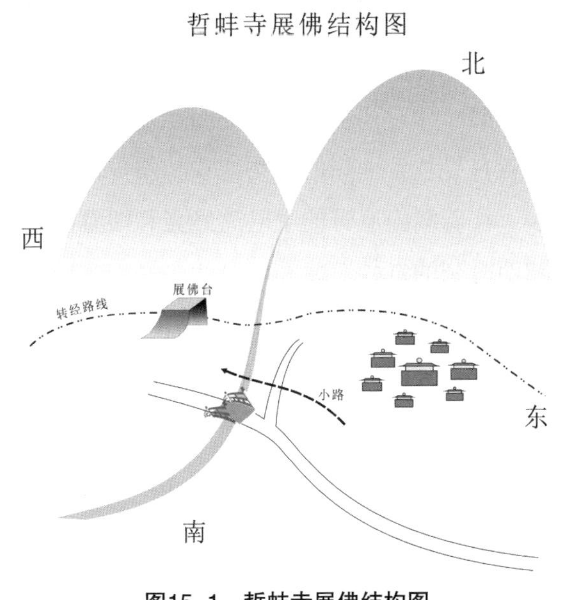

图15-1　哲蚌寺展佛结构图

2009年8月20日是雪顿节传统仪式开幕的日子，哲蚌寺的展佛活动拉开了雪顿节的序幕。这一天我们凌晨4点20分就起床，4点58分笔者从所住的西藏自治区电教馆出发。自治区电教馆位于布达拉宫西边500米左右，对面是小药王山，山上就是关帝庙。5点20分到达哲蚌寺门口。路上由于交通管制，我们绕行了一段路程，到达哲蚌寺所在山脚时，天还是漆黑的，但是，手电筒、手机的光亮已把山脚照得如同白昼。山脚下人山人海，嘈杂的声音回荡在寂静、凉飕飕的山谷中。道路两旁是买煨桑原料的人，从山脚到寺庙这一段路外来车辆不准进入，只有哲蚌寺自己的大巴车上上下下跑得挺欢，但价格比平时翻了一倍，由原来的5元涨到10元。哲蚌寺要养活自己，除了政府拨付的日常经费外，他们也在利用寺院资源方便信众、方便游客，与时俱进地进行部分商业性经营活动。

我们所坐的中巴车欢快地跑在路上，两边闪过的是川流不息的人群，他们借助手电筒的光亮踯躅前行。民众从四面八方聚集到哲蚌寺所在地更乌培孜山，晒大佛的隆重仪式将在这里进行。山下汇成人的山、人的海，平日里寂静的山谷沸腾了。5点40分的时候，我们凭着感觉，在黑幽幽的山上，借着零星的亮光往上爬，爬山很吃力，也很艰难，无法看清楚陡峭山路的情状，只好凭借昨天来时的记忆寻找最佳摄像位置。

安置好机位，我们在黑夜中摸索着坐下来，静静地远眺拉萨城。点点亮光守护着熟睡的民众，如星星般闪烁的亮光由线汇聚到展佛处的一个个聚落，民众各自寻找着理想的观察位置和朝拜位置。民众或席地而坐，或踱步取暖，伴着漫山遍野的手电筒光亮和煨桑的松柏清香，构成了根培乌孜山黎明时刻的奇妙镜像。浑厚的法号声和喇嘛高昂的诵经声响彻哲蚌寺上空，袅袅升起的桑烟伴随着高原清晨的微风弥漫在山谷。

巨大的佛像每年从哲蚌寺内抬出一次供人朝拜，让释迦牟尼大佛沐浴在一年中最强的太阳光线中。将释迦牟尼大佛抬出哲蚌寺前后的日子喇嘛都要对佛像念经祈祷，做一些法事和仪式。在雪顿节前后，哲蚌寺喇嘛在大佛前举行的仪式以念经祈祷为主，到雪顿节开始之日，哲蚌寺喇嘛就有了明确的分工，哲蚌寺的群培喇嘛告诉笔者：

雪顿节要吃酸奶，酸奶是自己买的，寺里不发。展佛的时候寺里的喇嘛都要参加，每个人都有任务。明天早晨有很多喇嘛要对展出的佛像念经，主要是年龄大的念，不是寺里所有人念，一部分人要做其他的事情，比如我明天的任务就是卖门票。雪顿节是寺里比较大的节日，抬佛像出来时好多喇嘛还有其他人都会来拜佛。①

展佛是哲蚌寺的事，与此相关的所有事情均由寺庙来做，为了展佛活动的顺利进行，哲蚌寺在雪顿节期间会给喇嘛进行明确的分工。为释迦牟尼及其他佛念经成为展佛仪式的开端，也是雪顿节仪式的主要组成部分。雪顿节期间，吃酸奶并不是寺庙里的统一要求，而是喇嘛走向世俗生活的方式之一。

大约6点50分，天空逐渐放亮。6点30分时，从哲蚌寺传来了第一声法号，也让静坐在山上等待的人们振奋起来，所有人都动了起来，移动脚步寻找最佳位置，并准备抛撒的隆达等等，哲蚌寺的喇嘛也开始活动了，离展佛的时间似乎不太远了。

7点钟，寺院的法号声再次响起，一队喇嘛抬着长长的卷轴走出寺庙，向我们所在的山坡进发。大约7点20分，这个巨大的展筒就铺展在铁架子上，原来这并不是佛像，而是垫在佛像下面的塑料布，以防佛像受潮和破损。就是这铺垫佛像的塑料布似乎也沾满了佛气，散发着灵光，它点燃了周围人的热情，围在铁架子两旁的人帮助喇嘛将塑料布徐徐展开。这个准备活动一直持续到7点30分。此时，根培乌孜山上桑烟袅绕，抛撒隆达的祈愿声伴随着隆达飞扬在空中，犹如天女散花般动人心魄。周边的人不断涌向展佛台，展佛台两旁集聚的人越来越多。

---

① 访谈对象：群培喇嘛；访谈人：林继富；访谈时间：2009年8月19日；访谈地点：拉萨哲蚌寺。

图15-2　展佛现场的桑烟和信众

图15-3　满地的隆达

7点40分，天已放亮。对面的哲蚌寺传来了低沉的法号声和清远的铜钹声，一队举着经幡和华盖的红衣僧人和身后近百名喇嘛肩扛宛若长龙的强巴佛像巨幅唐卡从哲蚌寺措钦大殿缓缓走来，在蜿蜒的山路中向哲蚌寺西侧的展佛平台上方行进。

这一方阵的前面是举着伞盖的喇嘛和吹着法号的喇嘛，还有抬着小型佛像的喇嘛，依次鱼贯向根培乌孜山进发，此时山上所有人都在翘首期盼，所有人的目光都聚焦在浩浩荡荡地抬着佛像的喇嘛队伍上。展佛的铁架上方的喇嘛加快速度往下放拉扯佛像的绳子。此时，拉萨河谷的上空射下一束金色的光束，犹如佛光般圣洁，洗涤着拉萨的天空，迎接着新的一天来临，也在迎接着陈放一年的巨大佛像重见阳光，赐福给百姓黎民。

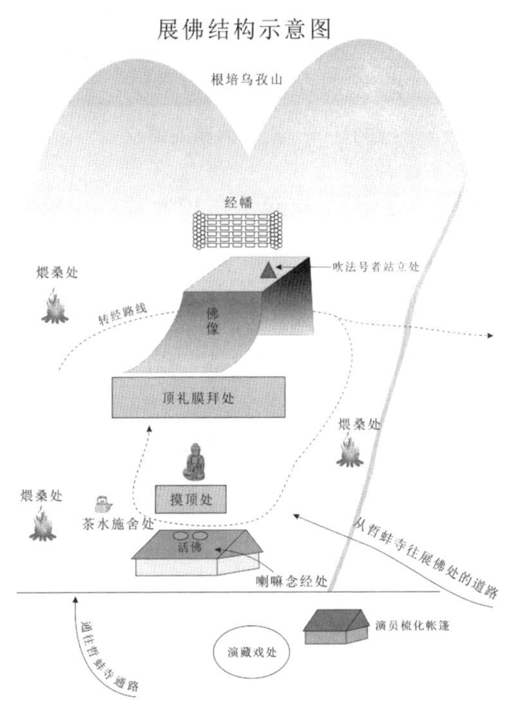

图15-4　展佛结构示意图

7点50分，佛像唐卡在喇嘛和众人的协助下来到了巨大铁架做成的展佛台上，随着卷轴被徐徐展开，信徒们争先恐后地往佛像上抛哈达，无数哈达如雪花般飘落。76岁的老阿妈宗拉双手合十，口中念念有词。几天前她从日喀则来到拉萨，就为了一睹展佛仪式，表达她对佛祖的无限虔诚。此时，桑烟四起，法号齐鸣，诵经声不断。

图15-5　朝拜佛像的信众

8时许，当白色的幕布渐渐拉起，在30米宽、40米长的锦缎堆绣巨幅唐卡上，释迦牟尼佛祖像完全展现在众人面前，引起信徒们一阵激动的欢呼，民众纷纷上前敬献洁白的哈达。一时间，佛像前哈达飘飞，低沉的祈祷声汇聚在一起，颇有节奏，景象甚为壮观。

图15-6　仰视佛像

这幅巨型唐卡佛像画略呈正方形，中间为佛祖释迦牟尼，他左手托钵，右手作降魔指地印，周围有菩萨和护法神等。巨幅佛像唐卡平日深藏寺院，民众只能在一年一度的雪顿节上才有缘观瞻，因为远近信徒都会在这时赶来朝拜佛祖。此时，聚集的人群已经水泄不通，靠近佛像的信众在佛像下顶礼膜拜，远点的人则向佛像抛甩哈达。山上的桑烟弥漫在天空，释迦眸尼佛像唐卡展现在人们的眼前，它标志着2009年拉萨雪顿节正式拉开帷幕。

巨大的佛像在阳光的照射下熠熠生辉，是那么庄严、慈爱、和善，让人震撼。此时法号声声，响彻山谷，回荡在天宇。桑烟的味道散发得更加浓烈，飞扬得缥缈而随性，飘洒在天空中的隆达，舞动着飞向神山的角角落落，满眼都是。民众沸腾了，神山沸腾了，山谷和哲蚌寺都沸腾了。

四面八方的信徒开始涌向佛像，开始有条不紊地在转经路上向佛像靠拢，笔者也随着人流在转经路上向佛像走去。所有人经过铁架最上方直起来的空处，并从佛像画下穿过时，都会用头轻轻顶一下，用手柔柔地抚摸一下，用身上的任何物件触及一下，在这每年才有一次的神圣时刻表达对佛的敬仰和膜拜，然后才心满意足地走过。

从佛像架子下走过的人分成两拨：一拨继续沿着转经路向哲蚌寺的后山朝前走，继续膜拜神山上的胜迹；一拨人则从转经路上下来，围绕佛像转，来到佛像的下端，排着长队等待由哲蚌寺活佛主持的摸顶。

摸顶是藏传佛教中活佛高僧为僧人和信众赐福、消灾的宗教仪式。在哲蚌寺雪顿节展佛期间，在巨幅佛像唐卡下方，有活佛为前来朝拜的信众摸顶。信众早早排起队，等到佛像展开以后，身披袈裟，面带微笑的活佛站在佛像旁边，为他们摸顶赐福。这些僧俗信众来自西藏的拉萨、日喀则、昌都、那曲等地区，还有的信众不辞辛劳，昼夜兼程，从青海、甘肃、四川、云南等地区赶来。他们头顶着太阳，手捧哈达，口诵六字真经，等待着这幸福时刻的到来。摸顶开始后，布施的信众手捧哈达，脱帽躬身俯首，满面虔敬喜悦，依次来到活佛前敬献哈达并布施，然后接受活佛摸顶赐福。他们中有年老的长者，有怀抱婴儿的年轻母亲，有背着父母亲的儿子。

哲蚌寺雪顿节上摸顶的喇嘛是哲蚌寺的活佛，被摸顶的人群个个手捧哈达，自觉排成一条长长的队伍，从右往左踯躅前行。到了摸顶处，信众将哈达献给活佛，活佛又将哈达转给旁边的工作人员，由其装进麻袋。从上午8点到14点，摸顶的活佛就收到上万条哈达，足足装满了5个大大的麻袋。

展佛活动的高潮在佛像刚刚展开时，即8点至8点半，也是太阳刚刚出来的时候，此时是展佛仪式中人最多的时候。这些人有来朝拜的，有外地来拉萨的游客，有着不同目的的人在此时汇成人流齐聚哲蚌寺，齐聚更乌培孜山。

9点之后，佛像前的人群明显减少，很多人看完展出的佛像就离开了，那些赶早朝拜的人也走上了哲蚌寺或色拉寺的转经路。此时山上的人都聚集在佛像周围和转经路上，而在佛像下面等待摸顶的队伍排成了长龙，这里又成为展佛活动中最热闹的地方。

8点，哲蚌寺佛像唐卡刚刚展开的时候，太阳光还不是很强，天空有些阴沉，9点之后天空中的云彩逐渐散去，此时的佛像在太阳强光的照射下熠熠生辉，似佛光四射，普照人间。

雪顿节的展佛仪式对于藏族民众来说，其吸引力远远超过了其他活动。他们认为能够在展佛雪顿日礼拜佛就算达成了自己的心愿，也让内心趋于平静和满足，一位来自林芝的63岁藏族老阿妈对我说：

> 林芝没有雪顿节，90%的人都没有看过展佛，老百姓根本就不知道雪顿节是什么。日喀则有展佛，但不是在雪顿节，不是同一个时间。雪顿节期间，拉萨哲蚌寺和色拉寺都有展佛。其实我也不知道这两座寺庙展出的佛叫什么名字，我不懂的。今天走上来我问别人那个是什么佛啊，人家还笑我呢，但其实像我这样的人还有好多。拉萨的人都知道这些是什么佛。人们到这里来不仅心里舒服，

而且心愿也达成了。[1]

10点13分左右，法号声再起。手拿佛珠的信众还是一如既往地从左至右地围绕着佛像，虔诚而执着地行走在转经路上，膜拜在佛像下，用手摸，用头顶，用帽子和衣服接触佛像，想要沾些佛气。佛像下的帐篷里，33位喇嘛在活佛的引领下，面对佛像，虔诚地念诵着经文。

12点以后，太阳光更加强烈，在蔚蓝天空下，四周经幡飘动，满地隆达，桑烟缭绕，这个以佛像为中心的场面壮阔、壮观而又不乏庄严和庄重，令人无限敬畏而又无限感动。

12点30分以后，尽管山上的人少了一些，但是走在转经路上的人仍源源不断，没有尽头。

12点50分，从各地赶来朝拜的人仍旧在源源不断地将哈达抛向佛像。

此时，一直在摸顶下方帐篷里念经的喇嘛有一部分离开了，两位坐在中间引领念经的喇嘛也走了，应该是去吃午饭。也难为他们了，从上午7点多到现在，他们坐在帐篷里足足念诵了5个小时的经文，口干舌燥的时候就喝口酥油茶。他们微闭双眼，专注地念诵佛教经文时的那种投入仿佛在与神对话，与佛交流。

13点10分左右，法号声响起，在骄阳炙烤下，佛像经过阳光洗礼而变得更加光明和清澈。此时，守候在佛像周围的喇嘛开始准备收起佛像，主要由站在铁架顶端的喇嘛从上向下进行。转经路上还有零星的转经者，下端摸顶处的活佛仍然在摸顶。佛像卷了一部分，由于面积太大，两边往下卷的时候不平衡，此时又刮起风，为收卷佛像带来麻烦，于是，喇嘛们又一次把盖布拉起，将卷好的佛像重新铺拉平整。两边的信徒还在不停地向佛像抛送哈达，山上的信徒也还在抛撒隆达。

① 访谈对象：央宗；访谈人：林继富；访谈时间：2009年8月20日；访谈地点：拉萨哲蚌寺更培乌孜山。

13点30分，喇嘛们再次收卷佛像。这一次上面的喇嘛、下面的喇嘛和两边的喇嘛动作都很麻利，收卷的速度很快，此时转经路上已经没有人群，摸顶的人也少了。

13点40分，活佛为最后一个人摸了顶，完成了雪顿节展佛仪式中的摸顶仪式。此时，巨大佛像的已经被收卷起来，周围施舍的酥油茶等物也都收拾好了，几十袋雪白的哈达被喇嘛们扛在肩上，坐在帐篷里念经的喇嘛已经离去，剩下的就是空荡荡的帐篷了。此时法号声声，幡盖伞引路，喇嘛们抬着佛像快速回到哲蚌寺，蜇蚌寺展佛仪式宣告结束。

哲蚌寺展佛是雪顿节的重头戏，是拉萨雪顿节传统文化最集中的体现。展佛仪式结束以后，喇嘛们终于能够享受一年来难得的轻松时光，享受与家人团聚的美妙时光。

展佛仪式上还有不可或缺的藏戏献演，这也构成仪式的一部分。但是现在的藏戏献演不像从前，演出的时间已经缩短为2个小时左右。雪顿节的藏戏会演就是由这段献演开启的。

展佛作为雪顿节核心元素，除了佛像保护需要，更多的则是满足信徒们的祈祷和膜拜需求，因此，展佛构成了雪顿节藏传佛教信仰的谱系。

从佛像抬出的那一刻，拉萨各处转经路上的人流就没有停息过，尤其是展佛的哲蚌寺和色拉寺更是人潮涌动。老百姓为这一天都做了精心安排，几点起床，几点到扎蚌寺，几点到色拉寺都是计划好的，他们在忙碌中充实，在辛劳中甜蜜。仓觉老人现年65岁，雪顿节这一天，她先转了哲蚌寺，接着又去了色拉寺，她说：

> 雪顿节时我去了哲蚌寺，早上5点钟起来，大概7点钟和几个朋友一起走路到了哲蚌寺，看完展佛，又围绕哲蚌寺转经路转完以后，再直接走路到色拉寺去看色拉寺展佛，并且沿着色拉寺转经。今年哲蚌寺晒的佛像是释迦牟尼，而色拉寺晒的佛像是贾瓦强巴。两座寺庙展不同的佛像是因为寺庙所处的地位不同，哲蚌寺在所有

的寺庙中有着举足轻重的地位，但是它们在转经人心里的地位都是一样的，佛在我们心中的地位也都是同等的，在我们看来，佛之间没有身份高低之分，寺庙也不分贵贱。哲蚌寺展佛时人们可以从佛像底下绕过，这样会带来吉祥，而色拉寺展佛只是将佛像贴在石头上，也没有铁栏，比起哲蚌寺稍微简单了点。[①]

雪顿节的展佛现场，不同的人有不同的目的，拉萨藏族和寺院喇嘛主要从事与佛有关的活动，诵经、拜佛和转经是他们的日常生活，只不过在展佛这一天这一切显得更加有意义。展佛现场和转经路上，念经声、祈祷声，声声入耳，句句沁人心脾。

展佛是盛大而庄严的活动，在这个特殊的日子里，信众享受到心灵的安宁和纯净，他们相信佛能给他们带来幸福和快乐。外来的游客则更多的是从烦琐的展佛仪式和巨大的佛像中领悟到藏族传统文化的博大与深邃。

展佛是藏传佛教仪式性活动，也是拉萨市民的活动，其中暗含拉萨民众特殊的生命观念。春天天气变暖，百虫惊蛰，万物复苏，其间僧人外出活动难免会不小心踩杀生命，有违“不杀生”的戒律，因此，格鲁派戒律中规定藏历四月至六月期间，僧人只能在寺庙里念经修行，直到六月底方可解禁。待到解禁之日，僧人纷纷出寺下山，世俗老百姓为了犒劳僧人备足酸奶，献给僧人，为他们举行野宴，并在欢庆会上表演藏戏。因此，雪顿节展示了拉萨民众祈求万物共同和谐生存的理念，在他们的观念里，所有的生命都有生存的权利，不允许随便杀生。这种观念贯穿藏族民众的生活世界中，因此，雪顿节也是关乎生命信仰和展示生活姿态的传统节日。

---

① 访谈对象：仓觉；访谈人：林继富、巴桑卓玛；访谈时间：2009年8月24日；访谈地点：拉萨八一农场仓觉家。

二、藏戏：雪顿节的精神元素

有人将雪顿节称为“藏戏节”，是因为雪顿节期间，藏戏表演贯穿始终，也是节日期间主要的文化活动。藏戏在藏语中称为“阿吉拉姆”，简称“拉姆”（即仙女的意思）。藏戏演出的固定程式为：序幕，主要是酬神、祈祷、祝愿并简要介绍剧情，以舞蹈为主；正剧，演绎一个完整的故事，演出的时候有唱腔、有舞蹈、有韵白、有道白等演出程式；结尾，场上鼓钹齐鸣，全体演员载歌载舞，向观众致谢祝福。传统藏戏主要有八个剧目，民众习惯将其称为“八大藏戏”，分别是：《文成公主》《诺桑法王》《卓娃桑姆》《朗萨雯蚌》《白玛文巴》《顿月顿珠》《智美更登》《苏吉尼玛》。

2009年的藏戏演出主要在哲蚌寺、罗布林卡和宗角禄康进行。

哲蚌寺藏戏演出场地为根培乌孜山山脚，是雪顿节展佛仪式的一部分，演出的时间很短，大约两个多小时，演出的剧目为《卓娃桑姆》，目的是献给佛看，只有佛看了藏戏以后，民众才能看藏戏，这也是雪顿节的传统。但是，哲蚌寺藏戏献演没有被列入这一年的藏戏演出节目单，因为它的演出是仪式性的，时间很短，场地有限。罗布林卡和宗角禄康的藏戏演出主要面向民众。以下是2009年雪顿节期间的文艺演出节目表，其中大部分是罗布林卡和宗角禄康的藏戏演出剧目：

表2–1　2009年雪顿节文艺演出安排表

日期	剧目内容	地点	时间	备注
8月17日	16支藏戏队和少儿扎西雪巴排练雪顿节开幕方阵节目	雪小学操场	10：00	
8月18日	16支藏戏队和少儿扎西雪巴排练雪顿节开幕方阵节目	雪小学操场	10：00	
8月19日	所有方阵队在布达拉宫广场进行彩排	布达拉宫广场	10：00	

续表2-1

日期	剧目内容	地点	时间	备注
8月20日	西荣仲孜 山南雅砻扎西雪巴队《诺桑法王》	罗布林卡1号场地	11：00	
	尼木白面具藏戏队《卓娃桑姆》	罗布林卡2号场地	11：00	
	西藏风容中尔甲演艺公司节目演出	宗角禄康1号场地	11：00	
	青海黄南藏剧团《文成公主》	宗角禄康2号场地	11：00	
8月21日	日喀则迥巴藏戏队《顿月顿珠》	罗布林卡1号场地	11：00	
	曲水南木乡藏戏队《萨朗雯蚌》	罗布林卡2号场地	11：00	
	市歌舞团综艺节目演出	宗角禄康1号场地	11：00	
	山南雅砻扎西雪巴队《诺桑王子》	宗角禄康2号场地	11：00	
8月22日	觉木隆藏戏队《卓娃桑姆》	罗布林卡1号场地	11：00	
	堆龙嘎东藏戏队《卓娃桑姆》	罗布林卡2号场地	11：00	
	唐古拉风演艺中心综艺节目演出	宗角禄康1号场地	11：00	
	次角林藏戏队《苏吉尼玛》	宗角禄康2号场地	11：00	
8月23日	区藏剧团 《郎萨雯蚌》	罗布林卡1号场地	11：00	
	林周春堆藏戏队《卓娃桑姆》	罗布林卡2号场地	11：00	
	堆龙那嘎藏戏队 《顿月顿珠》	宗角禄康1号场地	11：00	
8月24日	雪巴拉姆藏戏队 《郎萨雯蚌》	罗布林卡1号场地	11：00	
	堆龙马村藏戏队 《卓娃桑姆》	罗布林卡2号场地	11：00	
	2009年中国拉萨雪顿节“雪顿之星”颁奖活动及全市老年文艺队联合演出	宗角禄康1号场地	11：00	
	堆龙设兴藏戏队 《郎萨雯蚌》	宗角禄康1号场地	11：00	

续表2-1

日期	剧目内容	地点	时间	备注
8月25日	娘热乡藏戏队《苏吉尼玛》	罗布林卡1号场地	11：00	
	堆龙桑仓藏戏队《诺桑法王》	罗布林卡2号场地	11：00	
	当雄民间艺术团综艺节目	宗角禄康1号场地	11：00	
	堆龙措麦藏戏队《智美更登》	宗角禄康1号场地	11：00	
8月26日	全体藏戏队参加展演，每队时间为20分钟，区藏剧团表演藏戏小品	罗布林卡1号场地	11：00	
	堆龙那嘎藏戏队进行展演	罗布林卡2号场地	11：00	
	阳光吉吉综艺节目	宗角禄康1号场地	11：00	
	堆龙措麦藏戏队进行展演	宗角禄康1号场地	11：00	

罗布林卡是雪顿节藏戏演出的主要场地，演出是在罗布林卡观戏楼前广场。罗布林卡，意为“宝贝园林”，罗布林卡的藏戏展演是拉萨雪顿节的传统活动内容，深受各族群众厚爱。往日的罗布林卡空灵寂静，每到夏季，罗布林卡内百花鲜艳，绿草茵茵，回荡着鸟的歌声，雪顿节期间的罗布林卡则是藏戏的世界，歌舞的海洋。演出地由石板铺成，周围是参天大树和绿茵丛生的草坪。2009年藏戏演出时西藏很多地方的藏戏剧团都来了，这些藏戏团都以在这里演出为荣。

在藏戏演出场地，无论是罗布林卡还是宗角禄康，场地中央都会设置藏戏戏神汤东杰布像，他面朝西方，画像上绑有青稞穗、麦穗，上面挂有洁白的哈达，下面则摆放着切玛，演出中间有喇嘛向汤东杰布像献哈达。

> 我们专门绘制了唐卡，就是汤东杰布的佛像，在我们演藏戏之前会先给其献哈达，然后才开始正式的表演。演出场地是围绕汤东杰布画像组成的一个圆圈。[①]

① 访谈对象：次仁旺堆；访谈人：林继富、索朗卓玛；访谈时间：2009年8月21日；访谈地点：拉萨东升宾馆。

汤东杰布唐卡画像是藏戏演出中的常见布景，也是藏戏演员不忘先祖的象征。在汤东杰布注视下演出藏戏，显得神圣、亲切，藏戏演出时汤东杰布画像及其所在的位置如下图：

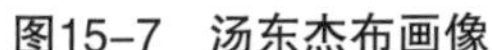

图15-7　汤东杰布画像

图15-8　在汤东杰布注视下演出藏戏

2009年8月20日上午11点，罗布林卡藏戏演出第一个出场的是来自山南的扎西雪巴藏戏团。扎西雪巴是西藏古老的藏戏团之一，这是他们自1996年恢复雪顿节之后第二次来罗布林卡演出，从演员到观众都极为重视这场演出。扎西雪巴藏戏团的演员普布格桑说：

从上午11点开始演出到现在（下午3点40分）我们还没吃饭。今天演出的感觉还可以。这是我第一次到拉萨来演出，别的地方去了好多次了。在拉萨演出跟平时演出不一样，有压力，唱错可不行。幸亏今天没有唱错，表演时我感觉心理压力特别大，但观众反应特别好。[①]

① 访谈对象：普布格桑；访谈人：查斌；访谈时间：2009年8月20日；访谈地点：拉萨罗布林卡1号场地。

藏戏演出对演员个人来说有压力，对藏戏剧团同样有压力，每个藏戏剧团都要求每个演员不能出差错。拉萨市城关区次角林藏戏团团长益西说：

> 藏戏是必须在雪顿节演出的一个隆重的节目，如果在以前，演藏戏就像完成任务一样，而现在感觉不一样了。对于一个演员来说，演技和唱腔能够让观众满意，这是莫大的骄傲，自己心里也高兴。如果平时练那么久，在该表演的时候却砸锅的话，就很不好。雪顿节是将藏戏历史介绍给大家的好时机，每个演员都很珍惜这个机会，要尽力去将戏演好。[①]

藏戏演员以到罗布林卡来演出为荣耀，尤其是雪顿节期间，如果能到罗布林卡来表演，说明自己的演技得到了观众的认可，更得到了藏戏艺术界的认可，这也是藏戏走向更为广大舞台必不可少的机会。

罗布林卡看戏的观众绝大部分来自拉萨，但也有很多藏戏迷追寻着自己喜欢的藏戏团，从不同地方来到罗布林卡欣赏藏戏，并且对当下的藏戏有自己的看法。普布次仁，山南人，今年56岁，退休在家。他听说今年山南扎西雪巴藏戏团要来拉萨罗布林卡演出，提前几天就来到拉萨等待这场演出。8月20日上午，我们在罗布林卡碰见了他，他说：

> 我小时就经常看藏戏，那时候看的和现在有一些不同。现在的藏戏缩减了很多东西，以前的传统藏戏要演很长时间，最起码都是一整天，现在只演半天。我总觉得现在的藏戏少了很多味道。我不是拉萨人，我是山南的，今年过来看藏戏是因为听说我们山南有藏戏团来拉萨表演，就也想过来看看。山南藏戏团名字叫什么，我

① 访谈对象：益西；访谈人：索朗卓玛；访谈时间：2009年8月22日；访谈地点：拉萨宗角禄康。

记不太清楚了，但是，他们今天演得挺好的，保留了一些以前的东西。我看到很多年轻人也在看，我估计他们不是很能看懂，现在的年轻人只有很少一部分喜欢看藏戏了，有了电视，可看的东西太多了。[①]

普布次仁是众多喜爱藏戏的观众之一，他的行动和讲述表达了当下许多观众对藏戏的看法。在他看来，藏戏应该更多地遵循传统，他对藏戏的传承发展也有很多忧虑，尤其是在传承人和观众的断层等方面。看来罗布林卡之于藏戏艺术的发展来说至关重要，这里不仅汇聚了藏戏艺术的精华，而且汇聚了酷爱藏戏艺术的戏迷，同时这里也应该是藏戏艺术创新转化的空间。

罗布林卡藏戏演出还有一个舞台在园林靠西边的地方，这里相对简陋一些，演出的舞台用石头搭建而成，周围全都是草坪和树木，观众只能坐在地上或自带凳子，或靠在树边观看。这里的空间不大，很难看出是藏戏演出的舞台。

宗角禄康藏戏场地靠近其东门不远，场地为中间呈圆形的平整的水泥场地，四周有台阶，观众可以坐在台阶上或围在周边观看藏戏。在观众外围则是各类房地产商的站台，除了拉萨商人以外，还有来自成都的房地产商，也难怪，在西藏工作的许多人退休后都选择在成都定居。宗角禄康藏戏演出地还有卖酸奶的，卖手机的等等商铺。这里的藏戏演出地是开放的场所，不用买票，人员流动量大，观众也多，但是，坐在演出场地看藏戏的人很认真，也很少中途离开，他们一般会在表演开始前就抢占有利位置，直到演出结束才离开。这里的藏戏演出队绝大部分是先在罗布林卡演出完后才过来的。宗角禄康的藏戏演出较罗布林卡的藏戏演出要简单些，同样一个剧目，演出时间一般从10点到14点，这段时

① 访谈对象：普布次仁；访谈人：查斌；访谈时间：2009年8月20日；访谈地点：拉萨罗布林卡1号场地。

间是太阳光最强烈的时候，没有帐篷，周围也没有树荫，炙热的阳光烤在水泥地上，烤在演员身上，即使这样，演员们也毫不含糊，认认真真地演，口渴了就喝点饮料。宗角禄康的演出没有报酬，全都是义务的。

2009年雪顿节期间演出的藏戏主要是《洛桑法王》《卓娃桑姆》《顿月顿珠》《萨朗雯蚌》《苏吉尼玛》《智美更登》等，并非八大藏戏都要上演，像这类情况以前在雪顿节也经常出现。究其原因是每个藏戏团均有自己的保留节目，即使能够演出八大藏戏中的任何一部，但到拉萨雪顿节来演出时都是挑选的自己最娴熟、最精彩的剧目。比如，觉木隆戏团就能够演出八大藏戏，但是最有影响的是《卓娃桑姆》《白玛文巴》《苏吉尼玛》。另外，雪顿节演出有时间限制，就拿2009年罗布林卡的藏戏演出来说，雪顿节组委会规定每天的演出时间是11点至17点左右，宗角禄康的演出时间是10点至14点。每个藏戏团在每个剧场只有一次演出机会，因此，演出多个剧目是不可能的，就算是一个剧本，也只能演出其中的一部分，毕竟演完一整出传统藏戏的时间需要花一天或几天。

2009年雪顿节的藏戏演出主要由拉萨市及所辖诸县的藏戏团承担，其中以觉木隆为代表的堆龙德庆县的藏戏代表队最为显眼。以下是2009年参加雪顿节的堆龙德庆藏戏队的情况：

表2-2　堆龙德庆县参加2009年“拉萨·雪顿节”文艺演出的团体及剧目

演出团体	藏戏剧目	参加开幕式的人员	各队领队
觉木隆藏戏队	《卓娃桑姆》	甲鲁2个；牦牛2头；蓝面具7个；阿吉拉姆8个。	琼达
古荣乡那嘎藏戏队	《顿月顿珠》	甲鲁2个；牦牛2头；蓝面具7个；阿吉拉姆8个。	安多
马乡设兴藏戏队	《萨朗雯蚌》	甲鲁2个；牦牛2头；蓝面具7个；阿吉拉姆8个。	洛桑旦巴
马乡措麦藏戏队	《智美更登》	甲鲁2个；牦牛2头；蓝面具2个；阿吉拉姆7个。	尼玛

续表2-2

演出团体	藏戏剧目	参加开幕式的人员	各队领队
马乡马村藏戏队	《卓娃桑姆》	甲鲁2个；牦牛2头；蓝面具7个；阿吉拉姆7个。	强巴平措
德庆乡桑仓藏戏队	《诺桑法王》	甲鲁2个；牦牛2头；蓝面具7个；阿吉拉姆7个。	旦增
堆龙嘎东藏戏队	《卓娃桑姆》	甲鲁2个；牦牛2头；蓝面具9个；阿吉拉姆8个。	赤列多吉
总计		甲鲁14个；牦牛14头；蓝面具46个；阿吉拉姆53个。	

堆龙德庆藏戏向来是堆龙德庆人引以为傲的文化，曾多次在全区乃至全国获奖，这里的藏戏队活跃在老百姓的生活中，尤其是活跃在望果节等各类庆祝活动中。堆龙德庆人喜欢藏戏这类民族民间文艺，从改革开放以后举办雪顿节开始，堆龙德庆藏戏队年年都会参演，深受群众喜欢，在雪顿节藏戏会演中享有较高的声誉。

相传觉木隆藏戏队起源于14世纪，由汤东杰布等人创立。当时，汤东杰布为了改善西藏交通，发展西藏经济，立志要给西藏每条江河上架起铁索桥，但是，他的财力有限，就招募了7位年轻貌美的姑娘到各地表演并为建桥募捐，由此得到了援助，桥也建起来了，并且在此基础上发展出藏戏艺术。汤东杰布的学生遍及各地，其中有一位叫唐桑的姑娘和她的丈夫鲁固居住在觉木隆，鲁固敲鼓，唐桑演戏，两人凭着独特的鼓声和超凡的演技引起了众多人的关注，后来逐渐形成了一个有组织、有纪律的正规戏团，这就是在西藏极负盛名的觉木隆藏戏团。

8月20日，笔者来到罗布林卡看藏戏，大约11点，罗布林卡游人如织，歌声不断，鼓钹齐鸣，处处洋溢着浓厚的节日气氛，一年一度的雪顿节藏戏会演在这里拉开帷幕。今天演出藏戏的是山南扎西雪巴藏戏团，由于他们还参加了布达拉宫广场开幕式表演，演员们比原定的11点晚到了20多分钟，尽管如此，观众不但没有散去，反而越聚越多。这里没有专门的更衣室和化妆间，演员们就在露天中互相帮助更换服饰，整理妆容。演员们短暂休整之后，于11点50分正式开始演出。扎西雪巴藏戏团曾经在1996年雪顿节来罗布林卡演出过藏戏，今年是第二次在雪顿节为拉萨观众演出藏戏，其心情可想而知。他们此次演出的剧目是《诺桑法王》。据该藏戏团负责人介绍，参加此次演出的演员共有22名，整个演出分为2场。

图15-9　藏戏演出

图15-10　藏戏演出

进入21世纪，西藏藏戏艺术受到更多藏族群众喜爱，也受到政府高度重视，2006年和2008年，我国公布的两批国家级非物质文化遗产代表作名录中就有山南扎西雪巴藏戏、拉萨觉木隆藏戏和日喀则藏戏。保护藏戏和发展藏戏艺术最好的时间和空间是雪顿节，此时各地的藏戏团队来拉萨会演，藏戏艺人们充分展现自己的表演技巧和功力，正是相互学习的好时机。对于艺人来说，雪顿节为他们提供了学习和提升的机会，也是他们展示娴熟的表演功力的舞台。为了更好地实现传承、传播和提升的目的，2009年雪顿节组委会专门在8月26日闭幕当天，安排参加2009年雪顿节的藏戏团队集中演出，每支藏戏团演出的时间只有15至30分钟，表演内容为各自最擅长的某部藏戏里最精彩的部分。下面是雪顿节闭幕式上不同藏戏团的演出节目：

表2-3　2009年雪顿节闭幕式藏戏演出名单

<table>
<tr><th>日期</th><th>展演节目内容</th><th>地点</th><th>时间</th><th>备注</th></tr>
<tr><td>8月26日</td><td>城关区娘热藏戏队展演藏戏开场戏《蓝面具温巴顿》</td><td>罗布林卡1号场地</td><td>各藏戏队展演时间从上午10点开始</td><td rowspan="8">各藏戏队展演时间为20分钟</td></tr>
<tr><td>8月26日</td><td>堆龙桑仓藏戏队展演《苏吉尼玛》中的片段</td><td>罗布林卡1号场地</td><td></td></tr>
<tr><td>8月26日</td><td>堆龙马村藏戏队展演《卓娃桑姆》中的片段</td><td>罗布林卡1号场地</td><td></td></tr>
<tr><td>8月26日</td><td>堆龙设兴藏戏队展演《苏吉尼玛》中的片段</td><td>罗布林卡1号场地</td><td></td></tr>
<tr><td>8月26日</td><td>堆龙嘎东藏戏队展演蓝面具舞</td><td>罗布林卡1号场地</td><td></td></tr>
<tr><td>8月26日</td><td>堆龙觉木隆藏戏队展演《卓娃桑姆》结尾中的战争片段</td><td>罗布林卡1号场地</td><td></td></tr>
<tr><td>8月26日</td><td>城关区雪巴拉姆藏戏队展演《卓娃桑姆》中的大结局</td><td>罗布林卡1号场地</td><td></td></tr>
<tr><td colspan="4">8月26日</td></tr>
</table>

8月26日的藏戏演出从上午10点开始，这是展览式的演出，各个藏戏团队演出时间很短，但是，仍然受到每个藏戏团队的高度重视。这次演出不仅是集中展示演出风采的机会，也是得到藏族民众认同的机会，更是彰显藏戏演出团队能力的机会。有很多藏戏专家来观看演出，他们会从这些藏戏演出中评选出优秀的藏戏队，如果获奖，那就意味着该团队在藏戏界地位的提升，也将激励团队演员的演出热情，对于团队的发展来说具有重要的意义。但是，从演出节目表和现场的表演来看，藏戏团主要来自拉萨市，今年邀请来参加藏戏会演的山南扎西雪巴藏戏团和日喀则藏戏团却没有参加。山南扎西雪巴藏戏团在21日宗角禄康演出完后于22日就回家了，日喀则藏戏团则一直坚持在罗布林卡演出到雪顿节结束。

无论是拉萨的藏戏队，还是山南、日喀则的藏戏团在罗布林卡演出结束以后，观众都久久不愿离去，很多人来到后台与演员交流合影。比如，扎西雪巴藏戏团展演期间，不少老阿爸、老阿妈来到后台慰问演员，感谢他们的演出。觉木隆藏戏团每年都会在雪顿节期间来罗布林卡演出，2009年的演出刚刚结束，觉木隆藏戏团团长琼达兴奋地说：

> 观众说我跳得很棒，人家专门来后台找我，拉着我的手说："谢谢队长，你们藏戏团都是年轻人，是不是学生？"我说不是。他们说："你们唱得很好，跳得很好。谢谢。"观众使劲跟我说"谢谢"，还鼓励我们再接再厉，争取明年表演得更加出色，并且送上了祝福，还说觉木隆的藏戏现在发展起来了。我觉得今年来看演出的人特别多，比以前的还要多，而且说藏戏好话的人也特别多。对于我们的藏戏，很多人都是啧啧称赞的。有位古秀啦（对喇嘛的尊称）非常激动，给我献上哈达，握着我的手说："这次两手空空没什么准备，这两百块是我对藏戏团的感激，明年你们来我一定会准备礼物。而且我看到藏戏团里的演员都是年轻人，这让我感到很欣慰，欣慰的是我们这个有着悠久历史的藏戏团有真正的继承人了，希望团长能一直把这个藏戏团带好，继续努力。"①

观众的话鼓励了这位乡村藏戏团团长，也激励着所有演员为藏戏的发展尽职尽责。没有观众就没有藏戏，这一点所有藏戏艺人都明白，他们在努力寻求当下藏戏的发展途径，努力满足现代观众的需求。

藏戏除了带给观众视觉和听觉享受以外，还在相当程度上满足了他们心理上的需求和信仰上的需求。每场藏戏演出结束，总有无数观众在演出后来到汤东杰布唐卡画像下祈祷，其中有喇嘛，也有俗众。

---

① 访谈对象：琼达（觉木隆藏戏团团长）；访谈人：林继富、巴桑次仁；访谈时间：2009年8月22日；访谈地点：罗布林卡公园1号场地。

图15-11　正在祈祷的观众　　图15-12　正在祈祷的观众

罗布林卡的藏戏演出和宗角禄康的藏戏演出，因演出的空间承载的历史和宗教精神有所差异，演出的气氛也有所差异，这些自然会影响到演员的表演。可以看出每个藏戏团都十分重视罗布林卡的演出，而由于宗角禄康的演出完全是开放的和义务的，没有任何报酬，因此，一些有影响、有地位的藏戏团不太愿意去宗角禄康演出。比如，觉木隆藏戏团因为有一些在农村的有偿演出，就没有出现在宗角禄康，对此，团长琼达说：

> 扎西雪巴在宗角禄康演了，他们演两天只有三千元的工资，我们只在这里跳也能挣三千元。市文化局安排所有藏戏队在罗布林卡和宗角禄康演出，别的藏戏团都会去宗角禄康，但是我们不愿意，因为我们没有车费。现在秋天到了，工作多多有，对不起。对其他藏戏团来说在拉萨表演的机会比较少，所以他们在哪里都跳。[①]

当然，这是个别的现象，也是藏戏团走向市场化必须要考虑的，加上他们的演出繁忙，演员很累，演完后还要赶回家做农活，收割青稞，因此对这种没有明显经济效益和没有政府约束的演出参与得很少。

① 访谈对象：琼达（觉木隆藏戏队队长）；访谈人：林继富、巴桑次仁；访谈时间：2009年8月22日；访谈地点：罗布林卡公园1号场地。

藏戏艺术在当今西藏艺术种类中虽存在或多或少的问题，但是，总体来看，它是西藏民间文艺中最繁荣、最市场化的艺术之一，也是最受老百姓欢迎的艺术。老百姓对藏戏艺术有特殊的爱好和理解，在采访仓觉的时候，她告诉我：

> 藏族传统八大藏戏我看过绝大部分，像《赤美列登》《朗萨雯蚌》《诺桑法王》《卓娃桑姆》《顿月顿珠》，等等。藏戏里面很多内容都是很伤感的，是悲剧，有时看着看着就会不由自主地掉眼泪。如果说你能听懂一部藏戏，能明白它所要表达的含义，那么是很有意思、很有趣的。我看过的藏戏表演中最喜欢的团队是扎西雪巴和觉木隆藏戏团。扎西雪巴藏戏团演的藏戏节奏比较快，觉木隆藏戏团是旧社会时期就有的，直到现在仍旧很受欢迎，关键是它的内容好，很热闹，也很好听。我自己呢，在解放之前就在日喀则看过藏戏。老年人更喜欢看藏戏，而年轻人可能是由于不理解其中的意思，所以对藏戏并没什么兴趣，他们更喜欢看的是文艺演出之类的吧。老年人一般都能听懂其中的意思，对这些历史了解得较深，因此觉得看藏戏是很有意思的，藏戏中还有些滑稽的情节都是扮演者各自发挥的效果。[①]

藏戏作为藏族传统表演艺术，作为来自现实生活的文化活动，从古至今，它所拥有的精神和思想都没有改变，那就是体现藏族对生命的诠释，对生活实践的记录，对传统文化的呵护，其中也包含了藏族民众丰富的历史记忆和家园情感。藏戏演员通过演唱、对白、肢体动作等多种方式将藏戏的内容传达给每位观众，将观众带入传统的藏族文化之中，带到传统艺术的世界里，让观众在藏戏广阔的艺术天堂里遨游，畅想神灵

---

① 访谈对象：仓觉；访谈人：林继富、巴桑卓玛；访谈时间：2009年8月24日；访谈地点：拉萨八一农场仓觉家。

和祖先的事迹，沉浸于历史，感到自豪和敬佩。

藏戏作为古老的艺术，在西藏仍然有相当数量的观众群体，其中以40岁以上的中老年藏族为主。罗布林卡只要有藏戏演出，观众就会早早地来到演出场地抢占有利位置，带着凳子，带着点心，带着酥油茶甚至啤酒，从上午到下午悠闲而认真地看戏、听戏。罗布林卡的演出场地是平地，因此，周围的观众会自觉地围城一个圆圈，且层次结构十分明显：第一层观众坐在地上，第二层观众坐在矮凳子上，第三层观众坐在高凳子上，第四层观众站着，第五层观众站在凳子上。

图15-13　格桑颇章广场藏戏场地

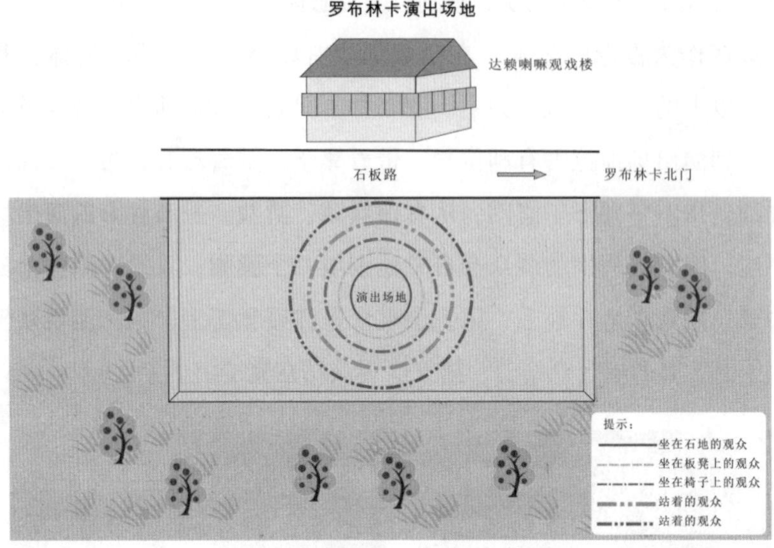

图15-14　罗布林卡藏戏演出场地

至于宗角禄康演出场地则应是小小的现代演出地或溜冰场改造的，中间是平地，四周是一层比一层高的台阶，这样人们会按照先来后到的顺序自动围成一个藏戏演出空间。

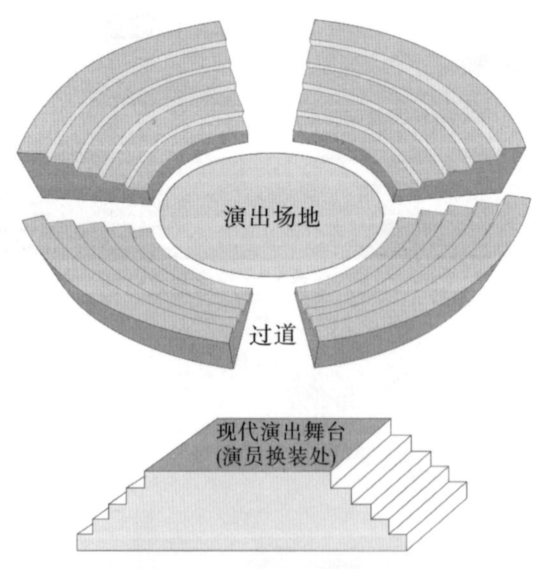

图15-15　宗角禄康演出场地

罗布林卡和宗角禄康两个场地的藏戏演出，不仅是场地环境的区别，更多的是文化空间带来的区别。在罗布林卡演出是所有藏戏团追求的目标，也是藏戏艺术得到最充分展示的地方，宗角禄康藏戏演出则是为了能让更多观众看到藏戏而进行的演出，诚如山南扎西雪巴藏戏团副团长次仁旺堆所说：

> 今天（8月21日）的演出只是为了让百姓看得开心而已，最主要的表演都在昨天结束了。因为昨天是雪顿节的第一天，我们把有意义的节目都放在昨天表演了！①

罗布林卡与宗角禄康演出的剧目一样，但是时间不一样，罗布林卡的演出时间要长一些，宗角禄康的演出时间短些，这就必定导致藏戏演出剧目上的取舍差别，在扎西雪巴藏戏团演了21年藏戏的宗吉说：

> 我们在演出时真正来说是要唱三段的，但在宗角禄康就只唱一段。压缩的主要是表演的时间，上面已经规定好了，让我们在哪个地点演多长时间，在我们没来之前他们就已经通知我们了。宗角禄康的观众和罗布林卡的观众没有什么区别，都很有秩序，年轻人比较喜欢流行和现代一点的表演，但是大家听说有雅砻扎西雪巴的表演，在前面的表演结束之后不管老少观众都没离开，人们就是这么喜欢藏戏！②

同时，在罗布林卡演出藏戏时有喇嘛为演员敬献哈达，这是现场观众对演员表演的最高奖赏，同时也有拉萨市领导代表政府为演员敬献哈达，以表彰藏戏演员的辛劳和勤勉。

---

① 访谈对象：次仁旺堆；访谈人：林继富、索朗卓玛；访谈时间：2009年8月21日；访谈地点：拉萨东升宾馆。

② 访谈对象：次仁旺堆；访谈人：林继富、索朗卓玛；访谈时间：2009年8月21日；访谈地点：拉萨东升宾馆。

图15-16　喇嘛为演员敬献哈达

雪顿节期间的藏戏演出，从观众年龄结构来看，让人有些担忧，观众年龄普遍偏大，年轻人能够看完藏戏的只有少数。8月21日，笔者在宗角禄康看藏戏，坐在最前排，边上就是一位藏族老阿妈，阿妈每每看到高兴处，总是不自觉地用手肘提醒笔者，并对笔者露出会心的微笑。老阿妈慈祥的微笑里包含了太多的意思，但是，有一点可以肯定，那就是一个从外地来到拉萨的人能够自始至终在炎炎烈日下看藏戏，并且能够与藏戏里角色的悲喜情绪一致，她更多的是满足和赞许。另外，笔者也意识到，即使有看藏戏的年轻人，其比例相对于观看现代歌舞的年轻人来说也是出奇的低。藏戏艺人丹增告诉笔者，他不想让自己的三个孩子从事藏戏表演，他说自己干的这一行是“让人瞧不起”的职业，因为在藏族传统观念里，拿着六弦琴弹唱是“乞丐的营生”。但是，目前在拉萨的宾馆和一些旅游景点，活跃着一些从事商业表演的藏戏艺人，他们针对游客的演出起到了普及藏戏的作用，也极大地改善了艺人的生存状况，改变了民众对藏戏艺人身份的看法。

藏戏作为广场艺术，贴近观众、易于被观众接受。藏戏一般在白天演出，不需要灯光和复杂的布景，广场上只需要竖立经幡杆或悬挂唐卡画像并准备切玛等物品即可，而且传统的藏戏伴奏也比较简单，只有一鼓一钹。然而，现代快节奏的生活，尤其是城市生活，势必对藏戏较为舒缓的节奏提出挑战。现代社会中藏戏的观众群逐渐缩小已是不争的事实，现在农牧民依旧非常喜欢藏戏，但在城市里，年轻人有了很多其他的娱乐选择，这就导致藏戏观众和藏戏艺人的减少。在这种状况下，要保护藏戏的传承，我们必须创作出与藏戏传统剧目相媲美的现代精品，在题材和在唱腔上下功夫。

关于藏戏的传统与创新问题，笔者在2009年8月21日罗布林卡觉木隆藏戏团表演以后，和藏族民俗研究专家索朗次仁的对话颇能说明问题：

林：您看了这两天演出以后有什么感受？

索：2009年藏戏普遍有个特点，就是年轻化了。现在雅砻扎西雪巴也好，今天这个拉萨的觉木隆也好，都年轻化了。它的优势就是，传统的藏戏在传承接代上面年轻化了，有利于藏戏的发展。

林：就是说藏戏有接班人了。但是这些年轻人在传承藏戏时是否完整地继承了藏戏的程式、唱腔，是否加进新的文化元素了呢？比如说昨天扎西雪巴演的《诺桑法王》和今天觉木隆演的《卓娃桑姆》有没有新的时代元素？

索：关键是它没有按照藏文原始剧本来排。来的时候我问他们是不是临时编的剧本，他们说没有按照藏文原始剧本排，我认为这样是不正规的。再一个，他们的演出普遍年轻化了以后，会有很多时髦的东西掺和在里面。

林：年轻人总是喜欢时尚。

索：国家最近几年的政策对有历史传承性的藏戏发展非常有利。国家文化部门，包括文化厅的非物质文化遗产办，拉萨市的非物质文化遗产办，还有各县的、乡的这些文化部门，在统一指挥下，今年办成雪顿期间的民间传统藏戏会演。演员唱的都是藏文，所以只有懂藏文，才能看懂戏中的真实内容。当然从形式上、服装上大概是可以看到一些内容的，但到底演得怎么样，只有看完剧本并将这些结合起来，才能充分体会，了解他们的传承程度。

林：我觉得觉木隆的展演和扎西雪巴的演出都带有区域性特点，每种类型的藏戏均有各自的韵味。

索：咱们研究文化都有区域性。雅砻文化是属于雅砻的，拉萨文化就属于拉萨。各自的区域风格不一样，但是从历史上来说应该研究雅砻扎西雪巴，它是正规的来自汤东杰布的传承。六百年以前，其组织是七姐妹，七个人。但是，这个戏团以前的演员都八十多岁了，这次过来的都是年轻人，年轻人对整个剧种的传承是否完整很难判断。从外观上来看，该戏团确实已经被年轻人继承了，但是他们对老艺人的全部精华是否完全继承，我想可能还有一定的距离。

林：藏戏是时代的文化，而这个时代里人们欣赏的藏戏演出必然会加进一些时代元素，比如说，八大传统藏戏，如果完全按照传统的程式来演，是否跟时代有距离？

索：对于非物质文化遗产，首先要继承，才能达到发展。原来的根基都还没有弄全就去发展的话，很多东西就会落空。只有懂得了根基以后，才能可以充分地发挥，发展。再说，这要一代代地去完成，不是一代的事。

林：在注重传统以外，是否还要将藏戏艺术更加现代化一点？比如说是否可以新编一些藏戏，而不仅是只演八大藏戏或八大藏戏中的某些剧目。

索：我觉得这个想法是对的，但是它有一个过程。另外，现在的老百姓喜欢什么，愿意看什么，这也是一个很重要的因素。弄得跟实际太远了，观众会看不懂，不喜欢。应该本着去粗取精的原则，把优秀的民族艺术传统保留下来。[①]

---

① 访谈对象：索朗次仁；访谈人：林继富；访谈时间：2009年8月21日；访谈地点：拉萨罗布林卡。

索朗次仁主张对藏戏传统完全继承，我觉得这个愿望很好。但是，从2009年雪顿节的藏戏演出来看，不能说完全遵循了传统藏戏，比如，将藏戏中的情节进行删减和压缩，那么删减哪些、压缩哪些则值得思考。显然，更多的应该是结合当下人的审美口味和欣赏习惯，以及演出场景空间关系的制约等因素，综合考虑后进行删减。

对于雪顿节期间的藏戏演出，无论是拉萨市，还是其他地区的藏戏团都很重视，他们觉得这是展示自己藏戏艺术的平台，但是，他们也觉得藏戏发展面临很多问题。今年58岁的次角林藏戏团团长益西说：

> 我们剧团是在8世达赖喇嘛时期就有了，那时藏戏是由次角林寺庙的和尚来演的，“文化大革命”时寺庙没有了，后来又重建了。1962年，次角林藏戏团重新成立。现在我们团有27人，男14人，女13人。藏戏团费用由城关区、拉萨市文化局资助一部分，剩余的是我们到各个公司和大企业那里拉赞助得到的。我们每年都来参加雪顿节藏戏演出，以前去罗布林卡、哲蚌寺，这次来综角禄康。我们剧团的演员老少皆有，最老的有78岁，年轻的才16岁，年长的有4个，都是70多岁。我们团目前最大的困难是经济问题，对于藏戏我们有很大的信心，但有时候没有钱什么都做不了。[①]

益西认为目前演员年轻化和资金不够等问题制约了藏戏发展。这样的看法曲水藏戏团的（江村）阿旺丹增也讲过：

> 目前曲水藏戏团有24人，男14人，女10人。我们刚开始时只演《朗莎雯蚌》，后来因为大众喜欢，又演了《苏吉尼玛》《卓娃桑姆》《白马文巴》。我们团里有4个老演员，其他都是新来的，我

① 访谈对象：益西；访谈人：索朗卓玛；访谈时间：2009年8月22日；访谈地点：拉萨宗角禄康。

们希望通过我们的努力让藏族文化得到传承和更好更优的发展。我们团演藏戏有23年了，我们白天干农活，晚上练3个小时，只发5块钱，但没有人计较钱，大家对藏戏的热爱从来没有停止。[①]

山南扎西雪巴藏戏团副团长次仁旺堆率领扎西雪巴藏戏团在拉萨完成了两场演出以后，接受了我们的采访，他说目前剧团发展面临着两大困难：

我们剧团目前最大的困难就是学员学起来很困难！因为我们藏戏团的大多成员是农民，不是专业的藏戏表演者，而且我们团表演的藏戏也是最难表演的！没有其他人会表演我们的藏戏，也没有其他人会唱我们的唱腔。有时一个唱腔学了一天也不能学好！表演倒是可以模仿，跟着跳就行，但是这个唱腔每个角色都不同，所以很难学好。还有我们这个团体是一个村自发组织起来的，经济困难也是一个问题。[②]

这些来自基层的藏戏团演员和管理人员从剧团演出现状提出来的困难，也正是目前制约藏戏艺术发展的瓶颈，这里面既有时代文化发展带来的因素，也有人为因素。对于这些生活在基层的农民，演藏戏只是业余爱好，他们在从事繁重体力劳动之余，还要利用休息时间排练藏戏，为乡亲们奉献精美绝妙的传统文化大餐，非常不容易。有些困难他们凭借自己的力量难以解决，如传承人断层、对藏戏艺术的把握和经济困境等，是政府在保护民族优秀传统文化时应该好好考虑的。

当然，藏戏的发展离不开老一代藏戏艺术家的无私奉献，尽管他

① 访谈对象：阿旺丹增；访谈人：林继富、索朗卓玛；访谈时间：2009年8月22日；访谈地点：拉萨宗角禄康。

② 访谈对象：次仁旺堆；访谈人：林继富、索朗卓玛；访谈时间：2009年8月22日；访谈地点：拉萨东圣宾馆。

们已不能走上舞台直接为观众演出，但是，他们可以将自己演出几十年的经验毫无保留地传授给年轻一代。次角林藏戏团里78岁的尼玛平措说：

> 今天我不演戏，来后台帮忙给演员穿戴衣服，因为我已经老了，腿脚不灵便。我演藏戏演了48年，从1962年开始演的，因为喜欢藏戏今天就过来帮忙，虽然不能演，但能看也很开心。现在政策好，我们老的把会的留给下一代人，教他们跳。我虽然不识字，但藏戏我都了解，为了让文化继续传承，我们都会努力的。像我这样老的人能有幸过雪顿节心里真的很开心，像我们这样的老人应该要把藏戏传承下去。希望我们的团更上一层楼，我有信心，相信年轻人会做得更好。[①]

像尼玛平措这样的藏戏老人，我们在西藏调查时候遇到很多很多，他们那种对藏戏艺术的执着和无私奉献精神，是值得我们尊敬的。只要有这样一批优秀的文化传人存在，藏戏艺术的传承和发展才有希望。

三、林卡：雪顿节的娱乐空间

8月的西藏气温较高，青稞逐渐成熟。藏族民众会在这个空闲时间携家人和朋友外出过林卡。西藏民众喜欢过林卡，他们热爱自然，他们将大自然秀美的景象纳入传统节日文化范围，使西藏传统节日包含了过林卡的生活实践。由于西藏各地气候不同，林卡节的时间也不尽相同。

日喀则的林卡节为6月1日，这时春播结束，进行田间管理的时间还没有到来，民众有短暂的闲暇时光。届时城镇居民和农牧民在年楚河畔的贡觉林卡举行游园活动。林卡内，帐篷林立，人流如潮，欢歌曼

① 访谈对象：益西；访谈人：林继富、索朗卓玛；访谈时间：2009年8月22日；访谈地点：拉萨宗角禄康。

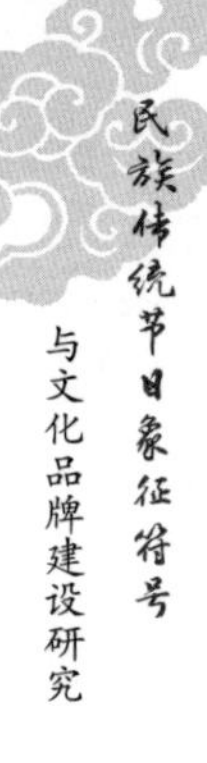

舞，热闹非凡。据传说，日喀则林卡节起源于莲花生大师。莲花生从印度到西藏传教，曾在日喀则远郊嘎卜杰洞修行一年，后来，民众为纪念他，便在春暖花开的日子进行朝佛活动。届时男人们一早骑毛驴到远郊的嘎卜杰洞去朝佛，妇女们则带上食物，汇集在近郊迎接拜佛祈福的亲人归来。后来，朝佛活动中又增添了骑毛驴、骑马及射箭等休闲娱乐内容。

在藏东林芝、昌都等地区，每当夏日来临，森林密布，绿草如毯，杜鹃花、桃花点缀其间，这里就是天然乐园，人间天堂。民众或步行或骑马，带上帐篷和充足的食物，置身于花海里，漫步在森林中，野营消暑，数日而返。

拉萨林卡节期间，空气清新，树茂草盛，百花争艳。在挺拔的白杨树下，在绿茵茵的草地上，美丽的河畔溪边都可以见到身着艳丽服装的藏族民众，或合家而出，或约请亲友，三五成群，在帐篷内狂歌畅饮，帐篷外的人或玩耍藏棋、藏牌，或打扑克、麻将，跳舞、唱歌更是他们的拿手好戏，自娱自乐的情景随处可见。布达拉宫北侧宗角禄康公园里，翠绿的草坪上，三三两两的游人并不来去匆匆，而是要在蓝天绿地之间悠然自在地度过美妙的林卡时光。然而，在以前的西藏，到林卡中消暑度假的人大多是生活比较富裕的上层人士，普通人要想进入罗布林卡更是难上加上。现在，在西藏，在拉萨，过林卡已是流行的休闲方式，凡是有山有水之处，人们都可以支起帐篷过林卡。

2009年雪顿节，拉萨阳光充沛，气温很高。拉萨市的民众在雪顿节和政府规定的假日里，携老扶幼，携妻带子，全家带着充足的食物和酒水，早早地来到林卡内，搭起色彩斑斓的帐篷，在地上铺上卡垫、地毯，摆上各种酒和饮料、菜肴，在草坪上、树荫下吃喝玩乐。雪顿节期间的罗布林卡，天空中回荡着古老的唱腔和现代乐曲，遍地都是欢乐的人群、五彩的帐篷和琳琅满目的商品，处处昭示着这里是人们欢乐的空间，是亲情升华、友情凝聚的空间。

雪顿节的时候，我们家去的林卡一般在罗布林卡，偶尔也去宗角禄康，像五一劳动节、六一儿童节、十一国庆节，都会去过林卡，但可能就是雪顿期间的林卡比较热闹，比较隆重。我们一般过林卡要带卡垫、帐篷、卡塞（饼干）、糖果、饼子、饮料、啤酒，然后在家里做些自己喜欢吃的菜带去。但是现在的人一般都不怎么喜欢带了，为了方便只是到了罗布林卡就直接从里面买自己需要的东西，尤其年轻人会觉得林卡内应有尽有，何必那么麻烦，老年人却觉得自己亲手做的不仅好吃而且干净，所以至今老年人都还是愿意从家里带过来。

过林卡的时候有看藏戏的、有打牌的、有打麻将的、有玩骰子的，有些群众兴奋到极点的话便会唱歌跳舞。喝酒的人大部分都是日喀则村里的人或者后藏的人们，因为平日他们干农活的时候喜欢喝酒唱歌，拉萨人喝酒的只有少数。[①]

在藏族民众心里，每个人都有最向往的林卡，都有生活中团聚欢乐的家园。在雪顿节来临之前，每家都在计划如何度过林卡，会为过林卡做一些准备。

2009年雪顿节期间的罗布林卡内，拉萨人毫不吝啬自己的时间，毫不掩饰自己内心的喜悦，从8月20日到8月26日的七天里，罗布林卡的每一个角落都是帐篷，每一个帐篷内传出来的都是欢声笑语和美妙的歌声。

① 访谈对象：仓觉；访谈人：林继富、巴桑卓玛；访谈时间：2009年8月24日；访谈地点：拉萨八一农场仓觉家。

图15-17 过林卡的人们

当笔者来到罗布林卡，满眼都是各色帐篷，帐篷样式有很多种。传统的藏式帐篷上面有坡形的棚顶，四周围得严严实实，只留下一个供人出入的门，里面有藏桌、卡垫，比较讲究。

简单的帐篷则追求实用和简便，它是利用周围的树木，将一个长长的、有花色的布料围城一个圆圈或方形，上面没有顶，形成一个相对固定的空间。

图15-18 各式帐篷

传统雪顿节期间，在罗布林卡过林卡的人家，都是带自家的帐篷，自己搭建好，然而，2009年的雪顿节，罗布林卡内有很多由团体或个人搭建好的帐篷，非常讲究，里面甚至有桌子。这种帐篷主要用来出租，据说每顶帐篷一天的租金就是200元左右。出租帐篷的生意在雪顿节期间很不错。

图15–19 各式帐篷

帐篷上的图案五花八门，其中以传统的藏族吉祥图案为主，吉祥八宝图案最为常见，它包括白海螺、宝瓶、宝伞、吉祥结、金轮、金鱼、莲花、胜利幢等八种吉祥之物。帐篷上的图案，无论是吉祥八宝图案，还是其他动植物图案都具有特殊意义，取材多来自于现实生活和理想愿望，既能够表现藏族民众的想法，又具有良好的外观效果，彰显了圆满、美观、和谐的藏族民众思想的内在本质。

雪顿节期间，也有很多人家没有搭建帐篷，而是带来卡垫或简单的塑料布或普通布料铺在地上，家人或朋友就席地而坐，喝酒娱乐，聊天欢歌。

（一）2009年雪顿节期间，罗布林卡过林卡主要有三种形式：

1. 家庭聚会

这类聚会是雪顿节期间罗布林卡最传统、最普遍的聚会。雪顿节期间来罗布林卡过林卡的人家要提前做一些准备，比如到林卡里必备的生活用品和饮食。

卓：您是第一次来过雪顿节吗？曲：不是，我每年都来。

卓：雪顿节时家里要做什么准备吗？曲：要准备吃的和喝的。

卓：会不会准备我们的民族特色食品？曲：会，有咖喱土豆、牛肉煮土豆、酥油茶、甜茶、自己做的甜点、饼子，等等。

卓：其他还有些什么要准备的？曲：还要准备卡垫、帐篷、帷幔等生活用品。

卓：今天是您一个人还是和家人一起来的？曲：是和家人一起来的啊，他们现在在过林卡呢，我带着小孩在这里散散步。[①]

2．朋友聚会

朋友聚会尽管在先前的雪顿节也出现过，但是，大都是以串帐篷的形式为主，民众会相互去各自的帐篷一起聊天、喝茶和娱乐。拉萨市政府部门以及很多企事业单位在雪顿节期间都会放假过节，有许多来拉萨打工的外地人就会利用这闲暇时间参与节日活动，享受节日带来的乐趣。比如，在我们聚会场地边上的就是一群女孩子，大约20岁，她们用较硬的纸板垫在地上，又买来一些凉菜和饮料酒水，然后在一起聊天唱歌，唱的藏歌一首接一首，好不热闹。经打听才得知，她们是来拉萨打工的，在一个单位工作，雪顿节期间放假休息，她们就结伴来到罗布林卡。这里对于出门在外的异乡人来说，是不错的娱乐场所，也是增进友谊的场所。

3．同学聚会

罗布林卡中常常见到一些年轻人聚在一起，他们一般都是曾经在一起学习或现在在一起学习的同学。同学聚会以在读大学生或已经毕业的大学生为主，他们曾经或现在是同学。同学聚会过林卡很简单，食品一般从超市买来，活动以叙旧和喝酒、唱歌、跳舞为主。

---

① 访谈对象：曲吉；访谈人：索朗卓玛；访谈时间：2009年8月20日；访谈地点：拉萨罗布林卡。

图15-20　同学聚会

诸如以上所述同学聚会、朋友聚会、亲戚聚会和家庭聚会等多样式的聚会方式，在2009年雪顿节期间十分盛行。这种多样化的聚会，将在雪顿节期间得到进一步的发展。

（二）雪顿节期间罗布林卡内，民众娱乐活动主要有以下类型：

1．玩骰子

藏族骰子游戏器具包括：一对骰子、骰碗、骰盘、筹码和六十四颗小贝壳以及一个骰拳，共六个器具组成。骰子为六面、正方体，每面有一到六个点，其中一和四的点数通常为红色，其余为红色或蓝色；

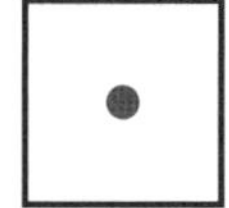  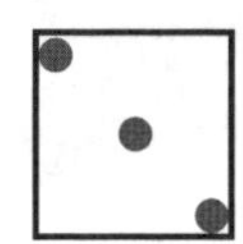 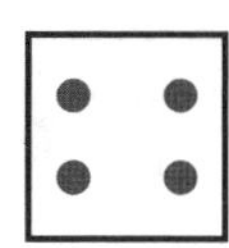 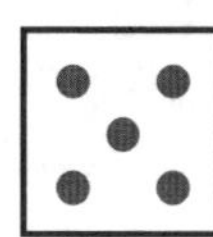 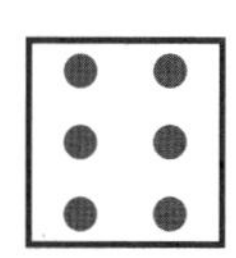

骰碗一般采用很硬的木材来制作。此外，木碗底部的中央有一个小孔，以免在掷骰子时因空气积压而使碗破裂；骰盘多为圆形皮制软垫；筹码用来表示掷骰子时所显示的数字，一般用海贝、豆粒或小石子当作筹码，通常为六十四颗。

玩骰子一般有二人、三人、四人、六人局之分，四人和六人局以二人一对为一组。其中三人局最为激烈、趣味性强。

图15-21　骰子游戏

2．麻将

在罗布林卡里打麻将的人很多，据笔者观察，打麻将的每个人都神情专注而愉悦。

图15-22　打麻将

3．扑克

扑克的玩法与内地一样，参与者一般以中青年男性为多；妇女们也会打扑克，但不喝酒，纯粹娱乐。

图15-23　玩扑克牌

4．跳舞

罗布林卡帐篷内常常传来音乐声，亲朋好友们在帐篷里轻歌曼舞。帐篷外面的人们喝酒喝到高兴处，也会情不自禁地舞动起来。

当然，林卡里我们还可以看到一些行乞的艺人，有的时候是一个人，有的时候是两三个人，他们来到林卡家庭的帐篷里，或聚会的人群前面，弹奏一曲藏族民间乐曲或跳一支藏族舞蹈，然后向民众讨要钱，一般民众给两元，当然有的人家也会打赏得多一些。

图15-24　歌舞表演

在罗布林卡里，不管你来自哪里，不管你是客人还是主人，只要来到帐篷内，大家都像一家人，没有拘束，没有距离，有的是情谊，有的是热情。人们相互敬酒，彼此唱着敬酒歌，歌声起伏，情感荡漾，在雪顿节期间，在罗布林卡里，喝酒不只是为了快乐，更多的是传达心情、心意。跳舞不仅为自娱，还为娱乐他人。人们沉浸在欢快的舞步中，陶醉在美妙的歌声里，构成了和谐亲密的共同生活场。

（三）在罗布林卡过林卡的饮食主要有以下类型：

1．“麻三”

将优质糌粑、细酪粉和红糖混合，再放入融化的酥油，拌成半凝固状，放进模子里制块并用酥油装点即成。

2．土豆咖喱饭

将新鲜酥油加热至融化，放入少许葱，把切成块状的羊肉倒入锅里炒至半熟，加上小茴香、咖喱、盐等佐料，随后将土豆煮熟剥皮切成块状放入锅里烧一会儿即成。上席时先将米饭盛入高脚铜饭盒内，上面铺上土豆咖喱肉。

3．肉包子

将牛肉、板油和葱一起剁细，加上佐料，拌成馅；面不发酵，直接和成面团，再做成包子皮。包成包子后上锅蒸，蒸熟后的包子，以吃时能流出汤汁为佳。酪粉包，其馅是将细酪粉、少许豌豆粉和白糖混合均匀，然后用融化的酥油拌合而成。

4．凉拌羊头

凉拌羊头是把羊头上的毛拔干净后煮熟，然后将肉剔下来，加上咖喱粉、茴香和辣椒粉，用羊脑浆拌和而成。除此之外，雪顿节期间的菜肴还有凉拌牛肚、炸牛肉、炸羊排骨、萝卜炖牛肉、银丝肉丁、烤蘑菇，等等。

5．酸奶

雪顿期间喝酸奶是人们的习惯。拉萨的酸奶一般都来自那曲和当雄，因为那里的牛多，牛的品质好。相传藏历每月的八日、十日、十五日、二十五日、三十日不能吃肉，喇嘛们也不能吃，最后便用酸奶代替肉，人们都喝酸奶。[①]仓觉对雪顿节吃酸奶的这一解释很有意识。西藏

---

① 访谈对象：仓觉；访谈人：林继富、巴桑卓玛；访谈时间：2009年8月24日；访谈地点：拉萨八一农场仓觉家。

奶制品有多种，有用牛奶做成的，也有用羊奶做成的。雪顿节的罗布林卡，最主要的食物就是酸奶，这些酸奶有的是自家带来的，也有的是牛奶制品厂在罗布林卡里销售的。2009年酸奶销量很大的厂主要有两家，一家是拉萨的牛奶厂，一家是青海的牛奶厂。民众在林卡里边喝酸奶，边听藏戏，边聊天，这是雪顿节的传统，也是今天拉萨民众在雪顿节期间最惯常的生活样态。

6. 青稞酒

青稞酒是以青稞为主要原料酿制的，是藏族民众的必备饮料，也是馈赠亲友的佳礼。秋末，选出籽粒饱满的青稞洗净，然后倒进锅里，火不能烧得过旺，边煮边用木棍把青稞上下翻动。等到八成熟时，把锅拿下来，晾上20至30分钟，这时锅中的水已被青稞吸收干了，趁青稞温热时，将其摊放在已铺好的干净布上，然后在上面均匀地撒上酒曲。撒完酒曲之后，再把青稞酒装在锅里，用棉被等保暖的东西包起来放好。在夏天，两天两夜就能够发酵，冬天时间长一些，大约三天以后才会发酵。

雪顿节期间的罗布林卡，到处可以见到敬酒喝酒的人，敬酒时要斟满酒端到客人面前。客人接受敬酒，要双手接过酒杯，然后一手拿杯，另一手的中指和拇指伸进杯中轻蘸一下，朝天弹一下，以敬天神，再蘸、弹两次，分别表示敬地、敬佛。主人请喝青稞酒，客人应先喝一口，主人添满后再喝一口，如此三次之后，客人可随意饮用。

2009年雪顿节期间，罗布林卡内过林卡的民众边看藏戏，边喝酒，他们喝的酒除了喝青稞酒以外，还有啤酒和白酒。啤酒以拉萨啤酒和哈尔滨啤酒为主；白酒主要是四川产的白酒，这大概与西藏和四川是近邻，并且西藏民众的口味与四川民众的口味较为相似有关。

7. 酥油茶

喝酥油茶是藏族民众的生活习惯。酥油茶的制作比较简单，主要是在茶中加入酥油等佐料，用酥油桶反复搅拌加工而成。制作时，先将紧压的砖茶打碎加水在壶中煎煮20至30分钟，再滤去茶渣，把茶汤注入长圆形的打酥油茶的茶筒内，接着，用木杵在圆筒内上下抽打，搅拌，现在改用搅拌器搅打，使三者充分融合即成。酥油茶是一种以茶为主料，并加入多种食材混合而成的液体饮料，喝起来咸里透香，甘中有甜，它既可暖身御寒，又能补充能量。

8. 甜茶

中国人民解放军进驻西藏之前，拉萨很多茶馆只允许贵族、官员等上层人士与喇嘛进入，女性及下层人士严禁入内。西藏民主改革以后，政府为了提供休息场所，开办了拉萨四大甜茶馆：光明甜茶馆，雪消费社甜茶馆，革命甜茶馆，德吉甜茶馆。改革开放后，拉萨的甜茶馆如雨后春笋，目前拉萨有多少家甜茶馆无法统计，每家甜茶馆都是茶客盈门。雪顿节期间，甜茶是人们带进罗布林卡内的必备饮品。

除了上述必备的饮食以外，牛肉、奶渣、豌豆、蚕豆、圆根等食品也是雪顿节期间罗布林卡内常见的食物。

雪顿节期间，拉萨藏族人家都会来罗布林卡享受清凉，享受藏戏，享受温暖的人情。如果说藏历年饮食主要体现在家庭内部，侧重于交际和庆贺的话，那么，雪顿节饮食则在林卡里得到呈现，重在娱乐和休闲、重在交流和交往。雪顿节期间，在拉萨流行的娱乐活动，无论是传统的，还是现代的都能在罗布林卡里找到踪迹，都具有旺盛的生命力，都是民众共创、共享的生活。在这里，民众聚在一起聊天，唱歌，打牌，尽情吃喝。在罗布林卡空间里，全面而充分地展示了拉萨人的娱乐精神和饮食习俗，也充分再现了多民族共有精神家园的生活模样。

但是，我们也应该看到林卡之后存在的问题。在风和日丽的日子里，熙熙攘攘的人群相约来到林卡享受自然，享受阳光，与亲人、朋友一起共享闲暇时光。然而林卡里却有许多人肆意践踏草地，肆意丢弃垃圾，这对于脆弱的高原自然生态来说会产生相当程度的破坏。

四、体育场：演绎传统体育

雪顿节是以看藏戏和过林卡为核心的节日，其中有大量的体育活动，但是，并非有大量竞技性体育活动。然而，拉萨市雪顿节组委会经过有效整合，将拉萨市当雄县的“当吉仁赛马节”整合进雪顿节，并且有目的地增加了西藏赛马场的赛马活动和其他藏族传统体育活动。从而，为雪顿节增加了两个展示西藏传统体育的项目。

2009年8月21日，西藏当雄“当吉仁赛马节”在当雄草原拉开帷幕。作为拉萨雪顿节的重头戏，其活动主题与雪顿节主题相契合，即“放飞梦想，情系草原”。

当雄，位于藏南与藏北的交界地带，距拉萨市160千米，藏语意为“选出来的好地方”，是羌塘高原上草美羊肥的牧场。当雄境内平均海拔高度4300米，念青唐古拉山横贯全县，总面积1.2万平方千米。

“当吉仁赛马节”当雄人称“当吉仁”，“当吉仁”中的“当”，即指当雄；“吉仁”藏语的意思是公众诵经。藏语“当吉仁”就是当雄公众诵经的意思，原是庆祝丰收，开展农牧业产品互市，进行文化娱乐的活动，后来渗入了藏传佛教色彩和政治内容。传说17世纪中叶，五世达赖喇嘛在和硕特部首领固始汗的帮助下排除了异己，巩固了自己的政权，树立了格鲁派在西藏的威望。为了表示感谢，五世达赖喇嘛挽留固始汗及其部下，并将拉萨北部达木牛场地方（当雄）封给固始汗。为了应对战争，驻扎在当雄的蒙古军队牧养军马，进行军事训练，并规定每年在当雄草原上举骑兵检阅式。骑兵检阅中的赛马活动便一直沿袭下来，变成了今天的“当吉仁赛马”。

当雄人的生活离不开马匹，“当吉仁赛马节”是羌塘草原草古老的传统。赛马节期间，各地民众带上行李和食物，在当雄县贡塘草原上搭起帐篷及灶台，草原上到处是星罗棋布的大小帐篷，赛马场周围方圆数千米内，更是帐篷林立。这些饰满吉祥图案的帐篷或大或小，或长或方，独具风格。帐篷内摆满丰盛的食品，如血肠、手抓肉、酸奶、青稞酒、人参果、奶糖，等等。

牧民们穿上盛装，挂满各种各样的金银挂坠，缀满红珊瑚、绿松石等各种珠宝饰物。男子头戴锦帽，肩披大氅，腰束彩带，足登藏靴，身佩藏刀，英姿飒爽。

（一）2009年“当吉仁”赛马节的主要项目

1．骑马捡哈达比赛

赛马场上间隔摆放着一条条洁白的哈达，骑手们从远处飞驰而至，脚不离蹬，马不停蹄，突然一个鹞子翻身，伸手迅速将地上的哈达捡起，一条接一条，令人眼花缭乱。

2．抱举石头比赛

场地中央放上一块重200—300斤没有棱角的大石头，在观众的欢呼呐喊中，大力士们不紧不慢抱起石头来，借腰力先将巨石慢慢移至膝盖，相持一段时间后突然发力，把巨石放到肩上，然后扛着石头，来回走上几步，有的还会沿地上的白线绕上一圈。

3．锅庄舞

跳舞者围成一圈，按顺时针或逆时针移动脚步，步子和手势很简单，很容易学会。锅庄舞是集体活动，人们可在集体舞蹈中增进交流和了解，年轻人还可能找到意中人，所以锅庄舞是青年男女最喜欢的活动。

4．赛马

赛马分大跑赛和小跑赛。赛马被打扮得特别漂亮，连马垫、马鞍、嚼子都非常考究。参加小跑赛的骑士多为中年人，他们既不让马狂奔乱跑，又要保持领先的速度。骑手勒紧缰绳，身体尽力后仰，比赛要求马和骑手在跑动当中都要保持优美的姿势，小跑赛讲究平稳，稳中求快。参赛大跑赛的选手都是青年，他们身穿鲜艳的服装，马背上不放马鞍。比赛开始前，骑手依次向青烟袅袅的赛马场中央的香炉行礼，同时低声祈祷，求神灵保佑自己获胜，然后牵马走到起始点。待号令一响，骑手们挥动鞭子，争先恐后地策马奔驰，赛马道两侧观众的呐喊与喝彩声响成一片。

此外，“当吉仁赛马节”上还有牦牛比赛、乘马射击表演、拔河、文艺演出、宗教活动和传统服饰表演等文化活动。从1999年开始，为了增强牧民们的商品经济意识，赛马节增加了牛、羊牲畜交易项目，收到比较好的效果。2009年，雪顿节又正式将“当吉仁赛马节”纳入活动体系之中，对于当吉仁赛马节的发展具有重要的意义。

以赛马为平台，赛马场周边主要进行物资交流，同时，赛马期间锅庄等歌舞表演也少不了，还有拔河大赛以及活佛讲经活动等等。2007年，“当吉仁赛马节”被列入西藏自治区非物质文化遗产代表性名录。作为藏北牧民的传统节日，雪顿节之所以将其纳入活动体系之中，主要是拉萨市政府为了建设雪顿节品牌，带动拉萨及其周边县域经济发展，将雪顿节从拉萨城区辐射到拉萨以外的更大范围。这种整合在现代文化进程中有其深刻的道理。“当吉仁赛马节”和雪顿节同样是在藏历七月举行，时间较为接近，两个节日主题接近，虽然一个为文艺性节日，一个为竞技性节日，但其目的都是为娱乐和快乐。整合成雪顿节的节日后，“当吉仁赛马节”仍保留了传统特色，保留了传统赛马、赛牦牛等竞技性活动内容。可以说，“当吉仁赛马节”既承载历史传统，又反映时代变迁，不仅成为集赛马、商贸、文艺、竞技等为一体的大型民间体育盛会，也成为拉萨雪顿节的重要品牌活动。

（二）与“当吉仁赛马”节同时举行的是拉萨赛马场的马术表演和系列体育比赛活动

1. 马术表演

8月21日上午9点，阳光普照拉萨，拉萨北郊赛马场人头攒动，看台上座无虚席，雪顿节马术比赛和其他传统体育活动将在这里举行。雪顿节期间的马术表演深受拉萨人喜爱，也丰富了拉萨人在雪顿节期间的活动内容。

9点多，身着各式藏装的观众纷纷赶到了赛马场。活动从上午9点多一直持续到下午。传统雪顿节上没有马术表演，也没有赛马，新增加的马术表演是将传统马术与现代马术运动融合而产生的。2009年的马术表演由西藏马术队承担。西藏马术队是一支融竞技马术、传统马术技巧、现代马术融为一体的专业运动队伍，队员个个技艺精湛，表演的马术让人眼花缭乱。马术表演是集观赏性、娱乐性的文娱体育活动。2009年雪顿节期间，马术表演项目有：“斩劈”“单人单马”“马上射箭”“双人双马”“马上射击”“马上拾花篮”“双马单人”“马上拾碗”“单马双人”“马上拾哈达”“帽技”“多人多马”“叠罗汉”等。这些表演项目惊险刺激，尤其是“单马双人”表演，其难度之大，对运动员和马匹的要求非常高。过去表演这一项目的运动员因伤病和年龄偏高，致使这一项目在西藏马术队已近20年没有公开表演过，今年的表演令人叫绝。

为了2009年雪顿节马术表演，西藏马术队做了大量细致的准备，队长告诉我们，21日的马术表演，西藏马术队共派出25名运动员和30余匹骏马，先后表演了包括“斩劈”“马上射箭”“马上拾哈达”和“单马双人”等10余个独具特色的竞技和传统马术项目表演。

赛马场上的骏马都是经过精心挑选的，在赛场上，配合着选手动作，纵横驰骋。马背上表演者全神贯注，敏捷而娴熟地做着各种高难度动作，将自己的马术技艺展现得淋漓尽致，时而如雄鹰展翅般立于马上，时而身轻如燕侧身俯卧，时而拿出手中的箭，瞄准箭靶，潇洒射出，直中靶心，精湛的骑术让人惊叹叫绝。赛马场里的观众热血沸腾，忘情忘我地观看比赛，随着选手的节奏，时而兴奋呐喊，时而扼腕叹息。

2. 赛牦牛

赛牦牛在西藏民间十分流行。赛牦牛进入雪顿节是在1998年，此后，每年的雪顿节期间都有赛牦牛的项目。

赛牦牛的选手主要是牧民，牦牛也是牧民自家所养。当然不是随意挑选一匹牦牛参加比赛，参加比赛的牦牛往往具有坐骑能力，牦牛坐骑受到藏族牧民家庭的格外优待，有的人家还会给牦牛取好听的名字，如“玉珠卡巴”“多格比叉”“地格热巴”等。比赛时，牦牛和选手一样装扮一新。参加比赛的骑手大多头戴礼帽，身着藏袍；牦牛头顶戴一簇红缨，牛角悬挂各色彩绸，耳上有鲜艳的条饰，尾巴上系着扇形的藏式饰物，祝福吉祥如意。平时在草原或山野见到的牦牛憨态可掬，性情温和，然而，到了赛场上，它们便会在主人引导下狂奔。牦牛进入赛场，四周都是围观的人群，加油声、呐喊声此起彼伏，主人拼命地抽打，很多牦牛不听指挥，不守规则，跑出赛道，比赛中不时拥挤争斗，腾跳掀尾，或冲向人群，或掉头往回跑，或原地打圈圈。如此一来，赛牦牛时滑稽场面不断，引来阵阵喝彩和欢笑，所有的观众都乐在其中，选手也不在乎比赛的名次，他们赛牦牛就在于娱人和娱己。

3. 抱石头

“抱石头”藏语称“朵加”，是藏族民众喜闻乐见的传统活动，多在喜庆集会和传统节日里举行。吐蕃朗日伦赞统治时，吐蕃与邻邦开展的体育竞赛中，就有抱石头的角力赛。松赞干布建造的大昭寺和赤松德赞建造的桑耶寺的壁画中也有梳长辫、穿长袍、着长裤、腰间系带、足穿翘头鞋的男子抱石头的画面。15世纪时，五世达赖喇嘛规定男子必须具备“九术”，其中就有抱石头。抱石头起初用于显示男子力量，以此建立在民众中的威信，只是少数人参与的活动项目，没有进入公众游戏娱乐领域。随着该项目的普及，逐渐成为西藏的大众文体活动。

抱石头比赛最热闹的场面是在每年藏历正月十八日，比赛会在大昭寺松曲绕瓦（广场）进行。赛场上用的石头重量在300斤左右，呈椭圆形，人们会在石头上涂上油脂，给参赛者增加难度。比赛时，参赛队员需将石头抱起，然后抱到腹前，再将石头从左边或右边腋下放于后背上，走完规定的路线后，扔石落地就算比赛结束。1959年，从城镇到乡村，无论农区还是牧区，凡是有节日庆典的比赛，就必有抱石头项目。1982年，在西藏自治区召开的第四届体育运动会上，首次将抱石头列为西藏民族传统体育表演赛项目。比赛规则在传统基础上有所改进，规则主要有四种：第一种，将重约150公斤的石头或装满沙子的皮袋捧起，抱到胸腹部再抱至肩上或从腋下移到背上，并按规定范围走圈，走圈多者为胜；第二种，把重约100公斤的石头抱至肩头，然后从肩部向后抛，抛得最远者获胜；第三种，在重约150公斤的圆形石头上涂上酥油，赛手先躬身搬起石头，然后依次抱到双腿、腹部、肩膀上，抱举时身体挺直，不得晃动，最后将石头稳妥地放回地面，即为成功，以抱举的高度决胜负；第四种，赛手将涂有酥油的石头抱至左（右）肩膀上，然后把石头经过颈部移到右（左）肩头，再抱回胸部，周而复始，以次数多寡定胜负。在城市里比赛所抱的石头不涂油脂，但在牧区比赛时可以用酥油涂抹石头。

2009年，抱石头比赛被纳入到雪顿节活动中，比赛场地就在赛马场，与马术表演和赛牦牛等运动先后举行。此次抱石头比赛规则为：在直径约2米的圆圈内，参赛者将石头抱至肩膀，并从肩上将石头抛向背后为成功；石头重量分别为190斤、200斤、220斤和250斤，以此分为4个级别，由轻到重依次进行，每位选手有3次机会抱举同一重量的石头。

参加2009年抱石头比赛的选手很多，来自曲水县、达孜县、墨竹工卡县和城关区的选手们相继登场挑战。选手无论抱举成功与否，观众都会给以热烈掌声，现场气氛热烈而激烈。经过几轮淘汰，最终金牌被2位大力士共同摘得。

4. 拔河

拔河比赛不受时间和地点的限制，也不受器材的限制，只要有一根绳子就行，因此，这项活动在老百姓中普及程度极高。在西藏，平日农牧闲暇时，在牧场上、在田间地头，民众把两条背带或腰带连在一起，以游戏的形式举行拔河比赛。拔河比赛集竞争、娱乐于一体，简单易行，深受藏族群众喜爱。每逢节日和集会，就有拔河比赛。藏族拔河主要有“大象拔河”“颈力拔河”“腰力拔河”“手力拔河”等形式。

“大象拔河”藏语称“押加”或“浪波聂孜”，汉语意思是大象的颈部技能。比赛前，选一块平地，在地上画两条平行线作为各自的界线，中间再画一条中界线，同时准备一条绳子并在两端打结。比赛在两人间进行，双方各自把绳子套在脖子上，两人背对，将赛绳绕过腹胸部从裆下穿过，然后趴下、双手着地，把赛绳拉直，绳子中间系一红布为标志，垂直于中界线。比赛开始后，两人用力互拉前爬（该比赛动作似大象，因藏族认为大象带来吉祥且力大无比，故名“大象拔河”），用腿、腰和肩颈的力量奋力向前拖动布带，将红布标志拉过自己的界线者为胜。

“颈力拔河”分两种形式：第一种形式为参赛的两人面对面坐在平地上，把打结的绳环套在颈部，双脚相抵。裁判一下令，双方都以脖颈用力，想方设法把对方拉向自己一侧。哪方臀部离地或绳环中心线偏向对方，即视为失败。比赛时不能用手抓赛绳，否则为犯规；第二种形式与“大象拔河”相似。双方面对面站立，把打结的绳环套在脖子上，然后用颈部力量往后拖拉。谁先把赛绳中间的标志拉过界即获胜。

“腰力拔河”是把绳环或打结的布带套在赛手腰部进行拔河。比赛之前，先在平地上画两条线为各自的界线，中央画一条中界线，然后双方赛手面对面或背对背站立，把绳环套在双方腰部或腹部拉直，赛绳中间系上颜色区别于赛绳的标记，并垂直于中界。比赛开始，双方用脚部和腰部力量拉扯，将标记拉过自己的界线者为胜。面对面比赛时，不能用手抓赛绳；而背对背比赛时，不仅可以用手抓绳环，甚至可以用手助拉。

“手力拔河”指用手抓赛绳的拔河比赛，可分为个人项目和集体项目。个人比赛时为两人对拉决定胜负。集体比赛有男对男、女对女、男对女和男女混合等多种形式，不易分胜负。在指挥员和啦啦队的助威声中集体比赛极为精彩。

2009年雪顿节拔河比赛是“手力拔河”。比赛时，在平地上画两条平行的线作为比赛双方的边界，中间再画一条中界线，绳子中间系一红绸。角力双方各派16位选手，男女各8人，比赛开始后先把绳子上的红绸拉过自己边界的一方就获得胜利。

2009年雪顿节体育场发生的故事让人久久不能忘怀，那些激动人心的场面总是闪现在笔者的眼前。这些体育项目中的每一项都记录了民族的足迹，其中蕴含着藏族特有的生命观念和生活态度。

雪顿节的体育活动项目在政府的组织下有条不紊地进行着，活跃了雪顿节的气氛，丰富了雪顿节的内容，增加了西藏各族民众在雪顿节期间的生活乐趣。

但是，雪顿节在吸纳传统体育游戏项目的过程中也存在一些问题，比如，将当雄“当吉仁赛马节”纳入雪顿节就值得考虑。笔者以为，它应该是独立的活动内容，拉萨市政府之所以将其整合进来，主要是当雄属于拉萨市管辖，当雄的赛马与拉萨的雪顿可以互补，但是，笔者认为绝不可以将两个独立发展起来的传统节日在政府干预下强行结合。笔者认为“当吉仁赛马节”中的活动可以借鉴，也就是吸纳“当吉仁赛马节”的文化因子，使雪顿节在原来的文化基调和格局没有变化的基础上得以丰富，比如，在雪顿节中将在拉萨赛马场进行的马术表演以及传统体育项目纳入雪顿节，这样就能很好地调动雪顿节参与者的积极性。

五、广场：雪顿节的现代走向

2009年的雪顿节是充满传统精神、现代生活和商业文化的节日，雪顿节举办地从以哲蚌寺和罗布林卡为中心，变成了分布在哲蚌寺、色拉寺、罗布林卡、布达拉宫广场、拉萨赛马场和当雄“当吉仁”赛马场，这充分体现了2009年雪顿节具有的现代精神。

2009年8月20日上午10时，西藏自治区党委常委、拉萨市委书记秦宜智大声宣布：“2009年中国拉萨雪顿节正式开幕！”随后，奔放、热烈、欢快的传统藏戏表演拉开了“藏缘·2009中国拉萨雪顿节开幕式文艺演出”的序幕。开场舞蹈《吉祥雪顿》，演员用激情舞出了高原人民的热情，舞出了高原人民的豪迈、奔放，他们用歌舞向世人充分表达了西藏人民对雪顿节的热爱、对美好生活的憧憬和对伟大祖国的祝福；《神奇的西藏》仿佛把人们带到了西藏的美丽山川，徜徉其间，流连忘返；《快乐的拉萨青年》展现着高原儿女热情似火的豪迈情怀；传统藏戏表演不仅传承了古老藏戏的精髓，也演绎出藏戏不断发展的轨迹；当红影视明星歌曲演唱让传统雪顿节也散发出浓浓的现代气息；歌舞《欢聚拉萨》把欢乐浪潮推向了高潮。整场开幕式让人感受到雪顿节正迈着豪迈步伐走向现代生活。

（一）商业合作伙伴

政府运作下的传统节日传承需要经费支持，对于经济欠发达地区来说，政府财政有限，为了寻求雪顿节活动所需费用，拉萨雪顿节组委会很早就决定可以由商业集团参与其中。根据2009年中国拉萨雪顿节活动总体安排和《中国拉萨雪顿节市场开发计划》，按照自主自愿、市场运作、互惠双赢的原则，雪顿节组委会与各企业、商家进行了深入洽谈、审核，最终确定2009年中国拉萨雪顿节的官方合作伙伴、合作伙伴和组委会指定产品、认定产品、指定工作用车、纪念品指定经销商、广告合作伙伴等13家企业单位，具体名单如下：

2009年中国拉萨雪顿节官方合作伙伴：西藏藏缘青稞酒业有限公司，中国移动通信集团西藏有限公司，西藏拉萨啤酒有限公司。

2009年中国拉萨雪顿节合作伙伴：拉萨市云涛商贸有限公司，西藏藏宝阁工艺礼品有限公司，拉萨丰田汽车销售服务有限公司，中国工商银行西藏自治区分行，中国石油股份有限公司西藏销售公司，西藏南方建设集团有限公司，拉萨江苏生态园大酒店，西藏拉百商贸有限公司，西藏高原之宝牦牛乳业股份有限公司。

2009年中国拉萨雪顿节指定产品：藏缘青稞酒，拉萨啤酒，5100冰川矿泉水，高原之宝酸奶。

2009年中国拉萨雪顿节认定产品：国窖1573。

2009年中国拉萨雪顿节指定工作用车：奇瑞东方之子，奇瑞瑞虎。

2009年中国拉萨雪顿节纪念品指定经销商：西藏藏宝阁工艺礼品有限公司，福瑞祥文体礼品商行。

2009年中国拉萨雪顿节广告合作伙伴：西藏分众传媒广告有限公司。[①]

以上名单来自拉萨雪顿节组委会发布的公告，规定了雪顿节正式场合只能由这些商家来从事营利性质的商业行为，其他商家不能进入雪顿节举办场所，在一定程度上保护了合作伙伴的商业利益。商业运作进入雪顿节不仅是商家的要求，更是政府大力倡导和推广的目的。时任拉萨市委常委、常务副市长、雪顿节组委会常务副主任陈之常指出：2009年雪顿办主要从市场开发、宣传推介、活动安排等方面入手，市场运作取得重大突破。2009年雪顿节合作伙伴企业的性质与当年雪顿节的主要发

① 《关于2009年中国拉萨雪顿节合作伙伴》，http：//www.lsxdj.com。

展方向一致，这些商业合作伙伴主要来自与雪顿节有关的消费类、旅游类企业，诸如酒类企业、商贸类企业、汽车类企业、乳业类企业、通信类企业和传媒类企业。商业伙伴赞助雪顿节可以使其在节日期间销售更多的产品，并且更多地利用雪顿节扩大自己的影响力，提升知名度。

以往举办雪顿节的经费由政府财政支持，市场参与力度很小，严重制约了雪顿节活动的开展。每年雪顿节需要的资金少则几十万，多则上百万，这是个不小的数目，自然会增加政府的财政负担，在现代社会中雪顿节运行经费全部交由政府筹措毕竟不是长久之计。雪顿节是民众的节日，民众要在节日期间生活好，要自由表达情感，政府就不能干涉过多，更重要的是民众的节日不应增加政府的负担，也没有必要将纳税者的钱投进节日活动之中。公共节日的举办应该通过节日自身的魅力实现，这是现代节日的基本走向。商家在任何时候都不会放过商机，对于拉萨本地商人和在拉萨投资的商人来说，雪顿节是最好的商机，他们都想在雪顿节期间淘一桶金，都想在雪顿节期间提升自己的影响力和知名度。雪顿节需要运作资金，商人需要介入雪顿节，政府正好为两者搭建桥梁。

雪顿节出现商业合作伙伴，不是很早以前的事情，它与中国发展经济同步而行，尤其是中国各地盛行的“文化搭台，经贸唱戏”的做法催生了雪顿节的商贸活动。我国政府将文化作为民族产业的软实力，更是大大拓展了拉萨雪顿节的发展思路，也加快了拉萨雪顿节助力经济发展的步伐。据2009年拉萨市雪顿办统计，当年拉萨雪顿节的合作伙伴赞助200多万元。拉萨雪顿节活动经费全部由商家赞助，政府没有出一分钱，反而还有盈余。这种传统节庆和现代商贸双赢或多赢的路径是各地热衷于将传统节庆商业化的主要理由，也是今天保护传统节庆应该大力提倡的，但是，我们应该有基本的文化态度，对商业介入传统节日要有一定的边界。

（二）强化宣传效果

2007年雪顿节开始，拉萨市政府就将先前的“西藏雪顿节”改成“中国雪顿节”，这一提法的改变意味着拉萨市政府在打造雪顿节品牌的时候就并非注重区域性了，而是希望雪顿节走出拉萨，走出西藏，乃至走向世界。2009年雪顿节强调中国拉萨雪顿节，又同时注重了“拉萨”的地域性特征，这与当下世界文化中强调地方性有密切关系。然而，要想走向世界不是喊喊口号就行，而是要从雪顿节传统中寻找可以走向世界的文化因子，让雪顿节走出去，把世界朋友引进来。为此，拉萨市政府也不断为扩大拉萨旅游和推介拉萨商业品牌费尽心机，拉萨市政府领导从区内走向区外，宣传雪顿节，邀请国内外朋友到拉萨欢度雪顿节，并通过各类媒体强化2009年雪顿节的宣传效果。

2009年7月23日至24日，“拉萨——迈向国际的旅游城市”大型推介活动在北京国际饭店和南京双门楼宾馆隆重举行。北京、江苏两地各大媒体都从不同的视角对宣传推介活动进行了视频、图片、文字报道，宣传推介取得明显成效。

（三）旅游经济

雪顿节期间是拉萨最好的季节，也是旅游旺季，如何抓住雪顿节与拉萨旅游的关系成为政府和旅游从业人员考虑的重要问题。为此，拉萨市政府十分明确，雪顿节就是要拉动拉萨旅游，推动西藏旅游朝深层次方向发展。

2009年雪顿节期间，布达拉宫、罗布林卡及大昭寺三大景点共接待游客至少22万人次，其中，罗布林卡接待游客达到18.7万人次。罗布林卡每天都安排了藏戏演出，而且啤酒节也在此举行，每天来此过林卡的市民络绎不绝。笔者从拉萨市旅游局了解到，在为期7天的拉萨传统雪顿节期间，拉萨市共接待游客507872人次，创造了拉萨旅游在青藏铁路开通后的新高峰。2009年雪顿节期间举行的经贸洽谈活动中，共达成签约项目42个，投资总额达59.38亿元，其中正式合同27个，项目资金达39.90亿元。签约项目涉及特色农畜产品加工、矿产开发、旅游、民族手工业、商贸等领域。这些项目立足于拉萨市的资源优势和支柱产业，符合拉萨市经济社会发展的目标要求。[1]

① 董昌俊著：《雪顿节闭幕共42个项目逾59亿资金签约拉萨》，《西藏商报》，2009年08月27日。

第三节　政府助力雪顿节品牌建设

雪顿节具有悠久的历史和深厚的文化基础，也是当下拉萨民众最喜欢的节日之一，呈现出鲜活的生活形态。雪顿节从产生那一刻起，就是开放性的节日，尽管雪顿节带有宗教，尤其是格鲁派信仰的基因，这也是雪顿节诞生的基础，但是，这个宗教活动却是喇嘛从寺院走向大自然的活动，也是其结束闭关诵经以后亲近自然、放松心情的时刻，是其走向自然、走向生活的节日。然而，雪顿节毕竟只是在经济和文化发展程度较高的拉萨地区才有人知道，西藏其他地方很少有人了解雪顿节。雪顿节是拉萨的节日，雪顿节的传统是拉萨人的传统。随着拉萨和中国其他地区一样，沐浴在改革春风里的时候，每个地方都在发展经济，每个地方的人都在寻找可以利用的资源为经济服务，拉萨民众也不例外，他们也在寻找，他们也在经历“文化搭台，经贸唱戏”的时期，于是，雪顿节成为拉萨民众可利用的文化资源，自然成为拉萨民众“搭台”的对象。这个台子进入21世纪以后，越来越凸显出它的独立性和经济价值。拉萨市政府开始有意识、有目的地对雪顿节从各个方面进行打造，以此将雪顿节塑造成现代拉萨的文化品牌和地方身份的代表。

一、政府角色

自1994年起，雪顿节由拉萨市政府主办以来，逐渐演变成集文艺会演、体育竞技、旅游休闲、商贸洽谈为一体，传统与现代相结合的节庆盛会，这显示了雪顿节在走向市场过程中的资本价值，显示了雪顿节文化品牌效应。在雪顿节从传统的民众娱乐走向现代文化品牌的过程中，政府扮演了重要角色。

为了把2009年雪顿节纳入政府议事日程，拉萨市政府联合西藏自治区政府联合成立了2009年雪顿节组委会，组委会的成员全都是政府各部门的领导。

2009年雪顿节组委会领导成员结构图：

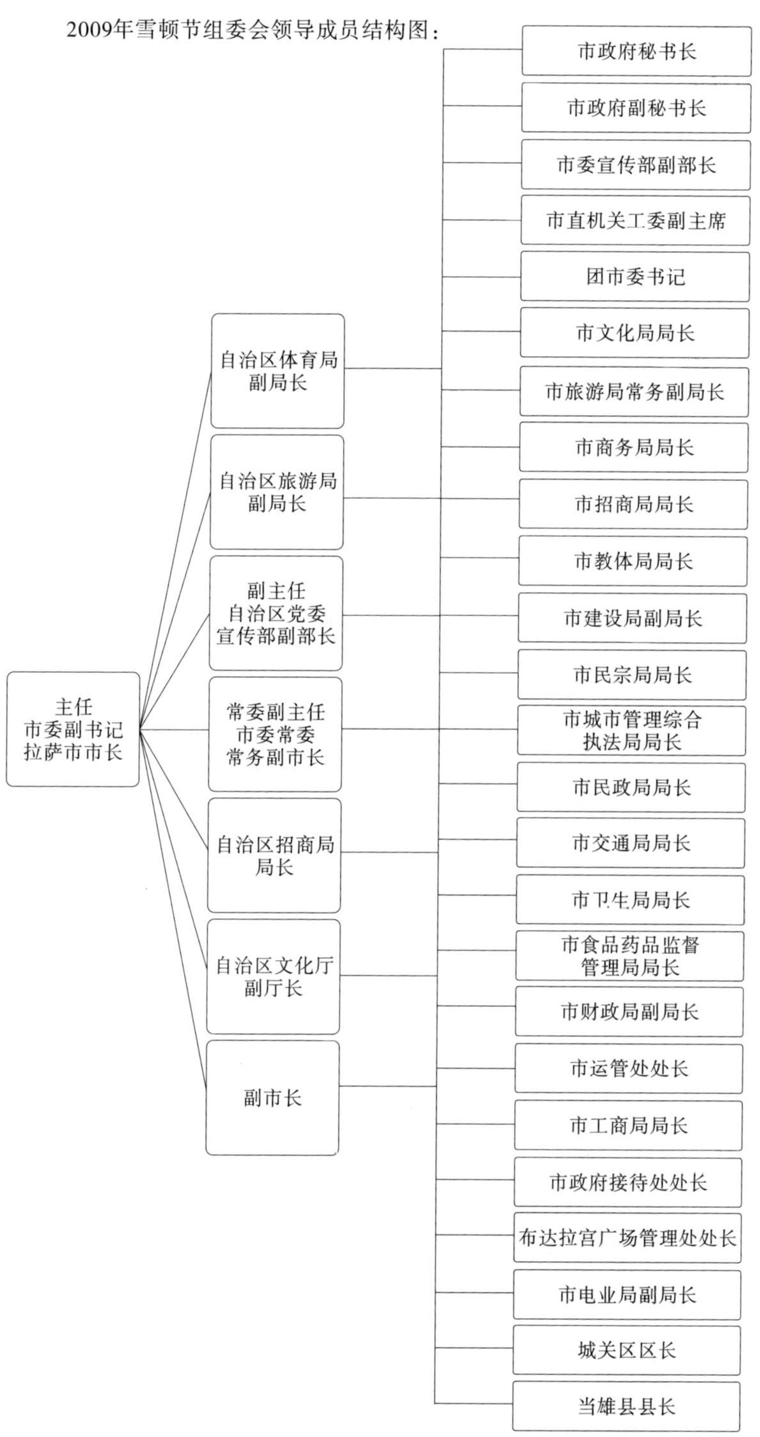

图15-25　2009年雪顿节组委会领导成员结构图

组委会设办公室，下设宣传报道、旅游活动、经贸洽谈、商品展销、文艺演出、民宗活动、传统竞技、安全保卫、经费保障、综合职能、食药安全、医疗应急、活动接待，共十三个专业组。

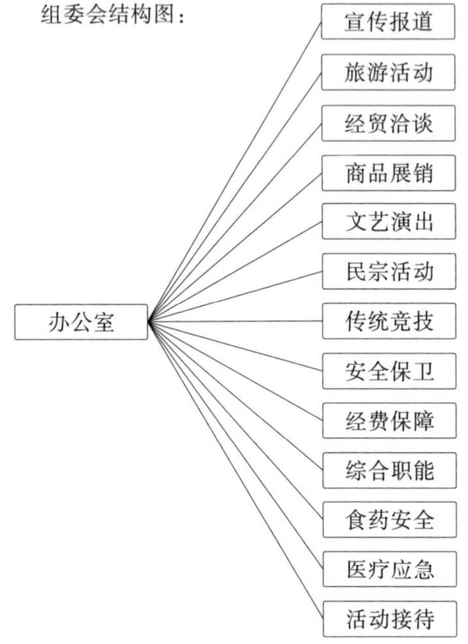

图15-26　2009年雪顿节组委会结构图

2009年组委会及其办公室地点设在拉萨河边的江苏生态大酒店，该酒店为四星级酒店，办公设备先进，环境舒适。

图15-27　2009年雪顿节办公室所在地——江苏生态大酒店

图15-28　江苏生态大酒店门前的雪顿节宣传画

图15-29　雪顿节办公室一角

雪顿节期间任何一件事情的管理，均能够在组委会找到相应的负责人，也能找到相应的部门。政府介入使2009年雪顿节有条不紊地展开，最大限度地发挥了雪顿节的社会建议能力和传统文化魅力。为了更好、更恰当地扮演政府角色，利用政府特有的优势，在2009年雪顿节筹备工作启动以来，雪顿办在媒体上向社会公开征集节庆活动的主题曲、宣传口号、纪念品设计方案、活动策划方案以及雪顿节吉祥物等，并且在雪顿节举办之前顺利完成了雪顿节的品牌标识。

二、雪顿节定位

2009年雪顿节的定位为“隆重、创新、务实、节俭”。“隆重”就是要充分展示西藏民主改革五十年来的辉煌成就，通过办节，将和谐、稳定、美丽的拉萨展示给世人。“创新”就是要不断拓宽思路，解放思想，为雪顿节注入新的活力，使雪顿节走向全国、面向世界。“务实”就是要脚踏实地做好各项工作，将传统与现代完美结合。“节俭”就是要进一步加大市场运作力度，多方争取赞助资金，减少政府财政压力，要花小钱、挣大钱，通过与企业合作达到多方共赢的目的。

2009年雪顿节在充分吸收往年成功经验的基础上，突出藏族传统文化艺术。拉萨市文化局和教体局深入挖掘、利用资源优势，开幕式、藏戏会演和民族传统体育竞技等活动共同组成了民众的文化盛宴。2009年雪顿节强调旅游，拉萨市旅游局整合旅行社的资源，利用区外推介和雪顿节各项活动，让旅行社参与进来，设置游客抽奖和免费体验环节。2009年的雪顿节聚焦经贸经济，商务局和招商局利用雪顿节的品牌，在活动的层次、规模和效益上上了新的台阶，活动现场的餐饮、商品交易火爆热闹。通过整合各类协会的资源和力量，将藏餐和特色酒吧文化结合，使藏族优秀的餐饮文化得到发扬光大。

三、协调和保障

组委会下设各级部门在雪顿节期间主要是协调和保障雪顿节顺利、高效地进行。在此之前的一系列组委会会议上，多次强调各部门的主要领导要负起责任，精心组织好各自的活动，加强工作之间的沟通与协调。比如，在雪顿节筹备阶段，商务部门抓住雪顿节扩大内需、促消费的良机，精心组织商品展销活动；旅游部门通过高质量旅游活动促进节假日旅游，带动旅游发展。雪顿节营造和谐发展态势，表现了各族群众安居乐业的面貌，向世人展示拉萨幸福、发展、开放、文明、和谐的美好形象。

四、引导和指导

传统雪顿节老百姓会按照自己的一套程序来过，但是，雪顿节从来就没有离开过政府的干预，比如，历史上雪顿节发展中几次大的改革以及雪顿节空间变换都与政府有关。西藏民主改革之前，雪顿节由西藏地方政府和达赖喇嘛负责，在罗布林卡建的戏楼主要是为满足达赖喇嘛看戏的需要。因此，雪顿节的发展需要政府的引导和指导，今天的雪顿节，政府的角色发生了很大转换，主要是尊重民意，以人民为中心，适时地引导雪顿节与现代文化潮流，使其与现代人的生活联系更加紧密，并且充分挖掘雪顿节的文化价值和资本价值。

五、文化整合

做好雪顿节旅游文化，必须加强资源整合。每年八九月，拉萨各类节庆活动特别集中，但没有统一的规划和部署，活动综合效益不明显。为助推拉萨市节庆产业良性发展，2009年，拉萨市将上海世博会西藏周活动和拉萨国际半程马拉松挑战赛在雪顿节期间做了统一安排，其目的就是以雪顿节为龙头，规范、有序地整合节庆资源，逐步建设节庆产业链，最大程度地节省人力和财力。对传统文化资源进行整合，方能形成“拳头产品”，赋予旅游更广、更深的内涵。雪顿节要做大做强，也少不了政府的引导。2009年的雪顿节增加了纳木错徒步大会活动和当雄赛马节活动，政府希望纳木错徒步大会活动“规模大、阵容强，构成丰富”，通过加强市场化运作，要把徒步大会做成品牌，让赞助企业感到活动有潜力；当吉仁赛马节则与旅游有机结合，扩大了知名度。

六、开办网站

为全面提高雪顿节在区内外的知名度，2006年开通了由拉萨市政府主办的雪顿节网站（www.lsxdj.com）。该网站资讯详尽，设有多个互动板块，可谓一部全面的雪顿节“文化指南”。为了扩大雪顿节网站的信

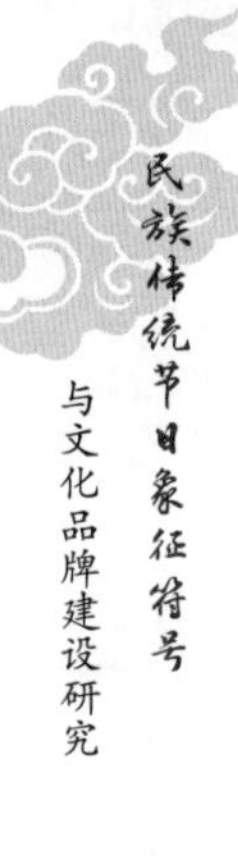

息量，让民众更为快捷方面地了解雪顿节、参与雪顿节，从2009年4月初，拉萨雪顿节组委会邀请内地相关专家用3个月时间对雪顿节网站进行了改版。改版后的雪顿节网站界面更具活力和观赏性。雪顿节期间，所有人只需要登录网站，随时都可以从中了解到有关雪顿节各项活动的时间、地点、安排及更多的有关雪顿节的内容。

七、打造节徽

拉萨雪顿节节徽（以下简称“节徽”），是拉萨雪顿节开展节日庆祝活动的专用标志。1994年，拉萨雪顿节组委会办公室举办第一届雪顿节活动，经过广泛征集，认真筛选，最终确定了该节节徽。2006年4月，在天津召开的节庆中华理事会第一次会议上，拉萨雪顿节节徽荣获了“最佳视觉效果奖”。雪顿节节徽成为雪顿节品牌标志之一，其独特的“蓝面具”图案设计理念来源于藏戏和藏文，具有非常浓厚的文化底蕴和民族特色。节徽将节日的文化思想全面展现出来，这也是雪顿节走向市场、走向世界的重要一步。

图15-30　拉萨雪顿节节徽

雪顿节节徽具有的象征性和标志性意义，成为推进雪顿节走向现代化的力量，也是现代文化资源实现价值转换的重要步骤。

八、吉祥物

任何大型的文艺体育活动，都有与之相匹配的吉祥物。要将雪顿节变成“中国的雪顿节，世界的雪顿节”，雪顿节就必须有吉祥物。为此，拉萨雪顿节组委会向社会公开征集中国拉萨雪顿节吉祥物。2009年5月19日至6月10日，雪顿节组委会办公室共收到社会各界投稿作品26件。经过专家评委严格评审，从体现吉祥物特色和高原文化特色出发，以“紧扣雪顿节主题和特色，创意新颖，构图简洁，形象生动，寓意深刻，标识性强，制作方便”为要求，最终选择了山东菏泽李益兵和河南洛阳郭文俊共同设计的作品，如下图：

图15-31　拉萨雪顿节吉祥物“平措”

图15-32　2009年雪顿节开幕式上的“平措”

雪顿节吉祥物图像选定后，为吉祥物起什么名字就成为人们关心的问题了。从2009年8月5日起，雪顿节组委会办公室委托中国移动西藏分公司面向全社会广泛征集吉祥物名称，并通过市内各大报纸、户外平面广告等媒介刊登征集吉祥物名称的信息。截至8月17日，共征集到吉祥物名称1411个，参与人数达2201人。其中，得票排名前10位的吉祥物名称分别是：平措、牛牛、雪儿、扎西、牦牛、藏羚羊、雪娃、雪牛、乐乐、欢欢。得票排名第一的“平措”，藏语意思为圆满、美满、尽善尽美。“平措”这一名称意义美好、易于流传，且简洁而富有藏民族传统特色，代表了大多数民众的意愿，经雪顿节组委会领导和专家研究，一致同意将2009年中国拉萨雪顿节吉祥物命名为“平措”。“平措”跳着藏戏，手捧哈达，笑迎四海宾客，是以象征吃苦耐劳、坚韧不拔的牦牛为设计元素进行的创作。“平措”健康时尚、活泼可爱，富有亲和力，展示了高原人民淳朴、勤劳、热情好客的民风；欢快的舞步，快乐的气息，体现出雪顿节丰富多彩的传统文化活动，诠释了拉萨雪顿节的独特魅力，彰显了欢乐、和谐、绚丽多彩的雪顿节氛围。

九、选定节歌

为营造浓厚的雪顿节气氛，增加雪顿节宣传亮点，2009年8月11日，经过启动仪式以来的紧张筹备，雪顿节节歌暨“雪顿之星”歌手大赛在宗角禄康公园正式举办。据雪顿节组委会负责人介绍，2009中国拉萨雪顿节节歌暨“雪顿之星”歌手大奖赛以“和谐雪顿”为主题，以“唱响我们的家园——拉萨”海选选拔为形式，并且“不限民族、不限年龄、公平开放”。参赛选手有汉、藏、回、蒙、苗等民族，大部分来自拉萨、昌都、日喀则以及东北、四川等地。专业组第一名获得者为格桑央宗，非专业组第一名获得者是旦增罗布，第二名各两名，第三名各三名，优秀奖各四名，前三名为“雪顿之星”。雪顿节节歌是由西藏自治区歌舞团的国家一级作曲家边洛作词作曲的《扎西雪顿》。雪顿节开幕式上，来自拉萨市歌舞团的国家一级歌唱家洛桑扎西倾情演唱了这首歌曲。

雪顿节节歌征集和“雪顿之星”歌手大奖赛均是雪顿节筹办市场化运作的大胆尝试，通过与文化传媒公司合作，整合社会资源、经济资源和智力资源，拓展了宣传渠道，强化了宣传效果，开辟了西藏优秀文化传播的新途径。雪顿节节歌海选的形式突破了传统评选模式，大量增加现代管理理念和市场因素，大力推动了西藏流行乐坛的发展，着力制作和遴选了一批脍炙人口的歌曲，发现和培养了一批引领西藏潮流的青年歌手，同时也使雪顿节更加深入人心，更加具有吸引力，使其成为文化推介和经济发展的加速器。

十、宣传车贴

为全方位宣传雪顿文化、为雪顿节鼓劲造势，在拉萨市内形成人人参与雪顿节的良好氛围，2009年8月7日下午，雪顿节组委会办公室联合市运管处在市运管处举行了雪顿节宣传车贴张贴仪式。雪顿节宣传车贴以主题口号“寻梦拉萨，情醉雪顿”和倡议口号“当好东道主，办好雪顿节”为主要内容。张贴仪式上，拉萨市运管处宋世良处长发出倡议并表示，将全力配合雪顿节组委会的工作，让全市所有营运车辆和车主以主人翁的姿态参与雪顿节、支持雪顿节。张贴宣传车贴不仅可以更加有效地宣传雪顿节，提高司乘人员的参与热情，还可以此为标识，为游客提供更加优质的营运服务。

十一、媒体传播

拉萨市领导和雪顿节组委会主任等在不同场合，不断接受媒体采访，宣传雪顿节，以此扩大雪顿节的影响。被邀请参加2009年雪顿节报道的媒体也较往年多了不少。据调查，2009年报道雪顿节的媒体主要有：新华社、人民日报社、中央电视台、西藏电视台、四川电视台、西藏日报、拉萨晚报、拉萨电视台、西藏人民广播电台、西藏商报等，其中新华社对雪顿节做了深度报道。2008年，新华网和雪顿节组委会共同为拉萨雪顿节的宣传携手合作，在新华网进行了一系列针对拉萨雪顿节的宣传工作。2009年，新华网在雪顿节筹备期间、举办期间和结束后持续进行了全面的新闻报道。雪顿节组委会与新华网多语种西藏频道共同携手，加强合作力度，充分利用新华网作为强势网络媒体的优势和强大的海内外影响力等，为全面展现2009年拉萨雪顿节进行了全方位、多角度的宣传报道，对进一步提升雪顿节在全国的知名度，进一步弘扬西藏传统文化、推介拉萨，进一步提高民众对雪顿节的认知度、认同感，进一步提高拉萨人民对雪顿节的参与积极性和支持率发挥了重要作用。

从拉萨市政府建设雪顿节文化品牌的过程可以看出，其虽然站在世界文化平台上，但是并没有抛弃雪顿节的文化基因而变得一味商业化。作为拉萨民众的传统节日，雪顿节具有深厚的文化底蕴，当下拉萨市政府在建设雪顿节文化品牌时，将文化放在重中之重的位置，尽管其目的是通过举办雪顿节，推动拉萨市和西藏的旅游发展，但是，其对坚守雪顿节文化传统，加强与雪顿节相关的文化建设却从未停止。

在政府组织下，一场场独具西藏传统文化特色的活动相继上演，当

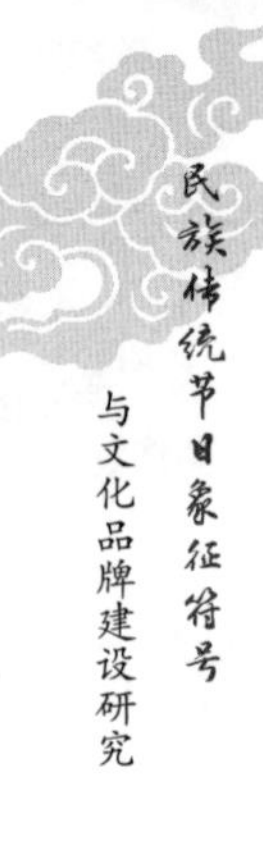

雄县当吉仁赛马节中的赛马、赛牦牛、走马、马术比赛、拔河、抱石头比赛、射击比赛等民间竞技，吸引了海内外的宾客和西藏的老百姓。传统藏族锅庄舞、传统服饰表演等活动，让观众融入雪顿节文化。来自各地的游客在雪顿节期间顺利而欢快地畅游八廓街、布达拉宫、大昭寺、罗布林卡，尽情享受雪顿之旅。商人在政府组织下，不断穿梭于各个展销会、商品交易会中，在拉萨市城关区举办的商品展销会暨嘎吉林青稞酒节上，商品丰富，气氛热烈。雪顿节不仅带给民众喜气，也带给商家财气，极大活跃了拉萨和西藏的商品市场。

第四节　雪顿节品牌建设需要走的路

在研究2009年雪顿节品牌建设的基础上，笔者继续跟踪调查2010年至2016年雪顿节，认为要建设好雪顿节品牌，还有很多地方值得改进。

一、雪顿节品牌建设改进建议

（一）构建现代传统文化保护平台

2009年拉萨雪顿节延续了近十年来的雪顿节传统，只不过有些措施更为系统，特色更加鲜明。雪顿节的发展从来就没有丢弃藏族传统文化基因，2009年之后的雪顿节为藏族传统文化基因搭建了更为宽广、更为多样的舞台，也极大地激活了藏族雪顿节传统基因走向生活的潜力。

开放的哲蚌寺雪顿展佛活动，满足了信众和观光游客等人群的需求，便于展佛活动走向民众生活，扩大其影响力。

布达拉宫广场开幕式尽管有内地和港台明星助阵，但是，主要内容仍是以藏戏和西藏民间传统艺术展示为主。

雪顿节尽管只在拉萨举办，但是藏戏艺术却盛传于涉藏地区，不能像前十年的雪顿节一样，只请拉萨市藏戏团表演藏戏，西藏山南文化局非物质文化遗产办公室的嘉措说：

扎西雪巴藏戏团自1987年重建以来，只参加过一次雪顿节，那是在1996年，这个问题我在去年的文代会上也提出来了。我们提出要求，非物质文化遗产的保护工作应该由文化厅负责，而现在都交给了拉萨市政府，他们对自己地方的戏团，如觉木隆，提供了很多支持，但是对周边地区，他们则没有给予多少关注。得不到市政府的支持，扎西雪巴哪里有经费和机会参加雪顿节呢？2002年还是2003年的时候，白玛顿珠老人亲自去文化厅请求过，不过没有成功。1996年那次还是在中央电视台的帮助下我们才得以参加的，他们向我们提供了1万块钱经费，我们制作了新的戏服、道具，不然我们一次参加的机会都没有。①

这种只请拉萨藏戏团的做法显然不利于雪顿节的传承发展。2009年雪顿节，政府改变了只请拉萨市所辖藏戏演出团的做法，还邀请了山南和日喀则的藏戏团。不同地区的藏戏团来罗布林卡演出也为他们之间的学习和交流提供了机会。

对于一个演员来说，演技和唱腔能够让观众满意，这是莫大的骄傲，演员自己心里也高兴，如果说平时练了那么久到了该演的时候还演砸锅的话，那就不好了。雪顿节是将藏戏介绍给大家的好时机，我们应当尽力演好。②

因此，在传承藏戏上，雪顿节为藏族民众提供了欣赏藏戏艺术的极佳机会，也为藏戏艺术传播提供了宽广的舞台。

尽管雪顿节期间藏戏演出的是传统八大藏戏的部分剧目，但由不同

① 访谈对象：嘉措；访谈人：林继富、查斌、欧珠尼玛；访谈时间：2009年8月11日；访谈地点：西藏山南地区文化局非物质文化遗产抢救办公室。

② 访谈对象：益西（次角林藏戏团团长）；访谈人：索朗卓玛；访谈时间：2009年8月22日；访谈地点：拉萨宗角禄康。

的藏戏团来演，就可以让观众进行比较。藏戏团在罗布林卡和宗角禄康都要演出，短短几天时间内要在不同场合演出同一个剧目，就要求演员根据不同场地的观众调整演出技巧，满足不同观众的欣赏口味。

雪顿节期间藏戏传承是积极的，也是藏戏在创新中寻求发展，融入当代藏族民众生活。堆龙德庆县措麦藏戏团在2009年雪顿节的藏戏演出中与以往一样，坚持其演出传统，向观众呈现出西藏美丽的传说、动人的故事和绚烂多彩的宗教艺术。演员表演的每个细节都生动传神，极大提升了措麦藏戏表演技巧。措麦藏戏团在不断丰富演出内容，其负责人尼玛说："措麦藏戏团在逆境中不懈地坚持，求发展、创精品。如今，藏戏团除了传统藏戏《智美更登》，还能够演出《诺桑法王》《卓娃桑姆》《白玛文巴》等藏戏曲目。"①不仅措麦藏戏团在创新、在丰富藏戏演出剧目，其他藏戏团队也在创新中努力适应时代的发展和满足民众的审美需求。2009年雪顿节，拉萨市娘热乡藏戏团表演的《苏吉尼玛》、次角林藏戏队表演的《卓娃桑姆》等也像措麦藏戏团的演出一样，以令人耳目一新的形象展示在观众面前。传统藏戏就在这样的不懈坚持和创新中传承发展。

雪顿节期间，观众对西藏传统文化表现出极大兴趣。罗布林卡、宗角禄康公园的藏戏演出场场爆满。觉木隆藏戏、江嘎尔藏戏、湘巴藏戏、迥巴藏戏、扎西雪巴藏戏、宾顿藏戏等，在雪顿节期间纷纷登台亮相，使拉萨雪顿节的藏戏传统得到很好的传承，而雪顿节也是藏戏艺术传承和保护的最好时机。雪顿节期间是收获青稞之前的农闲时节，此时各地的藏戏团队除了在当地演出，也有时间来到拉萨参加雪顿节汇演，在这里展示各自的精湛技艺，也学习其他藏戏团的优长。以雪顿节为中心的藏戏演出在西藏各地展开，这段时间成为传承与弘扬藏戏艺术传统的好时候。

① 访谈对象：尼玛；访谈人：林继富；访谈时间：2009年8月25日；访谈地点：综角禄康1号场地。

（二）满足多层次观众生活需求

雪顿节是人民的节日，只有满足人民的需要，雪顿节才能更好地发展。然而，现代多元化社会，民众的需求也变得更加多元，2009年雪顿节在满足民众生活需求上做得很好。

以藏戏演出为主的雪顿节在当下社会生活中发生变化是必然的，也是必需的，在雪顿节传统中注入新的文化内涵成为雪顿节走向未来的有效途径。西藏企业热衷于雪顿节与雪顿节举办的时空环境有很大关系，作为在西藏最好的季节举办的节日，在快速走向市场化和文化产业发展的今天，赢得投资者的青睐不足为怪。

2009年雪顿节满足了多层次人群的需求，就拿哲蚌寺展佛活动来说，在更培乌孜山上等待展佛的庞大人群中，有金发碧眼的外国游客，有从各地赶来朝圣的藏传佛教僧侣，也有从内地来的游客，还有穿着节日盛装的藏族信众。一位来自西藏山南的喇嘛说："我已经记不清这是第几次来拉萨哲蚌寺看展佛了，来这里观瞻佛像，也是一种修行，每一次看展佛我都觉得自己跟佛又接近了一些。"广州的游客说："上午到哲蚌寺看展佛，凌晨4点多起床，虽然起得很早，但这对我来说是一次全新的体验。下午导游带我们去罗布林卡看藏戏，我们整天就畅游在藏族文化里面，我很喜欢这样的安排。"[①]对于拉萨市民而言，朝拜哲蚌寺和色拉寺大型佛像，享用酸奶，在园林里郊游，仍然是他们在雪顿节期间的主要活动。

（三）文化产业多样化的雪顿节

2009年的雪顿节在传统基础上，扩展了活动内容和方式，将多样化的产业经济融入雪顿节之中。

将雪顿节推向文化产业前台，是拉萨市政府多年努力的重要目的。藏戏在罗布林卡表演导致罗布林卡门销售量急剧增加。藏戏艺术团队也

① 访谈对象：林大有；访谈人：林继富；访谈时间：2009年8月20日；访谈地点：拉萨哲蚌寺展佛地。

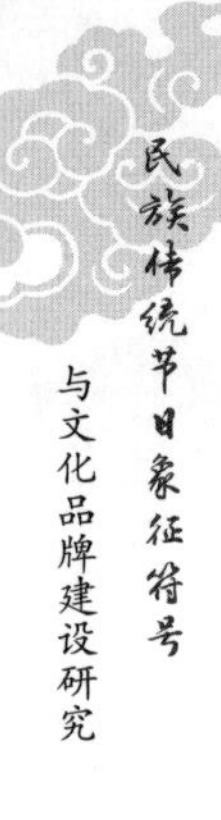

在此期间进行商业运作，比如次觉林藏戏团与喜马拉雅饭店合作演出，觉木隆藏戏团在乡村文艺舞台进行了带有商业性质的演出等，琼达告诉笔者：

> 我们藏戏团演出很忙，都不是政府安排的，而是他们请我们。在比较穷的村里跳一天会给我们2000元工资，比较富裕的村里会给2500元。23日去为婚礼演出；24日演员休息；25日堆龙一个村的望果节要我们去表演；26日在罗布林卡比赛；27日、28日在村里演出。8月份藏戏演出是最多的，农村望果节8月1日开始。10月去尼木县演出，尼木县观众特别热情，每个看藏戏的人都是驮着青稞来的，我们演出以后他们会把所有的青稞献给我们，演出期间他们也会把钱裹在哈达里扔到台上，所以每次我们回来以后哈达里都会掉出很多钱。[①]

2009年拉萨雪顿节打破以往“政府主导、财政包办”的模式，用“政府引导、市场运作、社会参与”的方式，经过市场运作，政府、企业和民众能够在现代雪顿节平台上各获其利，实现共赢。

雪顿节期间，拉萨市旅游市场十分活跃，宾馆酒店入住率在95%以上。这期间的旅游项目会配合雪顿节传统民俗项目，诸如展佛仪式、藏戏会演、赛马等活动，而为了使雪顿节期间旅游内容丰富，旅游方式多样，各级政府也想办法推介新的旅游线路，如“在拉萨点亮圣洁的心灯”“体验圣地拉萨民俗风情”“领略灿烂的藏文化”“畅游茶马古道”等都以独特的拉萨风情和高原风韵吸引着具有不同爱好的游客。

2009年雪顿节成为集民俗文化、旅游休闲、经贸商展、体育竞技为一体而又多样化的平台。拉萨市民纷纷走出家门，有的看展佛、过林

---

① 访谈对象：琼达（觉木隆藏戏队队长）；访谈人：林继富、巴桑次仁；访谈时间：2009年8月22日；访谈地点：罗布林卡公园1号场地。

卡、吃酸奶、观赛马，有的参加车展、房展、花卉展览以及啤酒节和项目推介会，尽情享受节日里传统而又时尚的生活。

将雪顿节纳入文化产业发展规划当中，笔者以为要遵循市场运作规律。但是，诸如雪顿节一类的传统节日绝非简单意义上的商品或者消费品，它是文化的载体和传承方式，具有明确导向性。要让雪顿节市场化，必须按照文化产业市场规律运作，但是，文化产业市场又离不开时代性和民族性。

雪顿节在产业化道路上既要为藏族传统文化传承发展提供舞台，又要带动相关产业发展。比如，扩大雪顿节期间的旅游市场，需要发展围绕雪顿节的创意旅游产品设计，进行品牌推广。通过多种方式深化以雪顿节为核心的西藏民俗文化产业，对建立民族文化自信、文化认同和民族文化形象具有重要意义。

雪顿节期间，除传统文化活动外，还注入了旅游休闲、体育竞技等现代元素，使雪顿节成为集传统与现代为一体的国内外知名的节庆品牌。

拉萨市政府希望通过雪顿节宣传拉萨旅游、展示拉萨城市形象，通过举办藏戏展演、摄影展、特色产品展等多种方式，充分展示拉萨经济社会发展取得的巨大成就，给世界和世人展现拉萨幸福、发展、开放、文明、和谐的形象。

二、雪顿节品牌建设还要走的路

雪顿节期间，藏族民众品酸奶、看展佛、赏藏戏、过林卡，雪顿节年年举办、年年创新，政府将其作为西藏重要的文化品牌进行建设。通过对2009年拉萨雪顿节文化建设的调查，笔者认为雪顿节品牌建设中有一些方面需要进一步提升。

（一）主题确定

主题确定是拉萨雪顿节的核心问题。在快速发展的多元社会，拉萨民众每年都在以自己的方式过雪顿节，而作为政府着力建设的国际化节庆，每年雪顿节都应该有新的项目推出，有新的元素吸引参与者。为此，每年雪顿节主题的确定就是最重要的问题了，它关乎雪顿节发展方向，体现西藏民众生活前进的态势。比如，2009年雪顿节主题定为“寻梦拉萨，情醉雪顿”，这个主题突出表达了拉萨生态旅游资源魅力，拉萨雪顿节具有深厚的传统文化精神，也体现了拉萨开放的姿态、发展的信心。笔者以为雪顿节的主题应该符合三条基本原则：坚持雪顿节是人民的节日，以人民为中心办节、过节；尊重雪顿节传统仪式和生活实践表达；把握新时代文化发展方向，融入社会主义核心价值观的文化实践。

（二）文化整合

现代传统节日具有极强的包容性，这种包容性由时代文化的变迁和人为的有意识、有目的行动所致。现代传统节日的包容性主要体现在不断整合传统文化资源和现代文化思想。这种整合往往有四条路径：第一，将其他传统节日吸纳进来，整合为两个或多个传统节日，以此形成新的传统节日体系；第二，吸纳其他节日元素或其他传统文化母题，使传统节日内容更加丰富，活动更加多样；第三，加入时代文化元素，诸如现代歌舞表演和杂技魔术等活动；第四，加入现代经济商贸活动，诸如经贸洽谈会、商品贸易会等等。对于2009年雪顿节而言，笔者以为体现出明显的整合行为，可以说当下中国传统节日的四种整合方式在雪顿节上都有体现。但是，2009年雪顿节整合还是存在值得商榷的地方：如将当雄“当吉仁”整合进雪顿节，并作为雪顿节的一部分就不大合适。当吉仁赛马节和雪顿节产生的时间都是在17世纪，两者活动内容却不相同，一个是以赛马、抱石头等体育游艺为主题的竞技活动，另一个则是以展佛和过林卡、看藏戏为主题的宗教、文化与娱乐活动。笔者以为，雪顿节可以与当吉仁赛马节联合，构成节日系列，但是绝不可以兼并，这种做法不仅不能保护民族传统文化资源，而且会显得不伦不类。只有主题相似，活动内容接近，时间和空间交互作用下产生的思想文化传统才可以彼此吸纳和相互丰富。

（三）时尚元素与传统元素

2009年雪顿节融入了许多现代经济社会的内容，举办形式上与时俱进，注重吸收时代文化元素，把雪顿节办成了集宗教朝觐、文艺会演、体育竞技、招商引资、旅游休闲于一体的盛大节日，办成了将传统文化与时代主题相融合的盛大节日。与往年商品展销会不同的是，2009年雪顿节商品展销会在传承西藏优秀文化、展现西藏风土人情的同时，力求把现代流行文化的最新发展观念融合在传统节日中，使传统的雪顿节走向国际化。在推进雪顿节国际化过程中，拉萨市政府在保护雪顿节传统方面做得很好，尤其是对雪顿节的核心传统元素——展佛、藏戏演出和过林卡进行了很好的保护，并且在传统传承方式基础上有很多积极改进措施。但是，固守传统很难满足现代人的生活和审美需求。笔者曾就雪顿节期间藏戏传统与创新问题采访过觉木隆剧团团长琼达，琼达告诉我："很早以前的藏戏传统我已经不知道多少了，我只能把我自己创建藏戏团时所懂得的东西传下去。如果我退休了，我的学生也不一定能够全部学到我所知道的，每个传统在传下去的时候都会发生变化。"①这个演了半辈子藏戏的艺人说得多么朴实，她道出了藏戏艺术生存的根本。笔者以为，传统节日是民族传统文化的集中展示，也引领着时代文化的发展方向和审美潮流，因此，现代雪顿节应该加入时代文化和时尚元素。2009年雪顿节开幕式引入明星进场，加入了上海世博会的内容、3G电子产品，等等，这些市场元素与古老的藏戏演出交相辉映，使2009年雪顿节更加时尚，更加符合现代拉萨人的生活步调。但是，笔者以为，时尚元素和现代元素与传统文化的结合不是简单相加，同时，传统需要时尚以贴近民众、贴近生活，获取生存发展的动力，这样的传统节日才具有生命力，我们也不能因为某些时尚元素进入传统节日而导致传统节日走向异化就咽噎废食，一律否定。

---

① 访谈对象：琼达（觉木隆藏戏队队长）；访谈人：林继富、巴桑次仁；访谈时间：2009年8月22日；访谈地点：罗布林卡公园1号场地。

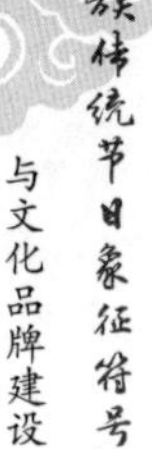

（四）强化藏戏活化传承

藏戏是雪顿节的传统核心内容，也是雪顿节吸引民众的重要活动，但是，从对2009年雪顿节的调查来看，笔者认为还要强化藏戏在雪顿节中的位置。

扩大雪顿节藏戏演出范围，这个范围，笔者以为包括两个方面：一方面，藏戏演出应该邀请更多除拉萨以外的其他藏戏团参与。五世达赖喇嘛时期每年雪顿节会把西藏所有藏戏团都接到拉萨来演出，我们这个时代就更应该这样做了；另一方面，在演出内容上，应不仅局限于传统八大藏戏，如果有新编藏戏也应该在雪顿节舞台上进行展演。

（五）提供藏戏演员和藏戏团之间的交流机会

要想雪顿节办得更好，在强化藏戏地位的同时，还应加强藏戏团之间的交流。比如，可让不同藏戏团相互观看对方演出，这样就可以避免只演出自己剧目而不闻其他藏戏团的优长的问题。藏戏团之间还可以相互借鉴彼此的管理和运作经验等。在相互学习上，拉萨觉木隆藏戏团就做得很好，团长琼达告诉我：

> 我们会学习其他藏戏团的一些优点，比如，剧情里母女分手时，双方哭得很伤心，演员肢体表现出更夸张的动作，我们会借鉴一下，那种渲染情绪的场面是我们比较缺乏的，所以会偶尔在哭戏上学习一下其他队伍。但其他团队的唱腔和舞蹈我们是不会学习和模仿的。因为觉木隆藏戏太独特，戏路跟其他的完全不一样。不过其他藏戏团会学我们的唱腔和舞蹈，也会学习日喀则迥巴、江嘎尔戏团的路子，因为这些戏团都是最早的戏团，各具特色。比如，娘热戏团会学觉木隆的戏路，堆龙措麦戏团会学江嘎尔的戏路。①

① 访谈对象：琼达（觉木隆藏戏团团长）；访谈人：林继富、巴桑次仁；访谈时间：2009年8月22日；访谈地点：罗布林卡公园1号场地。

藏戏艺术在交流中形，尽管我们强调个性化和地方化，但是，藏戏艺术的基本程式是一致的，并且具有明显的共同性，这就决定了藏戏在交流方面具有特别优势。拉萨雪顿节藏戏展演是很好的平台，但是，绝大部分藏戏团过分强调自身的独立性和地方性，也因为各种原因而很少在雪顿节期间看其他藏戏团演出，这是一件很遗憾的事情，也不利于藏戏艺术的发展。笔者曾经问扎西雪巴老演员索朗多吉在拉萨是否会去看其他藏戏团的演出时，索朗多吉告诉我：

> 应该不会去，也没时间看。跟别的藏戏团学习切磋其实是件很有趣的事，但是，我们在一块儿的机会很少，如果说今天我们需要在罗布林卡表演，那么别的藏戏团就必须到宗角禄康去表演，分配的时间和地点都不同，所以大家很少交流。而且各个地区唱各自地区的戏，一般没什么联系。①

（六）加强藏戏团建设

目前西藏藏戏团的演员绝大部分农民，他们要生产，只有农闲时间才聚在一起排练，为乡亲们演出藏戏。藏戏团收入很有限，很难吸引年轻人进来，也没有很好的竞争机制来约束，于是，藏戏里很多角色往往由一人承担。扎西雪巴藏戏团的演员索朗多吉，2009年54岁，13岁时开始喜欢跳藏舞、跳锅庄，30岁开始唱藏戏。他在扎西雪巴的剧目《诺桑法王》中扮演“昂觉”，即巫师，穿着僧服，他是藏戏团演员中年龄最大的人。他说：“这次来的演员大部分都是新加入的，也不是很会跳，只有过雪顿节或者过其他传统节日时才会参加演出，平日都在家里干农活。我们戏团并不属于专业团，我妹妹也在这次的戏中扮演了很多角色，比如拉姆（仙女）、尊姆（情人）、永卓阿妈（永卓母亲）等，一

① 访谈对象：索朗多吉；访谈人：林继富、巴桑卓玛；访谈时间：2009年8月21日；访谈地点：拉萨宗角禄康。

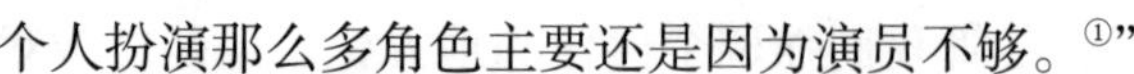

个人扮演那么多角色主要还是因为演员不够。[①]”

（七）放假制度

西藏民主改革前雪顿节放假，不过只局限在贵族阶层，雪顿节只是部分人的假日。民主改革以后，拉萨罗布林卡对民众开放，老百姓可以自由进入罗布林卡观看藏戏。1986年恢复雪顿节之后的前几年，雪顿节由西藏自治区主办，规定放假七天，当时机关干部和老百姓可以利用假期到罗布林卡过林卡、看藏戏。这种假日一直延续到现在。但是，雪顿节放假仅限于拉萨，拉萨以外的西藏其他地区照常上班，这就带来了一系列问题：第一，拉萨雪顿节是拉萨的地方性节日，像这类地方性节日在西藏有很多，诸如林芝的工布节，江孜、那曲的赛马节等。是不是凡是地方性节日就应该放假？第二，雪顿节是拉萨人的传统节日，拉萨市辖地区的公务人员放假在情理之中，那么，西藏自治区政府部门是否也应该放假？毕竟西藏自治区管辖范围除了拉萨以外，还有阿里、日喀则、山南、林芝、昌都和那曲等地区，若西藏自治区政府部门放假了，势必影响其他地区工作的正常开展。看来，雪顿节放假的问题，不仅是放几天假的问题，在现代高效的政府运作过程中，我们需要统筹规划，整体考量。

（八）收费规定

假日是公民放松休息的时间，传统节日是民众传统文化生活的时间。在林卡欢度节日是藏族民众的传统。1986年7月，笔者来到拉萨，正好碰上雪顿节，就到罗布林卡看藏戏，出出进进很自由，没有任何人收费。然而，2009年雪顿节期间，外地人到罗布林卡看藏戏却要买门票了。藏族每人5元，其他民族每人70元，这就让人费解了。在宗角禄康公园内，笔者看藏戏时，就这个问题采访了一位藏族阿爸，他说：“宗角禄康公园是免费的，不仅平时，就是雪顿节期间也不收费，所以来的

---

① 访谈对象：索朗多吉；访谈人：林继富、巴桑卓玛；访谈时间：2009年8月21日；访谈地点：拉萨宗角禄康。

人很多，有些人天天都来。对于罗布林卡，很多人都很想去，但价格太高。希望罗布林卡能对广大市民免费或降价开放。”看来，旅游部门为了做好节假日的经济，还应该另辟渠道，多想想其他办法。一年一次的雪顿节藏戏展演主要在罗布林卡，那就应该引导更多的人去观看，传承藏族传统文化，扩大藏戏以及雪顿节的影响力，更好地还雪顿节于民。雪顿节是人民的节日，政府追求将雪顿节打造成“西藏的雪顿节、中国的雪顿节、世界的雪顿节”，笔者以为雪顿节期间应取消罗布林卡收费制度，这也是扩大雪顿节影响力，让雪顿节走向广大人群的有效途径。

喝酸奶、观展佛、品藏戏、过林卡等符号在雪顿节中具有象征意义，每一个符号背后包含了生活实践和文化信仰体系，像展佛就包含了礼佛过程中的煨桑、献哈达、转经、摸顶等行为，这些行为构成的符号有逻辑，不仅表现在实践形式上，也体现在意义表述上。雪顿节的象征符号是雪顿节文化品牌建设的关键，拉萨市在建设雪顿节品牌过程中坚持以雪顿节传统象征符号为核心，挖掘其中的象征意义，并且在雪顿节象征符号建构中，以传统雪顿节象征符号为根本。同时，当代雪顿节品牌建设中新出现的象征符号，虽然没有传统象征符号那样具有穿透力和历史感，但是，雪顿节象征符号也应立足于传统而不断得到建构，只有这样才能够使雪顿节文化品牌建设的内容更具丰富性、时代感和生命力。

结　论

民族传统节日作为地方文化品牌建设，与一般品牌建设不同。具体来说，一般品牌的载体是有形产品，对于品牌消费者而言，产品的物质功效是促使其消费的主要因素，但作为文化品牌载体的传统节日却是精神产品，是蕴涵特定象征意义的文化符号体系。民族传统节日作为地方文化品牌，其生成和发展一般会经历三个阶段：首先是传统节日品牌意义生成阶段，这一阶段，品牌所有者找到赋予品牌意义的传统节日原型，并挖掘蕴含的文化内涵，赋予传统节日作为地方文化品牌新的意义。其次，传统节日品牌现代价值生成阶段，这一阶段主要开展与品牌相关的活动进行品牌宣传，扩大传统节日品牌的影响力，让更多受众了解和接受传统节日作为地方文化品牌，在这期间，可能会生产关于传统节日品牌的无形产品，如传统节日的系列比赛或文化节庆活动等。最后，随着传统节日作为文化品牌知名度提高，受众对节日文化品牌的认可度越来越高，通过授权等策略将传统节日品牌延伸到有形的产品领域，即与传统节日品牌相关的工艺品、食品或者其他一些物质性纪念产品。民族传统节日品牌还涉及自然地理、地方历史、人文艺术、旅游文化、日常生活等多个方面，是以人民为中心系统的综合文化体系、生活实践，也是系统的文化产品、文化形象建设过程。因此，对于民族传统节日文化品牌建设，我们应突破照搬城市文化品牌或者区域文化品牌建设的常规范式，对其特殊性进行全面总结和认识，从而更加科学合理地进行以民族传统节日作为地方文化品牌的建设实践。

一、基于生活需要的民族传统节日品牌建设

品牌建设属于现代产业概念，之所以建设品牌，主要因为品牌的无形资产特性，可以利用“品牌”提升产品、地方的声誉和影响力。将民族传统节日作为地方文化品牌建设对象，不仅包括了对传统节日与地方传统、地方品格的定位，并且在建立以民族传统节日为核心的地方文化品牌形象时，民族传统节日的综合性、生活性成为地方文化品牌建设的根本动力。

布依族“六月六”活动包含丰富的象征符号，这些活动就是“六月六”象征符号的生活表达，从历史来看，布依族“六月六”源于农耕生产，其仪式象征符号是布依族人对农耕生活的记忆，也是他们对农耕生活的文化表达。从布依族民众生活实践立场来看，“六月六”象征符号体系具有严密的生活逻辑和文化逻辑，符号与符号之间有着系统化的结构关系，由此形成“六月六”文化意义系统、社会生活关系系统和情感表达系统。

时代在发展，生活在变化，民族传统节日象征符号也出现了一些符合时代发展的变化，新的象征符号的出现是为了满足民众的生活需要。传统节日作为地方文化品牌建设并不固守传统象征符号结构、意义和外在形式，而是为符合民众的生活需要而不断调整和创新。比如，嘉兴传统端午节调节嘉兴民众的时间秩序和生活节律，具有驱疾防疫、祈福迎祥的功能。传统端午节深深扎根于嘉兴民间，通过嘉兴人的日常生活、生产行为、语言讲述、精神信仰等方式自觉传承。在不同地区的民众物质生活条件发生很大转变的前提下，不同地区的端午节象征符号作为文化品牌建设内容当然也要适应民众生活需求，让具有地方性的端午节传统民俗在民众中自觉传承。由五芳斋集团牵头举办的裹粽比赛和各类美食节，由嘉兴市妇联牵线推出的“五彩香囊迎端午”系列活动和民间自发形成的盆栽菖蒲展览等，都是嘉兴端午节传统象征符号为适应现代生

活转型的典范。当然，在以民众生活需要为核心的民族传统节日文化品牌建设中，一些不合时宜、不符合民众生活的传统文化逐渐远去。但是，无论外在力量有多大，端午节传统的关键性象征符号作为文化品牌建设则是由端午节主体决定的，也是由各地民众的生活需求决定的。

二、民族传统节日品牌的基本特征

民族传统节日品牌是多民族共创、共享的文化产品。我国是多民族国家，多民族生活在共有区域，多民族共同参与、享有文化生活、共同生产文化产品。在多民族生活地区，民族传统节日成为地方文化传统，淡化民族身份，多民族共同分享传统节日的历史记忆、传统节日生活、传统节日情感。以传统节日作为地方文化品牌建设具有地方唯一性、民族唯一性，由此，民族传统节日文化品牌功能能够得到充分发挥。

贞丰县除布依族，还居住着苗族、回族、仡佬族、瑶族等十多个民族，大多数村寨存在布依族和汉族以及其他民族杂居的情况，这就形成了文化错综复杂，交流交融互嵌的格局。就民族传统节日而言，贞丰县城关桥望地区是以苗族为主的杂居地区，苗族民众常常使用布依语交流。该地区生活的苗族也会与布依族民众一道欢度布依族传统节日。但是，不同民族在文化交流中又存在相对独立性，各自保留着自己民族、地区的传统生活习惯和价值观念。贞丰布依族民众在赶场日会自发到县城岷山公园凉亭和长廊对山歌或唱古歌，场面较大，却鲜有其他民族男女参与对歌活动。

民族传统节日品牌是区域文化品牌，代表地方政府的意识形态，也体现区域民众的文化认知。民族传统节日文化品牌最初的发起者是政府，或者民间社会的乡贤等，在当下民族地区以传统节日为核心的文化品牌建设中，最初几年都是由政府主导进行品牌塑造、营建等活动，之后才逐渐过渡到民间企业和民众自组织的团体。民族传统节日文化品牌自始至终代表地方形象，也赋予了地方历史情感，地方政府非常重视品牌的生成与发展过程，这就使得民族传统节日作为地方文化品牌附着有地方政府的功利性选择和意识形态的倾向性。

作为文化品牌的传统节日属于民族或地域的标志文化。只有标志性传统节日文化事象才能够最大程度地体现民众发展的创造力，才能成为既让群体自我认同，又能向外人展示的最佳文化传播载体。民族传统节日象征符号构成地域认同的核心，“地域作为说明的本原，同时涉及历史的全部实在，涉及整体的所有组成部分：国家、社会、文化、经济等等”①。民族传统节日文化品牌建设贯穿对地方的建构，成为地方情感的载体，也是地方民众生活的呈现。因此，传统节日作为标志性文化能够成为代表地方的文化符号，使以传统节日为中心的地方文化品牌有较好的发展基础，也确保传统节日品牌有广泛的群众基础。

民族传统节日品牌体现了国家或地区根本的民族特性与文化内涵。对于地域来说，文化品牌是民族文化的具象化和对象化，一个文化品牌在确立之初就在限制与制约着其他文化品牌进入相关领域的可能性，而除了技术和策略以外，语言、传统习俗、信仰是区别文化品牌特质的最显见、最易感的文化因子。因此，民族传统节日作为文化品牌源于民族传统文化，它与民族文化之间的关系是“源”与“流”的关系，在民族传统节日品牌发展过程中常常从民族文化中汲取营养，文化土壤是培植文化品牌、营建品牌氛围、使文化品牌可持续发展的条件。

民族传统节日品牌不仅是文化资本的品牌，更是民族文化生产的品牌。民族传统节日品牌包含多重属性，诸如经济属性、社会属性和文化属性等。很多以民族传统节日为核心的文化品牌在诞生之初，是地方为了增加经济发展的内生动力而开展的经济建设，但是，仅仅作为经济行为是不能长久建设好传统节日品牌的，应该将传统节日作为文化品牌放在开放、包容且多元的文化系统之中，以生活整体作为源头活水，不断赋予文化品牌营养和动力。

---

① ［法］费尔南·布罗代尔著，顾良、施康强译：《15至18世纪的物质文明、经济和资本主义：世界的时间（第三卷）》，北京：三联书店，1992年，第1页。

民族传统节日品牌的生成与发展过程，是多元文化交流与交融的过程。在这一过程中，民众相互学习、借鉴、交流彼此的文化，它在存续过程中除了与自然环境维系着和谐共生的关系，还与文化大系统中其他民族共同体有密切联系。在民族传统节日品牌发展过程中，各种文化交互作用、交融互鉴，不断达成新的和谐与平衡，这也导致民族文化内部各种因素在变动中调适，在调适中走向协调和均衡。民族文化与外在自然环境之间的和谐、民族文化主体在族群内部做出调节与选择等不仅必要，而且是文化生产的驱动力。这看似因为传统节日品牌发展多种力量介入而导致文化发展呈现越来越复杂的格局，但对于地方和民族而言，这是挑战，更是机遇。

文化认同是任何民族传统节日品牌发展的重中之重，也是民族传统节日品牌发展的坚实基础。传统节日品牌内核是民族文化，在长期历史发展过程中，民族在群体性格、价值观念、伦理道德和生活习俗等方面形成的自己的特点，并为民族成员共同接受、享用和遵循，这一系列的特点既影响民族外在的行为方式，又在民族深层心理上起到支配作用。民族传统节日作为地方文化品牌，只有得到地方个体认同，并能增强集体凝聚力，才能够在文化品牌建设道路上得到更好发展，才会不断被赋予新的力量，同时民族传统节日的品牌建设贯穿从地方到国家、从民族到中华民族文化认同的过程。

三、民族传统节日文化品牌建设路径

民族传统节日作为地方文化品牌建设基本路径主要包括以下五个方面：

第一，选定民族或地方代表性传统节日品牌原型。原型是赋予品牌意义的根本。作为民族传统节日文化品牌，建设之初要在众多传统文化中选择合适的、能够代表地方形象的、具有差异化的原型。比如，青海尖扎“神箭”文化，作为“五彩神箭”品牌原型，它是尖扎县的“标志性”传统文化，可以视作尖扎县民族文化丛的代表。同时，该原型作为

传承千年的藏族传统文化，蕴含的象征意义能够为品牌注入深刻的藏族民众的历史记忆、传统生活内涵，使品牌建设从一开始就与传统文化绑定在一起，进而在现代化过程中，不断彰显“五彩神箭”夺目的光彩和不朽的艺术魅力。

第二，构建民族传统节日作为地方文化品牌的定位系统。民族或地方传统节日品牌作为区域文化品牌，从一开始就与地方政府连接在一起，这就限定了它在一定程度上是以政府为主导建设的品牌，它的传承与发展始终与地方形象建构和地方社会经济发展连在一起。因此，对区域性传统节日体系开展梳理、研究，找到有影响力、深厚土壤和民众生活基础的传统节日，对传统节日品牌进行精准的文化定位、社会经济价值定位至关重要。只有结合地方历史传统、社会经济发展的传统节日品牌才能够推动地方社会经济发展，改善民众生活质量，扩大地方影响力。同时，民族传统节日定位应紧跟社会文化发展主流趋势，这就要求传统节日能够在传承和发展过程中保持传统节日文化基因的本质特色，使传统节日文化品牌建设道路稳健而又宽广。

第三，传统节日文化品牌建设内容要“以人为本”。文化品牌创立之初，就要设置围绕品牌建设进行的活动和仪式。这些活动或仪式形式多种多样，每个地方应结合自身资源优势展开。笔者以为，这些相关活动或仪式要始终围绕“以人为本”的思想，既要考虑文化主体的生活感受、文化情感，也要考虑外界受众的接受程度、理解限度。具体来说，民族在开展有关传统节日文化品牌活动时，应该对传统节日文化有深入研究，提炼出传统节日的文化核心，尊重传统节日的文化内核，并在传统节日文化主体认可和接受的前提下进行品牌建设。同时，也要考虑到游客或者其他外界人士的接受程度，让他们能够体会到传统节日品牌带来的民族的东西，并且从中学习到一些知识或者感悟到一些普遍性生活道理。只有这样才能够体现民族传统节日文化品牌的品质，让受众和文化主体对以传统节日为核心的文化品牌产生情感，这样的品牌才能赢得人心。

第四，“因地制宜”的传统节日文化品牌宣传策略。民族传统节日文化品牌处在相对偏远的民族地区，要让外界了解品牌、熟悉品牌，就要实施品牌“走出去”战略，否则就会导致“养在深闺无人识”的境况。各地区经济发展水平不一致，需要采取符合当地情况的品牌宣传策略，而不是照搬其他地区的品牌建设模式。“五彩神箭”品牌传播的“尖扎模式”，无论是政府主导下的大型体育比赛、来自民间的传统节日，还是文化精英拍摄的电影等等，都是结合尖扎自身实际实现的品牌传播，从而使“五彩神箭”品牌获得广泛影响力。因此，在民族传统节日文化品牌宣传策略上，应该制定适合自己的品牌宣传策略和传播路径。

第五，动态化传统节日品牌经营理念和合理化品牌管理机制。民族传统节日文化品牌在发展之初凭借“我有他无”的特色优势，为地方带来可观的经济收益和社会效益，但持久的生活力、发展力却相对缺乏，这是因为同样的活动内容日复一日，年复一年，必会导致受众产生厌倦心理。这就要求地方政府在传统节日文化品牌取得“眼球效益”成功后，不断丰富传统节日文化品牌的内容，创新传播方式，实现在传承中创新，在创新中传承。只有这样，才能够使民族传统节日文化品牌积蓄可持续性发展的力量。当然，实现动态化经营还要依靠地方不断完善品牌管理机制。民族传统节日文化品牌很大程度上由政府主导，人员和资金也是由政府解决，久而久之，会使品牌产生“惰性”，从而削弱民族传统节日品牌进入市场的能力。因此，在合适的时机，当地政府应将民族传统节日文化品牌推向市场，形成政府主导、民间企业和社会组织等多方参与经营的品牌管理机制。这会使品牌在市场调节的压力下，不断发展和完善自己，为地方带来持久的社会效益、经济效益。

民族传统节日文化品牌建设是从浅到深，持续不断的积累过程。这一过程，要坚守民族传统节日文化的根源、根脉和根性，结合地方历史传统和现实情况，在民族传统节日文化品牌原型选择、方向定位、内容设置、传播方式上都要确保传统节日作为地方文化品牌的良性发展，以民族传统节日的优质基因、象征符号构成体系性文化生活，实施品牌建设。处理好政府、企业、学者、民众和媒体等多重关系，运用多元资本运作手段，鼓励文化企业及社会组织、成员积极投资和参与，转变品牌管理理念和方式，实现“政府办节，企业经营，全民参与”运作模式，从而让民族传统节日作为地方文化品牌，实现经济与社会效益的双赢。[①]

四、民族传统节日象征符号体系品牌建设

民族传统节日是长久的历史生活实践，积淀了丰富的文化传统，是民众长时段生活行为的表达。民族传统节日常常通过诸多符号表达意义，这些象征符号绝非单一的，而是由众多象征符号，以历史逻辑和生活逻辑方式构成传统节日的意义链。民族传统节日品牌象征符号体系化主要表现在两个方面：

第一，民族传统节日象征符号形成于历史上不同时代，呈现出累层特性。由于传统节日流传于较为固定的地域，节日象征符号往往在特定时间和空间内得以完成，并且形成具有生活功能的意义系统。但是，传统节日象征符号的形成常常跨越多个时代，并且不断累积。也就是说，民族传统节日象征符号系统具有时间要素，这些时间要素在融入传统节日体系中又逐渐淡化，不同时代创造的传统节日的生活逻辑也随之淡化，由此形成的民族传统节日符号象征表现出穿越时间和空间的普遍特征，呈现出民众普遍、共有的价值理念，这就使民族传统节日象征符号成为当代人在实施文化品牌建设过程中选择的重要对象。

比如，中秋节由多个象征符号构成，每个象征符号具有独立的意义，但是，这些象征符号之间又是在生活基础上的有机联系，由此构成了中秋节的意义系统。“祭月”“嫦娥奔月”“月中玉兔捣药”“吴刚伐桂”以及民众赏月、拜月习俗和以月饼为代表的中秋特色食品及祭月

---

① 王淑琴著：《从传统到现代：青海尖扎县“五彩神箭”品牌建设研究》，中央民族大学硕士学位论文，2016年，第96—98页。

供品的风俗等，作为象征符号，通过美丽的传说给中秋节笼罩上迷人的光环，增添了浓郁的诗意，也推动了各民族、各地区中秋节的发展。

中秋节象征符号中秋节的关键性元素，它们组合成谱系性的象征符号体系，这些关键性因素就是中秋节的核心文化认同。“当这些成分比文化群体中别的东西更有代表性时，它们就成了焦点，它们开始承担着比其文字传达出来的还要多的意义，它们成为符号，并有表现群体认同的能力。”①民族传统节日代表着民众共同的价值观。民众通过每年反复的仪式活动强化对共同生活经验的理解。这些对核心文化的认同共同指向中秋节作为整体性的生活文化的象征意义，作用于民众的生活实践。因此，对中秋节象征符号开展民族或地区文化品牌建设时，应该对中秋节象征符号的谱系性结构特点予以充分的尊重。

第二，民族传统节日象征符号体系化立足于现实生活，它是民众对时代生活的要求，因此，传统节日的象征符号常常以现在性的生活为基础建构象征符号系统，这些符号常常是现代人的观念和逻辑，是现代人对民族传统节日象征符号的阐释。比如浙江象山开渔节将传统开洋节仪式中的祭祀海神、保佑家人平安的仪式规模化、系统化，并且以现代人的生活需求、文化逻辑，将象山传统的祭祀海神以及出海仪式等海洋文化悉数融入其中，构成了以开洋节为核心的海洋文化的具有现代象征符号谱系的开渔节。

由此可知，民族传统节日由众多象征符号构成，这些象征符号中的每个符号都是有来源的，并且许多象征符号并没有出现在同一个时代，它们要么是族群民众享用的传统，要么是当下人的思想观念和生活的凝聚。即使是共时层面的传统节日，其每一个象征符号也都具有意义，但是，多个象征符号彼此融合才成为传统节日的意义指向，并由此构成了民族传统节日整体的意义和以象征符号构成的谱系性的文化功能。②因

① ［芬兰］劳里·航柯著，孟慧英译：《史诗与认同表达》，《民俗文学研究》，2001年第2期，第91页。

② 林继富、王丹著：《解释民俗学》，武汉：华中师范大学出版社，2006年。

此，在实施传统节日文化品牌建设中，其象征符号的谱系需要对传统节日文化的整体性、关系性和体系性进行深入研究，并最大限度地彰显民族传统节日象征符号的意义和功能，这也是传统节日在品牌建设过程中必要的价值选择。

五、民族传统节日品牌建设的多重属性

民族传统节日作为生活文化，诞生和传承在社会关系中，以生活为根本。然而，生活是多方力量交汇的实践，生活关系在传统节日中得到充分体现，诸如人与自然的关系、人与社会的关系、人与人的关系等。从这个角度上说，传统节日是多重生活和文化关系共同作用的结果。

当民族传统节日作为地方文化品牌建设时，民族传统节日传统力量与时代人为因素共同作用，民族传统节日如果没有与人的生活相匹配、相适应的主体能动性，很难建构成为文化品牌。但是，民族传统节日作为地方文化在品牌建设过程中加入了许多人为因素，也不可避免地受到多重人为力量的干预。嘉兴端午节具有悠久的历史，也是嘉兴人的传统生活实践，但是，作为现代文化品牌，其以端午节传统元素和过端午节的传统人群为主体，以有助于推动经济发展、民众生活改善的元素为内核。嘉兴端午节中诸多象征符号经过企业和政府资本化筛选与运作之后提炼、抽绎而形成。这其中，地方政府为了实现政策实施的目标以及操作方便，对民族传统节日内容进行建构，这代表政府的力量，代表文化保护的力量；地方企业出于品牌建设目的对端午节内容进行建构，这代表经济的力量；民众对于端午节进行建构，则代表生活的力量，即延续、传承传统的端午节生活。三种来自不同方面的力量从各自的不同目的出发，联手建设作为文化品牌的“嘉兴端午节”，使之呈现出互动共融的状态。

当代中国在以经济建设为主导的潮流中，对传统文化越来越重视，传统文化中的精神、道德得到弘扬，滋养人的生活和心灵；传统文化的资本价值得到充分开掘。传统的、现代的文化象征符号聚焦于端午节，

并且不断产生作用、在其过程中彼此协调，最终构成相互联系的象征符号链条。

当然，在民族传统节日象征符号与地方文化品牌的综合性文化行动中，除了民族传统节日内在文化驱动力，以及政府、学者、企业和地方文化人的力量外，品牌建设中的现代传播的广泛运用成为品牌被人熟知、扩大影响力的重要途径。如民族传统节日象征符号成为地方文化品牌，应从名称、标志、标识语开始，设计各种符合现代人审美习惯的包装，并通过广告、公共关系、销售传播和人际传播等品牌传播手段，充分利用报纸、杂志、广播、电视等传播媒介，这些都成为民族传统节日走向地方文化品牌建设的重要力量。

作为地方文化品牌建设的民族传统节日，象征符号是文化品牌建设的核心，它是连接节日文化传统性、地方性与现代性、生活性的关键符号，因此，实施民族传统节日象征符号与地方文化品牌建设就不仅仅是源于经济目的或单纯为了提高地方影响力，可以说，民族传统节日作为地方文化品牌建设仍然能够起到接续传统生活、传承传统文化的功用。比如，嘉兴现代端午节源自传统，是嘉兴传统文化的组成部分、嘉兴民众生活方式的组成部分，也是嘉兴民众共同情感的表达方式。踏白船、赛龙舟、裹粽子、制香囊就是这种共同情感的集中体现，同时，它们又在“同中有异”的重复展演中维系并增强嘉兴民众共同情感的个性化表达。民族传统节日象征符号作为地方文化品牌建设显然要与当代民众生活连接起来，可以说是当代民众生活以传统节日的方式得以再现。在表现方式上，现代端午节中各类民俗符号的传播运用了现代传媒手段，是电视、报纸、网络媒体的多重作用。传播媒体方式的变化扩大了民俗符号的传播范围和传播影响力，吸纳了更多受众。在表现内容方面，端午节展现了以传统形式体现当代社会价值观的民俗符号，这种价值观以政府经济文化建设和企业经济建设为核心。为适应环境变化、符合当代人诉求，端午民俗事象不断调整和适应，甚而改头换面，从文化资源转化为文化经济。民族传统节日的建构过程，是传统节日象征符号的建构过程，是民族传统节日融入当代民众生活，并与其融合和共同创造的过程。

六、民族传统节日象征资源的再生产

民族传统节日象征符号与地方文化品牌建设，相当程度上表现为民众利用传统节日象征符号及其传统节日文化资源进行“再生产”。这是民众在不断利用传统节日、传播传统节日过程中产生的共同问题，也是传统节日生活实践的本质表现。

在现代媒介作用下，民族传统文化口耳相传的传承方式发生巨大变化。从报纸、杂志到电台，从电视到网络，从听觉到视觉，市场对民族文化的重复利用和开发、商业化的制造，扩大了民族文化传承方式，也就是说今天现代传媒对传统节日的影响显著。比如说，我们通过各种媒介扩大传统节日的影响，丰富传统节日的内容。媒介介入民族传统节日，并且以影像的方式阐释民族传统节日象征符号的意义。中央电视台曾经播出《舌尖上的中国》的饮食文化体现得极为充分。为何传统节日里的饮食包含这么丰富的文化？我们以前不是特别了解，但是通过中央电视台传播出来，大家意识到民族传统节日里面的饮食不仅是吃，它更承载了祖先的生活实践、生活智慧、历史记忆和文化情怀，民族传统节日里的一顿饭和平常的一顿饭所包含的意义不一样，价值理念也有差别。为了更好地呈现民族传统节日里的饮食，电视工作者撰写脚本，提炼传统节日饮食具有冲击力的元素，拍摄、制作、引导民俗传承人排演，最后播放出来，呈现在电视观众前的就是传统节日的饮食。虽然媒体播放的民族传统节日饮食与现实生活中民族传统节日饮食有所区别，但是，媒体将民族传统节日饮食的核心元素保留了，只不过强化了视觉和听觉效果，成为民族传统节日饮食存在的一种异文，实现了民族传统节日饮食资源的再生产。

现代媒介对民族传统节日的重塑、传播是有意义的，但其中仍然存在很多问题。第一，现代媒介从形式到内容逐渐渗透，改变了文化主体，即民族传统节日的主体，并建构一种新的社会文化结构、文化风格和文化模式，于是今天的民族传统节日日趋商业化、都市化和时尚化。比如，四川凉山彝族的火把节曾经被不同媒体无限度地拍摄、传播。媒体人有诉求，他们如果把火把节从头到尾拍下来在电视台里播放，估计没多少人看。因此，媒体人把火把节五六天传统时间浓缩，选取其中最有冲击力的象征符号以及符合当代民众欣赏口味的元素，制作成火把节影片播放给大家看。第二，现代媒介把具有特殊性象征符号，带有某种在外人看来奇特的东西不断放大，让人们觉得看到了异域风情，产生视觉、听觉冲击力，从而建构对民族传统节日的无限想象。比如说，彝族火把节传统习俗包括有评选美少女，今天彝族火把节将这个元素无限放大，开始举办各种各样选美比赛。因为民众对此感兴趣，也符合彝族火把节品牌建设的需要，凉山彝族自治州政府认为这是对传统的继承，也是改善当代凉山彝族民众生活，扩大凉山地区影响力的机会。

当代民族传统节日活动离不开地方政府，任何民族传统节日活动空间，都是民族地区重要的公共文化空间。在这个空间里集合了多种文化关系和人际交往关系，同时交织了国家意识形态和地方行政权力，这些要素渗透到传统节日的各个方面，使传统节日朝着有利于建设地方文化、推动社会发展、改善民众生活的方向发展。比如，政府通过对某些传统节日或节俗采取或肯定或否定的态度，并允许或禁止的规范行动，引导并不断建构包括传统节日在内的民俗文化中国家或地方政府倡导的主流价值、人民共有的生活观念，这些行动实质上就是民族传统节日文化的再生产方式。

20世纪50年代，苦聪人生活在哀牢山上，生活极其艰苦。2005年11月2日，一篇题为《云南镇沅苦聪人生活依然贫困》的文章引起时任国务院总理温家宝的高度重视并作了批示：要贯彻对人数较少的少数民族地区的扶持政策，采取切实有力的措施使苦聪人早日摆脱贫困。于是，从中央到地方各级政府立即行动起来，在政府的帮助下苦聪人从哀牢山上迁移下来，建立了位于镇远县城附近的苦聪新村，苦聪新村由多个苦聪人生活的传统村落组成。苦聪人来到新村，必须有传统文化维系他们的社会团结，于是，镇三元苦聪文化人重建了“畲葩节”，一个祭祀竜树、竜神的仪式性节日。竜神依附于竜树，每个寨子都要在固定的日子祭祀竜神。当苦聪人来到新村，第一步就是找到竜树，第二步是选定祭祀竜树的时间。政府拿出找竜树的费用，畲葩节的时间也由政府来定，每年过舍吧节的经费现在也统一由政府支付。

政府如何干预民族传统节日的发展？难道所有民族传统节日活动需要的费用以及传统节日的活动都要由政府决定吗？显然不是，在笔者多年对民族地区传统节日的政府角色考察中，发现常常有三种模式——政府主导下的传统节日、人民传统节日以及政府参与人民的传统节日。

西藏拉萨雪顿节是政府主导并参与的藏族民众的传统节日模式。传统的西藏雪顿节是寺庙喇嘛的节日，到了五世达赖喇嘛后，变成了普通民众和寺院喇嘛都过的节日，大家看藏戏、吃酸奶、玩游戏。后来政府为了建设西藏的文化品牌，拉动西藏的地方经济发展，开始将雪顿节建构在另外一个空间，在布达拉广场有了政府主办的开幕式，邀请了西藏自治区以外的影视明星来参加这个开幕式，紧接着不同地区的房地产公司上台做广告，现场还有青海酸奶公司等各种企业和商铺组织的商业活动。这就是政府的力量，拉动经济发展，吸引商人来拉萨投资签约，以这种方式建设拉萨，推动拉萨社会经济发展。

民族传统节日发展以及进行的知识生产从来没有离开过政府，只是政府角色时而强、时而弱。政府干预下的传统节日表现为对传统节日象征符号的运用，将传统节日象征符号与当代社会文化有机结合，从而使政府干预下的传统节日象征符号与地方文化品牌建设结合得更为紧密。

我国民族地区自然环境好，文化资源丰富，民族文化是最大的发展资源，也是最具开发价值的旅游资源。民族文化中的民族传统节日因地方固定、时间固定，并且具有可以操作和把握的文化符号等便利而成为重要的开发对象。

民族传统节日成为地方重要旅游资源，也是地方建设文化品牌的主要对象。为了发展旅游，民族传统节日被纳入旅游规划之中，为此，地方政府经过文化人和旅游开发者的“合谋”，对传统节日进行改造，添加一些与传统节日相关，更符合旅游者需求的事件，从而使传统节日的旅游色彩更为浓厚。

比如，广西壮族三月三“赶歌圩”时，人山人海演唱民歌的传统延续已久。20世纪80年代以后，广西各地政府以不同方式寻找“歌王”，利用民间歌谣演唱场所举办各类聚会，以三月三“歌圩”为平台，举办文化节、旅游节，后来政府介入，逐渐将“三月三”象征符号放大，在传统“三月三”基础上做大做强，这就诞生了广西南宁国际民歌节。南宁国际民歌节是现代广西人建构的文化旅游节，它的文化基础来自“三月三”歌唱传统以及组成歌唱传统的系列生活元素和文化符号。那么，“三月三”是如何发展到南宁国际民歌节的，其转换的动力是什么呢？当然是政府的力量，政府建构南宁国际民歌节的诉求是利益，是经济，是扩大广西的文化影响力，提升广西的知名度。中国很多地方都在深入传统节日旅游，有些民族地区形成了传统节日旅游文化的建构模式。

民族传统节日是文化品牌塑造的重要对象。品牌是商业营销概念，现在不同民族或地区将传统节日的传承、发展与文化品牌建设结合起来。民族传统节日丰富的象征符号成为塑造文化品牌的资本价值和经济发展的条件。

浙江宁波鄞州区，传说梁山伯和祝英台在那里生活过，宁波有首歌谣唱道：“若要夫妻同到老，梁山伯庙到一到，拜拜多情祝九娘，不为蝴蝶即鸳鸯。”宁波地方志《乾道四明图经》记载：“义妇冢，即为梁山伯祝英台同葬之地也。在县西十里接待院之后，有庙存焉。”梁山伯庙位于鄞州高桥镇。尽管这座庙的确切建造年代已经无从考证，但是，东晋丞相谢安为祝英台墓提名为“义妇冢”，至少有1600多年的历史。20世纪有越剧电影《梁祝》，其“彩虹万里百花开，花间蝴蝶成双对，千年万代不分开，梁山伯与祝英台”的唱词家喻户晓。除了电影，梁山伯与祝英台的故事还被演绎为戏曲、音乐、电视剧等多种艺术样式。浙

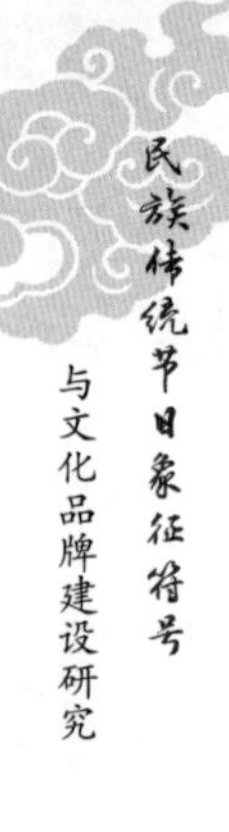

江宁波鄞州区在传统梁山伯与祝英台传说基础之上建设梁祝文化品牌，建造世界爱情之都。湖北恩施土家族的“女儿会”，是青年男女交往、交流的日子，恩施市通过“女儿会”为媒介建设世界情侣向往之地。湖北郧西七夕传说尤盛，郧西县城许多道路名称与七夕有关，如七夕大酒店、牛郎街、金锁桥、银锁桥等。这些举措都瞄准传统节日包含的品牌效应。再比如，傣族与泼水节画上等号就是品牌的力量。为了把泼水节品牌做好，云南傣族地区甚至出现天天泼水的现象。这种泼水对于外来游客很新奇，但是，如果天天泼水，天天过泼水节就产生问题了。这个关乎传统节日利用、开发和传统节日仪式之间的关系，如果处理不好，会淡化和歪曲传统节日的传统意义，也不利于传统节日象征符号价值的彰显。

传统节日文化品牌建设，常常涉及传统节日的名称问题，比如云南省楚雄彝族的葫芦笙文化节。这个传统节日经历了名称改换的过程，中华人民共和国成立初期到1965年之间该节叫“立秋节”；“文化大革命”时期，因为“破四旧”，这个传统节日被废除；1980年到2005年，该节被恢复并改名为“赶秋节”；2006年之后，又叫作“秋山会”；2007年后，改为“中国彝族葫芦笙文化节”，究其理由内在驱动追求文化品牌的力量。

由此可知，民族传统节日文化品牌建设至少有两点非常重要：一是经济诉求；二是扩大地方影响力的需要。

以民族传统节日象征符号展开地方文化品牌塑造，从而使外界对民族和民族地区有深入了解和系统认识，展现传统节日的丰富性、多样性和适应性，使民族传统文化和历史遗产在更广阔的空间得以保存保护和传承发展。

民族传统节日象征资源的文化再生产体现了民族传统节日的生命力，当然，民族传统节日象征符号资源的再生产变异程度也十分明显，常常表现为传统节日象征符号体系化的建构和重塑，包含了复杂的社会关系、文化关系，这些关系最终落脚在以人为中心的关系上。也就是说民族传统节日象征符号资源的再生产是民众生活需要和情感需求的再生产，是传统知识的再生产、和谐社会关系的再生产、民众共同体生活的再生产。

七、民族传统节日品牌与多元文化记忆

民族传统节日历史悠久，传统节日诞生地和流传地往往为多个民族互嵌杂居地，这就必然形成传统节日多民族文化身份，显示出民族传统节日作为地方文化品牌的多元文化特质。

“桑康节”是布朗族年节，至今已有一千多年历史。布朗族主要生活在澜沧江中下游两侧的山岳地带，交通不便，社会发展较为缓慢，在传统文化上，保持了较为古朴的形态风貌。布朗族与傣族、拉祜族、哈尼族等民族交往频繁，文化之间彼此影响和采借现象十分突出；在现代社会发展过程中，外来文化和外来思想观念逐渐影响了布朗族民众的生活习惯和文化表达方式，由此形成的多元文化记忆被集中刻烙在“桑康节”之上，并且当代勐海县将“桑康节”作为文化品牌建设时，将这种多元文化记忆体现得鲜明、突出。

追寻“桑康节”历史，可知其与傣族有紧密关系。历史上布朗族和傣族往来频繁，建立了相互信任、彼此依赖的生活情感、社会关系；布朗族和傣族的生产方式和生活习惯相似，生活之间没有障碍；布朗族与傣族都信仰南传佛教，信仰上相通，文化上相融；布朗族没有自己的历法，采用的是傣历，勐海县布朗族过年傣语称为“桑堪比迈”，过年时间多数年份都在傣历六月中旬，具体日期要用西双版纳傣族历法推算。这些因素导致布朗族“桑康节”中出现了很多傣族文化色彩。

布朗族与傣族在历史传统上、在社会生活交往上、在地缘上的关系形成“桑康节”的文化融合、文化共享。同样生活在同一地域的哈尼族、拉祜族文化出现在“桑康节”中也在情理之中。布朗族“桑康节”舞台上，傣族、哈尼族、拉祜族等民族都参与到文化表演中，比如《傣族歌舞》《哈尼族舞蹈》《拉祜族歌舞》等，这些节目丰富了布朗族民众的“桑康节”活动，这也意味着多民族“一家亲”的深厚友谊，并且表达了多民族在“桑康节”推动下进一步铸牢多民族共同体意识。可以想见，历史上布朗族村寨欢庆“桑康节”时，生活在同一村寨的傣族、哈尼族、拉祜族和汉族就会与他们同贺同庆，村落之外布朗族的各族亲友也会到来。从这个意义上说，布朗族“桑康节”的快乐也分享给生活在同一地域的布朗族、傣族、哈尼族、拉祜族和汉族，由此构成布朗族“桑康节”多民族共同生活基础上的多元文化记忆，也显示了以“桑康节”为核心的文化认同。

“桑康节”的诸多来历传说表达了布朗人的历史情感。相传很早以前，有位巨神与他的十二个孩子创造了天地和万物。太阳九姊妹和月亮十弟兄日夜同出同进，晒死万物，人们难以忍受。巨神造出弓箭射落八个太阳和九个月亮。剩下的一个太阳和一个月亮吓得躲起来。巨神召集百鸟百兽请出日月。从此以后，民众才有白天干活，夜晚休息的时间制度。

这些传说是布朗人的生活记录，也是布朗人生活的写照。“桑康节”期间，布朗人在太阳出山前，穿戴整齐，在村寨东边搭起彩棚，摆上供案，奉上糯米、酒、肉、芭蕉等，由寨老主持“送月落，迎日出”仪式。布朗人迎着东方喷薄而出的旭日，载歌载舞，感谢太阳给人间温暖，给万物生机。在这里，“桑康节”包含了“敬太阳神”的含义。敬拜太阳神和月亮神之后，布朗人还要去寺庙插花、浴佛、赕佛、泼水祝福等，随后，布朗人堆沙塔、打竹球、载歌载舞，庆贺新一天的到来。

在这里，布朗人总是以自己的方式解释传统仪式的合法性，由此获得“桑康节”在民众生活实践上的正当性和权威性，布朗人在仪式活动中建构集神灵、佛祖和人类于一体的生活共同体，使历史记忆与日常生活情感表达相连接，传递出布朗人对生活新起点、新希望的期盼。

“桑康节”期间，家家户户用芭蕉叶包红糖糯米粑粑，并在上面各插一对蜡条，两朵鲜花，送到“高嘎滚”（族长）家中，装入族长的“胎嘎滚”（家族神位）内，作为祭祀家神之用，还要献给族长并向作为“嘎滚”（家族）代表的族长行拜年磕头礼。这些祭祀家族先祖的仪式成为布朗族代代相传的历史记忆，其中包含的生活凝聚力和文化认同记忆维系着布朗人的社会团结和家族向心力。

今天走向舞台的“桑康节”同样在传递布朗族的历史记忆，在重建布朗族的文化记忆，从而建构了布朗族文化的现代性与传统性的连接。2015年，笔者前往勐海县参加“桑康节”，民众又将该节称为“茶王节”。桑康节是布依族的传统新年，茶王节是现代布依族在政府、企业帮助下重建的文化节，茶王文化节显然带有以“茶”为核心建设地方文化品牌的味道，带有布朗族茶文化与茶经济结合的味道。这种以“茶”为中心的建构性记忆，在布朗族历史传统和民众生活中并非空穴来风，而是布朗族世代生活传统作用于当代生活实践的表现。

祭祀茶神仪式在布朗族早有存在，布朗族《祖先歌》中唱道：“叭岩冷是我们的英雄，叭岩冷是我们的祖先，是他给我们留下竹篷和茶树，是他给我们留下生存的拐棍。”[①]据载，云南普洱“芒景村”布朗族的“每一块茶地里举行仪式后种植的第一棵茶树为茶魂树，茶魂树根附近埋着一根用梨树制作的具有民族特色的木桩，旁边栽着一株仙人掌和一棵鸡蛋花树，并有一个用竹子制作的小供蓝为标志”[②]。每年公历4月13日至17日，“芒景村”布朗族要过“茶祖节”，通常会在节日的最后一天呼唤“茶祖”以保佑茶叶丰收。[③]“2005年普洱茶开始兴盛于世，为了更好地保护布朗山千年万亩古茶园，建设以古茶为中心的文化品牌，布朗族古茶魂树祭拜仪式目前正在恢复中。”[④]茶王节或者茶祖节严格意义上不属于布朗族传统节日，只不过勐海县政府和企业出于经济发展的需要，出于建设茶文化品牌的需要，以文化节的形式重建布朗人祭祀茶神

---

① 西双版纳傣族自治州人民政府编著：《中国普洱茶》，昆明：云南美术出版社，1995年，第50页。

② 苏国文著：《芒景布朗族与茶》，昆明：云南民族出版社，2009年，第12页。

③ 云南社会科学院等编：《布朗族的茶与传统文化》，昆明：云南民族出版社，2008年，第57—64页。

④ 苏国文著：《芒景布朗族与茶》，昆明：云南民族出版社，2009年，第12页。

的传统，以现代人的记忆方式将传统祭祀茶神仪式与布朗人的现代生活需求相结合。

布朗族传统"桑康节"是多元文化记忆，这种记忆基于多民族生活的村落共同体作用下的布朗族与其他民族的关系，呈现出多民族文化记忆的共同性与差异性；布朗族现代"桑康节"延续了传统"桑康节"多元文化记忆特性，却更多地表现为地方经济发展与改善民生基础上的当代实践。这就出现了传统"桑康节"难以满足现代人多样化的文化需求，因此，勐海县政府和企业顺势在"桑康节"中捆绑了建构性的"茶王节"。

八、走向品牌建设的民族传统节日象征符号再生产

民族传统节日是集体活动的产物，承载着集体记忆，民族传统节日的集体记忆在集体欢腾中得到强化，其传统节日的象征符号成为当代中国民众生活的重要元素被激活、被利用，并且作为地方文化品牌得到卓有成效的建设。

民族传统节日是综合性民俗事象，表现出鲜明的民族性和地方性特色。民族传统节日复兴及其再生产过程是集体记忆对过去的重建。"女儿会"是土家人的集体记忆，恩施市举办土家族"女儿会"是在新的社会发展环境中，对土家族集体记忆资源的重构和再生产，是在继承土家族"女儿会"象征符号基础上的新发展。

"女儿会"发展初期是土家族民众自觉自发参与且参与度高的传统节日。20世纪80年代，恩施市政府将石灰窑和大山顶两处"女儿场"合称为恩施土家"女儿会"，标志了"女儿会"自发性的民众活动逐步整合成由政府主导下的为经济服务的文化资源。自1995年"女儿会"迁入恩施城举办之后，无论是招商引资，还是旅游推介，"女儿会"都与恩施地区民族经济发展密不可分。2002年恩施市确定"女儿会"图徽，其图案整体为圆形，上方为"女儿会"字样，下方为女儿会拼音字母，正中"女"字为一个秀发飘逸的女性舞者的黑色变形图案，图徽的确定标

志着“女儿会”成为恩施市固定的文化品牌。2007年恩施市委、市政府提出建设恩施土家“女儿会”的文化经济名片。2009年“恩施土家女儿会”被评为湖北省非物质文化遗产，标志着具有地区性特征“女儿会”得到社会的普遍认可。2009年，“恩施土家女儿会”被纳入湖北省地方节庆文化品牌。2010年“恩施土家女儿会”获得湖北省第七届“屈原文艺奖”文艺活动品牌奖。

作为恩施土家族传统节日，“女儿会”在政府引导下逐渐成为强化民族认同，增进民族团结最有力的文化品牌。在调查中发现，民众对每年举办“女儿会”均有较高期待，最关注的问题主要是“女儿会”在哪里办，怎么办。诚然，“女儿会”数次改换举办地点，使民众对“女儿会”原本的传统意义认知度下降。但是，现场调查显示，80%的参与者表示对于能参与本民族传统的节日活动仍然十分自豪。政府除了鼓励未婚青年男女积极参与相亲活动，组织高山乡镇土特产品展销，还开展摄影展、服装展等丰富多彩的文化娱乐活动，并逐渐将活动场地扩展到恩施土家族苗族自治州州府的各个文化广场，便于各个年龄段人员都能参与其中，感受到“女儿会”作为民族传统节日的全民喜庆氛围。恩施土家族“女儿会”承载着多民族集会和集体狂欢活动，依靠丰富多元的城镇文化空间发挥着增强民族记忆、增进民族认同的功能和促进社会团结的力量。

“女儿会”虽然经历了不同历史时期，但是它所具有的最基本的社会关系建构功能依然十分活跃。虽然交通越来越方便，民众的联络越来越容易，物资生活越来越丰厚，却仍有更多人通过“女儿会”构建和维系自己的社会关系。老人希望能看看热闹、见见新鲜，年轻人抱着结识朋友的目的参与活动，更有好事的婆婆妈妈为适婚青年牵线搭桥。“女儿会”在社会关系建构中实现了稳固家庭关系、和谐社会关系、推动婚姻关系缔结的作用。当绝大多数人依然坚信通过“女儿会”能建立良好的社会关系，当越来越多的人了解和参与到“女儿会”中，“女儿会”

便不断构建着土家族内部和各地域之间庞大而复杂的社会关系。[①]

当代恩施土家族“女儿会”尽管已迁徙到较为繁华的恩施土家族苗族自治州政府所在地，从原先的乡村移入恩施市区，“女儿会”的社会关系难免发生变化，但是，“女儿会”象征符号彰显的“聚会”“交往”“团结”和“贸易交换”功能没有变化，只不过增加了诸如相亲、商品推销会等现代元素罢了。传统女儿会仍然活跃在石灰窑地区生活的土家人中，他们始终将其作为生活的内容、生活传统的延续和传承。

民族传统节日象征符号进入地方文化品牌建设，传统象征符号被继承，并且不断在多样化、多空间的关系中生活化，逐渐符合民众审美，成为建设以传统节日为核心的地方文化品牌的时代力量，也表现了民族传统节日以多元方式实施再生产的强劲动力。

九、民族传统节日象征符号的异地建构

传统是人类过去创造的种种制度、信仰、价值观念和行为方式等构成的表意象征，它使代际之间保持了某种连续性和同一性，构成了社会创造与再创造的文化密码，并且给人类生产带来秩序和意义。[②]但传统并非一成不变，只是因为传统里面有某些在历史发展过程中沉淀下来的文化内核和重复性行为。这些重复性行为是生活层面上的重复，而不是机械的简单重复，是鲜活的、有情感的生活“重复”。同时，在传统之外，还有许多时代性社会生活内容，这些内容又成为传统的有机部分。实际上，民族传统节日的生命力在于不断吸取外界有益有效的成分，以此获得充实和完善，焕发生机活力。

民族传统节日是活跃的有机体，它需要不断创新，需要不断用新的生活修正传统节日的历史记忆，传统节日的历史记忆不是过去的，而是

---

① 王燕妮著：《恩施土家族“女儿会”研究》，华中师范大学硕士学位论文，2010年，第50—52页。

② 【美】E·希尔斯著，傅铿、吕乐译：《论传统》，上海：上海人民出版社，1991年，第2页。

现代的。重视民族传统节日文化并不意味着一定要回到传统节日具有的文化价值系统中去，而是基于传统节日历史记忆的现代生活建构实践。对于任何民族来说，都会有一些文化因素逐渐遗失，另一些文化因素被创造、发明或引进，这些都是传统节日在社会发展过程中出现的必然现象。

在北京生活的广西壮族以及广西人对于壮族“三月三”象征符号的运用延续了广西壮族“三月三”的传统象征符号，并在某些时候对传统“三月三”象征符号注入了新的内容。无论是继承、延续，还是创造性运用，在京广西籍人士所过的“三月三”中象征符号的出现均是外力作用下“三月三”传统的生产。实质上，这些被继承和改变的符号因符合在北京生活的广西籍壮族民众的利益而具有了存在的意义。“三月三”在北京举办，受到多方影响和推动，不仅是活动地点上的变化，内容上也做了相应改动。这是文化人强力介入下的文化变迁、文化生产，从常态来看，文化变迁、文化生产受制于对自然环境、社会环境的适应性问题，发明与发现、采取无意识的偶然事件、政治方式以及不管来自何处的变迁，都为潜在的进化选择提供了文化变量。[①]变迁是随着社会文化环境或自然环境的改变而发生的，当环境改变有利于新的思维和行为模式，或者说，环境的变化迫使社会的个体成员做出新的反应的时候，文化变迁、文化生产就具备了必要条件。北京的“三月三”是在环境改变下发生的，一般说来很多文化变迁都是因为旅游开发需要对传统文化内涵进行相应改变，但北京生活的壮族传承的“三月三”反而是因为民族需要对“三月三”文化内涵进行深入挖掘，萃取“三月三”文化基因的结果。比如，每年在“三月三”期间，中央民族大学的壮族学者举办与“三月三”传统有关的讲座，以此推进在北京生活的壮族民众更懂得自己的民族文化。在京流传的“三月三”只是改变了过节的形式和过节的

① 【美】E·R·塞维斯著，黄宝玮等译：《文化进化论》，北京：华夏出版社，1991年，第3页。

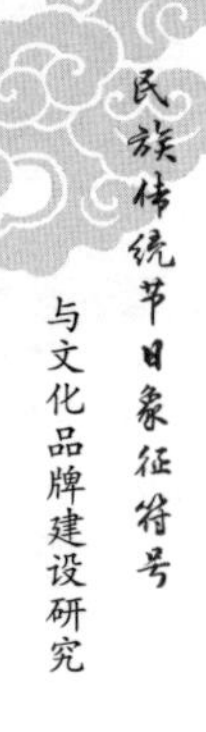

空间，文化内涵却以另外一种方式在北京的城市空间得到传承发展。

在京传承的广西壮族“三月三”体现了当代中国许多民俗传承和生产的中心从广袤的农村转移到人口密集的都市，都市生活方式和都市文化风尚成了引领中国民俗传统发展的重要方向。“三月三”在北京成功举办了三十多年，推动“三月三”发展的文化人因为对自己民族、地区传统文化的熟悉、热爱，在北京创造出一种从未存在过的传统。“被发明的传统意味着一整套通常由已被公开或私下接受的规则所控制的实践活动，具有一种仪式或象征特性，并试图通过重复来灌输一定的价值和行为规范，而且必然暗含与过去的连续性。事实上，只要有可能，它们通常就试图与某一适当的具有重大历史意义的过去建立连续性……被发明的传统之独特性在于它们与过去的这种连续性大多是人为的。总之，它们采取参照旧形势的方式来回应新形势，或是通过近乎强制性的重复来建立它们自己的过去……发明传统本质上是一种形式化和仪式化的过程，其特点是与过去相关联，即使只是通过不断地重复。”①北京壮族“三月三”的节庆活动从一开始就是专家学者有意识推动，今天，这股人为力量不仅没有减弱，反而越来越强劲，是因为这种有目的的发明被北京的广西籍人士所接受，并已融入他们在北京生活的一部分，成为民族地区籍的民众在异地生活的身份象征和文化认同符号。如今，广西“三月三”在北京的传承有中央部委的支持，有广西籍在京壮族领导同志、专家学者的推动，在中央民族大学师生的参与下，其已经成为广西对外宣传的文化品牌，成为联络乡情、凝聚智慧、推动社会发展、促进民族团结、增进交流的文化平台。

在京广西籍人士组织的“三月三”活动并非完全遵循传统，甚至有些传统“三月三”符号变得模糊不清，新的生活需求变得清晰可见，以地缘为纽带的社会关系成为重要因素，民众通过借用“过去”的生活

---

① 【英】霍布斯鲍姆著，顾杭、庞冠群译：《传统的发明》，南京：译林出版社，2004年，第4页。

情感或是运用传统资源获得自己生活需要的身份和地位。其实，我们清楚地认识到，民族群体发生迁移，民族主体利用传统文化的方法以及文化生产的手段也在不可避免地发生改变。在京“三月三”通过操纵传统文化，将民族认同与历史记忆巧妙地结合在一起：一方面既是对壮族文化“原生纽带”的忠诚和继承；另一方面，又是在特定的历史情境中做出的对某一个特定族群或人群最有利的选择——即对“过去经验”的表达和对族群知识来源的认同，这样的历史记忆过程正进行着“传统的操纵”。①

以民族传统节日象征符号作为地方文化品牌建设是当代中国社会，尤其是民族地区突出的文化行动。历史上，民族传统节日与地方文化形象、地方文化品格具有结构性紧密关系，今天，这种关系没有被消解，反而进一步得到强化。将民族传统节日象征符号作为地方文化品牌进行建设，笔者以为有四点特别重要：第一，传统节日体现民族或者地方形象的独特性，传统节日成为文化认同的规定性元素；第二，由象征符号组成的传统节日文化具有利用和开发的极具影响力的产品价值；第三，传统节日包含的文化传统及其思想深刻地影响并指引着民族或地方的文化意识和文化价值观念；第四，以传统节日象征符号为体系建设的系列文化产品能够实现广泛的资本联动和价值升值效应，能够带动以传统节日为主题的地方文化产品的良性发展。

民族传统节日象征符号与品牌建设的关系是传统节日现代化过程中的普遍性与特殊性的关系。我们讨论多个民族、多个地区传统节日象征符号与地方文化品牌建设的案例，对于当下以传统节日为核心的地方文化品牌建设来讲，既有实践经验，又有操作过程中的提醒。传统节日的传承与发展遵循一定的规律，一些不再适应于母体文化的传统节日事象逐渐归于沉寂，或转化为另外一番模样。对此，过多的扼腕是没有意

① 林继富、李莉森、解晓丹著：《被操纵的民俗传统：基于对“在京广西三月三”的调查研究》，载林继富主编：《少数民族民俗与北京文化关系研究》，北京，中央民族大学出版社，2013年，第172—173页。

义的，社会文化终归是在不断变化，终归在不断生产和再生产，重要的是，我们如何顺应时代需求，在肯定民族传统节日发展变化的前提下，防止过度的资本化、娱乐化，引导各种力量共同传承当下民族传统节日文化，共同推动民族传统节日象征符号朝向品牌化、资本化的社会道路上迈进。

以民族传统节日为中心的文化品牌建设在当代社会焕发出活力，得助于它契合了民族、地方民众的生活需要，调和、整合了政府、企业、地方文化人的共同力量，接续了传统文化与现代文明、民族生活与外来文化交往交流交融的历史经验。民族传统节日正以崭新的形态和形式朝向未来生活。

参考文献

[1] [南朝]宗懔著，谭麟译注. 荆楚岁时记译注[M]. 武汉：湖北人民出版社，1985.

[2] [清]甘熙著，邓振明点校. 白下琐言[M]. 南京：南京出版社，2007.

[3] [民国]潘宗鼎撰，卢海鸣点校. 金陵岁时记[M]. 南京：南京出版社，2006.

[4] 贵州省民间文学工作组编. 民间文学资料第二十八集·布依族歌谣传说故事集[M]. 贵阳：贵州省民间文学工作组，1961.

[5] 贵州省民间文学工作组编. 民间文学资料第四十二集·布依族情歌[G]. 贵阳：贵州省民间文学工作组，1963.

[6] 贵州省民间文学工作组编. 民间文学资料第四十三集·布依族民间故事集[G]. 贵阳：贵州省民间文学工作组，1963.

[7] 杨国仁，吴定国整理. 侗族祖先哪里来[M]. 贵阳：贵州人民出版社，1981.

[8] 贵州省社会科学院文学研究所，黔南布依族苗族自治州文艺研究室编. 布依族民间故事[M]. 贵阳：贵州人民出版社，1982.

[9] 贵州省社会科学院文学研究所，黔南布依族苗族自治州文艺研究室编. 布依族古歌叙事歌选[M]. 贵阳：贵州人民出版社，1982.

[10] 贵州省社会科学院文学研究所，黔南布依族苗族自治州文艺研究室编. 布依族民歌选[M]. 贵阳：贵州人民出版社，1982.

[11] 广西壮族自治区人民政府编. 广西壮族社会历史调查（第五册）[M]. 南宁：广西民族出版社，1984.

[12] 费孝通著. 费孝通民族研究文集 [M]. 北京：民族出版社，1988.

[13] 赵焜，吴启禄，陈亮明编. 布依族酒歌 [M]. 贵阳：贵州民族出版社，1988.

[14] 丁世良等编. 中国地方志民俗资料汇编·中南卷（上）[M]. 北京：书目文献出版社，1991.

[15] 王承尧，罗午著. 土家族土司简史 [M]. 北京：中央民族学院出版社，1991.

[16] 刘锡诚，王文宝主编. 中国象征辞典 [M]. 天津：天津教育出版社，1991.

[17] 贞丰县志史征集编纂委员会编. 贞丰县志 [M]. 贵阳：贵州人民出版社，1994.

[18] 泽桂著. 舞蹈与族群 [M]. 贵阳：贵州人民出版社，1997.

[19] 王文宝，江小惠编. 江绍原民俗学论集 [M]. 上海：上海文艺出版社，1999.

[20] 杨宗亮著. 壮族文化史 [M]. 昆明：云南民族出版社，1999.

[21] 丁世良，赵放编. 中国地方志民俗资料汇编·东北卷 [M]. 北京：书目文献出版社，1989.

[22] 萧放著. “荆楚岁时记”——兼论传统中国民众生活中的时间观念 [M]. 北京：北京师范大学出版社，2000.

[23] 萧放著. 传统节日与非物质文化遗产 [M]. 北京：学苑出版社，2011.

[24] 潘琦主编. 刘三姐文化品牌研究 [M]. 南宁：广西人民出版社，2002.

[25] 郭于华主编. 仪式与社会变迁 [M]. 北京：社会科学文献出版社，2000.

[26] 杨琳著. 中国传统节日文化. 北京：宗教文化出版社，2000.

[27] 纳日碧力戈等著. 人类学理论的新格局 [M]. 北京：社会科学文献出版社，2001.
[28] 赵瑛著. 布朗族文化史 [M]. 昆明：云南民族出版社，2001.
[29] 尖扎县地方志编纂委员会编. 尖扎县志 [M]. 兰州：甘肃人民出版社，2003.
[30] 包亚明著. 现代性与空间的生产 [M]. 上海：上海教育出版社，2003.
[31] 彭国梁，杨里昂著. 我们的端午 [M]. 长沙：岳麓书社，2004.
[32] 罗荣渠著. 现代化新论：世界与中国的现代化进程 [M]. 北京：商务印书馆，2004.
[33] 孙立平著. 转型与断裂：改革以来中国社会结构的变迁 [M]. 北京：清华大学出版社，2004.
[34] 林继富著. 灵性高原——西藏民间信仰源流 [M]. 武汉：华中师范大学出版社，2004.
[35] 林继富著. 永远的太阳：藏族传统节日觅踪 [M]. 拉萨：西藏人民出版社，2011.
[36] 林继富，覃金福著. 民族村落家庭：酉水流域土家年研究 [M]. 北京：民族出版社，2014.
[37] 林继富，解晓丹著. 自由生命情感：云南新平花腰傣花街节研究 [M]. 北京：民族出版社，2014.
[38] 林继富，黄雯著. 从传统仪式到节日建构——云南镇沅拉祜族苦聪人舍祀节传承研究 [M]. 北京：中国社会出版社，2015.
[39] 张意著. 文化与符号权力——布迪厄的文化社会学导论 [M]. 北京：中国社会科学出版社，2005.
[40] 郑显文编. 深山苦聪人 [M]. 北京：中国图书出版社，2005.
[41] [民国] 夏仁虎撰. 岁华忆语 [M]. 南京：南京出版社，2006.
[42] 罗世敏，谢寿球著. 大明山龙母文化揭秘. 南宁：广西民族出版社，2006.

[43] 费孝通著. 论文化与文化自觉. 北京：群言出版社，2007.

[44] 贺昌盛著. 象征：符号与隐喻：汉语象征诗学的基本型构. 南京：南京大学出版社，2007.

[45] 廖冬梅著. 节日沉浮问——节日的定义、结构与功能. 桂林：广西师范大学出版社，2007.

[46] 刀明贵，周红芹主编. 花腰傣古歌谣. 昆明：云南民族出版社，2008.

[47] 贵州省民族事务委员会，贵州省民族研究所编. 贵州“六山六水”民族调查资料选编·布依族卷. 贵阳：贵州民族出版社，2008.

[48] 贵州省民族事务委员会编. 贵州省民族传统节日进入旅游市场的文化条件分析. 贵阳：贵州教育出版社，2009.

[49] 杨昌儒，陈玉平编. 贵州世居民族节日民俗研究. 北京：民族出版社，2009.

[50] 苏国文著. 芒景布朗族与茶. 昆明：云南民族出版社，2009.

[51] 角巴东主编著. 藏族传统射箭文化. 兰州：甘肃民族出版社，2009.

[52] 周国茂主编，贵州省布依学会，贞丰县人民政府编. 文化资源开发与布依族地区可持续发展. 贵阳：贵州民族出版社，2010.

[53] 王钧，刘琴编. 文化品牌传播. 北京：北京大学出版社，2010.

[54] 许地山著. 扶箕迷信底研究. 湖南：岳麓书社，2011.

[55] 嘟玛切里佩措，杨志坚编著. 纳西三朵神. 昆明：云南美术出版社，2011.

[56] 王文章. 弘扬传统节日文化现状与对策：中国传统节日文化调研实录. 北京：文化艺术出版社，2012.

[57] 贾银忠主编. 中国少数民族文化产业发展概论. 北京：民族出版社，2012.

[58] 赵红芳著. 区域文化品牌建设与媒介传播. 天津：天津科技翻译出版公司，2012.

[59] 尖扎县人民政府编. 五彩神箭——尖扎国际民族射箭高峰论坛文

集. 2012.
[60]叶舒宪主编. 文化与符号经济. 广州：广东人民出版社，2012.
[61]叶舒宪，章米力，柳倩月编. 文化符号学——大小传统新视野. 西安：陕西师范大学出版社，2013.
[62]贵州省民族事务委员会编. 布依族文化大观. 贵阳：贵州民族出版社，2012.
[63]周国炎主编. 中国布依族. 银川：宁夏人民出版社，2012.
[64]杨秀主编. 中国端午节·嘉兴卷. 桂林：广西师范大学出版社，2013.
[65]【美】露丝·本尼迪克特著，何锡章，黄欢译. 文化模式. 北京：华夏出版社，1987.
[66]【美】E. R. 塞维斯著，黄宝玮等译. 文化进化论. 北京：华夏出版社，1991.
[67]【美】希尔斯著，傅铿，吕乐译. 论传统. 上海：上海人民出版社，1991.
[68]【美】克利福德·格尔茨著，纳日碧力戈等译. 文化的解释. 上海：上海人民出版社，1999.
[69]【美】埃德蒙·利奇著，郭凡，邹和译. 文化与交流. 上海：上海人民出版社，2000.
[70]【美】保罗•康纳顿著，纳日碧力戈译. 社会如何记忆. 上海：上海人民出版社，2000.
[71]【美】理查德·鲍曼著，杨利慧，安德明译. 作为表演的口头艺术. 桂林：广西师范大学出版社，2008.
[72]【美】尼尔·波兹曼著，章艳译. 娱乐至死. 北京：中信出版社，2015.
[73]【美】尼尔·波兹曼著，吴燕莛译. 童年的消逝. 北京：中信出版社，2015.
[74]【法】皮埃尔·吉罗著，怀宇译. 符号学概论. 成都：四川人民出版社，1988.

[75]【法】埃米尔·涂尔干著，渠东等译．宗教生活的基本形式．上海：上海人民出版社，1999.
[76]【法】莫里斯·哈布瓦赫著，毕然，郭金华等译．论集体记忆．上海：上海人民出版社，2002.
[77]【法】莫里斯·梅洛—庞蒂著，姜志辉译．符号．北京：商务印书馆，2003 .
[78]【德】皮柏著，黄藿译．节庆、休闲与文化．北京：生活·读书·新知三联书店，1991.
[79]【德】恩斯特·卡西尔著，甘阳译．人论．上海：上海译文出版社，2004.
[80]【德】阿斯特莉特·埃尔，冯亚琳主编．文化记忆理论读本．北京：北京大学出版社，2012.
[81]【俄】A·J·古列维奇著，庞玉洁，李学智译．中世纪文化范畴．杭州：浙江人民出版社，1992.
[82]【英】戴维·莫利，凯文·罗宾斯著，司艳译．认同的空间：全球媒介、电子世界景观和文化边界．南京：南京大学出版社，2001.
[83]【英】E·霍布斯鲍姆，T·兰格著，顾杭，庞冠群译．传统的发明．南京：译林出版社，2004.
[84]【英】马克·J·史密斯著，张美川译．文化：再造社会科学．长春：吉林人民出版社，2005.
[85]【英】维克多·特纳著，赵玉燕等译．象征之林：恩布登人仪式散论．北京：商务印书馆，2006.
[86]【英】罗伯特·比尔著，向红笳译．藏传佛教象征符号与器物图解．北京：中国藏学出版社，2007.
[87]【英】马克·奥康奈尔著，余世燕译．象征和符号．广州：广东南方日报出版社，2014.
[88]【英】米兰达·布鲁斯-米特福德，菲利普·威尔金森著，周继岚译．符号与象征．北京：生活·读书·新知三联书店，2014.

后 记

我们往往对惯常的生活、文化和风景熟视无睹。当一切变得习以为常的时候，我们的身体、我们的感觉、我们的心灵就有些迟钝，甚至麻木，对周围的美和力量毫无察觉，生活中的一切也变得理所当然。然而，当我们蓦然回首，就会发现平常生活中也有许多美丽的景致和丰富多彩的事物，于是，也就激励我们鼓足勇气去发掘、找寻、发现潜沉于其中的奥妙，这就需要坚韧的毅力和承担困难的勇气了。我对中国传统节日的调查、研究就如同这样的境遇，也是这种生活的体现。

我喜欢传统节日，也喜欢过节，它带给我快乐，带给我的生活张弛有度，在充满节奏感的力量中使我的生活变得严整井然而又多姿多彩。

我生长在大别山区，贫穷家庭的节日往往是走一些过场，这些过场更多表现的是传统仪式生活的意义，当时不知道，也不觉得。因此，对于传统节日的记忆绝大部分是框架内某些生活细节中的温暖，传统节日中的“年”对于我的成长有着深刻的经历和富足的温馨。小时候喜欢过年，就是盼望要穿上一年才有一套的新衣服，吃上一年才有一次的有肉的大餐。这些对于贫穷人家的孩子来说是奢侈的渴望和豪华的享受，然而，对于我的父母来讲则是煎熬中的快乐。每到年关，我们家因为生活贫困，平常靠借别人家的钱度过生活中的各种关口，许诺大年三十之前还给别人。家里穷没有余钱，父母也就无法兑现承诺，看到父母的愁容，我却无力帮助。我永远记得父亲在大年三十早晨吃年饭的时候，告诉他的四个孩子，这是一年才能够吃上一顿的有肉的年饭，让我们多吃一点。至今每每想到儿时渴盼的“年”，温暖而又心酸的记忆就会涌上心头，也让我更加珍惜现在的每次节日庆典活动，更加珍惜每次节日期间家人的团聚。

1986年，我到西藏工作，春节回不了家，我也有些能力可以帮助父母，但是却不能和父母在一起过年了。在西藏过年的日子，藏族朋友会为我送来祝福，我也享受藏历年带来的快乐。我常常与藏族朋友共度工布年、雪顿节、望果节等西藏传统节日，这些生活经历让我感受到传统节日中蕴藏巨大的力量、款款的温暖和前进的希望。于是，我在教学之余，常常参与藏族传统节日的活动，也常常思考传统节日的精神本质和文化意义，从传统节日中理解西藏、理解藏族民众的生活。

1994年我从西藏回到武汉、北京工作，其间多次参加传统节日或与传统节日相关的调查活动，并且受邀参加多个县市传统节日与社会经济发展的咨询交流，为他们利用传统节日融入生活、走向旅游市场、推进文化建设贡献微薄力量。在这个过程中，我看到了传统节日价值的现代转换，发现了传统节日作用于人民生活的创造性转化和创新性发展的当代道路。于是就延续了我长期以来对于传统节日的关注，更加坚定了我倾心、倾力、倾情地系统调查和阐释这些具有中国文化精神和典型意义的传统节日，期待从传统节日的历史根茎和现代走向上理解中国传统文化和当代中国人的生活，自然就诞生了这部著作。

这本著作的撰写、修改经历了很长时间，并且是在多种场合下琢磨得以完成。许多传统节日的命题、问题和观点源发于调查过程中的思考，也得益于学术研讨时的启发，当然，更多的则是到图书馆查找资料，坐在办公室潜心研究。无论在哪一种场合，我的心境都是专一的，也是专情的。

这本著作表达了我多年来致力于民俗服务于国家文化建设、提升民众生活质量的追求，希望通过自己的努力为民众提供力所能及的帮助，实现文化惠民的愿望。2012年，我申报的“民族传统节日象征符号与文化品牌建设研究”获批国家哲学社会科学基金课题，使我更有理由并投入更多精力聚焦于对当下传统节日的调查研究，于是，我和我的学生将研究工作瞄准民族传统节日与社会发展、文化建设和文化旅游、文化品牌建设等内容，开展了系列、系统的调查研究，并且聚焦于春节、端午、中秋、重阳以及藏族、土家族、苗族、侗族、布依族、壮族等民族的传统节日走向当代人生活的必要性和重要性。同学们在我的指导下完成了多篇硕士、博士学位论文。栗文清、黄雯、王燕妮、王廷胜、李晓城、梁珊珊、王淑琴、马培红、查斌等同学的调查和研究的部分成果成为这本著作中的重要部分，也是这本著作中具有建设性、创新性的成果，他们的努力值得铭记！也值得感谢！

多年来，我一直参与到中国民间文艺家协会组织实施的“我们的节日”系列活动中，考察了我国不同地区、民族的传统节日，诸如春节、清明节、端午节、七夕节、中秋节、重阳节以及藏族的雪顿节、瑶族的盘王节、苗族的姊妹节、壮族的“三月三”、土族的纳顿节等传统节日活动。亲身参加不同民族、不同类型传统节日的考察和学术研讨，激励我在田野考察中形成对于这些传统节日的深刻认识、系统认知，也是构成这部著作贴近时代、贴近生活的重要内容。这些活动不仅让我亲身参与了许多节日的生活实践，而且为我展开传统节日的调查研究提供了丰富的田野资料和深化传统节日研究的动力。在此，对中国民间文艺家协会领导及同仁表示深深的谢意！

我撰写这本著作，也得益于我国政府和人民对于传统节日的重视，得益于将民族传统节日作为优秀传统文化进行抢救保护和“两创”实践的资源，于是，现代媒体就会以传统节日为主题制作推出一些节目，这就少不了我们这些长期调查和研究节日文化学者的身影。因此，无论是参加各级政府组织的对系列传统节日的调查研究、学术会议，还是接受媒体采访，我始终认为这是当代中国学者文化惠民和参与社会文化建设的重要行动方式，我以此为平台将自己多年的调查成果向社会、向人民公布，帮助更多人了解、理解中国传统节日文化；以多种方式让更多传统节日能够在当代中国得到抢救保护和传承发展是我的目标。我很幸运生活在这个伟大的时代，使我能够心无旁骛地以民族传统节日与当代民族地区社会发展关系的研究为起点和终点，不忘初心，始终秉持为人民服务的宗旨，以我微薄的力量为国家、为民族、为人民的文化发展和社会建设做些贡献。

课题从2012年立项至今已有10年时间，10年来，我很多经历都放在对中国传统节日的研究上，感谢国家哲学社会科学基金项目评审的专家、国家出版基金评审专家的慧眼，将其纳入国家课题并给予经费资助！感谢四川民族出版社胡华副社长，当她得知我手头有业已结项的国家哲学社会科学基金项目的时候，希望我的这本著作能放在她所在的出版社出版，我十分感动。2019年，她以这部著作申报国家出版基金项目并获批！胡华副社长是我大学本科同学，早在大学读书时期，我们就对民族地区的民俗文化多有用心。30多年过去了，我们还像青春年少般激情澎湃地耕耘在这块丰沃的园地里，我没有理由拒绝老同学，她从多个方面鼎力支持，并出版了我主编的《中国少数民族经典民间故事》系列丛书，这些宏伟民族文化工程的实施，有效推进了中华优秀传统文化的传承、普及和创新发展。

感谢四川民族出版社编辑周文炯先生、伍丹莉女士以及为这本书付出辛劳的编辑！谢谢你们用心、用力、用情的细心审校，把关每一道程序，使这本著作能够高质量面世！

我始终认为人生是用来奋斗的，在奋斗的道路上充满了艰辛和幸福。我始终通过自己坚持不懈的努力、收获到希望的果实。心中有阳光，脚下有力量。这种力量感染了我的家人，使我也得到了他们的支持、理解。撰写这部著作需要大量的调查资料，每逢传统节日，我总是在外地调查，不能和家人在一起，每次外出就是家人无限牵挂、担心的时刻。著作写完后，尽管有“独上高楼，望尽天涯路”的敞亮，但是，坐在电脑前，每每想及为了撰写这部著作愧歉家人太多，浸满泪水的双眼总是难以控制，谢谢妻子王丹的付出，谢谢两个孩子聪慧而又向上的努力、自觉而又勤奋地朝着自己的目标奋进!

今天是2021年大年三十，2019年底爆发的新型冠状病毒疫情还没有完全消除，我们都在“他乡说故乡”，人人都在“一岁除”中迎来“春风送暖”，在“曈曈”的日子里把“新桃” 换下“旧符”，不知不觉中“寒随一夜去，春逐五更来”的喜悦涌上心头，期待我们的人民每天过着像传统节日一样丰富充实、健康快乐、温馨美好的生活！我也常常用传统节日求真求美、向上向善的精神滋养初心。“周虽旧邦，其命维新”，我将用绵薄之力奔赴山海，在新时代、新生活的哺育中风雨兼程，赓续着传统节日的风华清靡和家国情怀!

2021年除夕

北京・魏公村

林继富

又及:

书稿审校期间，是我国新型冠状病毒最为严重的时期，尽管编辑和作者工作起来不是特别顺畅，而且时时封控为审校带来许多麻烦。2022年11月初，疫情管控突然放开，习惯了每天做核酸的我却有些尢所适从。依仗病毒绕着我走的自信，不久测出的抗原为“阳性”。经过一个星期的折磨，我又回归到生活的正轨。就是在身体康复的日子里，我与编辑加紧对书稿做最后的定校，不知不觉中来到2022年年关。对过去一年的感恩和感动，对新的一年的祈愿与祝福始终如一，也坚如磐石。我衷心期待我们的人民在走过三年疫情之后，以更加磅礴的力量，更加坚定的信念开创新生活，收获新希望!

2022年除夕

云南・大理

林继富